世界社会主义黄皮书
YELLOW BOOK OF WORLD SOCIALISM

国家社科基金特别委托项目
中国社会科学院创新工程学术出版资助项目
中国社会科学院马克思主义理论学科建设与理论研究工程资助项目

世界社会主义跟踪研究报告（2021—2022）

——且听低谷新潮声（之十八）

中国社会科学院世界社会主义研究中心 主编 李慎明 姜 辉

上册

当代中国出版社
Contemporary China Publishing House

图书在版编目(CIP)数据

世界社会主义跟踪研究报告：且听低谷新潮声．之十八，2021—2022 / 李慎明，姜辉主编．-- 北京：当代中国出版社，2022.4

（世界社会主义黄皮书）

ISBN 978-7-5154-1181-1

Ⅰ．①世… Ⅱ．①李… ②姜… Ⅲ．①社会主义－研究报告－世界－ 2021-2022 Ⅳ．① D507

中国版本图书馆 CIP 数据核字（2022）第 067070 号

出 版 人　冀祥德
责任编辑　宋卫云　战盈彤　周显亮　隋　丹　焦晓萍
　　　　　王沁淘　刘晓冰　柯琳娟　沈秋彤
责任校对　贾云华　康　莹
印刷监制　刘艳平
装帧设计　观止堂_未　氓
出版发行　当代中国出版社
地　　址　北京市地安门西大街旌勇里 8 号
网　　址　http://www.ddzg.net　邮箱：ddzgcbs@sina.com
邮政编码　100009
编 辑 部　（010）66572264　66572154　66572132　66572180
市 场 部　（010）66572281　66572161　66572157　83221785
印　　刷　北京润田金辉印刷有限公司
开　　本　710 毫米 × 1000 毫米　1/16
印　　张　54.75 印张　2 插页　673 千字
版　　次　2022 年 4 月第 1 版
印　　次　2022 年 4 月第 1 次印刷
定　　价　208.00 元（上下册）

中国社会科学院世界社会主义研究中心

顾　问

李铁映　全国人大原副委员长、中国社会科学院原院长

陈奎元　全国政协原副主席、中国社会科学院原院长

王家瑞　全国政协原副主席、中共中央对外联络部原部长

戴秉国　原国务委员

谢伏瞻　中国社会科学院院长、党组书记，中国社会科学院习近平新时代中国特色社会主义思想研究中心主任

王伟光　全国政协民族和宗教委员会主任，中国社会科学院原院长、党组书记

李力安　原中央顾问委员会秘书长

刘华秋　中共中央外事领导小组办公室原主任

张全景　中共中央组织部原部长、全国党建研究会原会长

逄先知　原中共中央文献研究室主任

滕文生　中共中央政策研究室原主任、原中共中央文献研究室主任

高　翔　中国社会科学院副院长、党组副书记，中国历史研究院院长、党委书记

王京清　中国社会科学院原副院长、党组副书记

何毅亭　中共中央党校（国家行政学院）原常务副校长（副院长）

徐光春　中共中央马克思主义理论研究和建设工程咨询委员会主任

李景田　中共中央党校原常务副校长、全国党建研究会会长

王一程　中国社会科学院政治学研究所原所长、研究员

王立华　昆仑策研究院副院长、秘书长

王金存　中国社会科学院世界经济与政治研究所研究员

王学俭　兰州大学马克思主义学院院长、教授

王挺之　四川大学历史文化学院院长、教授

王振亚　陕西师范大学政经学院原院长、教授

王朝科　贵州大学经济学院副院长、教授

毛定之　中共中央组织部党建研究所所长

方　军　中国社会科学院副秘书长、中国社会科学杂志社总编辑

方兴起　华南师范大学经济研究所教授

尹韵公　中国社会科学院中国特色社会主义理论体系研究中心原主任、研究员

孔根红　中共中央对外联络部研究室副主任

田心铭　教育部社科研究中心原主任、教授

田永祥　中联部退休人员

田鹏颖　东北大学马克思主义学院院长、教授

冯　刚　教育部思想政治工作司原司长、教授

冯金华　上海财经大学马克思主义研究院副院长、教授

曲永义　中国社会科学院工业经济研究所党委书记、副所长

吕薇洲　中国社会科学院社会科学杂志社副总编、研究员

朱炳元　苏州大学马克思主义研究院原党委书记、教授

朱继东　中国社会科学院国家文化安全与意识形态建设研究中心副主任兼秘书长

朱维群　全国政协民族宗教委主任

任治君　西南财经大学经济学院教授

华玉武　北京农学院办公室主任、教授

庄前生　中国社会科学院图书馆原馆长、党委书记，研究员
刘　彤　东北师范大学政法学院党委书记、教授
刘书林　清华大学马克思主义学院教授
刘同舫　浙江大学马克思主义学院院长、教授
刘润为　求是杂志社原副总编辑、中国红色研究会会长
刘淑春　中国社会科学院马克思主义研究院国际共运部原主任、研究员
刘瑞生　中国社会科学院新闻与传播研究所副研究员
安启念　中国人民大学哲学系教授
许兴亚　河南大学经济学院特聘教授
许征帆　中国人民大学马克思主义学院教授
孙锦泉　四川大学历史文化学院党委书记
李　军　中共中央对外联络部部长助理
李　萍　中山大学副校长、教授
李汉林　中国社会科学院社会发展战略研究院原院长、研究员
李向军　光明日报理论部原主任、高级编辑
李兴耕　原中共中央编译局研究员
李其庆　原中共中央编译局副局长、译审
李建平　福建师范大学原校长、马克思主义研究院院长、教授
李炳炎　江苏省委党校经济社会发展研究所原所长、教授
李崇富　中国社会科学院学部委员、马克思主义研究院研究员
杨海蛟　中国社会科学院政治学研究所原副所长、研究员
吴　波　中国社会科学院评价中心编审
吴尚民　中国社会科学院哲学研究所原党委书记、编审
吴雄丞　中共中央党校（国家行政学院）原马克思主义研究所所长、教授
何干强　南京财经大学经济学院教授

何君臣　新华社世界问题研究中心副主任、研究员
何秉孟　中国社会科学院学部主席团原秘书长、研究员
佘志远　全国哲学社科规划办原办公室主任
谷源洋　中国社会科学院荣誉学部委员、世界经济与政治研究所原所长、研究员
宋月红　中国社会科学院当代中国研究所副所长、所党组成员、研究员
宋方敏　昆仑策研究院常务副院长、高级研究员
宋晓平　中国社会科学院拉丁美洲研究所原副所长、研究员
迟方旭　兰州大学法学院副院长、副教授、法学博士
张云声　人民日报社原副总编辑
张友坤　中国社会科学院民族所研究员
张文木　北京航空航天大学战略问题研究中心研究员
张书林　人民日报理论部主任、高级编辑
张再兴　清华大学校务委员会副主任、教授
张延忠　国家人事部原党组成员、人事培训司司长
张国祚　全国哲学社科规划办公室原主任
张顺洪　中国社会科学院世界历史研究所原所长、研究员
张冠梓　中国社会科学院信息情报研究院党委书记、院长
张海滨　中共中央编译局原秘书长、副研究员
陈　跃　西南大学马克思主义学院院长、教授
陈之骅　中国社会科学院荣誉学部委员、世界历史研究所原副所长、研究员
陈占安　北京大学马克思主义学院原院长、教授
陈学明　复旦大学当代国外马克思主义研究中心、复旦大学马克思主义学院教授
武　力　中国社会科学院当代中国研究所原副所长、研究员

武兆令　教育部社科中心教授

林　岗　中国人民大学原副校长、教授

林治波　人民日报社四川分社社长

罗文东　中国社会科学院世界历史研究所党委书记、副所长

罗洪铁　西南大学马克思主义学院原院长、教授

金民卿　中国社会科学院近代史研究所党委书记、副所长

周　弘　中国社会科学院学部委员、欧洲研究所原所长、研究员

周　琪　中国社会科学院美国研究所研究员

周溯源　中国社会科学院近代史所原党委书记、编审

周肇光　上海金融学院经济发展研究所所长、教授

郑有贵　中国社会科学院当代中国研究所研究员

郑承军　北京第二外国语学院党委常委、副校长兼研究生院（学科规划与建设办公室）院长

房　宁　中国社会科学院政治学所原所长、研究员

房广顺　辽宁大学马克思主义学院教授

孟　捷　清华大学经济研究所教授

赵剑英　中国社会科学出版社党委书记、社长

胡乐明　中国社会科学院经济研究所纪委书记、副所长

胡振良　中共中央党校科社部教授、博士生导师

钟南山　第十二届全国人大代表、中国工程院院士

饶宁华　重庆理工大学原党委书记、教授

施鹤安　中国社会科学院办公厅原主任

姜述贤　中共中央对外联络部当代世界研究中心研究员

姚有志　中国军事科学院战略研究部原部长、研究员

秦　宣　中国人民大学马克思主义学院原院长、教授

晋保平　中国社会科学院原副秘书长、研究员

夏春涛　中国社会科学院中国历史研究院历史理论研究所所长

徐世澄　中国社会科学院荣誉学部委员、拉丁美洲研究所研究员

徐崇温　中国社会科学院荣誉学部委员、哲学研究所研究员

高永中　原中共中央党史研究室副主任兼理论研究中心主任

高秋福　新华社原副社长、研究员

郭杰忠　江西科技师范大学校长、教授

郭建宁　北京大学马克思主义学院原院长、教授

唐昆雄　贵州师范大学历史与政治学院教授兼兰州大学新闻与传播学院院长

桑玉成　上海市社科联副主席、复旦大学教授

黄　平　中国社会科学院香港中国学术研究院常务副院长

黄　宏　国防大学政治理论教研室原副主任、教授

黄金辉　四川大学国际关系学院教授

黄晓勇　中国社会科学院研究生院原院长、编审

黄浩涛　中共中央党校原副校长

黄蓉生　西南大学原党委书记、教授

梅荣政　中央马工程马克思主义发展史课题组首席专家、武汉大学马克思主义学院教授

曹亚雄　武汉大学马克思主义学院教授

崔耀中　中共北京市委宣传部巡视员

梁　柱　北京大学原副校长、教授

彭光谦　中国军事科学院战略研究部研究员、少将

董正平　首都师范大学政法学院教授

董京泉　全国哲学社科规划办公室原主任

董晓阳　中国社会科学院外国文学研究所原副所长、研究员

蒋立峰　中国社会科学院日本研究所原所长、研究员

程　伟　辽宁大学原党委书记、教授

温伯友　中国社会科学院西亚非洲研究所原党委书记、研究员

温铁军　著名三农问题专家、西南大学中国乡村建设学院执行院长

谢寿光　社会科学文献出版社原社长

靳辉明　中国社会科学院学部委员、马克思主义研究院研究员

潘　维　北京大学教授

薛宇峰　云南财经大学特聘教授

魏晓文　大连理工大学马克思主义学院教授

特邀研究员（按姓氏笔画为序）

丁　冰　丁原洪　丁晓钦　丁淑杰　于祖尧　么素珍　马　冉　马　寒　马细谱

马钟成　马晓明　马维先　王　建　王　静　王小燕　王少先　王中保　王今朝

王文娥　王永刚　王传利　王志刚　王林聪　王佳菲　王京烈　王振华　王晓泉

王晓菊　王海运　王喜满　韦艳巧　毛相麟　卞修跃　尹帅军　孔田平　左玉河

石方方　卢　刚　叶　建　叶卫平　申亚杰　田　坤　田春生　丘　进　冯育民

冯绍雷　冯颜利　皮坤乾　台　红　师　伟　曲　伟　曲延明　朱　隽　朱安东

朱旭旭　全林远　刘小兰　刘元祺　刘军梅　刘志昌　刘志明　刘国平　刘春元

刘海霞　刘德中　齐峰田　闫光宇　江时学　安　静　许　华　许　新　许元荣

孙　力　孙立冰　孙经先　孙钦梅　孙洪波　牟承晋　纪　军　苏　里　苏振兴

苏莉佳　杜　瀚　杜小林　李　千　李　亚　李　伟　李　斌　李　强　李　零

李　漫　李　燕　李　霞　李长久　李凤林　李正乐　李冬冬　李民骐　李亚洲

李凯旋　李宗芳　李建宏　李艳艳　李海玉　李润海　李彩艳　李淑清　李瑞琴

李福川　李爔恒　杨　卫　杨　双　杨　俊　杨　斌　杨圣明　杨成果　杨会春

杨利颖 杨秀琴 杨建民 杨承训 杨祖功 杨鸿玺 轩传树 肖 枫 肖 炼
肖 斌 肖国忠 吴 茜 吴国平 吴金平 旷新年 邱 霞 何 新 何家华
佟玉华 余 丽 余 斌 余文烈 余金成 余维海 肜新春 汪亭友 沈 阳
沈 强 沈孝泉 沈宗武 宋丽丹 宋萌荣 张 丽 张 莉 张 捷 张 婕
张 骥 张小敏 张中云 张文代 张玉良 张西明 张伟英 张兴慧 张守华
张宏毅 张欣欣 张俭松 张晓东 张晓曼 张铁柱 张海鹏 张新宁 张福军
张慧中 张德明 陆树程 陈人江 陈子飞 陈其广 陈承新 陈荣荣 陈爱茹
陈硕颖 武卉昕 苑秀丽 范 蕾 林新海 欧阳向英 尚 伟 罗云力 金 赢
金立群 周 淼 周志伟 周绍东 周增亮 周穗明 庞大鹏 庞中英 郑 萍
单 超 赵 实 赵 曜 赵小鲁 赵明昊 赵常庆 胡光舜 胡俊卿 胡艳梅
胡晓雪 胡新民 钟 慧 钟亚平 秋 石 段丽娟 段启增 段学慧 侯艾君
俞 邃 姜 南 姜 莉 姜卫平 贺双荣 秦振燕 袁 群 耿丽华 聂运麟
夏东民 顾钰民 柴尚金 钱文荣 徐 超 徐云峰 徐仲伟 徐晓风 徐海燕
凌德权 栾文莲 高 永 高 洪 高 媛 高 歌 高长武 高明秀 高宜新
高增杰 郭 文 郭元增 郭建平 郭彦林 唐 庆 唐修哲 唐彦林 黄卫东
黄树东 黄星清 黄登学 曹天禄 曹长盛 曹苏红 常卫国 崔学东 康晏如
阎志民 阎洪菊 梁 孝 葛元仁 葛新生 蒋明伟 景向辉 智效和 程春华
傅 宁 傅军胜 储著武 舒 畅 童 晋 曾宪奎 游 敏 谢小庆 谢晓光
鄢一龙 简 练 简 婷 詹得雄 裴远颖 廖 坚 谭 索 谭扬芳 谭晓军
禚明亮 潘西华 潘金娥 潘德礼 薛新国 薛福岐 戴立兴 魏 伟 魏永旺
魏南枝

目录

上　册

第一篇　总　论

第二篇　全面学习、深刻领会习近平新时代中国特色社会主义思想

第三篇　学习研究宣传党史　树立正确党史观

第四篇　理论辨析与对策研究

下　册

第五篇　国外共产党人谈中国共产党百年

第六篇　国外共产党、左翼发展新态势

第七篇　美国问题研究

第八篇　会议综述

第一篇

总　论

高扬21世纪马克思主义的光辉旗帜

高　翔[1]

党的十九届六中全会通过了《中共中央关于党的百年奋斗重大成就和历史经验的决议》(以下简称《决议》)，这是我们党的历史上第三个重要历史决议，具有继往开来的历史意义和时代意义。从实现中华民族伟大复兴战略全局和世界百年未有之大变局出发，深入学习《决议》精神，进一步深刻领会习近平新时代中国特色社会主义思想，将新时代中国特色社会主义和世界社会主义事业推向新阶段，是时代赋予我们的历史使命。在世界形势不断发生深刻变化的历史进程中，当代中国共产党人要矢志不渝高举马克思主义伟大旗帜，沿着习近平总书记指引的方向走向未来。

---

① 高翔，中国社会科学院副院长、党组副书记，中国历史研究院院长、党委书记。

一、要把“两个确立”转化为“两个维护”的政治自觉、思想自觉、行动自觉，做21世纪马克思主义的坚定信仰者

党的十九届六中全会公报指出：“党确立习近平同志党中央的核心、全党的核心地位，确立习近平新时代中国特色社会主义思想的指导地位，反映了全党全军全国各族人民共同心愿，对新时代党和国家事业发展、对推进中华民族伟大复兴历史进程具有决定性意义。”[①] 这一论断具有充分的历史、理论和实践依据。

列宁指出：“在历史上，任何一个阶级，如果不推举出自己的善于组织运动和领导运动的政治领袖和先进代表，就不可能取得统治地位。”[②] 在人类历史上，伟大的社会运动从来都是有组织的行为。马克思主义认为，人民群众是历史的创造者，但这种创造不是简单的个体行动，更不是随心所欲的自由发挥。就社会进步而言，这种创造必须通过杰出人物特别是领袖的组织、引领才能完成。回顾国际共产主义运动史，不难发现，推动社会主义事业不断进步，至少要有四个基本条件：一是科学的理论，二是杰出的领袖，三是先进的政党，四是铁的纪律。党的十八大以来，中国特色社会主义事业取得的历史性成就、发生的历史性变革，充分证明了这一点。

党的十八大以来，面对国际形势的风云激荡，面对世情国情党情持续发生深刻复杂变化条件下的中国之问、世界之问、人民之问、时代之问，习近平总书记以马克思主义政治家、思想家、战略家的非凡理论勇气、卓越政治智慧、强烈使命担当，进行深邃思考和科学判断，坚持把

① 《中国共产党第十九届中央委员会第六次全体会议文件汇编》，人民出版社2021年版，第11页。
② 《列宁选集》第1卷，人民出版社2012年版，第286页。

马克思主义基本原理同中国具体实际相结合、同中华优秀传统文化相结合，创立了习近平新时代中国特色社会主义思想，实现了马克思主义中国化新的飞跃。中国共产党坚持以习近平新时代中国特色社会主义思想为指导，顺应党心民心，是时代的呼唤，是历史和人民的选择。

党的十八大以来，习近平总书记以甘入苦海、夙夜在公、以身许党许国的伟大风范，以“安得广厦千万间，大庇天下寒士俱欢颜”的人民情怀，以“我将无我、不负人民”的博大胸怀，带领全党全国人民艰苦奋斗、开拓创新，推动党和国家事业取得巨大进步，集大成而开新局，推动中华民族伟大复兴进入不可逆转的历史进程，赢得了党和人民的衷心拥护和爱戴。习近平总书记是新时代中国特色社会主义的伟大开创者和领路人，坚决维护习近平总书记党中央的核心、全党的核心地位，坚决维护党中央权威和集中统一领导，是推动新时代中国特色社会主义事业不断前进、建设长期执政的马克思主义政党的客观要求，是党和人民战胜前进道路上的艰难险阻、铸就中华民族历史辉煌的根本保障。“两个维护”是中国共产党的生命线，是党行进在百年征程上最强大的政治保证。

中国特色社会主义新时代，是社会主义中国的新时代，也是世界社会主义发展的新时代，是中国化马克思主义发展的新时代，也是世界马克思主义发展的新时代。随着中国日益走近世界舞台中央，中国式现代化道路备受世人瞩目。它向世界表明，人类现代化道路并非只有西方一种模式，它为广大发展中国家提供了既能保持国家独立与主权，又能实现社会进步的新典范。新时代中国特色社会主义的发展要求当代中国共产党人，必须在政治立场、政治方向、政治原则、政治道路上始终同以习近平同志为核心的党中央保持高度一致，坚决维护核心、捍卫核心、忠诚核心，坚定不移、坚持不懈地用习近平新时代中国特色社会主义思想武装头脑、统一思想，凝聚力量、推动实践，真正把“两个确立”转化为“两个维护”的政治自觉、思想自觉、行动自觉，做 21 世纪马克思主义的坚定信仰者。

二、坚定理想信念，做马克思主义中国化的忠实实践者

恩格斯说：“只要进一步发挥我们的唯物主义论点，并且把它应用于现时代，一个强大的、一切时代中最强大的革命远景就会立即展现在我们面前。”[①] 马克思主义揭示了人类社会历史发展的总趋势，它的产生是人类认识史上一次最为壮丽的日出。

《共产党宣言》发表 170 多年来，马克思主义解放全人类的崇高理想，一直激励着全世界无产阶级和共产主义者前赴后继、不懈奋斗。实践证明，马克思主义是实现社会进步和文明升华的科学指南，是照亮人类未来的光明灯塔。一切反动势力的围追堵截、歪曲攻击、谩骂诅咒，都丝毫磨灭不了马克思主义科学性和真理性的光芒。尤其是十月革命以来，一代代共产党人用武器的批判、用牺牲与奋斗、用感天动地的实践庄严宣告：资本主义制度一统天下的时代一去不复返了，剥削、压迫、奴役和一切落后、陈腐、反动的旧制度、旧文化必将被扔进历史的垃圾堆，共产主义事业将始终与人民同在、与山河同存、与日月同辉。

中国共产党人是马克思主义的坚定信仰者。在中国共产党的旗帜上，始终清晰地写着“共产主义”这四个红色大字，共产主义始终是我们不懈奋斗、坚定前行的目标。习近平总书记强调：“中国共产党之所以叫共产党，就是因为从成立之日起我们党就把共产主义确立为远大理想。我们党之所以能够经受一次次挫折而又一次次奋起，归根到底是因为我们

---

① 《马克思恩格斯选集》第 2 卷，人民出版社 2012 年版，第 9 页。

党有远大理想和崇高追求。”[①]共产党员特别是党员领导干部要做共产主义远大理想和中国特色社会主义共同理想的坚定信仰者和忠实践行者，做到不为任何外在因素所干扰，不为任何物质利益所诱惑，既要坚定走中国特色社会主义道路的信念，也要胸怀共产主义崇高理想，矢志不移贯彻执行党在社会主义初级阶段的基本路线和基本纲领，中国特色社会主义事业才能稳如泰山、稳步前行。

中国共产党人胸怀远大理想，但绝不好高骛远，而是脚踏实地、锐意进取，是真理的坚定追求者、实践者。中国共产党人始终根据客观条件的变化，推动马克思主义与具体国情、具体实践相结合，坚持与时俱进，不断开创马克思主义发展的新境界。在新时代，高扬 21 世纪马克思主义的光辉旗帜，做 21 世纪马克思主义的坚定信仰者，做马克思主义中国化的忠实实践者，做促进人类和平与发展、建设更加美好世界的不懈行动者，是新时代赋予中国共产党人光荣而神圣的历史使命。

习近平总书记深刻指出：“一种理论的产生，源泉只能是丰富生动的现实生活，动力只能是解决社会矛盾和问题的现实要求。”[②]100 多年来，我们党坚持用马克思主义观察时代、把握时代、引领时代，在实践创新中不断推进理论创新。马克思主义的科学性和真理性得到充分检验，人民性和实践性得到充分贯彻，开放性和时代性得到充分彰显。习近平新时代中国特色社会主义思想，在当代中国、在 21 世纪的世界高高举起了马克思主义的光辉旗帜，开辟了马克思主义新境界，开辟了治国理政新境界，开辟了管党治党、兴党强党新境界，展现出无比强大的真理力量、实践力量，实现了马克思主义中国化新的飞跃。

在中华民族伟大复兴进入关键时期的时代条件下，中国共产党人必

---

① 习近平：《论中国共产党历史》，中央文献出版社 2021 年版，第 123 页。

② 《习近平谈治国理政》第 3 卷，外文出版社 2020 年版，第 63 页。

须坚定理想信念，坚持用马克思主义的立场观点方法审视历史、观照当下，从党的百年历史中汲取经验和智慧，在推动全面建设社会主义现代化国家的历史实践中，不断推动马克思主义理论创新，做马克思主义中国化的忠实实践者。

三、以构建人类命运共同体为指引，做促进人类和平与发展、建设更加美好世界的不懈行动者

构建人类命运共同体，是习近平新时代中国特色社会主义思想的重要内容。习近平总书记以马克思主义政治家、理论家的远见卓识，站在世界历史发展大势和人类共同利益的高度，结合中国智慧、中国理念，科学回答了“建设一个什么样的世界，怎样建设这个世界”的时代之问，高瞻远瞩地提出“构建人类命运共同体，实现共赢共享”的中国方案，为人类社会繁荣发展注入了强大动力，成为引领时代潮流和人类前进方向的鲜明旗帜。

过去的几百年，国际秩序一直是由西方国家主导的。然而，随着21世纪以来以中国为代表的新兴国家的迅速崛起，国际力量对比正在发生深刻变化。现实表明，西方的自由、民主、人权价值观日益暴露出其明显的虚伪性，盛行一时的新自由主义政策风光不再，且越来越被证明贻害无穷，西方的治理理念和模式越来越不能适应国际格局的新变化和时代潮流的新发展。国际力量对比的变化和国际格局的调整，要求加速推进全球治理体系改革，使其朝着更加公正合理的方向发展。

习近平总书记指出：“什么样的国际秩序和全球治理体系对世界好、对世界各国人民好，要由各国人民商量，不能由一家说了算，不能由少数人说了算。中国将积极参与全球治理体系建设，努力为完善全球治理

贡献中国智慧，同世界各国人民一道，推动国际秩序和全球治理体系朝着更加公正合理方向发展。”[①] 在继续推进全面深化改革、办好自己事情的同时，中国越来越重视自身发展对世界和人类的贡献，以自身的新发展为世界提供新机遇。中国始终坚持和平、发展、合作、共赢的理念，坚持走和平发展道路，坚持全面对外开放，反对不公正不合理的国际政治经济旧秩序，强调始终做世界和平的建设者、全球发展的贡献者、国际秩序的维护者，以负责任大国的担当，为全球治理体系建设、为人类共同性问题的解决、为世界的和平发展，不断贡献中国力量。

近年来，随着国际格局的演变调整和国际形势不稳定性不确定性的增强，西方保守主义和单边主义势力抬头，“逆全球化”“反全球化”等逆流涌动，发轫于西方的经济全球化遭遇严重波折。中国在继承和弘扬联合国宪章精神基础上，创造性地提出构建人类命运共同体的主张，建构了全方位、多层次、立体化的全球与区域政策协调和深化合作机制，为经济全球化注入了新动能。构建人类命运共同体的理念和主张，已经成为中国为顺应经济全球化趋势而向世界提供的重要公共产品，体现出中国将自身发展与世界发展相统一的全球视野、世界胸怀和大国担当，具有强大的吸引力、感召力，得到越来越多国家和人民的支持和认可，极大提升了中国的软实力和国际形象。习近平总书记提出的“一带一路”倡议，成为沟通中国梦与世界梦的桥梁纽带，为推动构建人类命运共同体提供了重要实践平台，开启了世界各国合作共赢的新时代，引领经济全球化朝着开放、包容、普惠、平衡、共赢方向发展。目前，“一带一路”倡议已经得到世界 100 多个国家和国际组织的支持和参与，成为有关国家实现互利共赢、共同发展的巨大合作平台。在广大新兴国家和发展中

① 习近平:《论中国共产党历史》，中央文献出版社 2021 年版，第 131 页。

国家的共同努力下，“构建人类命运共同体”、“一带一路”倡议等中国主张写入了联合国决议，成为全球目标、全球行动。事实表明，中国提出的经济全球化方案，为世界指明了消除治理赤字、信任赤字、和平赤字、发展赤字的方向和路径，必将为全人类的和平与发展事业作出更大贡献。

党的十九届六中全会《决议》明确指出：“中国特色大国外交要服务民族复兴、促进人类进步，推动建设新型国际关系，推动构建人类命运共同体。”[①] 面向未来，新时代中国共产党人要努力践行构建人类命运共同体，始终站在历史正确的一边，站在人类进步的一边，主动作为、勇于担当、善作善成，同世界各国尤其是进步力量携手并肩、同舟共济，做促进人类和平与发展、建设更加美好世界的不懈行动者，向着人类命运共同体的光明未来不断奋进。

---

① 《中共中央关于党的百年奋斗重大成就和历史经验的决议》，人民出版社 2021 年版，第 25 页。

深入研究中国特色社会主义新时代的世界意义

姜　辉[①]

进入21世纪第三个十年的时候，人们越来越认同一个标志性的重要事实和发展趋势：世界处于百年未有之大变局，而中国成为世界大变局的主要推动力量。走近世界舞台中央的新时代中国，在中国共产党这个百年大党的领导和治理下，取得了世界瞩目的巨大成就，使近代100多年饱受奴役和欺凌的中国人民真正站立起来，使具有5000多年文明历史的中华民族全面迈向现代化，使具有500多年历史的社会主义思想在世界上人口最多的国家开辟出成功道路，使新中国大踏步赶上时代，中华民族伟大复兴展现光明前景。中国特色社会主义新时代的发展奇迹和巨大贡献，是中国历史进程中的精彩篇章，也是人类社会发展史上的伟大创造。新时代科学理论的创立，形成当代中国马克思主义、21世纪马克思主义；新时代中国特色社会主义，是世界社会主义的引领旗帜和

① 姜辉，中国社会科学院副院长、党组成员，当代中国研究所所长，马克思主义研究院院长。

中流砥柱；新时代中国式现代化道路的开辟，为广大发展中国家走向现代化提供了典范样本和全新选择；新时代中国成为全球发展贡献者和时代引领者，为解决世界难题贡献了中国智慧，为人类对更好社会制度的探索贡献了中国方案；新时代中国推动中华文明创造性转化和创新性发展，使中华文明焕发出蓬勃生机，创造了人类文明新形态，为人类文明进步作出巨大贡献。这些前无古人的伟大创举，破解了人类社会发展的诸多难题，为人类对更好社会制度的探索提供了中国方案。中国特色社会主义新时代是全体中华儿女勠力同心、奋力实现中华民族伟大复兴中国梦的时代，是我国不断为人类作出更大贡献的时代。新时代中国取得的巨大成功，不仅在中华人民共和国发展史上、中华民族发展史上具有重大意义，而且在世界社会主义发展史上、人类社会发展史上也具有重大意义。

一、需要深入研究的重大时代课题

基于新时代中国取得的历史性成就、发生的历史性变革，我们可以充分自信也充分肯定地说，走近世界舞台中央的新时代中国与21世纪的世界融为一体，中国的发展在造福本国人民的同时，为世界发展进步作出越来越大的贡献。习近平总书记深刻指出：“中国共产党坚持一切从实际出发，带领中国人民探索出中国特色社会主义道路。历史和实践已经并将进一步证明，这条道路，不仅走得对、走得通，而且也一定能够走得稳、走得好。我们将坚定不移沿着这条光明大道走下去，既发展自身又造福世界。”①新时代中国取得的世人瞩目的成就，不仅为我国全面建

① 习近平：《加强政党合作共谋人民幸福——在中国共产党与世界政党领导人峰会上的主旨讲话》，《人民日报》2021年7月7日。

成社会主义现代化强国打下了坚实基础，而且为拓展发展中国家的现代化路径提供了中国经验，为变革优化全球治理体系贡献了中国方案，为绘制包容共生的世界文明图景作出了中国贡献，为振兴世界社会主义提供了坚实依托和巨大动力，为改写“国强必霸”的西方逻辑提供了中国样本，为世界经济发展和人类文明进步作出了重大贡献。大道之行，天下为公。中国共产党始终以世界眼光关注人类前途命运，从人类发展大潮流、世界发展大变局、中国发展大历史的高度正确认识和处理同外部世界的关系。通过维护世界和平发展自己，又通过自身发展维护世界和平，不依附别人，不掠夺别人，永远不称霸，不断为人类文明进步贡献智慧和力量，同世界各国一道，推动历史车轮向着光明的方向前进。

中国特色社会主义新时代是我们党 100 年发展历史上的精彩华章，是中华民族 5000 多年文明历史上绚丽灿烂的精彩乐章，也是人类社会发展历史上具有典范意义的历史篇章，占有重要历史地位，作出巨大历史贡献。从 2012 年党的十八大到 2022 年党的二十大召开整整十年时间。我们评价一个历史时期的重大意义和地位，绝不能单纯看自然时间的长短，而必须依据其所取得的成就、推动历史进步的变革和作出的实际贡献。马克思指出：“我们判断一个人不能以他对自己的看法为根据，同样，我们判断这样一个变革时代也不能以它的意识为根据；相反，这个意识必须从物质生活的矛盾中，从社会生产力和生产关系之间的现存冲突中去解释。”[①] 在《卡尔·马克思》一书中，列宁论述了马克思在给恩格斯的信中谈到的人类历史发展的辩证法。列宁指出，历史总是曲折的、跳跃式前进的，有时候是“二十年等于一天”的“龟行”发展时期、政治消沉时期，有时候是“一天等于二十年”的突飞猛进时代、风起云涌的时

① 《马克思恩格斯选集》第 2 卷，人民出版社 2012 年版，第 3 页。

代，并称这即是“人类历史的客观必然的辩证法”[①]。依据这样的历史辩证法，中国特色社会主义新时代就是伟大变革时期，是风起云涌、突飞猛进的伟大时代，具有伟大历史创造意义的不平凡时代。新时代理论与实践的发展，就是列宁所讲的伟大革命时期那样“一天等于二十年”。到今天，新时代还不到十年的时间，不算长，却极不平凡，在我们党和国家发展史上具有里程碑意义，在世界社会主义发展历史和人类社会发展历史上也具有标志性意义。在这近十年中，以习近平同志为核心的党中央，以伟大的历史主动精神、巨大的政治勇气、强烈的责任担当，统筹国内国际两个大局，贯彻党的基本理论、基本路线、基本方略，统揽伟大斗争、伟大工程、伟大事业、伟大梦想，出台一系列重大方针政策，推出一系列重大举措，推进一系列重大工作，战胜一系列重大风险挑战，解决了许多长期想解决而没有解决的难题，办成了许多过去想办而没有办成的大事，推动党和国家事业取得历史性成就、发生历史性变革。我们要遵循历史发展的唯物辩证法，坚持大历史观，深刻把握中国特色社会主义新时代的重大历史意义和重要历史地位。我们的历史视野中，要有5000多年中华文明史，要有500多年世界社会主义史，要有中国人民近代以来180多年斗争史，要有中国共产党100多年奋斗史，要有中华人民共和国70多年发展史，要有改革开放40多年实践史，要有新时代中国特色社会主义取得的历史性成就、发生的历史性变革。只有树立世界眼光和历史视野，才能读懂新时代、跟上新时代、建功新时代。

越是民族的，就越是世界的。透过新时代中国的卓越成就和巨大贡献，我们要深刻认识和探究新时代中国的重大全球影响力和日益彰显的世界意义，探究新时代中国发展及其贡献的时代意义和国际意义，中国

① 《列宁选集》第2卷，人民出版社2012年版，第443、444页。

道路、中国理论的普遍意义和世界意义。中国是世界最大的社会主义国家和最大的发展中国家，实现了从“赶上时代”到“引领时代”的伟大跨越；中国共产党是拥有9500多万党员、领导着14亿多人口大国、具有重大全球影响力的世界第一大执政党。这样伟大的时代，这样伟大的国家，这样伟大的马克思主义政党，其创造的历史伟业和作出的伟大贡献，必将是中华民族历史上最壮丽的史诗，必将是彪炳人类发展史册的人间奇迹。

一个世纪前，英国哲学家伯特兰·罗素（Bertrand Russell）在其著作《中国问题》中预言：“中国物产丰富，人口众多，完全能一跃而成为仅次于美国的世界强国。”[①] 他认为中国将在全球发挥应有作用，将在人类急需之时带来崭新的希望。近半个世纪前，历史学名著《历史研究》的作者、英国历史学家阿诺德·汤因比（Arnold Toynbee），在同日本社会活动家池田大作（Daisaku Ikeda）围绕主题为“人类在21世纪的未来”的对话中提出，人类的希望在东方，而中华文明将为未来世界转型和21世纪人类社会提供无尽的文化宝藏和思想资源。汤因比明确预言：未来最有资格和最有可能为人类社会开创新文明的是中国，中华文明将一统世界。在21世纪进入第三个十年的时候，我们观察当代中国和当今世界，不能不佩服两位西方哲人的历史远见。今天，世界上越来越多的有识之士洞察到：是时候正视中国了。在世界其他地区和国家的生活中，中国已经成了重要的一部分。中国正在担起符合其地位的国际责任，正在书写自己命运的篇章，也在协同书写世界命运的篇章。我们在社会主义现代化建设实践中，也在形成一套与西方不同的价值观。我们今天越来越认识到，中国的发展道路和价值观，具有鲜明的中国特色和独特性，

① ［英］伯特兰·罗素：《中国问题》，秦悦译，经济科学出版社2013年版，第193页。

同时又具有广泛的世界意义和普遍性。新时代中国的伟大创造和伟大奇迹，具有深远的时代意义和世界意义，中国特色社会主义新时代的巨大成功和世界意义，必将在马克思主义发展史、世界社会主义发展史、人类社会发展史、人类文明进步史上，越来越充分展现，越来越得到证明。深入研究中国特色社会主义新时代的世界意义，恰逢其时，正顺其势，必有其效。

二、深刻总结新时代的历史性成就和原创性贡献

要坚持理论与实际、历史与现实、国内与国际相结合，全面系统总结提炼新时代中国特色社会主义的宝贵经验，深刻揭示新时代中国特色社会主义发展的内在逻辑和基本规律，全面阐释新时代历史性成就和历史性变革所蕴含的理论意义、实践意义、时代意义和世界意义。坚持统筹中华民族伟大复兴战略全局和世界百年未有之大变局，即从历史时代、世界大势和国际格局中审视把握新时代中国，深入分析“中国新时代与世界大变局”“中国新时代与‘大的历史时代’”等具有时代观照和全球视野的重大问题，以大历史观考量中国新时代与世界大变局的相互交织激荡，在统筹两个大局中正确把握新时代中国发展环境的“变”与“不变”，正确认识新时代中国面临的历史机遇和重大挑战，科学判断新时代中国在当今世界中的地位和作用，阐释新时代中国共产党人立足时代、引领时代，在“东升西降”的历史趋势中，在两种社会制度竞争的历史演进中，在经济全球化、世界多极化和国际格局都发生转折性重大变化的国际环境中，带领中国人民创造新的历史伟业，中华民族迎来了从站起来、富起来到强起来的伟大飞跃，实现中华民族伟大复兴进入了不可逆转的历史进程。在世界百年未有之大变局中，新时代中国是世界和平

的建设者、全球发展的贡献者、国际秩序的维护者，同时也是时代进步的主要引领力量、世界大变局的主要推动力量、人类和平发展的主导力量、新型国际秩序的塑造力量、人类文明的重大贡献力量。新时代中国的世界意义，必将随着人类历史发展进程的推进而不断加深、日益厚重、充分彰显。

深入研究中国特色社会主义新时代的世界意义，可以从理论和实践的不同维度入手，比如研究新时代中国特色社会主义为发展 21 世纪马克思主义作出原创性贡献，推动世界社会主义发展进入新阶段，开辟人类走向现代化新道路，为解决世界问题提供新方案，等等。在这些巨大贡献及其世界意义中，新时代中国也深刻诠释和充分证明了“三个为什么”：中国共产党为什么能、马克思主义为什么行、中国特色社会主义为什么好。

从理论发展贡献看，中国共产党坚持马克思主义基本原理同中国具体实际相结合、同中华优秀传统文化相结合，不断推进马克思主义中国化进程，形成了既一脉相承又与时俱进的中国化马克思主义，不断丰富和发展科学社会主义。党的十九届六中全会通过的《中共中央关于党的百年奋斗重大成就和历史经验的决议》指出：“习近平新时代中国特色社会主义思想是当代中国马克思主义、二十一世纪马克思主义，是中华文化和中国精神的时代精华，实现了马克思主义中国化新的飞跃。”① 这是具有历史性意义的重大论断，高度诠释了习近平新时代中国特色社会主义思想的精髓要义、丰富内涵、理论贡献、重大意义和历史地位，深刻回答了这一伟大思想“为什么实现马克思主义中国化新的飞跃、怎样实现马克思主义中国化新的飞跃”，在马克思主义发展史上具有标志性、引

① 《中共中央关于党的百年奋斗重大成就和历史经验的决议》，人民出版社 2021 年版，第 26 页。

领性的里程碑意义，引领21世纪马克思主义的发展方向。“任何真正的哲学都是自己时代的精神上的精华。”[①]习近平新时代中国特色社会主义思想是我们这个时代的真正哲学，是引领中国、影响世界的科学理论，创造性运用科学社会主义基本原则，科学总结世界社会主义运动经验教训，以崭新的思想内容丰富和发展了科学社会主义。这一伟大思想，既是实现马克思主义中国化新飞跃的理论成果，是指引中华民族实现伟大复兴的行动指南，也是21世纪马克思主义最新理论形态，为发展马克思主义作出了原创性贡献。

从制度实践贡献看，新时代中国特色社会主义充分体现了社会主义制度的优越性。当前，资本主义发展的一个突出问题就是其各种制度弊端凸显。与之形成鲜明对比，中国共产党推进全面深化改革，不断发展和完善中国特色社会主义制度，形成了独特的治理优势和制度优势。中国特色社会主义使具有500多年历史的社会主义主张在世界上人口最多的国家成功开辟出具有高度现实性和可行性的正确道路，让科学社会主义在21世纪焕发新的蓬勃生机。中国特色社会主义在发展中显示旺盛生命力和巨大优势，为世界社会主义发展积累宝贵经验，提供重要借鉴。中国特色社会主义取得的巨大发展成就，使东欧剧变、苏联解体后所谓的“历史终结论”“社会主义失败论”“共产主义虚无论”不攻自破。由于中国特色社会主义不断成功，冷战结束后世界社会主义万马齐喑的局面得到很大程度的扭转，社会主义同资本主义竞争的被动局面得到很大程度的扭转，党的十九届六中全会通过的我们党的第三个历史决议明确写入了一个让马克思主义研究者振奋鼓舞的重要结论：“马克思主义中国化时代化不断取得成功，使马克思主义以崭新形象展现在世界上，使世

① 《马克思恩格斯全集》第1卷，人民出版社1995年版，第220页。

界范围内社会主义和资本主义两种意识形态、两种社会制度的历史演进及其较量发生了有利于社会主义的重大转变。”[①] 这是马克思主义创新发展的大好时期，也是我们大有作为的最好时期。中国特色社会主义制度更加成熟更加定型，以独特的制度成果对科学社会主义作出新贡献，也为广大发展中国家在制度建设上提供全新选择，不断丰富创新人类制度文明。随着中国特色社会主义不断发展，我们的制度必将越来越成熟，我国社会主义制度的优越性必将进一步显现，我们的道路必将越走越宽广。

从对人类发展贡献看，新时代中国走出一条人类历史上前所未有的现代化道路。中国式现代化既具有独特内涵和显著特征，又具有世界意义和示范作用，为发展中国家走向现代化提供了全新选择。推动构建人类命运共同体，是中国共产党人面对世界百年未有之大变局，对“建设一个什么样的世界，如何建设这个世界”时代课题的正确回答，为解决人类问题贡献中国方案，是科学社会主义理论和实践的重大创新成果。在推进马克思主义与中华优秀传统文化相结合的过程中，习近平新时代中国特色社会主义思想坚持守正创新，以现代视野接续中华文脉，既实现了马克思主义同中华优秀传统文化在制度、文化、价值观等方面的深度结合，又推动了中华优秀传统文化的创造性转化与创新性发展，成为中华文化和时代精神的精华，以中华文明之光照亮民族复兴之路。在这一伟大思想指引下，实现中华民族伟大复兴进入了不可逆转的历史进程，中国式现代化道路越走越宽广，创造了人类文明新形态，在世界百年未有之大变局中继续引领时代发展和人类文明进步方向。

---

① 《中共中央关于党的百年奋斗重大成就和历史经验的决议》，人民出版社 2021 年版，第 63—64 页。

三、坚持民族性和世界性的统一

任何推动人类社会发展进步的重大历史活动和历史事件，其重大意义都是国际性和世界性的。列宁曾经论述过俄国十月革命在何种程度上具有国际意义的问题。他明确地讲，十月革命后的俄国已经积累了“相当丰富的国际经验，它十分明确地说明，我国革命的某些基本特点所具有的意义，不是局部地区的、一国特有的、仅限于俄国的意义，而是国际的意义”[①]。列宁还非常清楚地阐述了俄国革命之国际意义的主要内容和特点：“所谓国际意义是指我国所发生过的事情在国际上具有重要性，或者说，具有在国际范围内重演的历史必然性。”[②]这是列宁在1920年4—5月撰写的《共产主义运动中的“左派”幼稚病》一书中明确提出的问题，距十月革命发生仅两年半的时间。自然时间的长短并不影响伟大历史事件之重大意义的存在，当时在落后俄国发生的十月革命是人类历史上最为进步的革命，即无产阶级革命或社会主义革命。当时有人认为先进的西欧发生的革命要比俄国革命更具典型性，俄国是特殊的例外。列宁批驳了这种错误观点，充分肯定十月革命这场人类历史上前所未有的最进步的革命必然具有超出俄国的特有的国际意义，即具有“在国际范围内重演的历史必然性”。十月革命后社会主义从一国到多国蓬勃发展的历史和实践，充分证明了伟大革命家、思想家列宁的历史远见。从这样的历史意义上看，新时代中国特色社会主义取得的历史性成就、发生的历史性变革及其对于人类社会发展的重大世界意义，正是在中国新时代和世界大变局交织的历史背景下，日益走近世界舞台中央的中国在

① 列宁：《共产主义运动中的“左派”幼稚病》，人民出版社2016年版，第3页。

② 列宁：《共产主义运动中的“左派”幼稚病》，人民出版社2016年版，第3页。

“历史必然性”作用下进行伟大历史创造的必然结果。

习近平总书记指出：“当代中国正经历着我国历史上最为广泛而深刻的社会变革，也正在进行着人类历史上最为宏大而独特的实践创新。”[①] 新时代中国的伟大实践创新和历史创造，既是中国的，也是世界的；既有鲜明的中国特色，又有普遍的世界意义。中国共产党一经成立，就把为中国人民谋幸福、为中华民族谋复兴作为自己的使命，同时也把为人类谋进步、为世界谋大同作为自己的使命。早在 1921 年，毛泽东同志在中国共产党成立前夕谈“改造中国与世界”时，就以远大的世界眼光洞察中国革命事业的世界意义：“中国问题本来是世界的问题，然从事中国改造不着眼及于世界改造，则所改造必为狭义，必妨碍世界。”[②] 邓小平在 20 世纪 80 年代就满怀信心地预言：“到下世纪中叶，能够接近世界发达国家的水平，那才是大变化。到那时，社会主义中国的分量和作用就不同了，我们就可以对人类有较大的贡献。”[③] 习近平总书记反复强调：“中国共产党始终把为人类作出新的更大的贡献作为自己的使命。”[④] 中国特色社会主义新时代是不断为人类作出更大贡献的时代。以习近平同志为核心的党中央团结带领中国人民创造了“中国之治”的伟大奇迹，也创造了人类历史上引领时代、改变世界的伟大奇迹。

只有民族的才是世界的，只有引领时代才能走向世界。新时代中国发挥世界作用，践行世界责任，彰显中国方案的世界意义，是坚持和贯彻历史必然性与历史主动性的统一。历史发展有其规律，但人在其中不是完全消极被动的。只要把握住历史发展规律和大势，抓住历史变革机

---

① 习近平：《在哲学社会科学工作座谈会上的讲话》，人民出版社 2016 年版，第 8 页。
② 《毛泽东文集》第 1 卷，人民出版社 1993 年版，第 1 页。
③ 《邓小平文选》第 3 卷，人民出版社 1993 年版，第 143 页。
④ 《中国共产党第十九次全国代表大会文件汇编》，人民出版社 2017 年版，第 46 页。

遇，顺势而为，奋发有为，就能够更好前进、作出更大贡献。在建设社会主义现代化强国的新征程上，中国共产党团结带领中国人民高举和平、发展、合作、共赢的旗帜，推动建设新型国际关系，推动构建人类命运共同体，推动共建“一带一路”高质量发展，以中国的新发展为世界提供新机遇。中国特色社会主义不断发展，开辟了中国式现代化道路，创造了人类文明新形态，拓展了发展中国家走向现代化的途径，为广大发展中国家走向现代化提供全新选择，为人类文明发展提供全新样本。中国特色社会主义新时代的世界意义，也就是列宁所讲的“在国际范围内重演的历史必然性”。新时代中国孕育并体现的“历史必然性”，是不以人的意志为转移的自然历史进程和客观历史规律作用的结果。其在“国际范围内重演”的意义，指的是对世界的重大影响和对人类社会发展的宏大历史意义。中国特色社会主义新时代的世界意义，打破了所谓普世价值的神话，为人类社会发展和对更好社会制度的探索提供中国智慧和中国方案，提供一个崭新的方向，一种全新的选择，一个光明的前途。

习近平总书记强调学习实践马克思主义人民民主思想的极端重要性和实践路径

李慎明[①]

习近平总书记在纪念马克思诞辰200周年大会上指出："学习马克思，就要学习和实践马克思主义关于人民民主的思想。"[②]这一指示十分重要和及时。

对马克思关于人民民主思想的坚持和发展是习近平新时代中国特色社会主义思想的重要组成部分。坚持马克思主义人民民主思想，健全人民当家作主制度体系，发展社会主义民主政治，对于实现中华民族的伟大复兴、推动构建人类命运共同体具有十分重要的意义。

---

① 李慎明，中国社会科学院原副院长、研究员。

② 习近平：《在纪念马克思诞辰200周年大会上的讲话》，人民出版社2018年版，第18页。

一、准确把握马克思主义关于民主科学内涵的重大意义

习近平总书记高度重视意识形态领域复杂尖锐的斗争。他明确指出："坚持正面宣传为主，绝不意味着放弃舆论斗争。敌对势力在那里极力宣扬所谓的'普世价值'……目的就是要同我们争夺阵地、争夺人心、争夺群众，最终推翻中国共产党领导和中国社会主义制度。"① 在习近平总书记指出的那些宣传所谓"普世价值"的种种舆论中，所谓"民主"是频率最高的词汇之一。要真正弄懂马克思主义的人民民主思想，首先要弄清民主的含义。

1850 年，马克思在批驳英国作家托马斯·卡莱尔的"不管我们怎样设想普遍民主，它是我们这个时代必不可免的事实"这一观点时说："民主是什么呢？它必须具备一定的意义，否则它就不能存在。因此全部问题就在于确定民主的真正意义。如果这一点我们做到了，我们就能对付民主，否则我们就会失败。"② 可见，研究、弄懂民主问题特别是区分各种不同性质的民主，对于真正学懂弄通马克思主义人民民主思想具有重要的意义。

列宁高度重视对民主问题的研究，认为民主与国家概念本质上相连甚至等同。他对国家问题有一系列论述："国家问题是一个最复杂最难弄清的问题，也可说是一个被资产阶级的学者、作家和哲学家弄得最混乱的问题……是全部政治的基本问题，根本问题。"③ "这个问题所以被人弄得这样混乱，这样复杂，是因为它比其他任何问题更加牵涉到统治阶

① 《习近平关于社会主义文化建设论述摘编》，中央文献出版社 2017 年版，第 27 页。

② 《马克思恩格斯全集》第 10 卷，人民出版社 1998 年版，第 315 页。

③ 《列宁全集》第 37 卷，人民出版社 2017 年版，第 61—62 页。

级的利益（在这一点上它仅次于经济学中的基本问题）。”“在这个问题上指望人们公正无私，以为那些自称具有科学性的人会给你们拿出纯粹科学的见解，那是极端错误的。”[①] 他还说，对国家问题“必须再三研究，反复探讨，从各方面思考，才能获得明白透彻的了解”[②]。透过列宁对国家的相关论述，我们可以进一步认识探讨民主问题的重大意义。

当前，国内外有关民主问题的争论，本质上都是从民主作为国家形式和国家形态的这个层面和内涵上展开的。在经济全球化和国际金融危机深入发展、政治多极化初显端倪、科技革命日新月异、各种新机遇新挑战层出不穷的情势下，我们又面临着“全部问题在于确定民主的真正意义”和“必须再三研究，反复探讨，从各方面思考”民主“这个时代必不可免的事实”。这可以从三个角度看。

从国内看，改革开放 40 多年来，我国经济建设取得了令世人瞩目的成就，社会主义民主政治建设也得到了广泛公认的发展与进步：我们党带领人民积极探索适应时代潮流、符合中国国情的社会主义民主政治发展道路，坚持并不断完善社会主义民主政治制度，人民的各项民主权利得到保障，安定团结的政治局面得到巩固，等等。我国的航天、高铁、5G、生物工程等标志性产业向世人展示了日益增强的综合国力，这也从一个侧面充分彰显了中国特色社会主义民主政治的优越性，并使其具有特定的世界意义。与此同时，我们也要清醒看到，我国的社会主义民主政治建设与经济社会发展的要求还不完全适应，中国特色社会主义制度需要坚持和完善，国家治理体系和治理能力现代化需要推进和加强，中国特色社会主义民主的实现形式需要拓展和创新。随着改革开放的深入发展，广大干部群众越来越感到“坚持方向不变、道路不偏、力度不减，

① 《列宁全集》第 37 卷，人民出版社 2017 年版，第 63 页。
② 《列宁全集》第 37 卷，人民出版社 2017 年版，第 62 页。

推动新时代改革开放走得更稳、走得更远”[①]的极端重要性，强烈希冀党领导人民从全面建设社会主义现代化国家的战略需要出发，对全面深化改革进一步作出部署，坚持走中国特色社会主义民主政治发展道路，进一步巩固人民当家作主的地位，确保实现“两个一百年”奋斗目标，进而实现中华民族的伟大复兴。也有人希望在我国实行西方民主政治，全盘推行私有化，使我国与西方社会“全面接轨”，让资本甚至国际垄断资本在我国“当家作主”。香港回归20多年后出现的“反中”运动，与西方敌对势力长期霸占各种舆论媒体，在港宣扬所谓的民主及人权、自由等价值观直接关联。

从国际看，随着我国经济实力的不断壮大和综合国力的明显增强，国内外敌对势力依靠“硬实力”对我国国内进行颠覆的希望越来越渺茫，因而越来越把希望寄托在运用包括民主及自由、人权和新自由主义等“软实力”上。2008年8月，英国国家战略研究所一位负责跨国威胁和政治风险事务的人士说，美国对中国的战略可以用简洁的语言表述为：中国若“硬实力”崛起，美国则十分欢迎；若“软实力”崛起，美中之间将可能发生直接全面的激烈冲突。[②]他所说的中国的“硬实力”，就是中国负责生产、美国负责消费的中国粗放式的发展方式；而他所说的中国的“软实力”，主要指中国发展模式由粗放式发展向高质量发展的转变和科学技术的创新，更主要是指中国特色社会主义的道路、理论、制度和文化自信，是对马克思主义的坚持与发展。正因为如此，长期以来，以美国为首的一些西方国家对我国社会主义民主政治的发展异常“热心”，给我们开出了各式各样的“药方”，企图引导我们实行“一、二、三、多”和“两杆子”“一独立”，也就是“一个总统、两院制、三权分

① 习近平：《在庆祝改革开放40周年大会上的讲话》，人民出版社2018年版，第37页。

② 这是笔者2008年8月访问欧洲与该负责人谈话时他表述的观点。

立、多党制”和“新闻自由（笔杆子）、军队国家化（枪杆子）”“司法独立”，进而把我国政治体制改革引向全盘西化的道路。

从理论界的认识看，尽管民主及自由、人权一直是理论界关注的热点和焦点问题，但人们对民主及其相关问题一直存在分歧。一是对于民主内涵有不同的认识。比如，有人认为“民主是个好东西”；有人认为“讲民主是个好东西，但不是说民主没有问题、没有局限性”，即“民主是个不坏的东西”；有人认为“民主是个好东西，但搞不好是个坏东西”。如果把民主放到马克思主义的视野下，就必然会得出如下结论：在当代中国，对于最广大人民群众来说，人民民主是个好东西，资产阶级民主是个坏东西。二是在中国民主政治建设的方向性上存在分歧。例如，在中国民主政治建设问题上，学界主要分为照搬派和马克思主义普遍真理与中国实际相结合派，这两派的区别不在于要不要民主，而在于民主是否具有普世性，尤其是美国民主制度是否具有普世性，民主的存在是否以资产阶级的“三权分立”“多党制”为前提，等等。这一系列问题都是攸关中国民主政治建设进程的路径、方向和前途的重大问题。三是对民主及自由、人权是否属于“普世价值”的争论较热烈。持赞同观点的人说“民主是人类的普世价值，但实现这种价值的道路不是惟一的”；也有人说“民主、法治、自由、人权、平等、博爱是整个世界在漫长的历史过程中共同形成的文明成果，是人类社会共同追求的普世价值，不是资本主义所特有的”，“从英国、美国推行民主以来，全世界三分之二的地区都实现了民主，可见其普世程度”，“人类文明的普世价值是永恒的，而民族特色是会变化的……普世价值不应该成为迁就民族特色的祭品”；还有人说“民主政治作为普世价值已经成了世界的潮流和政治文明的标杆”，“现代民主政治往往是一种各个党派自由竞争的政党政治”，“民主政治是普世的价值，既然是普世的价值，这就意味着民主政治是可以移植的”，“西方民主可以移植到世界各地”，“文化差异和国情不能成为抗拒民主政治的理由”，“要民主就必须搞资本主义”。国内外一些人总是把民主、法治、自由、人权、平等、博爱等作为全人类必须共同追求的普世价值。其实，价值是不同的个人、人群、阶级乃至国家对客体的主观认定，在阶级和有阶级的社会里，从来就没有所谓的普世价值。人们要认识具体事物，必须运用思维中的抽象功能。民主、法治、自由、人权、平等、博爱等如同水果一样，都是人们在思维中抽象出来的名词而已。这些抽象的名词，在实际的具体事物中并不存在。人们常说吃水果，但任何人都吃不到抽象的水果，因为抽象的水果在实际生活中并不存在。人们要吃水果，只能吃具体的水果，比如苹果、香蕉等。同样，在阶级或有阶级的经济社会生活中，人们仅能享受具体的比如或奴隶社会或封建社会或资本主义社会或社会主义社会的民主、法治、自由、人权、平等、博爱等，而绝不能享受到人们在思维中抽象出来的所谓具有普世价值的民主、法治、自由、人权、平等、博爱等。在阶级或有阶级的社会里，虽然没有普世价值，但世界上到处存在着普遍真理，普遍真理是不依赖任何个人、人群、阶级乃至国家的主观认定而存在于自然界、人类社会和思维中的客观自在的规律。西方世界拼命向我们贩卖所谓的普世价值，本质上是企图让我们放弃党的领导、走资本主义道路、重新沦为它们的殖民地或半殖民地。

民主及其相关问题是一个十分重大的理论和实践问题，在各种不同的理论体系包括马克思主义理论体系中都占有十分重要的位置，也是当前国内外意识形态领域争论的一个焦点。在民主等问题上之所以出现如此多的糊涂甚至混乱认识，根本缘由之一是放弃了马克思主义的阶级斗争观点和阶级分析方法，前述列宁关于国家问题的论述为我们识别和判定这些认识提供了锐利武器。正因如此，习近平总书记要求学习和实践马克思主义关于人民民主思想，这具有十分重大的现实意义和深远的历史意义。当前，真正弄清民主的内涵，学习和实践马克思主义关于人民民主的思想，坚定不移地走中国特色社会主义政治发展道路，确保实现中华民族的伟大复兴，是一项十分紧迫而重要的政治任务。

二、真正学懂弄通马克思主义的人民民主思想

要学习和实践马克思主义关于人民民主的思想，首先要弄清马克思主义人民民主思想。

我们可以从不同角度和不同方面定义民主。本文探讨的民主，主要指社会政治制度层面上的民主。它不同于人民权利层面的广义的民主权利或管理层面的民主管理原则，不是指思想观念层面的民主精神或民主观念，也不同于行为方式层面的民主作风和民主工作方法等。

2019 年 9 月 24 日，习近平总书记在中央政治局第十七次集体学习时明确指出，“新中国成立后，我们党创造性地运用马克思主义国家学说，为建设社会主义国家制度进行了不懈努力”[①]。从一定意义上讲，马克思主义国家学说是马克思主义关于人民民主思想的上位，只有把马克思主义关于人民民主的思想与马克思主义国家学说联系起来学习和思考，才能真正学懂弄通马克思主义关于人民民主的思想。

按照马克思主义的观点，国家不是从来就有的，它是阶级矛盾不可调和的产物。国家是阶级斗争的工具，是维护一个阶级对另一个阶级的统治的机器，对社会发展起加速或延缓的作用。“每隔几年决定一次究竟由统治阶级中的什么人在议会里镇压人民、压迫人民，——这就是资产

① 习近平：《坚持、完善和发展中国特色社会主义国家制度与法律制度》，《求是》2019 年第 23 期。

阶级议会制的真正本质。”[①] 革命的根本问题是国家政权问题，无产阶级必须用暴力打碎旧的国家机器，建立和巩固无产阶级专政。“在资本主义社会和共产主义社会之间，有一个从前者变为后者的革命转变时期。同这个时期相适应的也有一个政治上的过渡时期，这个时期的国家只能是无产阶级的革命专政。”[②] 无产阶级专政是人类历史上崭新的唯一的对绝大多数人实行民主、对极少数人实行专政的最为进步最为文明的国家政权。“在任何社会主义革命中，当无产阶级夺取政权的任务解决以后，随着剥夺剥夺者及镇压他们反抗的任务大体上和基本上解决，必然要把创造高于资本主义的社会结构的根本任务提到首要地位，这个根本任务就是：提高劳动生产率，因此（并且为此）就要有更高形式的劳动组织。”[③] 党是无产阶级组织的最高形式，是国家政权的核心，党政军民学，东西南北中，党是领导一切的；“我们是执政党，所以我们不能不把苏维埃的‘上层’和党的‘上层’融成一体，现在是这样，将来也是这样”[④]。法律根源于物质生活，具有影响经济基础的特殊能力；法律就是取得胜利、掌握国家政权的阶级的意志的表现。从一般规律上说，无产阶级国家代替资产阶级国家，非通过暴力革命不可；我们要运用无产阶级国家这个机器，去消灭一切剥削，进而国家“自行消亡”：国家随着阶级的消灭而消亡；民主也是一种国家形式，它必然会随着国家的消失而消失。马克思主义经典作家在论述民主时，往往把其放入马克思主义国家学说的语境中展开。

马克思、恩格斯对国家和民主的阶级性作了十分准确而重要的论述。

---

① 《列宁选集》第 3 卷，人民出版社 2012 年版，第 150 页。

② 《马克思恩格斯选集》第 3 卷，人民出版社 2012 年版，第 373 页。

③ 《列宁选集》第 3 卷，人民出版社 2012 年版，第 490 页。

④ 《列宁全集》第 32 卷，人民出版社 1958 年版，第 166 页。

马克思说：“‘民主的’这个词在德语里意思是‘人民当权的’。”[①]“国家是抽象的东西。只有人民才是具体的东西。”[②]恩格斯说，“民主这个‘概念’……每次都随着人民的变化而变化”，“资产阶级统治的彻底的形式正是民主共和国”。[③]马克思又指出：“显而易见，如果主权存在于君主身上，那么谈论同它相对立的存在于人民身上的主权就愚蠢了，因为主权这个概念本身不可能有双重的存在，更不可能有对立的存在。”“二者之中有一个是不真实的，虽然已是现存的不真实。”[④]

列宁对国家和民主有大量精辟的论述。列宁明确指出：“民主是国家形式，是国家形态的一种。”[⑤]这里说的“民主是国家形式”中的“国家形式”即政体，是指事物的普遍性。在原始社会，国家并不存在。随着生产力的发展、科学技术的不断进步、剩余劳动的产生，特别是被压迫阶级的反抗，社会形态由低级向高级演进，诞生了比原始社会发达的奴隶制文明，并逐渐诞生了封建主义文明、资本主义文明和共产主义的初级阶段社会主义文明。民主作为政体，是指在国家中占据统治地位的阶级采取何种政权形式管理国家、实现自己的统治，这些国家的正常运转也都有共同的民主运动的形式，如在其统治阶级内部都是一人一票、少数服从多数等。列宁说的“国家形态的一种”指国体，是指民主的特殊性或这个国家的阶级实质，即它是属于哪个阶级的，是哪个阶级在国家中掌握政权、占据统治地位，哪些阶级处于被统治的地位。这是与专政紧密联系在一起的。列宁认为，民主与国家一样，作为政治的上层建筑，都具有鲜明和强烈的阶级性。

---

① 《马克思恩格斯选集》第 3 卷，人民出版社 2012 年版，第 371 页。
② 《马克思恩格斯全集》第 3 卷，人民出版社 2002 年版，第 38 页。
③ 《马克思恩格斯选集》第 4 卷，人民出版社 2012 年版，第 565 页。
④ 《马克思恩格斯全集》第 3 卷，人民出版社 2002 年版，第 38 页。
⑤ 《列宁全集》第 31 卷，人民出版社 2017 年版，第 96 页。

列宁说："生产是永远需要的，而民主不是永远都需要的。"① "任何民主，和任何政治上层建筑一样（这种上层建筑在阶级消灭之前，在无阶级的社会建立之前，是必然存在的），归根到底是为生产服务的，并且归根到底是由该社会中的生产关系决定的。"② "民主就是承认少数服从多数的国家，即一个阶级对另一个阶级、一部分居民对另一部分居民使用有系统的暴力的组织。"③ 列宁还进一步论述说，民主"同任何国家一样，也是有组织有系统地对人们使用暴力，这是一方面。但另一方面，民主意味着在形式上承认公民一律平等，承认大家都有决定国家制度和管理国家的平等权利"④。因此，"只要有不同的阶级存在，就不能说'纯粹民主'，而只能说阶级的民主"⑤。"资产阶级民主无论在何时何地都保证公民不分性别、宗教、种族、民族一律平等，但是它无论在什么地方也没有实行过。"⑥ "极少数人享受民主，富人享受民主，——这就是资本主义社会的民主制度。"⑦ 列宁还明确指出："凡是存在着土地和生产资料的私有制，资本占统治地位的国家，不管怎样民主，都是资本主义国家，都是资本家用来控制工人阶级和贫苦农民的机器。至于普选权、立宪会议和议会，那不过是形式，不过是一种空头支票，丝毫也不能改变事情的实质。"⑧ "无产阶级民主（苏维埃政权就是它的一种形式）在世界上史无前例地发展和扩大了的，正是对大多数居民即对被剥削劳动者的民

① 《列宁选集》第 4 卷，人民出版社 2012 年版，第 376 页。
② 《列宁全集》第 40 卷，人民出版社 2017 年版，第 279 页。
③ 《列宁全集》第 31 卷，人民出版社 2017 年版，第 78 页。
④ 《列宁全集》第 31 卷，人民出版社 2017 年版，第 96 页。
⑤ 《列宁选集》第 3 卷，人民出版社 2012 年版，第 600 页。
⑥ 《列宁选集》第 3 卷，人民出版社 2012 年版，第 700 页。
⑦ 《列宁选集》第 3 卷，人民出版社 2012 年版，第 189 页。
⑧ 《列宁选集》第 4 卷，人民出版社 2012 年版，第 37 页。

主。”[1] 在应对这次全球泛滥的新冠肺炎疫情中，新自由主义占统治地位的发达国家与中国等其他社会主义国家的结果不同，这进一步证明了列宁当年论述的正确性。

中国共产党继承和发展了马克思列宁主义的民主思想。毛泽东指出，民主是具体的、相对的，“世界上只有具体的自由，具体的民主，没有抽象的自由，抽象的民主。在阶级斗争的社会里，有了剥削阶级剥削劳动人民的自由，就没有劳动人民不受剥削的自由。有了资产阶级的民主，就没有无产阶级和劳动人民的民主”[2]。毛泽东还指出：“对人民内部的民主方面和对反动派的专政方面，互相结合起来，就是人民民主专政。”[3] 邓小平强调社会主义民主不同于资本主义民主，要求“我们在宣传民主的时候，一定要把社会主义民主同资产阶级民主、个人主义民主严格地区分开来，一定要把对人民的民主和对敌人的专政结合起来，把民主和集中、民主和法制、民主和纪律、民主和党的领导结合起来”[4]。邓小平还说：“关于民主，我们大陆讲社会主义民主，和资产阶级民主的概念不同……我们一定要切合实际，要根据自己的特点来决定自己的制度和管理方式。”[5]

上述马克思主义者关于狭义民主含义的论述，主要揭示了在阶级或有阶级的社会里，以国家形态所表现的民主的特殊本质。可见，民主的本意应该是多数人的统治，即“少数服从多数的国家”。也就是说，民主与国家在本质上是一致的，民主一方面是有组织有系统地对人们使用暴力，另一方面也意味着在形式上承认人民一律平等。“民主”中的“民”

---

① 《列宁选集》第 3 卷，人民出版社 2012 年版，第 605 页。
② 《毛泽东文集》第 7 卷，人民出版社 1999 年版，第 208 页。
③ 《毛泽东选集》第 4 卷，人民出版社 1991 年版，第 1475 页。
④ 《邓小平文选》第 2 卷，人民出版社 1994 年版，第 176 页。
⑤ 《邓小平文选》第 3 卷，人民出版社 1993 年版，第 220—221 页。

字，就是我们通常所说的人民。在不同的历史时期，人民具有不同的规定性。在奴隶民主制下，奴隶主是享有充分权利的公民。在封建民主制下，地主是享有充分权利的公民。在资产阶级民主制下，从形式上看，无产阶级和其他劳动大众都是“民”，实行的是“一人一票”的选举制，是多数人当家作主，但实质上是有产者少数人当家作主。正如列宁所言，资产阶级民主“就是容许被压迫者每隔几年决定一次究竟由压迫阶级中什么人在议会里代表和镇压他们”[①]。因此，资产阶级民主制的形式与内容、名与实是相背离的，这是资产阶级民主制不可克服的内在矛盾。只有在社会主义条件下，民主的多数人的统治才真正变为现实，民主的形式与内容、名与实才能高度有机统一。

有人认为，民主的实质是人民当家作主。实际上，这是对民主一般意义上的定义，并没有讲清民主的实质性的内涵，即没有讲清“人民”的具体内涵。任何民主，与任何政治上层建筑一样（这种上层建筑在阶级消灭之前，在无阶级社会建立之前，是必然存在的），归根到底是为生产服务的，并且归根到底是由该社会中的生产关系决定的。民主制的实质是在统治集团内部实行民主和少数服从多数的国家，是在整个社会上一个阶级对另一个阶级、一部分居民对另一部分居民有系统的使用暴力的国家。世界上从来没有抽象的、纯粹的民主，只有具体的、历史的民主，不同的社会形态有着发展着的不同社会类型和不同程度的民主。

广义民主指的是各种社会形态下社会生产和社会生活各个不同层次和不同领域民主所具有的基本特征，它包括国家形态的民主和非国家形态的民主，包括国家形态下各个不同阶级内部的民主。我们常说的建设中国特色社会主义民主政治，既包括国家形式和国家形态相统一的民主，

---

① 《列宁全集》第31卷，人民出版社2017年版，第84页。

即对广大人民实行民主、对敌人实行专政，又包括国家形态下人民内部社会生产生活各个层次、不同领域的民主，但着力点是在国家制度上。我们常说的党内民主、企业民主、村民自治、小区民主、学术民主、军事民主等就是国家形态下的人民内部民主精神的体现。原始社会没有国家形态的民主，但存在着非国家形态下的民主。恩格斯明确肯定原始社会有古代“自然形成的民主制”。[①] 列宁明确肯定人类历史上曾经存在过的“‘原始的’民主制度”。[②]

民主是国家形式，是国家形态的一种，其实质是阶级的民主和阶级的统治，是社会上层建筑中的核心部分。而所谓的自由、人权，都是在一定国家形式或国家形态下公民权利的特定表现。所以，从一定意义上说，在民主、自由、人权的关系中，民主是前提、核心，有了民主才可能有自由和人权。这就如同民主是棵大树的树干，自由与人权是这棵树干上的枝杈，枝杈是依附于树干的，自由与人权是依附于民主的。有了一定的国家形式或国家形态，其阶级或个人的自由和人权才有可靠的保障。

民主及自由、人权都是在人类历史发展一定阶段形成的概念。无论是在阶级社会，还是在从阶级向无阶级社会过渡的相当长的历史阶段里，或是在世界上依然存在霸权主义和强权政治的情况下，根本不存在全人类共同享有的民主、自由、平等与人权。资产阶级是打着民主及自由、平等和人权的旗号上台的，资产阶级政府从来都把自己标榜为全体公民的代表。但是，实践证明，在资本主义社会，有了资产阶级的民主及自由、平等和人权，就绝不会有无产阶级的民主及自由、平等和人权。当然，马克思主义决不排斥抽象思维中的认识论意义上的民主及自由、人

① 《马克思恩格斯选集》第 4 卷，人民出版社 2012 年版，第 119 页。
② 《列宁选集》第 3 卷，人民出版社 1995 年版，第 148 页。

权的一般，但必须准确把握和揭示民主及自由、人权的内涵与实质，以利广大工人阶级和劳动人民争取自己的民主及自由、人权。

三、在坚持党的领导、人民当家作主、依法治国有机统一中学习和实践马克思主义人民民主思想

中国特色社会主义政治建设的主要任务是习近平总书记所说的逐步确立并巩固“保证亿万人民当家作主的新型国家制度”，确立并巩固“我们国家的国体、政体、根本政治制度、基本政治制度、基本经济制度和各方面的重要制度，中国特色社会主义制度不断完善，中国特色社会主义法律体系也不断健全”。①完成这一主要任务的途径是什么？这就是习近平总书记明确指出的：“坚持中国特色社会主义政治发展道路，关键是要坚持党的领导、人民当家作主、依法治国有机统一。”②可见，学习和实践马克思主义人民民主思想，就要自觉坚持党的领导、人民当家作主、依法治国有机统一。

（一）坚持党的领导是人民当家作主制度体系的根本政治保障

习近平总书记强调，要坚持党对一切工作的领导，“党政军民学，东西南北中，党是领导一切的”③。坚持党的领导是我国社会主义根本制度的题中应有之义和根本保证。

在健全人民当家作主制度体系和充分发挥社会主义民主政治优势中，

---

① 习近平：《坚持、完善和发展中国特色社会主义国家制度与法律制度》，《求是》2019年第23期。

② 《习近平关于社会主义政治建设论述摘编》，中央文献出版社2017年版，第4页。

③ 习近平：《决胜全面建成小康社会　夺取新时代中国特色社会主义伟大胜利》，人民出版社2017年版，第20页。

我们之所以强调党的领导的关键作用，主要是基于以下原因。一是坚持党的领导是马克思主义的一个重要原则。马克思、恩格斯早在1850年就明确指出，党“应该使自己的每一个支部都变成工人协会的中心和核心”①。列宁强调，“国家政权的一切政治经济工作都由工人阶级觉悟的先锋队共产党领导”②。毛泽东说：“中国共产党是全中国人民的领导核心。没有这样一个核心，社会主义事业就不能胜利。”③邓小平强调，我们必须坚持共产党的领导，倘若削弱甚至取消党的领导，“这事实上只能导致无政府主义，导致社会主义事业的瓦解和覆灭”④。二是坚持党的领导是我国历史发展和人民的必然选择。近现代以来中国革命的实践一再告诉我们：要真正实现人民当家作主，无论是靠人民群众的自发斗争，还是靠资产阶级、小资产阶级政党都是行不通的；只有中国共产党的领导，才会有新中国的诞生和中国人民的翻身解放；中国共产党在新中国执政的“合法性”即政治基础是与生俱来的。三是坚持党的领导是牢记党的初心和使命的内在要求。中国共产党是中国工人阶级的先锋队，又是中国人民和中华民族的先锋队，党的宗旨是全心全意为人民服务，党的指导思想是马克思主义，最高纲领是实现共产主义，最终目标是解放全人类，即实现每个人自由而全面的发展。从一定意义上讲，这是我们特别强调坚持共产党领导和执政的最根本的、最重要和全部的合法性所在。四是坚持党的领导是我国国体的根本要求。我国是工人阶级领导的、以工农联盟为基础的人民民主专政的社会主义国家。这一根本制度决定我们必须坚持中国共产党的领导，决定当今我国实行的必须是生产资料公

① 《马克思恩格斯选集》第1卷，人民出版社2012年版，第558页。

② 《列宁选集》第4卷，人民出版社2012年版，第624页。

③ 《毛泽东文集》第7卷，人民出版社1999年版，第303页。

④ 《邓小平文选》第2卷，人民出版社1994年版，第170—171页。

有制占主体和对人民的民主与对敌对势力的专政。因此，在我国工人阶级和广大人民群众内部，不存在根本利益的冲突。工人阶级通过共产党这一先锋队的领导，通过党内和国家的民主集中制，通过人民代表大会、共产党领导的多党合作、民族区域自治这些组织形式，把工人阶级以及其他最广大人民群众和整个国家、民族高度团结统一起来，从而更好地代表和体现最广大人民群众的根本利益与要求。五是坚持党的领导符合我国根本法的规定。中国共产党在社会主义中国的领导地位有充分的法律依据。其一，《中华人民共和国宪法》序言明确指出，中国新民主主义革命的胜利和社会主义事业的成就，是中国共产党领导中国各族人民在马克思列宁主义、毛泽东思想指引下取得的。《宪法》序言还明确指出，中国各族人民将继续在中国共产党领导下，把我国建设成为富强民主文明和谐美丽的社会主义现代化强国，实现中华民族伟大复兴。其二，《宪法》正文总纲第一条——“中华人民共和国是工人阶级领导的、以工农联盟为基础的人民民主专政的社会主义国家”① 的明确规定，开宗明义地确立了中国共产党在国家事务中的领导地位。第十三届全国人民代表大会通过的《中华人民共和国宪法修正案》总纲第一条明确规定：“中国共产党领导是中国特色社会主义最本质的特征。”② 这是对新中国成立以来，特别是改革开放以来波澜壮阔实践经验的深刻总结，又是对中国特色社会主义理论体系和马克思主义国家学说与政治学理论的升华。那种认为中国共产党的领导地位没有宪法和法律依据的看法是完全错误的。

正确认识和处理党的领导和国家政权的关系是坚持和完善党的领导、不断提高依法治国的能力，从而实现和保证人民当家作主的一个重要课题。党政职能应该也必须分开，党必须在宪法和法律范围内活动，不能

① 《中华人民共和国宪法》，人民出版社 2018 年版，第 7 页。
② 《中华人民共和国宪法》，人民出版社 2018 年版，第 7 页。

代替人大、政府、法院、检察院行使权力，不能以党代政。尽管随着历史条件、社会环境、党的具体任务的变化，党的领导方式和方法也必须相应地有所改变，但中国共产党的执政地位是不会变的，党的执政地位总要通过对国家政权机关的领导来实现。因此，可以提党政职能分开，但不能主张党政分开，因为这很容易导致忽视党的领导，党政分开了、相互没有关涉了，共产党就会失去执政党的地位。所以，中国共产党各级政权机关，包括人大、政府、法院、检察院和军队都必须接受党的领导，任何削弱、淡化党的领导的想法和做法都是错误的。也就是说，中国共产党统领全局、协调各方的作用，是其他任何政党和集团无法替代和完成的；否则，全国就会出现一盘散沙的局面，人民当家作主和依法治国也就无从谈起。

那种认为在革命时期要取得革命的成功需要党的领导，在建设特别是改革时期无须坚持党的领导，只要有一套健全的政治体制并依靠依法治国这一方略就可以保证人民当家作主的观点是错误的、不可取的。国际共产主义运动的历史证明，党的领导不仅是无产阶级夺取和掌握国家政权的首要条件和普遍规律，也是社会主义建设和改革的首要条件和普遍规律，东欧剧变、苏联解体的教训充分昭示了这一点。

（二）坚持以人民为中心是健全人民当家作主制度体系的宗旨和灵魂

为什么人的问题是根本的问题、原则的问题。马克思、恩格斯在《共产党宣言》中明确指出："过去的一切运动都是少数人的，或者为少数人谋利益的运动。无产阶级的运动是绝大多数人的，为绝大多数人谋利益的独立的运动。”[①] 这一经典论述揭示和规定了所有国家无产阶级革命和社会主义建设、改革的根本性质和根本目的。毛泽东强调：“人民，只有人民，才是创造世界历史的动力。”[②] 因此，坚决相信、紧紧依靠和始终为最广大人民群众谋利益是我们党世界观和方法论的根本体现。

习近平总书记在党的十九大报告中第一次明确提出“坚持以人民为中心”的思想，这一思想是在新形势、新时代下对马克思主义关于为什么人的问题是根本的问题、原则的问题的坚持和创新。从一定意义上讲，以人民为中心的发展思想是对科学发展观的继承和发展，明确指明了科学发展观的根本灵魂和目的所在。但马克思主义绝不仅仅是一个发展观所能囊括的，正如习近平总书记在纪念马克思诞辰 200 周年大会上归纳的，马克思主义除了发展观外还有实践观、群众观、阶级观、矛盾观等，以人民为中心的思想是对其的归纳和提炼，对于马克思主义的根本内容和目的指向来说更具本质性与深刻性。习近平总书记在纪念马克思诞辰 200 周年大会上又明确指出：“马克思主义博大精深，归根到底就是一句话，为人类求解放。”[③] 这在本质上是对以人民为中心思想的另一种表达。人民是历史的创造者，是决定党和国家前途命运的根本力量。从我们各项具体工作在全局工作中的位置来说必须坚持以经济建设为中心，但从各项工作的最终价值指向即为了谁、相信谁、依靠谁这一根本问题来说必须坚持以人民为中心，这是我们各项工作的立足点、出发点和归宿点。也就是说，党的领导是中国特色社会主义的最本质特征，坚持以人民为中心则是中国共产党的最本质特征。

坚持以人民为中心就要坚持依靠人民。为着人民就必须依靠人民，

---

① 《马克思恩格斯选集》第 1 卷，人民出版社 2012 年版，第 411 页。

② 《毛泽东选集》第 3 卷，人民出版社 1991 年版，第 1031 页。

③ 习近平：《在纪念马克思诞辰 200 周年大会上的讲话》，人民出版社 2018 年版，第 8 页。

否则绝不可能达到一切为了人民的目的。我国《宪法》总纲第二条明确规定："中华人民共和国的一切权力属于人民"，"人民依照法律规定，通过各种途径和形式，管理国家事务，管理经济和文化事业，管理社会事务"。[①] 依靠人民还有多种有效形式。党的十九大报告指出："发挥社会主义协商民主重要作用。有事好商量，众人的事情由众人商量，是人民民主的真谛。协商民主是实现党的领导的重要方式，是我国社会主义民主政治的特有形式和独特优势。"[②]

坚持以人民为中心必须坚持人民当家作主。习近平总书记指出，"坚持人民主体地位，必须坚持法治为了人民、依靠人民、造福人民、保护人民"[③]。人民当家作主既是目的，又是手段。只有不断巩固与增强人民群众当家作主的地位，人民群众才会更加自觉地把个人命运与国家、民族和社会主义的命运紧密联系在一起，更加自觉地发挥自己的积极性、主动性和创造性，进行更加丰富生动的历史活动，中国共产党的执政就会有最为先进的阶级基础和最为深厚的群众基础，就有了最为深厚的实质上的执政合法性。因此，坚持党的领导、人民当家作主和依法治国，都必须始终相信和依靠人民群众、始终为着人民群众，这是唯物史观和最广大人民群众的根本利益对我们的要求；否则，党的领导和依法治国便会失去共通的血脉和根本的基础而成为一句空话，甚至会偏离方向。

代表最广大人民的根本利益、实现和保障人民当家作主是社会主义民主政治的本质要求。人民当家作主的社会主义制度体系，是人民群众在党的领导下，经过长期的艰苦实践逐步摸索完善起来的。资产阶级和

---

① 《中华人民共和国宪法》，人民出版社 2018 年版，第 7—8 页。

② 习近平：《决胜全面建成小康社会　夺取新时代中国特色社会主义伟大胜利》，人民出版社 2017 年版，第 37—38 页。

③ 习近平：《加快建设社会主义法治国家》，《求是》2015 年第 1 期。

资本主义国家标榜自己主张超阶级的“民有、民治、民享”的民主，并将之赐给所谓“全体人民”，但其实质只是极少数人的、资本的民主。社会主义民主则是人类社会有史以来真正为实现绝大多数人的利益的民主。因此，实现人民当家作主，只能是人民自己的事业。这一真理只有以马克思主义为指导的共产党才能真正认识和掌握，共产党自始至终坚持人民群众是推动历史前进的根本动力的唯物史观。只有以马克思主义为指导的共产党，才能真正做到坚定地相信群众、紧紧依靠群众、始终为了群众、充分发扬民主，以最大限度地调动广大人民的积极性、主动性和创造性，使人民依法管理国家和社会事务，管理经济和文化事业，并不断推进政治体制改革，推进社会主义政治制度的自我完善和发展。

（三）坚定不移走中国特色社会主义法治道路

习近平总书记在党的十八届四中全会第二次全体会议上指出：“全面推进依法治国，必须走对路。如果路走错了，南辕北辙了，那再提什么要求和举措也都没有意义了。”他还说：“一个政党执政，最怕的是在重大问题上态度不坚定，结果社会上对有关问题沸沸扬扬、莫衷一是，别有用心的人趁机煽风点火、蛊惑搅和，最终没有不出事的！所以，道路问题不能含糊，必须向全社会释放正确而又明确的信号。”[①] 这也就是说，全面推进依法治国必须坚定不移走中国特色社会主义法治道路。

马克思主义认为，法不是从来就有的，是在私有制产生以后阶级矛盾不可调和的产物，是阶级和有阶级社会的特有现象；法与法治是统治阶级意志的体现，有着鲜明的阶级性，一定的法与法治是维护一定经济社会秩序的工具；体现无产阶级意志的法与法治和体现资产阶级意志的

① 习近平：《加快建设社会主义法治国家》，《求是》2015 年第 1 期。

法与法治，在阶级实质上是根本不同的；法与法治既随着私有制、剥削、阶级和国家的产生而产生，也必将最终随着私有制、剥削、阶级和国家的消亡而消亡。在当代中国，坚持走中国特色社会主义法治道路的本质，就是在党的领导下，通过既定的法律程序和法律形式，实行对最广大人民群众的民主和对一切敌对分子的专政。依法治国是实现党领导人民当家作主的基本途径和法治保证，无论是党的领导还是人民当家作主，都必须得到法治的保障并在法治范围内实施，都必须严格依法办事，任何组织和个人都不允许有超越宪法和法律的特权。

依法治国必须坚持党的领导。宪法和法律是党的主张和人民意志相统一的体现，依法治国绝不是不要党的领导。中国共产党是依法治国、建设社会主义法治国家的提出者，更是依法治国、建设社会主义法治国家的领导者和组织者。党的领导是实现依法治国、保证社会主义法治建设沿着正确方向发展的政治上、思想上和组织上的根本保证。只有坚持共产党的领导，才能正确实施依法治国方略，建设社会主义法治国家；没有共产党的领导的法治，绝不是社会主义的法治。我们党提出了科学执政、民主执政、依法执政，这三者是一个完整有机的统一体、缺一不可。不能仅讲依法执政，而忽略以科学的思想、科学的制度、科学的方法领导中国特色社会主义事业的科学执政，忽略贯彻全心全意为人民服务的宗旨，坚持为人民执政、靠人民执政的民主执政。加强党的执政能力建设，提高发展社会主义民主政治的能力，要解决的问题很多，其中包括执政理论、执政方略、执政体制、执政方式和执政基础等。依法治国、依法执政、依法办事是党采用什么执政方式开展执政活动的问题，是实现人民群众当家作主的方式、方法和途径问题，而绝不是社会主义民主政治建设的全部内容。因此，我们应充分重视和坚决贯彻依法治国这一基本方略，充分重视执政方式，但不能用“依法治国”这一单项要求替代坚持党的领导、人民当家作主和依法治国这三者有机统一中的其他两项。

依法治国是实现人民当家作主的重要手段。党的领导、人民当家作主与依法治国三者是有机统一的，但三者并非并列的关系。习近平总书记指出："人民当家作主是社会主义民主政治的本质和核心。"① 也就是说，依法治国是人民民主专政的国家政权行使职能的具体反映和体现，是推进国家治理体系和治理能力现代化的治国理政的重大方略，是实现人民当家作主不可或缺的手段。所以，依法治国所依据的法和所要实施的法治必须是"良法""良治"，即真正体现人民意志、维护人民利益的法律和治理，也就是确保人民当家作主的法和治。任何法律都是统治阶级意志的体现，在社会主义中国，我们所做的一切，包括所制定的法律，都是为了维护人民群众的根本利益。当社会环境发生了变化，法律需要适应新的重大情况时，党和国家就会通过立法机关和一定的法律程序，及时制定、修改或废除相关法律，以更好地维护最广大人民群众的根本利益。所以，从根本上说，不是法律高于一切，而是人民利益高于一切。正因如此，习近平总书记在党的十八届四中全会的讲话中指出："改革要于法有据，但也不能因为现行法律规定就不敢越雷池一步，那是无法推进改革的，正所谓'苟利于民不必法古，苟周于事不必循旧'。需要推进的改革，将来可以先修改法律规定再推进。"②

习近平总书记在党的十九大报告中指出："世界上没有完全相同的政治制度模式，政治制度不能脱离特定社会政治条件和历史文化传统来抽

① 《十八大以来重要文献选编》中，中央文献出版社 2016 年版，第 54 页。

② 习近平：《加快建设社会主义法治国家》，《求是》2015 年第 1 期。

象评判，不能定于一尊，不能生搬硬套外国政治制度模式。”[①]正确理解和处理党的领导、人民当家作主与依法治国这三者有机统一的关系十分重要。鉴于党内和社会上出现的十分严重的腐败现象，有人主张借鉴西方通常做法，在我国实行共产党的两党制甚至多党制，认为只有这样才能从根本上解决腐败问题。实际上，当前资本主义的多党竞选是被金钱即垄断资本操纵的，不仅不能解决腐败问题，反而常常成为腐败产生的导火索。党的十八大以后，我们党进一步加强和改善党的领导，在反腐败方面取得了决定性的胜利，我国改革开放这一新的实践充分展现了坚持和加强党的领导的重要性，充分说明了进一步坚持和加强党的领导是反腐败的根本途径。在资本家和私人占有生产资料的资本主义社会，资产阶级内部虽然在整体利益上是一致的，但也始终存在着不同的利益集团，从而需要不同的资产阶级党派作为他们各自的政治代表。多党竞选、轮流执政这一资产阶级民主专政的形式与三权分立相配合，既可以调节具有不同经济利益和要求的阶层、集团之间的矛盾，又可以防止工人阶级政党通过议会的办法夺取政权。

1965 年，毛泽东在重上井冈山时深刻指出：“事情不是那么简单，人家资本主义制度发展了几百年，比社会主义制度成熟得多。”笔者领会，资本主义三权分立中的行政首脑即总统不管国内经济，仅是代表垄断资本管管外交和社会管理与治理，而掌控、管控经济的资本家不仅是终身制，而且可以嫡传。在各种名目繁多的慈善组织和基金会中，确有一些有良知的慈善家，但也有不少是既想获得合法避税的通行证又竖起“贞洁牌坊”美名的伪善者。三权分立中的立法机构即上下两院，基本上都是由极富裕之人或其代理人组成的。三权分立中的司法，美国的联邦

---

① 习近平：《决胜全面建成小康社会　夺取新时代中国特色社会主义伟大胜利》，人民出版社 2017 年版，第 36 页。

最高法院，则由9个大法官组成，这9个大法官不仅高薪，而且是终身制，是垄断资本的最后守护神。这就在数个层面确保了资本当家作主而决不易手。我们在自己的政治、经济体制机制改革中一定要解放思想，大胆借鉴人类文明，当然也包括资产阶级文明的成果，但绝不能照搬资本主义多党竞选、三权分立的轮流执政制度那一套。

习近平总书记指出："当今世界，意识形态领域看不见硝烟的战争无处不在，政治领域没有枪炮的较量一直未停。"① 毫无疑问，积极推进我国的政治体制改革，必须坚持理论和实践、历史和现实、形式和内容的有机统一，坚持从国情出发、从实际出发，既要把握长期形成的历史传承，又要把握走过的发展道路，还要把握现实的发展要求，不能想象突然就能搬来一座政治和经济制度上的"飞来峰"。我国的政治体制改革和经济体制改革决不能否定我国的国体即根本制度、根本政治制度和基本政治制度，也绝不能改掉我国社会主义经济制度的基础、社会主义初级阶段基本经济制度。已经推行多党竞争制度的非洲、南亚、拉美诸多国家以及2011年春以来不少阿拉伯国家乱局的残酷现实一再证明，不顾本国实际而盲目推行多党竞争制度，结果必然是金钱操控选举、官员贪污腐化、经济停滞倒退、政权频繁更迭、民众遭殃受难。正因如此，习近平总书记殷殷提醒全党："'往者不可谏，来者犹可追。'我们头脑一定要清醒、一定要坚定。"②

① 《习近平关于社会主义政治建设论述摘编》，中央文献出版社2017年版，第18页。

② 《习近平关于社会主义政治建设论述摘编》，中央文献出版社2017年版，第19页。

第二篇

全面学习、深刻领会
习近平新时代中国特色社会主义思想

培养革命事业接班人是国际共产主义运动的一个重大课题
——纪念中国共产党成立100周年

李慎明[①]

2018年7月3日，习近平总书记在全国组织工作会议上强调指出："实现中华民族伟大复兴，坚持和发展中国特色社会主义，关键在党，关键在人，归根到底在培养造就一代又一代可靠接班人。这是党和国家事业发展的百年大计。"[②]回顾中国共产党成立100年来的光辉历程，可以得出这样一个结论：党在实践中必须尽快形成坚强、正确的中央领导集体，全党要坚决维护这个集体的权威，在此基础上，党还要始终高度重视培养一代又一代可靠的无产阶级革命事业接班人。只有这样，才能顺利进行并最终完成中国共产党的伟大历史使命。

中国共产党是执政党，办好中国的事情关键在党。党的领导是中国

① 李慎明，中国社会科学院原副院长、研究员。

② 习近平：《在全国组织工作会议上的讲话》，人民出版社2018年版，第26页。

特色社会主义最本质的特征，是中国特色社会主义制度的最大优势，是做好党和国家各项工作的根本保证。坚持党的领导，首先是坚持党中央集中统一领导；维护党的权威，首先是维护党中央权威。党中央有权威，才能把全党9500多万名党员和486万多个基层党组织牢固凝聚起来，进而把全国各族人民紧密团结起来，形成万众一心、无坚不摧的磅礴力量，去赢得具有许多新的历史特点的伟大斗争的胜利。

回顾世界社会主义发展的历史，维护权威历来是马克思主义政党建设的重大课题。马克思、恩格斯在领导欧洲工人运动和创立科学社会主义理论、建立无产阶级政党的实践中，始终强调“权威”的必要性和重要性。1873年，恩格斯发表著名的《论权威》一文，认为权威和服从不是由人的主观愿望确定的，而是社会发展的客观要求。无产阶级无论是在革命时期还是在夺取政权以后，都必须维护无产阶级专政的权威，利用这个权威推翻资产阶级统治，建立无产阶级新政权，并运用这个政权去组织社会主义建设。在马克思、恩格斯看来，不仅革命权威、政治权威具有重要作用，个人权威、领袖权威同样对无产阶级政党建设具有重要作用。在总结巴黎公社失败的教训时，马克思、恩格斯深刻指出：“巴黎公社遭到灭亡，就是由于缺乏集中和权威。”①

列宁也高度重视维护党的权威和革命领袖的权威。他严肃批评了俄国一些激进的知识分子提出的不要任何权威的主张，明确指出，工人阶级要在全世界进行艰难而顽强的斗争以取得彻底解放，就必须有权威。他还指出：“造就一批有经验、有极高威望的党的领袖是一件长期的艰难的事情。但是做不到这一点，无产阶级专政、无产阶级的‘意志统一’就只能是一句空话。”② 正是因为俄国布尔什维克党坚持科学理论指导和

① 《马克思恩格斯选集》第4卷，人民出版社1995年版，第606页。

② 《列宁全集》第42卷，人民出版社1987年版，第100页。

实行民主集中制，有以列宁为领袖的、由久经考验的无产阶级革命家组成的中央领导集体的运筹谋划，有斗争经验丰富、包括一批职业革命家在内的领导骨干队伍去宣传和组织群众，还有一支党创建和领导的强大军队去冲锋陷阵，才干成了十月革命。然而，也正是这个列宁缔造的党，在20世纪90年代初却瓦解毁灭。究其原因，很重要的一点是这个党的民主集中制被抛弃了，政治纪律被动摇了，党中央权威没有了，“谁都可以言所欲言、为所欲为”，党内思想混乱、纪律松弛，在这种情况下，“哗啦啦轰然倒塌”也就成为难以逃脱的命运了。

从中国共产党的历史看，在实践中形成坚强的中央领导集体并维护这个集体的权威，对我们这样的大党、大国尤为重要。1935年遵义会议前，由于没有形成成熟的党中央，导致党的事业几经挫折，甚至面临失败危险。遵义会议确立了毛泽东同志在红军和党中央的领导地位，我们党开始形成坚强的领导核心，从此中国革命焕然一新。正是在党中央坚强有力的领导下，经过一代又一代中国共产党人团结带领人民接续奋斗，中国革命、建设、改革事业才取得举世瞩目的伟大成就。对于领导核心，毛泽东同志说：“一个桃子剖开来有几个核心吗？只有一个核心”① “要建立领导核心，反对‘一国三公’”②。邓小平同志也说，“任何一个领导集体都要有一个核心，没有核心的领导是靠不住的”③。《关于新形势下党内政治生活的若干准则》明确提出坚决维护党中央权威这一政治要求，是对马克思主义建党学说的深刻揭示，是对中国共产党长期实践中形成的优良传统和独特优势的科学总结，对开创治国理政新局面具有十分重要

① 《〈关于新形势下党内政治生活的若干准则〉〈中国共产党党内监督条例〉辅导读本》，人民出版社2016年版，第177页。

② 《建党以来重要文献选编（1921—1949）》第20册，中央文献出版社2011年版，第604页。

③ 《邓小平文选》第3卷，人民出版社1993年版，第310页。

的作用。

如果说毛泽东在前半生主要是发动、依靠人民夺取政权的话，他在新中国成立之后的后半生则主要是想通过发动、依靠人民保持党和政权全心全意为人民服务的性质与宗旨永不变质。毛泽东后半生的这一主要想法，至少发端于1945年7月初他在延安与黄炎培著名的“窑洞对”。时任国民参政员的黄炎培在延安参加国共商谈，经与一群生活极其简朴但全都斗志昂扬的共产党人的短暂接触，他深信这帮昂扬向上的“泥腿子”在不久的将来必然要在全国执掌政权，但同时又深深担忧其在执掌全国政权后，能否摆脱“其兴也勃焉，其亡也忽焉”的历史周期率。对此，毛泽东稍加思忖后回答：“我们已经找到新路，我们能跳出这周期率。这条新路，就是民主。只有让人民来监督政府，政府才不敢松懈。只有人人起来负责，才不会人亡政息。”[①] 三年解放战争，毛泽东全身心地投入军事指挥工作中。在三大战役顺利结束后中华人民共和国即将成立的1949年3月召开的党的七届二中全会上，他十分郑重地警示全党：这只是万里长征走完了第一步。要警惕不拿枪的敌人，要警惕糖衣炮弹，要做到“两个务必”，“务必使同志们继续地保持谦虚、谨慎、不骄、不躁的作风，务必使同志们继续地保持艰苦奋斗的作风”[②]。说到底，这就是要保持党和政权永不变质。

在努力保持党和政权永不变质的征程上，毛泽东越来越重视无产阶级革命事业接班人的培养。毛泽东这一思想的产生，一是基于对我们党的建设任重道远现状的深刻认识；二是基于斯大林去世后赫鲁晓夫即开始脱离、背离乃至最终背叛最广大人民群众根本利益的殷鉴；三是基于逐渐对杜勒斯兄弟“和平演变”战略的高度警惕。

---

① 《毛泽东传（1893—1949）》，中央文献出版社1996年版，第745—746页。

② 《毛泽东选集》第4卷，人民出版社1991年版，第1438—1439页。

1945 年第二次世界大战即将结束之际，时任美国情报部门高级官员的艾伦·杜勒斯详细勾勒出如何用和平办法促使苏联的演变：“战争将要结束，一切都会有办法弄妥，都会安排好。我们将倾其所有，拿出所有的黄金，全部的物质力量，把人们塑造成我们需要的样子，让他们听我们的。”“人的脑子，人的意识，是会变的。只要把脑子弄乱，我们就能不知不觉改变人们的价值观念。”“我们一定要在俄罗斯内部找到同意我们思想意识的人，找到我们的同盟军。”“我们将不知不觉地，但积极地和经常不断地促进官员们的肆意妄为，让他们贪贿无度，丧失原则。”“我们将以高超的手法，在不知不觉间把这一切都神圣化，让它绽放出绚丽之花……只有少数人，极少数人，才能感觉到或者认识到究竟发生了什么。但是我们会把这些人置于孤立无援的境地，把他们变成众人耻笑的对象；我们会找到毁谤他们的方法，宣布他们是社会渣滓。”在此战略中，艾伦·杜勒斯还特别强调：“我们将从文学和艺术中逐渐抹去他们的社会存在。”[①] 电影、电视，老少皆宜，润物无声。他们把镜头放大、聚焦到一个秀丽少女脸上的青春美丽痘，说这就是这个少女。你还真不好否认这就是局部的真实。当他们把镜头完全聚焦到党领导人民进行伟大斗争壮丽事业进程中所犯的错误上，比如把整部电影聚焦到我们党在 1957 年领导的反右斗争中所犯扩大化错误中一个家庭的悲欢离合上时，这一局部现象便立即掩盖了整体的真实。你走进电影院，跟着哭哭啼啼，走出电影院时，就可能得出“那个时代真黑暗，干脆推翻算了”的结论来。这样的电影不是在我们的银幕上出现过吗？无论是在苏联，还是在其他社会主义国家和中国，美国都把其掌控的诺贝尔文学奖专门授给这样的文学作品。就这样，文学和艺术中的历史虚无主义便不知不

① ［俄］尼·伊·雷日科夫:《大国悲剧：苏联解体的前因后果》，徐昌翰等译，新华出版社 2008 年版，第 1—2 页。

觉地在广大普通群众之中弥散开来。这就是艾伦·杜勒斯给文学和艺术“赋予”的特殊功能。

1956 年苏共二十大和“波匈事件”后，时任美国国务卿的约翰·杜勒斯受到极大鼓舞，他公开宣称美国的政策旨在促进苏联、东欧和中国等社会主义国家的自由化，断言“共产主义将从内部瓦解”。1957 年 6 月，杜勒斯在记者招待会上宣称资本主义世界要有这样一个“基本的信念”：“如果它继续要有孩子的话，而他们又有孩子的话，他们的后代将获得自由。”① 这就是通常所说的西方帝国主义把“和平演变”的希望寄托在共产党第三、第四代人身上。

尽管杜勒斯兄弟提出上述“和平演变”社会主义国家的战略，相当于当今流行的“软实力”，但美国当局还是更相信自己的“硬拳头”，这就有了美国在海外发动和领导的迄今为止最大的两场侵略战争即朝鲜战争与越南战争。这两场战争使美国损失惨重，同时也促使其越来越倚重杜勒斯兄弟提出的“和平演变”战略。

以美国为首的西方国家逐渐在苏联内部找到了他们的同盟军，如赫鲁晓夫、戈尔巴乔夫乃至叶利钦等人。苏共二十大后，毛泽东始终把以美国为首的西方国家对社会主义国家的“和平演变”战略与苏联共产党的演变进程紧密联系起来，继续深入思考中国共产党和政权永不变质的重大战略问题。毛泽东高度重视杜勒斯兄弟的“和平演变”战略，深感这一战略既有时间表，又有路线图，有极大的可能性在可以预见的不久的将来变成现实。毛泽东为此而深忧。1958 年 11 月 30 日，他在中央政治局常委和各协作区主任会议上指出：“杜勒斯比较有章程，是美国掌舵的。这个人是个想问题的人，要看他的讲话，一个字一个字地看，要翻

① 柳静：《西方对外战略策略资料》，当代中国出版社 1992 年版，第 11 页。

英文字典。”①

新中国成立后，毛泽东更加重视应对杜勒斯兄弟的“和平演变”战略，从培养千百万无产阶级革命事业接班人这一根本举措抓起。他首先从教育入手。1953 年 5 月 18 日，毛泽东主持中共中央政治局讨论教育工作的会议，提出加强中小学教科书建设，当了解到人民教育出版社当时仅有 30 多个编辑时，他明确指出：“目前三十个编辑太少了，增加到三百人也不算多。宁可把别的摊子缩小点，必须抽调大批干部编写教材……由中央组织部负责解决配备。”② 毛泽东对教育脱离实际的现象更是深恶痛绝。1965 年 12 月，毛泽东在同胡绳、田家英、艾思奇、关锋等人谈话时说：“现在这个大学教育，我很怀疑。从小学到大学，一共十六七年，二十多年看不见稻、粱、菽、麦、黍、稷，看不见工人怎样做工，看不见农民怎样种田，看不见怎样做买卖，身体也搞坏了，真是害死人。”③ 联系习近平批评当前教育领域存在的种种问题，我们不能不说，毛泽东有先见之明。

在培养接班人的过程中，毛泽东又十分注重对干部子女的教育。1958 年的一天，毛泽东同湖北省委副秘书长梅白谈起领导干部子女的教育问题。毛泽东问梅白：“你记得曹操评汉献帝的话吗？”梅白答道：“记得。有这样两句——‘生于深宫之中，长于妇人之手’。”毛泽东称赞说：“不错，你读书不少。现在有些高级干部的子女也是‘汉献帝’，‘生于深宫之中，长于妇人之手’，娇生惯养，吃不得苦，是温室里的花朵，有些是‘阿斗’呀。中央、省级机关的托儿所、幼儿园、部队的八一小学，孩子们相互之间比坐的是什么汽车，爸爸干什么，看谁的官大。这

---

① 《毛泽东著作专题摘编》下，中央文献出版社 2003 年版，第 2372 页。
② 《毛泽东年谱（1949—1976）》第 2 卷，中央文献出版社 2013 年版，第 98 页。
③ 《毛泽东年谱（1949—1976）》第 5 卷，中央文献出版社 2013 年版，第 548 页。

样不是从小培养一批贵族少爷吗？这使我很担心呀！”毛泽东还说，现在有些高级干部对自己的子女要求不严格。根本问题是要自己带头，要严于律己。1958年8月21日，毛泽东在一次会议的讲话中指出：“苏联共产党员多数是干部子弟，普通工人农民提不起来。所以，我们要寻找我们自己的道路。我们一定要把干部子弟赶到群众中去，不能有近水楼台。”①毛泽东还认为，干部子弟有优越感，脱离群众，担心他们将来会变成工人贵族。1959年12月16日，毛泽东指出：“我很担心我们的干部子弟，他们没有生活经验和社会经验，可是架子很大，有很大的优越感。要教育他们不要靠父母，不要靠先烈，要完全靠自己。”②1967年4月中旬，毛泽东联系《战国策》中的“触詟说赵太后”一事评论说：“这篇文章，反映了封建制代替奴隶制的初期，地主阶级内部财产和权力的再分配。这种再分配是不断地进行的，所谓‘君子之泽，五世而斩’，就是这个意思。我们不是代表剥削阶级，而是代表无产阶级和劳动人民，但如果我们不注意严格要求我们的子女，他们也会变质，可能搞资产阶级复辟，无产阶级的财产和权力就会被资产阶级夺回去。”③1967年5月28日，毛泽东看到中央文革小组办事处编印的一期《要事汇报》上面说，据云南公安厅报告，22日晚，17个自称红卫兵的人抄了云南省副省长王少岩的家，抄走手表、照相机等物和现款、存折，取款时被抓获。参与者都是中学生，其中有6个是北京学生，其余11人，除2人外，都是高干子弟。毛泽东当即批示：“如不教育好，会成为将来反革命复辟的祸根之一。好在还不占干部子弟的多数，多数还是较好的。”④

---

①《毛泽东传（1949—1976）》上，中央文献出版社2003年版，第833页。

②《毛泽东年谱（1949—1976）》第4卷，中央文献出版社2013年版，第261页。

③《毛泽东年谱（1949—1976）》第6卷，中央文献出版社2013年版，第73页。

④《毛泽东年谱（1949—1976）》第6卷，中央文献出版社2013年版，第87页。

毛泽东在理论上与实践上对无产阶级革命事业接班人的条件也作出了深刻的思考。据吴冷西回忆，在中国共产党与苏联共产党的十年论战中，毛泽东对《关于赫鲁晓夫的假共产主义及其在世界历史上的教训——九评苏共中央的公开信》（以下简称《九评》）的写作倾注了大量心血。在回忆《九评》写作过程时，吴冷西说："毛主席召开几次会议讨论《九评》修改稿，也是逐段边讨论边修改，而且他自己也动笔修改。"吴冷西还回忆说："一次讨论中毛主席说，'赫鲁晓夫修正主义集团在苏联搞和平演变，是向所有社会主义国家，包括我们中国在内，向所有共产党包括中国共产党在内，敲响了警钟。帝国主义对我们第一代、第二代大概没有指望了，但他们寄希望于第三代、第四代和平演变，杜勒斯辈就是这么公开说的。因此我们要准备后事，要培养革命接班人。'后来我们根据毛主席6月间在中央工作会议上的讲话……列举了他提出的革命接班人应具备的条件。"[①]《九评》这样指出：

> 毛泽东同志提出，为了保证我们的党和国家不改变颜色，我们不仅需要正确的路线和政策，而且需要培养和造就千百万无产阶级革命事业的接班人。
>
> 培养无产阶级革命事业接班人的问题，从根本上来说，就是老一代无产阶级革命家所开创的马克思列宁主义的革命事业是不是后继有人的问题，就是将来我们党和国家的领导能不能继续掌握在无产阶级革命家手中的问题，就是我们的子孙后代能不能沿着马克思列宁主义的正确道路继续前进的问题，也就是我们能不能胜利地防止赫鲁晓夫修正主义在中国重演的问题。总之，这是关系我们党和

---

① 吴冷西：《十年论战：1956—1966中苏关系回忆录》下，中央文献出版社1999年版，第779—782页。

国家命运的生死存亡的极其重大的问题。这是无产阶级革命事业的百年大计，千年大计，万年大计。帝国主义的预言家们根据苏联发生的变化，也把“和平演变”的希望，寄托在中国党的第三代或者第四代身上。我们一定要使帝国主义的这种预言彻底破产。我们一定要从上到下地、普遍地、经常不断地注意培养和造就革命事业的接班人。

具备什么条件，才能够充当无产阶级革命事业的接班人呢？

他们必须是真正的马克思列宁主义者，而不是像赫鲁晓夫那样的挂着马克思列宁主义招牌的修正主义者。

他们必须是全心全意为中国和世界的绝大多数人服务的革命者，而不是像赫鲁晓夫那样，在国内为一小撮资产阶级特权阶层的利益服务，在国际为帝国主义和反动派的利益服务。他们必须是能够团结绝大多数人一道工作的无产阶级政治家。不但要团结和自己意见相同的人，而且要善于团结那些和自己意见不同的人，还要善于团结那些反对过自己并且已被实践证明是犯了错误的人。但是，要特别警惕像赫鲁晓夫那样的个人野心家和阴谋家，防止这样的坏人篡夺党和国家的各级领导。

他们必须是党的民主集中制的模范执行者，必须学会“从群众中来，到群众中去”的领导方法，必须养成善于听取群众意见的民主作风。而不能像赫鲁晓夫那样，破坏党的民主集中制，专横跋扈，对同志搞突然袭击，不讲道理，实行个人独裁。

他们必须谦虚谨慎，戒骄戒躁，富于自我批评精神，勇于改正自己工作中的缺点和错误。而绝不能像赫鲁晓夫那样，文过饰非，把一切功劳归于自己，把一切错误归于别人。

无产阶级革命事业的接班人，是在群众斗争中产生的，是在革命大风大浪的锻炼中成长的。应当在长期的群众斗争中，考察和识别干部，挑选和培养接班人。[①]

毛泽东始终把培养无产阶级革命事业接班人这一战略任务挂在心上。他想了各种办法，但都效果不大。后来，他想到了“文化大革命”这一大民主的形式。在“文化大革命”开始之时，毛泽东曾对身边工作人员说：“文革中这些群众主要是年轻人、学生，正是杜勒斯们寄托‘和平演变’希望的最年轻的一代。让他们亲身体验斗争的严重性，让他们把自己取得的经验和认识再告诉他们将来的子孙后代，一代一代传下去，也可能使杜勒斯的预言在中国难以实现。”“我考虑发动群众。我把批判的武器交给群众，让群众在运动中受到教育，锻炼他们的本领，让他们知道什么道路可以走，什么道路是不能走的。我想用这个办法试一试。我也准备它失败。”[②]从一定意义上讲，毛泽东明知大潮一起，鱼龙混杂、泥沙俱下，甚至可能导致“文化大革命”的彻底失败，但他不惜身败名裂，也要与杜勒斯兄弟的“和平演变”战略背水一战、决死一搏。

世间很多事，往往与愿违。毛泽东原设想是通过“文化大革命”这一形式，从青年一代中培养可靠的接班人。但各地、各大院校的一些红卫兵却头脑膨胀，从私心出发，争当“领袖”，以青年学生为主的各地派性武斗不断并致使工农业生产下降。1967 年 5 月，毛泽东在接见一国外代表团时指出：“本来想在知识分子（包括以青年学生为主的红卫兵——笔者注）中培养一些接班人，现在看来很不理想。”[③]1968 年夏，各地武斗加剧，甚至酿成流血事件。其中，北京各高校造反派组织派到全国各

---

① 《建国以来重要文献选编》第 19 册，中央文献出版社 1998 年版，第 70—72 页。

② 《毛泽东传（1949—1976）》下，中央文献出版社 2003 年版，第 1433 页。

③ 《毛泽东传（1949—1976）》下，中央文献出版社 2003 年版，第 1489 页。

地的串联和联络站与各地高校驻北京的联络站则起到“煽风点火”之作用。7月28日凌晨，毛泽东紧急召见作为北京高等学校红卫兵负责人的聂元梓、蒯大富、谭厚兰、韩爱晶、王大宾五人谈话。谈话从凌晨3时半开始，直到早上8时半结束，长达5个小时。毛泽东最后说：“现在学生的缺点在什么地方呢？学生最严重、最严重的缺点，就是脱离农民，脱离工人，脱离军队，脱离工农兵，就是脱离生产者”“现在是轮到一些小将犯错误的时候”[①]。

培养接班人的事，下一步如何办呢？早在1955年，毛泽东就说过：“农村是一个广阔的天地，在那里是可以大有作为的。”[②]通过与五位红卫兵负责人的谈话，老人家可能想到了，在父母温暖的怀抱里，从幼儿园门进学校门，再从学校门进机关门，是培养不出合格接班人的。但这些年轻学生最终是要接班的。老人家可能想到了中华民族优秀文化传统中的“易子而教”。毛泽东是农民出身，农民最苦，让生活最苦的农民给这些孩子当几年父母行不行？但老人家可能也深知，把数千万知识青年“赶”到农村“吃苦”，甚至是吃大苦，这些青年中的不少人以及他们的父母可能会对自己有不少怨言甚至怨恨直至忌恨，但艰难困苦，玉汝于成。为了党和国家千秋万代永不变质的伟业，你们骂也好，恨也好，我这个老头子认了。这就是不计个人毁誉、敢于“反潮流”的毛泽东。经过5个月考虑，1968年12月，毛泽东大手一挥，毅然下达“知识青年到农村去，接受贫下中农的再教育，很有必要”[③]的指示。“文化大革命”中1600多万知识青年上山下乡大规模运动展开，这是人类现代史上罕见的从城市到乡村的人口大迁移。这其中虽有对解决城市人口就业这一十

① 《毛泽东传（1949—1976）》下，中央文献出版社2003年版，第1524页。
② 《毛泽东文集》第6卷，人民出版社1999年版，第462页。
③ 《毛泽东年谱（1949—1976）》第6卷，中央文献出版社2013年版，第223页。

分重要的问题的考量，但毛泽东从培养千百万无产阶级革命事业接班人出发的战略设想可能是更为重要的因素。

经过上山下乡锻炼后的知青，逐渐登上中国的政治舞台。据统计，党的十八大产生的205名中央委员中，65人有过上山下乡的经历，占比31.7%。其中25名中央政治局委员中，有7位是上山下乡知青，占比28%。而最高层的7名政治局常委中，4位有过上山下乡的经历，占比57.1%。习近平总书记在黄土高原一待就是7年。当年上山下乡的一大批知识青年，现在正在我们党和国家的各级领导岗位上和经济社会生活中发挥极其重要的作用。

党的十九大产生的政治局常委中，有3人是当年的知青，有2人为工人出身，7名常委中，5人有工农经历，占比71.4%。26名政治局委员中，有11人为知青，占比42.3%；加上刚参加工作时是工人和战士的10人，有工农兵经历的21人，占比高达81%。

2004年8月，时任浙江省委书记的习近平在接受延安电视台专访时说："插队本身是一个标志界定的一个阶段，在插队之前，如果我们有所知所获，我总感觉到了插队以后，是获得了一个升华和净化。个人确实是一种脱胎换骨的感觉。那么在之后我们如果说有什么真知灼见，如果说我们是走向成熟、获得成功，如果说我们谙熟民情或者说贴近实际，那么都是感觉源于此、获于此。"① 习近平接受记者采访时还说，我的成长、进步应该说起始于陕北的七八年间。最大的收获有两点：一是让我懂得了什么叫实际，什么叫实事求是，什么叫群众。这是让我获益终身的东西。二是培养了我的自信心。这几年"上山下乡"的艰苦生活对我的锻炼很大，后来遇到什么困难，就想起那个时候，在那样困难的条件

---

① 《习近平忆延安插队：它教了我做什么》，人民网，2015年2月14日。

下还可以干事，现在干吗不干？你再难都没有难到那个程度。一个人要有一股气，遇到任何事情都有挑战的勇气，什么事都不信邪，就能处变不惊、知难而进。①

上山下乡运动已经过去50多年。对当年上山下乡的知识青年来说，与中国最底层农民的朝夕相处、艰苦环境的磨炼、对中国特有国情的认识，已经并将是他们终身极为重要的不可替代的宝贵财富。这可能是打断帝国主义预言家们把“和平演变”的希望寄托在中国共产党的第三代或第四代身上预言链条最可靠的战略之举，是帝国主义的预言家们难以逾越的一道根本障碍。

当然，我们也绝不否认，其中不少上山下乡知识青年遭受了不应有的极大磨难，甚至有的还长眠于祖国的穷乡僻壤。这其中，有毛泽东本人和党政各级领导工作上的失误或错误，但有的是党政各级领导干部的形式主义、官僚主义作为所致，有的甚至是党内腐败分子和社会上各种渣滓、罪犯的作孽。我们深深为这些年轻的生命惋惜。从一定意义上讲，他们如同在淮海战役中牺牲的年轻的解放军战士一样，是在艰难探索中国共产党永不变质的宏伟事业中所作出的“光荣的牺牲”。

笔者接触当年上山下乡的知青，虽然有一些仍对当年吃的苦有不少怨气，但相当数量的同志是无怨无悔的，甚至常说，这是我毕生最难忘、最值得记载的岁月。有上山下乡“这杯酒”垫底，无论什么样的困难我们都能对付。

有人说，现在是信息时代了，知识分子是生产力发展的主要推动者，不需要与广大工人农民等生产劳动者相结合了。我们承认，一些专门人才通过自己的劳动就可以有所发明创造，但是毛泽东所要解决的是培养

① 参见习近平：《我是黄土地的儿子》，《西部大开发》2012年第9期。

千百万无产阶级革命事业的接班人、确保党和国家千秋万代永不变质这一重大的战略问题。中国在一个相当长的历史时期，仍将是一个比较落后的农业国。从一定意义上讲，社会主义初级阶段有多长，这个历史时期就有多长。普通工农等生产劳动者在这个历史阶段占绝大多数。消灭工农、城乡、脑力劳动与体力劳动这三大差别，是一个相当长的渐进的历史过程。因此，要培养确保党和国家永不变质所需要的各级党政干部特别是领袖集体，就必须走知识分子与广大工农群众相结合之路。舍此别无他途。

如何确保我们党永不变质、长期执政，确实是我们党当前和今后所应努力解决的重大甚至是根本性课题，关涉我们党乃至国家、民族的前途和命运。我们应当坚决贯彻党解放思想、实事求是的思想路线，既要坚决开展反腐败斗争，保持党和政权永不变质，又要坚决防止阶级斗争的扩大化。这就需要深入开展理论研究，用科学正确的结论来统一广大干部的思想并进而部署相关工作。

新中国成立后，一大批干部子女与工人农民子弟一起成长起来。实践充分证明，绝大部分干部子弟是好的，这也从一个侧面有力地保障了中国共产党人没有走苏联党的道路。这充分说明中国共产党的伟大、光荣与正确。但确实也有极少数干部子弟，特别是在金钱面前，背叛了父辈，这不能不让人唏嘘不已。

接班人关系党和政权的性质，关系国家和民族的未来。培养什么样的接班人，实质上是以毛泽东为代表的中国共产党人与国内外敌对势力之间在相当长的历史时期内的一场尖锐斗争。

从一定意义上讲，艾伦·杜勒斯与约翰·杜勒斯兄弟俩和毛泽东都是大战略家，都有自己的理论。只不过杜勒斯兄弟创立的是“和平演变”理论，毛泽东创立的是“反和平演变”理论。他们所服务的对象存在根本不同：前者是为着世界上的极少数人，而后者是为着世界上的绝大多数人。他们各自所创立的理论，都仍在实践中和较量着，这种实践和较量甚至才刚刚开始。在他们之后，在一个相当长的历史时期内，世界上任何其他大思想家、大政治家及相关著名专家学者，可以寻找他们哪一步迈得或早或晚，哪一步迈得或左或右等这样那样的瑕疵，但从本质上说，其他人对此有价值的新的实践和新的见解，都只不过是对他们各自理论的坚持和发展。毛泽东与杜勒斯代表着不同阶级的根本利益，都站在了各自历史的最高处。当然，我们也绝不排除并殷切地希望着，在永恒发展的历史长河中，产生新的更为杰出的代表人物。青出于蓝而胜于蓝，这也是历史发展的必然规律。但这样的人物，也只能是在继承或扬弃他们的基础之上而产生。

如何看待毛泽东的晚年特别是其所犯的错误？应当说，毛泽东本人对此是十分敏锐的。1959 年 7 月 26 日，他在一封信的长篇批语中指出："我们党三十八年的历史，就是这样走过来的。反右必出'左'，反'左'必出右，这是必然性。"[①] 笔者认为，在具体部署和实施反对国内外敌对势力"和平演变"的战略中，由于种种原因，其中包括毛泽东个人的原因以及各级领导中有的领导刻意"瞒报军情"和"谎报军情"等，毛泽东出现过一些失误甚至错误。对这些失误和错误，我们必须引以为戒，避免重犯。但毛泽东见微知著，及时提出高度重视应对国内外敌对势力的"和平演变"思想，极具战略性、前瞻性和重要性，无疑在这一重大而又根本的问题上，创新性地发展了马克思列宁主义。我国 1989 年发生的政治风波与 1991 年前后的东欧剧变、苏联解体就无可争辩地证明了这一点。这也充分说明，毛泽东有着无比深邃的历史洞察力，他所提出

① 《毛泽东年谱（1949—1976）》第 4 卷，中央文献出版社 2013 年版，第 119 页。

的关于保持党和政权永不变质的战略思想是对国际共产主义运动的重大贡献，是我们党必须长期坚持的一个重大战略方针，是确保我们党不变质、国不变色的根本理论基石，至今仍具有重大的现实意义和深远的历史意义。

1981 年《中国共产党中央委员会关于建国以来党的若干历史问题的决议》中明确指出，“毛泽东同志晚年犯了错误”[①]，但邓小平对毛泽东发动“文化大革命”的动机作了充分的肯定。1980 年 8 月 21、23 日，邓小平在会见意大利记者奥琳埃娜·法拉奇（Oriana Fallaci）时又说，“搞‘文化大革命’，就毛主席本身的愿望来说，是出于避免资本主义复辟的考虑”[②]，“我们不会像赫鲁晓夫对待斯大林那样对待毛主席”[③]。1979 年 3 月，邓小平在党的理论工作务虚会上所作的《坚持四项基本原则》的著名报告中还指出：“无产阶级专政下继续革命，这个提法，如果按照提出的当时的解释，即所谓‘向走资派夺权’，也就是撇开党委闹革命，打倒一切，那么实践证明了是错误的。至于作出新的解释，可以在党内继续研究。”[④] 邓小平这两个论述十分重要，这就坚定地划清了与苏共赫鲁晓夫领导集团全盘否定斯大林进而逐渐脱离、背离马克思主义和社会主义行为的根本界限。这也就是说，毛泽东晚年的错误是在探索确保党和政权永不变质战略思想中的失误，同时也可以说是在探索“什么是社会主义、怎样建设社会主义”“建设一个什么样的党、怎样建设党”过程中的失误。

苏联共产党在培养无产阶级革命事业接班人这一重大问题上，是有着十分惨痛的教训的。1991 年 11 月，撒切尔夫人在美国休斯敦会见苏

---

① 《三中全会以来重要文献选编》下，人民出版社 1982 年版，第 939 页。

② 《邓小平文选》第 2 卷，人民出版社 1994 年版，第 346 页。

③ 《邓小平文选》第 2 卷，人民出版社 1994 年版，第 346—347 页。

④ 《邓小平文选》第 2 卷，人民出版社 1994 年版，第 182 页。

联访美石油代表团时说，“我可以负责任地告诉你们，不出一个月，你们将从法律上听到苏联解体的消息”[①]。果然，她说这个话的28天后，苏联解体了。撒切尔夫人为什么这么有把握呢？她说，因为我们在苏联高层找到了我们的代理人，“这个人就是米·戈尔巴乔夫。我的智囊们对此人的评价是：不够谨慎，容易被诱导，极其爱好虚荣”[②]。戈尔巴乔夫虚荣到什么地步？曾担任过他的助手的博尔金（Valery Boldin）回忆道，戈尔巴乔夫在自己的办公室里经常“大声朗读国外对他在世界上的伟大改革使命的评价，这种东西他有时会读几个小时，时间就这样一点一点地过去了，大量的文件还没有看”[③]。西方各国联合起来，投戈尔巴乔夫所好，开动所有宣传机器，为其戴上各种动人的桂冠。戈尔巴乔夫则熏熏然昏昏然。一个党的总书记，竟然虚荣到这个地步！

邓小平在晚年实质上从苏联亡党亡国的角度充分肯定了毛泽东关于保持党和政权永不变质的战略思想。1992年初，邓小平在视察深圳时说：“中国出问题，不是出在其他什么方面，而是出在共产党内部。苏联东欧的问题，就是出在共产党内部。如果我们党出问题，整个国家肯定出大问题。”他还说：“垮下来可是一夜之间啊！垮下来容易，建设就很难。苏联东欧垮得多快！苏联这么强的国家，几个月一下子就垮了。如果中国不接受这个教训，在苗头出现时不注意，就如戈尔巴乔夫那样的‘新思维’出来以后没注意那样，就会出事。”[④]

由逄先知、金冲及任主编，中共中央文献研究室编撰的《毛泽东传》也认为：毛泽东关于防止和平演变的思想“在实施过程中，在阶级斗争

---

① 李慎明：《“中国梦”与中国特色社会主义》，宣讲家网，2013年9月2日。
② 张树华：《英国前首相撒切尔夫人谈瓦解苏联》，《红旗文稿》2010年第11期。
③ ［俄］瓦·博尔金：《戈尔巴乔夫沉浮录》，李永全等译，中央编译出版社1996年版，第282页。
④ 吴松营：《邓小平南方谈话真情实录》，人民出版社2012年版，第66—67页。

扩大化的历史背景下，发生了‘左’的偏向，在‘文化大革命’中更走向了极端。但无论如何，这是毛泽东对国际共产主义运动的重大贡献。历史证明，这是一个极富远见的思想”[①]。这一评价十分中肯、正确，完全经得起历史的检验。

2016 年 1 月 12 日，习近平总书记在中国共产党第十八届中央纪律检查委员会第六次全体会议上的讲话中明确指出：“党内存在野心家、阴谋家，从内部侵蚀党的执政基础，我们不能投鼠忌器，王顾左右而言他，采取鸵鸟政策，这个必须说清楚。”[②]这从一个侧面，也充分肯定了毛泽东关于党和政权永不变质理论的正确性。笔者理解，习近平总书记所说是“必须说清楚”，一是组织上查清楚，二是理论上讲清楚。组织上是不是完全查清楚，笔者不好揣测；但理论上说清楚，可能仍需很大努力。

我们必须高度重视在理论上坚持与发展毛泽东关于保持党和政权永不变质的思想，并继续解放思想、与时俱进、勇于探索，不断总结历史和实践经验，以找到一条确保社会主义国家党和政权永不变质的前进道路。只有这样，我们党才能永葆先进性和纯洁性，才能长期执政，直至最终实现党的奋斗目标和最高理想。

党的十一届三中全会后，习近平沐浴着改革开放的春风，先在国务院和中央军委这一宏观决策部门开阔视野，然后沉入基层，从县委副书记干起，一级一级，历练多个岗位和多个区域，既坚守“我将无我，不负人民”的党的优良传统，又拓展世界眼光，不负党心、民心、军心，终于成长为中国特色社会主义事业合格的接班人。这既是历史的偶然，同时更是历史之必然。

毫无疑问，历史活动是群众的事业，群众是真正的英雄。随着人们

---

① 《毛泽东传（1949—1976）》下，中央文献出版社 2003 年版，第 1028 页。

② 《习近平关于全面从严治党论述摘编》，中央文献出版社 2016 年版，第 87 页。

历史创造活动的不断扩大和深入，作为自觉的历史活动者的人民群众在数量上也必定增多起来。随着人民群众自觉活动的不断扩大、深入和增多，群众总是要有自己的代表人物，这样的代表人物，只能起真正富有生命力的先进阶级的先锋队的作用。这就正如马克思所说："每一个社会时代都需要有自己的大人物，如果没有这样的人物，它就要把他们创造出来。"[①] 恩格斯说，在这样的人物中，"一些人用舌和笔，一些人用剑，一些人则两者并用。因此就有了使他们成为完人的那种性格上的完整和坚强。书斋里的学者是例外：他们不是第二流或第三流的人物，就是唯恐烧着自己手指的小心翼翼的庸人"[②]。1920 年，列宁明确指出："阶级通常是由政党来领导的；政党通常是由最有威信、最有影响、最有经验、被选出担任最重要职务而称为领袖的人们所组成的比较稳定的集团来主持的。这都是起码的常识。"[③] 列宁在这里还特别强调了"比较稳定的领袖集团来主持"。1921 年，列宁说："培养一批有经验、有极高威信的党的领袖，这是一件长期的艰苦的事情。但不这样做，无产阶级专政、无产阶级的'意志统一'，就会成为一句空话。"[④] 毛泽东、邓小平都十分强调全党和全国的领导核心的作用。

社会主义国家是以公有制为基础的，资本主义国家是以私有制为基础的，这一不同如同是血液、骨肉和灵魂的不同。不同国家在体制、机制、管理方式等方面当然可以也应当相互学习借鉴，但这其中也有着根本的不同，这种不同如同衣服和皮肤，衣服可以随意置换，而皮肤与骨肉、血液和灵魂往往是生死相依的。

---

① 《马克思恩格斯选集》第 1 卷，人民出版社 1995 年版，第 432 页。

② 《马克思恩格斯全集》第 20 卷，人民出版社 1971 年版，第 361 页。

③ 《列宁选集》第 4 卷，人民出版社 1972 年版，第 197—198 页。

④ 《列宁全集》第 32 卷，人民出版社 1958 年版，第 505 页。

早在 1937 年 3 月，毛泽东就指出："共产党人决不将自己观点束缚于一阶级与一时的利益上面，而是十分热忱地关心全国全民族的利害，并且关心其永久的利害。"①

改革开放以来，我们党在解决干部终身制的问题上取得了重大的成就和经验，但从上到下的任期制中又出现了值得注意的新问题，特别是"杀鸡取卵""过度举债""吃光分净""污染环境""把自力更生、艰苦奋斗和创新放一边，以招商引资为纲"等短期行为。我们常说，撸起袖子加油干，一张蓝图绘到底。但在现实中，往往有人背离这个要求。有的地区或行业换一任党政领导，甚至是主要领导人一更换，就要换一张蓝图。前任规划的蓝图有问题，当然必须进行适当调整，但前任的规划是正确的，有的后继者却不惜浪费大量的人力、物力和财力，用各种名义进行调整。他们认为把前任蓝图接着绘，辛辛苦苦绘成了，也仅是在为别人的政绩"添砖瓦"。

有人说，美国等西方国家也是任期制，为什么没有出现"杀鸡取卵"等问题。这主要是因为西方国家比如美国的总统及国务卿不管经济，仅仅分管外事和一定的社会运转等，而真正掌管其国内经济大权的恰恰是终身制并且是嫡传的资本家。美国建国 240 多年以来，实际统治美国的仅是罗斯柴尔德、洛克菲勒、摩根等几大家族。他们绝不会为了眼前的蝇头小利而牺牲自己的长远和根本利益。美国有立法权的参众两院基本上都由超级富豪组成，具有最后裁决资产阶级内部纠纷决定权的美国联邦法院 9 名大法官不仅是高薪制，而且是终身制。资本主义社会上层建筑中的"一个总统""参众两院"，行政、立法、司法这"三权分立"，"多党竞选"，"新闻自由"即笔杆子和"军队国家化"即枪杆子这"两杆子"，

① 《毛泽东文集》第 1 卷，人民出版社 1993 年版，第 483 页。

“司法独立”这“一独立”背后，全部都是金钱操纵。从本质上说，恰如前台表演者全是被背后金钱这根线或这只手操纵的木偶。这不仅维护了垄断资产阶级的眼前利益，又有力维护了整个资产阶级的长远和整体利益。正因如此，马克思、恩格斯在《共产党宣言》中指出：“现代的国家政权不过是管理整个资产阶级的共同事务的委员会罢了。”[①]

而中国共产党是真正代表人民利益的执政党，中央政治局和它的常务委员会在中央委员会全体会议闭会期间行使中央委员会的职权，带领全体党员和全国人民制定落实经济社会运行的各项大政方针政策。正因如此，列宁的关于无产阶级政党“由最有威信、最有影响、最有经验、被选出担任最重要职务而称为领袖的人们所组成的比较稳定的集团来主持”的论述，对于贯彻落实毛泽东关于“十分热忱地关心全国全民族的利害，并且关心其永久的利害”[②]的指示精神，保持党和政权永不变质，具有十分重大的战略意义。党的各级领导班子要做到上述这一点，除了提升个人的素养外，还需要作出制度性安排。因此，建议从现在开始，在党和政府的各级领导班子中，逐步恢复毛泽东时代已实行过的“老中青”三结合制度，并且建议党政各级领导班子不要轻易频繁调动，应具有相对的稳定性，以避免换一届班子就要换一张蓝图现象的出现。

当今世界，正面临百年未有之大变局。从国际上说，“风乍起，吹皱一池春水”。经济全球化正在深入发展，新冠肺炎疫情仍未见底。拜登政府上台后，中美关系既蕴藏机遇亦面临深层挑战。从国内说，正如习近平总书记所说：“是一个船到中流浪更急、人到半山路更陡的时候，是一个愈进愈难、愈进愈险而又不进则退、非进不可的时候。”[③]

---

① 《马克思恩格斯选集》第 1 卷，人民出版社 1995 年版，第 274 页。
② 《建党以来重要文献选编（1921—1949）》第 14 册，中央文献出版社 2011 年版，第 60 页。
③ 习近平：《在庆祝改革开放 40 周年大会上的讲话》，人民出版社 2018 年版，第 42 页。

党的十八大诞生了以习近平同志为核心的党中央。习近平总书记是毛泽东和邓小平时代成长起来的杰出的革命事业接班人。

中央领导核心是什么？是政治的上层建筑中最为宝贵、最为重要的部分。我们常说，经济基础决定上层建筑，这是放入历史长时段中的一般规律。我们还应记住，在一定范围和一段时期内，在一定条件下，上层建筑对经济基础可以起着决定性的反作用，并对文化上层建筑起着决定性的作用。王岐山同志说，党的十八大后“习近平总书记校正了党和国家前进的航向”①，使得中国共产党和社会主义的中国焕发出新的蓬勃生机与活力。苏联共产党成立 93 年、执政 74 年垮掉了。中国共产党今年已诞生百年、执政进入第 72 个年头。以习近平同志为核心的党中央团结带领全党全国各族人民，对党和国家各方面工作提出了一系列新理念新思想新战略，啃下了不少硬骨头，闯过了不少急流险滩，改革呈现全面发力、多点突破、蹄疾步稳、纵深推进的局面，推动党和国家事业发生历史性变革、取得历史性成就，中国特色社会主义进入了新时代，这为我们党、国家和民族争得发展的新的重要战略机遇期提供了最大的机遇。正因如此，对于新中国成立后，特别是改革开放 40 多年来经过各种风雨最终诞生的以习近平同志为核心的党中央，我们要坚决维护。这是我们党和国家今后一些年紧紧抓住前所未有的机遇、应对世所罕见挑战的命脉所系，是加强党的政治建设和赢得新的战略机遇期的关键所在，是保持党和政权保持全心全意为人民服务宗旨永不变质的根本保障。这对于贯彻落实毛泽东关于“十分热忱地关心全国全民族的利害，并且关心其永久的利害”的指示精神，保持党和政权永不变质具有十分重大的战略意义。

① 《旗帜鲜明坚持党的领导兑现对人民的庄严承诺》，《人民日报》2017 年 10 月 20 日。

从历史唯物主义来看，任何重大事件及其后果，都不是以任何个人意志为转移的。这是因为人类历史演进的最终原因是由生产力的发展，而不同国家的生产力发展赖以进行的历史环境也对其产生作用，从而使不同国家的历史发展呈现不同的特点。除此之外，每个特定的社会时代都需要特定的代表人物，如果没有这些人物，也会创造出这样的人物来。伟大历史人物为人民和人类历史进步所建立的伟大功业决不主要是个人有限的天赋和努力，机会主义的罪过也不是个别人物的罪孽、过错和叛变的偶然现象，而是也只能是整个历史时代的社会产物。苏共二十大及其以后的社会条件，决定了这个时候不出戈尔巴乔夫，也必然会有其他的替代者出现。历史早已证明，伟大的革命斗争会造就伟大人物；而历史的逆流，则会推拥出逆动的人物。其实，在阶级社会里，不同的领袖式人物，都是特定阶级或集团的代表。按照马克思主义的定义，阶级及阶层主要是经济领域而不是政治领域的概念。任何社会的阶级及阶层在任何时候都是生产关系和交换关系的产物，也就是自己时代的经济关系的产物。阶级及阶层一旦形成，对一定时代的生产关系和交换关系则必然产生反作用。任何剥削阶级及其阶层一旦形成，则必然企图进一步建立最大限度有利于自己的生产关系和交换关系，甚至企图“终结”和固化一定的生产关系和交换关系。从一定意义上讲，苏共中的特权阶层及其代表人物，是苏共亡党和苏联解体的物质力量，甚至可以说是苏共亡党和苏联解体的原动力。戈尔巴乔夫们和叶利钦们，是几十年间苏共党内和社会上企图在苏联最终确立生产资料私有制的社会力量的代表，是以美国为首的西方垄断资产阶级在苏共党内力量的代表。戈尔巴乔夫们和叶利钦们要最终在苏联消灭共产主义的动机，绝不是他们琐碎的个人欲望，而正是他们所处的历史潮流所决定的。我们坚信，道路是曲折的，前途是光明的。但是曲折不会自己消除，光明也不会自动到来。两军对垒帅坐镇，从一定意义上讲，无产阶级与资产阶级、社会主义与资本主义之间的较量，是各自政治力量的代表，即领袖间的较量。资产阶级十分重视培养和选拔自己的代表人物，我们无产阶级和人民大众必须更加注重培养和选拔我们自己事业的代表人物尤其是领袖人物。只有这样，我们才能推动历史在曲折中不断前进，经过一代又一代极长期的、复杂的、艰难困苦的斗争，最终把所有传统所有制和与其相适应的所有传统观念送进历史的坟墓，真正实现人类大同。这也又一次证明了毛泽东同志强调“培养和造就千百万无产阶级革命事业的接班人”[①]的远见和正确，证明邓小平同志强调“中国的事情能不能办好……从一定意义上说，关键在人”[②]的远见和正确，说明了在体制与人的关系上“关键在人”的深刻道理。千百万可靠的无产阶级革命事业接班人，才是党和政权永不变质最可靠的组织保证和机制保证。

在未来一二十年内，培养千百万无产阶级革命事业接班人这一战略任务，必然十分严肃、直接地摆在全党面前。从一定意义上讲，斯大林没有把这一重大战略问题提到应有的议事日程，导致他一去世赫鲁晓夫集团就点燃了苏联亡党亡国的导火索。毛泽东和邓小平都高度重视、艰辛探索解决这一问题，并为我们留下了各自十分宝贵的经验。我们坚信，以习近平同志为核心的党中央对此早已运筹帷幄，中国共产党必能解决好这一国际共产主义运动中的重大课题。

---

① 《建国以来重要文献选编》第 19 册，中央文献出版社 1998 年版，第 70 页。

② 《十三大以来重要文献选编》下，人民出版社 1993 年版，第 1862 页。

中国特色社会主义和人类文明新形态

田心铭[①]

习近平总书记在庆祝中国共产党成立100周年大会上说："我们坚持和发展中国特色社会主义，推动物质文明、政治文明、精神文明、社会文明、生态文明协调发展，创造了中国式现代化新道路，创造了人类文明新形态。"[②]这一重要论断丰富和发展了中国特色社会主义思想和马克思主义文明理论，我们要认真学习、深入研究。

一、文明和文明形态

我们创造的人类文明新形态，就是中国特色社会主义文明。它的创造主体，是中国共产党和中国人民。

---

① 田心铭，教育部社科研究中心原主任、教授。

② 习近平：《在庆祝中国共产党成立100周年大会上的讲话》，人民出版社2021年版，第13—14页。

人类文明“新形态”是相对于此前已有的文明形态而言的。深入研究这个新形态，需要讨论什么是文明和文明形态。

在马克思主义的理论体系和话语体系中，“文明”是表征人类进步状态的范畴。在集中反映了马克思和恩格斯文明理论的经典著作《家庭、私有制和国家的起源》中，“文明”首先是一个时代概念。“文明时代”[①]是同蒙昧时代、野蛮时代相对应的时代。由生产力发展决定的私有制、阶级和国家的产生，使人类从野蛮时代过渡到文明时代。文字的发明、城市的出现、专偶制家庭的形成，是过渡到文明时代的重要标志。进入文明时代后，文明在发展中呈现多种形态。

历史是人民创造的，文明也是人民创造的。世界各国、各民族共同创造了人类文明。每一种文明都是以一定的形态存在和表现出来的。研究文明问题，不能不研究文明的形态。

对于不同形态文明的共性和个性、联系和区别，可以从纵向发展、横向并存以及内部构成等不同角度去分析、研究。

从纵向看，人类文明是在历史的前进运动中发展、进步的。习近平强调，“世界文明历史揭示了一个规律：任何一种文明都要与时偕行”。他论述了如何“增添文明发展动力、激活文明进步的源头活水，不断创造出跨越时空、富有永恒魅力的文明成果”[②]。马克思主义的文明理论是建立在唯物史观基础之上的。唯物史观把一切依次更替的历史状态都看作人类社会由低级到高级的无穷发展进程中的暂时阶段。马克思在1859年写的《〈政治经济学批判〉序言》中对他创立的唯物史观作出简要表述。他用“社会形态”范畴对基于生产方式的社会历史演进的几个时代作出概括。这一思想后来发展为五种社会形态理论。社会形态理论是唯

---

① 《马克思恩格斯文集》第4卷，人民出版社2009年版，第38页。

② 习近平：《论党的宣传思想工作》，中央文献出版社2020年版，第402—403页。

物史观的核心理论。按照马克思主义的社会形态理论，各种文明都是不同社会形态下的文明。在马克思和恩格斯的著作中，除了区别于野蛮时代的从奴隶社会直到资产阶级社会的“文明时代”概念外，还有“古代文明”[①]“现代文明”[②]或“资产阶级文明”[③]等概念。中国共产党早期理论家瞿秋白曾经用“封建时代的文明”“资产阶级的文明”“无产阶级的文明”“社会主义的文明”等概念对文明作历史的分析[④]。按照马克思主义的社会形态理论，人类创造的文明包括奴隶社会的文明、封建社会的文明、资本主义文明和社会主义文明。这些不同形态的文明可以在一定时期交叉并存，历史地看，它们构成了文明演进的系列，体现了文明进步的趋势和文明发展阶段性的规律。在这样的文明形态演进中，中国特色社会主义文明属于社会主义文明。

从横向看，世界是多种形态的文明并存的世界。文明是由不同国家、民族的人民创造的，无论历史上或现实中，都存在数不胜数的不同国家、民族的文明。不算已经衰落的古代埃及文明、古代巴比伦文明等湮没在历史长河之中的文明，当今世界上有 200 多个国家和地区，2500 多个民族，各自呈现不同的文明。

习近平深刻论述了不同国家、民族文明的多样性及其相互关系，阐述了我们应该秉持的态度和原则。“第一，文明是多样的，人类文明因多样才有交流互鉴的价值。”[⑤]一个国家和民族的文明是一个国家和民族的集体记忆。人类在漫长的历史长河中创造和发展了多姿多彩的文明。文明交流互鉴不应该以独尊某一种文明或贬损某一种文明为前提。“第二，

---

① 《马克思恩格斯文集》第 2 卷，人民出版社 2009 年版，第 235 页。

② 《马克思恩格斯文集》第 2 卷，人民出版社 2009 年版，第 56 页。

③ 《马克思恩格斯文集》第 2 卷，人民出版社 2009 年版，第 690 页。

④ 参见钟哲明主编：《邓小平精神文明建设思想研究》，山东人民出版社 1999 年版，第 5 页。

⑤ 习近平：《论党的宣传思想工作》，中央文献出版社 2020 年版，第 62 页。

文明是平等的，人类文明因平等才有交流互鉴的前提。”[①] 各种人类文明在价值上是平等的，各有千秋，也各有不足。世界上不存在十全十美的文明，也不存在一无是处的文明，文明没有高低、优劣之分。傲慢和偏见是文明交流互鉴的最大障碍。“第三，文明是包容的，人类文明因包容才有交流互鉴的动力。”[②] 海纳百川，有容乃大。人类创造的各种文明都是劳动和智慧的结晶。每一种文明都是独特的。一切文明成果都值得尊重，一切文明成果都要珍惜。习近平明确指出：“文明因交流而多彩，文明因互鉴而丰富。文明交流互鉴，是推动人类文明进步和世界和平发展的重要动力。”[③] 这些重要论述，把马克思主义基本原理同中国文明建设实践和当代文明发展实际相结合，丰富和发展了马克思主义文明理论，为我们正确认识和对待不同民族、国家的文明，在交流互鉴中推动文明进步提供了基本遵循。

在不同国家、民族的文明中，中国特色社会主义文明是中华文明的当代形态，具有不同于其他国家、民族文明的独特成果和独特性质。

从文明的内部构成看，文明是由一定的物质生活资料生产、政治制度、精神文化以及社会和生态环境等各方面建设的成果相互关联构成的，具有内部结构，各种文明都是多方面成果构成的整体。物质文明、政治文明、精神文明、社会文明、生态文明等就是表征不同方面文明成果的概念。社会有机体的构成是复杂的、多层次的，除经济政治文化社会生态等几个基本方面外，作为整体的文明还可以从其他视角、从更多的方面或层次去分析、认识。农业文明、工业文明、数字文明、乡村文明、城市文明、家庭文明等概念，都是研究文明的认识成果的结晶。

---

① 习近平：《论党的宣传思想工作》，中央文献出版社 2020 年版，第 63 页。

② 习近平：《论党的宣传思想工作》，中央文献出版社 2020 年版，第 64 页。

③ 习近平：《论党的宣传思想工作》，中央文献出版社 2020 年版，第 62 页。

由此看来，人类创造的各种文明，从纵向看，有不同社会形态的文明；从横向看，有不同国家、民族的文明；从内部结构看，各自是由多方面的文明构成的。每一种文明既处于社会历史进程中的一定阶段，具有历史性、阶段性的社会形态特征，又属于一定的国家、民族，具有本民族、国家的性质和特征，同时在其内部包含了多方面的文明成果，具有内在结构。它们各自在质的多样性的统一中构成了独一无二的“这一个”文明。对于各种文明，都可以从纵向、横向以及内部构成等不同角度，从多方面的个性和共性的统一中去分析、研究。

笔者认为，基于社会形态划分的文明系列概念，区分不同国家、民族文明的系列概念，反映一定文明中不同方面、不同部分的系列概念，构成了马克思主义文明理论的基本框架，反映了文明的本质和发展规律。[①] 本文拟在这样的学术理论背景下讨论中国特色社会主义文明这一人类文明新形态。

二、中国特色社会主义文明是如何创造的

习近平关于“创造了人类文明新形态”的重要论述，把我们党对中国特色社会主义的认识提到了一个新高度。

（一）创造人类文明新形态的道路是中国特色社会主义道路

道路是根本问题，道路决定命运。习近平指出：“走自己的路，是党的全部理论和实践立足点，更是党百年奋斗得出的历史结论。”[②] 我们自己走出来的创造了人类文明新形态的道路，就是中国特色社会主义道路。

---

① 参见田心铭：《文明、生态文明与中国特色社会主义》，《思想理论教育导刊》2013 年第 11 期。

② 习近平：《在庆祝中国共产党成立 100 周年大会上的讲话》，人民出版社 2021 年版，第 13 页。

中国特色社会主义是党领导人民历经千辛万苦、付出巨大代价取得的根本成就。中国特色社会主义发展到今天，已经成为一种新的文明形态。在这个意义上可以说，中国共产党成立 100 年来的历史，就是党领导人民创造中国特色社会主义文明的历史。

有着 5000 多年文明历史的中华民族，为人类文明进步作出了不可磨灭的贡献。1840 年鸦片战争后，中国逐步沦为半殖民地半封建社会，中华民族遭受了前所未有的劫难，中华文明不幸蒙尘。1921 年中国共产党成立以来，围绕着实现中华民族伟大复兴这一主题，奋斗牺牲，创造新的文明。党领导人民浴血奋战、百折不挠，创造了新民主主义革命的伟大成就，为实现中华民族伟大复兴创造了根本社会条件；自力更生、发奋图强，创造了社会主义革命和建设的伟大成就，实现了迈进社会主义社会的伟大飞跃，为实现中华民族伟大复兴奠定了根本政治前提和制度基础；解放思想、锐意进取，创造了改革开放和社会主义现代化建设的伟大成就，为实现中华民族伟大复兴提供了充满新的活力的体制保证和快速发展的物质条件；自信自强、守正创新，统揽伟大斗争、伟大工程、伟大事业、伟大梦想，创造了新时代中国特色社会主义的伟大成就，为实现中华民族伟大复兴提供了更为完善的制度保证、更为坚实的物质基础、更为主动的精神力量。我们一路走来的这条从新民主主义革命、社会主义革命和建设、改革开放到中国特色社会主义新时代的道路，就是中国特色社会主义道路，也就是中国式现代化新道路。中国特色社会主义文明就是在这条道路上创造的。经过百年奋斗，实现中华民族伟大复兴进入了不可逆转的历史进程，中国特色社会主义作为新的文明形态迈进了人类文明发展进程。

（二）从中国特色社会主义道路、理论体系、制度和文化到人类文明新形态

中国特色社会主义是在实践探索和理论创新中不断发展的，我们对自己创造的中国特色社会主义的认识，是伴随着这一发展过程不断提升的。中国特色社会主义经历了从道路的开辟到人类文明新形态形成的过程，这也是从提出“中国特色社会主义道路”到将其定位为“人类文明新形态”的自我认识不断提升的过程。

中国特色社会主义首先是党在实践中找到的一条道路。1982 年邓小平在党的十二大开幕词中提出“走自己的道路，建设有中国特色的社会主义”[①]，标志着我们党把中国特色社会主义写在了自己的旗帜上。这是党总结长期实践经验得出的基本结论。在这条道路上，随着实践的发展，理论体系逐步形成。1992 年党的十四大提出了“邓小平同志建设有中国特色社会主义理论”并概括了其主要内容。1997 年党的十五大把“邓小平理论”写在了自己的旗帜上。2002 年党的十六大和 2007 年党的十七大先后把“三个代表”重要思想和科学发展观写进了党章。党的十七大提出了“中国特色社会主义理论体系”的概念，以此概括马克思主义中国化的最新成果。2012 年党的十八大以来，中国特色社会主义进入了新时代，形成了习近平新时代中国特色社会主义思想。2017 年党的十九大确立了习近平新时代中国特色社会主义思想的历史地位。

实践创新和理论创新推动着制度创新。习近平说：“中国特色社会主义是实践、理论、制度紧密结合的，既把成功的实践上升为理论，又以正确的理论指导新的实践，还把实践中已见成效的方针政策及时上升为

---

① 《邓小平文选》第 3 卷，人民出版社 1993 年版，第 3 页。

党和国家的制度。”[①]党的十八大拓展“中国特色社会主义”的科学内涵，提出并阐述了“中国特色社会主义制度”。习近平在党的十八大后指出：“中国特色社会主义是由道路、理论体系、制度三位一体构成的。”[②]

党的十八大后，“三位一体”的中国特色社会主义在进一步发展中增加了“文化”作为其构成因素。习近平对增强文化自觉和文化自信做了大量论述。在党的十九大报告中，他深入阐述了“中国特色社会主义文化”。党的十九大对“中国特色社会主义”中的道路、理论体系、制度和文化分别作出明确定位，指出：中国特色社会主义道路是“实现社会主义现代化、创造人民美好生活的必由之路”；中国特色社会主义理论体系是“指导党和人民实现中华民族伟大复兴的正确理论”；中国特色社会主义制度是“当代中国发展进步的根本制度保障”；中国特色社会主义文化是“激励全党全国各族人民奋勇前进的强大精神力量”。[③]这是对“中国特色社会主义”更完整的概括，从十八大的“三位一体”发展到了“四位一体”。

回顾历史可以看到，在2021年庆祝中国共产党成立100周年之际，习近平在论述“以史为鉴、开创未来，必须坚持和发展中国特色社会主义”时得出我们“创造了人类文明新形态”的结论，这是继中国特色社会主义从“道路”的开辟到“四位一体”的形成之后，深刻总结党百年奋斗的光辉历程和宝贵经验，纵观中华民族5000多年的文明史，从人类文明史的高度审视中国特色社会主义的辉煌成就和历史地位而作出的一个新的重要判断。这一论断的提出，反映了党的十九大以来中国特色社会主义实践发展和理论创新的新成果，是对中国特色社会主义认识的提升。

---

① 《十八大以来重要文献选编》上，中央文献出版社2014年版，第74页。
② 《十八大以来重要文献选编》上，中央文献出版社2014年版，第74页。
③ 《十九大以来重要文献选编》上，中央文献出版社2019年版，第12页。

（三）自觉创造全面协调发展的人类文明新形态

人们自己创造自己的文明史，是一个从自发走向自觉的过程。中国特色社会主义一步步发展成为人类文明新形态，是党领导人民自觉进行文明创造的结果。

人类从野蛮时代进入文明时代是自发的而不是自觉的。原始社会的人们为了减轻劳动、增加产品而改进生产工具时，没有想到这样会引起生产方式的变革、原始公社制的瓦解和奴隶制社会的形成。进入文明时代后，阶级社会中文明的进步仍然是自发的过程，不是自觉创造的结果。19 世纪 80 年代，恩格斯在《家庭、私有制和国家的起源》中指出，支配着社会运动的规律是通过“作为异己的、起初甚至是未被认识的、其本性尚待努力研究和探索的力量”[①]起作用的。“整个文明期都处在这些规律的支配之下”[②]，直到今天，社会的全部生产仍然是由盲目的规律来调节的。“这些盲目的规律，以自发的威力”“显示着自己的作用”。[③]马克思主义的问世“犹如壮丽的日出，照亮了人类探索历史规律和寻求自身解放的道路”[④]。马克思主义在中国的传播和中国共产党的成立，使中国人在精神上由被动转为主动，走上了在党的领导下自觉遵循社会发展规律创造人类文明新形态的道路。

社会主义社会是全面发展的社会。只有全面发展的文明，才能成为成熟的人类文明新形态。自觉创造新的文明形态，需要深入探索和认识文明的内在结构，全面、协调地从多方面推进文明建设。我国社会主义

---

① 《马克思恩格斯文集》第 4 卷，人民出版社 2009 年版，第 194 页。

② 《马克思恩格斯文集》第 4 卷，人民出版社 2009 年版，第 194 页。

③ 《马克思恩格斯文集》第 4 卷，人民出版社 2009 年版，第 195 页。

④ 习近平：《论党的宣传思想工作》，中央文献出版社 2020 年版，第 320 页。

文明建设的理论和实践是不断拓展、深化的。习近平指出："随着经济社会发展和实践深入，我们对中国特色社会主义事业总体布局的认识不断深化，从当年的'两个文明'到'三位一体'、'四位一体'，再到今天的'五位一体'，这是重大理论和实践创新，更带来了发展理念和发展方式的深刻转变。"[①] 中国特色社会主义"五位一体"总体布局逐步形成的过程，就是文明建设不断发展和关于文明建设、文明结构的认识不断深化的过程，是文明建设的理论创新和实践创新在良性互动中发展的过程，体现了我们党推进中国特色社会主义文明创造的高度自觉性。

1978 年党的十一届三中全会实现全党工作重心向社会主义现代化建设转移后，党中央在 1979 年提出："我们要在建设高度物质文明的同时""建设高度的社会主义精神文明"。[②] 1982 年党的十二大指出："社会的改造，社会制度的进步，最终都将表现为物质文明和精神文明的发展。"[③]1986 年党的十二届六中全会作出《中共中央关于社会主义精神文明建设指导方针的决议》，提出了"我国社会主义现代化建设的总体布局"，要求"从这个总体布局的高度，正确认识社会主义精神文明建设的战略地位"[④]，并且阐明了精神文明建设的指导方针。"两个文明"的总体布局由此形成。

2002 年党的十六大把"建设社会主义政治文明"列为"全面建设小康社会的重要目标"，要求"不断促进社会主义物质文明、政治文明和精神文明的协调发展，推进中华民族的伟大复兴"。[⑤] 这样就从三个文明协调发展的理论层面阐释了中国特色社会主义建设"三位一体"的总体布局。

---

① 习近平：《推动我国生态文明建设迈上新台阶》，《求是》2019 年第 3 期。

② 《改革开放三十年重要文献选编》上，中央文献出版社 2008 年版，第 71 页。

③ 《改革开放三十年重要文献选编》上，中央文献出版社 2008 年版，第 274 页。

④ 《改革开放三十年重要文献选编》上，中央文献出版社 2008 年版，第 430 页。

⑤ 《十六大以来重要文献选编》上，中央文献出版社 2005 年版，第 24、43 页。

2006 年党的十六届六中全会在《中共中央关于构建社会主义和谐社会若干重大问题的决定》中提出，“推动社会建设与经济建设、政治建设、文化建设协调发展”[①]。2007 年党的十七大把“社会建设”纳入“总体布局”，提出“按照中国特色社会主义事业总体布局，全面推进经济建设、政治建设、文化建设、社会建设”[②]，阐述了社会建设的基本目标和基本政策，形成了“四位一体”的总体布局。这时虽然还没有提出“社会文明”的概念，但是对社会领域的文明建设已经有了比较丰富的认识。

与此同时，党的十七大报告引入了“生态文明”概念，提出了“建设生态文明”的任务，要求实现“生态文明观念在全社会牢固树立”[③]。2012 年党的十八大报告提出，建设中国特色社会主义，“总布局是五位一体”，“全面推进经济建设、政治建设、文化建设、社会建设、生态文明建设”。[④]党的十八大以来，习近平对生态文明建设作了系统、深刻的阐述，形成了习近平生态文明思想，成为习近平新时代中国特色社会主义思想的重要构成部分。党的十九大把“中国特色社会主义事业‘五位一体’总体布局”写入了《中国共产党章程》，要求“统筹推进经济建设、政治建设、文化建设、社会建设、生态文明建设”[⑤]。这样，我们党在实践上实现了对中国特色社会主义建设“五位一体”的总体布局，在理论上形成了对经济、政治、文化、社会、生态文明五个基本方面构成的中国特色社会主义文明的全面、完整的认识。

毛泽东在《实践论》中指出，概念的产生，是“认识过程中的突变

---

① 《十六大以来重要文献选编》下，中央文献出版社 2008 年版，第 650 页。
② 《十七大以来重要文献选编》上，中央文献出版社 2009 年版，第 12 页。
③ 《十七大以来重要文献选编》上，中央文献出版社 2009 年版，第 16 页。
④ 《十八大以来重要文献选编》上，中央文献出版社 2014 年版，第 10、11 页。
⑤ 《中国共产党第十九次全国代表大会文件汇编》，人民出版社 2017 年版，第 70 页。

(即飞跃)”，理性认识就是“运用概念以作判断和推理的工夫”①。习近平在总结中国共产党百年奋斗的成就和经验时，指出我们“推动物质文明、政治文明、精神文明、社会文明、生态文明协调发展”“创造了人类文明新形态”，这样不仅整合此前达到的理论成果，全面、系统地提出了包括“社会文明”在内的构成文明整体的五个“文明”概念，而且提出了“人类文明新形态”概念，作出了明确论断，因而标志着实现了对中国特色社会主义文明认识的飞跃。

三、中国特色社会主义文明的根本性质和历史地位

中国特色社会主义文明有自身特定的性质和历史地位，可以从多方面去研究、探讨。笔者认为，中国特色社会主义文明的根本性质在于，它是社会主义的文明，又是中华民族的文明，是社会主义和中华文明的统一体，在社会主义文明史和中华文明史上都具有极其重要的地位，必将载入中华民族发展史册、人类文明发展史册。

（一）中国特色社会主义文明是社会主义文明，具有社会主义的根本性质

习近平说：“中国特色社会主义是社会主义而不是其他什么主义。”他强调：“科学社会主义基本原则不能丢，丢了就不是社会主义。”② 中国特色社会主义文明作为一种新的、社会主义的文明形态，具有不同于封建社会、资本主义社会等阶级社会文明的性质和特征。

马克思和恩格斯深刻揭示了阶级社会中文明所具有的阶级对抗性质

① 《毛泽东选集》第1卷，人民出版社1991年版，第285页。
② 《十八大以来重要文献选编》上，中央文献出版社2014年版，第109页。

和在阶级对抗中发展的规律。1847 年马克思在《哲学的贫困》中指出，当文明一开始的时候，生产就建立在阶级的对抗之上，“没有对抗就没有进步。这是文明直到今天所遵循的规律”[①]。恩格斯在《家庭、私有制和国家的起源》中说，古代的奴隶制、中世纪的农奴制和近代的雇佣劳动制，“这就是文明时代的三大时期所特有的三大奴役形式；公开的而近来是隐蔽的奴隶制始终伴随着文明时代”[②]。他指出：“由于文明时代的基础是一个阶级对另一个阶级的剥削，所以它的全部发展都是在经常的矛盾中进行的。”“对一些人是好事，对另一些人必然是坏事，一个阶级的任何新的解放，必然是对另一个阶级的新的压迫。”[③]

中国特色社会主义文明是在党领导人民取得新民主主义革命和社会主义革命伟大成就的基础上创造的。革命的胜利，彻底结束了旧中国半殖民地半封建社会的历史，消灭了在中国延续几千年的封建剥削压迫制度，确立了社会主义基本制度，实现了中华民族有史以来最为广泛而深刻的社会变革。中国成为工人阶级领导的、以工农联盟为基础的人民民主专政的社会主义国家。社会主义制度是我国的根本制度。中国共产党领导是中国特色社会主义最本质的特征。国家的一切权力属于人民。人民改变了几千年来受剥削被压迫的地位，成为国家和社会的主人，掌握了自己的命运。我国社会主义社会的基本矛盾仍然是生产力和生产关系、经济基础和上层建筑之间的矛盾。基本矛盾不再具有对抗的性质，可以通过社会主义自身不断得到解决。阶级斗争还在一定范围内长期存在，但已经不是主要矛盾。现阶段社会的主要矛盾是人民日益增长的美好生活需要和不平衡不充分的发展之间的矛盾。因此，“没有对抗就没有进步”

① 《马克思恩格斯全集》第 4 卷，人民出版社 1958 年版，第 104 页。
② 《马克思恩格斯文集》第 4 卷，人民出版社 2009 年版，第 195 页。
③ 《马克思恩格斯文集》第 4 卷，人民出版社 2009 年版，第 196—197 页。

这一阶级社会中文明发展的规律已经不再是中国特色社会主义文明发展的规律。中国特色社会主义文明是党领导中国人民团结奋斗，以马克思主义科学理论为指导自觉创造的成果，由此就决定了它作为新的文明形态具有不同于阶级社会中文明的根本性质和发展规律。

（二）中国特色社会主义文明是新时代的中华文明，具有鲜明中国特色

党的十八大以来，习近平对中华文明的悠久历史、辉煌成果、鲜明特色、重要地位和党对待中华文明的科学态度作了系统、深入的阐述，为我们认识、研究中国特色社会主义文明的中国特色提供了指南。

世界上每一个国家和民族的文明都扎根于本民族的土壤之中，都有自己的本色、长处、优点。文明特别是思想文化，是一个国家、一个民族的灵魂。中国是世界四大文明古国之一，中华文明是世界上唯一自古延续至今、从未中断的文明。我国浩如烟海的文献典籍记录了中国3000多年的历史，同时在甲骨文发明以前在中华大地上还有很长的文明发展史。几千年从未中断的历史形成了中国独具特色、博大精深的价值观念和文明体系，这在世界上是独一无二的。习近平强调："中华文明5000多年绵延不断、经久不衰，在长期演进过程中，形成了中国人看待世界、看待社会、看待人生的独特价值体系、文化内涵和精神品质，这是我们区别于其他国家和民族的根本特征。"① 中华民族的思想文化体现着在世世代代生产生活中形成和传承的世界观、人生观、审美观等，其中最核心的内容已经成为中华民族最基本的文化基因。这些最基本的文化基因是中华民族和中国人民在修齐治平、尊时守位、知常达变、开物成务、

---

① 习近平：《在敦煌研究院座谈时的讲话》，《求是》2020年第3期。

建功立业过程中逐渐形成的有别于其他民族的独特标识。这些中国人区别于其他国家和民族的根本特征，决定了中国特色社会主义文明的中国特色。

习近平指出："我们开辟了中国特色社会主义道路不是偶然的，是我国历史传承和文化传统决定的。"[①] 他说："如果没有中华五千年文明，哪里有什么中国特色？如果不是中国特色，哪里有我们今天这么成功的中国特色社会主义道路？"[②] 中国共产党人是坚定的马克思主义者，坚持马克思主义的科学学说。同时我们不是历史虚无主义者，也不是文化虚无主义者。中国共产党人始终是中华优秀传统文化的忠实继承者和弘扬者，从孔夫子到孙中山，我们都注意汲取其积极的养分。中华民族数千年来走着一条不同于其他国家和民族的文明发展道路。解决中国的问题，只能在中国大地上探寻适合自己的道路和办法。源远流长的中华文明的独特优势和中国共产党人对待中华文明的科学态度，赋予了中国特色社会主义文明以鲜明的中国特色。

（三）中国特色社会主义文明是社会主义和中华文明有机统一的整体，创造了人类文明新形态

第一，对于社会主义的发展来说，中国特色社会主义文明的创造使社会主义成为一种现实存在的新的文明形态。

邓小平说："马克思主义是科学。它运用历史唯物主义揭示了人类社会发展的规律。"邓小平用简明的语言对体现社会发展总趋势的规律作出概括："封建社会代替奴隶社会，资本主义代替封建主义，社会主义经历

---

① 习近平：《论党的宣传思想工作》，中央文献出版社 2020 年版，第 90 页。

② 《"这里的山山水水、一草一木，我深有感情"——记"十四五"开局之际习近平总书记赴福建考察调研》，《光明日报》2021 年 3 月 27 日。

一个长过程发展后必然代替资本主义。”[①] 这也是体现人类文明发展总趋势的规律。

社会主义经过从空想到科学、从理论到实践、从一国到多国发展的历程。历史经验表明，马克思主义政党领导人民夺取政权，建立起社会主义基本制度，并不等于已经创造了新的社会主义的文明形态，其间还要经历从多方面展开的文明建设的过程，这是一个艰难探索的过程。如果说列宁领导的十月社会主义革命的胜利使社会主义从理论变成了现实，使人类历史上第一次出现了新型的社会主义国家和社会主义制度，那么，经过中国共产党成立以来的百年奋斗和中华人民共和国成立 70 多年来的艰难探索，才第一次创造了物质文明、政治文明、精神文明、社会文明、生态文明协调发展的作为人类文明新形态的社会主义文明，在人类文明史上树立起一座丰碑。如果说社会主义救了中国、发展了中国，那么，中国也极大丰富、发展了社会主义，使社会主义从科学理论发展成为一种新的文明形态，作为现实存在的活生生的新型文明出现在人类文明史上。

第二，对于中华文明的发展来说，中国特色社会主义文明的创造使历史悠久的中华文明进入了中国特色社会主义新时代，发展成为社会主义的中华文明，或中华社会主义文明。

中华文明具有与时俱进的品质，始终革故鼎新、自强不息，以海纳百川、开放包容的广阔胸襟，同世界其他文明相互交流，与时代共进步，有着旺盛的生命力。恩格斯曾经预言，在未来的新社会，当人们成为自身社会结合的主人，自觉地创造自己的历史时，人自身以及人的活动的一切方面都将突飞猛进，使以往的一切都黯然失色。在中华人民共和国

① 《邓小平文选》第 3 卷，人民出版社 1993 年版，第 382 页。

成立前夕，毛泽东豪迈地宣布："中国的命运一经操在人民自己的手里，中国就将如太阳升起在东方那样，以自己的辉煌的光焰普照大地。"[①]党领导中国人民创造的中国特色社会主义文明把这些科学预见在古老的中华文明沃土上变成了现实。

中国共产党和中国人民在创造人类文明新形态的过程中，积累了丰富的经验。习近平强调，"要推动中华文明创造性转化、创新性发展，激活其生命力"[②]。马克思主义是我们党和国家的指导思想，也是社会主义的中华文明建设的指导思想。"在人类思想史上，还没有一种理论像马克思主义那样对人类文明进步产生了如此广泛而巨大的影响。"[③]马克思主义进入中国，引发了中华文明的深刻变革，不仅指导我们通过革命深刻改变了中国，而且推动各方面的文明建设协调发展、整体推进，创造了人类文明新形态，使古老的中华文明焕发出新的青春的活力，放射出更加灿烂的光芒。

习近平在庆祝中国共产党成立100周年大会上指出，以史为鉴、开创未来，必须继续推进马克思主义中国化，"坚持把马克思主义基本原理同中国具体实际相结合、同中华优秀传统文化相结合"[④]。中国特色社会主义文明就是这种结合的伟大成果。如果把我们党领导人民创造人类文明新形态的丰富经验集中到一点，那就是：必须始终不渝地坚持把马克思主义基本原理同中国具体实际相结合、同中华优秀传统文化相结合。

---

① 《毛泽东选集》第4卷，人民出版社1991年版，第1467页。

② 习近平：《论党的宣传思想工作》，中央文献出版社2020年版，第228页。

③ 习近平：《论党的宣传思想工作》，中央文献出版社2020年版，第220页。

④ 习近平：《在庆祝中国共产党成立100周年大会上的讲话》，人民出版社2021年版，第13页。

习近平新时代中国特色社会主义思想大众化的主要方式研究*

辛向阳①

习近平新时代中国特色社会主义思想不仅坚守马克思主义基本原理，不断推进马克思主义中国化，而且还在不断推进马克思主义大众化。习近平总书记指出："好的思想、观念、内容，要通过生动的形式、多样的手段表达出来。这就像做菜一样，同样烧一条鱼，有的人喜欢剁椒鱼头，有的人喜欢红烧中段，有的人喜欢糖醋鱼块，有的人喜欢雪菜鱼汤，如果都一个味道，就难以达到最佳效果。一个主题要有多种传播方法，形成全方位、多层次、多声部的主流舆论矩阵，达到'大珠小珠落玉盘'的效果。"②习近平新时代中国特色社会主义思想生动地展现了这一特点，

* 本文系国家社会科学基金特别委托项目"我国政党制度优势研究"（21@ZH009）、2021年度马克思主义理论研究和建设工程特别委托项目"'四个全面'战略布局新内涵新要求研究"（2021@MYB005）的阶段性成果。

① 辛向阳，中国社会科学院马克思主义研究院党委书记、副院长、研究员。

② 《习近平新闻思想讲义》，人民出版社、学习出版社2018年版，第79页。

即运用大众化的语言来阐释深刻的道理。其表达丰富多彩，极有内涵，令人回味。

一、讲故事，用生动的故事讲出深刻的道理，使广大群众在故事中体验和把握真理

习近平新时代中国特色社会主义思想在很多方面都是用生动的故事来讲透一个道理、一个真理。2014 年 6 月，在中国科学院第十七次院士大会、中国工程院第十二次院士大会上的讲话中，习近平总书记就讲过一个生动传神的故事。“1708 年，清朝政府组织传教士们绘制中国地图，后用 10 年时间绘制了科学水平空前的《皇舆全览图》，走在了世界前列。但是，这样一个重要成果长期被作为密件收藏内府，社会上根本看不见，没有对经济社会发展起到什么作用。反倒是参加测绘的西方传教士把资料带回了西方整理发表，使西方在相当长一个时期内对我国地理的了解要超过中国人。”[①] 这说明了一个什么问题呢？这个故事告诉我们三点：第一，理论必须与实际相结合，再好的理论如果只是悬在空中，在学术的象牙塔中自说自话，也不会有实际的效果，理论也会逐渐因自身的内卷化而衰亡。第二，科学技术必须同经济社会发展相结合，不与经济社会发展结合，就不会产生实际效用。科学发明如果被束之高阁，只是一种猎奇，只是一种雅兴，甚至被当作炫耀的奇技，那就不可能对现实社会产生任何作用。我们有的学者把发明搞出来、申请专利后，也不进行转化，自我欣赏、自我炫酷，只是满足于获得了某种奖项，这不仅消耗了大量的国家资金，而且影响了经济社会发展。第三，无论是理论，还

① 习近平：《在中国科学院第十七次院士大会、中国工程院第十二次院士大会上的讲话》，人民出版社 2014 年版，第 14 页。

是科学技术发明，都是在实践应用中发展的。如果不应用于实践，理论与科学技术发展的动力就会衰减。

中国革命为什么能够成功？中国共产党为什么能够日益壮大？习近平总书记用很多故事阐述过中国共产党为什么能。2016 年 10 月 21 日，习近平在纪念红军长征胜利 80 周年大会上的讲话中讲到了“半条被子的故事”：在湖南汝城县沙洲村，3 名女红军借宿徐解秀老人家中，临走时，把自己仅有的一床被子剪下一半给老人留下了。老人说，什么是共产党？共产党就是自己有一条被子，也要剪下半条给老百姓的人。2020 年 9 月 16 日，在湖南考察时，习近平总书记参观了“半条被子的温暖”专题陈列馆，指出：“半条被子的故事”体现了中国共产党人的初心和本色，当年红军在缺吃少穿、生死攸关的时候，还想着老百姓的冷暖，真是一枝一叶总关情！“半条被子的故事”告诉我们：中国共产党之所以越来越强大，根本原因就在于永远扎根于人民大众的深厚土壤之中，汲取着永不枯竭的力量。有了半条被子，才有了孟良崮时期 30 多名妇女在冰凉的汶河中搭人桥的故事，才有了陈毅同志“淮海战役的胜利是人民群众用小推车推出来的”的感慨。历史充分证明习近平总书记在庆祝中国共产党成立 100 周年大会上的讲话中所说的：“江山就是人民、人民就是江山，打江山、守江山，守的是人民的。”① 江山，无论是自然的江山，还是政治的江山，都是人民的江山；人民，是国家的主人，是江山的主人。只有中国共产党能够真正代表最广大人民群众的利益，只有中国共产党能够守住人民的心，守护好人民的心，能够使江山代代相传，使人民利益代代实现。离开了党的领导，江山就不会是人民的江山，可能就是少数人的江山。

---

① 习近平：《在庆祝中国共产党成立 100 周年大会上的讲话》，人民出版社 2021 年版，第 11 页。

二、用否定性判断说明肯定性的理论命题，使人们能够从正反两个方面去思考这一问题，从而记忆更加深刻

习近平新时代中国特色社会主义思想强调当代中国社会变革的伟大性质，认为社会主义并没有定于一尊、一成不变的套路。这一结论是习近平总书记以马克思主义的宽广视野观察中国社会发展得出来的。他明确提出："当代中国的伟大社会变革，不是简单延续我国历史文化的母版，不是简单套用马克思主义经典作家设想的模板，不是其他国家社会主义实践的再版，也不是国外现代化发展的翻版，不可能找到现成的教科书。"[①] 在纪念马克思诞辰200周年大会上的讲话中，习近平总书记再次强调了这一点。习近平总书记连用了"四个不是"，从否定性的角度告诉我们当代中国社会变革的创造性和宏伟性，同时引起我们思考其肯定性的一面是什么。

这场伟大变革不是简单延续我国历史文化的母版，而是以中华文明悠久历史作为开创中国特色社会主义道路基础，以中华优秀传统文化作为我们最深厚文化软实力，以中国历史文化智慧为基础的创造性转化、创新性发展的活版。这种变革脱胎于母体，又在新的社会基础之上活力四射，一方面吸收着母体丰富的营养，另一方面不断自立地强壮着自身的肌体。这种活版不仅激活了中华文明的优秀基因，而且使社会主义发展找到了新的生长基础。这场伟大变革不是简单套用马克思主义经典作家设想的模板，不是机械照搬马克思主义创始人关于未来社会的思想，不是一字不差地临摹马克思主义创始人的论断，而是紧密结合中华文明

① 习近平：《在哲学社会科学工作座谈会上的讲话》，《人民日报》2016年5月19日。

发展历史，紧密结合中国国情实际，紧密结合时代特征，不断推进马克思主义中国化、发展当代中国马克思主义和21世纪马克思主义的创版。其创造性在于：丰富发展了马克思主义哲学、政治经济学、科学社会主义，丰富发展了马克思主义关于社会主义发展阶段的思想、关于国家的思想、关于经济体制的思想、关于党的建设的思想，等等。这种创造性在马克思主义发展史上是十分宏伟巨大的，在社会主义发展史上也是绝无仅有的。这场伟大变革不是苏联社会主义实践的再版，也不是任何其他社会主义国家实践的再版，而是学习和借鉴世界社会主义发展的经验，总结其他社会主义国家的教训，把握社会主义发展规律，勇于创造世界社会主义新历史的正版。这种正版体现在：中国特色社会主义是真正体现社会主义本质要求的，社会主义的本质是解放生产力，发展生产力，消灭剥削，消除两极分化，最终达到共同富裕，中国的社会主义毫无疑问在实现着这一本质要求；是敢于也善于与资本主义的野蛮性进行坚决斗争的，是敢于并善于与各种霸权主义进行坚决斗争的，中国特色社会主义是走和平发展道路的社会主义，是坚决反对一切破坏世界和平事业行为的。这种“正”正在坚守马克思主义的真理和正义，在于坚守人类发展的光明大道，坚守人间正道。这场伟大变革不是西方国家走战争道路实现现代化的翻版，不是西方国家把很多国家纳入殖民体系而实现现代化的翻版，而是能够实现全体人民共同富裕、人与自然和谐共生、物质文明和精神文明协同发展、人与人友善相处的新版。中国的现代化特别强调实现共同富裕。社会主义现代化是人类历史上从未有过的一种现代化，是不同于西方国家以对外殖民掠夺、对内盘剥人民而实现的那种现代化。这种现代化一个重要的目标就是要实现全体人民的共同富裕，离开了这一目标，就不成其为社会主义现代化。社会主义现代化是全体人民共建共享的现代化，是全体人民在奉献自己智慧、汗水的过程中走向共同富裕的现代化。

三、十分精当的论断，用一种带有警示性的话语来阐明其中的道理，给人们以醍醐灌顶式的启迪

在庆祝中国共产党成立100周年大会上的讲话中，习近平总书记指出："中国共产党始终代表最广大人民根本利益，与人民休戚与共、生死相依，没有任何自己特殊的利益，从来不代表任何利益集团、任何权势团体、任何特权阶层的利益。"①这里明确提出了中国共产党"从来不代表任何利益集团、任何权势团体、任何特权阶层的利益"的论断，警示性十分明显。

作为马克思主义政党，中国共产党区别于其他政党的显著标志就是没有自己的特殊利益。从世界范围来看，许许多多的政党特别是西方国家的政党就是为权势团体谋利益的，这一点在美国政党政治中体现得尤其明显。早在130年前，恩格斯就分析指出美国政党本质上是为权势团体谋利益的。恩格斯得出的结论在今天依然是正确的，因为美国政党政治的权贵化比130年前更加明显。美国耶鲁大学的雅各布·S.哈克（Jacob Hacker）和加州大学伯克利分校的保罗·皮尔森（Paul Pierson）两位教授在其最新出版的《推特治国：美国的财阀统治与极端不平等》一书中就认为，共和党将竞选重点放在社会文化分歧而不是经济差距上，一方面利用白人身份认同维系财富不平等，另一方面则通过破坏民主政治维持财阀统治。这是美国政党政治的内在逻辑，美国的政党政治就是为权势团体谋利益的政治。

---

① 习近平：《在庆祝中国共产党成立100周年大会上的讲话》，人民出版社2021年版，第11页。

要真正做到代表最广大人民根本利益，就要保持马克思主义政党的先进性纯洁性。首先，始终教育广大党员干部要做人民的勤务员，要做人民的公仆，从思想观念上做到不想为权势团体谋利益。这一点，习近平总书记为我们作出了榜样。2013 年 11 月，习近平总书记来到湖南西部贫困的十八洞村，不识字也不会说“官话”的苗族大妈石爬专把习近平迎入家中，非常客气地问习近平：“怎么称呼您？”习近平自我介绍：“我是人民的勤务员。”他多次强调：“我们党的各级干部是人民的公仆、人民的勤务员”，“领导干部手中的权力是人民赋予的，只能用来为人民谋利益”[①]。其次，从制度上使领导干部做到不能为权势团体谋利益。例如，加快相关法律配套和行政监管等各方面的制度建设，强化反垄断和防止资本无序扩张，切实防止一些资本向政治领域隐形渗透，这种渗透有可能使我们的一些干部自觉不自觉地成为资本的代言人。再次，加强党的建设，推进全面从严治党，防止领导干部被“围猎”，从体制机制上使领导干部做到不敢为权势团体谋利益。2015 年初，习近平总书记在同中央党校第一期县委书记研修班学员进行座谈时的讲话中指出，党员干部掌握着权力，不可避免“各种诱惑、算计都冲着你来，各种讨好、捧杀都对着你去，往往会成为‘围猎’的对象”[②]。最后，要持续开展各种学习教育活动，使党员干部在活动中接受思想洗礼，不断增强为广大群众办实事做好事的能力。制度化的学习教育活动是我们党的优良传统，也是增强党员干部与人民群众密切联系的重要方式，要结合不同的历史任务，开展符合时代要求的教育活动。

---

① 同心：《始终以百姓心为心——学习习近平总书记关于人民的重要思想》，《求是》2021 年第 13 期。

② 习近平：《做焦裕禄式的县委书记》，中央文献出版社 2015 年版，第 4 页。

四、从人类文明的视野出发看待中国特色社会主义事业的发展，使人们能够不断增强中国特色社会主义的“四个自信”

2021 年 3 月，习近平总书记在福建考察时指出：“如果没有中华五千年文明，哪里有什么中国特色？如果不是中国特色，哪有我们今天这么成功的中国特色社会主义道路？我们要特别重视挖掘中华五千年文明中的精华，弘扬优秀传统文化，把其中的精华同马克思主义立场观点方法结合起来，坚定不移走中国特色社会主义道路。”[①] 正因为如此，习近平总书记在庆祝中国共产党成立 100 周年的讲话中指出，我们“创造了人类文明的新形态”[②]。中华文明历经了 5000 多年演进的过程，自史前时期至今，历经了古代文明、近代文明、现代文明三个文明形态。中华文明发展到今天，其现代形态是什么？它与中国特色社会主义能够兼容吗？如果能，如何兼容？

中国特色社会主义与中华文明是能够有机结合的。原因在于：第一，中华文明所形成的各种先进理念与中国特色社会主义的价值追求是一致的。在几千年的历史演进中，中华民族创造了灿烂的古代文明，形成了关于国家制度和国家治理的丰富思想，如大道之行、天下为公的大同理想等。这些思想中的精华，不仅使中华民族 5000 多年始终走在人类文明发展的前列，而且成为构建中国特色社会主义制度体系与国家治理体系的极为深厚的历史和文明资源。可以说，中国特色社会主义正是在融合

---

① 《习近平：没有中华五千年文明，哪有我们今天的成功道路》，https://baijiahao.baidu.com/s?id=1695002923138211054.

② 习近平：《在庆祝中国共产党成立 100 周年大会上的讲话》，人民出版社 2021 年版，第 14 页。

中华文明的精华中成长发展起来的。第二，中华文明的理想追求与中国特色社会主义的目标相契合。习近平总书记指出："马克思主义传入中国后，科学社会主义的主张受到中国人民热烈欢迎，并最终扎根中国大地、开花结果，决不是偶然的，而是同我国传承了几千年的优秀历史文化和广大人民日用而不觉的价值观念融通的。"[①] 儒家文化提出的小康社会在今天的中国已经建成。《礼记·礼运篇》讲："故人不独亲其亲，不独子其子。使老有所终，壮有所用，幼有所长，鳏寡孤独废疾者，皆有所养。"习近平总书记在党的十九大报告中指出，要在幼有所育、学有所教、劳有所得、病有所医、老有所养、住有所居、弱有所扶上不断取得新进展，保证全体人民在共建共享发展中有更多获得感。第三，中国特色社会主义事业的深入发展为中华文明的发展提供了十分广阔的基础。中华文明的新发展从来没有像今天这样有如此深厚的基础和动力。

当然，这种结合不会是简简单单、十分容易的，中国特色社会主义与中华文明的结合存在的问题是什么？第一，要寻找中华文明与中国特色社会主义更多的契合点。习近平总书记指出："以数千年大历史观之，变革和开放总体上是中国的历史常态。"[②] 在中国几千年的历史进程中，我们有无数变革，既有商鞅变法、吴起变法、王安石变法、张居正变法，又有因变法带来的文景之治、贞观之治、康乾盛世。说到开放，中华民族历史上是开放的。在开展同域外民族交往的历史中，我们不仅谱写了"万里驼铃万里波"的浩浩丝路长歌，也曾经创造"万国衣冠会长安"的盛唐气象。第二，要剥离中华文明中旧的社会制度的基础。比如"孝"这种独特的文明形态，在过去封建社会是以等级秩序、宗法制度为基础

① 习近平：《坚持和完善中国特色社会主义制度推进国家治理体系和治理能力现代化》，《求是》2020 年第 1 期。

② 习近平：《论中国共产党历史》，中央文献出版社 2021 年版，第 235 页。

的；当代的“孝”要建立在平等和法治基础之上。

五、简明的设问，在设问中提出深刻的问题，引导大众去思考和探析这些问题

习近平总书记用“三问”阐明制度成熟定型的基本问题。2014 年 2 月 17 日，在省部级主要领导干部学习贯彻党的十八届三中全会精神全面深化改革专题研讨班上的讲话中，习近平总书记提到，1992 年，邓小平同志在南方谈话中说：“恐怕再有三十年的时间，我们才会在各方面形成一整套更加成熟、更加定型的制度。在这个制度下的方针、政策，也将更加定型化。”[①] 当年看到邓小平同志这段话时，他脑子里就浮现几个问题：为什么邓小平同志要强调形成一整套更加成熟、更加定型的制度？什么是更加成熟、更加定型的制度？为什么邓小平同志要强调“再有三十年的时间”才行？这些年来，他一直在思考这个问题。[②] 这是 20 多年深思熟虑的思考，更是战略性思考。第一个问题：为什么要形成一整套更加成熟、更加定型的制度？第一，这是把新时代改革开放推向前进的根本要求。习近平指出，相比过去，新时代改革开放具有许多新的内涵和特点，其中很重要的一点就是制度建设分量更重，改革更多面对的是深层次体制机制问题，对改革顶层设计的要求更高，对改革的系统性、整体性、协同性要求更强，相应地建章立制、构建体系的任务更重。[③] 第二，制度竞争是最大的竞争，制度优势是最大的优势。在国力竞争中

① 《邓小平文选》第 3 卷，人民出版社 1993 年版，第 372 页。

② 参见《日臻完善！习近平反复思考、全面推动这件大事！》，求是网，2020 年 1 月 6 日，http://www.qstheory.cn/zhuanqu/2020-01/06/c_1125427806.htm.

③ 参见《中国共产党第十九届中央委员会第四次全体会议文件汇编》，人民出版社 2019 年版，第 74 页。

赢得优势的最重要因素就是制度的优势及其转化为治理效能的质量。第三，中国特色社会主义制度是中国共产党人不断进行创新的结果，这一制度是能够不断自我发展、自我完善的，成熟定型是这一制度的内在要求。第二个问题：什么是更加成熟、更加定型的制度？中国特色社会主义制度是以马克思主义为指导、植根中国大地、具有深厚中华文化根基、深得人民拥护的制度。第三个问题：为什么要用 30 年？这是邓小平着眼于中国现代化三步走的战略提出的。邓小平的设想是：1980 年到 1990 年 10 年解决温饱，1990 年到 2000 年 10 年实现总体小康。从 2000 年到 2050 年，实现现代化。这个 50 年中，邓小平的设计就是前 20 年把制度体系完善好，再加上 1992 年到 2000 年的近 10 年，基本上就是 30 年。

对于关涉中华民族、中国特色社会主义伟大事业最根本的问题，习近平总书记也曾经提出过“三问”。他在 2014 年说：“人无远虑，必有近忧。全面建成小康社会之后路该怎么走？如何跳出‘历史周期率’、实现长期执政？如何实现党和国家长治久安？这些都是需要我们深入思考的重大问题。”① 这三个问题是全体中国人都关心的问题。现在，这三个问题都已经有了明确的答案。全面建成小康社会之后路该怎么走？党的十九大作出了科学回答，分两步走：到 2035 年，基本实现社会主义现代化；到 21 世纪中叶，把我国建成富强民主文明和谐美丽的社会主义现代化强国。如何跳出“历史周期率”、实行长期执政？2020 年 1 月，习近平总书记在十九届中央纪委四次全会上指出，党的十八大以来，我们探索出一条长期执政条件下解决自身问题、跳出历史周期率的成功道路，构建起一套行之有效的权力监督制度和执纪执法体系。如何实现党和国家长治久安？就是要用伟大的自我革命引领伟大的社会革命，在推

① 《习近平关于社会主义政治建设论述摘编》，中央文献出版社 2017 年版，第 84 页。

进自我革命中使中国特色社会主义事业高歌猛进。

六、历史的叙说，使大众从丰富的历史文化中体会理论的魅力

一个国家的强盛取决于什么？从大历史的角度，习近平总书记强调，国家的强盛以及长治久安，一定是建立在法治基础之上的。2018 年 8 月 24 日，习近平总书记在中央全面依法治国委员会第一次会议上的讲话中指出，历史和现实都告诉我们，法治兴则国兴，法治强则国强。从我国古代看，凡属盛世都是法制相对健全的时期。春秋战国时期，法家主张“以法而治”，偏在雍州的秦国践而行之，秦国迅速跻身强国之列，最终促成了秦始皇统一六国。汉高祖刘邦同关中百姓“约法三章”，为其一统天下发挥了重要作用。唐太宗以奉法为治国之重，一部《贞观律》成就了“贞观之治”；在《贞观律》基础上修订而成的《唐律疏议》，为大唐盛世奠定了法律基石。从世界历史看，国家强盛往往同法治相伴而生。3000 多年前，古巴比伦国王汉谟拉比即位后，统一全国法令，制定人类历史上第一部成文法《汉穆拉比法典》，并将法典条文刻于石柱，由此推动古巴比伦王国进入上古两河流域的全盛时代[①]。

这些生动的历史告诉我们：第一，法治能够使国家治理保持一定的稳定性和连续性。没有了法治，国家治理就失去了根基，就没有客观的依据，就容易造成治理的中断、停滞。第二，法治能够使广大民众对于未来有稳定的预期，能够去创造自己的事业。没有法治的社会，百姓是不敢去创业创造的。第三，法治能够保障人民当家作主，健全社会公平

① 参见习近平：《加强党对全面依法治国的领导》，《求是》2019 年第 4 期。

正义法治保障制度，保证人民在党的领导下通过各种途径和形式依法管理国家事务、管理经济和文化事业、管理社会事务，使法律及其实施有效体现人民意志、保障人民权益、激发人民创造力。

七、用斩钉截铁的话语来阐明重要的论断，使大众能够清晰地接受这些彻底性的理论观点

在坚持中国共产党的领导这个问题上，习近平总书记始终用“最”字来阐明党领导的极端重要性。他多次指出，中国特色社会主义最本质的特征是中国共产党领导，中国特色社会主义制度的最大优势是中国共产党领导，党是最高政治领导力量。2014 年 5 月 9 日，在参加河南省兰考县委常委班子专题民主生活会时的讲话中，习近平总书记斩钉截铁地指出：“中国最大的国情就是中国共产党的领导。什么是中国特色？这就是中国特色。中国共产党领导的制度是我们自己的，不是从哪里克隆来的，也不是亦步亦趋效仿别人的。”① 这些“最”来自中国共产党 100 年艰辛奋斗的历史，来自她开创的新民主主义革命道路、社会主义革命道路以及中国特色社会主义道路的成功。这些“最”来自中国共产党为实现人民幸福、民族复兴创造的彪炳史册的伟绩。

中国特色社会主义的特征有很多个方面，既有经济方面的，也有政治、文化、社会、生态文明方面的，但所有这些特征都集中体现为中国共产党的领导。最本质特征表明，所有其他特征都是由这一特征决定的，有了最本质特征，才有其他特征。中国特色社会主义制度有 13 个显著优势，最重要的优势就是中国共产党的领导，其他的制度优势都是从这

① 《习近平关于社会主义政治建设论述摘编》，中央文献出版社 2017 年版，第 28 页。

个优势中派生出来的。这个制度优势决定着其他的12个制度优势，只有坚持党的领导，其他制度优势才能发挥出来。中国共产党的领导为中国的发展带来多方面的保障：能够在世界百年未有之大变局中“不畏浮云遮望眼”，始终制定出科学发展的战略；能够以最严密的组织体系把全党9500多万党员牢固凝聚起来，进而把全国14亿多人民紧密团结起来，形成万众一心、无坚不摧的磅礴力量；通过领导机关和领导层的有序更替，始终确保国家的权力交接平稳有序，使国家长治久安、人民安居乐业；把由众多子系统构成的极为复杂的国家治理体系整合成既有效率又有公平的有机体系，推进国家治理体系和治理能力现代化。

习近平新时代中国特色社会主义思想大众化方式不是单一的，而是多维的，这些多维方式能够使其通过不同路径不断掌握最广大的民众，从而使这一思想成为认识世界、改造世界的强大物质力量。

新时代中国特色社会主义的历史方位

林建华[①]

“辨方位而正则。”在党的十九大报告中，习近平总书记指出：“经过长期努力，中国特色社会主义进入了新时代，这是我国发展新的历史方位。”在庆祝中国共产党成立100周年大会上的讲话中，习近平总书记明确指出，“党的十八大以来，中国特色社会主义进入新时代”。“新时代”不是新概念，“新时代中国特色社会主义”或“中国特色社会主义新时代”则是全新理念。准确把握新时代中国特色社会主义所置身的历史方位，科学认识中国特色社会主义进入新时代所具有的重大意义，致力实现中国特色社会主义新时代所面临的主要任务，是需要持续深化研究的理论和实践课题。

---

① 林建华，中国社会科学院马克思主义研究院副院长、教授。

一、这个新时代，是中国特色社会主义的新时代

鸦片战争以后，为了拯救国家蒙辱、人民蒙难、文明蒙尘的危局，近代中国的仁人志士尝试过许多主义和思潮、许多道路和方案，但都失败了。习近平总书记指出："一个国家实行什么样的主义，关键要看这个主义能否解决这个国家面临的历史性课题。"在比较与鉴别中，社会主义成为解决中国前途和命运的最佳和最终选择。历史证明，社会主义没有辜负中国，中国没有辜负社会主义。

开创、坚持、捍卫、发展中国特色社会主义，是改革开放以来党的全部理论和实践的主题。中国特色社会主义是科学社会主义理论逻辑、中国社会发展历史逻辑、改革开放实践逻辑的辩证统一，是全面建成小康社会、全面建设社会主义现代化国家、实现中华民族伟大复兴的必由之路。中国特色社会主义进入新时代，既是党和国家事业取得历史性成就、发生历史性变革的必然结果，也是当代中国社会主要矛盾发生深刻变化的必然要求，同时又是中国共产党人对中国的社会主义与世界的资本主义之间的关系、中国的社会主义与世界的社会主义之间的关系、中国特色社会主义的共同理想与未来共产主义的远大理想之间的关系深化认知的必然逻辑。新时代是中国特色社会主义发展的重要里程碑，它承前启后、继往开来，从总目标、总任务、总体布局、战略布局和发展方向、发展方式、发展动力、战略步骤、外部条件、政治保证等方面进行顶层设计，续写中国特色社会主义这篇大文章。新时代的生动实践和理论创新，使我们党对社会主义和中国特色社会主义的认识、对社会主义建设规律和中国特色社会主义建设规律的把握达到了前所未有的新高度。

二、这个新时代，是中国共产党致力跳出治乱兴衰历史周期率、实现长期执政的时代

新民主主义革命时期，中国共产党有过较长时间、较为丰富的局部执政的实践尝试。针对黄炎培先生提出的如何跳出政权兴衰的历史周期率之问，毛泽东同志给出了答案，即“只有让人民来监督政府，政府才不敢松懈”，这就是“民主”的新路。面对即将在全国范围执政的考验，毛泽东同志在党的七届二中全会上告诫全党同志，“务必使同志们继续地保持谦虚、谨慎、不骄、不躁的作风，务必使同志们继续地保持艰苦奋斗的作风”。习近平总书记指出：“毛泽东同志当年提出‘两个务必’，确实是高瞻远瞩啊！”

党的十八大以来，习近平总书记多次强调要“深刻认识红色政权来之不易、新中国来之不易、中国特色社会主义来之不易”，强调要“科学总结国际共产主义运动特别是苏联东欧国家共产党兴衰成败的经验教训”。在党的十九届六中全会第二次全体会议上的讲话中，习近平总书记专门提到“窑洞对”，指出：“我们党历史这么长、规模这么大、执政这么久，如何跳出治乱兴衰的历史周期率？”“经过百年奋斗特别是党的十八大以来新的实践，我们党又给出了第二个答案，这就是自我革命。”习近平总书记一再强调，“我们要牢记打铁必须自身硬的道理，增强全面从严治党永远在路上的政治自觉”，“确保党不变质、不变色、不变味，确保党在新时代坚持和发展中国特色社会主义的历史进程中始终成为坚强领导核心”。从民主到自我革命、从“两个务必”到“两个确保”，旨在实现中国共产党长期执政，把红色江山世世代代传下去。新时代的生动实践和理论创新，使我们党对执政规律的认识、对长期执政规律的把握达到了前所未有的新高度。

三、这个新时代，是中国共产党团结带领中国人民以不可阻挡的坚定步伐、不可逆转的历史进程实现中华民族伟大复兴的时代

中华民族拥有在5000多年历史演进中形成且绵延不绝的灿烂文明，为人类文明进步作出了卓越贡献。鸦片战争以后，中华民族呈现在世界面前的是一派衰败凋零的景象。习近平总书记多次强调："实现中华民族伟大复兴，是近代以来中国人民和中华民族最伟大的梦想。"实现中华民族伟大复兴，是中国共产党一切奋斗、一切牺牲、一切创造恒定的主题。中国共产党团结带领中国人民，先后为实现中华民族伟大复兴创造了根本社会条件，奠定了根本政治前提和制度基础，提供了充满新的活力的体制保证和快速发展的物质条件，中华民族实现了从站起来到富起来的伟大飞跃。

党的十八大以来，中国共产党继续团结带领中国人民，自信自强、守正创新，统揽伟大斗争、伟大工程、伟大事业、伟大梦想，创造了新时代中国特色社会主义的伟大成就，为实现中华民族伟大复兴提供了更为完善的制度保证、更为坚实的物质基础、更为主动的精神力量，中华民族迎来了从富起来到强起来的伟大飞跃。实现中华民族伟大复兴的要旨就是，在宽广的世界视野中，使中华民族重现曾经拥有的辉煌，屹立于世界民族之林、引领时代浩荡潮流；在悠远的历史视野中，使中华民族重新形塑伟岸的样貌，在21世纪凤凰涅槃、浴火重生。今天，中华民族向世界展现的是一派欣欣向荣的气象，中华文明的光彩再次闪耀在人类历史的浩瀚长空，实现中华民族伟大复兴正以不可阻挡的步伐进入不可逆转的历史进程。新时代的生动实践和理论创新，使我们党对中华民

族和中华文明的认识、对中华民族伟大复兴实现规律的把握达到了前所未有的新高度。

四、这个新时代，是中国共产党团结带领中国人民实现全体人民共同富裕、实践全过程人民民主、全面建成社会主义现代化强国、不断创造人民美好生活的时代

中国共产党一经诞生，就始终把人民立场作为根本立场，把为人民谋幸福作为初心使命，把坚持全心全意为人民服务作为根本宗旨。我国社会主要矛盾转化为人民日益增长的美好生活需要和不平衡不充分的发展之间的矛盾，是推动中国特色社会主义进入新时代的现实依据。解决这一主要矛盾，是新时代的主要努力方向，重点聚焦民生和民主问题，即实现全体人民共同富裕、实践全过程人民民主。

党的十八大以来，习近平总书记一再强调，“人民对美好生活的向往就是我们的奋斗目标”，“实现共同富裕，是社会主义的本质要求，是我们党的重要使命”。我们党坚持以人民为中心的发展思想，以前所未有的力度推动实现共同富裕，使人民的生活一天比一天更加美好。而民主与民生相辅相成。中国共产党领导人民实行人民民主，就是保证和支持人民当家作主，用奋斗创造美好生活。在庆祝中国共产党成立 100 周年大会和中央人大工作会议上的讲话中，习近平总书记都强调“发展全过程人民民主”。从人民民主到全过程人民民主，是民主理论和实践的双重跃升。全过程人民民主，是新时代中国共产党人的创新和创造，是中国特色社会主义民主政治的新实践和新成就。民生与民主，是社会主义现代化建设的题中之义。全面建成小康社会，乘势而上，迈上全面建成富强民主文明和谐美丽的社会主义现代化强国新征程，中国将实现从“赶上时代”到“引领时代”

的伟大跨越。新时代的生动实践和理论创新，使我们党对现代化的认识、对社会主义现代化建设规律的把握达到了前所未有的新高度。

五、这个新时代，是世界社会主义再现生机活力、重新走向振兴的时代

中国特色社会主义进入新时代，使科学社会主义的强大生机在21世纪的中国共产党人手中再度被激活。党的十九大报告明确使用了“世界社会主义”的概念。基于世界社会主义特别是科学社会主义的发展历程，我们曾长期坚持这样的结论：社会主义经历了从空想到科学、从理论到制度、从一国到多国的发展。具体来说，唯物史观和剩余价值学说的两大发现，使社会主义从空想变为科学；经历了1848年失败的欧洲革命、1871年短暂存在的巴黎公社，1917年十月革命胜利后，俄国建立起世界上第一个无产阶级政权，社会主义从科学的理论变为现实的制度；十月革命后，经历了1918—1923年短暂的多国无产阶级政权时期，第二次世界大战结束后，社会主义从一国实践发展为多国实践；在之后的世界社会主义建设中，既有过从初步探索改革到难以为继的夭折历程，也有过从初步探索改革到苏联解体、东欧剧变的迷向、改向历程，社会主义遭受严重挫折；同时，还有着从初步探索改革到全面深化改革的负重奋进，中国以及其他社会主义国家的探索和成就，特别是中国共产党人把中国特色社会主义推进到新时代，使社会主义逐步走出低谷、重新走向振兴。

党的十九届六中全会通过的《中共中央关于党的百年奋斗重大成就和历史经验的决议》指出，“马克思主义中国化时代化不断取得成功”，“使世界范围内社会主义和资本主义两种意识形态、两种社会制度的历史演进及其较量发生了有利于社会主义的重大转变”。中国特色社会主义进

入新时代表明，“历史终结论”彻底终结，“社会主义失败论”彻底破产。可以说，新时代中国特色社会主义，是21世纪世界社会主义最为重要、最有作为的建设者和引领者，是21世纪世界社会主义的中流砥柱。新时代的生动实践和理论创新，使我们党对科学社会主义的认识、对世界社会主义发展规律的把握达到了前所未有的新高度。

六、这个新时代，是中国共产党团结带领中国人民成功走出中国式现代化新道路、推动人类社会向前发展、为人类作出新的更大贡献的时代

世界怎么了，中国怎么办？“人类正处在一个特殊的历史时期”，“人类社会正在经历百年来最严重的传染病大流行”，“世界经济正在经历上世纪30年代大萧条以来最严重的衰退”，“世纪疫情和百年变局交织，国际格局深刻演变”，这是习近平总书记对当今世界所处时代方位的科学判断和当今世界所呈现复杂形势的准确把握。

新中国成立后，从“一五”计划到“十四五”规划，社会主义现代化建设是中国共产党和中国人民一以贯之的主题，并成功走出中国式现代化新道路。中国式现代化新道路，新就新在它依靠自身发展和艰苦奋斗实现现代化，它坚持以人民为中心、以实现人民对美好生活的向往为目标，它推动经济社会全面发展、人与自然和谐共生，它追求世界和平发展。习近平总书记指出：“通向现代化的道路不止一条，只要找准正确方向、驰而不息，条条大路通罗马。”

中国共产党创造的国家治理经验，如全面从严治党，勇于自我革命，以党中央的集中统一领导统筹推进“五位一体”总体布局、协调推进“四个全面”战略布局，续写了经济快速发展奇迹、社会长期稳定奇迹新篇

章。中国共产党提出的国家治理智慧，成功走出一条适合中国国情的治理道路，不断完善和发展中国特色社会主义制度，推进国家治理体系和治理能力现代化。中国共产党贡献的全球治理方案，如推动构建新型国际关系，推动共建“一带一路”高质量发展，推动构建人类命运共同体，弘扬并践行全人类共同价值，既为中国人民谋幸福、为中华民族谋复兴，也为人类谋进步、为世界谋大同。毛泽东同志曾提出“中国应当对于人类有较大的贡献”，新时代中国共产党人宣示要“为人类作出新的更大的贡献”，充分彰显着胸怀天下的世界情怀和大国担当。大国具有“大国之重”，大党“就要有大的样子”。新时代的生动实践和理论创新，使我们党对人类文明进步的认识、对人类社会发展规律的把握达到了前所未有的新高度。

以习近平同志为核心的党中央领航擘画新时代，在治国理政创新实践中形成了原创性思想、变革性实践、突破性进展和标志性成果。近十年间，我们党科学回答了一系列中国之问、世界之问、人民之问、时代之问，铸就了马克思主义经典作家所生动比喻的“一天等于二十年”的伟大时代。中国特色社会主义新时代是一个仍在继续发展的历史进程，面对快速变化且充满机遇与挑战的世界和中国，中国共产党将继续解码新的中国之问、世界之问、人民之问、时代之问，以高度的历史自觉、坚定的历史自信，把握历史主动，创造新的历史伟业。

习近平法治思想是马克思主义法学理论在当代中国的创造性发展*

刘瑞复[①]

习近平总书记把实践论引入法律领域，实现了法律与实践的有机结合；把马克思主义法治原理创造性地应用于中国实际，科学总结依法治国的实践经验，创立了习近平法治思想。习近平法治思想是当代中国法治思想的重大突破，是马克思主义法学理论的伟大创新，是对资产阶级法治理论的根本性否定和整体性超越，是社会主义法治理论的独创。

笔者在2018年所著《马克思主义法学原理读书笔记》一书中曾提出“习近平法律思想”，认为“作为马克思主义法学思想直接继承者的习近平法律思想，亦是世界法律变革的先导，法学理论改造的动力”。把法律思想作为习近平新时代中国特色社会主义思想的组成部分提出来，是

* 本文系马克思主义理论研究和建设工程重大项目“我国发展重要战略机遇期相关问题研究”专题报告之七。

① 刘瑞复，北京大学法学院教授。

基于习近平总书记大量的法律方面的直接论述，已经形成相对独立的思想体系；把法治思想作为法律思想的组成部分提出来，是基于习近平总书记关于法治的系列重要论述。

一、习近平法治思想是马克思主义法治理论在当代中国的创造性发展

马克思主义法治理论是对资产阶级法治进行彻底批判的理论，马克思主义经典作家的批判性论述，揭示了认识法治问题的方法论原则。

第一，把法治放到社会关系中去考察，从社会关系中寻找法治的本质内涵。法治的基础是社会，法治是社会关系中的法治，没有离开社会关系的法治。

第二，法治不能从概念本身求得理解，必须赋予抽象概念以主体性和具体化。黑格尔说："谁看见过力，谁都没有看见过力，人们看到的只是力的表现。"同理，谁看见过法治，谁都没有看见过法治，人们看到的只是法治的表现。我们认识法治，要把握法治的主体、表现形式和实现方式。

第三，法治的普遍性和特殊性、共性和个性可以相互转化。"资产阶级法治"的范畴具有特殊性、个性，"法治"的范畴具有普遍性、共性。1938 年 7 月 19 日在莫斯科召开的第一次全苏法律科学工作者会议，正式把"资产阶级法"的范畴转化为"法"的范畴。马克思、恩格斯曾说："你们的法，不过是你们阶级的意志。"苏联法学界根据马克思、恩格斯的这一论述概括出法的一般概念，即"法是奉为法律的统治阶级意志"，我国沿用了这一概念。"社会主义法"的范畴具有特殊性、个性，是由法的一般概念转化而来的。

社会主义法制是在摧毁旧法制，否定旧法学的基础上产生的。为了

实现阶级统治，资产阶级披上法治的外衣。对工人阶级和广大劳动人民来说，资产阶级法治从来都是虚伪的、残缺不全的、无物质生活条件保障的法治。因此，对资产阶级法治必须采取否定和批判的态度。

通过学习习近平法治思想的相关论述可以发现，上述这些方法论原则，完全适用于认识和总结社会主义条件下的法治问题。习近平法治思想，正是习近平总书记正确运用马克思主义立场、观点和方法，研究、解决中国法治实际问题的理论结晶。

习近平法治思想是马克思主义法治理论在当代中国的新发展，这种新发展是卓越的，是“平地起高楼”。马克思主义经典作家并没有具体论述社会主义条件下的法治问题，习近平法治思想不是对现成法治理论的发展，而是在马克思主义法治原理和方法论原则指导下独创性、体系化的发展。习近平法治思想是在经典作家没有说过、别人没有做过的情况下的创新，是伟大的创新。

习近平法治思想充满了唯物主义和辩证法。习近平总书记高度忠实于马克思主义基本理论，他告诫我们要“原原本本学习和研读马克思主义经典著作”。从习近平总书记的大量文章和讲话中可以发现，习近平总书记通读经典著作，精通马克思主义。习近平总书记的一些说法，在容易被人们忽略的经典作家的“小”文章里都能找到源流。坚持马克思主义法治原理，坚持社会主义条件下马克思主义法治理论的新发展，是习近平法治思想形成的前提。

二、习近平法治思想的确立

习近平法治思想，是在对当代中国依法治国理政实践的经验教训进行科学总结中确立的，也是在抵制和摒弃法学西化思潮和错误法治观念中确立的。

第一，习近平法治思想，是在对当代中国依法治国理政实践的经验教训进行科学总结中确立的。我们党在革命战争年代就十分注重立法。土地法、刑法（《锄奸条例》）、婚姻法等，内容是比较完备的。新中国成立后，国家大力开展立法工作，经济法、民事法、刑事法、行政法和程序法等多有制定，有效调整着国家社会生活的各个方面。改革开放之后，国家的法律体系在深度和广度上飞跃发展。

新中国法治与旧中国法治有着根本的不同。譬如《婚姻法》，国民党规定了一夫一妻制，新中国也规定了一夫一妻制，但国民党规定的一夫一妻制并非真正的一夫一妻制。在国民党婚姻法的立法解释里，又规定“妾非妻”，由此男人就可以妻妾成群了。新中国的一夫一妻制是真正的一夫一妻制，就是只有一个配偶。这就是立法的根本区别，也是依法治国理政的根本区别。

习近平法治思想包含着中国“法治主义”传统的有益成果和西方的法治文明成果。“法治主义”并不是西方的发明，它最早起源于我国春秋战国时期。在湖北省云梦县出土的秦简里，记录有经济、民事、刑事、行政和诉讼等立法，领域广泛、内容完备，震惊世人。有人把罗马法吹得天花乱坠，可那时的欧洲还是一片荒原，罗马城还是几个小山包。对我国传统法治应当取其精华、弃其糟粕，借鉴其有益成分。西方的法治文明成果，是人类法制文明的组成部分，可以批判地吸收，但对于专属于资产阶级的东西，必须否定和摒弃。

第二，习近平法治思想，是在同法学西化思潮进行斗争的过程中确立的。“宪政”“三权分立”“司法独立”是西方法学的核心。“宪政”并不是指“宪法政治”“依据宪法施政”。过去，我国法学界有人认为“中国有宪法没有宪政”，他们要传播的是“西方宪法上的政治”“依据西方宪法施政”。西方国家关于宪政的解释，是西方法学百科全书上写的“依据宪法而实行三权分立的政治制度”，其基本含义是实行政党（轮换）政治、全民普选、代议制、司法独立。这四点集中到一点，就是资产阶级总是在台上实行专政。

“宪政”在中国被否定之后，又有人玩弄文字游戏，在词句上把“宪政”改为“宪制”，该词随后便在国内各媒体上相继出现。虽然在《马克思恩格斯全集》里出现过“宪制”字样，但马克思、恩格斯所说的“宪制”是指“宪政制度”而不是“宪政”或“宪制”。

“宪政”或“宪制”是资产阶级搞起来的，社会主义制度不存在“宪政”或“宪制”。“宪政”的核心是取消共产党的领导。

那么，是否可以提“社会主义宪政”呢？这里必须明确回答：“宪政”不可以搞，“社会主义宪政”也不可以搞！对西方的意识形态概念，不是在其前加上“社会主义”的字样就解决问题了。比如，汉语词典都不把地主解释为“土地的主人”。地主，是指剥削农业劳动剩余价值的农村土地占有者。地主就是地主，不存在“社会主义地主”。再如，宪兵就是宪兵，不存在“社会主义宪兵”。同理，宪政就是宪政，不存在“社会主义宪政”。

“三权分立”制度下，西方国家的立法权、行政权、司法权是相互对立的，其相互关系具有对抗性质。所谓“分立”，不仅指国家机构独自设置，更是指权力独立，不受任何其他国家机构的干预和监督，这就是三个国家机构“打圈仗”的根本原因。美国特朗普执政时期总统和议会势不两立，整天火拼得你死我活，就是突出例证。

《中华人民共和国宪法》第一条规定：“中华人民共和国是工人阶级领导的、以工农联盟为基础的人民民主专政的社会主义国家。”全国人大、国务院、最高法院不是三足鼎立，而是在党的领导下各司其职、分工合作，共同完成国家治理任务。

按照西方国家工具书的解释，“司法独立”又称“司法权独立”，指“司法权从立法权和行政权分离出来，在赋予独立的国家机构场合，进行权力分立”。这个定义是有特定含义的。1983 年出版的日本法学家我妻荣主编的《新法律学辞典》概括了“司法独立”的特定含义：（1）独立行使司法权，只受宪法和法律的约束；（2）司法权完全独立，不受立法权、行政权的任何干预和束缚；（3）法律上司法不受其他国家机关（包括总统）和任何政党的监督和管理；（4）司法权行使时，不受其他任何事物和形势的牵制和影响；（5）在审判案件时审判权完全独立，不受任何人指挥和命令的拘束；（6）保障法官独立性，按照宪法的规定“所有的法官依据良心办案”，为维护司法权的独立，承认对法官特别强的地位保障和身份保障。

从上述特定含义可以看出，西方国家的“司法独立”具有专属性。“司法独立”只属于资本主义国家的国体和政体，为资产阶级所专有。专属性直接决定了对其解释的排他性，除了西方国家固有的解释，其他解释都不能成立。

西方国家把“法官身份”突出到不适当的地位，司法独立必然产生“法官优位”，西方国家的社会性质和法院的暴力职能要求保障法官的特殊身份。西方法学认为，“法官是法律帝国的王侯”“法官不服从任何权威”，法官的职权高于一切，“拒绝政治、道德渗入”。为保障法官的特殊身份，就要维护其职位的特殊性。（1）实行职位终身制，任职年限不受公务员式的限制；（2）享有特殊待遇，实行高薪制；（3）要求法官非政治化、非政党化，对政治取中立立场。在社会主义中国，这样的法官特殊身份和特权，人民能答应吗？“司法独立”要求法官具有特殊身份，而人民司法要求法官做人民的勤务员。

习近平法治思想正是在同上述“宪政”“三权分立”“司法独立”“法官优位”等法学西化思潮的斗争中发展和确立起来的，法学西化思潮在习近平法治思想中没有任何位置。

第三，与错误法学观念作斗争，是习近平法治思想的重要特征。

“党大还是法大”是个混淆是非的问题，习近平总书记断然否定了这个“伪命题”，党领导人民立法，又带头守法，不存在“党大还是法大”问题。这个似是而非的问题的提出是有深刻背景的，它的矛头直接指向党的领导，这股思潮危害甚大，必须予以回答。

反“人治”也是一个混淆是非的问题。在加强社会主义法治的情况下，有人鱼目混珠，把“人治”作为与法治对应的术语提出来，专门批判“人治”，用“封建专制”影射人民民主政权，影射党的领导和国家领导人的职务行为。这是一个危害甚大的错误观点，几十年来西方法治论调始终将矛头指向“人治”。

“人治”不是与法治对应的术语，与法治对应的术语是德治。这个道理很简单。脚的对应词语不是人体，是手。脚是人体的组成部分，组成部分与总体是包含和被包含关系，不是对应关系。习近平总书记专门论述过“法治与德治”的相互关系。

三、习近平法治思想体系的正式形成

2020 年 11 月 16—17 日，中央全面依法治国工作会议召开，标志着习近平法治思想的形成。习近平法治思想的核心是党的领导、以人民为中心。

笔者通过学习习近平总书记相关系列重要论述，梳理出习近平法治思想的十五方面内容。（1）法治发展新阶段理论；（2）法治与民族复兴相互关系理论；（3）法治的阶级基础理论；（4）法治与共享发展成果理论；（5）法治现代化理论；（6）法治中国建设理论；（7）党的领导与依法治国相互关系理论；（8）坚持党的领导、人民当家作主、依法治国有机统一理论；（9）依法治国、依宪执政理论；（10）立法、执法、司法、守法相互关系理论；（11）法治国家、法治政府、法治社会理论；（12）法治与德治相互关系理论；（13）法治与司法改革理论；（14）国内法治和涉外法治统筹理论；（15）传统法治与当代法治相互关系理论。

一定的理论体系，是范畴体系、论证体系、逻辑体系的综合体。习近平法治思想具备了这三个要件。

第一，习近平法治思想具备完整的范畴体系。习近平法治思想以严谨可靠的概念、范畴为依据，形成了新范畴和范畴体系。“习近平法治思想”是新范畴、总范畴。在总范畴下，是排列有序的各个范畴“网结”。如，习近平总书记使用了“劳动群众”范畴，这个范畴是严谨可靠的。“劳动群众”的含义同“劳动人民”是有差异的，在公有制条件下，“劳动人民”这个范畴是准确的；在以公有制为主体、多种所有制经济共同发展的条件下，使用“劳动群众”这个范畴是准确的。

第二，习近平法治思想具备完整的论证体系。这里的论证不是象牙塔式的“学术论证”，也不是故弄玄虚地兜圈子、绕来绕去的玄学式论证，而是理论联系实际的大众化的论证，是关于法治的地位和作用、法治的系统性、法治的统一性、法治内容之间存在不可分割的联系等方面的论证，建立了符合实际的论证体系。

第三，习近平法治思想结构严谨，呈现法治与逻辑相统一的理论链条。习近平法治思想有逻辑起点、逻辑主线，其内容各部分之间的联系是逻辑联系。

体现习近平法治思想的，不仅是已经公开发表的习近平总书记的相关文章和讲话，还包括大量尚未公开发表的批示、讲话等。这些文章、讲话、批示，有的和风细雨，娓娓道来；有的不留情面，愤怒抨击，鲜活、犀利，极具针对性，最能直接体现习近平总书记的法治思想。

四、习近平法治思想的新特点

习近平法治思想是马克思主义法治理论在当代中国的新发展，无论内容还是表达方式，都有突出特点。

第一，党性和科学性高度一致。我们国家的法治，是党领导下的法治，党性原则是根本原则。习近平法治思想反映社会发展规律，揭示了法治的本质，是科学的思想理论。党性和科学性不是相互排斥的，不能将党性和科学性分割开来、对立起来。那种认为一讲党性就没有科学性的观点是完全错误的、不符合实际的。习近平总书记在谈到法治时特别强调了党领导依法治国，离开了党的领导，依法治国便是一句空话。

第二，人民性与阶级性有机统一。习近平总书记在中央全面依法治国工作会议后即指出："工人阶级是我国的领导阶级，工人阶级和广大劳动群众是执政的阶级基础和群众基础。因此，我们依法治国的阶级性，是法治本身所固有的性质。"长期以来，人们避而不谈法的"阶级性"，唯恐被"扣帽子"。习近平总书记坚持真理，以大无畏的理论勇气强调了"阶级性"。

习近平法治思想秉持以人民为中心理念，回答了法治"为什么人"的问题。社会主义法治是替人民说话、为人民办事的法治。立法为人民、依靠人民，立法的根本目的是维护人民利益。阶级性是法治的本质属性，人民性是法治的社会属性，本质属性和社会属性是统一的、不可分割的。习近平法治思想实现了人民性与阶级性有机统一。

第三，既具有历史性又具有时代性。习近平法治思想汲取历史上法治的精华，在中国特色社会主义新时代创新了社会主义法治。如，“德治”是历史上的概念，习近平总书记在此基础上提出了法治与德治相互关系理论，既避免了“法律万能论”，又否定了“以德治天下”的思维模式。

第四，正确处理民族性与国际性的关系。在习近平法治思想中，法治的内容立于中国实际，法治的文化形式和表述方式具有鲜明的民族性，充分体现了中国风格、中国气派、中国话语。

法治的中国化并不排斥与世界的联系。习近平法治思想中的国内法治和涉外法治统筹理论，论述的就是法治的民族性与国际性的关系。我们要汲取世界上其他国家、民族的法治精华，吸收人类法治文明的有益成果，并在这个过程中摒弃和批判西方资产阶级法治思想，让习近平法治思想落地生根。

综上所述，习近平法治思想开辟了当代中国法治新时代，这个新时代是中华民族伟大复兴和世界百年未有之大变局的时代。这就要求我们确立新思想，解决新问题，创造新经验。让我们以习近平法治思想为指导，在依法治国实践中埋头苦干、砥砺前行，以无愧于这个天地翻覆的新时代。

创建战略策略的科学理论体系

——中国共产党对马克思主义一大创新

杨承训[①]

中国共产党在百年的艰辛实践中推进马克思主义中国化，其中一大精神财富是创立了战略策略的科学理论体系。毛泽东在总结世界革命特别是中国革命的历史经验时深刻指出："无产阶级要取得胜利，就完全要靠他的政党——共产党的斗争策略的正确和坚决。"习近平总书记对中国共产党的战略策略思想作了精辟的论述："斗争是一门艺术，要善于斗争。在各种重大斗争中，我们要坚持增强忧患意识和保持战略定力相统一、坚持战略判断和战术决断相统一、坚持斗争过程和斗争实效相统一。领导干部要守土有责、守土尽责，召之即来、来之能战、战之必胜。要注重策略方法，讲求斗争艺术。要抓主要矛盾、抓矛盾的主要方面，坚持有理有利有节，合理选择斗争方式、把握斗争火候，在原则问题上寸步

① 杨承训，河南财经政法大学经济伦理研究中心教授、河南省经济学会会长。

不让，在策略问题上灵活机动。要根据形势需要，把握时、度、效，及时调整斗争策略。要团结一切可以团结的力量，调动一切积极因素，在斗争中争取团结，在斗争中谋求合作，在斗争中争取共赢。”

一、战略策略理论体系开拓了马克思主义新境界

马克思主义是无产阶级革命的科学理论，其诞生可谓开天辟地。正因为马克思主义是科学，所以又是在实践中不断发展的。由于时代和实践的局限，马克思主义在19世纪还未形成完整的战略策略理论体系。中国共产党的百年奋斗，经历了历史上从未有过的艰苦卓绝、异常复杂多变的斗争实践，在实践中运用马克思主义基本原理，创立了战略策略的科学理论系统。

马克思主义诞生以来大体经历了四个历史阶段，由于时代的实践不同，承担了不同的历史使命。马克思、恩格斯根据社会发展的一般规律，尤其是根据对资本主义基本矛盾的深刻分析，揭示了无产阶级社会主义革命的必然性及其根本原理，特别是暴力革命和无产阶级专政学说。恩格斯在19世纪80年代指出：“马克思的历史理论是任何坚定不移和始终一贯的革命策略的基本条件；为了找到这种策略，需要的只是把这一理论应用于本国的经济条件和政治条件。”比如，他认为俄国“要做到这一点，就必须了解这些条件；至于我，对俄国现状知道得太少，不能冒昧地对那里在某一时期所应采取的策略的细节作出判断”。他反对幻想具体斗争的策略和凭主观“制造出”革命策略，因为斗争的实践会把这类幻想冲得“一干二净”。这就告诉我们，不能脱离实际情况和具体实践构想革命的战略和策略。

列宁是真正了解俄国实际并将科学社会主义理论付诸实践的第一人，

这集中体现在《共产主义运动中的“左派”幼稚病》一书中。该书总结了国际共产主义运动特别是俄国革命的斗争经验，论述了无产阶级斗争的战略与策略，明确提出“……我们共产党人的责任，就是要掌握一切形式，学会以最快的速度用一种形式去补充另一种形式，用一种形式去代替另一种形式，使我们的策略适应并非由我们的阶级或我们的努力所引起的任何一种形式的更替”，在一种条件下勇于斗争，在另一种不利于自己的条件下作必要妥协。如果说列宁在敌强我弱的条件下抓住有利条件领导十月革命是敢于斗争、敢于胜利，那么在德国军队进攻十分危险的条件下，他敢于订立《布列斯特和约》，善于创造条件转败为胜，则是灵活运用策略的典范。后来，由战时共产主义向新经济政策转变，就是以退为进，争得了社会主义胜利的条件。不过，由于列宁逝世过早，没来得及进一步推进战略策略理论系统化。

中国革命和建设所经过的历程比任何国家历史上遇到过的情况都要复杂多变，道路更加曲折，敌友我态势多次变换，有联合有决裂，有顺利有失败，甚至几乎走入绝境，而又绝路逢生，在极端困苦的条件下发展壮大。中国正是在这样史无前例的实践中选择了英明的领袖，正是这样英明的领袖领导伟大的党创造了应对无比复杂情境的战略策略理论系统，谱写了马克思主义的新篇章。20 世纪后期，在浩浩荡荡的国际共产主义运动中，又出现了前人未曾预料的重大失败挫折，中国共产党从改革开放的实践中杀出一条血路，领导中国人民实现了从站起来、富起来到强起来的历史性飞跃，中国成为唯一能够同资本主义霸权匹敌的社会主义国家。这就是社会主义发展进程中的“大觉醒”，从世界第一个社会主义国家灭亡、社会主义阵营涣散到中国在东方屹立、为数不多的社会主义小国继续发展。

中国共产党艰苦卓绝的革命、建设、改革的实践成功，充分证明了毛泽东思想、中国特色社会主义理论体系的真理性，其中战略策略的理论体系是一个重要法宝。可以说，中国共产党的战略策略思想既以马克思主义三个组成部分为基础，又拓展了新的境域。习近平新时代中国特色社会主义思想进一步丰富和发展了中国共产党的战略策略理论体系，是应对百年来遇到的新变局之法宝。只有深刻领会、全面掌握中国共产党的战略策略思想，才能提升对现阶段、新征途的各项决策、政策领会和执行的自觉性，扫除各种杂念的干扰。

二、战略策略的灵魂：原则性和灵活性的辩证统一

毛泽东是革命战略策略理论体系的创立者。他从几大阶段斗争失败、成功的实践中得出一个结论，并告诫全党："政策和策略是党的生命，各级领导同志务必充分注意，万万不可粗心大意。"全面领会毛泽东的战略策略理论体系，必须首先把握它的灵魂："原则性和灵活性的统一，是马克思列宁主义的原则，这是一种对立面的统一"，"我们的原则性必须是坚定的，我们也要有为了实现原则性的一切许可的和必需的灵活性"。就是说，原则性即战略是方向，灵活性即策略是方法。原则性就是敢于斗争，灵活性就是善于斗争，二者又矛盾又统一，是因为"原则性要灵活执行。应当是那样，实际是这样，中间有个距离"。

概括起来，毛泽东的战略策略思想可以从以下几方面理解。

（一）在力量的布局上，要发展进步势力，争取中间势力，孤立顽固势力，团结一切可以团结的力量

毛泽东的上述战略策略思想也是客观形势所决定的。任何时候社会人群总是区分为三种状态：积极支撑和拥护革命目标的中坚力量，是必

须依靠的骨干，起着先锋带头作用，要千方百计地武装他们，使之不断扩大而不能削弱；多数人开始总是采取观望的态度，处在中间状态，但这个多数是可以争取的，经过适当的教育并兼顾其合理的利益，大部分能够争取过来，其中有些人也可能变成骨干，即使有一部分人保持中立，对整个事业也有好处，而不能加以排斥，将其推到不利于进步势力的一面；少数人基于他们的利益是会顽固坚持反对进步的立场的，对他们不能姑息，必须使之孤立起来，不致影响中间力量。这个方针也有灵活性，因为组合也可能有变动，但总体上必须有明确的依靠、团结、孤立之分，是基本的大分化政策，以改变力量对比。

发展进步势力是我们的立足点，以巩固已取得的阵地和发展新的阵地。毛泽东指出："只有一步一步地发展进步势力，才能阻止时局逆转，阻止投降和分裂，而为抗日胜利树立坚固不拔的基础。"

争取中间势力学问最大，也最容易出偏差。毛泽东在解放战争期间对此作了精辟的论述："领导的阶级和政党，要实现自己对于被领导的阶级、阶层、政党和人民团体的领导，必须具备两个条件：（甲）率领被领导者（同盟者）向着共同敌人作坚决的斗争，并取得胜利；（乙）对被领导者给以物质福利，至少不损害其利益，同时对被领导者给以政治教育。没有这两个条件或两个条件缺一，就不能实现领导。"实际上，这个基本原理对于国内、国际的中间势力都是适用的。

对待敌对势力，采取"利用矛盾、争取多数、孤立少数、各个击破"的政策，也是一种分化。敌对势力不是铁板一块，他们内部有利益之分、权力之争、政见之别，在一定条件下，采取适当的方法和政策可以使其矛盾扩大，出现可争取的力量，并且要善于创造这样的机会。抗日战争中，我们争取很多有爱国心的人士；解放战争中争取很多敌军将领起义，在国民党中有不少人站到人民这一边，有的还立了大功。由于采取了这种战略策略，因而使反动阵营分崩离析。

（二）斗争的手段："以两手对两手"

通俗地说，以"两手对两手"就是又打又拉、软硬兼施的方式交替使用。毛泽东指出："反动势力对于人民的民主势力的原则，是能够消灭者一定消灭之，暂时不能消灭者准备将来消灭之。针对这种情况，人民的民主势力对于反动势力，亦应采取同样的原则。"针锋相对，打谈兼用。敌对势力企图灭掉革命力量是其既定目标，但他们在不得手时也以谈判来等待时机，至少争取一时的局部的胜利，我们应学会以同样的方式应对，而且更有主动权，更加巧妙。打，我们有准备，夺取胜利；谈，我们有方案，争取有利，但不能失掉根本原则，也不能损害根本利益。

（三）斗争的量度：有理、有利、有节

抗日战争时期，毛泽东对斗争的量度即有理、有利、有节作了详尽的论述："在抗日统一战线时期，同顽固派斗争，必须注意下列几项原则。第一是自卫原则。人不犯我，我不犯人，人若犯我，我必犯人。这就是说，决不可无故进攻人家，也决不可在被人家攻击时不予还击。这就是斗争的防御性。对于顽固派的军事进攻，必须坚决、彻底、干净、全部地消灭之。第二是胜利原则。不斗则已，斗则必胜，决不可举行无计划无准备无把握的斗争。应懂得利用顽固派的矛盾，决不可同时打击许多顽固派，应择其最反动者首先打击之。这就是斗争的局部性。第三是休战原则。在一个时期内把顽固派的进攻打退之后，在他们没有举行新的进攻之前，我们应该适可而止，使这一斗争告一段落。在接着的一个时期中，双方实行休战。这时，我们应该主动地又同顽固派讲团结，在对

方同意之下，和他们订立和平协定。决不可无止境地每日每时地斗下去，决不可被胜利冲昏自己的头脑。这就是每一斗争的暂时性。在他们举行新的进攻之时，我们才又用新的斗争对待之。这三个原则，换一句话来讲，就是‘有理’，‘有利’，‘有节’。坚持这种有理、有利、有节的斗争，就能发展进步势力，争取中间势力，孤立顽固派，并使顽固派尔后不敢轻易向我们进攻，不敢轻易同敌人妥协，不敢轻易举行大内战。这样，就有争取时局走向好转的可能。”这个“三有”原则是一个完备的科学策略思想，既有斗争，又有妥协，就是要有合适的量度，都要见功效。

中华人民共和国成立后，中国共产党继续发展统一战线，进一步扩大范围，顺利完成了对民族资产阶级的和平改造，发展、完善了政治协商会议。开始经济建设时，毛泽东提出调动国内外一切积极因素，尽量争取化消极因素为积极因素。他指出：“我们要调动一切直接的和间接的力量，为把我国建设成为一个强大的社会主义国家而奋斗。”

在国际斗争中，中华人民共和国成立初期实行“一边倒”的外交政策，巩固壮大以苏联为首的社会主义阵营力量。抗美援朝打败美国，获得基本胜利后又通过谈判签订停战协议。20 世纪 60 年代后期，苏联搞大国沙文主义，逐步演变为霸权主义，对中国最大的威胁变为苏联在边境陈兵百万，随时可能入侵。这时，毛泽东在联合众多发展中国家的同时，又采取了牵美制苏的策略，不仅在联合国恢复了合法席位，而且打通了与西方资本主义国家的关系，促使当时的美国总统尼克松访华，开启了对外开放的前奏。毛泽东在晚年提出了“三个世界划分”理论，具有世界布局的战略策略指导意义。

三、中国特色社会主义理论体系进一步升华战略策略理论

改革开放后，面对国内外局势的重大变化，我们党又推进马克思主义实现了新的飞跃。这一时期，如何围绕中心任务部署力量，处理好各种经济关系、政治关系、国内外关系等，比战争时期更有特殊性，要求更加完备的战略策略形式，这就是中国特色社会主义的战略策略体系的新格局。概括起来说，这种战略策略体系的新格局具有新的层次性、应变性、法治性、强韧性。集中起来，就是习近平总书记在党的十九大概括的“基本理论、基本路线、基本方略”。最高层次是“基本理论”的判断、指引，是长远的、全局的战略思想，并指导各个层次；第二级层次是基本路线，它是社会主义初级阶段整个历史阶段的战略规定；第三级层次是基本方略，如党的十九大提出的十四条方略，体现了基本战略思想和主要策略政策的结合；还有第四个层次，就是为贯彻基本方略更具体的改革及其实施方法。这些层次应对“不变”与“万变”的更复杂的形势，指导中国特色社会主义事业的全局及其发展。

这里重点论述战略策略中的几个重大关系。

（一）科学社会主义基本原则和走自己的路的关系

科学社会主义基本原则和走自己的路的关系是最高层次的战略问题。正如邓小平在20世纪80年代所指出的：“把马克思主义的普遍真理同我国的具体实际结合起来，走自己的道路，建设有中国特色的社会主义，这就是我们总结长期历史经验得出的基本结论。”后来，习近平总书记总结当代中国的改革开放经验，又进一步指出：“科学社会主义基本原则不能丢，丢了就不是社会主义。同时，科学社会主义也绝不是一成不变的

教条。我说过，当代中国的伟大社会变革，不是简单延续我国历史文化的母版，不是简单套用马克思主义经典作家设想的模板，不是其他国家社会主义实践的再版，也不是国外现代化发展的翻版。”这是中国特色社会主义战略策略理论体系总的指导思想。

（二）历史方位及其各个发展阶段的关系

我国现阶段的历史方位是“社会主义初级阶段”，这是从我国生产力实际水平出发，对科学社会主义发展阶段的创新，有独特的规定性，在这个历史阶段结束之前是不会根本改变的；但它本身又区分不同的发展阶段，每一个发展阶段的主要矛盾、主要任务又有差别，属于部分的质变。例如，从 20 世纪 80 年代到现在，已划分为三个阶段：全面建成小康社会任务已经完成；现在进入建设社会主义现代化国家的阶段，社会主要矛盾是解决人民日益增长的美好生活需要和发展不平衡不充分的矛盾；到 2035 年我国达到中等发达国家水平。如果说这对于整个社会主义初级阶段是大的战略问题，那么执行这一大战略的具体举措则是低一层次的策略，这其中也有“不变”、“小变”和“较大变化”的区分，主要还是要从实际出发加以划定。不懂得这些区别，就会犯保守僵化的错误。我们要善于研究和把握诸类大小发展阶段的联系和区别，既避免犯走老路僵化的错误，也避免跳入走邪路“西化”的陷阱。

（三）基本路线与具体政策的关系

“一个中心”（以经济建设为中心）、“两个基本点”（坚持改革开放与坚持四项基本原则）是社会主义初级阶段党的基本路线的核心，属高层次战略。全面长期贯彻这个基本路线不能变，但在不同阶段的具体情况还会有变化，具体的途径、方法要调整。比如，发展生产力是社会主义的基本任务（“发展是硬道理”），但不同时期又有不同的发展要求。在一段高速发展中以量的增加为主，而到了一定水平之后，必须转变为以质的提升为主，这不仅是国内经济大循环各个环节的诉求，而且是国际竞争的需要。这就不能仅仅追求国内生产总值（GDP）增长，更要提升产品、产业的质量，大大提高科技水平，构建和提升创新链、产业链、供应链，推进供给侧结构性改革，并扩大和提高需求，扩大和健全国内消费市场。再如，在发展节奏上，必须按经济规律循序渐进，而不能盲目跃进，不能搞急转弯。所以，习近平总书记提出“稳中求进的总基调”，坚持这个总基调就可以避免急于求成、走大弯路，以“抓铁有痕，踏石留印”的稳扎稳打，求久久为功、实实在在、更有韧性。

（四）“双循环”互动和新发展理念的关系

“双循环”互动和新发展理念可谓纵横交错、彼此推进的关系。生产、分配、流通、消费畅通的大循环是社会再生产纵向发展流程，创新、协调、绿色、开放、共享发展的新理念则是横向的要旨，既是发展的战略要求，又是运作的策略节点。“双循环”互动和新发展理念的九个方面形成合力，是社会主义发展科学的新系统论，突出了时代特点。

这里重点讲两大领域。一是大力发展科学技术，以“创新是发展的第一动力”为重大的战略思想，以各项具体政策措施保证科技创新链贯穿大循环的各个环节，促进和保证生产、分配、流通、消费提高质量，带动新的产业链、供应链。这是发展先进生产力、振兴城市和乡村、超越资本主义世界的关键一着，必须下好这一“先步棋”。二是生态环境全面优化（绿色发展）是世界经济和人民生活的新需求、新亮点，也是新的增长点；是提升国内大循环质量的新举措，也是国际循环中的指路标。为贯彻这一重要理念，中国采取了过硬过细的具体政策和管理方法。与此相关的是人民的健康保证，2020 年率先初步战胜突如其来的新冠肺炎疫情为世界树立了样板，其战略之坚决、策略之完备是西方国家无法比拟的，取得了建设“健康中国”重要的系统的经验。

（五）基本经济体制中主体与副体的关系

我国三项基本制度不是平列的，各项基本制度内部的两个侧面也是不平均的，有起主导作用的，也有居于次要方面的。

第一，所有制关系占首位，其中的公有制又占主体地位（控制国民经济命脉）。对多种所有制采取鼓励、引导兼行的政策，就是鼓励发挥其积极因素，引导其克服各种消极因素，把非公有制企业经营者列为统一战线对象。近期，我国实行反垄断和反资本无序扩张政策，这就能保证基本经济制度的社会主义性质，并利用好非公有制经济成分，以适应生产力发展的要求。

第二，在消费品分配中，实行按劳分配为主体，多种分配方式并存，以初次分配、再分配以及慈善事业（作为补充）的各层分配配套，取利除弊补缺。许多人疑惑“先富带共富”的“大政策”，把这个政策误解为“让少数人先富起来”，其实邓小平有两处讲得很清楚。邓小平在党的十一届三中全会上说：“在经济政策上，我认为要允许一部分地区、一部分企业、一部分工人农民，由于辛勤努力成绩大而收入先多一些，生活先好起来。一部分人生活先好起来，就必然产生极大的示范力量，影响左邻右舍，带动其他地区、其他单位的人们向他们学习。这样，就会使整个国民经济不断地波浪式地向前发展，使全国各族人民都能比较快地富裕起来。”1992 年，邓小平又一次对这个问题作了说明：“共同富裕的构想是这样提出的：一部分地区有条件先发展起来，一部分地区发展慢点，先发展起来的地区带动后发展的地区，最终达到共同富裕。如果富的愈来愈富，穷的愈来愈穷，两极分化就会产生，而社会主义制度就应该而且能够避免两极分化。解决的办法之一，就是先富起来的地区多交点利税，支持贫困地区的发展。”邓小平的这些论述讲得很明白：我国社会经济要遵循波浪式发展的规律，克服平均主义，鼓励勤劳能干的工人农民和地区先富带共富，用再分配的形式调节，防止两极分化，而不是让少数人靠剥削、不正当经营，靠使多数人贫困而富裕，这怎么能理解为鼓励两极分化和“私有化”呢？改革开放使人民普遍富裕起来了，又克服了短缺经济。我们党一直实行调节过高收入、提高过低收入、扩大中等收入、取缔非法收入的政策，尤其是党的十八大以后震惊世界的脱贫攻坚战，正是这一“大政策”的体现。我国“十四五”规划和2035年远景目标要求进一步消除收入差距过大问题，这就是正确战略与科学策略的辩证统一，应当全面正确、实事求是地理解为“先富带共富”的政策。

第三，在社会主义市场经济体制中，社会主义起主导作用，市场在微观配置资源中虽起决定作用，但宏观上、整体上社会主义制度、党的领导起主导作用，决定发展和运行的方向；还有“举国体制”集中力量办大事的优势。我国虽然可以借鉴资本主义发达市场经济诸多有益的形式和方法，但都要在社会主义原则规范和引导下建设新的市场体制，为中国特色社会主义制度、人民的根本利益服务。这也是大战略指导下的具体策略（包括市场管理和具体经营形式及营商环境）。

（六）国家系统治理的战略策略若干关系

“全面深化改革的总目标是完善和发展中国特色社会主义制度，推进国家治理体系和治理能力现代化。”这是习近平新时代中国特色社会主义思想的重要内容和新时代的一大战略任务，集中体现了社会主义国家制度和制度执行能力，包括统筹推进“五位一体”整体布局、“四个全面”

战略布局的系统贯彻，也包括更具体的经济、政治、文化、社会、生态文明和党的建设等各领域体制机制、法律法规安排和一些具体政策。把全面深化改革总目标确定为完善和发展中国特色社会主义制度，要求推进国家治理体系和治理能力现代化，这在总体上是对马克思主义国家学说的发展，其中重要的举措是依法治国。正如习近平总书记所指出的，“改革和法治如鸟之两翼、车之两轮”，必须建设法治国家。以法治安排战略和策略，保证相对的稳定性，是新时代的一大特点。

广义而言，“一国两制”也是统一治理的大方略。“一国”，就是坚持一个中国，这是战略；“两制”，就是允许香港、澳门长期保持资本主义制度、高度自治，这是策略。在马克思主义发展史上，“一国两制”可谓前无古人的创新，对于最终和平统一祖国也是一个可备用的大谋略。

（七）对外开放、处理外交事务的战略策略的辩证关系

对外开放、处理外交事务的战略策略的辩证关系可谓中国特色社会主义面向世界的战略策略体系，与50多年前比更加丰富了，更彰显了原则坚定性和策略灵活性的辩证统一。

鉴于国际局势的变化和对外开放的需要，20世纪末，邓小平对我国的对外政策作了调整。他科学判断当今世界的两大主题是和平与发展。我国一方面对西方霸权主义坚持斗争，又适当沟通、扩大经济联系，着重团结联合世界大多数国家和人民；另一方面集中更多的力量发展自己。他提出决不当头、韬光养晦、有所作为的方针，争取和平、稳定、适合扩大开放的机会，使我国发展得到了相当多的外力，当然也支持了世界和平。我国加入世界贸易组织（WTO）后，出现了十几年快速发展的形势，抵御了国际金融危机的冲击。党的十八大以后，习近平总书记进一步提出“坚持和平发展道路”、推进构建人类命运共同体的大战略，实

行和平、发展、合作、共赢的策略，打开了“一带一路”建设的新局面，团结了越来越多的国家。

我国对美国霸权采取了两手对两手的高明策略。美国作为发达的垄断资本主义国家之首，具有暂时强大的优势，它遏制中国的方针是不会改变的。但美国基于国内外的压力，也无力一口吞下已成为世界第二大经济体的社会主义东方大国，而采取了干扰、拖住、扼制等诸多手段。中国则采取稳坐钓鱼船、打好太极拳的手法应对之。当年美国拖垮了苏联，而今我们决不上当，不分散自己的精力，而是与它斗中有联、联中有斗，既针锋相对，又适当妥协，抓住其弱点趋势，利用其科技优势，准备长跑式博弈。实际上，我国正在拖住美国，团结多数国家，使美国日渐孤立。2020 年新冠肺炎疫情肆虐，美国成为世界上疫情最严重的国家，出现了严重的混乱、衰败兆头。我们坚持斗争、不怕“脱钩”，善于发挥我国巨大的制度优势。当然，也要随时准备应对美国的突然侵略或袭击，以武对武，争取最后的胜利。

在动荡变革的世界中实现突破与超越
——论新时代中国政治学的自主与自强

张树华[①]

当今世界正经历百年未有之大变局。近年来，全球化进程遭遇挫折，世界经济陷入低迷，个别大国的排外主义、单边主义等霸权行为愈演愈烈。某大国动辄对外进行“制裁”，实施“脱钩”，企图重新筑起分裂世界的“隔离墙”。2020年，人类历史上罕见的新冠肺炎疫情全球大流行，进一步加剧了国际力量的分化与重组。全球经济、科技、文化、安全、政治等格局急剧调整，世界进入动荡、变革与调整期。

此次突如其来的全球疫情是一场“大考”，是对各国政治经济制度的一次检验。在这场全面而深刻的挑战背景下，“东升西降”“西方之乱，中国之治”的力量格局与政治反差也愈加清晰：一方是太平洋彼岸的美国社会撕裂加剧、政治对抗升级、种族冲突激烈、街头暴力不断，疫情

---

① 张树华，中国社会科学院政治学研究所所长、研究员。

到目前为止也是愈演愈烈；而另一方是中国成功控制住疫情并快速复工复产，经济、社会稳定运行发展。冷战结束之初，“中国崩溃论”“西式自由民主完胜论”“人类历史终结论”甚嚣尘上，而如今，历史与现实的强烈反差不由让人深思。

每一次世界历史的跌宕起伏，都有其深刻的政治根源。在百年未有之大变局的背景之下，如何更好地理解中国的突破与超越？如何认识世界的变革与调整？中国的政治学界责无旁贷。

一、科学认识冷战后世界政治演变的特征与逻辑，准确把握中国政治学的坐标与方向

今天的世界是怎么了？未来又将走向何处？这个世界政治大潮汹涌澎湃的时代，更加需要中国政治学者的勇气与胸怀。新时代中国政治学人应勇于放下西式偏狭的教材，走出陈腐的故纸堆，立足中国，放眼世界，以平等的态度和敢于超越的勇气，写好中国政治与人类命运共同体这篇大文章，为中国政治及世界政治研究作出原创性、集成性理论和话语贡献。

20 世纪末以柏林墙被推倒、苏联解体为标志，冷战宣告结束，也宣示了二战后以美国为首的北约集团的胜出，世界进入以“自由民主、自由市场”为标识的西方模式主导的“后冷战时代”。然而，西方资本主导的“全球化”和对外输出的“民主化”没有给国际社会带来“普世幸福”，更没有实现西方治下的“世界和平”。进入 21 世纪，金融危机全球爆发，恐怖主义也在中东等地区肆意蔓延，伴随着美国等西方国家在国际上一些地区实施新干涉主义，世界出现了近 50 年来最严重的难民潮。冷战结束后，一些国家社会矛盾激化、民粹主义盛行、孤立主义及排外思潮

爆发，导致国际政治关系也越发紧张，世界政治生态陷入混乱、失序。2008 年国际金融危机以来，以美国为首的西方阵营问题频发，200 多年来流行甚广的“西式民主一元论”说教式微。

冷战结束以来，世界经济格局的变化进一步佐证了这一点。20 世纪 90 年代之前，占世界人口 10% 的国家生产并占有全球 GDP 总量的 70%，这种状况延续了 200 多年。2001 年开始，新兴经济体对全球 GDP 增长的贡献超过了发达经济体，这是一个划时代的历史性事件。2012 年，新兴经济体对全球 GDP 总量的贡献超过 50%，更从根本上改变了世界格局。据世界银行统计，2016 年新兴经济体和发展中国家占全球 GDP 的比重近 60%，而发达经济体已经退到 40% 左右。中国对全球 GDP 增量的贡献率已连续十年超过 30%。当下世界政治经济格局发生的翻天覆地的变化，应当引起中国政治学者的深入思考。

世界政治经济格局发生深刻变化的当下，中国的政治学者要在科学把握世界政治生态图景的前提下，准确定位当今中国政治学的坐标。随着 2008 年国际金融危机爆发，西方政治生态乱象丛生。西方阵营出现了政治对抗、民主赤字、治理短缺、决策不畅等问题，金钱政治、黑箱政治等频频曝光。西方社会政治思潮极化、政治力量分化，西方政治阵营出现分裂。与此同时，其所奉行的核心政治理念也正在遭受质疑，世界政治舞台中，力量的天平开始向中、俄等自主性、非西方国家倾斜，中国政治优势逐渐彰显。2017 年 11 月 11 日，德语世界老牌政论性杂志《明镜》周刊推出了重量级的封面文章《醒来》，对中国崛起的现状进行了多方位评述。文章指出，中国的政治和经济实力、军备和科学发展程度使其迅速跻身世界大国之列，这种发展态势是西方国家经历冷战争夺领袖地位之后再也没有见到过的。文章认为，中国的崛起正在改变世界。

伴随着中国综合实力的迅速提升，中国在世界上的影响力也在全方位提升。以当下新冠肺炎疫情的防控为例，中国的治理成效与成功经验在世界有目共睹，也越来越多地受到他国政治学者的关注。如何把握住当下历史机遇，分析东西方政治力量对比，以世界各国为坐标轴，找准中国政治学的坐标与发展方向十分重要。

二、辨清西式自由民主的“基因缺陷”和逻辑陷阱，树立政治自信和学术自觉

冷战结束后的30年间，国际历史进程的大反转与当今世界政治图景的大反差令人深思。一般认为，“民主”是西方政治学的核心命题和基本逻辑。然而，“西式民主一元论”的先天性缺陷实质上却造成了民主在政治实践中的异化。近年来，西方自由民主国家的民粹主义、种族主义等社会矛盾频发，暴露出西式自由民主固有的“基因缺陷”及其现实困境。2016年是世界政治具有转折性意义的一年。英国脱欧公投、美国大选等发生在老牌西方大国的“黑天鹅事件”，颠覆了世界对西方传统政治的认知，进一步暴露了西式民主模式的缺陷。以美国为例，近年来美国政治深陷极化与分裂的泥潭。以“司法独立”“三权分立”“新闻自由”等为标榜的美式民主政治反而将政治分歧、权力争斗和种族冲突推向极致，深深撕裂了社会民众和政治精英。

国家治理效能低下产生的自由透支、信任赤字、发展短缺等问题进一步暴露了西式民主政治的缺陷。传统西式的自由思想，逐步异化衍生为一种偏执的“绝对自由”。例如，在当今疫情肆虐全球的背景下，许多西方国家将戴口罩、居家隔离等基本防疫措施等同为妨碍自由的象征。西式的民主思想，逐步简单化为一张选票。民主工具化，多数普通民众被少数政客操纵意识、把控命运而浑然不知。各国的政治学者们开始转

换视角，细致地观察和把脉西方政治乱象和民主病态：民主泡沫、民主撕裂、民主赤字、民主透支，这些因素进一步加剧了政治对抗与衰败。正是变质的“民主”催生了民粹思潮，而极端主义的泛滥反过来又会加剧民主的透支与人权的恶化，国家内部决策混乱、相互掣肘、政治动员乏力，进而陷入恶性政治循环。

长期以来，西式“自由民主”不仅是西方政治学的模板和经典教学案例，也是观察和测量包括非西方国家在内的世界政治的唯一标杆。然而，近年西方政治乱象和政治困局以及西方国家推行人权、自由等价值观逻辑的窘境，引发了关于民主及政治发展等问题的争论与反思。包括英美学术界在内，国际上反思西式民主制度、质疑西式自由民主普世价值观的声音此起彼伏。

欧洲一项民意调查显示，截至 2017 年 5 月，在欧洲一些主要国家，如法国、意大利、西班牙等，超过一半以上受访者不再认为民主是一个好东西。澳大利亚学者罗伯特·福阿和美国学者雅恰·蒙特在美国《民主杂志》上联合发表了题为《弱化的危险：民主的退潮》的长文，用一系列数据表明，西方社会越来越多的人不再信任“民主”。被学界视为民主化研究旗手的美国政治学家拉里·戴蒙德惊呼，民主在逆转，民主国家在缩减，一些国家的民主岌岌可危，西方自由民主质量下降。曾经因提出“西式自由民主全胜论”和“历史终结论”而红极一时的日裔美国政治学家弗朗西斯·福山也不得不多次承认“美国政治衰败”和“民主制度显然可能倒退”。近期甚至有西方学者断言，西方民主政治出了大问题，世界政治可能面临重大变局。

一些西方专家将西方世界政治困境的学理根源归结于自由民主理论及其政治思维模式。诺贝尔经济学奖得主约瑟夫·斯蒂格利茨认为，20 世纪 90 年代以来最大的变化之一就是人们认识到了民主的复杂性和局限性。哈佛大学商学院经济学家布鲁斯·斯科特也指出，那种认定“只要有一部宪法，举办选举，然后就有民主”的想法简直是“愚不可及”。可见，随着西方世界经济陷入危机，西方世界的政治凸显颓势，“西式民主一元论”神圣教条式微，自由民主受到包括西方知识界在内的广泛质疑。

面对民主乱象与政治困局，《金融时报》在2016年连续刊文称，“全球民主大衰退”“英美民主政体遭遇危机”，呼吁做空“全球民主”。英国前首相布莱尔甚至直言“西方民主已死”。可见，西式民主政治陷入了多重困境，这为国际政治学者提供了鲜活研究素材的同时，也为中国政治学者进行深入比较研究东西方政治，提供了重要历史时机与窗口。

一定要弄清民主与人权等问题的内涵，要看清西方宣扬所谓“普世价值”和宪政民主背后暗藏的玄机。冷战结束以来，以美国为首的西方阵营蓄意在国际社会“倾销民主”，借由普世政治价值理念策动街头政治。然而，这种“倾销”和“策动”行为没能给对象国带去所谓的民主，世界各地相继出现文明冲突、恐怖泛滥、政局动荡和“颜色革命”。西式民主普世价值观及推行逻辑是世界政治失序的乱源，不仅使西式政治价值观推行的对象国出现各种问题，在以美国为代表的西方世界内部也是问题频发：经济低迷、就业率持续走低，复苏艰难。一些国家社会矛盾激化、政治对抗加剧，民粹主义现象普遍。政治生态持续恶化，政党撕裂、政治对抗也成为西方世界的常态。冷战结束30年来，伴随着恐怖主义的蔓延及其引起的难民潮的发酵，以美国为首的西方阵营不仅没能生产出更多合格的政治产品，反而造成了劣质化、极端化、分裂化等诸多政治难题。

三、中国政治新发展：理论突破与实践超越

新中国 70 多年的政治实践成就辉煌，冲破了西方世界固守的理论教条和逻辑束缚，创造了一个又一个历史奇迹。新中国 70 多年的政治发展经验开启了中华民族伟大复兴之门，开辟了一条通过政治创新超越西方模式禁锢的道路，为推动政治全面发展提供了崭新的逻辑框架和价值遵循。

中共十九大召开前后，欧美主流媒体围绕“新时代中国”进行了密集的报道，他们眼中的“中国谜题”正在以“醒来”“中国崛起”“中国模式”“中国赢了”等叙事方式徐徐展开。西方一些有识之士开始认可中国政治与经济体系有更好的应对能力。一时间，西方对中国的舆论语调从此前的“无视、蔑视、敌视”转为“惊叹、认可、尊敬”。国际上“看空”西式民主、看好中国政治道路和中国优势的人也越来越多。《明镜》周刊坦承，中国具有西方不可比拟的制度优势：内政有着坚实有效的长远规划，并且有贯彻到底的决心；在介入国际事务的深度方面有灵活的弹性。

“四海翻腾云水怒，五洲震荡风雷激。”西方舆论前所未有的大反转凸显了世界政治潮流的风起云涌，也预示着世界政治新时代的开启。回首冷战结束之际，西方的主流政治精英们以“人类历史即将终结”的妄断，将西方传统的政治制度以及政治价值理念如民主、自由、人权等定义为人类政治发展的唯一标准和指针。西方政客将“自由、民主”等工具化、标签化，把世界上其他不同政治制度国家界定为敌对国家，有时肆意实施政治、经济等全方位围堵，有时打着“民主、人权”等旗号策划街头政治、策动“颜色革命”，以实现思想西化、制度同化、政治矮化

等目的。

习近平总书记指出，国内外各种敌对势力，总是企图让我们党改旗易帜、改名换姓，其要害就是企图让我们丢掉对马克思主义的信仰，丢掉对社会主义、共产主义的信念。而我们有些人甚至党内有的同志没有看清这里面暗藏的玄机，认为西方“普世价值”经过了几百年，为什么不能认同？西方一些政治话语为什么不能借用？接受了我们也不会有什么大的损失，为什么非要拧着来？有的人奉西方理论、西方话语为金科玉律，不知不觉成了西方资本主义意识形态的吹鼓手。“是非疑，则度之以远事，验之以近物。”冷战结束以来，在西方价值观念的介入下，一些国家被折腾得不成样子了，有的四分五裂，有的战火纷飞……决不能用西方资本主义价值体系来剪裁我们的实践，决不能用西方资本主义评价体系来衡量我国发展。

政治学是人类政治活动的结晶，是政治知识、智慧与学问的综合。然而，中国政治学前些年在“补课”的同时，有时也不加鉴别地对西方自由民主价值理念全盘照搬，将西式“自由民主模式”当作普世的、通用的、无所不能的政治信条，而将“主权、国家、人民”等马克思主义政治学重要概念弃之如敝履。如此一来，中国政治学同经济学、法学等学科一样，深受西方教科书的影响。一些高校政治学教材和教师满足于向学生灌输西方政治学原理，甘当西方民主“教师爷”的小学生，充当西式政治教条的“小贩”。一些政治学专业毕业生头脑里对西方政治知识一知半解，对当代中国政治思想、政治制度及实际运行机理更是一无所知。政治学教材和课堂教学与中国政治实践相互脱节，成了“两张皮”，甚至是“两股道”。

中华民族有着光辉灿烂的文明历史，积累了丰富的治国理政经验和政治文化思想。然而，19 世纪中叶以后，随着封建王朝的衰落和殖民者的入侵，西方的政治、文化被作为先进的知识引入中国。20世纪初，政治学作为一门专业的学科进入中国大学的课堂。几乎与此同时，中国共产党领导中国人民开始了救亡图存、富国强民的政治运动，在古老的中华大地上开启了轰轰烈烈的政治探索。中国共产党人在百年间积累了独特而宝贵的革命、建设和改革开放的历史经验，这些光荣的历史都是政治学研究不尽的宝藏。

冷战结束以来，在东欧剧变、苏联解体、苏共垮台的历史对比下，在金融危机后西方政治生态乱象丛生的背景下，中国特色社会主义政治理论与实践为超越“西式民主一元论”提供了绝佳的学术滋养和历史机遇。2008年金融危机爆发以来，以美国为代表的西方世界不仅面临经济窘境，同时也陷入政治困境，再现了西式民主的“基因缺陷”和逻辑漏洞。2020年，在新冠肺炎疫情全球蔓延的国际背景下，应对新冠肺炎疫情各国政府的表现，实际上是对不同政治制度、不同政党的效能及能力差异的全面检验。这些都为中国理论界尤其是政治学界破除西式民主崇拜及政治迷思提供了越来越多的现实佐证和背景资料。

当下，中国政治实践积累起的治理成效与经验已经相对成熟，中国政治学界要在努力破除西方话语逻辑陷阱的基础之上，突破有“基因缺陷”的西式政治模式的天花板，实现政治理论和话语体系的有效突破。而目前这方面的尝试，已经不是“能不能”的问题，而是“敢不敢”和“如何成”的问题。

要以全面、科学、务实的政治发展方略提高政治发展力，以持续、稳定的政治战略扩大中国在国际上的政治竞争力和政治影响力。与一些国家“单兵突进式民主化”不同，中国全面、科学、独特的政治发展观，内嵌了一系列必要的要求，即政治发展的实践进程一定要有利于经济发展、文化进步与社会和谐。因此，中国的政治实践视野开阔，研究者能够突破“西式民主一元论”的束缚，在政治全面发展的宽广平台上探讨发扬民主的方向和着力点问题。

四、紧跟时代的脚步，呼应人民期待，实现中国政治学的自主与自强

世界格局正在经历着深刻的变化，而这种变化颠覆了世界多数人对西方政治的传统认知，也冲击着百年来一直环绕在“山巅之城”的西方思想体系和学术体系。当下西方一直奉若神明的传统政治学与经济学的理念与逻辑已经无法解释“西方之乱”，更无力回答“世界怎么了”“世界向何处去”的命题。西方社会科学研究范式陷入逻辑悖论而不能自拔，西式政治学、经济学受到前所未有的冲击和挑战，一些教科书不能不改写或重编。

习近平总书记多次强调，要加强话语体系建设，要把我国发展优势和综合实力转化为话语优势。在理论研究中要多下功夫，多搞“集成”和“总装”，多搞“自主创新”和“综合创新”。支撑话语体系的基础是哲学社会科学体系。没有自己的哲学社会科学体系，就没有话语权。

在政治大变局、历史大转折的国际背景下，中国政治学人应听从人民召唤、紧跟时代步伐，及时总结中国政治经验、提炼中国政治理念、投身中国发展实践。通过总结与凝练中国政治发展的实践经验，实现中国政治学研究的原始创新，不断提升中国政治发展力和国际竞争力，持续推动政治全面协同发展，把民主异化和政治对抗等西式政治流毒扫进历史垃圾堆。

从中国与世界的政治实践中为“西方之乱，中国之治”命题寻找答案。冷战结束 30 年来，世界政治进程开始出现反转，传统与当下所呈现

的政治图景的强烈反差深刻启示着我们。新中国 70 多年政治实践的辉煌成就为中国政治学的自觉、自主、自强提供了充足的养料。中国的发展与成功也推动着、引领着世界发展潮流的转向。习近平总书记在十九大报告中指出，中国特色社会主义拓展了发展中国家走向现代化的途径，给世界上那些既希望加快发展又希望保持自身独立性的国家和民族提供了全新选择，为解决人类问题贡献了中国智慧和中国方案。中国政治发展的实践与经验使我们找到了一条民族复兴、繁荣发展之路，开启了中国和世界社会主义发展的新纪元。中国的新民主观和全面发展政治道路，体现了政治价值多元一体、发展进程包容有序、发展理念科学实效，显示着强劲的政治发展力和国际影响力，展示着良好的发展前景。

新时代中国政治学人应善于从全球视野和各国政治成败兴衰中比较提炼中国政治发展的经验优势与理论结晶。以西方民主缺陷引发的政治问题为戒，树立正确的政治观和民主观。通过深入总结中国道路成功的政治实践，突破西式民主理论束缚和逻辑陷阱，构建升级版的民主研究和政治分析的路径，推进政治的全面发展，以全面政治发展观把握中国乃至世界政治发展大势。

70 多年新中国社会主义发展道路是科学社会主义在当代世界最伟大而成功的实践，丰富和发展了马克思列宁主义学说，拓宽了世界各国的发展道路，同时也为非西方国家提供了宝贵的可资借鉴的发展经验。环顾世界，中国道路独特而非凡，既没有照搬照抄他国，又根植于中国大地，同时也提供了可供比较分析的一般性原则和规律。在当今混乱迷茫的复杂国际形势下，中国 70 多年的发展道路贡献了宝贵的共同价值。

70 多年来，中国的政治进程持续而稳定，始终以人民为中心，开辟了一条独具特色、卓有成效的发展之路。坚持“党的领导、人民当家作主、依法治国”有机统一，当代中国政治以全面而协同的发展格局统合

“自由民主、秩序稳定、清廉效能”等价值目标，实现了国家政治经济社会文化等各方面的稳定性、发展性、持续性、协调性、实效性。

中国发展成功的密码是科学地处理了改革、发展、稳定的关系，开辟了世界政治中一条独具特色而卓有成效的发展之路。中国特色社会主义政治发展是全面性、协调性和实践性的统一，是民主、秩序、效能等政治价值的有机统一。中国的政治发展继承和发展了马克思主义的基本政治原理，以成功的政治实践全新诠释了“国家”“政府”“人民”“政党”等范畴，重新定义了“自由”“民主”“人权”等概念。从新民主观到政治全面发展观，突破了西方学术范式和话语霸权，大大提高了政治发展水平和国家治理能力，为中国社会全面协同发展提供了坚实的政治保障。

构建人类命运共同体的伟大构想深刻凝练了从“全面发展”到“共同发展”的政治逻辑和发展理念。当今国际社会正面临治理赤字、信任赤字、和平赤字、发展赤字。破解“四大赤字”需要秉持公正合理、互商互谅、同舟共济、互利共赢的理念，增进战略互信，减少相互猜疑，实现世界长久和平和共同发展。超越“西式民主一元论”，反对任何以“民主”名义拉帮结伙、分裂世界、妄图重演“冷战”的政治图谋。由“全面发展”到国际间“共同发展”，携手构建人类命运共同体。由一国的“全面发展”到国家间的“共同发展”，是对某些大国奉行的“单边主义”“政治自私”“本国优先”行为的超越。

构建人类命运共同体的主张是新时代中国领导人提出的“世界梦”，是谋求共同发展、赢得未来的“世界观”。文明共存、和平共处、平等共商、合作共建、公平共享、互利共赢是这一伟大构想的核心原则。唯有坚持共商、共建、共赢、共享的全球治理理念，维护多边主义，才能最终实现全世界各国人民的“共同发展”的美好政治发展愿景。

西方经济学意识形态批判与新时代中国经济学发展

丁　涛[①]

中国经济学固然应借鉴和吸收西方经济学的有益成分，但这并非意味着要与西方经济学“接轨”，遵循所谓“国际流行标准”。长期以来，“西化”倾向在国内经济研究领域有着相当广泛的影响，对中国经济学的发展形成了严重误导。持有“西化”观点的学者往往回避意识形态问题，固执地认为西方经济学“价值中立”。实际上，标榜“科学”“价值中立”的西方经济学，一直在小心翼翼地掩盖其意识形态本质。

马克思主义政治经济学从来不掩盖自己的意识形态特征，始终站在工人阶级和人民群众的立场上。2015 年 11 月 23 日，习近平总书记在主持十八届中央政治局第二十八次集体学习时的讲话中指出：“发展为了人民，这是马克思主义政治经济学的根本立场。”这种鲜明的人民立场和以

① 丁涛，东北财经大学马克思主义学院副教授。

人民为中心的发展理念，与西方经济学隐晦的资产阶级立场和以资本为中心的发展理念形成鲜明对比。

一、西方经济学的意识形态本质及其对我国思想理论界的负面影响

（一）西方经济学的意识形态本质

西方经济学在意识形态方面具有隐蔽性。他们自我标榜理性经济人或逐利性的人性假设只是为了“科学研究”。但问题在于，他们的整个理论体系都是以这种假设为基本出发点的，这便使西方经济学不可避免地具备了价值观塑造和培养的功能。实际上，理性经济人并非简单的人性假设，它与西方资本主义社会固有的个人主义价值观存在着内在一致性。从理性经济人的观念出发，或以这种观念为基础，经过一系列逻辑推理所构建的思想体系或理论体系，实质上就是一种资本主义意识形态。这种结论不仅掩盖了资本积累的真实面目，还为满足资本家占有剩余价值的无限欲望提供了话语支持。

20 世纪 80 年代开始盛行的新自由主义经济学，实质上是由理性经济人演绎而来的资本主义意识形态。加拿大著名女学者娜奥米·克莱恩在《休克主义》一书中揭露了芝加哥学派的新自由主义本质：“和所有基本教义派信仰一样，芝加哥学派的经济学对于其忠贞信仰者来说，是一个封闭的循环。一开始的前提是，自由市场是一个完美的科学体系，在其中的个人根据自利的欲望行事，创造出对所有人的最大利益。”事实证明，所谓“完美的科学体系”只是宗教神学的臆想，而“创造出对所有人的最大利益”只是创造出对资本家的最大利益。因此，新自由主义改革必然导致贫富分化和资本主义基本矛盾的不断积累。美国就是一个活

生生的案例。美国民主党领袖桑德斯在其畅销书《我们的革命》中坦然承认，美国贫富差距“已经超出了道德承受的边界”。推行新自由主义改革的发展中国家结局更为惨烈，克莱恩在《休克主义》一书中对此做了全面、细致而又深入的考察和研究。

西方经济学更善于运用数学的“科学外衣”来掩饰其意识形态本质。无论西方经济学采用多么复杂的数理模型来掩饰自己，我们只需观察它的一般生产函数 $Q=f(L,K)$ 便可一眼看穿其真面目。这一函数将劳动（L）和资本（K）并列，让人产生一种错觉，以为资本也能创造价值。正是因为这种错觉，资本家剥削劳动者的事实被深深隐藏了起来。数学模型越复杂，这一事实就被隐藏得越深。

人们不禁要问，既然西方经济学缺乏科学性，并且在实践上已经酿成了灾难性后果，为何依然能够大行其道？因为这是资本主义经济基础的客观要求。作为资本主义意识形态的西方经济学，其“理论”适应资本积累的需要，符合资本家的根本利益，必然被统治阶级奉为圭臬。正如马克思所说：“统治阶级的思想在每一时代都是占统治地位的思想。这就是说，一个阶级是社会上占统治地位的物质力量，同时也是社会上占统治地位的精神力量。”从全球范围看，资本主义主导的世界经济体系使西方经济学成为主流意识形态。

（二）西方经济学对我国思想理论界的负面影响

第一，对社会主义核心价值观的侵蚀。马克思主义政治经济学具有鲜明的意识形态特征，有些人却对此避而不谈。一些人甚至包括知名经济学者都在“呼吁”与西方标准“接轨”，宣传西方所谓的“普世价值”，完全背离了社会主义核心价值观。正如习近平总书记批评的那样：“有的人奉西方理论、西方话语为金科玉律，不知不觉成了西方资本主义意识形态的吹鼓手。”

更需要警惕的是，资本主义意识形态对中国的影响，已经从学术界波及高校和大学生，进而渗透到社会各个角落。有学者严肃指出，经济类专业培养的大学生可能更倾向于追求个人利益最大化，因为学习西方经济学会使个体逐渐接受理性经济人假设，并将其内化为自身对世界和他人的看法。也就是说，一个人如果长期受理性经济人假设的浸润和影响，可能会将其内化为自身的一种价值观。

总体而言，西方经济学在培养一种“利益最大化”和“效用最大化”的价值追求。至于道德问题，西方经济学似乎交给了“上帝”和“看不见的手”。这显然背离了社会主义核心价值观。从大学教育的角度看，西方经济学与“立德树人”的根本任务背道而驰。

第二，使中国经济学丧失本该具有的洞察力和判断力。一个众所周知的秘密是，西方经济学已经严重脱离实际、严重缺乏认识和解决现实问题的能力。西方经济学不断遭到世界范围的质疑和批判绝非偶然，作为一种落后的意识形态，西方经济学更是无法适应新时代的发展步伐。美国著名学者里夫金在《第三次工业革命》一书中指出，我目睹了一个运行了近半个世纪的经济形态的转变，而大部分的改变并没有被包括在经济学教科书中。

尽管如此，“与西方经济学接轨”在国内经济学界仍然是很有市场的观点主张，这无疑是要断送中国经济学本该具有的洞察力和判断力。当前，我们越发需要反思一个重大理论和现实问题：为何中国经济理论严重滞后于中国经济建设的伟大实践？显然，这在一定程度上要归咎于对西方经济学的顶礼膜拜。一个市场原教旨主义的信徒不可能具备认识和解决中国经济问题的能力。

作为资本主义意识形态，西方经济学可以为“美国优先”“上帝选民”等提供说辞，但无法理解中国社会主义的伟大实践。基于理性经济人或以利益为中心的理论模型，无法解释中国“以义为利”的外交理念，更无法理解中华民族的“和”文化。基于中国实践而形成的一些理论成果，也时常受到西方经济学的扭曲和误读。

在西方经济学意识形态的话语霸权下，中国经济学应有的洞察力和判断力，甚至理论自信，都受到严峻挑战。新时代，中国经济学亟须冲破西方经济学的意识形态壁垒，紧跟中国经济建设和伟大实践的步伐，创建中国特色、中国风格、中国气派的经济理论体系。

第三，给我国各领域的意识形态工作带来严峻挑战。2016 年 5 月 17 日，习近平总书记在哲学社会科学工作座谈会上的讲话中指出：“实际工作中，在有的领域中马克思主义被边缘化、空泛化、标签化，在一些学科中‘失语’、教材中‘失踪’、论坛上‘失声’。这种状况必须引起我们高度重视。”

马克思主义被边缘化的状况，经济学领域首当其冲。经济学在哲学社会科学中占据特殊重要的位置，从唯物史观的角度看，经济学是一种更为基本的意识形态，对政治、文化、道德和法律等其他领域的意识形态产生重要影响。经济学作为一种意识形态，其影响范围并非局限于经济学领域，而是事关意识形态工作的全局。如果马克思主义政治经济学在经济学领域中失去主导地位，势必危及马克思主义在整个人文社会科学领域的意识形态领导权。

马克思主义被边缘化首先是因为马克思主义政治经济学在经济学领域中被边缘化。当前，西方经济学作为国际主流经济学，在我国经济学领域占据一定地位，一些高校尤其知名高校的经济学专业，几乎是“严格”按照所谓的“国际标准”进行“改造”和“设计”的，甚至要与西方经济学全面“接轨”。必须强调的是，西方经济学与马克思主义政治经济学的立场、观点和方法在根本上是对立的，如果放任西方经济学在国内占据主流地位，马克思主义政治经济学必然被边缘化。

二、以马克思主义为指导加强对西方经济学意识形态批判

改革开放之初，国内学界对西方经济学的意识形态本质是非常重视的。然而，随着自我标榜为“价值中立”和“科学”的西方经济学在国内流行，意识形态几乎被排斥在经济学之外，甚至有人提出“去意识形态化”。在新时代，马克思、恩格斯对庸俗经济学意识形态的批判依然具有重要价值，为此，有必要回到马克思、恩格斯的原著中，继承和发扬马克思、恩格斯的批判精神，加强对西方经济学意识形态的批判。从马克思主义的立场、观点和方法来看，古典政治经济学、新古典经济学和今日西方的主流经济学都属于庸俗经济学。庸俗经济学在形式上无论如何变换，都不会改变它在意识形态方面的本质。

在《政治经济学批判大纲》中，恩格斯第一次站在工人阶级的立场上发起对古典政治经济学的道德批判和科学批判，并批评古典政治经济学“没有去追究各个前提”。这与马克思形成了强烈共鸣。马克思在《1844 年经济学哲学手稿》中直截了当地指出，古典政治经济学“把应当加以阐明的东西当做前提”。这些前提实质上属于资本主义意识形态，但由于被隐藏或伪装起来而不能被直接发现，因而揭示并批判这些前提成为马克思、恩格斯的一项重要工作。

他们共同完成的《神圣家族》和《德意志意识形态》是开创历史唯物主义的光辉著作。《神圣家族》第四章的“批判性的评注 1”一开始就指出，“对任何科学的最初的批判都必然要拘泥于这个批判所反对的科学本身的种种前提”。庸俗经济学的思维逻辑是从人的抽象概念到现实

的人，而不是从现实的人到抽象概念，其要害在于以观念而不是以现实作为出发点，从一种意识形态的观念出发来构架理论体系。同样，今日西方经济学的理性经济人实质上也是抽象的概念，是一种意识形态的观念。《德意志意识形态》确立了“现实的人”为自己的研究前提：“我们开始要谈的前提不是任意提出的，不是教条，而是一些只有在臆想中才能撇开的现实前提。这是一些现实的个人，是他们的活动和他们的物质生活条件，包括他们已有的和由他们自己的活动创造出来的物质生活条件。”“现实的人”不仅是创建历史唯物主义的科学前提，也是建立马克思主义政治经济学的科学前提。

马克思、恩格斯在唯心主义意识形态批判中完成了对庸俗经济学的意识形态批判。只有在这个基础上，马克思才能专注于政治经济学研究，直至完成《资本论》第一卷，最终创立了马克思主义政治经济学。由此得出的重要启示是，新时代中国经济学不能绕开意识形态问题，构建中国特色、中国风格、中国气派的中国特色社会主义政治经济学，必须以完成对西方经济学意识形态的批判为前提。

三、新时代中国经济学必须加强意识形态研究

一些人错误地认为，西方经济学成为国际学术主流是因为其“科学性”“普世性”，从而失去了对西方经济学的辨别力，误把西方经济学的概念和模型当作“科学标准”，深陷西方经济学的思维框框，丧失了对实际问题的观察力和判断力。事实上，西方经济学之所以成为国际学术主流，绝非因为它是“科学”的，而是因为它符合资本主义世界体系中统治阶级的意志。西方经济学实质上是被伪装起来的资本主义意识形态，所谓的理性经济人假设实质上是资本主义意识形态的缩影。中国经济学

若遵循西方经济学的标准，就不可能适应中国经济建设和实践的需要，也不可能有真正的中国经济学。

新时代中国经济步入新的发展阶段以及世界经济格局的重大变化，对中国经济理论的创新和发展提出了更高、更迫切的要求。新时代中国经济学若要实现理论的重大突破，必须完成对西方经济学的意识形态批判。

第一，必须从意识形态的高度认清西方经济学的本质。正如马克思从意识形态的高度批判“抽象的人”假设，我们有必要从意识形态的高度批判理性经济人假设。当前，国内经济学界对理性经济人的认识主要局限于方法层面，还没有真正上升到意识形态的高度。理性经济人不只是一种假设，更是资本主义意识形态的一个缩影。将人假设为逐利性的理性经济人，实质上是为了构建一种资本主义意识形态的经济理论体系。这一理论体系在支持利润最大化的同时，也支持了资本主义生产的根本目的，即对剩余价值的无限追求。

社会主义生产的目的不是实现利润最大化，也不是占有剩余价值，而是满足人民对美好生活的需要。正如习近平总书记强调的：“人民不是抽象的符号，而是一个一个具体的人”。以抽象的理性经济人为逻辑起点的西方经济学，根本就不适用于社会主义经济问题的研究。

第二，必须摆正意识形态与科学的辩证关系。意识形态与科学并非对立的关系。马克思主义政治经济学旗帜鲜明地强调阶级性和意识形态，自觉地将科学性与意识形态统一起来。然而，有的学者不自觉地将二者对立起来，并由此导致对马克思主义政治经济学的错误认知。尤其值得注意的是，一些鼓吹运用西方经济学范式发展中国特色社会主义经济学的学者，普遍忽视了意识形态问题。这是一个方向性错误，应引起高度重视。

经济学必须明确立场，把意识形态讲清楚。习近平总书记指出：“经济学虽然是研究经济问题，但不可能脱离社会政治，纯而又纯。”西方经济学在掩盖意识形态的同时也丧失了自身的科学性。西方经济学小心翼翼地维护资本主义意识形态，却无法提供真正的科学支撑，因而不断走向自我封闭和僵化，甚至沦为文字游戏。马克思主义政治经济学坚定地站在人民立场上，并为此提供了强有力的科学支撑，实现了意识形态与科学的统一。

第三，必须充分认识经济学在意识形态工作中的重要战略地位。经济学关乎意识形态工作的全局，牢牢掌握经济学领域意识形态工作领导权，关乎党和国家事业的成败。第二次世界大战以后，核武器降低了大国间发生直接军事对抗的可能性，信息技术的发展加速了战争方式的转变，意识形态领域成为国际阶级斗争的主战场。习近平总书记在新进中央委员会的委员、候补委员学习贯彻党的十八大精神研讨班上的讲话中指出，“苏联为什么解体？苏共为什么垮台？一个重要原因就是意识形态领域的斗争十分激烈”。新自由主义经济学对击垮苏联社会主义意识形态起到了不可忽视的作用。

经济学在整个人文社科领域具有特殊重要性，经济学意识形态对其他领域有极其重要的影响，中国经济学必须确保马克思主义的核心指导地位。

第四，必须保障经济学的课程设置和教学方法与社会主义办学方向高度一致。从高校教育的角度看，“立德树人”的根本任务能否真正得到贯彻落实，经济学教育发挥着至关重要的作用。习近平总书记在全国高校思想政治工作会议上强调，“使各类课程与思想政治理论课同向同行”。确保经济学有关课程以马克思主义为指导，是实现人文社科各类课程与思想政治理论课同向同行的关键一环。当前，一些高校的经济学课程体系仍然是对标西方经济学设计的，这种现状迫切需要改革。这里所说的改革，不仅要在经济学原有课程的基础上增设马克思主义政治经济学相关课程，更重要的是必须对课程体系和有关教材进行改革，改革的方向和目标是建立以马克思主义政治经济学为核心的课程体系。

教育事业绝非仅仅传授知识，而首先要回答“培养什么人、为谁培养人”这一根本性问题。中国教育事业必须坚守社会主义办学方向，培养社会主义事业建设者和接班人。经济学教育必须严格遵循这一办学方向。社会主义事业建设者和接班人应当是大公无私、一心为公的人。西方经济学注重利益最大化的人性假设和理论推理，很可能会助长受教育者的私心，无助于培养公心。“一心可以丧邦，一心可以兴邦，只在公私之间尔。”中国共产党之所以能够不断从胜利走向胜利，是因为守得住民心，而守民心靠的就是一颗一心为民的公心。中国经济学要真正贯彻落实社会主义办学方向，就必须把主要精力放在如何培养“经世济民”的公心上。

综上所述，新时代中国经济学必须打破西方经济学的思维框框，坚持意识形态与科学性的统一。中国经济学“只能是马克思主义政治经济学，而不能是别的什么经济理论”。因此，必须坚决贯彻马克思主义的立场、观点和方法，坚持以人民为中心的根本立场，坚持辩证唯物主义和历史唯物主义的世界观和方法论。唯有此，才能使中国经济学成为一门真正为人民服务的科学，才能建立起中国特色、中国风格、中国气派的中国经济学。

第三篇

学习研究宣传党史
树立正确党史观

中国共产党百年和马克思主义中国化的伟大进程

王伟光[①]

2021年是中国共产党成立100周年。在这样一个伟大而特殊的历史时刻，回顾中国共产党领导中国人民进行革命、建设、改革的百年奋斗历程，总结中国共产党带领全国人民不懈探索马克思主义同中国具体实践相结合的历史经验，深刻认识和准确把握不同历史时期我们党坚持、丰富和发展马克思主义的规律和特点，对于在新的历史起点上坚持和发展马克思主义，不断推进马克思主义中国化，运用中国化的马克思主义指导实践，具有十分重要的理论和实践意义。

---

① 王伟光，全国政协民族和宗教委员会主任，中国社会科学院原院长、党组书记。

一、把马克思主义作为党的根本指导思想和理论基础，是中国共产党人首要的政治选择

中国共产党是以马克思主义为指导的工人阶级政党。把马克思主义作为党的根本指导思想和理论基础，既是由党的性质决定的，也是由近代以来中国的具体国情、中国所处的世情、世界历史时代发展大势决定的。

理论一经掌握群众，就会变成强大的物质力量。马克思指出："批判的武器当然不能代替武器的批判，物质力量只能用物质力量来摧毁；但是理论一经掌握群众，也会变成物质力量。"[①] 物质变精神，精神变物质。任何一个社会形态的物质基础和条件必然产生相应的思想理论。作为先进生产力首要因素的工人阶级及其赖以生存的生产方式，必然产生先进的思想理论。工人阶级及其阶级意识与由该阶级意识上升为观念形态的先进思想是一致的。工人阶级作为先进生产力的物质力量，一旦接受并实际运用先进思想，与先进思想相结合，必然形成改造旧世界的强大物质力量，必然付诸改造世界的伟大实践，实现推翻人剥削人的资本主义社会，创造美好的社会主义和共产主义社会的伟大变革。

马克思主义理论是马克思、恩格斯在继承人类优秀文化遗产、总结工人运动经验基础上所创造的关于无产阶级和全人类解放的先进思想，是代表无产阶级根本利益的科学理论。马克思主义创始人不仅发现了资本主义必然灭亡、社会主义必然胜利的历史规律，而且发现了资本主义的掘墓人——工人阶级，认为只有工人阶级才能肩负起消灭资本主义的历史使命，只有依靠无产阶级及人民大众这一最强大的物质力量，通过

① 《马克思恩格斯文集》第1卷，人民出版社2009年版，第11页。

无产阶级革命和无产阶级专政，才能摧毁资本主义，彻底埋葬旧社会，建设一个全新的世界。马克思主义经典作家把这一先进思想赋予了工人阶级及其广大人民大众。

列宁指出："工人本来也不可能有社会民主主义的意识。这种意识只能从外面灌输进去……"① 工人阶级是不能自发地产生先进思想和革命理论的，其先进思想是由工人阶级的先进知识分子发掘、总结、概括出来的。工人阶级与先进思想相结合，必须是由其先进分子所组成的工人阶级政党从外部灌输到头脑中，工人阶级只有掌握了马克思主义这一先进思想，才能由自在的阶级变成经先进理论武装起来的自为的阶级。也就是说，工人阶级与马克思主义相结合，才能够迸发出打碎旧社会、建立新社会的强大物质能量，成长为大有可为的自为的阶级。

马克思主义是工人阶级的世界观，是工人阶级求解放、谋幸福的思想法宝。在马克思主义诞生之前，工人运动处在自发阶段，单纯的以经济斗争为目的，斗争的手段不外乎是捣毁机器和无明确政治目的的罢工示威等。马克思主义诞生以后，经过马克思主义政党在工人阶级中推进的舆论传播、思想教育与理论武装，工人运动进入一个崭新的历史阶段。马克思主义这一真理与工人阶级的伟大物质力量相结合，历经160余年的沧桑，已经发挥并正在继续发挥着改造世界的巨大威力。

马克思主义一经与中国工人阶级的伟大实践相结合，立刻并持久地生发出强大的物质力量。中国工人阶级的先进分子选择了马克思主义，接受了马克思主义，走上马克思主义指引的正确道路，是经过长期的、艰苦的探索之后所作出的唯一正确的历史选择。在近代中国历史上，为了拯救生活在水深火热之中的中华民族，曾经涌现出一批有作为的先进

① 《列宁选集》第1卷，人民出版社1995年版，第317页。

人物，提出过种种救国图强方案，为中华民族振兴作出了不懈的努力。然而，旨在救国救民的斗争和探索，如具有反对外国列强侵略性质的禁烟运动，志在推翻清朝封建统治的太平天国农民起义，企图引进西方近代工业文明以维持封建统治的洋务运动，试图保留皇权的资产阶级改良运动的戊戌变法，群众性的义和团运动，孙中山领导的旧式资产阶级民主主义的辛亥革命……虽然每一次都在一定的历史条件下推动了中国进步，但一次又一次地归于失败。究其主观上的根本原因，就是没有正确的理论指导。除了旧式农民起义外，在半殖民地半封建性质的旧中国，幻想运用资产阶级思想武器，采取改良主义的或资产阶级旧式民主主义革命的方式，建立资产阶级民主共和国，走资本主义富国道路，是不可能解救中国、复兴中华的，外国帝国主义列强不允许，中国封建统治阶级也不允许。这是近代中国半殖民地半封建社会的国情，是由世界已进入帝国主义和无产阶级革命时代的大趋势决定的。

中国共产党自从把马克思主义作为思想指导，把马克思主义运用于中国革命、建设和改革实际，中国工人阶级和人民面貌从此焕然一新。中国共产党是马克思主义与中国工人运动相结合的产物。经历五四运动洗礼，中国先进知识分子通过十月革命接受了马克思主义，认识到中国必须选择社会主义作为实现中华民族复兴伟业的唯一出路，选择社会主义道路就必然选择工人阶级作为领导阶级，选择工人阶级政党作为领导核心，选择马克思主义作为指导思想。中国工人阶级的先进代表找到马克思主义，把马克思主义作为指导思想，缔造了中国共产党，以马克思主义武装起来的中国共产党带领人民走出了一条民族复兴的光明之路。

以毛泽东同志为代表的中国共产党人，自觉运用马克思主义立场、观点、方法深刻分析中国社会的性质和特征，正确剖析中国社会各阶级的状况、关系及其在中国社会中的地位，科学把握中国革命的规律和特点，逐步形成了指导中国革命的正确的路线、方针、政策和战略、策略，建立了新中国，取得了新民主主义革命的伟大胜利。

新中国成立以后，中国共产党不失时机地制定了社会主义过渡时期的总路线，成功地进行了社会主义革命，完成了社会主义所有制改造，建立了社会主义制度，取得了先进行新民主主义革命，再不间断地进行社会主义革命的分两步走的中国革命的伟大胜利。在社会主义建设时期，毛泽东同志身体力行，领导全党进行了社会主义建设的艰辛探索，取得了伟大的成就。党的十一届三中全会以后，中国进入了改革开放和社会主义现代化建设的新时期，邓小平同志领导全党紧紧围绕改革开放和社会主义现代化建设的实际，以巨大的政治勇气和理论勇气，开辟了中国特色社会主义伟大事业，成功地走出了中国特色社会主义道路。党的十八大标志着中国特色社会主义进入新时代，这意味着近代以来久经磨难的中华民族迎来了从站起来、富起来到强起来的伟大飞跃，迎来了实现中华民族伟大复兴的光明前景。中国共产党百年奋斗的历史和实践一再证明，把马克思主义作为党的根本指导思想和理论基础，把社会主义作为实现中华民族振兴的正确出路，这是中国共产党唯一正确的政治选择。

二、把马克思主义普遍真理和中国实际相结合，是中国共产党成功的根本经验

把马克思主义普遍真理与中国革命、建设、改革的实践相结合，不断推进马克思主义中国化，用中国化的马克思主义指导具体实践，这是中国共产党成功的秘诀。

马克思主义中国化是马克思主义与中国实际相结合的理论产物。马克思主义中国化，就是把马克思主义基本原理与中国实际相结合，吸收

中国和外国先进思想的精华，用中国气派、中国特色的理论话语体系建构起中国化的马克思主义。中国化的马克思主义是对马克思主义的创新、丰富和发展。中国共产党人从百年成功和失败的经验教训中深切体会到把马克思主义与中国实际相结合，创造中国化马克思主义的极端重要性。

把马克思主义与中国实际相结合的过程，就是马克思主义中国化的过程。正如中国共产党的一百年波澜壮阔的历史一样，马克思主义中国化的进程也不是一帆风顺的。中国共产党人是在批判教条主义、经验主义等主观主义的斗争过程中，实现马克思主义普遍真理和中国实际相结合的。

在中国共产党历史上，脱离中国实际的教条主义曾经造成严重危害，几乎葬送了党的事业。大革命时期，陈独秀右倾机会主义脱离中国实际，致使党在强大敌人的突然袭击下遭到惨重失败，已经发展到近 6 万名党员的党只剩 1 万多名党员，轰轰烈烈的大革命归于失败。土地革命战争时期，王明“左”倾机会主义把马克思主义教条化，把共产国际决议和苏联经验神圣化，用马克思主义书本上的现成结论裁剪中国革命实际，使革命根据地和白区的革命力量遭受极大损失，中央革命根据地几近丧失，红军从 30 万人锐减到 3 万人左右。中国共产党早期的“左”倾机会主义错误导致中国革命历经曲折，甚至一度陷入绝境。

大革命失败后，以毛泽东同志为代表的中国共产党人走上创建工农武装、开展武装斗争、以农村包围城市的中国革命正确道路。马克思主义经典作家着重分析的是在西方资本主义国家进行无产阶级革命的问题。无论是巴黎公社革命，还是俄国十月社会主义革命，都是主要依靠工人阶级在中心城市发起武装起义、夺取政权的。在农民人口占绝大多数、产业工人数量比较少的半殖民地半封建社会的中国，如何发挥马克思主义的指导作用，指导中国这样一个相对落后的东方大国进行武装革命、夺取政权、走社会主义道路，这是一个极为复杂的实践难题，既没有现成的结论可以照办，又没有现成的经验可以照搬。

毛泽东同志一贯重视党的思想路线问题，对于教条主义深恶痛绝，先后多次对教条主义进行集中批判。为反对当时党内和红军队伍中的教条主义思想而撰写的《反对本本主义》，成为马克思主义中国化的标志性文献，为马克思主义中国化奠定了理论基础。作为党内正确路线的主要代表，毛泽东同志从实际而不是本本出发，深入调查研究，科学分析国情、世情，科学认识中国革命形势，将马克思主义基本原理与中国具体实际相结合，在事关中国革命的前途命运、战略策略的重大原则问题上得出了科学结论，实现了马克思主义的中国化，在中国化的马克思主义指导下，成功地走出了一条中国革命的正确道路。

在中国社会主义建设道路的探索进程中，我们党虽创造了伟大的成就，但也曾经出现离开马克思主义思想路线的严重错误。江泽民同志《在庆祝中国共产党成立八十周年大会上的讲话》中指出："我们党在历史上的一些时期曾经犯过错误，甚至遇到严重挫折，根本原因就在于当时的指导思想脱离了中国的实际。我们党能够依靠自己和人民的力量纠正错误，战胜挫折，继续胜利前进，根本原因就在于重新恢复和坚持贯彻了解放思想、实事求是的思想路线。"[①] 中国共产党是最善于从失败中吸取经验教训的马克思主义政党。党的十一届三中全会是我们党历史上继遵义会议后在关键时刻召开的又一次扭转乾坤的关键会议。党的十一届三中全会恢复和坚持了实事求是的思想路线，一切从实际出发，走自己的道路，开辟了中国特色社会主义新局面，取得了改革开放的伟大成就，中华民族复兴中国梦的伟业即将实现的曙光就像一轮红日喷薄欲出。

无论是革命时期还是建设时期，脱离了中国实际或者违背了马克思主

① 《江泽民文选》第3卷，人民出版社2006年版，第283页。

义，我们的事业就会遭遇挫折。从成功和失败的经验教训中，中国共产党人深切感悟到把马克思主义普遍真理和中国实际相结合的至关重要性。

马克思主义中国化的问题，实质上就是哲学的“一般性”与“特殊性”，即共性与个性的辩证关系问题。一般性寓于特殊性之中，根本不存在离开特殊性的一般性；一般性来自特殊性，离开了特殊性，一般性也就失去了意义，成为抽象的教条。所谓马克思主义中国化，就是运用马克思主义的“一般”，即马克思主义世界观和方法论，而不是马克思主义的具体结论，去说明和解决中国的“特殊”问题，形成与中国实际相结合的马克思主义，即中国化的马克思主义。毛泽东同志把这条马克思主义的哲学真谛生动地概括为实事求是的哲学精髓，从党的思想路线高度解决了马克思主义中国化的哲学依据问题。早在井冈山斗争时期，毛泽东同志就已经从思想路线高度论及马克思主义中国化问题。他在 1930 年就明确指出：“马克思主义的‘本本’是要学习的，但是必须同我国的实际情况相结合。”[①] 在 1936 年《中国革命战争的战略问题》一文中，他从哲学高度科学地阐明了“一般性”与“特殊性”的辩证关系。在 1937 年的《实践论》《矛盾论》两部马克思主义哲学中国化的经典论著中，他科学地论证了矛盾的“一般性”和“特殊性”的哲学原理，说明了马克思主义是“一般”，而中国革命是“特殊”，马克思主义的“一般”必须要与中国革命的“特殊”相结合，形成了马克思主义与中国具体实践相结合的马克思主义中国化的基本理念。1938 年 10 月，在延安召开的党的六届六中全会上，毛泽东同志作了题为《论新阶段》的政治报告，首次对马克思主义中国化问题做了深刻论述。他说：“……马克思主义必须和我国的具体特点相结合并通过一定的民族形式才能实现。马克思列宁主

① 《毛泽东选集》第 1 卷，人民出版社 1991 年版，第 111—112 页。

义的伟大力量，就在于它是和各个国家具体的革命实践相联系的。对于中国共产党来说，就是要学会把马克思列宁主义的理论应用于中国的具体的环境……离开中国特点来谈马克思主义，只是抽象的空洞的马克思主义。因此，使马克思主义在中国具体化，使之在其每一表现中带着必须有的中国的特性，即是说，按照中国的特点去应用它，成为全党亟待了解并亟须解决的问题。洋八股必须废止，空洞抽象的调头必须少唱，教条主义必须休息，而代之以新鲜活泼的、为中国老百姓所喜闻乐见的中国作风和中国气派。”① 这里，毛泽东同志明确提出了马克思主义中国化的实质、方法和形式问题。他关于马克思主义中国化的经典论述，开辟了马克思主义在中国实践中创新发展的新境界。

普遍性与特殊性相结合是马克思主义中国化的哲学根据。马克思主义活的灵魂就是具体问题具体分析。解决中国问题，一定要把马克思主义“一般”原理与中国“特殊”的具体实际实现灵活的结合。

我们党始终重视把马克思主义普遍真理与中国实际相结合，党的历代领导人都是重视并实现“结合”的光辉典范。1939 年，毛泽东同志在《〈共产党人〉发刊词》中，总结 18 年来党的建设的历史和经验，明确提出了“将马克思列宁主义的理论和中国革命的实践相结合”②。邓小平同志指出：“只有结合中国实际的马克思主义，才是我们所需要的真正的马克思主义。”③ 在新民主主义革命、社会主义革命和社会主义建设时期，毛泽东同志带领全党成功实现了马克思主义与中国实际相结合，取得了中国革命的伟大胜利，取得了中国社会主义建设的巨大成就，为中国特色社会主义道路的开辟奠定了制度前提、物质基础和理论准备，创造了

① 《毛泽东选集》第 2 卷，人民出版社 1991 年版，第 534 页。
② 《毛泽东选集》第 2 卷，人民出版社 1991 年版，第 611 页。
③ 《邓小平文选》第 3 卷，人民出版社 1993 年版，第 213 页。

马克思主义与中国实际相结合的典范。

在改革开放新时期和中国特色社会主义新时代，我们党开辟了中国特色社会主义道路，创立了中国特色社会主义理论体系，确立了中国特色社会主义制度，这也都是坚持马克思主义与中国实际相结合的伟大成果。邓小平同志指出："把马克思主义的普遍真理同我国的具体实际结合起来，走自己的道路，建设有中国特色的社会主义，这就是我们总结长期历史经验得出的基本结论。"① 邓小平同志带领全党创造性地创立了马克思主义与中国实际相结合的新时期的典范。

江泽民同志在全面总结中国共产党 80 年的奋斗业绩和基本经验时指出，80 年的实践启示我们，必须始终坚持马克思主义基本原理同中国具体实际相结合，坚持科学理论的指导，坚定不移地走自己的路。胡锦涛同志在总结改革开放经验时指出，在 30 年的创造性实践中，我们经过艰辛探索，积累了宝贵经验，概括起来说，就是党的十七大阐明的"十个结合"，其中第一个结合就是"把坚持马克思主义基本原理同推进马克思主义中国化结合起来"②，坚持解放思想、实事求是、与时俱进，以实践基础上的理论创新为改革开放提供理论指导。江泽民同志与胡锦涛同志带领全党持续推进马克思主义与中国实际相结合，创造了新的典范。

党的十八大以来，习近平总书记反复强调学习马克思主义的重要性，要求全党认真学习马克思主义，把握马克思主义中国化最新成果，把马克思主义与当代中国实际相结合，用科学理论武装头脑、指导实践、推动工作。习近平同志领导全党创造了马克思主义的基本原理和新时代中国特色社会主义的具体实际相结合的最新典范。

在马克思主义中国化的进程中，中国共产党实现了三次伟大结合，完

---

①《邓小平文选》第 3 卷，人民出版社 1993 年版，第 3 页。

②《胡锦涛文选》第 2 卷，人民出版社 2016 年版，第 620 页。

成了三次飞跃，产生了马克思主义中国化的三大理论成果。中国共产党的历史性贡献与马克思主义中国化的历史进程紧密相连。第一次伟大结合是把马克思主义基本原理与新民主主义革命和社会主义革命的具体实际相结合，创造性地找到了一条正确的革命道路，成功地完成了新民主主义革命和社会主义革命，建立了社会主义新中国。第一次飞跃形成了马克思主义中国化的第一个伟大理论成果——毛泽东思想。第二次伟大结合是把马克思主义基本原理与中国特色社会主义具体实际相结合，创造性地走出了一条中国特色社会主义的成功之路，实现了从站起来到富起来的伟大飞跃。第二次飞跃形成了马克思主义中国化的第二个伟大理论成果——中国特色社会主义理论体系。中国特色社会主义理论体系包括邓小平理论、“三个代表”重要思想、科学发展观。第三次伟大结合是把马克思主义基本原理与新时代中国特色社会主义具体实际相结合，与中华优秀传统文化相结合，创造性地走出了一条实现中华民族伟大复兴和全面建设社会主义现代化强国的正确道路。第三次飞跃形成了马克思主义中国化的第三个伟大理论成果——习近平新时代中国特色社会主义思想。

马克思主义与中国实际的第一次伟大结合由两个相互联系的阶段构成：一是新民主主义革命阶段，二是社会主义革命阶段。在新民主主义革命阶段，毛泽东同志领导开启了第一次伟大结合；在社会主义革命阶段，完成了第一次伟大结合。毛泽东同志在领导中国社会主义建设道路探索之初，取得了社会主义建设伟大然而又是初步的成就，不失时机地提出并探索了马克思主义与中国实际第二次伟大结合的历史任务。

马克思主义与中国实际的第二次伟大结合也是由两个相互联系的阶段构成。一是中国特色社会主义理论体系的酝酿准备阶段。从 1956 年党的八大开始，以毛泽东同志为代表的中国共产党人开启了对中国社会主义建设道路的艰辛探索，提出并形成了一系列关于中国社会主义建设的重要观点，进一步丰富和发展了毛泽东思想，为中国特色社会主义理论体系的形成提供了理论前提。二是中国特色社会主义理论体系的形成发展阶段。党的十一届三中全会拉开了改革开放和中国特色社会主义建设的历史大幕，在改革开放和社会主义现代化建设的历史进程中，中国特色社会主义理论体系得以创立并不断创新发展。

马克思主义与中国实际的第三次伟大结合也是由两个相互联系的阶段构成。一是习近平新时代中国特色社会主义思想的孕育阶段。这一阶段主要体现在习近平新时代中国特色社会主义思想在福建、浙江的萌发与实践和在上海的探索与实践的方面，这为习近平新时代中国特色社会主义思想的形成提供了实践基础和思想资源。二是习近平新时代中国特色社会主义思想的形成阶段。党的十八大以来，习近平总书记对关系新时代党和国家事业发展的一系列重大理论和实践问题进行了深邃思考和科学判断，就新时代坚持和发展什么样的中国特色社会主义、怎样坚持和发展中国特色社会主义，建设什么样的社会主义现代化强国、怎样建设社会主义现代化强国，建设什么样的长期执政的马克思主义政党、怎样建设长期执政的马克思主义政党等重大时代课题，提出了一系列原创性的治国理政新理念新思想新战略。党的十九大标志着习近平新时代中国特色社会主义思想的正式形成，并在新的实践基础上继续守正创新，取得了一系列重大理论成果。

三、坚持马克思主义中国化，用中国化马克思主义指导实践，是中国共产党永远立于不败之地的基本保证

中国共产党之所以能够实现伟大结合，取得伟大成就，产生伟大飞跃，形成伟大成果，不断推进马克思主义中国化，不断开辟马克思主义

发展新境界，用中国化的马克思主义指导中国革命、建设与改革的伟大实践，归根结底是抓住时代主题，科学回答在具体时代和特殊国情下如何看待马克思主义、怎样发展马克思主义这一核心问题。在马克思主义中国化的百年光辉历程中，我们党积累了弥足珍贵的经验启示。

作为马克思主义政党，必须始终坚持马克思主义理论指导和理论武装。恩格斯曾指出，马克思主义政党区别于任何其他政党的根本标志，“就是有一个新的科学的世界观作为理论的基础”[①]。中国共产党是马克思主义政党，自诞生之日起就将马克思主义确立为自己的指导思想，写在自己的旗帜上。始终保证全党坚持马克思主义的指导地位，最根本的一条就是始终高度重视党自身的思想理论建设。坚持理论指导，必须坚持理论武装。加强马克思主义理论武装，这是我们党的政治优势和优良传统，是我们党的根本建设，是我们党的建设伟大工程的首要任务。建党之初，我们党就清醒地认识到，在旧中国农民、小资产阶级占大多数，工人阶级数量较少的条件下，要建设坚强正确的马克思主义政党，坚持马克思主义的指导地位，必须把科学理论“从外面灌输进”工人阶级和人民群众的头脑中，对工人阶级先锋队及其人民群众进行全面、深入、系统、从始至终的理论武装。理论武装的重点在于党的高中级干部。高中级干部的领导水平，尤其是马克思主义理论水平如何，关系党和国家的前途命运。毛泽东同志在抗日战争时期就指出：“在担负主要领导责任的观点上说，如果我们党有一百个至二百个系统地而不是零碎地、实际地而不是空洞地学会了马克思列宁主义的同志，就会大大地提高我们党的战斗力量……”[②] 加强理论武装，首先要学习马克思主义哲学，掌握马克思主义世界观和方法论，提高运用马克思主义立场、观点、方法说明和解决实际问题的能力。学会运用

① 《马克思恩格斯文集》第 2 卷，人民出版社 2009 年版，第 599 页。

② 《毛泽东选集》第 2 卷，人民出版社 1991 年版，第 533 页。

马克思主义立场、观点、方法，把中国革命、建设和改革的经验教训加以科学总结和理论概括，实现马克思主义与中国实际的结合，形成不断创新发展的中国化的马克思主义，用以指导中国实践。

思想建党、理论强党是我们党始终保持马克思主义政党先进性和纯洁性、不断增强战斗力和创造力的重要法宝。坚持马克思主义的根本指导地位，必须持续而不间断地用党的创新理论武装全党，这是思想建党、理论强党的根本途径。

江泽民同志指出："我们党所以坚强有力，就是坚持以马克思主义的理论体系作为自己的世界观和行动指南。"[①] 习近平同志强调和要求："在前进道路上，我们一定要加强全党的理论武装。"[②] 马克思主义理论素养是领导干部素质的核心要素，掌握马克思主义理论是领导干部的基本功；领导干部特别是高级干部要把系统掌握马克思主义基本理论作为看家本领；新干部、年轻干部尤其要抓好理论学习，通过坚持不懈地学习，学会运用马克思主义立场、观点、方法观察和解决问题，坚定理想信念；马克思主义理论是我们的必修课，党的各级领导干部和全体党员都应充分重视马克思主义理论学习和研究，自觉用马克思主义科学理论武装头脑，并指导自己的实际工作。

加强党的理论武装，就要用不断丰富发展的中国化的马克思主义理论武装全党，重点是要坚持用习近平新时代中国特色社会主义思想武装全党、教育人民，这对于统一思想认识、明确前进方向、凝聚奋进力量，实现社会主义现代化国家和中华民族伟大复兴，具有重大现实意义和深远历史意义。

加强理论指导和理论武装，不断实现马克思主义与中国实际相结合，

---

① 江泽民：《论党的建设》，中央文献出版社 2001 年版，第 10 页。

② 《习近平关于社会主义文化建设论述摘编》，中央文献出版社 2017 年版，第 59 页。

最重要的是解决好理论联系实际的学风问题。毛泽东同志说："学风问题就是一个非常重要的问题，就是第一个重要的问题。"[①]学风问题就是对待马克思主义的根本态度问题。是从本本出发，还是从实际出发，是对待马克思主义根本态度的分歧点，是采取什么样学风的分水岭。坚持好的学风，至关重要的是解决理论联系实际的问题。坚持理论联系实际的学风，既要反对教条主义倾向，避免理论脱离实际，又要警惕经验主义倾向，重视理论学习和理论指导。推进马克思主义中国化，必须弘扬理论联系实际的马克思主义学风。如果学风不正，对待马克思主义的根本态度出了问题，就会把马克思主义变成教条，使之脱离实际，以致给党和国家的事业带来灾难性危害。

解决理论联系实际的学风问题，必须做到有的放矢、学以致用。1942年2月1日，毛泽东同志在中央党校开学典礼上发表的《整顿党的作风》的演讲中强调："马克思列宁主义理论和中国革命实际，怎样互相联系呢？拿一句通俗的话来讲，就是'有的放矢'。"[②]毛泽东同志说，理论联系实际，就是要用马克思主义之箭去射中国实际之的。理论是箭，实际是靶子，叫作"有的放矢"。毛泽东同志认为，一个人马克思主义学得如何，要看他运用马克思主义的立场、观点和方法来说明和解决实际问题的程度如何。"如果你能应用马克思列宁主义的观点，说明一个两个实际问题，那就要受到称赞，就算有了几分成绩。被你说明的东西越多，越普遍，越深刻，你的成绩就越大。"[③]

对于马克思主义的理论，"要能够精通它、应用它，精通的目的全在

① 《毛泽东选集》第3卷，人民出版社1991年版，第813页。
② 《毛泽东选集》第3卷，人民出版社1991年版，第819页。
③ 《毛泽东选集》第3卷，人民出版社1991年版，第815页。

于应用”[①]。学习马克思主义，就要坚持在学以致用上下功夫。这是因为马克思主义的目的不仅是认识世界，更重要的是改造世界。中国共产党人选择了马克思主义作为自己的理论指导，就是要用它来指导实践、付诸实践、改造实践。中国共产党历史上发生的错误路线给党的事业带来严重损失，其根本教训就是一条：离开了实际，搞教条主义。马克思主义与中国实际相脱离，用空洞的、抽象的马克思主义指导中国实际，实践能不出问题吗？重视学风建设，注重弘扬理论联系实际的学风，是我们党的优良传统和政治优势。一百年来，党取得的每一个发展和每一个胜利，都是全党同志坚持理论联系实际的学风，修好马克思主义与中国实际相结合这门功课，做好这篇大文章的结果。党的十八大以来，以习近平为总书记的中央领导集体自觉继承和弘扬重视理论学习、善于理论联系实际的优良传统，这体现了我们党一脉相承而又与时俱进的马克思主义学风传统。习近平总书记多次强调“空谈误国，实干兴邦”，说的就是反对学习和工作中的空对空。他指出：“读书是学习，使用也是学习，并且是更重要的学习。”[②]这就要求我们防止急功近利，防止主观主义、教条主义和形式主义，坚持一切从实际出发，把运用党的创新理论贯穿于经济社会发展各项工作之中，转化为谋划工作的思路、促进发展的举措和改进工作方法的本领。既用学到的理论指导新的实践，又在实践中丰富发展理论，做到学以致用、用以促学、学用相长。

永续推进马克思主义中国化，必须始终坚持和弘扬理论联系实际的优良学风。要按照习近平总书记的要求，“弘扬理论联系实际的学风，紧密联系党和国家事业发生的历史性变革，紧密联系中国特色社会主义进入新时代的新实际，紧密联系我国社会主要矛盾的重大变化，紧密联系

① 《毛泽东选集》第3卷，人民出版社1991年版，第815页。

② 《习近平谈治国理政》第1卷，外文出版社2014年版，第406页。

'两个一百年'奋斗目标和各项任务，自觉运用理论指导实践，使各方面工作更符合客观规律、科学规律的要求，不断提高新时代坚持和发展中国特色社会主义的能力”[①]。

把马克思主义与中国实际相结合，实现马克思主义中国化的实质与精髓，就是始终不渝地坚持实事求是思想路线。坚持马克思主义与中国实际相结合，说到底，必须坚持实事求是思想路线。习近平总书记在庆祝中国共产党成立 95 周年大会上的讲话中指出：“马克思主义是我们立党立国的根本指导思想。背离或放弃马克思主义，我们党就会失去灵魂、迷失方向。”[②]中国近现代史、中国共产党历史和中国革命、建设与改革开放历史反复告诉我们，中国共产党的命运是同坚持马克思主义指导紧密联系的，什么时候坚持马克思主义正确指导，什么时候就发展，否则就会遭受挫折，就会失败。实行党的正确领导，关键在于是不是以马克思主义作指导；以马克思主义为指导，关键在于是不是把马克思主义与中国实际相结合；把马克思主义与中国实际相结合，关键在于是不是实现马克思主义中国化，用中国化的马克思主义指导工作；实现马克思主义中国化，用中国化的马克思主义指导工作，关键在于是不是贯彻落实实事求是思想路线。实事求是是马克思主义活的灵魂，是中国化马克思主义的精髓。只有坚持实事求是思想路线，才能长期坚持并不断发展中国化的马克思主义，中国特色社会主义道路才会越走越宽广。

我们党是始终坚持实事求是的马克思主义政党，必须始终不渝地坚持实事求是思想路线。实事求是是马克思主义的根本观点，是中国共产党人认识世界、改造世界的根本要求，是我们党的基本思想方法、工作方法、领导方法。不论过去、现在还是将来，我们都要坚持实事求是的

---

① 《习近平谈治国理政》第 3 卷，外文出版社 2020 年版，第 63—64 页。

② 习近平：《在庆祝中国共产党成立 95 周年大会上的讲话》，人民出版社 2016 年版，第 9 页。

思想路线，密切联系不断发展的实践，永不脱离实践，不断推进马克思主义中国化的理论创新。

实践永无止境，理论创新也就无止境。马克思主义不是僵硬的教条，而是随着时代发展不断丰富发展的。坚持马克思主义必须推进马克思主义中国化，不断开创马克思主义理论新境界。习近平总书记在纪念毛泽东同志诞辰 120 周年座谈会上指出：“马克思主义基本原理是普遍真理，具有永恒的思想价值，但马克思主义经典作家并没有穷尽真理，而是不断为寻求真理和发展真理开辟道路。”① 习近平总书记在纪念马克思诞辰 200 周年大会上的讲话中指出：“我们要坚持用马克思主义观察时代、解读时代、引领时代……不断开辟当代中国马克思主义、21 世纪马克思主义新境界！”② 习近平新时代中国特色社会主义思想是当代中国马克思主义，是马克思主义中国化的最新理论成果。新时代加强党的建设，必须坚持用习近平新时代中国特色社会主义思想这一马克思主义中国化最新成果武装头脑、指导实践、推动工作。

伟大的中国共产党走过了一百年波澜壮阔的征程，党的百年和马克思主义中国化的伟大进程相互交织、相映生辉。马克思主义中国化的历史进程，是中国共产党人在不断总结历史经验的基础上进行理论创新，又以理论创新引领社会变革的辩证发展历程。站在“两个一百年”奋斗目标历史交汇点上，我们要始终不渝地坚持马克思主义的指导地位，始终不渝地坚持实事求是的思想路线，永葆初心、牢记使命、乘势而上，开启全面建设社会主义现代化国家新征程！

---

① 习近平：《在纪念毛泽东同志诞辰 120 周年座谈会上的讲话》，人民出版社 2013 年版，第 17 页。

② 习近平：《在纪念马克思诞辰 200 周年大会上的讲话》，人民出版社 2018 年版，第 27 页。

准确把握党的历史发展的主流本质

逄先知[①]

一、中国共产党百年奋斗的历程

中国共产党的 100 年，是马克思主义中国化的 100 年；是争取民族解放和复兴，全心全意为人民服务的 100 年；是依靠、团结、带领广大人民群众一起奋斗的 100 年；是不忘初心、牢记使命，与时俱进、不断开创新局面的 100 年；是不断解放和发展社会生产力的 100 年；是善于总结经验，发扬成绩，纠正错误，不断进步的 100 年；是在同强大的国内外敌人进行战争中，同党内外各种错误思想斗争中不断走向壮大、兴旺的 100 年。

100 年间，中国共产党从一个幼年的党发展成为拥有 9500 多万党员

① 逄先知，原中共中央文献研究室主任。

的成熟的党，把半殖民地半封建的贫穷落后的旧中国改造成了繁荣富强的社会主义新中国，在中国这片大地上，在不太长的时间里，一跃成为世界第二大经济体，消除了延续几千年的绝对贫困。这是中国历史上的奇迹，也是人类历史上的奇迹。

这就是中国共产党百年历史的主流和本质。

中国共产党 100 年走过的道路，绝不是平坦的，而是十分艰难、崎岖、曲折的。其间有顺境，也有逆境；有大起，也有大落；有伟大的胜利，也有惨痛的失败。胜利，固然给予中国共产党人和中国人民以巨大鼓舞，然而失败，即使是惨痛的失败，也压不垮中国共产党人，反而将其锻炼得更加坚强。

1927 年，轰轰烈烈的大革命失败了，反动派要把共产党人和革命群众斩尽杀绝。但是，正如毛泽东同志所说："中国共产党和中国人民并没有被吓倒，被征服，被杀绝。他们从地下爬起来，揩干净身上的血迹，掩埋好同伴的尸首，他们又继续战斗了。"①

1934 年，在"左"倾教条主义指导下，中央红军第五次反"围剿"失败，被迫实行战略大转移，走上万里长征路。一支规模不大且装备极差的红军队伍，在几十万敌军日夜围追堵截之中，跨越无数天险，走过人迹罕至的雪山草地，忍饥受寒，边打边走了整整 25000 里。红军将士们在体力不断下降的情况下，能够在大山峡谷的崎岖山路上，一天行军 120 里，紧急时甚至一天行军 240 里，这早已超出了人的体能极限。恰恰是这 120 里、240 里的日行军速度，争取了最宝贵的时间，赢得了战胜敌人的先机。长征，最终以中国共产党的胜利、敌人的失败而告结束。

从抗日战争到解放战争，再到抗美援朝战争，我党我军都是在敌我

---

①《毛泽东选集》第 3 卷，人民出版社 1991 年版，第 1036 页。

力量悬殊的情况下取得最终胜利的。在战争中，涌现出了无数惊天地泣鬼神的英雄事迹和英雄人物。他们为革命而牺牲自我，显示了压倒一切敌人，而绝不被敌人所压倒、所屈服的英雄气概。

新中国成立后，在社会主义建设时期，我们党和国家也遭受过严重困难，但是在党中央和毛泽东同志领导下，我们用了不长的时间，国民经济就得到恢复并有所发展，人民生活也有了明显改善。《中国共产党历史》第2卷对这段历史有这样一个描述："帝国主义越是封锁，国民经济越是困难，人民却越是团结在党的周围。这是因为，人民群众坚信，党所代表的是中国人民的根本利益。在党的领导下，全国人民万众一心，发展工农业生产，改变贫穷落后面貌，建设伟大的社会主义国家。这是一个艰苦奋斗的年代，一个乐于奉献的年代，一个理想闪光的年代和一个意气风发的年代。"①《中国共产党简史》则概括道："这是新中国建设困难重重、艰苦奋斗的年代，是一个英雄辈出、精神昂扬的年代。为了建设繁荣富强的新中国，翻身做了主人的中国人民与时间赛跑，用生命和鲜血描绘了一幅幅最新最美的图画。"②

二、中国共产党铸就辉煌的奥秘

为什么中国共产党总是打而不倒，败而不馁，愈挫愈勇，能够战胜任何强大敌人和艰难险阻，取得一个比一个更加辉煌的胜利？其奥秘主要在于以下几点：

第一，中国共产党人具有坚定的理想信念。这个理想，就是共产主义远大理想以及为实现这一远大理想而在各个历史阶段确立的具体奋斗目

① 《中国共产党历史：第2卷（1949—1978）》下，中共党史出版社2011年版，第705页。
② 《中国共产党简史》，人民出版社、中共党史出版社2021年版，第204页。

标。在今天，就是为实现中国特色社会主义共同理想而奋斗。而现在的这种奋斗，正是朝着将来的共产主义目标的。归根结底，是要达到一个理想社会，全体人民都过上美好而幸福的生活的理想社会。“砍头不要紧，只要主义真。杀了夏明翰，还有后来人！”这首大义凛然、气壮山河的就义诗，就是中国共产党人理想信念坚定性的真实写照。在社会主义建设时期，铁人王进喜“宁肯少活二十年，拼命也要拿下大油田”的豪言壮语和实际行动，正是我国工人阶级为实现共同理想而奋斗的精神的体现。

我们党的共同理想信念，建立在科学理论的基础上，这就是马克思主义基本原理与中国实际相结合的理论。这个理论，随着实践的发展而发展，从毛泽东思想到邓小平理论、“三个代表”重要思想、科学发展观，再到习近平新时代中国特色社会主义思想，它们既一脉相承，又随着时代的变化而不断增添新的内容，而且已经被历史和现实证明是正确的。

第二，中国共产党实行民主集中制，有着严密的组织和严明的纪律。自从毛泽东同志首创“支部建在连上”，从中央到地方，一直到最基层，都有党的组织。组织就是力量。一个支部就是一个堡垒，就是组织和团结人民群众执行党的政策的有力保障。不论是在战争年代，还是在社会主义建设和改革开放时期，我们党都有一个自上而下的严密的组织系统，有一个牢靠的基础。这样一个体制上的优越性和政策执行上的高效性，已经被革命、建设、改革各个历史时期的实践所证明。这是其他任何政党所没有的。共同的理想信念是思想基础、是灵魂，民主集中制和严格的组织纪律则是有形的制度保障。

第三，中国共产党执行一整套正确的路线、方针、政策和策略。“思想上政治上的路线正确与否是决定一切的。”① “政策和策略是党的生

① 《毛泽东年谱（1949—1976）》第6卷，中央文献出版社2013年版，第348页。

命。”[①] 毛泽东同志的这些名言警句，是我们党从几十年的奋斗中得来的基本经验，是付出了血的代价的。100 年来，我们党在领导革命、建设、改革的各个历史时期，胜利或失败，前进或倒退，就主观条件来说，取决于党的路线、方针、政策和策略是否正确。这里的关键是要有一个党中央集体领导中的核心。毛泽东同志是我们党的第一代中央领导核心。他开辟了农村包围城市最终夺取全国政权的道路，创立了毛泽东思想，建立了新中国，并在顺利完成社会主义革命任务后，为探索适合中国情况的社会主义建设道路开了一个好头。以邓小平同志为主要代表的中国共产党人在总结“文化大革命”的教训中，开辟了以改革开放为特征、党的基本路线为核心的中国特色社会主义道路，创立了邓小平理论。以江泽民同志为主要代表的中国共产党人，沿着中国特色社会主义道路持续探索，创立了“三个代表”重要思想。以胡锦涛同志为主要代表的中国共产党人，继续沿着中国特色社会主义道路前进，创立了科学发展观。以党的十八大为标志，中国特色社会主义进入新时代。作为党中央领导核心的习近平同志，提出一系列新思想、新理念、新理论、新政策，统筹推进“五位一体”总体布局，协调推进“四个全面”战略布局，强调“四个自信”，特别是突出和实践人民至上的宗旨，创立了习近平新时代中国特色社会主义思想。在这个科学思想指导下，我国经济持续健康发展，社会大局和谐稳定，党的建设出现新面貌。解决了许多长期想解决而没有解决的难题，办成了许多过去想办而没有办成的大事。消除了绝对贫困，实现了全面建成小康社会的目标。中国的国际地位空前提高，中国特色社会主义开创了一个新局面。目前，全党全国人民正在习近平新时代中国特色社会主义思想指导下，为实现中华民族伟大复兴的中国

---

① 《毛泽东选集》第 4 卷，人民出版社 1991 年版，第 1298 页。

梦，把我国建成富强民主文明和谐美丽的社会主义现代化强国而奋斗。

第四，中国共产党同广大人民群众有着密不可分的血肉联系。共产党全心全意为人民服务，人民群众全心全意拥护共产党。没有人民群众的拥护、支持，中国共产党领导的革命、建设、改革事业都是不能成功的。在长期的革命斗争中，中国共产党形成了从群众中来到群众中去的群众路线。这是我们党制定路线、方针、政策的根本方法。100 年来，我们党从一个胜利走向另一个胜利，无不是依靠广大人民群众、实行群众路线而取得的。

在我们党取得全国革命胜利，成为执政党以后，党群关系问题、群众路线问题，成为党的建设中更为突出的问题，甚至关系党的生死存亡。只要我们始终遵循和实践从毛泽东同志到习近平同志几代中央领导核心所谆谆教导的全心全意为人民服务的根本宗旨和人民至上的理念，我们的事业就会无往而不胜。

三、树立正确党史观，把握党史发展的主流本质

习近平同志号召全党学习党史，这是一个重要而适时的决定。

历史是一面镜子，是一部教科书。正所谓“知往鉴今，以启未来”。毛泽东同志说：“我们是马克思主义的历史主义者，我们不应当割断历史。从孔夫子到孙中山，我们应当给以总结，承继这一份珍贵的遗产。”① 他又说：“如果要看前途，一定要看历史。”② 习近平同志也明确指出：“历史是最好的教科书。对我们共产党人来说，中国革命历史是最好的营养

① 《毛泽东选集》第 2 卷，人民出版社 1991 年版，第 534 页。

② 《毛泽东年谱（1949—1976）》第 5 卷，中央文献出版社 2013 年版，第 372 页。

剂。”[①] 党的百年历史离我们最近，我们今天正在做的事，是在新的历史条件下百年党史的直接延续。100 年来，我们党积累的正反两方面的经验极为丰富，是一份十分宝贵的遗产，应当倍加珍惜。学习党史，理解党史，从党史中汲取思想营养，对于每一个党员，特别是党的各级领导干部坚定理想信念，增强党的观念，端正思想方法，提高工作能力，避免重犯过去的错误，十分必要。当年延安整风，就是从高级干部学习党史开始的，首先在党的高级干部中学习党的历史文献，分清路线是非，达到思想一致。这种学习，为在全党范围内开展整风创造了有利条件。

在党史学习教育活动中，习近平同志提出要树立正确党史观。什么是正确党史观？

第一，党史是一门党性和科学性相统一的学科。对待党史，首先要解决立足点的问题，也就是要站在人民立场上，坚持历史唯物主义的科学理论。在阶级社会中，在还有帝国主义存在的国际环境下，不同的人群总是站在不同的立场，有着不同的价值观和意识形态，对待中共党史也必然会有不同的甚至是截然相反的看法。毛泽东同志曾经提出，衡量一个政党是先进的还是落后的甚至是反动的有两个标准。一个是生产力标准。他说：“中国一切政党的政策及其实践在中国人民中所表现的作用的好坏、大小，归根到底，看它对于中国人民的生产力的发展是否有帮助及其帮助之大小，看它是束缚生产力的，还是解放生产力的。”[②] 另一个是人民利益标准。他说：“共产党人的一切言论行动，必须以合乎最广大人民群众的最大利益，为最广大人民群众所拥护为最高标准。”[③] 两个标准是一致的、统一的。回首百年，我们可以自豪地说，中国共产党经

① 习近平：《论中国共产党历史》，中央文献出版社 2021 年版，第 24 页。
② 《毛泽东选集》第 3 卷，人民出版社 1991 年版，第 1079 页。
③ 《毛泽东选集》第 3 卷，人民出版社 1991 年版，第 1096 页。

受住了两个标准的检验，圆满地达到了两个标准的要求。

第二，分清主流和非主流。在中国共产党百年历史中，有正确的时候，也有犯错误的时候；有胜利，也有失败。问题在于分清哪个方面占主导地位，哪个方面处于次要地位。

显然，正确和胜利方面占主导地位，不然怎么会有今天繁荣昌盛的社会主义中国？我们党是用彻底的唯物主义武装起来的，从来不避讳错误和失败，总是公开地坦诚地进行严肃的自我批评。但是如果专门挑剔党的错误和失败，攻其一点不及其余，以偏概全，把支流当成主流，就会误导人们把局部问题看作全局问题，否定党和人民的百年奋斗历史及其胜利成果。为了弄清党史上的历史事件和历史人物的功过是非，作出公正评价，从中吸取经验教训，可以而且应当对党在某个时期或某个问题上所犯错误进行研究和讨论。但是，这种研究和讨论必须从全局出发，掌握全面材料，采取实事求是的态度。

第三，用科学的、辩证的方法看待党的错误。犯错误当然是坏事，但是在一定条件下，错误也可以变成"财富"，即所谓坏事变好事。毛泽东同志说："错误有两重性。错误一方面损害党，损害人民；另一方面是好教员，很好地教育了党，教育了人民，对革命有好处。失败是成功之母。"[①]我们党正是从正反两方面的经验教训中，逐步加深对革命、建设和改革规律性的认识。

所谓坏事变好事，是有条件的。这个条件，就是采取毛泽东同志的方针："不应着重于一些个别同志的责任方面，而应着重于当时环境的分析，当时错误的内容，当时错误的社会根源、历史根源和思想根源，实行惩前毖后、治病救人的方针……"[②]纠正和总结党的错误，是为了吸取

① 《毛泽东文集》第 7 卷，人民出版社 1999 年版，第 136 页。
② 《毛泽东选集》第 3 卷，人民出版社 1991 年版，第 938 页。

经验教训，使全党弄清错误的实质及其根源，弄清犯错误的主客观条件，使自己变得更聪明一些，避免重犯错误，并在弄清思想、坚持原则的基础上达到全党的团结和统一。

值得注意的是，多年来，国内外敌对势力利用各种舆论工具，极力抹黑中国共产党的历史，特别是新中国的历史。它们制造谣言，歪曲事实，无中生有，渲染和夸大党的错误，并直指党的领袖，造成恶劣影响。它们的目的是十分险恶的。“灭人之国，必先去其史”，清代学者龚自珍这句名言值得我们深思。旗帜鲜明地反对历史虚无主义，是我们党在思想战线上的一项长期任务。

第四，对于党过去采取的方针政策要放在当时的历史条件下和国际环境中来评价，不能用今天的政策去要求前人。拿社会主义建设来说，在一穷二白的中国搞社会主义，我们党开始是毫无经验的。根据社会主义的传统理论，我们在相当长的时间内实行单一的公有制经济和计划经济体制，对外处于半封闭状态，没有能够更好更充分地发展社会生产力，尽管党的第一代中央领导集体曾经以苏为鉴，对适合中国情况的社会主义建设道路作过有益探索。这种情况，是由当时对于社会主义的认识水平以及外部帝国主义对我国实行全面封锁的国际环境造成的，有着时代的局限性。

后来，国际形势发生了重大变化，以美国为首的许多资本主义国家先后与我国建交，出现了对我国发展经济有利的国际环境。在新的历史条件下，我们党总结新中国成立以来特别是“文化大革命”的经验教训，实行改革开放的新政策，建立社会主义市场经济体制，在保持公有制主体地位的前提下推动多种所有制经济共同发展，生产力得到进一步解放和快速发展，人民生活水平得到显著提高。特别是党的十八大以来，中国特色社会主义进入新时代，各个方面都取得了更大的成就，中华民族从站起来到富起来又到强起来，为全世界所瞩目。

历史是不能割裂的。应当看到，改革开放以来所取得的成就是建立在此前近 30 年历史所打下的基础之上的。就经济、科学技术建设方面来说，我国已经建立起独立的比较完整的工业体系和国民经济体系，以“两弹一星”试验成功为标志的科学技术有了长足的进步，并且开辟了许多新的领域，农业生产、乡村建设也取得长足进步，等等。这一切，都为改革开放时期的发展奠定了物质基础。更重要的是已经建立起来的适合中国情况的国家根本制度，为后来的发展提供了坚实的政治保证。

回顾历史，是为了开辟未来。今日之中国，正迎来百年未有之大变局。我们的路还很长。为了实现中华民族伟大复兴的中国梦，把我国建设成为富强民主文明和谐美丽的社会主义现代化强国，还要付出巨大而艰苦的努力。我们已经取得了极其伟大的成就，但不能躺在光荣簿上安于现状。对于应对可以预料的和不可预料的困难，需作充分的思想准备和物质准备。要准备伟大的斗争，要像习近平同志所要求的那样，“发扬斗争精神，增强斗争本领”，记住“生于忧患，死于安乐”的古训。我们党经过百年风雨，百年锻炼，积累了丰富的经验，培育了优良的作风，形成了一整套正确的路线、方针、政策，得到了全国各族人民的信赖和拥护。我们的前途无限光明。只要把我们党自身建设好，紧紧依靠人民群众，更加紧密地团结在以习近平同志为核心的党中央周围，以习近平新时代中国特色社会主义思想为指导，我们的目标就一定能够实现。

学习研究宣传党史，要树立正确党史观

谢　毅[1]

一、学习党史是坚持和发展中国特色社会主义的必修课

历史是最好的教科书。学习党史、国史，是坚持和发展中国特色社会主义、把党和国家的事业继续推向前进的必修课。

习近平同志指出："历史在人民的探索和奋斗中造就了中国共产党，中国共产党领导人民又造就了新的历史辉煌。"在长期的斗争中，"我们党紧紧依靠人民完成了新民主主义革命，实现了民族独立和人民解放；完成了社会主义革命，确立了社会主义根本制度并取得了社会主义建设的巨大成就；进行了改革开放新的伟大革命，完善和发展了中国特色社会主义。这三件大事，从根本上改变了中国人民和中华民族的前途命运，

---

① 谢毅，北京大学中国特色社会主义研究中心特约研究员。

不可逆转地结束了近代以后中国内忧外患、积贫积弱的悲惨境遇，不可逆转地开启了当代中国沿着社会主义道路走向现代化、走向伟大复兴的历史进军”[①]。正因为如此，中国共产党的这部波澜壮阔的辉煌历史，是进行社会主义、共产主义理想信念教育的生动教材，是进行党的基本理论、基本路线、基本纲领、基本经验教育的生动教材，是引导人们树立和坚持正确的历史观、民族观、国家观、文化观，增强做中国人的骨气和底气的生动教材。

重视对历史的学习和对历史经验的总结与运用，善于从不断认识和把握历史规律中找到前进的正确方向和正确道路，这是我们党之所以能够领导中国革命、建设、改革不断取得胜利的一个重要原因。习近平同志强调："深入研究党的历史，认真学习党的历史，全面宣传党的历史，充分发挥党的历史以史鉴今、资政育人的作用，是党和国家工作大局中一项十分重要的工作。"[②]

党史研究是一门研究中国共产党的历史、从中国共产党的活动揭示当代中国社会运动规律的科学。[③]习近平同志对党史研究作出的这个界定，为进行党史研究明确了基本任务，指示了前进方向。

党史研究的对象是党的过去，但党史研究不是为了过去，而是为了面向现在，面向将来。因为只有铭记历史、了解过去，才能全面把握现在、正确创造未来。所以，以史鉴今，是党史研究工作的特点和优势。围绕中心、服务大局，是党史研究工作实现自身价值的主要途径。

党史工作开展资政研究的根本出发点是大局需要。为此，我们要深

① 习近平：《领导干部要读点历史——在中央党校2011年秋季学期开学典礼上的讲话》，《学习时报》2011年9月5日。

② 《全国党史工作会议在京举行》，《光明日报》2010年7月22日。

③ 参见《全国党史工作会议在京举行》，《光明日报》2010年7月22日。

入研究关系党和国家事业发展的全局性、战略性、前瞻性的重大问题，研究党领导社会主义经济、政治、文化、社会、生态文明建设和党的自身建设、国防和军队建设以及国际战略和外交工作中的重大问题，为不断推进中国特色社会主义事业提供有力的理论和学科支撑。

党史工作为现实服务，主要是通过对于党的历史经验的科学总结，对于当代中国社会运动规律的揭示，为人们正确地认识现实和改造现实提供历史的根据或历史的启示。因此，加强党史学科的基本建设，是党史研究和宣传工作得以为现实生活提供积极服务的重要前提。

在庆祝中国共产党成立 100 周年之际，党中央决定，在全党开展党史学习教育活动。这“对于总结历史经验、认识历史规律、掌握历史主动，对于传承红色基因、牢记初心使命、坚持正确方向，对于深入学习领会习近平新时代中国特色社会主义思想，进一步统一思想、统一意志、统一行动，建设更加强大的马克思主义执政党，在新的历史起点上奋力夺取新时代中国特色社会主义伟大胜利，具有重大而深远的意义”①。

二、学习研究宣传党史，要树立正确党史观

习近平同志强调，开展党史学习教育，要树立正确党史观。

树立正确党史观，就是“要坚持以我们党关于历史问题的两个决议和党中央有关精神为依据”②。

党的两个历史决议和体现中央有关精神的文献，忠实记录了中国共产党百年奋斗的光辉历程以及党为国家和民族作出的伟大贡献，系统阐明了中国共产党推进马克思主义中国化形成的重大理论成果和党在长期

---

① 《在全党开展党史学习教育》,《人民日报》2021 年 2 月 27 日。

② 《学党史悟思想办实事开新局　以优异成绩迎接建党一百周年》,《人民日报》2021 年 2 月 21 日。

奋斗中铸就的伟大精神，深刻总结了中国共产党推进革命、建设、改革的宝贵经验，为我们学习研究宣传党史提供了根本的遵循。

树立正确党史观，就是要“准确把握党的历史发展的主题主线、主流本质”[①]。

近代以来，中国人民面临着争取民族独立、人民解放和实现国家富强、人民富裕这两大历史任务。我们党团结带领全国各族人民为实现这两大历史任务即为实现中华民族的伟大复兴而不懈奋斗，这就是党的历史发展的主题和主线。

中国共产党的历史，是党领导全国各族人民进行新民主主义革命与社会主义革命、建设和改革，经过艰苦卓绝的斗争取得伟大胜利的历史；是党坚持把马克思主义基本原理同中国革命、建设、改革的具体实际相结合，形成和发展马克思主义中国化的两个伟大成果即毛泽东思想和中国特色社会主义理论体系的历史；是党推进和加强自身建设，保持和发展党的先进性，在经受住各种风险和挑战的考验中不断发展壮大的历史。这就是中国共产党历史发展的主流和本质。

诚然，党的历史发展并不是一帆风顺的，而是一个螺旋形的上升过程。面对复杂的环境和强大的敌人，它也会犯错误，会经历挫折乃至失败，但是作为一个不谋私利的、全心全意为人民服务的马克思主义政党，它能够从错误和挫折中学习，从群众中汲取智慧和力量，重新发展壮大起来。我们必须正视错误和挫折，从中吸取教训，但是决不能把这些暂时的、局部的现象当成党的历史发展的主流和本质。还应当看到，如果能够恰当地对待，错误和挫折也并不是纯消极的东西。革命的政党，革命的人民，总是要反复地经受正反两个方面的教育，经过比较和对照，

① 《学党史悟思想办实事开新局　以优异成绩迎接建党一百周年》，《人民日报》2021年2月21日。

才能够锻炼得成熟起来，才有赢得胜利的保证。历史的事实正是这样。

树立正确党史观，就是要“正确认识和科学评价党史上的重大事件、重要会议、重要人物”①。

开展党史学习教育，是为了引导广大党员深刻铭记中国共产党百年奋斗的光辉历程，深刻认识中国共产党为国家和民族作出的伟大贡献，深刻感悟中国共产党始终不渝为人民的初心宗旨，系统掌握中国共产党推进马克思主义中国化形成的重大理论成果，学习传承中国共产党在长期奋斗中铸就的伟大精神，深刻领会中国共产党成功推进革命、建设、改革的宝贵经验。我们必须以历史唯物主义的理论和方法，实事求是地对有关史料进行综合和分析，以便正确认识和科学评价党的历史事件和历史人物，加大对党史的主流和本质的正面阐述、论证和宣传。

强调准确把握党史的主流和本质，同正确看待党在前进道路上的失误和曲折并不矛盾。习近平同志指出：“我们党对自己包括领袖人物的失误和错误历来采取郑重的态度，一是敢于承认，二是正确分析，三是坚决纠正，从而使失误和错误连同党的成功经验一起成为宝贵的历史教材。”②他告诫人们，对改革开放前的社会主义实践探索，要坚持实事求是的思想路线，分清主流和支流，坚持真理，修正错误，发扬经验，吸取教训，在这个基础上把党和人民事业继续推向前进。这就是说，我们必须对党的历史作全面的分析，决不能把支流当成主流，尤其要看到，我们总结教训，是为了更好地前进。所以我们要注意反映党和党的领导人依靠广大党员、干部和人民群众发现错误、制止错误、纠正错误的历史过程，帮助人们认识到中国共产党是具有很强的自我净化和自我发展的能力的。

---

① 《学党史悟思想办实事开新局　以优异成绩迎接建党一百周年》，《人民日报》2021 年 2 月 21 日。

② 习近平：《论中国共产党历史》，中央文献出版社 2021 年版，第 57 页。

三、要旗帜鲜明反对历史虚无主义

习近平同志强调："要旗帜鲜明反对历史虚无主义，加强思想引导和理论辨析，更好正本清源、固本培元。"[①] 这个警示具有十分重要的意义。因为历史的经验表明：只有正确地总结过去，才能胜利地开辟未来。晚清思想家龚自珍说过："欲知大道，必先为史。"他还说过："灭人之国，必先去其史。"他从正反两方面说明了研究历史和正确对待历史的重要性，说明了能否正确评价历史关乎国家治乱兴亡的道理。

什么是历史虚无主义的要害？它有什么危害性？习近平同志讲得很清楚，历史虚无主义的要害，是从根本上否定马克思主义指导地位和中国走向社会主义的历史必然性，否定中国共产党的领导。他说："国内外敌对势力往往就是拿中国革命史、新中国历史来做文章，竭尽攻击、丑化、污蔑之能事，根本目的就是要搞乱人心，煽动推翻中国共产党的领导和我国社会主义制度。苏联为什么解体？苏共为什么垮台？一个重要原因就是意识形态领域的斗争十分激烈，全面否定苏联历史、苏共历史，否定列宁，否定斯大林，搞历史虚无主义，思想搞乱了，各级党组织几乎没任何作用了，军队都不在党的领导之下了。最后，苏联共产党偌大一个党就作鸟兽散了，苏联偌大一个社会主义国家就分崩离析了。这是前车之鉴啊！"[②]

应当怎样警惕和抵制历史虚无主义的影响？习近平同志提出了应当遵循的重要原则和必须解决的重大问题。

第一，必须划清党史问题上的原则是非的界限，以此作为党史学习、

① 《学党史悟思想办实事开新局　以优异成绩迎接建党一百周年》，《人民日报》2021年2月21日。

② 《十八大以来重要文献选编》上，中央文献出版社2014年版，第113页。

研究和宣传的基本准则。

坚持以我们党关于历史问题的两个决议和党中央有关精神为依据，习近平同志强调："新民主主义革命的胜利成果决不能丢失，社会主义革命和建设的成就决不能否定，改革开放和社会主义现代化建设的方向决不能动摇。这是党和人民在当今世界安身立命、风雨前行的资格。"①

他提出，必须正确看待改革开放前后两个历史时期及其关系。他说："我们党领导人民进行社会主义建设，有改革开放前和改革开放后两个历史时期，这是两个相互联系又有重大区别的时期，但本质上都是我们党领导人民进行社会主义建设的实践探索。"②虽然这两个历史时期在进行社会主义建设的思想指导、方针政策、实际工作上有很大差别，但两者决不是彼此割裂的，更不是根本对立的。不能用改革开放后的历史时期否定改革开放前的历史时期，也不能用改革开放前的历史时期否定改革开放后的历史时期。改革开放前的社会主义实践探索为改革开放后的社会主义实践探索积累了条件，改革开放后的社会主义实践探索是对前一个时期的坚持、改革、发展。

上述三个"决不能"和两个"不能互相否定"，为研究和宣传党史确立了基本准则，为反对历史虚无主义提供了锐利的思想武器。

第二，必须运用马克思主义的科学理论，揭露和批判历史虚无主义的错误。

习近平同志指出："否定中华民族的历史贡献，否定近代以来中国人民的奋斗史，歪曲中国共产党的历史、中华人民共和国的历史，歪曲改革开放的历史。这些就是负能量，增加正能量就要对着负能量去有的放

① 《十八大以来重要文献选编》中，中央文献出版社 2016 年版，第 48 页。
② 《十八大以来重要文献选编》上，中央文献出版社 2014 年版，第 111—112 页。

矢，正面交锋。”①

怎样揭露和批判历史虚无主义的错误？习近平同志指出：“只有真正弄懂了马克思主义，才能在揭示共产党执政规律、社会主义建设规律、人类社会发展规律上不断有所发现、有所创造，才能更好识别各种唯心主义观点、更好抵御各种历史虚无主义谬论。”②他同时还指出，要坚持用唯物史观来认识和记述历史，把历史结论建立在翔实准确的史料支撑和深入细致的研究分析的基础之上。

这就是说，为了反对历史虚无主义，我们既要运用马克思主义的世界观和方法论，从根本上揭示它的唯心主义的认识根源和形而上学的方法论错误，还要通过对历史问题进行深入细致的、有史料支撑的分析研究，帮助人们认识它的有关论断的反科学的本质。

第三，必须加强党对思想舆论阵地的领导和管理，不为历史虚无主义的泛滥提供市场。

习近平同志指出：“要敢抓敢管，敢于亮剑，着眼于团结和争取大多数，有理有利有节开展舆论斗争，帮助干部群众划清是非界限、澄清模糊认识。”③对那些恶意攻击党的领导、攻击社会主义制度、歪曲党史国史、造谣生事的言论，一切报刊图书、讲台论坛、会议会场、电影电视、广播电台、舞台剧场等都不能为之提供空间，一切数字报刊、移动电视、手机媒体、手机短信、微信、博客、播客、微博客、论坛等新兴媒体都不能为之提供方便。

第四，必须加大正面宣传力度，增强人们识别和抵制历史虚无主义的能力。

---

① 《习近平关于总体国家安全观论述摘编》，中央文献出版社 2018 年版，第 107 页。

② 习近平：《论党的宣传思想工作》，中央文献出版社 2020 年版，第 222 页。

③ 《习近平关于全面建成小康社会论述摘编》，中央文献出版社 2016 年版，第 105 页。

习近平同志指出："要通过学校教育、理论研究、历史研究、影视作品、文学作品等多种方式，加强爱国主义、集体主义、社会主义教育。"[①]要创作更好更多的精品力作。我们进行历史教育，并不是耽搁在历史的苦难上唉声叹气，而是从历史中塑造民族精神、民族魂，认识和把握中国社会发展规律，激励人民继续前进的信心和勇气。

党史的研究和宣传不是平静的书斋里的事业，而是党的思想理论战线上的一项富有战斗性的工作。习近平同志要求从事党史工作的同志必须牢固树立政治意识、大局意识、责任意识和服务意识，坚决反对任何歪曲和丑化党的历史的错误倾向。习近平同志的这些要求，是党史工作必须遵循的党性原则，也是每一个党史工作者应该履行的政治责任。

① 《习近平关于总体国家安全观论述摘编》，中央文献出版社2018年版，第108页。

用党的第二个《历史决议》精神指导党史学习教育和“四史”宣传教育

——纪念第二个《历史决议》通过40周年

朱佳木[1]

1981年6月27日，党的十一届六中全会上通过了《关于建国以来党的若干历史问题的决议》（以下简称《历史决议》），至今已整40年。这个决议是我们党关于历史问题的第二个决议，标志着“文化大革命”之后党的指导思想拨乱反正任务的胜利完成，为党和国家事业发展指明了正确方向，对统一全党全国人民思想、维护全党全国人民团结、实现新时期奋斗目标具有深远历史意义。在2021年党史学习教育动员大会上，习近平总书记强调指出，党史学习教育“要坚持以我们党关于历史问题的两个决议和党中央有关精神为依据，准确把握党的历史发展的主题主线、主流本质，正确认识和科学评价党史上的重大事件、重要会议、

① 朱佳木，中国社会科学院原副院长、研究员。

重要人物”[①]。这说明,《历史决议》对当前全党全社会正在开展的党史学习教育和“四史”宣传教育具有现实的指导意义。

一、《历史决议》的起草是对党史、新中国史经验的高层次总结

《历史决议》起草历时一年多，其间始终受到邓小平、陈云等老一辈无产阶级革命家的悉心指导，并在党内 4000 多位高级干部中进行了充分讨论。因此，决议的起草过程，既是党的最高领导层对新中国成立以来党的历史经验的深刻总结，也是党中央第一次对新中国历史经验的全面总结。学术界正是在这一决议精神的指引下，开启了对新中国史的编研。

适当时候对“文化大革命”的经验教训进行总结，是邓小平在党的十一届三中全会主题报告中最早提出的。此后，以叶剑英委员长名义发表的国庆 30 周年讲话，对新中国 30 年的历史作了初步回顾和基本总结，也对“文化大革命”前 17 年给予了原则性评价；同时再次表示，对过去 30 年特别是“文化大革命”10 年的历史，党要在适当时候作出正式总结。国庆过后，中央正式决定起草新中国成立以来若干历史问题的决议，并启动了由邓小平主持，由胡耀邦、胡乔木、邓力群领导，胡乔木主要负责的起草工作。

邓小平从决议起草之始，就明确提出了三项中心任务：第一，确立毛泽东同志的历史地位，坚持和发展毛泽东思想；第二，对新中国成立以来的大事进行实事求是的分析，作出公正评价；第三，通过对历史的基本总结，引导大家团结一致向前看。他指出，这三条是总的要求、总

① 习近平:《在党史学习教育动员大会上的讲话》，人民出版社 2021 年版，第 24 页。

的原则、总的指导思想，其中第一条最重要、最根本、最关键。他之所以对初稿很不满意，就是因为其“没有很好体现原先的设想”①。他强调：“对毛泽东同志的评价，对毛泽东思想的阐述，不是仅仅涉及毛泽东同志个人的问题，这同我们党、我们国家的整个历史是分不开的。……决议稿中阐述毛泽东思想的这一部分不能不要。这不只是个理论问题，尤其是个政治问题，是国际国内的很大的政治问题。如果不写或写不好这个部分，整个决议都不如不做。”②

为了使决议切实体现确立毛泽东历史地位、坚持和发展毛泽东思想这个总的原则，邓小平等老一辈革命家提出了一系列重要观点和建议。邓小平指出，“没有毛主席就没有新中国”③；“没有毛泽东思想，就没有今天的中国共产党”④；毛泽东同志犯错误，“是一个伟大的马克思主义者犯错误”⑤；毛主席的功绩是第一位的，错误是第二位的；毛主席的错误不能都归结到个人品质上，也不能都算到一个人身上；“毛泽东同志的错误在于违反了他自己正确的东西”⑥，“从许多方面来说，现在我们还是把毛泽东同志已经提出、但是没有做的事情做起来，把他反对错了的改正过来，把他没有做好的事情做好”⑦。邓小平很赞成陈云提出的在决议中加写中华人民共和国成立前28年的历史，以便把毛主席的功绩、贡献概括得更全面的建议。陈云在同起草组负责同志谈话时也指出：“毛泽东同志的一个无可比拟的功绩，是培养了一代人。”⑧毛主席在抗战时期为我

---

① 《邓小平文选》第2卷，人民出版社1993年版，第297页。
② 《邓小平文选》第2卷，人民出版社1993年版，第299页。
③ 《邓小平文选》第2卷，人民出版社1993年版，第148页。
④ 《邓小平文选》第2卷，人民出版社1993年版，第149页。
⑤ 《邓小平文选》第2卷，人民出版社1993年版，第307页。
⑥ 《邓小平文选》第2卷，人民出版社1993年版，第298页。
⑦ 《邓小平文选》第2卷，人民出版社1993年版，第300页。
⑧ 《陈云文选》第3卷，人民出版社1995年版，第284页。

们党制定了一系列方针政策，他写出的那些好著作，“我们党里头没有第二个人写出”①,“对中国革命的胜利起了决定性的作用”②。“毛泽东同志在党内的威望，是通过长期的革命斗争实践建立起来的。……老一代人拥护毛泽东同志是真心诚意的。”③

40年后的今天，当我们回过头看老一辈革命家为决议起草确定的方针、作出的指导时，不禁为他们的高瞻远瞩而肃然起敬，感佩不已。正是这些方针和指导意见，使我们党得以面对“文化大革命”及新中国成立以来的复杂历史问题，作出了既符合历史实际又统一了全党思想、稳定了国家大局、经受住了历史检验的结论，为我国此后避免出现苏联解体、苏共垮台那样的悲剧，在中国特色社会主义道路上迅猛发展并成为世界第二大经济体，奠定了最为重要的政治基础。

二、党的十八大以来，以习近平同志为核心的党中央坚定捍卫并进一步发展了《历史决议》精神

党的十八大以来，以习近平同志为核心的党中央牢牢把握意识形态工作领导权，坚持马克思主义指导地位和正确舆论导向，旗帜鲜明地反对和抵制各种错误观点，引导人们树立正确的历史观、民族观、国家观、文化观，一扫过去一段时间里历史虚无主义畅行无阻、甚嚣尘上的阴霾，使《历史决议》的精神得到了坚定捍卫和进一步发展。习近平总书记强调，我们党在《历史决议》中“全面评价了毛泽东同志的历史功过”，在实际工作中“解决了正确评价毛泽东同志和毛泽东思想的历史地位、

① 《陈云文选》第3卷，人民出版社1995年版，第284页。
② 《陈云文选》第3卷，人民出版社1995年版，第285页。
③ 《陈云文选》第3卷，人民出版社1995年版，第285页。

根据新的实际和历史经验确立中国实现社会主义现代化的正确道路这两个相互联系的重大历史课题”。他指出，毛泽东同志“是马克思主义中国化的伟大开拓者”，“是领导中国人民彻底改变自己命运和国家面貌的一代伟人”；他“属于中国，也属于世界”。“革命领袖是人不是神”，“不能把历史顺境中的成功简单归功于个人，也不能把历史逆境中的挫折简单归咎于个人。不能用今天的时代条件、发展水平、认识水平去衡量和要求前人，不能苛求前人干出只有后人才能干出的业绩来”。“我们将永远高举毛泽东思想的旗帜前进。”① 习近平总书记还在 2013 年的一次讲话中鲜明提出，改革开放前后的“两个历史时期在进行社会主义建设的思想指导、方针政策、实际工作上有很大差别，但两者决不是彼此割裂的，更不是根本对立的”，“对改革开放前的历史时期要正确评价，不能用改革开放后的历史时期否定改革开放前的历史时期，也不能用改革开放前的历史时期否定改革开放后的历史时期”。② “国内外敌对势力往往就是拿中国革命史、新中国历史来做文章，竭尽攻击、丑化、污蔑之能事，根本目的就是要搞乱人心，煽动推翻中国共产党的领导和我国社会主义制度。”③ “如果当时全盘否定了毛泽东同志，那我们党还能站得住吗？我们国家的社会主义制度还能站得住吗？那就站不住了，站不住就会天下大乱。所以，正确处理改革开放前后的社会主义实践探索的关系，不只是一个历史问题，更主要的是一个政治问题。”④ 这些论述为《历史决议》精神提供了新的更加坚实的理论依据。他关于大家把《历史决议》找出来再看看的建议，也是在那篇讲话中说的。

---

① 习近平：《在纪念毛泽东同志诞辰 120 周年座谈会上的讲话》，《人民日报》2013 年 12 月 27 日。
② 《十八大以来重要文献选编》上，中央文献出版社 2014 年版，第 112 页。
③ 《十八大以来重要文献选编》上，中央文献出版社 2014 年版，第 113 页。
④ 《十八大以来重要文献选编》上，中央文献出版社 2014 年版，第 113—114 页。

三、继承和发展《历史决议》精神要注意抵制两种错误倾向

然而，我们也要看到，时至今日，网络乃至社会上仍然存在各种歪曲、违背、反对《历史决议》的声音，其中尤以两种截然对立的极端倾向最为明显。一种倾向是继续坚持资产阶级自由化立场，借口毛主席晚年错误而否定毛主席的历史地位和毛泽东思想的指导地位，甚至不遗余力地污蔑、丑化毛主席，贬低毛泽东思想，抹黑和攻击党的领导和社会主义制度；另一种倾向则是继续坚持“两个凡是”的错误观点，借口正确评价毛主席和毛泽东思想，把凡是对毛主席晚年错误的纠正，一概斥之为反对毛主席，更有甚者，为“文化大革命”和“四人帮”翻案，反对改革开放和中国特色社会主义理论。这两种倾向，都是对毛泽东思想与毛泽东晚年错误的混淆，都是对改革开放前后两个历史时期的割裂和对立，都是对《历史决议》基本精神的背离，都是对党的基本路线的动摇和否定，都应当引起我们的高度警惕，给予坚决的抵制。

其实，这两种错误倾向早在粉碎“四人帮”时就已出现了，而且早在《历史决议》中就给予了批判。决议说：“因为毛泽东同志晚年犯了错误，就企图否认毛泽东思想的科学价值，否认毛泽东思想对我国革命和建设的指导作用，这种态度是完全错误的。对毛泽东同志的言论采取教条主义态度，以为凡是毛泽东同志说过的话都是不可移易的真理，只能照抄照搬，甚至不愿实事求是地承认毛泽东同志晚年犯了错误，并且还企图在新的实践中坚持这些错误，这种态度也是完全错误的。这两种态度都是没有把经过长期历史考验形成为科学理论的毛泽东思想，同

毛泽东同志晚年所犯的错误区别开来，而这种区别是十分必要的。”[①] 我们纪念《历史决议》通过40周年，就要坚持《历史决议》的这一精神，继续反对在对待毛泽东晚年错误和毛泽东思想上的两种错误态度，把毛泽东晚年错误与毛泽东思想区别开来，在毛泽东思想的指导下，发展中国特色社会主义的伟大事业。

四、开展党史学习教育和“四史”宣传教育应当特别强调《历史决议》中蕴含的三个精神

当我们面对当前国内国际的新形势，以习近平新时代中国特色社会主义思想为指导，回过头重温经过40年实践检验的《历史决议》时，应特别注意和强调其中的三个要点。

第一，要把“文化大革命”的错误与毛主席发动“文化大革命”的动机加以区别。

《历史决议》一方面指出：“‘文化大革命’是一场由领导者错误发动，被反革命集团利用，给党、国家和各族人民带来严重灾难的内乱。”[②] 另一方面又指出：“社会主义运动的历史不长，社会主义国家的历史更短，社会主义社会的发展规律有些已经比较清楚，更多的还有待于继续探索。”[③] “毛泽东同志是经常注意要克服我们党内和国家生活中存在的缺点的……他在犯严重错误的时候，还多次要求全党认真学习马

---

① 《〈关于若干历史问题的决议〉〈关于建国以来党的若干历史问题的决议〉》，中共党史出版社2021年版，第110页。

② 《〈关于若干历史问题的决议〉〈关于建国以来党的若干历史问题的决议〉》，中共党史出版社2021年版，第82页。

③ 《〈关于若干历史问题的决议〉〈关于建国以来党的若干历史问题的决议〉》，中共党史出版社2021年版，第88页。

克思、恩格斯、列宁的著作，还始终认为自己的理论和实践是马克思主义的，是为巩固无产阶级专政所必需的，这是他的悲剧所在。”[①] 这就告诉我们，“文化大革命”虽然给党、国家和人民造成了严重挫折和损失，但出发点是探索如何巩固无产阶级专政、防止资本主义复辟。对此，邓小平也说过：“毛泽东同志发动这样一次大革命，主要是从反修防修的要求出发的。”[②]

习近平总书记在党的十八大以来论述改革开放前后两个历史时期的关系时曾指出，这两个时期“是两个相互联系又有重大区别的时期，但本质上都是我们党领导人民进行社会主义建设的实践探索”[③]。“文化大革命”的 10 年约占改革开放前历史的 1/3 强，既然改革开放前的历史时期是社会主义建设的实践探索，“文化大革命”10 年当然也应当是实践探索。历史事实也说明，反修防修的探索早在 20 世纪 60 年代初中苏论战及紧接其后开展的社会主义教育运动时，就已经开始了，而且已经出现了阶级斗争扩大化的偏差。只不过到了“文化大革命”，毛主席进一步试图用发动群众运动的方法防止资本主义复辟，用抓革命的方法促进社会主义社会生产力的发展，导致偏差越来越大，终于酿成了失败的悲剧。但探索失败不等于不是探索，这与失败的科学试验仍然是科学试验，道理上是一样的。

第二，要把“文化大革命”运动与“文化大革命”时期加以区别。

《历史决议》指出，“文化大革命”时期虽然有反革命集团的干扰破坏，但“我们党没有被摧毁并且还能维持统一，国务院和人民解放军还能进

---

① 《〈关于若干历史问题的决议〉〈关于建国以来党的若干历史问题的决议〉》，中共党史出版社 2021 年版，第 86 页。

② 《邓小平文选》第 2 卷，人民出版社 1993 年版，第 149 页。

③ 《十八大以来重要文献选编》上，中央文献出版社 2014 年版，第 111—112 页。

行许多必要的工作，有各族各界代表人物出席的第四届全国人民代表大会还能召开并且确定了以周恩来、邓小平同志为领导核心的国务院人选，我国社会主义制度的根基仍然保存着，社会主义经济建设还在进行，我们的国家仍然保持统一并且在国际上发挥重要影响”①。“我国国民经济虽然遭到巨大损失，仍然取得了进展。粮食生产保持了比较稳定的增长。工业交通、基本建设和科学技术方面取得了一批重要成就……人民解放军仍然英勇地保卫着祖国的安全。对外工作也打开了新的局面。”② 可见，“文化大革命”时期并非只有“文化大革命”运动，否定“文化大革命”不等于否定“文化大革命”的历史时期，更不等于否定那个时期的社会主义性质和各族人民在党的领导下进行的艰苦奋斗、取得的伟大成就。

第三，要把发动“文化大革命”的一些错误观点同某些在原则上仍然具有积极意义的观点加以区别。

《历史决议》说，发动“文化大革命”的主要论点不符合马克思列宁主义，主要指的是无产阶级夺取政权后还要进行“一个阶级推翻一个阶级”的革命，按劳分配原则和物质利益原则是应该受到限制的“资产阶级权利”，等等。这些错误论点在理论上站不住脚，不等于所有论点都错了。有些论点，比如“无产阶级夺取政权后还存在得而复失的危险”，“要防止领导干部脱离群众、当官做老爷”，“警惕党内走资本主义的当权派”，如果离开当年的具体所指，应当说还是合乎逻辑和富有理论价值的，而且也为后来的东欧剧变、苏联解体，以及我国改革开放后党内出现资产阶级自由化分子、腐败分子的事实所验证。

---

① 《〈关于若干历史问题的决议〉〈关于建国以来党的若干历史问题的决议〉》，中共党史出版社2021年版，第86—87页。

② 《〈关于若干历史问题的决议〉〈关于建国以来党的若干历史问题的决议〉》，中共党史出版社2021年版，第87—88页。

改革开放后，邓小平说过，自由化思想“不仅社会上有，我们共产党内也有”[①]。“所谓资产阶级自由化，就是要中国全盘西化，走资本主义道路。”[②]“我们两个总书记都在资产阶级自由化问题上栽了跟头。”[③]既然搞自由化的人要走资本主义道路，他们又在共产党内，而且是当权者，不是党内走资本主义道路的当权派又是什么呢？另外，腐败分子贪污了那么多钱，不搞资本主义私有化，贪污的钱怎么合法化？又怎么变成遗产为后代所继承呢？苏共解散、苏联解体的一个重要原因，就是一大批思想被“和平演变”的官员丧失了共产主义信念，另有一大批贪污腐败的官员盼望实行资本主义制度。苏联解体后，摇身变为资本家和形形色色“寡头”的人，很多就是苏共原先各级党政机关和国有企业里的干部。

可见，发动“文化大革命”的主要论点错了，对我国当时阶级斗争形势和干部队伍、知识分子队伍的估计错了，具体做法也错了，但从坚守党的初心、防止资本主义复辟、发展社会主义事业的角度看，其中有些论点仍是正确的，具有深远战略意义的，对我们党的建设和中国特色社会主义的发展，产生了并将继续产生着重要而积极的影响。

还有的理论，其特定含义虽然是错误的，但也不能绝对化，把它的本来含义一概否定掉。比如，“无产阶级专政下继续革命”，这个理论在“文化大革命”中是特指无产阶级取得政权后，仍然要进行一个阶级推翻另一个阶级的革命。这种“继续革命”的理论当然是错误的，应当否定，而且在党的十一届三中全会后已经被否定。但否定这种特定含义的“继续革命”，并不意味着否定了本来意义的继续革命。对此，当年《历史决议》就作过阐释，指出“这绝对不是说革命的任务已经完成，不需要坚

---

① 《邓小平文选》第 3 卷，人民出版社 1993 年版，第 124 页。

② 《邓小平文选》第 3 卷，人民出版社 1993 年版，第 207 页。

③ 《邓小平文选》第 3 卷，人民出版社 1993 年版，第 344 页。

决继续进行各方面的革命斗争。社会主义不但要消灭一切剥削制度和剥削阶级，而且要大大发展社会生产力，完善和发展社会主义的生产关系和上层建筑，并在这个基础上逐步消灭一切阶级差别，逐步消灭一切主要由于社会生产力发展不足而造成的重大社会差别和社会不平等，直到共产主义的实现。这是人类历史上空前伟大的革命。我们现在为建设社会主义现代化国家而进行的斗争，正是这个伟大革命的一个阶段”①。可见，我们党否定“继续革命”理论，并不等于认为革命任务已经完成了，不再需要继续革命了。

2018年，习近平总书记在一次讲话中曾谈到关于“我们党现在已经从‘革命党’转变成了‘执政党’”的观点，他指出：“这个说法是不准确的。我们党的正式提法是，我们党历经革命、建设、改革，已经从领导人民为夺取全国政权而奋斗的党，成为领导人民掌握全国政权并长期执政的党；已经从受到外部封锁和实行计划经济条件下领导国家建设的党，成为对外开放和发展社会主义市场经济条件下领导国家建设的党。这里面并没有区分‘革命党’和‘执政党’，并没有把革命和执政当作两个截然不同的事情。马克思主义认为，社会革命以生产力和生产关系的矛盾运动为基础，不仅仅是一种破除旧的政治上层建筑的社会运动，更是一种新的社会建设运动。我们党是马克思主义执政党，但同时是马克思主义革命党，要保持过去革命战争时期的那么一股劲、那么一股革命热情、那么一种拼命精神，把革命工作做到底。”② 他的论述进一步说明，无产阶级在完成夺取政权的革命任务后，革命并没有结束。社会主义建

① 《〈关于若干历史问题的决议〉〈关于建国以来党的若干历史问题的决议〉》，中共党史出版社2021年版，第119页。

② 《习近平关于“不忘初心、牢记使命”重要论述选编》，党建读物出版社、中央文献出版社2019年版，第299—300页。

设和改革仍然是革命，我们党做的仍然是革命工作，而且要把这种革命工作一直做下去。

“欲知大道，必先为史。”每当历史处在重大转变的前夜，先在党内进行统一思想的工作，是我们党的优良传统，也是行之有效的成功经验。习近平总书记在党史学习教育动员大会上指出：“要坚持用唯物史观来认识历史，坚持实事求是的思想路线，分清主流和支流，坚持真理，修正错误，发扬经验，吸取教训。”[①] 他要求大家必须坚持以我们党关于历史问题的决议和党中央有关精神为依据，强调要“实事求是看待党史上的一些重大问题，既不能因为成就而回避失误和曲折，也不能因为探索中的失误和曲折而否定成就。要旗帜鲜明反对历史虚无主义，加强思想引导和理论辨析，澄清对党史上一些重大历史问题的模糊认识和片面理解，更好正本清源、固本培元”[②]。不难看出，我们党这样做，就是为了在世界百年未有之大变局和我国“两个一百年”奋斗目标的历史交汇期，使全党更全面地理解和贯彻党的基本路线，在习近平新时代中国特色社会主义思想指导下，踏上新征途，迎接新挑战。面对新形势新任务，新中国史的编研工作者更要认真学习领会习近平总书记有关党史、新中国史的一系列论述，坚持用《历史决议》的精神研究和编写新中国史，在党史学习教育和“四史”宣传教育中发挥自己的应有作用。

---

① 习近平：《在党史学习教育动员大会上的讲话》，人民出版社 2021 年版，第 4 页。

② 习近平：《在党史学习教育动员大会上的讲话》，人民出版社 2021 年版，第 24—25 页。

十八大以来中国共产党对历史经验的科学总结

李正华[①]

中国共产党的百年历史积累了极其宝贵的历史经验，蕴含着极其深刻的历史启示。中国共产党是在总结成功经验同时也吸取失败教训的过程中，不断把革命、建设和改革事业推向前进的。党的十八大以来，以习近平同志为核心的党中央高度重视总结党的历史经验，在中国共产党成立 95 周年、党的十九大、改革开放 40 周年、新中国成立 70 周年、抗美援朝出国作战 70 周年、中国共产党成立 100 周年等重要历史节点，都结合新时代的新特点新要求，从不同角度对党的历史经验进行了深入的总结和新的概括，在总结历史经验过程中汲取智慧和力量，带领全党全国各族人民，推动党和国家事业不断取得新的成就。

---

① 李正华，中国社会科学院大学教授，中国社会科学院当代中国研究所副所长、研究员。

一、特别强调了总结历史经验的重要意义，进一步明确以史为鉴开辟未来的目标要求

注意总结历史经验，是中国共产党的光荣传统。重视对历史的学习和对历史经验的总结与运用，善于从不断认识和把握历史规律中找到前进的正确方向和正确道路，是中国共产党能够领导中国革命、建设、改革不断取得胜利，历经磨难却始终显示出旺盛的生命力、巨大凝聚力和鲜明的先进性的重要原因。中国共产党自成立以来，一直重视在总结历史经验的基础上开拓前进。其中最重要的、系统的总结有两次：一次是在新民主主义革命时期，党总结历史经验形成的重要成果是 1945 年 4 月党的六届七中全会通过的《关于若干历史问题的决议》，它系统总结了党成立以来特别是党的六大以来的历史经验，为统一全党思想、夺取新民主主义革命的胜利提供了重要保证；另一次是改革开放新时期，党总结历史经验形成的重要成果是 1981 年 6 月党的十一届六中全会通过的《关于建国以来党的若干历史问题的决议》，它深刻总结了社会主义革命和建设正反两方面经验，果断作出把党和国家工作重心转移到经济建设上来、实行改革开放的历史性决策，为顺利推进改革开放伟大事业奠定了重要基础。党的十八大以来，中国共产党根据面临的新形势新任务，特别强调总结历史经验对推进中国特色社会主义伟大事业、实现中华民族伟大复兴的重要意义，进一步明确以史为鉴、开辟未来的目标要求，为新时代总结党的历史经验、发挥党史的教育作用指明了方向。

历史是最好的教科书。中国共产党已走过 100 年，“很重要的一条就是不断总结经验、提高本领，不断提高应对风险、迎接挑战、化险为

夷的能力水平”[1]。习近平总书记多次提出和论述了历史是最好的教科书，他指出：“要了解我们党和国家事业的来龙去脉，汲取我们党和国家的历史经验，正确了解党和国家历史上的重大事件和重要人物。这对正确认识党情、国情十分必要，对开创未来也十分必要，因为历史是最好的教科书。”[2]“历史是人类最好的老师。”[3]

历史是最好的教科书，因为历史记述了前人的成功和失败。重视研究、借鉴历史，了解历史上治乱兴衰的规律，可以给我们带来很多了解昨天、把握今天、开创明天的启示。因为中国共产党在百年接续奋斗中，团结带领人民开辟了伟大道路，建立了伟大功业，铸就了伟大精神，积累了宝贵经验。这些宝贵经验“不是从天上掉下来的，也不是从书本上抄来的，而是我们党在历经艰辛、饱经风雨的长期摸索中积累下来的，饱含着成败和得失，凝结着鲜血和汗水，充满着智慧和勇毅”[4]，是推动党和事业不断向前发展的巨大精神财富。因为进行伟大斗争、建设伟大工程、推进伟大事业、实现伟大梦想，更需要借鉴历史来丰富头脑、开阔眼界、提高修养、增强本领。因为只有认真总结好历史经验，才能更好地抓住历史机遇，明确发展方向，努力开创中华民族伟大复兴的光明未来。为此，党中央明确要求在全党开展党史学习教育，同时在全社会开展党史、新中国史、改革开放史、社会主义发展史宣传教育。

总结经验，提高本领。“我们回顾历史，不是为了从成功中寻求慰藉，更不是为了躺在功劳簿上、为回避今天面临的困难和问题寻找借口，

① 习近平：《在党史学习教育动员大会上的讲话》，《求是》2021年第7期。

② 《习近平在中央党校建校80周年庆祝大会暨2013年春季学期开学典礼上的讲话》，《人民日报》2013年3月3日。

③ 习近平：《致第二十二届国际历史科学大会的贺信》，《人民日报》2015年8月24日。

④ 习近平：《在党史学习教育动员大会上的讲话》，《求是》2021年第7期。

而是为了总结历史经验、把握历史规律，增强开拓前进的勇气和力量。”[①] 总结经验，就是要从历史中获得启迪，从历史经验中提炼出克敌制胜的法宝，有效地化解矛盾、应对挑战，把握历史规律，不断增强治国理政能力，担好历史责任。

在世界正经历百年未有之大变局、中国正日益走近世界舞台中央的重要历史关头，只有全面了解中国共产党矢志践行初心使命、筚路蓝缕奠基立业、创造辉煌开辟未来的历程，取得的成就与进步，经历的困难与风险，才能深刻认识新中国来之不易、中国特色社会主义来之不易，才能明白为什么“共和国是红色的，不能淡化这个颜色”[②]。只有深刻认识从站起来、富起来到强起来的艰辛探索和历史必然，才能深刻体会到，中华民族伟大复兴不是轻轻松松、敲锣打鼓就能实现的；才能明白建成社会主义现代化强国、实现中华民族伟大复兴，是一场需要许多代人努力的接力跑，需要以功成不必在我的精神境界、功成必定有我的历史担当，一步一个脚印向着美好未来和最高理想前进。只有准确把握中国共产党的发展进程，才能了解党和人民在革命、建设和改革进程中，是怎样根据中国的国情历经艰辛探索、开创和发展中国特色社会主义的；才能准确判断中国所处的历史方位，作出科学决策；才能真正理解“中国共产党和中国人民不仅善于打破一个旧世界，而且善于建设一个新世界”[③]；才能明白历史都是人民书写的，历史总是向前发展的；才能坚信中国特色社会主义道路是实现社会主义现代化和中华民族伟大复兴中国梦的必由之路；才能不断深化对人类社会发展规律、社会主义建设规律

① 习近平：《在庆祝中国共产党成立95周年大会上的讲话》，《求是》2021年第8期。

② 《“共和国是红色的”“心里要透亮透亮的”》，《人民日报》2019年3月5日。

③ 《不忘初心牢记使命锐意进取　满怀信心继续把新中国巩固好发展好》，《人民日报》2019年9月13日。

和共产党执政规律的认识，自觉按照历史规律办事。

以史为鉴，开创未来。历史是过去的现实，现实是未来的历史。总结历史经验，吸取历史教训，目的是以史为鉴，更好地前进。中国共产党的历史责任就是带领中国人民实现“两个一百年”奋斗目标，实现中华民族伟大复兴。习近平总书记在庆祝中国共产党成立100周年大会上的讲话中提出，以史为鉴，开创未来，要做到“九个必须”：必须坚持中国共产党坚强领导，必须团结带领中国人民不断为美好生活而奋斗，必须继续推进马克思主义中国化，必须坚持和发展中国特色社会主义，必须加快国防和军队现代化，必须不断推动构建人类命运共同体，必须进行具有许多新的历史特点的伟大斗争，必须加强中华儿女大团结，必须不断推进党的建设新的伟大工程。这“九个必须”科学总结了党的历史经验，深刻阐述了以史为鉴、开创未来的根本要求。

二、明确论述了党的百年历史主题、四个发展阶段和取得的巨大成就，确保对党的历史的科学把握

实现中华民族伟大复兴是近代以来中国人民的伟大梦想。党的十八大以来，中国共产党对自己的历史主题、历史进程与巨大成就进行了进一步总结和新概括。

实现中华民族伟大复兴是党的百年历史的主题。2012年11月29日，习近平总书记在中国国家博物馆参观《复兴之路》展览时提出，实现中华民族伟大复兴，就是中华民族近代以来最伟大的梦想。党的十九大同意在党章中明确载入实现“两个一百年”奋斗目标、实现中华民族

伟大复兴的中国梦的宏伟目标。[1] 习近平总书记在庆祝中国共产党成立100周年大会上对党的百年历史主题进行了新概括，明确指出："一百年来，中国共产党团结带领中国人民进行的一切奋斗、一切牺牲、一切创造，归结起来就是一个主题：实现中华民族伟大复兴。"[2]

中国共产党成立100年来，先后领导中国人民完成了新民主主义革命，实现了民族独立和人民解放，完成了社会主义革命，确立了社会主义基本制度，推进了社会主义建设，进行了改革开放新的伟大革命，开创、坚持、捍卫、发展了中国特色社会主义，创造了新时代中国特色社会主义。100年来，中国共产党团结带领全国各族人民进行的革命、建设、改革的伟大实践，为实现中华民族伟大复兴提供了更为完善的制度保证、更为坚实的物质基础、更为主动的精神力量，使中华民族迎来了从站起来、富起来到强起来的伟大飞跃，实现中华民族伟大复兴进入了不可逆转的历史进程。

实现中华民族伟大复兴经历了四个阶段。党的十八大以来，中国共产党对中华民族伟大复兴的历史进程和阶段性特征进行过多次论述，习近平总书记在庆祝中国共产党成立100周年的讲话中，更是明确地将党为实现中华民族伟大复兴的历史分为前后相连、各具特点的四个发展阶段。

第一个阶段，从中国共产党的诞生到中华人民共和国的成立，共28年。1921年7月，在中华民族内忧外患、社会危机空前深重的背景下，中国共产党诞生了。中国共产党成立后，团结带领中国人民浴血奋战、百折不挠，经过北伐战争、土地革命战争、抗日战争、解放战争，推翻了帝国主义、封建主义、官僚资本主义"三座大山"，建立了人民当家作

① 参见《十九大以来重要文献选编》上，中央文献出版社2019年版，第52页。

② 习近平：《在庆祝中国共产党成立100周年大会上的讲话》，人民出版社2021年版，第3页。

主的中华人民共和国，实现了民族独立、人民解放。“彻底结束了旧中国半殖民地半封建社会的历史，彻底结束了旧中国一盘散沙的局面，彻底废除了列强强加给中国的不平等条约和帝国主义在中国的一切特权，实现了中国从几千年封建专制政治向人民民主的伟大飞跃。”[①]

第二个阶段，从新中国的成立到改革开放开启前，共 29 年。1949 年 10 月中华人民共和国成立以后，中国共产党团结带领人民“进行社会主义革命，消灭在中国延续几千年的封建剥削压迫制度，确立社会主义基本制度，推进社会主义建设，战胜帝国主义、霸权主义的颠覆破坏和武装挑衅，实现了中华民族有史以来最为广泛而深刻的社会变革，实现了一穷二白、人口众多的东方大国大步迈进社会主义社会的伟大飞跃”[②]。

第三个阶段，从改革开放到党的十八大前，共 34 年。1978 年 12 月党的十一届三中全会以来，中国共产党“实现新中国成立以来党的历史上具有深远意义的伟大转折，确立党在社会主义初级阶段的基本路线，坚定不移推进改革开放，战胜来自各方面的风险挑战，开创、坚持、捍卫、发展中国特色社会主义，实现了从高度集中的计划经济体制到充满活力的社会主义市场经济体制、从封闭半封闭到全方位开放的历史性转变，实现了从生产力相对落后的状况到经济总量跃居世界第二的历史性突破，实现了人民生活从温饱不足到总体小康、奔向全面小康的历史性跨越”[③]。中国大踏步赶上了时代。

第四个阶段，从党的十八大到中国共产党成立 100 周年，近 9 年。2012 年党的十八大以来，中国特色社会主义进入新时代，以习近平同志为核心的党中央坚持和加强党的全面领导，统筹推进“五位一体”的总

① 《十八大以来重要文献选编》下，中央文献出版社 2018 年版，第 342 页。
② 习近平：《在庆祝中国共产党成立 100 周年大会上的讲话》，人民出版社 2021 年版，第 5 页。
③ 习近平：《在庆祝中国共产党成立 100 周年大会上的讲话》，人民出版社 2021 年版，第 6 页。

体布局，协调推进“四个全面”的战略布局，坚持和完善中国特色社会主义制度、推进国家治理体系和治理能力现代化，战胜一系列重大风险挑战，实现了第一个百年奋斗目标，全面建成了小康社会，并正在朝着实现第二个百年目标努力奋进。

三、进一步总结了“没有共产党，就没有新中国，就没有新中国的繁荣富强”这一重要经验，确保党始终成为领导中国人民实现中华民族伟大复兴的“主心骨”，确保党长期执政的地位不动摇

2014 年，习近平总书记在庆祝全国人民代表大会成立 60 周年大会上指出：“没有共产党，就没有新中国，就没有新中国的繁荣富强。坚持中国共产党这一坚强领导核心，是中华民族的命运所系。”[①] 中国革命、建设、改革取得一系列重大成就，战胜各种困难，靠的都是中国共产党的坚强领导。坚持党的领导，是我国各项事业取得胜利的根本政治保证，是中华民族迎来从站起来、富起来到强起来的伟大飞跃，迎来实现中华民族伟大复兴的光明前景的根本原因。

中国共产党的领导是实现民族独立、人民解放的政治保证。中国共产党成立后，带领中国人民经过 28 年前赴后继的顽强奋斗，彻底推翻了帝国主义、封建主义、官僚资本主义“三座大山”，取得了新民主主义革命的胜利，建立了新中国，中国人民从此成为国家、社会和自己命运的主人，实现了中国向人民民主制度的伟大跨越，实现了中国高度统一和各民族空前团结，开辟了中华民族伟大复兴的历史新纪元。正是有了中

① 习近平：《在庆祝全国人民代表大会成立六十周年大会上的讲话》，《求是》2019 年第 18 期。

国共产党的领导，中国才实现了民族独立、人民解放，中华民族才走上了实现伟大复兴的壮阔道路。“中华人民共和国的成立，不仅是中华民族发展史上的一个伟大事件，也是人类发展史上的一个伟大事件”①，“极大壮大了世界社会主义力量”②。

中国共产党带领中国人民大踏步赶上时代。中国共产党立志于实现中华民族伟大复兴的千秋伟业，团结带领全国各族人民取得了新民主主义革命的伟大胜利，建立了新中国。团结带领全国各族人民进行社会主义革命，建立社会主义基本制度，进行社会主义建设，建立起独立的比较完整的工业体系和国民经济体系。团结带领全国各族人民进行改革开放新的伟大革命，开辟中国特色社会主义道路，使中国经济实力、科技实力、综合国力大幅提升，人民生活显著改善。团结带领全国各族人民全面建成小康社会，开启全面建设社会主义现代化强国新征程。从建党的“开天辟地”，到新中国成立的“改天换地”，到改革开放的“翻天覆地”，再到十八大以来取得的举世瞩目的伟大成就，中国共产党汇聚全国人民的磅礴伟力，将一穷二白的中国建设成为世界第二大经济体，中国的国内生产总值由 1952 年的 679.1 亿元增长到 2020 年的 101.5986 万亿元，首次突破 100 万亿元③。中国从低收入国家成功地跨入了中等偏上收入国家的行列，从贫穷落后的国家发展成为世界经济增长的主要动力源。中国社会的面貌、中国人民的面貌发生了前所未有的变化。这是中国共产党领导中国人民顽强奋斗的结果。

中国共产党是中华民族伟大复兴的坚强领导核心。中国共产党成为

---

① 《十八大以来重要文献选编》中，中央文献出版社 2016 年版，第 80 页。

② 习近平：《在纪念马克思诞辰 200 周年大会上的讲话》，《求是》2018 年第 10 期。

③ 1952 年数据为国家统计局网站公布，参见 https://data.stats.gov.cn/easyquery.htm?cn=C01&zb=A0201&sj=1952；2020 年数据为国家统计局网站公布，参见 https://data.stats.gov.cn/easyquery.htm?cn=C01。

中华民族伟大复兴的坚强领导核心，不是外力扶持的，不是上天恩赐的，更不是自封的，而是历史的选择、人民的选择。中国共产党因革命而生，由革命而兴，从 1921 年成立时的 50 多名党员，不断发展壮大到今天已经有 9500 多万名党员、480 多万个基层党组织，成长为世界上具有强大政治领导能力的成熟政党。百年来，中国共产党始终作为中国人民的主心骨和中华民族的中流砥柱站在时代前列，成为中华民族伟大复兴当之无愧的最高政治领导力量。历史证明：办好中国的事情，关键在党。“中国共产党领导是中国特色社会主义最本质的特征，是中国特色社会主义制度的最大优势，是党和国家的根本所在、命脉所在，是全国各族人民的利益所系、命运所系。”①

中国共产党在总结新民主主义革命胜利的经验时就得出“没有共产党就没有新中国”的结论，并在全党全国人民中产生强烈共鸣。党的十八大以来，根据取得的巨大成就和面临的巨大挑战，在世界经历百年未有之大变局、中华民族走向伟大复兴的关键时期，习近平总书记进一步深刻论述了这一重要经验，特别强调中国共产党兴则国家兴、中国共产党强则国家强，强调坚持党的全面领导、把党的政治建设摆在首位的必要性和重要性。

四、进一步总结了“只有社会主义才能救中国，只有中国特色社会主义才能发展中国”这一重要经验，确保中国这艘巨轮始终沿着正确的方向前进不迷航

理论上清醒，政治上才能坚定。“中国共产党为什么能，中国特色社

① 习近平：《在庆祝中国共产党成立 100 周年大会上的讲话》，人民出版社 2021 年版，第 11 页。

会主义为什么好，从根本上说，归根到底是因为马克思主义行！”[①]中国共产党之所以能够不断发展壮大，历经千锤百炼而朝气蓬勃，就是因为始终保持对真理的追求和对理想的坚守，勇于和善于把马克思主义基本原理同中国具体实际相结合、同中华优秀传统文化相结合，不断推进马克思主义中国化。习近平总书记指出：“走自己的路，是党的全部理论和实践立足点，更是党百年奋斗得出的历史结论。中国特色社会主义是党和人民历经千辛万苦、付出巨大代价取得的根本成就，是实现中华民族伟大复兴的正确道路。”[②]“历史和现实都告诉我们，只有社会主义才能救中国，只有中国特色社会主义才能发展中国，这是历史的结论、人民的选择。”[③]

只有社会主义才能救中国，只有中国特色社会主义才能发展中国，这是近代以来中国社会发展的必然结论和必然趋势。中国共产党自成立以来，为了实现共产主义远大理想上下求索、不懈奋斗。以毛泽东同志为主要代表的中国共产党人，带领中国人民完成了新民主主义革命，建立了中华人民共和国，完成了社会主义革命，确立了社会主义根本制度。党的十一届三中全会以后，中国共产党开辟了改革开放新时期，确立了党在社会主义初级阶段的基本路线，成功开创了中国特色社会主义。在建设中国特色社会主义的伟大实践中，中国共产党加深了对什么是社会主义、怎样建设社会主义，建设什么样的党、怎样建设党，实现什么样的发展、怎样发展等一系列重大问题的认识。党的十八大以来，中国共产党深刻回答了新时代坚持和发展什么样的中国特色社会主义、怎样坚持和发展中国特色社会主义这个重大时代课题，创立了习近平新时代中

---

① 习近平：《在庆祝中国共产党成立 100 周年大会上的讲话》，人民出版社 2021 年版，第 13 页。

② 习近平：《在庆祝中国共产党成立 100 周年大会上的讲话》，人民出版社 2021 年版，第 13 页。

③ 《十八大以来重要文献选编》上，中央文献出版社 2014 年版，第 110 页。

国特色社会主义思想这一马克思主义中国化的最新成果，推动中国特色社会主义进入了新时代。中国革命、建设、改革的伟大实践以及取得的伟大成就充分证明，只有社会主义才能救中国，只有中国特色社会主义才能发展中国。

中国共产党成功开辟出的科学社会主义的正确道路，既是新中国取得的巨大成就，又是中国人民创造人类社会发展史上惊天动地发展奇迹的根本原因。中国共产党历尽艰辛，领导中国人民“坚持从我国国情出发，探索并形成了符合中国实际的新民主主义革命道路、社会主义改造和社会主义建设道路、中国特色社会主义道路”①，开创和发展了中国特色社会主义伟大事业。中国共产党之所以能够取得如此伟大的成就，最为关键的一条就是中国共产党带领中国人民找到了实现中华民族伟大复兴的正确道路。正是在科学社会主义的指引下，中国共产党卓有成效地解决了在中国这样一个经济文化相对落后的国家实现民族复兴的历史性课题。中国特色社会主义的开创、坚持、捍卫、发展，使科学社会主义在拥有 14 多亿人口的东方大国找到了切实可行的实现路径，使古老的中国焕发出蓬勃的生机与活力，从根本上扭转了近代以来积贫积弱的命运，稳步向着社会主义现代化强国的目标迈进。“中国由新民主主义走向社会主义，开创和拓展中国特色社会主义道路，使社会主义这一人类社会的美好理想在古老的中国大地上变成了具有强大生命力的成功道路和制度体系。这不仅为中华民族实现伟大复兴提供了重要制度保障，而且为人类社会走向美好未来提供了具有充分说服力的道路和制度选择。”②

“中国特色社会主义在改革开放中产生，也必将在改革开放中发展

① 《习近平关于实现中华民族伟大复兴的中国梦论述摘编》，中央文献出版社 2013 年版，第 25 页。
② 习近平:《在庆祝中华人民共和国成立 65 周年招待会上的讲话》,《人民日报》2014 年 10 月 1 日。

壮大。”[①]中国特色社会主义是在改革开放中产生的，也是在改革开放中完善和发展的。党的十一届三中全会后，以邓小平同志为主要代表的中国共产党人，总结新中国成立以来正反两方面的经验，解放思想，实事求是，实现全党工作重心向经济建设转移，作出了实行改革开放的历史性决策，确立了党在社会主义初级阶段的基本路线。以江泽民同志为主要代表的中国共产党人，在政治风波、经济风险等严峻考验面前，确立了社会主义市场经济体制的改革目标和基本框架，确立了社会主义初级阶段基本经济制度和分配制度，开创了改革开放新局面。以胡锦涛同志为主要代表的中国共产党人，顺应国内外形势的发展变化，强调坚持以人为本、全面协调可持续发展，形成了中国特色社会主义事业总体布局，在推动社会主义制度自我完善和发展上迈出新的重大步伐。党的十八大以来，以习近平同志为核心的党中央着力推进实现全面建成小康社会的奋斗目标，正确判断新时代我国社会主要矛盾，统筹推进“五位一体”总体布局，协调推进“四个全面”战略布局，确定了全面深化改革的总目标是坚持和完善中国特色社会主义制度、推进国家治理体系和治理能力现代化，开启了全面深化改革、系统整体设计推进改革的新时代，中国特色社会主义制度日趋成熟定型。

社会主义 500 多年来从无到有、从空想到科学、从理论到实践、从外国到中国的历史，尤其是中国特色社会主义从艰辛探索到破浪前进的伟大进程，有力地证明了开创、坚持、捍卫、发展中国特色社会主义的历史必然性。2004 年党的十六届四中全会通过的《中共中央关于加强党的执政能力建设的决定》，在总结党执政 55 年的历史经验时就曾明确指出：“只有社会主义才能救中国，只有中国特色社会主义才能发展中

① 习近平：《全面贯彻落实党的十八大精神要突出抓好六个方面的工作》，《求是》2013 年第 1 期。

国。”[①] 这是中国人民近代以来从事革命斗争得出的历史结论，是党成立以来探求救国救民之路和强国富民之路得出的必然结论和重要历史经验，是实践已经证明并将继续证明的科学真理。党的十八大以来，中国共产党根据新世纪新阶段中国特色社会主义发展的实际，根据世界社会主义发展变化的实际，更加深刻地论述了“只有社会主义才能救中国，只有中国特色社会主义才能发展中国”这一探索正确道路的重要历史经验。

五、深刻论述了“江山就是人民，人民就是江山，人心向背关系党的生死存亡”这一重要经验，确保党始终保持与人民的血肉联系不变质

人心是最大的政治。在历史的长河中，那些帝国的崩溃、王朝的覆灭、执政党的下台，无不与背离人心、丧失人心密切相关。100 年来，不管形势和任务如何变化，不管遇到什么样的惊涛骇浪，中国共产党始终坚持全心全意为人民服务的根本宗旨。党的百年奋斗史是一部党与人民心连心、同呼吸、共命运的历史。党的十八大以来，党深刻论述了党的根基在人民、血脉在人民、力量在人民这一重要历史经验。

“人民是历史的创造者，群众是真正的英雄。”[②] 中国共产党在推进中国革命、建设和改革的历史进程中之所以能取得一个又一个伟大胜利，在实现国家富强、民族振兴、人民幸福的中国梦的伟大实践中之所以能取得举世瞩目的伟大成就，一个重要原因就是始终坚持人民群众的主体地位，充分发挥人民群众的积极性、主动性、创造性，紧紧依靠人民的力量推进党和国家事业不断前进。

---

① 《十六大以来重要文献选编》中，中央文献出版社 2006 年版，第 274 页。

② 《习近平谈治国理政》第 1 卷，外文出版社 2014 年版，第 5 页。

相信人民，依靠人民，是中国共产党领导革命战争取得胜利的力量源泉，也是中国共产党领导建设和改革的力量源泉。中国人民在中国共产党领导下自力更生、艰苦奋斗、奋发图强，不断克服前进中的艰难险阻，实现了旧中国和西方发达资本主义国家无法比拟的经济发展和社会进步。中国的发展壮大，不靠殖民掠夺，不靠依附他国，不靠在全球收取铸币税，更不靠发“战争财”，而是中国人民自力更生、艰苦奋斗的结果，是中国人民依靠勤劳和智慧苦干实干出来的。历史反复证明，“人民群众是历史发展和社会进步的主体力量”①。人民是历史的创造者，是决定党和国家前途命运的根本力量。只有充分尊重人民群众的主体性，充分发挥人民群众的主体作用，善于从人民群众中汲取推动时代前进的智慧力量，党领导的各项事业才能从胜利走向胜利。

人民立场是党的根本政治立场。中国共产党领导中国革命、建设和改革事业，始终都是为了让中国人民过上幸福生活，为了实现中华民族伟大复兴。始终坚持人民立场，是党永续不衰的力量源泉，是党战胜一切困难和风险的根本保证。在习近平总书记庆祝中国共产党成立 100 周年大会上的讲话中，“人民”一词出现了 86 次，充分体现了中国共产党深切的人民立场和为民情怀。

中国共产党之所以始终坚持这一根本政治立场，高度重视这一问题，反复强调这一原则，就是因为在革命、建设、改革的历史进程中，深刻认识到党的根基在人民、血脉在人民、力量在人民。因此，习近平总书记指出：“打江山、守江山，守的是人民的心。”②中国共产党成立后，把为中国人民谋幸福、为中华民族谋复兴作为自己的初心和使命，无论面临多大挑战和压力，无论付出多大牺牲和代价，总是根据人民意愿和需

① 习近平：《在纪念毛泽东同志诞辰 120 周年座谈会上的讲话》，《人民日报》2013 年 12 月 27 日。

② 习近平：《在庆祝中国共产党成立 100 周年大会上的讲话》，人民出版社 2021 年版，第 11 页。

要，代表最广大人民群众的根本利益，提出符合时代特点的奋斗目标，制定实施相应的战略布局和战略举措。

“为人民服务”这一光辉命题是毛泽东 1944 年 9 月 8 日在《为人民服务》的著名演讲中明确提出的。党的七大把为人民服务写入了党章，规定中国共产党人必须具有全心全意为中国人民服务的精神。至此，全心全意为人民服务成了中国共产党的根本规定性，成为中国共产党区别于其他政党的根本标志。党的十八大以来，坚持以人民为中心，成为习近平新时代中国特色社会主义思想的重要内容，成为新时代坚持和发展中国特色社会主义的基本方略之一。以人民为中心的思想与为人民服务思想既一脉相承又与时俱进，是为人民服务思想在新时代的继承和升华、丰富和发展。它更加突出了人民的主体地位，不仅强调以人民为中心的价值取向、工作导向、发展思想，而且更上升到执政理念的高度。

党的十八大以来，以习近平同志为核心的党中央站在维护人民根本利益的政治高度，站在总结过去、开辟未来的历史高度，站在解放思想、实事求是的思想高度，总结历史经验，揭示了过去中国共产党为什么能够成功、未来中国共产党怎样才能继续成功的深刻道理，深化了对党的执政规律、社会主义建设规律和人类社会发展规律的认识，对于提高党应对风险挑战的能力水平，统筹中华民族伟大复兴战略全局和世界百年未有之大变局，推进新时代中国特色社会主义伟大事业进入新的历史阶段具有重要意义，对于实现党的第二个百年目标、把中国建设成为社会主义现代化强国具有重要意义。

“第二个历史决议”的认识论和方法论

——基于党史、新中国史理论之研究*

宋月红①

中国共产党十一届六中全会通过的《关于建国以来党的若干历史问题的决议》（即“第二个历史决议”）回顾和总结建党以来特别是新中国成立以来中国革命、建设和改革的理论与实践，把坚持四项基本原则贯彻于党和国家的历史发展之中认识和把握党史、新中国史，研究、阐释和回答如何正确评价毛泽东的历史地位、坚持和发展毛泽东思想等若干重大历史问题，彰显党和国家建设发展的方向与道路、进程与前景、成就与经验。它是党的十一届三中全会恢复和确立马克思主义思想路线以来解放思想、实事求是的产物，集中体现了改革开放之初党的思想理论创新成果，深刻揭示党史、新中国史的主题与主线、主流与本质，彰显

---

* 本文系国家社科基金重大项目“加强党史、新中国史、改革开放史、社会主义发展史教育研究”（21ZDA074）的阶段性成果。

① 宋月红，中国社会科学院当代中国研究所副所长、所党组成员、研究员。

反对和抵制历史虚无主义的决心，蕴含着党关于党史、新中国史的认识论和方法论，是马克思主义中国化发展史上具有继往开来意义的重要历史文献。

一、“第二个历史决议”将革命史观与现代化发展史观统一于认识和把握党和国家历史发展之中

为总结党的历史发展经验，统一全党关于建国以来党的若干历史问题的思想认识，团结带领人民为社会主义现代化建设而奋斗，“第二个历史决议”回顾了新中国成立以前28年党领导人民进行的新民主主义革命斗争，集中阐述了中国革命的历史必然性、指导思想、发展道路、领导力量和依靠力量，以及党领导人民取得革命胜利的伟大历史意义；在认识和把握新中国成立以来的历史进程、正确评价毛泽东历史地位的同时，在新的历史条件下深刻阐明毛泽东思想的科学体系，即新民主主义革命、社会主义革命和社会主义建设，革命军队的建设和军事战略、政策和策略，思想政治工作和文化工作，党的建设等多方面内容，科学揭示实事求是、群众路线、独立自主这一毛泽东思想的活的灵魂；系统总结了中国革命的理论与实践，以及革命、建设和改革的历史与逻辑关系，从中深入阐述革命史观与现代化发展史观的基本内涵及其统一性。

马克思和恩格斯在《共产党宣言》中指出：“无产阶级将利用自己的政治统治，一步一步地夺取资产阶级的全部资本，把一切生产工具集中在国家即组织成为统治阶级的无产阶级手里，并且尽可能快地增加生产力的总量。”[①] 这是马克思主义科学社会主义理论的重要意涵，是马克

① 《马克思恩格斯选集》第1卷，人民出版社2012年版，第421页。

思主义政党理论和国家学说的重要基础。基于近代以来中国社会变动的革命史观，是关于中国革命特别是新民主主义革命的世界观和方法论的集中体现，在新民主主义革命与社会主义革命的关系问题上，强调新民主主义革命是社会主义革命的必要前提和基础，社会主义革命是新民主主义革命的必然趋势和要求。同时，基于新中国建设和发展的现代化发展史观，是关于在中国走什么样的道路、实现什么样的发展的历史逻辑、政治逻辑、理论逻辑和实践逻辑的辩证统一。在新民主主义革命即将胜利之际，党的七届二中全会指出，中国革命在全国胜利后，要迅速恢复和发展生产，对付国外的帝国主义，使中国稳步地由农业国转变为工业国，由新民主主义国家转变为社会主义国家。建立在新中国建设和发展基础上的现代化发展史观，强调走社会主义道路，把中国建设成为社会主义现代化国家。

"第二个历史决议"继承和发展马克思主义中国化理论成果，特别是《新民主主义论》《关于若干历史问题的决议》《论人民民主专政》《论十大关系》《关于正确处理人民内部矛盾的问题》等党和国家重要论述精神，坚持正确历史观，把革命史观和现代化发展史观内在地统一起来，深刻揭示建党特别是新中国成立以来历史发展的主题与主线、主流与本质。"第二个历史决议"充分阐述没有共产党就没有新中国，指出在半殖民地半封建的旧中国，中国人民、中华民族的出路在于彻底地、不妥协地反帝反封建，争取社会主义的前途；科学揭示马克思主义中国化的历史发展，指出党把马克思主义作为立党立国的根本指导思想，创造性地推进马克思主义中国化，领导人民在新民主主义革命胜利的基础上建立新中国，实现人民当家作主，并进行社会主义革命和建设；历史地阐明社会主义制度的建立是中国人民、中华民族发展史上最深刻最伟大的社会变革，是一切进步和发展的基础，指出中国历史上从来没有过的人民当家作主的新型政权是建设富强民主文明的社会主义现代化国家的根本保证，社会主义改造是新中国建设和发展的历史必然，国家的社会主义工业化是国家独立和富强的当然要求和必要条件；系统地阐述社会主义建设和发展进程，指出在社会主义改造基本完成以后，我国所需要解决的主要矛盾是人民日益增长的物质文化需要同落后的社会生产之间的矛盾，社会主义建设必经一个很长的历史过程，在开始全面建设社会主义的 10 年中建立起进行现代化建设的物质技术基础，培养和积累起全国经济文化建设等方面的骨干力量及其工作经验。“文化大革命”是一场严重“内乱”，但在“文化大革命”中，我国社会主义制度的根基仍然保存着，社会主义经济建设还在进行，国家仍然保持统一并且在国际上发挥重要影响。党的十一届三中全会是新中国成立以来党的历史上具有深远意义的伟大转折，党在新的历史时期的奋斗目标是要把我国逐步建设成为具有现代农业、现代工业、现代国防和现代科学技术的，具有高度民主和高度文明的社会主义强国，社会主义经济建设必须从我国国情出发，量力而行，积极奋斗，有步骤分阶段地实现现代化的目标，社会主义生产关系的变革和完善必须适应于生产力的状况，有利于生产的发展。在社会主义革命、建设和改革的历史发展基础上，党领导人民在改革开放之初逐步确立了一条适合我国情况的社会主义现代化建设的正确道路。

能否实现现代化发展，决定国家的前途命运。1979 年 3 月 30 日，邓小平在党的理论工作务虚会上鲜明指出：“要在中国实现四个现代化，必须在思想政治上坚持四项基本原则。”[①] 历史地看，党在领导新民主主义革命中推进马克思主义中国化，初步奠立四项基本原则的核心要义，并不断丰富其时代内涵；党为建立一个新中国而奋斗，在建立新中国的

① 《邓小平文选》第 2 卷，人民出版社 1993 年版，第 164 页。

过程中，将坚持四项基本原则的内涵和精神实质赋予国体、政体之中；党在社会主义改造和探索适合中国国情的社会主义建设实践中，确立并发展坚持四项基本原则的制度基础，并在此基础上实行改革开放。在改革开放前，坚持四项基本原则这一概念尽管尚未被完整地提炼出来，但坚持四项基本原则的思想与精神内涵是客观存在的，是党长期以来所一贯坚持和遵循的，深深贯彻于中国革命、建设的理论与实践之中，并将改革开放前后两个历史时期具体地、历史地贯通和统一起来。我国社会主义建设波澜壮阔，但又是复杂而曲折的。坚持四项基本原则，是党在总结社会主义建设正反两方面经验的基础上概括出来的。改革开放后与改革开放前两个历史时期相比，在思想指导、方针政策和实际工作上有着很大差别。在思想政治上，改革开放前的历史时期转折到改革开放，是在新中国已经建立起社会主义基本制度并进行了 20 多年建设的基础上开创并深入发展，在“关于真理标准问题大讨论”的解放思想的基础上起步和推开的，为坚持四项基本原则的确立奠定了思想政治基础和物质基础。坚持四项基本原则，是历史的必然选择、人民意志的必然要求，是党领导人民进行中国革命、建设和改革的根本思想政治基础。

“第二个历史决议”根据党和国家的历史发展，鲜明阐述了坚持四项基本原则在党史、新中国史上的基本内涵及其历史地位和意义。社会主义物质文明、政治文明和精神文明建设是相辅相成、辩证统一的。党在改革开放之初就高度重视思想政治建设，在改革开放中始终坚持四项基本原则。1979 年是新中国成立 30 周年，党在总结历史经验时指出，“依靠四项基本原则的力量”，“纠正了自己工作中的错误，终于经受住了严峻的考验，重新走上顺利发展的康庄大道”[①]。之后，党中央主持起草

① 《三中全会以来重要文献选编》上，人民出版社 1982 年版，第 214—215 页。

“第二个历史决议”，并在党的十一届六中全会上通过该决议，指出四项基本原则是全党团结和全国各族人民团结的共同的政治基础，也是社会主义现代化建设事业顺利进行的根本保证。一切偏离四项基本原则的言论和行动都是错误的，一切否定和破坏四项基本原则的言论和行动都是不能容许的。[①] 总结新中国成立以来历史经验的根本目的，就是要在坚持四项基本原则的基础上，把全党、全军和全国各族人民的意志和力量进一步集中到建设社会主义现代化强国这个伟大目标上来。

二、“第二个历史决议”贯彻中国革命建设改革的历史逻辑与马克思主义中国化理论成果科学体系的有机统一

习近平总书记指出：“党的历史，就是一部不断推进马克思主义中国化的历史，就是一部不断推进理论创新、进行理论创造的历史。”[②] 在马克思主义中国化发展史上，毛泽东思想在中国革命中形成和确立，在新中国成立以来的社会主义革命和社会主义建设中丰富和发展，指导新民主主义革命胜利，并在此基础上建立新中国，继而推动新中国由新民主主义社会过渡到社会主义社会，开始全面建设社会主义。粉碎“四人帮”后，针对“两个凡是”，邓小平于 1977 年 4 月 10 日给中央写信，提出“我们必须世世代代地用准确的完整的毛泽东思想来指导我们全党、全军和全国人民，把党和社会主义的事业，把国际共产主义运动的事业，胜利地推向前进”[③]。在党的十届三中全会上，他在讲话中阐述“要用准确

① 参见《〈关于若干历史问题的决议〉〈关于建国以来党的若干历史问题的决议〉》，中共党史出版社 2021 年版，第 111—112 页。

② 习近平：《在党史学习教育动员大会上的讲话》，《求是》2021 年第 7 期。

③ 《邓小平文选》第 2 卷，人民出版社 1993 年版，第 39 页。

的完整的毛泽东思想作指导”，就是“要对毛泽东思想有一个完整的准确的认识，要善于学习、掌握和运用毛泽东思想的体系来指导我们各项工作。只有这样，才不至于割裂、歪曲毛泽东思想，损害毛泽东思想”。[①]邓小平强调要以准确的完整的毛泽东思想为指导，为拨乱反正指明了正确的思想理论方向。在党的十一届三中全会前的中央工作会议上，邓小平发表《解放思想，实事求是，团结一致向前看》的讲话，指出“没有毛主席就没有新中国”,“没有毛泽东思想，就没有今天的中国共产党”。[②]对于什么是毛泽东思想、怎样对待毛泽东思想，邓小平立场坚定、旗帜鲜明。

就文献名称来说，“第二个历史决议”本应从1949年新中国成立写起，尽管新中国成立以党领导人民取得新民主主义革命胜利为前提和基础，若从中国共产党成立写起，则有超出写史立传范围之嫌，况且1945年党的六届七中全会通过的《关于历史问题的决议》已经对新民主主义革命作了记述和总结。“第二个历史决议”之所以把新中国成立以来的党史上溯到中国共产党成立，并由此写起，主要是由起草制定这个决议的指导思想、原则和要求所规定的，基于为正确评价毛泽东的历史地位、坚持和发展毛泽东思想提供坚实历史基础，以史鉴今，开辟前行的路。

起草制定“第二个历史决议”，集中了全党对党的历史问题的思想认识和智慧。1980年3月19日，邓小平在同中央负责同志谈话时，提出了以“确立毛泽东同志的历史地位、坚持和发展毛泽东思想”[③]为核心内容的指导思想、原则和要求。他强调这是起草制定工作中最重要、最根本、最关键的一条。在党内就起草的决议稿进行四千人讨论中，邓小平

① 《邓小平文选》第2卷，人民出版社1993年版，第42页。

② 《邓小平文选》第2卷，人民出版社1993年版，第148、149页。

③ 《改革开放四十年大事记》,《人民日报》2018年12月17日。

特别指出：“毛泽东思想这个旗帜丢不得。丢掉了这个旗帜，实际上就否定了我们党的光辉历史。”[①]他认为，对毛泽东历史地位的评价和对毛泽东思想的阐述，“同我们党、我们国家的整个历史是分不开的”，“这不只是个理论问题，尤其是个政治问题”，“如果不写或写不好这个部分，整个决议都不如不做”。[②]遵循和贯彻这些重要论述精神，究竟如何写好这一部分乃至整个决议，就成为起草制定工作的一个关键环节。为此，全党进行了广泛探讨和深入研究。1981 年 3 月 24 日，邓小平去看望陈云，陈云对修改决议稿又提出了两条意见，其中第一条就是“专门加一篇话，讲讲解放前党的历史，写党的六十年”。邓小平认为“这个意见很好”[③]，并转告给了起草小组。决议起草制定工作从 1979 年 11 月成立起草小组起，前后历经一年零八个月，由党的十一届六中全会于 1981 年 6 月 27 日审议通过。决议文本的第一部分的主题就是“建国以前二十八年历史的回顾”，落实了“写党的六十年”历史。如此，从党的全部历史实际出发，更全面概括了毛泽东的历史功绩和伟大贡献，确立毛泽东的历史地位、坚持和发展毛泽东思想也就有了全面的根据。

正确评价毛泽东的历史地位，关键在于科学揭示毛泽东思想的科学体系。“第二个历史决议”科学阐明，毛泽东思想是马克思列宁主义普遍原理和中国革命具体实践相结合的产物，是马克思列宁主义在中国的运用和发展，是被实践证明了的关于中国革命的正确的理论原则和经验总结，是中国共产党集体智慧的结晶。正确评价毛泽东的历史地位、坚持和发展毛泽东思想，是理论问题，更是政治问题。对毛泽东历史地位的评价，对毛泽东思想的阐述，不是仅仅涉及毛泽东个人的问题，而是同

---

① 《邓小平文选》第 2 卷，人民出版社 1993 年版，第 298 页。

② 《邓小平文选》第 2 卷，人民出版社 1993 年版，第 299 页。

③ 《邓小平文选》第 2 卷，人民出版社 1993 年版，第 303 页。

党和国家的整个历史分不开的，这是个全局。党的整个历史是光辉的历史，毛泽东思想是一个科学的理论体系，丢掉毛泽东思想这个旗帜，实际上就否定了其所代表的党和国家的一段历史。“第二个历史决议”把毛泽东的一生放在新民主主义革命和社会主义建设的历史进程中全面认识，放在党领导人民艰苦奋斗、艰辛探索，努力实现国家独立、富强、民主、文明和中华民族伟大复兴的历史进程中科学把握，实现了中国革命和建设的历史发展逻辑与毛泽东思想的理论逻辑的高度统一，在新的历史条件下确立了毛泽东的历史地位和毛泽东思想的科学体系。

三、“第二个历史决议”坚持历史发展的阶段性与连续性的统一

起草和制定“第二个历史决议”，之所以推动完成党在指导思想上拨乱反正的任务，之所以能够统一思想、团结一致向前看，是因为它将马克思主义唯物史观的基本立场、观点和方法具体运用到认识和把握党史、新中国史之中。

以总结历史经验为认识和研究党史、新中国史的出发点和落脚点。“第二个历史决议”指出，就新中国成立 32 年来说，尽管由于党领导社会主义事业的经验不多，特别是发生“文化大革命”，使得党和国家建设事业没有取得本来应该取得的更大成就，但新中国取得的成就还是主要的，忽视或否认成就，忽视或否认取得这些成就的成功经验，同样是严重的错误。新中国的建设和发展，是党在不断总结历史经验中开辟拓展和深化的。“第二个历史决议”把新中国成立 32 年的历史分为基本完成社会主义改造的 7 年，开始全面建设社会主义的 10 年，“文化大革命”的 10 年，历史的伟大转折。党和国家的建设和发展历程表明，新中国的

历史是党领导人民艰辛探索、曲折发展的。在此基础上，“第二个历史决议”指出，只有社会主义才能救中国，新中国在社会主义条件下取得了旧中国根本不可能达到的成就，有力地显示了社会主义制度的优越性。我们能够依靠自己的力量战胜各种困难，同样也是社会主义制度具有强大生命力的表现。社会主义制度由比较不完善到比较完善，必然要经历一个长久的过程，必然要在坚持社会主义基本制度的前提下，改革那些不适应生产力发展需要和人民利益的具体制度。

把“文化大革命”与“文化大革命时期”以及“毛泽东晚年的错误”同毛泽东思想区别开来。“第二个历史决议”指出，由于全党和广大工人、农民、解放军指战员、知识分子、知识青年和干部的共同斗争，使“文化大革命”的破坏受到了一定程度的限制。我国国民经济虽然遭到巨大损失，仍然取得了进展。“这一切决不是‘文化大革命’的成果，如果没有‘文化大革命’，我们的事业会取得大得多的成就。”[①] 不仅如此，毛泽东晚年的思想中既有正确内容，也有错误存在，不能一概而论。而毛泽东晚年的错误既有思想上的，也有实践上的。毛泽东晚年的错误不但没有动摇毛泽东思想的科学性，而且从反面证明了毛泽东思想是不能违背的，违背了就会犯这样那样的错误。毛泽东犯了错误，但他是作为一个马克思主义者犯错误的。就毛泽东的一生来看，他对中国革命的功绩远远大于他的过失。他的功绩是第一位的，错误是第二位的。[②]“第二个历史决议”指出以下两种态度都是错误的：一是因为毛泽东晚年犯了错误，就企图否认毛泽东思想的科学价值，否认毛泽东思想对我国革命和建设

---

① 《〈关于若干历史问题的决议〉〈关于建国以来党的若干历史问题的决议〉》，中共党史出版社2021年版，第88页。

② 参见《〈关于若干历史问题的决议〉〈关于建国以来党的若干历史问题的决议〉》，中共党史出版社2021年版，第97页。

的指导作用；二是以为凡是毛泽东说过的话都是不可移易的真理，只能照抄照搬，甚至不愿实事求是地承认毛泽东晚年犯了错误，并且还企图在新的实践中坚持这些错误。这两种态度都是没有把经过长期历史考验形成为科学理论的毛泽东思想，同毛泽东晚年所犯的错误区别开来，而这种区别是十分必要的。[①]

把新中国成立以来的中国革命和建设的历史，同两年“徘徊”时期和改革开放初期的历史联系起来，贯通了改革开放前后两个时期的历史，初步论述了中国特色社会主义建设的基本历史经验。“第二个历史决议”以“历史的伟大转折”为题，增加了粉碎“四人帮”以后的4年。在此基础上，决议指出，党在十一届三中全会以来逐步确立了一条适合我国情况的社会主义现代化建设的正确道路，其主要点已经可以从新中国成立以来正反两方面的经验得到基本的总结。[②]历史地看，这条道路就是中国特色社会主义道路。以毛泽东同志为核心的党的第一代中央领导集体，带领全党全国各族人民探索适合本国国情的社会主义建设，虽然经历了严重曲折，但党在社会主义建设中取得的独创性理论成果，具有中国特色的制度成果和历史性成就，奠定了当代中国一切发展进步的根本政治前提与制度基础，为新的历史时期开创中国特色社会主义提供了宝贵经验、理论准备、物质基础。“第二个历史决议”把改革开放前后两个历史时期统一起来，深刻阐明了改革开放和中国特色社会主义现代化建设事业的物质基础、政治前提和理论准备。

对待历史要实事求是，功过是非评判要客观公正。哪些是正确的，

---

① 参见《〈关于若干历史问题的决议〉〈关于建国以来党的若干历史问题的决议〉》，中共党史出版社2021年版，第110页。

② 参见《〈关于若干历史问题的决议〉〈关于建国以来党的若干历史问题的决议〉》，中共党史出版社2021年版，第113页。

哪些是错误的，要进行实事求是的分析，公正评价功过是非，要合乎实际，使它能够站得住，经得起历史的检验。“第二个历史决议”提出关于评价领袖地位与作用的“两个不应该”是正确的认识论，以及关于对待成就与错误的两个忽视或否认的问题是错误的认识论。前者是指不应该把一切功劳归于革命的领袖们，也不应该低估领袖们的重要作用；后者主要指忽视错误、掩盖错误是不允许的，这本身就是错误，而且将招致更大的错误。新中国成立 32 年以来的成就是主要的，忽视或否认成就，忽视或否认取得这些成就的成功经验，同样是严重的错误。

“第二个历史决议”贯彻马克思主义的思想路线、政治路线和组织路线，从理论与实践的结合上实事求是地分析和认识历史问题、历史是非，充分发扬党内民主、集中全党智慧和意志，完成了党在指导思想上的拨乱反正，为统一思想、团结奋斗和推进改革开放提供了重要思想政治基础，是树立正确党史观的重要依据，在马克思主义中国化发展史上具有重大而深远的指导意义。

百年中国共产党推动国际共产主义运动新发展

龚　云[①]

以推翻资本主义为宗旨的国际共产主义运动，是共产党人领导的以马克思主义为指导的无产阶级运动，至今已有170多年的历史。恩格斯指出："现代社会主义，就其内容来说，首先是对现代社会中普遍存在的有财产者和无财产者之间、资本家和雇佣工人之间的阶级对立以及生产中普遍存在的无政府状态这两个方面进行考察的结果。"[②]邓小平也曾指出："自有国际共产主义运动以来，就证明了没有无产阶级的政党就不可能有国际共产主义运动。"[③]社会主义代替资本主义的历史过程，体现了历史趋势的必然性和历史主体的能动性的辩证统一，包含了共产党领导无产阶级和人民群众的自觉行动，离不开无产阶级政党的正确领导。中国共产党百年历史，是国际共产主义运动历史的重要组成部分，书写了

---

① 龚云，中国社会科学院马克思主义研究院副院长、研究员、博士研究生导师。

② 《马克思恩格斯文集》第3卷，人民出版社2009年版，第523页。

③ 《邓小平文选》第2卷，人民出版社1993年版，第169页。

国际共产主义运动的中国篇章，推动了国际共产主义运动新发展。

一、中国共产党领导的革命是国际共产主义运动的重要组成部分

“无产阶级只有在世界历史意义上才能存在，就像共产主义——它的事业——只有作为‘世界历史性的’存在才有可能实现一样。”[①] 中国共产党既是中国近代社会发展的产物，也是国际共产主义运动的产物。中国共产党诞生于帝国主义和无产阶级革命时代，是在国际共产主义运动影响下产生的。中国共产党领导的革命是国际共产主义运动的重要组成部分。

中国共产党领导的革命属于世界无产阶级革命的一部分。资本主义发展到帝国主义时代，殖民地半殖民地国家民族解放运动成为无产阶级世界革命的一部分。全世界无产阶级和被压迫民族只有联合起来，共同进行反对帝国主义的斗争，才能保证战胜资本主义，才能消灭民族压迫和不平等现象。20 世纪初，列宁根据帝国主义和无产阶级革命时代的特点指出：“帝国主义意味着资本的发展超出了民族国家的范围，意味着民族压迫在新的历史基础上的扩大和加剧。”“我们应当把争取社会主义的革命斗争同民族问题的革命纲领联系起来。”[②]1917 年俄国十月革命的胜利，扩大了民族问题的范围，把它从欧洲反对民族压迫的斗争的局部问题，变为各被压迫民族、各殖民地及半殖民地从帝国主义之下解放出来的总问题，给民族解放开辟了具有广大的可能性和现实性的道路，将其吸引到反帝国主义斗争的巨流中，建立了一条从西方无产者经俄国革

① 《马克思恩格斯文集》第 1 卷，人民出版社 2009 年版，第 539 页。
② 《列宁全集》第 27 卷，人民出版社 2017 年版，第 77、78 页。

命到东方被压迫民族的新的反对世界帝国主义的革命战线，推动世界民族解放运动和无产阶级社会主义革命联结在一起，推动东方各殖民地和半殖民地的分散孤立的民族解放运动的大团结，构筑了一条全世界共同反对帝国主义的跨国家、跨民族、跨区域的联合战线，为殖民地和半殖民地国家的民族解放运动开辟了广阔的发展前景。1919 年共产国际成立后，支持全世界被压迫民族解放运动。1921 年中国共产党的成立，改变了近代中国人民的民族解放运动孤立于全世界民族解放运动之外的局面，中国共产党所领导的新民主主义革命，不再属于旧世界资产阶级革命的范畴，“却改变为属于新的资产阶级民主主义革命的范畴，而在革命的阵线上说来，则属于世界无产阶级社会主义革命的一部分”①。“这种革命的殖民地半殖民地，已经不能当作世界资本主义反革命战线的同盟军，而改变为世界社会主义革命战线的同盟军了。”② “这是一个绝大的变化，这是自有世界历史和中国历史以来无可比拟的大变化。” ③ 从此，中国革命与世界无产阶级革命、民族解放运动互为奥援，改变了世界力量对比，极大地改变了世界发展格局。

中国共产党创造性地开辟了中国特色的无产阶级革命新道路。在中国这样落后的东方农业大国如何进行无产阶级革命，马克思主义经典作家并没有给出明确答案，只是提供了思考问题的方法。19 世纪 80 年代，恩格斯明确指出：“马克思的历史理论是任何坚定不移和始终一贯的革命策略的基本条件；为了找到这种策略，需要的只是把这一理论应用于本国的经济条件和政治条件。” ④ 列宁也指出，马克思主义不是一成不变的

① 《毛泽东选集》第 2 卷，人民出版社 1991 年版，第 667 页。
② 《毛泽东选集》第 2 卷，人民出版社 1991 年版，第 668 页。
③ 《毛泽东选集》第 2 卷，人民出版社 1991 年版，第 669 页。
④ 《马克思恩格斯文集》第 10 卷，人民出版社 2009 年版，第 532 页。

和神圣不可侵犯的东西，“因为它所提供的只是总的指导原理，而这些原理的应用具体地说，在英国不同于法国，在法国不同于德国，在德国又不同于俄国”[①]。列宁在运用马克思主义指导方面为中国共产党人树立了榜样，提供了理论指导。列宁不仅在理论上突破了马克思、恩格斯关于社会主义革命将在英、美、法、德等先进资本主义国家首先胜利和“同时发生”理论，结合帝国主义时代俄国的实际，提出了“一国胜利”理论，而且在实践上成功领导了十月革命，使社会主义第一次从理想变成了现实，开辟了人类历史新纪元，鼓舞了包括中国在内的国家走社会主义道路的信心。中国共产党的先驱李大钊在《再论问题与主义》中前瞻性地指出：“一个社会主义者，为使他的主义在世界上发生一些影响，必须要研究怎么可以把他的理想尽量应用于环绕着他的实境。”[②]社会主义的理想，“因各地、各时之情形不同，务求其适合者行之，遂发生共性与特性结合的一种新制度（共性是普遍者，特性是随时随地不同者），故中国将来发生之时，必与英、德、俄……有异”[③]。

中国共产党从半殖民地半封建社会的国情出发，确立了先进行新民主主义革命，再进行社会主义革命的中国革命道路。毛泽东明确指出，中国共产党是新民主主义革命的领导力量，决定了“中国革命的终极的前途，不是资本主义的，而是社会主义和共产主义的”[④]。在具体革命道路上，从国际共产主义运动的历史来看，都是城市武装暴动的经验，无论中外，找不到农村包围城市的经验。以毛泽东同志为代表的中国共产党人一方面坚持：“革命的中心任务和最高形式是武装夺取政权，是战

① 《列宁专题文集·论马克思主义》，人民出版社 2009 年版，第 96 页。
② 《李大钊全集》第 3 卷，人民出版社 2013 年版，第 51 页。
③ 《李大钊全集》第 4 卷，人民出版社 2013 年版，第 248 页。
④ 《毛泽东选集》第 2 卷，人民出版社 1991 年版，第 650 页。

争解决问题。这个马克思列宁主义的革命原则是普遍地对的，不论在中国在外国，一概都是对的。”[①] 另一方面又分析了中国的特殊国情：“中国的特点是：不是一个独立的民主的国家，而是一个半殖民地的半封建的国家；在内部没有民主制度，而受封建制度压迫；在外部没有民族独立，而受帝国主义压迫。因此，无议会可以利用，无组织工人举行罢工的合法权利。在这里，共产党的任务，基本地不是经过长期合法斗争以进入起义和战争，也不是先占城市后取乡村，而是走相反的道路。”[②] 中国的国情决定了不能照搬俄国十月革命城市武装暴动的道路，只能走自己的路。中国特色的革命道路是马克思主义在中国的创造性运用，丰富了无产阶级革命道路理论，是对国际共产主义运动的一大突出贡献。邓小平指出：“马克思、列宁从来没有说过农村包围城市，这个原理在当时世界上还是没有的。但是毛泽东同志根据中国的具体条件指明了革命的具体道路。”[③] “如果没有实事求是的基本思想，能提出和解决这样的问题吗？能把中国革命搞成功吗？”[④] 中国共产党团结带领全国各族人民，历经艰苦卓绝的斗争，不断从胜利走向胜利，通过新民主主义革命建立了人民民主专政的国家政权，为走上社会主义创造了政治前提，开创了国际共产主义运动历史上无产阶级革命道路的多样化模式。中华人民共和国的成立，标志着中华民族站起来了，再也不是一个任人侮辱的民族了，同时大大促进了世界的和平与自由。中国革命的胜利，使世界范围内政治力量的对比发生了有利于国际共产主义运动的根本变化，大大推进了国际共产主义运动的发展。意大利参议员斯巴诺（Velio Spano）在中苏友好协会成

① 《毛泽东选集》第 2 卷，人民出版社 1991 年版，第 541 页。
② 《毛泽东选集》第 2 卷，人民出版社 1991 年版，第 542 页。
③ 《邓小平文选》第 2 卷，人民出版社 1993 年版，第 126 页。
④ 《邓小平文选》第 2 卷，人民出版社 1993 年版，第 127 页。

立大会上说："新中国就是四分之一人类的觉醒；新中国就是受帝国主义压迫的一切民族黎明的号角；新中国就是帝国主义死亡的一幕。"①

中国共产党创造性地发展了落后国家走上社会主义的道路。列宁指出："一切民族都将走向社会主义，这是不可避免的，但是一切民族的走法却不会完全一样，在民主的这种或那种形式上，在无产阶级专政的这种或那种形态上，在社会生活各方面的社会主义改造的速度上，每个民族都会有自己的特点。"②"由于开始向建立社会主义前进时所处的条件不同，这种过渡的具体条件和形式必然是而且应当是多种多样的……这种多样性愈是丰富（当然，不是标新立异），我们就能愈可靠愈迅速地达到民主集中制和实现社会主义经济。"③新中国成立后，在恢复国民经济的基础上，中国共产党不失时机地进行了社会主义改造，特别是按照中国的实际情况，创造性地把马克思主义经典作家关于对资产阶级和平赎买的设想成功地付诸实践，建立了社会主义基本制度，实现了中国历史上最彻底、最深刻的社会变革。邓小平说："我国资本主义工商业社会主义改造的胜利完成，是我国和世界社会主义历史上最光辉的胜利之一。这个胜利的取得，是由于中国共产党领导全体工人阶级执行了毛泽东同志根据我国情况制定的马克思主义政策，同时，资本家阶级中的进步分子和大多数人在接受改造方面也起了有益的配合作用。"④第二次世界大战结束后，一批社会主义国家诞生，特别是在新民主主义革命胜利的基础上，新中国的成立及其走上社会主义道路，标志着科学社会主义从一国实践发展为多国实践，推动国际共产主义运动进入一个新的发展阶段。

---

① 转引自张皓：《新中国诞生的世界历史意义》，《历史评论》2020年第1期。

② 《列宁选集》第2卷，人民出版社2012年版，第777页。

③ 《列宁全集》第34卷，人民出版社2017年版，第140页。

④ 《邓小平文选》第2卷，人民出版社1993年版，第186页。

二、中国共产党在国际共产主义运动重要节点发挥了关键作用

20 世纪下半叶，国际共产主义运动遭遇两次重大危机：一次是苏共二十大赫鲁晓夫全盘否定斯大林引起国际共产主义阵营混乱，另一次是东欧剧变、苏联解体导致国际共产主义运动陷入低谷。在这两次危机中，中国共产党发挥了关键作用，挽救了国际共产主义运动。

1956 年，在国际共产主义运动史上是一个不平凡的年份。这一年，中国共产党领导中国人民基本完成社会主义改造，进入社会主义社会，开始了全面建设社会主义时期。同年，苏共召开了二十大。在这次会上，赫鲁晓夫作秘密报告全盘否定斯大林，西方掀起世界性反共高潮，东欧发生了波兰和匈牙利事件，国际共产主义运动出现混乱。在国际共产主义运动的关键时刻，中国共产党有效应对，发挥了关键作用。

一方面，以毛泽东为代表的中国共产党人，以苏为鉴，开始在中国这样一个贫穷落后的农业大国进行社会主义建设的独立探索。毛泽东指出："特别值得注意的是，最近苏联方面暴露了他们在建设社会主义过程中的一些缺点和错误，他们走过的弯路，你还想走？过去我们就是鉴于他们的经验教训，少走了一些弯路，现在当然更要引以为戒。"[①] "我认为最重要的教训是独立自主，调查研究，摸清本国国情，把马克思列宁主义的基本原理同我国革命和建设的具体实际结合起来，制定我们的路线、方针、政策。民主革命时期，我们走过一段弯路，吃了大亏之后才成功地实现了这种结合，现在是社会主义革命和建设时期，我们要进行第二

① 《毛泽东文集》第 7 卷，人民出版社 1999 年版，第 23 页。

次结合，找出在中国进行社会主义革命和建设的正确道路。”①

另一方面，中国共产党总结无产阶级专政的历史经验，提出正确对待国际共产主义运动领袖和兄弟党关系的基本原则，向苏联共产党提出处理波匈事件的正确建议，化解了国际共产主义运动面临的危机。为了捍卫国际共产主义运动的基本原则，中国共产党与苏联共产党进行了长达10年的论战。中苏论战对国际共产主义运动的独立自主发展具有重要意义，同时也存在一些不足。中国共产党在总结20世纪60年代初中苏论战教训时说：“我们的真正错误是根据中国自己的经验和实践来论断和评价国际共运的是非，因此有些东西不符合唯物主义和辩证法的原则。”“对兄弟党，不要指手画脚，否则是很危险的。”“如果中国要对国际共运、对人类做出重大贡献的话，关键是生产力的发展。这种发展不仅表现在国际上社会主义对资本主义比重的增加，而且要体现在社会主义比资本主义更加优越。”②

东欧剧变、苏联解体后，改革开放的新中国成为社会主义国家建设和发展的一面旗帜和国际共产主义运动发展的坚强阵地，挽救了国际共产主义运动。东欧剧变，苏联解体，是社会主义在实践中出现的曲折和反复。社会主义作为一种全新的社会制度，只能在大风大浪中发展和成熟。诚如列宁指出的：“在这样崭新、艰难和伟大的事业中，缺点、错误和失误是不可避免的。谁害怕社会主义建设中的困难，谁被这些困难吓倒，谁见了这些困难就悲观失望或者张皇失措起来，谁就不是社会主义者。”③在东欧剧变、苏联解体，国际共产主义运动遭受严重挫折的重大

① 吴冷西：《十年论战：1956—1966中苏关系回忆录》上，中央文献出版社1995年版，第23—24页。

② 《邓小平年谱（1975—1997）》下，中央文献出版社2004年版，第944页。

③ 《列宁选集》第4卷，人民出版社2012年版，第130页。

历史关头，邓小平斩钉截铁地指出："中国的社会主义是变不了的。中国肯定要沿着自己选择的社会主义道路走到底。谁也压不垮我们。只要中国不垮，世界上就有五分之一的人口在坚持社会主义。我们对社会主义的前途充满信心。"①"一些国家出现严重曲折，社会主义好像被削弱了，但人民经受锻炼，从中吸收教训，将促使社会主义向着更加健康的方向发展。"②"只要中国社会主义不倒，社会主义在世界将始终站得住。"③1990年，江泽民在会见朝鲜劳动党中央委员会总书记金日成时表示："社会主义是消灭剥削制度的新型社会制度，只有七十三年的历史，遇到一些挫折和困难，走一些弯路，也难以完全避免。当代世界的很多根本矛盾，在马克思、恩格斯、列宁以及后继者的著作中都作过分析。资本主义并没有解决这些矛盾。只有社会主义才能解决当代世界的根本矛盾。只要社会主义国家集中精力加快经济发展，增强实力，充分显示出社会主义制度的优越性，最终一定能够取得胜利。""西方某些人甚至想把社会主义在地球上消灭掉，这是绝对办不到的。西方国家不能忽视中国作为社会主义大国在国际上特别是在第三世界中的作用。我们共产党人要坚定信念，还要不断积累经验。我们要承认世界社会主义处在低潮，但我们要顶住，硬着头皮顶住，同时要把我们的社会主义事业发展好。"④1995年，胡锦涛在会见印度共产党（马克思主义）负责人时指出："随着苏联解体、东欧剧变，世界社会主义确实遭受一定的挫折。但是，这并不能改变社会主义终将代替资本主义这一历史发展总的趋势。在看到苏联、东欧变化以后，西方一些预言家曾预言社会主义将彻底失败，

---

① 《邓小平文选》第3卷，人民出版社1993年版，第320—321页。

② 《邓小平文选》第3卷，人民出版社1993年版，第383页。

③ 《邓小平文选》第3卷，人民出版社1993年版，第346页。

④ 《江泽民文选》第1卷，人民出版社2006年版，第135—136、136页。

社会主义事业将崩溃。但是，事实证明他们的预言是错误的。一些坚持社会主义制度的国家在不断改革创新中都取得了新的发展，真正的共产党人也没有在困难和挫折面前消沉和退缩，反而从中受到了教育，进一步总结了历史的经验教训，从本国实际出发探索建设社会主义道路。因此，从当前形势看，虽然社会主义事业还有这样或那样的困难，但我们认为社会主义的前途是光明的。在世界社会主义事业面临困难的情况下，我们中国共产党认识到自己所肩负的历史责任。我们首先要把中国的事情办好，使社会主义制度在有十二亿人口的中国取得胜利，这本身就是对世界各国共产党人和从事社会主义事业的人们的很大鼓舞和支持。”①

中国始终高举社会主义大旗，成功开创和发展了中国特色社会主义，让科学社会主义的优越性彰显，在国际共产主义运动陷入低潮时挽救了社会主义。中国不但没有在东欧剧变、苏联解体带来的多米诺骨牌效应中倒下，而是站住了，并且获得巨大成功。特别是 2010 年中国成为世界第二大经济体，改变了东欧剧变、苏联解体后资本主义的“狂飙突进”势头，伴随着 2008 年世界资本主义危机，使以中国为代表的世界社会主义和以美国为代表的世界资本主义力量对比和格局发生变化。习近平总书记深刻指出：“如果社会主义在中国没有取得今天的成功，如果中国共产党领导和我国社会主义制度也在苏联解体、苏共垮台、东欧剧变那场多米诺骨牌式的变化中倒塌了，或者因为其他原因失败了，那社会主义实践就可能又要长期在黑暗中徘徊了，又要像马克思所说的那样作为一个幽灵在世界上徘徊了。”② 越南共产党评价说：“从国际上说，改革开放事业的成功挽救并发展了社会主义，这是世界社会主义革命运动发展

---

① 《胡锦涛文选》第 1 卷，人民出版社 2016 年版，第 157—158 页。

② 《习近平关于“不忘初心、牢记使命”重要论述选编》，党建读物出版社、中央文献出版社 2019 年版，第 330—331 页。

史上具有划阶段意义的贡献。继社会主义制度在苏联和东欧垮台之后假设社会主义制度在中国也垮台，那么，社会主义就会在世界上消失，世界社会主义运动肯定将陷入数个世纪的黑暗时期。中国建设社会主义的成功，是向世界人民证明社会主义优越性的生动实例，也是批驳各种敌对势力一切歪曲和诋毁论调、恢复进步人类对社会主义前途信心的雄辩证据。”①

三、新时代中国特色社会主义引领国际共产主义运动发展

党的十八大以来，中国特色社会主义进入了新时代，这是中国发展新的历史方位，“意味着科学社会主义在二十一世纪的中国焕发出强大生机活力，在世界上高高举起了中国特色社会主义伟大旗帜”②。“我们所做的一切都是为人民谋幸福，为民族谋复兴，为世界谋大同。”③新时代中国特色社会主义成功求解了社会主义发展史上的历史性课题，是21世纪科学社会主义的旗帜，成为引领国际共产主义运动发展的中流砥柱。

高举马克思主义旗帜。中国特色社会主义进入新时代，中国共产党在全世界高举马克思主义旗帜，并把马克思主义发展到21世纪马克思主义阶段。旗帜问题至关重要。旗帜引领方向，方向决定道路。毛泽东指出：“主义譬如一面旗子，旗子立起了，大家才有所指望，才知所趋赴。”④马克思主义是指导国际共产主义运动的强大思想武器，同时马克思主义的命运又与国际共产主义运动的命运息息相关。在西方思想

---

① 新华社河内1998年10月22日电。

② 习近平：《决胜全面建成小康社会　夺取新时代中国特色社会主义伟大胜利——在中国共产党第十九次全国代表大会上的报告》，《人民日报》2017年10月28日。

③ 《习近平会见联合国秘书长古特雷斯》，《人民日报》2018年4月9日。

④ 《毛泽东年谱（1983—1949）》上卷，中央文献出版社2013年版，第70页。

界享有盛名的德里达（Jacques Derrida）在东欧剧变、苏联解体以后写的《马克思的幽灵》中认为："地球上所有的人，所有的男人和女人，不管他们愿意与否，知道与否，他们今天在某种程度上说都是马克思和马克思主义的继承人。""不能没有马克思，没有马克思，没有对马克思的记忆，没有马克思的遗产，也就没有将来；无论如何得有个马克思，得有他的才华，至少得有他的某种精神。"① 美国经济学家海尔布隆纳（R. L. Heilbroner）在《马克思主义：赞成与反对》中认为："只要资本主义存在，我认为我们就不能宣称他对这一制度内在性质的认定是错误的。"② 一位西方学者早在21世纪初就中肯地说："马克思对资本主义的最精辟的分析，在帮助人们理解19世纪的同时，也同样使我们更好地理解我们现在所生活的世界。"③ 2018年5月，在中国共产党举行的"纪念马克思诞辰200周年专题研讨会"上，各国共产党和工人党普遍高度评价习近平新时代中国特色社会主义思想，认为习近平新时代中国特色社会主义思想不仅是"属于21世纪的马克思主义"，更是"适于21世纪的马克思主义"。④ 有外国政党评价，习近平新时代中国特色社会主义思想是21世纪社会主义"最杰出"的代表，使中国步入了"人类自我解放"的新境界，使世界社会主义事业呈现勃勃生机。⑤

坚持共产主义远大目标。中国共产党站在21世纪的高度，通过对国

① ［法］雅克·德里达：《马克思的幽灵：债务国家、哀悼活动和新国际》，何一译，中国人民大学出版社1999年版，第127、21页。

② ［美］R. L. 海尔布隆纳：《马克思主义：赞成与反对》，马林梅译，东方出版社2016年版，第65页。

③ 《千年思想撷英，马克思尽领风骚》，《文汇报》2001年10月3日。

④ 郭业洲：《习近平新时代中国特色社会主义思想的国际贡献和世界意义》，《世界社会主义研究》2020年第12期。

⑤ 参见《对人类文明进步的重大贡献——国外政党眼中的中国改革开放40周年》，《求是》2019年第3期。

际共产主义运动历史的深入思考，指明国际共产主义的光明前景。习近平总书记指出："尽管我们所处的时代同马克思所处的时代相比发生了巨大而深刻的变化，但从世界社会主义 500 年的大视野来看，我们依然处在马克思主义所指明的历史时代。这是我们对马克思主义保持坚定信心、对社会主义保持必胜信念的科学根据。"①针对有人攻击共产主义是虚无缥缈的，习近平总书记明确指出，革命理想高于天②，对马克思主义的信仰，对社会主义和共产主义的信念，是共产党人的政治灵魂，是共产党人经受住任何考验的精神支柱③。共产党的最高理想和最终目标是实现共产主义。"必须认识到，我们现在的努力以及将来多少代人的持续努力，都是朝着最终实现共产主义这个大目标前进的。同时，必须认识到，实现共产主义是一个非常漫长的历史过程，我们必须立足党在现阶段的奋斗目标，脚踏实地推进我们的事业。"④"我们要全面掌握辩证唯物主义和历史唯物主义的世界观和方法论，深刻认识实现共产主义是由一个一个阶段性目标逐步达成的历史过程，把共产主义远大理想同中国特色社会主义共同理想统一起来、同我们正在做的事情统一起来，坚定中国特色社会主义道路自信、理论自信、制度自信、文化自信，坚守共产党人的理想信念，像马克思那样，为共产主义奋斗终身。"⑤中国共产党强调通过建设社会主义现代化国家推动国际共产主义运动发展。诚如习近平总书记所指出的："我国是世界上最大的社会主义国家，当我国建成社会主义现代化强国、成为世界上第一个不是走资本主义道路而是走社会主义道路成功建成的现代化强国时，我们党领导人民在中国进行的伟大社会

---

① 《习近平谈治国理政》第 2 卷，外文出版社 2017 年版，第 66 页。

② 《习近平谈治国理政》第 2 卷，外文出版社 2017 年版，第 4 页。

③ 《习近平谈治国理政》，外文出版社 2014 年版，第 15 页。

④ 《十八大以来重要文献选编》上，中央文献出版社 2014 年版，第 115—116 页。

⑤ 习近平：《在纪念马克思诞辰 200 周年大会上的讲话》，《人民日报》2018 年 5 月 5 日。

革命将更加充分地展示出其历史意义。”①

正确认识和对待当代资本主义。正确认识和对待当代资本主义，是新时代国际共产主义运动面临的重大问题。习近平总书记指出：“有人说，马克思主义政治经济学过时了，《资本论》过时了。这个说法是武断的。远的不说，就从国际金融危机看，许多西方国家经济持续低迷、两极分化加剧、社会矛盾加深，说明资本主义固有的生产社会化和生产资料私人占有之间的矛盾依然存在，但表现形式、存在特点有所不同。”②“全球最富有的1%人口拥有的财富量超过其余99%人口财富的总和，收入分配不平等、发展空间不平衡令人担忧。”③当前，新冠肺炎疫情再次暴露了资本主义制度的深层次危机。而要战胜资本主义，“最重要的，还是要集中精力办好自己的事情，不断壮大我们的综合国力，不断改善我们人民的生活，不断建设对资本主义具有优越性的社会主义，不断为我们赢得主动、赢得优势、赢得未来打下更加坚实的基础”④。国际共产主义运动的发展需要以中国为代表的社会主义国家的实践推动。正如习近平总书记指出的：“我们坚信，随着中国特色社会主义不断发展，我们的制度必将越来越成熟，我国社会主义制度的优越性必将进一步显现，我们的道路必将越走越宽广，我国发展道路对世界的影响必将越来越大。”⑤

① 《习近平关于“不忘初心、牢记使命”重要论述选编》，党建读物出版社、中央文献出版社2019年版，第322—323页。

② 习近平：《在哲学社会科学工作座谈会上的讲话》，人民出版社2016年版，第14页。

③ 《习近平谈治国理政》第2卷，外文出版社2017年版，第480页。

④ 《十八大以来重要文献选编》上，中央文献出版社2014年版，第117页。

⑤ 《十八大以来重要文献选编》上，中央文献出版社2014年版，第111页。

讲党史的“四个原则”和“四个问题”

王立华 [1]

一个时期以来历史虚无主义的影响不容小觑，百年党史几乎全部被颠覆歪曲，所以要高度重视树立正确党史观问题。笔者认为，讲党史要坚持四个原则，着力解决四个问题。

一、坚持四个原则

（一）坚持实事求是

讲历史最根本的原则是要真实，要实事求是，不能违反史实。比如，在一些党史述事中，似乎只有毛主席犯错误，其他人都是不犯错误的圣人，这就不是实事求是的态度。那么多没有错误的领导者，为什么要选择一个有错误的当自己的领导核心呢？这合乎历史逻辑吗？谁都会有错

① 王立华，昆仑策研究院副院长、秘书长。

误，但在所有领导人中毛主席错得最少，最让人信服，最代表真理和人民利益，所以才被全党认定为第一代领导核心。历史唯物主义者要分析真问题，要尊重事实真相。把支持毛主席的一些领导者塑造成不是真心、不说真话、阳奉阴违、当面一套背后一套的人，这既不符合党的历史真实，也完全违背了光明正大的党内生活准则。

再如，把新中国成立之初对社会主义道路的探索，摒于中国特色社会主义道路之外。党从创立农村包围城市的革命道路，到新中国“一化三改”确立社会主义基本制度，都是在走适合中国国情的道路。20 世纪 80 年代说中国特色社会主义“始于毛”是有道理的，因为早在 50 年代毛主席就提出以苏为鉴，以我为主，走中国式的社会主义道路，而且取得了很好的成果和经验。以毛主席为代表的党的第一代领导人，带领中国人民确立了社会主义基本制度，成功实现了中国历史上最深刻最伟大的社会变革，为当代中国一切发展进步奠定了根本政治前提和制度基础，这也是改革开放和中国特色社会主义道路的根本政治前提和制度基础。

盛行一时的翻案史学影响很大，存在的最大问题是不尊重历史，甚至刻意歪曲和颠覆历史。如对陈独秀的评价，他在党的五大之前，是一个伟大的新文化运动领袖、马克思主义传播者、中国共产党的主要创始人和主要领导者。但他在大革命后期犯了严重的右倾错误，是大批共产党人被屠杀和大革命失败的重要原因。现在有些人把陈独秀也说成一贯正确，把当时的错误完全归咎于共产国际，这既不符合事实，也不是对待错误的正确态度。我们党在认识历史时，从来不把失败归咎于外因，对失败的过错和责任，从来没有上推下卸的恶劣作风。看看当年陈独秀发表的文章，还有后期他写给党中央的信，可以非常清晰地看到他右倾错误的思想根源。他教条地理解资本主义发展到一定阶段进入社会主义的论述，认为既然当时完成的是资产阶级民主革命任务，就只能由资产阶级来领导，放弃无产阶级对领导权的争夺。蒋介石叛变革命后，他又错误地认为中国资产阶级革命已经胜利，中国共产党只能进行合法斗争，等资本主义发展起来再搞社会主义，所以反对党领导的武装起义和土地革命，成为革命的取消派。这种思想方法，在中国共产党的历史上曾经多次出现，非常值得认真总结。直到现在，一些反对走社会主义道路的人都与这种思想方法有直接继承关系。他们甚至认为陈独秀当时不是右而是“左”，因为他只认为民主革命和社会主义革命之间有一个资本主义发展阶段，而“排除了有一个漫长的资本主义发展阶段”，连谁不认为资本主义应当在中国“漫长”都成错的了。

有一种错误倾向，就是不敢讲党史上的右倾错误，好像右倾成了天然正确。有的纪念馆甚至连陈独秀右倾错误都不敢写了，看后不知道陈独秀到底犯了什么错误，甚至党的历史上右倾错误都不存在了，好像我们党的重大损失只是因为“左”而没有右，那样述事根本不是真历史。党在大革命后期血淋淋的失败，是陈独秀犯右倾错误导致的。还有后来张国焘的右倾分裂主义，抗战初期王明一切服从蒋介石的右倾投降主义等，尽管没有在全党占统治地位，但对革命事业都造成了重大损失。

20 世纪 80 年代，在邓小平、陈云领导下，反对两任党的主要领导犯资产阶级自由化的错误，都是在反右。有一些人完全抛弃马克思主义信仰，完全丧失社会主义信念，甚至完全背叛了人民利益，把必须坚持的四项基本原则视为“极左”，把实现资本主义看成精神和实践归宿，把自己家族成为世袭继承的资产阶级贵族作为根本价值追求，想方设法推进彻底瓜分国家和人民的私有化，成为颠覆中国特色社会主义事业的反动政治势力，这些都必须正视。

（二）坚持人民立场

坚持人民立场，还是站在人民的对立面，这是党史研究中的根本问题，也是党史学习教育中的根本问题。前些年有一批反共“公知”的作品，就是站在人民的对立面阐述历史的。在他们瞎编的故事中，党领导的革命完全被颠覆，反动地主阶级是中国社会的正人君子，跟着共产党干革命的贫苦大众，要么是流氓痞子，要么是懒汉妓女，要么是丧尽天良的混蛋，共产党队伍中的地富子弟，都是一些天真无知的上当者，最后都被共产党滥杀无辜迫害死。那样瞎编的恶毒反共的小说不但得了大奖，有的还改编成电影，拍成电视连续剧，报纸连载，广播联播，排成话剧公演，作者也成了名流，加官晋爵。还有，一些影视作品把旧中国描述成富丽堂皇、温文尔雅的天堂，把新中国歪曲成贫穷落后、扭曲人性的地狱，最后的结论只能是共产党不如国民党，新中国不如旧中国，严重毒化了年轻人的政治认知。

旧中国有没有过好日子的？肯定有。像蒋宋孔陈四大家族过的就是帝王般的生活，那时官僚资本占到旧中国工业经济的 80%，还有那些地主买办也会生活得很好。但对广大劳动人民来说，那却是一个水深火热的地狱。1927 年毛主席在《湖南农民运动考察报告》中讲，乡村人口中贫农占 70%，属于终年在劳碌愁苦中生活和完全失去生活依据的农民，他们中间很多人的状况是上无片瓦、下无插针之地，怎么能过上反共“公知”们描述的美好生活呢？土豪劣绅势盛时，对农民是杀人不眨眼的。长沙县新康镇团防局办团 10 年，杀死贫苦农民近 1000 人，平均每年要杀死上百人，当时一个乡镇的人口一般不到两万人；在毛主席的家乡湘潭县银田镇，团防局 14 年杀人 50 多个，活埋 4 人，最先被杀的是两个乞丐，因为团防局长汤峻岩说：“杀两个叫花子开张。”可见，被“公知”

们鼓吹成黄金时代的旧中国，穷人的命不是命，是可以任意大批杀戮的。到安源路矿工人运动纪念馆可以看到，洋务运动时张之洞从德国购买先进设备建立起来的中资安源路矿，袁世凯为当皇帝，与日本人签订卖国二十一条时，这也成了日本觊觎的肥肉，变成了与日本合办的企业。为了私利出卖国家利益，真的是一帮不可救药的汉奸卖国集团，不彻底消灭他们，国家和民族有任何希望吗？矿上每月给工人的工资是 8.4 元银洋，包工头从中扣掉一半多，矿工真正拿到手的不到 4 元，工人阶级的生存状况极其悲惨恶劣。

站在劳动人民立场上，就能理解是中国共产党给灾难深重的中国人民带来了翻身解放的希望，就能理解人民革命的正义性和必然性。站在占人口极少数的剥削阶级和反动统治阶级立场上，就无法理解为什么会有共产党的发展壮大，为什么会有那么多人要舍命跟着共产党干革命，他们的政治态度就一定是告别革命，一定是反革命的吹鼓手，一定不能理解甚至一定要歪曲共产党人的奋斗史。

（三）坚持实践标准

我们党之所以有力量、有活力、有希望、得人心，一个重要原因就是是非分明，对的就坚持，错的就改正，是以人民的历史实践作为检验真理的最高标准，不断推进自我革命，不断通过坚持真理、修正错误来校正方向，保证党的路线方针政策的正确。

讲百年党史也要用实践标准。有就是有，没有就是没有；对就是对，错就是错；胜仗就是胜仗，败仗就是败仗；成功就是成功，不成功就是不成功；功过是非该谁的给谁，不能站在个人和小集团的立场上文过饰非。只有实事求是地总结百年党史，用实践标准衡量得失成败，才能客观地判定哪些对了必须坚持，哪些错了需要改正，我们今后的路才能走得更好、更正确，才能真正得人心。

战争年代，敌我斗争极其残酷，战场上很快就是你死我活，实践检验能够较快地得出正确认识，和平时期认识真理则需要更长的时间。新中国成立已经70多年了，对前30年曾经进行总结反思，对改革开放以来的历史，国际共运史特别是苏联东欧失败的历史，也需要用实践标准进行认真总结。包括国有企业的建立发展与改革、农村农业的建设发展与改革、教育改革、医疗改革、住房改革，还有思想文化建设、制度建设、党的建设等，站在人民的立场上，用历史实践的标准衡量一下，到底有哪些得失成败和经验教训。更好地认识历史，才能更好地统一思想，更加坚定对中国共产党领导的政治信念，才能更准确深刻地领会贯彻习近平新时代中国特色社会主义思想。

（四）坚持三个“不能”

关于党的历史，中央领导有一系列重要论述，应当特别重视三点：一是新民主主义革命的成果不能丢，二是社会主义革命和建设的成就不能否，三是中国特色社会主义道路不能变。新编的《中国共产党简史》落实这个精神，对一些重大问题的论述进行了调整。这三个“不能”抓住了要害，现实针对性很强。

对于新民主主义革命的胜利，我们认为是中国共产党领导中国人民推翻了“三座大山”，建立了新中国，从此中国人民站起来了，中华民族伟大复兴进入了新纪元，那些历史虚无主义势力灌输给大家的却是：共产党推翻了帝国主义，把先进的西方文明赶走了；推翻了封建主义，把中国的传统文化消灭了；推翻了官僚资本主义，把中国现代文明精英给打掉了。被压迫、被剥削、被奴役的中国人民造反无理，革命有罪，所以他们要告别革命、否定革命，直到最后讲历史时反革命有理，镇压和屠杀革命的刽子手有功。中国共产党的历史根基就被全部否定了。

对于毛泽东时代的新中国，我们说中国共产党领导了最伟大的社会变革，领导建立了社会主义制度，自力更生奋发图强建成了完整的工业体系，取得了伟大的革命、建设和科技发展成就，有效捍卫了国家主权安全，为后来的一切进步和发展提供了前提和基础。而那些历史虚无主义势力却全盘否定，把新中国描述成专制独裁、封闭落后、经济凋敝，甚至是一个饿殍遍野的地狱，谁为毛泽东时代的老一辈说句公道话，谁实事求是地讲新中国好、社会主义制度好、共产党领导得好，谁就被扣上“极左”和“文革余孽”的帽子。他们是全盘否定社会主义新中国的，实际上也全盘否定了所有老一辈革命家和老一代共产党人。

对改革开放以来的伟大成就，我们认为是中国共产党领导中国人民坚持走中国特色社会主义道路的结果，历史虚无主义势力却鼓吹，改革开放是否定了社会主义道路，是与西方资本主义道路接轨的结果，有的甚至提议要把新中国成立时间改为 1978 年。

二、着力解决四个问题

树立正确党史观要有问题意识，必须清理历史虚无主义长期鼓吹的一些谬论。从思想认识上看，有几个重大问题需要着力弄清楚。

（一）中国共产党为什么能

在中国近代史上，其他政治力量都没有取得成功，只有中国共产党不但建立了人民当家作主的新中国，还成功地领导中华民族走向伟大复兴，取得举世瞩目的伟大成就。如何认识中国共产党为什么能？

首先要看到，中国共产党是一个用马克思主义武装的先进政党，信仰的是共产主义，搞的是科学社会主义，这是人类迄今为止最先进的思想理论体系。从俄国十月革命取得成功开始，整个世界历史的方向就改变了，人类社会进入了由资本主义向社会主义迈进的新纪元。中国共产党顺应人类历史的进步潮流而生，代表着中国先进生产力发展要求和先进文化发展方向，代表着人类社会的进步方向，代表着中国最大多数人民群众的根本利益和要求。这是中国共产党成功的大前提，所以才能动员号召广大群众，包括征服上层进步知识分子。如果是代表极少数人的落后腐朽的东西，能够征服人心吗？不可能。

但是，先进的马克思主义并不是天生就能救中国，它在很多国家都失败了，在中国也曾遭遇一系列挫折和失败。中国共产党之所以能，有一个根本性原因，就是以毛主席为代表的老一辈革命家，创立了实事求是的思想路线，自觉把马克思主义真理与中国实践相结合，创造了符合中国实际的马克思主义中国化的理论体系，选择了符合中国实际的道路，制定并实施了符合中国实际的方针政策。从毛泽东思想开始，一代接着一代发展到现在的习近平新时代中国特色社会主义思想，引领中国革命、建设和改革取得伟大胜利。

无论什么时候都要坚持马克思主义的真理，无论什么时候都不能忘记实事求是的根本思想路线，无论什么时候都要站在人民立场上，用实践检验是非对错，坚持真理，修正错误。

（二）为什么不能否定毛泽东时代

毛主席常说，社会主义和资本主义两条道路的政治斗争，谁胜谁负的问题并没有解决，党和国家面临着腐败变质和资本主义复辟的危险，当时我们都没有那种严峻性认识和切身体验，甚至认为那是错误观点。20 世纪 90 年代初，曾是世界上第一个社会主义国家的苏联灭亡了，东欧各国也都变天了，资本主义全面复辟了，世界社会主义运动遭遇空前失败，我们才知道毛主席提出的问题真的没有解决。苏联东欧是一个超大型案例，证实了毛主席无与伦比的远见卓识。

但是，党内外有股西化势力，不认为苏联东欧是资本主义复辟，而认为那是一步到位的改革，鼓吹戈尔巴乔夫是伟大的改革家，苏联是因为搞社会主义才完蛋的。他们妖魔化所有社会主义国家，尤其否定毛泽东时代的社会主义革命和建设成就。有的主流学者公开发文，歪曲抹黑毛泽东时代的经济成就，说不如非洲撒哈拉沙漠以南的三分之一，包括到现在改革开放 40 多年了，中国人均 GDP 的世界排位，还不如蒋介石统治时期处在战争状态的 1948 年。他们言之凿凿地把 GDP 数据换算成美元进行国际和历史比较，极力证明中国是世界上最“渣”的国家，而“渣”的根本原因是搞了社会主义，包括搞中国特色社会主义，他们的目的非常明确。

事实上，毛泽东时代创造了很高的经济发展速度。如果用主要产品总量和人均产量的增长速度比较，得到的结果完全不同。毛泽东时代我们截取 1950—1975 年这 26 年，其他国家也计算这 26 年。根据 20 世纪 80 年代初权威部门公布的数据，与美国、苏联、日本、西德、法国、英国、印度等世界主要经济体进行比较，可比较的主要产品数据共 24 项，比较结果如下：产品总量增速，中国 20 项第一，3 项第二，1 项第三；人均产量增速，中国 20 项第一，3 项第二，1 项第五。从主要产品产量看，当时中国是世界上增速最快的国家，苏联、印度、日本属于第二梯队，再后是法国、美国、西德、英国等。这与“权威专家”们灌输的结论完全不同。毛泽东时代的经济发展，比同时期任何一个主要国家都有很大的速度优势。所谓新中国不如旧中国，不如日本，不如印度，甚至不如非洲，完全是颠倒黑白的胡说。

发电量是经济发展的晴雨表，现代生产和生活水平的提高，没有电力的相应发展是不可能的，发电量是现实生产力和经济发展的一个标志性数据。用发电量来对比一下世界各主要经济体，毛泽东时代的发展速度也是极为突出的。增长速度对比结果如下：

发电量总量增长速度排位：第一，中国 42.57 倍；第二，印度 16.78 倍；第三，苏联 11.39 倍；第四，日本 10.60 倍；第五，西德 6.78 倍；第六，法国 5.62 倍；第七，美国 5.15 倍；第八，英国 4.81 倍。发电量人均增长速度排位：第一，中国 25.43 倍；第二，印度 10.06 倍；第三，苏联 8.06 倍；第四，日本 7.87 倍；第五，西德 5.42 倍；第六，法国 4.44 倍；第七，英国 4.33 倍；第八，美国 3.67 倍。

改革开放以来经济发展成就举世瞩目、举世公认，大家都是认同的。对毛泽东时代的成就也应当给予客观肯定，而不能昧着良心肆意贬低否定。因为，那不只是违背基本历史事实，不只是否定了毛泽东一个人，否定我们爷爷辈、父辈整整两代人艰苦奋斗所取得的成就，更是否定了中国共产党领导的新中国和社会主义制度。

（三）为什么中国改革开放能够取得成功

这是一个根本性的大问题。部分人认为，中国改革开放的成功是资本主义道路的成功，是跟着美国走与“主流文明”接轨的成功。这种观点的实质，就是否定中国共产党领导和中国特色社会主义。

改革开放以来，学习借鉴西方发达国家的先进技术、理念和市场经济经验，把社会主义与市场经济结合起来，发展完善我们自己，这是题中应有之义。如果因此认为，改革开放就是走资本主义道路，则是完全错误的。正确的结论应当是：改革开放的成功，是坚持社会主义道路的成功，是中国特色社会主义的成功，而不是其他什么主义的成功。

看看中国的成功和苏联的失败，就是一个很好的证明。中国和苏联都是社会主义大国，而且几乎同时开始改革。中国 1978 年底召开十一届三中全会，1979 年开始实施改革，苏联 1985 年戈尔巴乔夫上台后搞改革与新思维。两国的根本区别，就是改革走的道路不同，一个是坚持社会主义基本原则的改革，另一个是否定社会主义基本原则，直接走资本主义道路。

中国改革开放之初，党内外也有一些人有严重的右倾幼稚病。他们彻底否定毛泽东时代，否定新中国的社会主义道路，把西方世界看成理想的天堂，要走资本主义道路。老一辈革命家和广大党员群众对他们进行了坚决抵制，邓小平提出必须坚持四项基本原则，并领导开展反对资产阶级自由化的斗争，坚持在社会主义道路上走到今天。

戈尔巴乔夫则完全不同。他在所谓的“改革与新思维”中，彻底否定了马克思主义的指导地位，否定了共产党的领导地位，否定了社会主义的根本制度，否定了苏维埃国家的工人阶级属性，否定了列宁和斯大林，极其轻率地请美国的芝加哥小子萨克斯来设计改革道路。结果，折腾了不到 6 年，就把苏联彻底折腾没了。

走上资本主义道路的俄罗斯发展好了吗？可以肯定地回答，没有。如果不是后来换上普京那样的强人执政，恐怕连俄罗斯也保不住。苏联解体至今已经 30 多年，俄罗斯的经济发展和国力还没有回到苏联时期的最高水平。戈尔巴乔夫上台前，苏联的 GDP 是中国的 4 倍，到 2020 年，俄罗斯 GDP 只有中国的 1/10，即使原苏联的 15 个加盟国加起来，也不到中国的 1/5。

同样是社会主义国家的改革，为什么会有如此大的差距？只有一个结论，因为苏联在改革中走错了路，否定了社会主义的基本原则，背叛了工人阶级和劳动人民，把全民所有的社会主义变成了贪腐权贵所有的资本主义，所以彻底失败了。中国改革中则是不断地排除政治干扰，坚持走社会主义道路，这就是中国取得成功的秘诀。中国改革搞的是中国特色社会主义，而不是其他的什么主义。

（四）为什么要坚决拥护核心

这是党史学习教育的目的，也是根本的落脚点。党的十八大以来，以习近平同志为核心的党中央高举中国特色社会主义伟大旗帜，正本清源，前进在以人民为中心的正确道路上。

习近平新时代中国特色社会主义思想的逻辑起点是什么？就是首先要搞清楚：坚持和发展什么样的中国特色社会主义，怎样坚持和发展中国特色社会主义。这是一个时代课题，也是深化改革中必须回答的重大问题。2013 年初，习近平总书记在给中央党校讲课时，第一个就回答这个问题。中国特色社会主义是什么？中国特色社会主义是社会主义而不是其他的什么主义，科学社会主义基本原则不能丢，丢了就不是社会主义。就是说，无论怎么深化改革，都不能丢掉科学社会主义的基本原则。

我们党的基本路线是“一个中心，两个基本点”，但一些人根本不讲坚持四项基本原则，连什么是科学社会主义都不清楚了。习近平总书记概括了 5 条，全党特别是党员领导干部应当牢记在心，那些原则是最关键的，也是党内外一些势力下决心要消灭的。那股势力的目标很明确，就是要从根本上改掉社会主义制度，现在已经公开提出“所有制中性”的纲领，目标就是要想方设法改掉公有制的“主体”地位。如果实现了这个目标，社会主义的根本特征就彻底没有了，就等于从理论和制度上彻底清除了科学社会主义的根本原则，为资本主义和黑恶势力进行彻底的私有化瓜分打开大门。

我们为什么坚决拥护以习近平同志为核心的党中央？因为实践证明，在习近平总书记正确领导下，中国正在坚定地走社会主义道路。几十年来，广大党员和人民群众已经清醒地认识到，资本主义的本质就是只为极少数人获取最大利益服务，就是奴役和剥夺绝大多数人，在中国走资本主义道路就是祸国殃民。只有社会主义才是真正为人民服务的，社会主义是广大人民群众利益的根本保证。

党的十八大以来，有两件大事有效克服危难，凝聚人心，定会载入史册。

一是反腐扫黑。把那些用最不正当手段发财的势力清除掉，这是最广泛的社会共识。在社会主义市场经济条件下，你可以合法经营成为亿万富翁，但是你不能搞贪污腐败，用权力变现发财，不能用黑恶手段发不义之财。这些势力是人民的凶恶敌人，是整个社会的最大毒瘤，也是西方颠覆中国的主要内应。他们为了自身的长久安全，为了巨额财富的世袭继承，最想内外结合颠覆国家，是西方乐见其成的势力，而且已经发展到相当程度。那些反共“公知”曾经公开讲，要用贪腐利益置换共产党手中的权力，贪腐是消灭共产党政权的润滑剂。这些年来大力反腐扫黑，是真打真见效，真打人民群众真高兴、真拥护。尽管还有很长一段路要走，扭转多年形成的势力和风气不可能一蹴而就，但那种我将无我的气概、决心和行动，毕竟让人民看到了正气、进展和希望。

二是脱贫攻坚。中国共产党对中国人民的最大承诺，不是别的，是实实在在的共同富裕，带领大家都过上好日子。人类社会少数人富是常态，真正让大家共同富裕难。20 世纪 80 年代，倡导让一部分人先富起来，目的是先富带后富，不是让另一部分人长期贫穷。当时说，2000 年前就应当着重解决共同富裕的问题，而实际上贫富差距一直不断呈拉大趋势。党的十八大以来，对这个重大政治问题始终紧抓不放，习近平总书记以共产党人的情怀追求，响亮地提出小康路上不能忘记每一个民族、每一个家庭，一个都不能掉队！给各级党委政府设下了底线硬指标，想方设法实现了近1亿农村贫困人口全部脱贫，并且提出“十四五”规划和新的乡村振兴目标，下力气解决全体人民共同富裕的问题。这样的举措和力度，在当今世界上是绝无仅有的，是深得党心军心民心之举，有效巩固了党和国家的阶级基础和群众基础。

当前，进入新发展阶段，贯彻新发展理念，构建新发展格局，中国经济扎扎实实地健康发展。如果用发电量这个客观指标来衡量，中国发电量超越美国是2010年，这年中国的工业产值同时超越美国。到2019年，中国发电量占世界27.8%，是美国的1.7倍，基本是美国、日本、英国、法国、德国、韩国发电量的总和。在2020年，中国更是一枝独秀，世界各主要经济体中只有中国经济是上升的，中国发电量已达美国的1.85倍，用电量更是达到美国的1.96倍，其中工业用电是美国的4.73倍。这就是中国人的底气和豪气。

美国统治阶级已经判定，按照目前中国共产党的领导，中国不可能变成美国希望的样子。他们公开撕破脸皮，使出浑身解数打压中国。面对世界百年未有之大变局，中国棋先一着，高举人类命运共同体的大旗，极有远见地布局“一带一路”，在国际舞台上纵横捭阖，折冲樽俎，合纵连横，应对自如，有理有利有节。经营周边，经略南海，果断调整港台政策，让国际敌对势力的图谋不断破产。

特别是前所未有的新冠肺炎疫情，世界各国面对同一道考题。中国在没有任何标准答案的情况下首先进入考场答题，美国等其他国家是在有了公开答案的背景下应考答题。迄今为止，中国的优异成绩无与伦比。

我们讲党史，不能忘记进入新时代的辉煌。要认识到中国有现在这样成熟、正确、稳健、睿智的领导核心不容易。这是建设社会主义现代化强国、实现中华民族伟大复兴不可替代的保证，也是天佑中华！必须坚决维护支持。

不同时期台湾马克思主义研究的特征及其影响因素分析

冯道杰[①] 程恩富[②]

台湾马克思主义研究与传播，随着台湾政治经济形势、社会发展状况及岛内外环境的变化而变化，反映了不同历史时期台湾的政治经济形势和社会发展状况、岛内外各种政治经济力量的消长，影响着两岸的交流交往和祖国统一进程。因台湾政权性质及其与西方国家的特殊关系，社会变迁中的台湾马克思主义研究，除传统意义上文本化的马克思列宁主义外，还包含受国际共产主义运动、西方马克思主义思潮等影响，与马克思主义、社会主义有关的多种“泛左翼”思潮及相关社会运动。

① 冯道杰，济南大学马克思主义学院教授。
② 程恩富，中国社会科学院学部委员、马克思主义研究院原院长、研究员。

一、从严厉禁止到有所松动的历史时期（1949—1987）

国民党败退台湾后，蒋介石依然推行反共独裁政策，极力压制马克思主义、社会主义等社会思潮和运动。这种状态一直持续到20世纪70年代中后期蒋经国执掌台湾政权后才有所松动。

（一）严厉禁止阶段（1949—1972）

二战结束后，台湾摆脱了日本长达半个世纪的殖民统治，大多数人对国民政府抱有期待，特别是知识分子，对三民主义的学习和研究热情非常高涨，希冀把台湾建成“三民主义模范省”。据《文讯》第9期记载，“日文版《三民主义》几乎是人手一册”。具有社会主义倾向的左翼知识分子把三民主义作为批判社会现实的有力武器，解读孙中山精神，宣扬优秀中华传统文化，纪念、重读鲁迅等，掀起了“去日本化，再中国化”的社会运动，形成了一股左翼思潮与中华民族精神相结合的思想潮流。

然而，代表官僚买办资产阶级利益的国民党政权，为强化对台湾的统治，压制岛内的进步力量和民主运动，限制人民言论、集会、结社等自由，实行军事戒严的社会管理体制。1948年，国民党当局在台湾颁布了《动员戡乱时期临时条款》。败退台湾后，蒋介石把马克思主义视为其在大陆失败的主要原因，严禁人们阅读、出版和公开讨论相关书籍文章，大肆逮捕、枪杀岛内左翼人士，图书馆、书店等一律查禁有关马克思主义的书籍。

针对蒋介石的专制统治，岛内人民掀起了一波又一波的社会运动。

一是以台湾岛内本土资本精英为代表，打着西方“自由、民主”等旗号，以争取与经济发展相应的政治权力为目的，发起了“党外运动”（台湾本土资产阶级精英不满蒋氏父子的专制统治而发起的反对国民党一党专制的民主运动）等。二是以陈明忠、陈映真等受社会主义思想影响的左翼人士为代表，关注底层民众疾苦，发起了带有社会主义色彩的社会运动。上述两种社会运动都遭到台湾蒋氏政权的镇压。例如，1960 年的《自由中国》案和 1968 年的“台湾民主联盟”案。

出于反共需要，台湾国民党政权允许“国防部情报局”（岛内主要特务机构之一，前身为抗战时期的“军统”）和“国际关系研究中心”等官方的几个特殊机构中的极少数人，秘密接触和研究马克思主义，训练和培养为台湾官方服务的所谓“马克思主义研究者”，其大多数研究资料与成果并不公开。早期岛内代表官方立场的“反共理论专家”多是从大陆过来的，郑学稼、任卓宣等曾加入中国共产党及相关组织，蔡孝乾参加过长征。

国民党政权败退台湾后依然幻想“反攻大陆”。为了彰显自己是代表中国的唯一“合法”政府和中华文化的正宗传承者，影响“本省人”（台湾人习惯把 1945 年前在台湾生活的居民称为“本省人”）更多地认同国民党政权，蒋氏父子及其追随者奉行既“反共”又“反独”的政策，在对马克思主义思潮、左翼社会运动进行极度打压的同时，压制岛内“台独”势力和声音，强调传承中华传统文化，提出“文化中国化”的主张。

（二）有所松动阶段（1972—1987）

20 世纪 70 年代，蒋介石身体每况愈下，对台湾政局和事务的干预大为减少。1972 年，蒋经国出任“行政院长”，逐步取代蒋介石主持政务。虽然台湾依然奉行反共独裁政策，但比过去较有柔性。特别是

1980—1987年，台湾国民党政权对马克思主义和各种社会思潮的禁令有所松动。

迫使蒋经国执政后逐渐松动马克思主义研究禁令的主要原因，是台湾人民对蒋氏父子专制统治的不满和反抗。台湾国民党政权的独裁专制既难以适应国际潮流，也无法满足岛内本土资本精英的政治诉求。20世纪70年代台湾接连不断的社会运动，在一定程度上形成了底层民众和本土资产阶级反对国民党政权的联盟。

陈明忠、陈映真、苏庆黎等为代表的左翼爱国人士，以实现民族和平统一为理想，以杂志等形式作为公开宣传与组织的平台，创办了《夏潮》《鼓声》《春风》《海峡》《五月评论》等杂志，团结、联合了一部分岛内爱国力量，揭露和抨击社会现实。其中，1976年苏庆黎等创办的《夏潮》影响最大。

1969年之后，康宁祥、黄信介等纷纷以“党外人士”的名义参与地方“立法委员”和地方领导人选举，并相继当选。1979年8月，由黄信介联合许信良、吕秀莲、黄天福、施明德等党外人士，创办了《美丽岛》杂志，以施明德等激进自由派为骨干，旗下网罗了各派的党外人士，包括当时倾向统一的左翼人士等，主张全面改选“国会”与地方首长，矛头指向国民党一党专政。该杂志的知名度不断提高，到1979年11月，发行量已经超过8万册。这引发了国民党当局的不安，美丽岛杂志社不断遭到所谓“反共人士”和台湾当局的袭击、损毁、破坏，并最终引发了“美丽岛事件”。

迫于岛内外的形势和压力，时任台湾地区领导人的蒋经国不得不重新思考台湾的政治专制和舆论管制政策，台湾的政治氛围进一步宽松，对马克思主义的限制也有了改善和放松。特别是20世纪80年代后，一些大胆的研究者开始介绍马克思主义，一些出版社也开始出版有关马克思主义的书籍。因研究马克思主义而被台湾当局禁止入境的洪镰德，1983 年在台湾出版了《马克思与社会学》，着重介绍“马克思的社会学说”；1986 年又出版了《传统与反叛：青年马克思思想的探索》。同年，高宣扬出版了《新马克思主义导引》，把新马克思主义“当作西方文化的组成部分，当作人类精神的创造物”，为台湾人了解、认知、研究马克思主义提供了更加客观的新视角。

这一阶段，台湾对马克思主义研究由严厉禁止逐步转变为相对松动，首先走向前台的马克思主义研究者，是台湾官方机构“国际关系研究中心”“台湾政治大学东亚研究所”等“培养”的陈璋津、姜新立、李英明等理论家。他们曾接受“反共”“反马克思主义”的系统教育，早期关于马克思主义研究的作品均带有明显的“反共”色彩，受到台湾当局的格外“关照”。洪镰德、高宣扬等学者也公开出版了著作，从学术角度相对客观地介绍青年马克思、西方马克思主义、新马克思主义等。但是，这一时期台湾马克思主义的研究与传播依然受到压制，社会影响力依然弱小。

二、从快速兴起到曲折发展的历史时期（1987 年以来）

台湾真正出现马克思主义研究与传播的热潮是在 1987 年台湾执政当局解除思想舆论禁令、开放党禁和报禁（以下简称“解禁”）之后。但是，这种热潮因受东欧剧变、苏联解体等冲击而迅速降温，此后，台湾马克思主义研究与传播进入到曲折发展阶段。

（一）快速兴起阶段（1987—1991）

“解禁”后，台湾压抑已久的马克思主义研究与传播热情被激发出来，“新”马克思主义热潮快速兴起。所谓“新”马克思主义热潮，是指区别于台湾老一代隐性的、地下的、小范围的，主要出于政治和意识形态目的的马克思主义研究。随着学术研究空间和氛围趋于宽松，一些机构纷纷公开研究马克思主义。一是由台湾当局主导的“国防部情报局”“国际关系研究中心”等官方机构，主要针对大陆进行政策和情报方面的研究，服务于主政当局；二是台湾大学、台湾元智大学等高校研究机构，主要从学术角度研究中共历史、两岸关系等，也为台湾当局决策提供咨询；三是民间社会机构，主要是民间人士和左翼人士为了一定政治或经济目的而开展的研究与宣传。

这一时期，由台湾官方机构早期培养的“反共理论家”大多在出国留学期间接触到更多信息，他们开始改变之前批判马克思主义的片面态度，相对更加客观地看待相关问题。姜新立在1991年出版的《新马克思主义与当代理论》一书中提出，20世纪50年代以莫斯科为中心的“一元的共产主义”开始分化，出现了南斯拉夫的铁托主义、中国的毛泽东思想、古巴的卡斯特罗主义以及东欧共产主义、朝鲜共产主义等。他认为，这种“多元的共产主义”有两个变化，一是“从走俄国的路到走自己的路”，二是“从服从统一的领导到各国独立自主”。洪镰德在1988年出版的《新马克思主义和现代社会科学》一书中，追溯了新马克思主义的源流和演变，对比研究了新马克思主义和西方马克思主义，对新马克思主义和当代社会科学的关系进行了分析与阐释，提出新马克思主义“也是人类追求解放的行动指南之一”的观点。

研究马克思主义的禁令解除后，台湾“中央研究院”、台湾大学、台湾师范大学、政治大学东亚研究所等高校和研究机构纷纷开设马克思主义相关课程，一批学者纷纷从国外返台参与研究和教学。人们开始反思国民党的“禁令”政策，一批学者和青年学生开始接近马克思主义。洪镰德等学者在台湾大学、东吴大学等公开宣讲他们理解的马克思主义，并批评国民党当局对马克思主义的错误态度。台湾开始大量出版评介马克思主义、西方马克思主义的论著，《当代》《文星》《南方》《台湾社会研究季刊》等杂志刊发马克思主义的文章日渐增多。

台湾政治大学孙善豪教授认为，台湾的马克思主义研究可分为四种类型：一是“马克思学”，主要研究马克思的著作、文献等；二是“马克思式”的研究，用马克思的观点看待政治、经济、社会等问题；三是“与马克思主义相关”的研究；四是所有与“中国大陆”社会主义相关的研究。

台湾的左翼人士试图运用马克思主义理论讨论台湾现实社会问题，出现了一批经常刊登和宣传左翼思想的期刊，左翼运动出现小高峰，影响了一批包括大学生在内的年轻人。马克思主义成为一部分知识分子和青年学生的“热点”话题，一批年轻的马克思主义学者和关注者成长起来。

以陈映真、苏庆黎等为代表的左翼人士创办进步期刊，积极传播马克思主义、社会主义思想。台湾左翼乡土作家陈映真于1985年创办《人间》杂志，以关怀弱势群体为宗旨，以文字、镜头记录底层老百姓、社会边缘人的辛酸故事。1986年，《夏潮》杂志的编辑、作家和读者联合岛内进步人士成立了“夏潮联谊会”，以促进民族统一、政治民主、经济平等、社会正义、乡土关怀、文化提升为宗旨，1990年改名为“夏潮联合会”。在左翼人士的参与和推动下，台湾工人运动等有了一定发展，先后出现了“工党”“劳动党”“中华两岸和平发展联合会”等主张民主统一的爱国团体组织，其中1989年成立的“劳动党”明确主张社会主义。带有左翼色彩的社会运动和台湾本土资本精英主导的“党外运动”相互配合，进一步冲击了国民党专制体制。

总体来看，“解禁”后台湾研究马克思主义的机构和学者迅速增加，研究范围和内容涉猎较为广泛，主要包括：新马克思主义与西方马克思主义、马克思主义原著研读、马克思主义与当代社会科学理论、世界社会主义运动的发展等，“新”马克思主义热潮快速兴起，马克思主义研究成为学术圈的一大“显学”。台湾大多研究者在欧美留学时接触到马克思主义，对西方各种马克思主义流派研究较多，写作和引证更易受西方各种马克思主义流派的影响，在马克思主义经典文本方面富有创新性的自主研究成果不多。

（二）迅速降温阶段（1991—2000）

台湾“新”马克思主义热潮在 1991 年时报出版社出版《资本论》第 3 卷时达到最高点，随后开始降温。20 世纪 90 年代初，东欧剧变，苏联解体，新自由主义泛滥。台湾本就缺乏左翼社会基础，随着岛内“台独”势力的上扬，“新”马克思主义热潮迅速转入低潮。

二战后，西方国家凯恩斯主义盛行。受此影响，蒋介石败退台湾后下决心改革，为国民党政权独裁专制提供了经济基础。然而，20 世纪 70 年代后，西方资本主义国家普遍滞胀，凯恩斯主义无能为力，新自由主义思潮取代凯恩斯主义占据主流地位。20 世纪 80 年代以来，台湾推行私有化、市场化，开放金融市场等大规模改革，本土资产阶级发展起来，逐渐成为台湾社会的主流阶级。他们要求取得相应的政治权力，以资本精英和工商业者为主形成的所谓“中智阶层”掀起了一波又一波“党外运动”。他们认为，国民党的独裁专制违背了社会发展规律，需要以“自由、民主”等现代化体系来抵御共产主义，并且他们越来越倾向于“台独”立场。

20 世纪 90 年代，有“台独”倾向的国民党领导人李登辉主政台湾，他采取一系列措施，使官僚资本与本土资本合流，形成新的金融寡头，台湾的政治经济结构发生很大变化，新自由主义被学术界和政府官员奉为圭臬。随着岛内形势的变化，海外“台独”分子纷纷返台。1991 年，民主进步党通过了“台独党纲”，“台独”势力取得“党外运动”的领导地位，并借助民众运动于 2000 年取得台湾政权。

这一时期，尽管形式上台湾当局解除了禁令，但“共产党”“社会主义”“马克思主义”仍然是人们普遍避讳的词语，马克思主义研究和社会运动必须以不触动和威胁岛内外大资本的根本利益为原则和前提，否则就会遭受打压。虽然左翼人士借助“党外运动”等社会运动组建了一些人民团体，但始终没能发展壮大起来。尽管左翼人士创办的杂志仍在引导民众认识社会现实，但较少公开触动台湾政权的“反共”底线，以马克思主义为指导、以夺取政权为目的、以社会主义为取向的工农革命运动基本消失。台湾普通民众和青年大部分忙于“生存”和“生计”，其思想很大程度上受当局主流思潮的影响。虽有极少数传播马克思主义的人，但他们往往被当作“另类”和“极端分子”而受到打压。再加上台湾当局的诱导、破坏和压制，马克思主义很难与台湾民众相结合并形成强大的社会运动。

台湾官方的老一代反共理论家逐渐老去，受他们“教育”和影响的马克思主义“研究者”也大多到了退休年龄。台湾地区的老左翼由于与现实相离太远而不能被大多数民众接受，社会影响力趋于减弱，逐渐退出人们的视野。在台湾占据主流话语霸权地位的，是以西方“自由”“民主”为核心价值的各种社会思潮，新自由主义、后现代主义等比马克思主义更具有“吸引力”“迷惑性”，更容易被民众特别是涉世不深的青少年接受。外有东欧剧变、苏联解体和新自由主义的冲击，内有“台独”势力上扬，岛内在“解禁”前后一度掀起的马克思主义热潮很快降温，关注和研究马克思主义的专家学者流失、分化，有关书籍和文章难出也难卖。

在台湾学术界，更多的马克思主义研究者从纯学术角度进行“马克思学”的研究，具有坚定信仰、把共产主义作为终生奋斗目标并付诸社会实践的学者为数极少。总体来看，马克思主义在台湾始终是边缘化的学说，有的研究者是台湾官方机构需要的“理论家”，有的是把马克思主义研究作为一种职业或谋生的手段，有的是出国留学时接触到马克思主义，还有一部分是出于“好奇心”等介入马克思主义的学习与研究。难能可贵的是，以洪镰德、黄瑞祺、孙善豪等为代表的学者依然对台湾马克思主义研究充满信心，对马克思主义认识世界改造世界的方法论进行研究，从多个维度阐释马克思学说。1997 年，“从西方马克思主义到后马克思主义”学术研讨会在台湾最高学术机构“中央研究院”欧美研究所召开，与会者对“马克思学”的科学体系，以及西方马克思主义、新马克思主义、世界社会主义运动等问题进行了广泛探讨。

（三）曲折发展阶段（2000 年以来）

21 世纪以来，随着台湾政治氛围日渐宽松、海峡两岸交流的增加和中国国际影响力的日益增强，台湾研究与传播马克思主义的论著逐渐增多，马克思主义研究在曲折中发展。

中国特色社会主义的探索与实践，是一部发展着的、与时俱进的中国化马克思主义“经典之作”。随着大陆的快速发展和两岸交流的增加，许多台湾学者活跃于大陆和台湾的研究机构之间，对中国共产党的历史、现实及其相关理论与实践的研究，成为台湾理论研究的一大热点。黄瑞祺、孙善豪、姜新立、李英明、陈宜中等人，时常到厦门大学、北京大学、华东师范大学等高校参与学术研讨活动，讲学、座谈、交流等，并在大陆出版论著。同时，越来越多的台湾民众和各阶层人士到大陆创业、求学、工作、生活等，他们亲身经历和体验到社会主义、马克思主义在大陆的成功实践，对台湾马克思主义的研究与传播产生积极影响。

随着海峡两岸关系的改善和学习交流的深入，在“新”马克思主义热潮影响下成长起来的一批学者，以及与他们有学缘关系的中青年学者，逐渐成为台湾马克思主义研究的主力。台湾老、中、青马克思主义研究者通过发表论著、召开学术研讨会、外出讲学等活动开展学术对话和交流，研究日趋深入，逐渐在台湾形成一支新的学术力量和学术群体。其中，著作较多、影响较大的是孙善豪和黄瑞祺。陈宜中是在台湾马克思主义研究处于低潮时依然长期关注马克思主义和左翼社会运动的年轻学者，曾亲自访谈台湾左翼活动家陈明忠、陈映真、苏庆黎等，并撰写了大量论著。

这一时期的台湾马克思主义学者围绕马克思主义与中国传统文化、大陆马克思主义的理论与实践、西方现代性理论与马克思主义、生态马克思主义、马克思主义哲学与西方哲学、剩余价值理论等展开了广泛而深入的研究，与大陆、欧美日等学者的交流互动日趋频繁。他们较多地接触和学习了西方马克思主义相关理论和思想，倾向于把东西方的相关研究联系起来，既宣扬西方的自由民主思想，又主张传承中华传统文化。

三、影响台湾马克思主义研究与传播的因素分析

台湾马克思主义的研究与传播，影响到台湾民众对社会主义的认知程度，直接影响台湾民众支持两岸统一的心理基础和价值认同。台湾马克思主义研究与传播的影响因素复杂多样，与不同时期执政当局的政策倾向、岛内外政治环境、台湾社会矛盾和社会治理状况，以及两岸关系、中美关系、美国政策的变化等因素密切相关。

第一，台湾马克思主义研究与台湾经济社会发展、社会治理状况密

切相关。正如社会革命和社会运动需要一定的主客观条件，一种社会思潮的传播与深入人心也需要特定的社会条件和环境。马克思主义在本质上代表占人口大多数的劳动人民利益，从根本上讲，台湾马克思主义研究与传播最深厚的根基在于大多数台湾民众的认同和支持。近年来，由于台湾经济增长缓慢和社会结构的深刻变动，越来越多的马克思主义研究者更加关注劳工保险、女权、收入分配、贫富分化、交通、生态等社会问题。

第二，台湾马克思主义研究与各种政治势力在台湾的角逐和消长密切相关。台湾社会存在着本土“独立”势力、亲美势力、亲日势力、亲大陆势力等多种政治力量，在较长时期内，国外资本、官僚资本、买办资本和本土大资本等掌控台湾经济命脉，亲美日势力和本土“台独”势力相比于亲大陆左翼力量更占优势。亲美日势力和“台独”势力在反共反社会主义、批判和压制马克思主义思潮上是一致的。他们利用掌控的资源，通过各种途径和渠道欺骗、误导民众，歪曲历史，丑化、妖魔化大陆的社会制度和政策，煽动民众抵制马克思主义、社会主义；阻止马克思主义与民众运动结合，强化“台湾认同”和“本土意识”；利用青年人价值观不成熟、思想激进等，蛊惑和挑动一部分人，挑起“省籍矛盾”“族群矛盾”等，以消磨和抹杀台湾民众对大陆的国家认同、文化认同、制度认同，破坏两岸统一的心理基础和社会基础，以达到“去中国化”目的。由此导致台湾马克思主义研究与传播长期处于受挤压、受压制的边缘化状态，很难发展为台湾的主流社会思潮。

第三，台湾马克思主义研究与台湾当局对马克思主义的态度和政策密切相关。作为意识形态色彩鲜明的思想理论，马克思主义具有阶级性、政治性。不同阶层和政治组织的属性不同，对待马克思主义的态度也有差别。即使同属一个阶层，但由于执政者、领导者的思想认知不同、教育背景不同、成长阅历不同、个人禀赋不同等，他们的执政风格、政策偏向等也会有差别。比如，蒋介石与蒋经国虽为父子，都代表岛内外大资本的利益，但蒋经国迫于内外环境压力，对马克思主义研究的态度相对宽松，较为柔和。由此，才会有“解禁”后台湾“新”马克思主义热潮的迅速兴起。

第四，台湾马克思主义研究的发展变化与中美关系、国际环境变化有着紧密联系。解决台湾问题，最重要的外部因素取决于中美之间实力的较量。美国把台湾作为“反共橱窗”，在世界分工体系中有意给予其一定的发展空间。作为美国遏制中国崛起“不沉的航空母舰”和实施亚太战略的前沿阵地，台湾地区虽形式上拥有“主权”，实质上隶从于美国，其政治、经济、文化、外交、军事等皆服从并服务于美国霸权的需要。台湾岛内的官僚资本、本土资本势力也需要更多地依靠和借助美、日等国外势力的扶持，以“抗衡”大陆。出于反共等利益的需要，他们不希望马克思主义、社会主义在台湾形成强大的社会思潮，运用各种手段、方式进行钳制和压制，诱导台湾民众的价值取向朝自己期望的方向发展。

第五，日本对台湾马克思主义研究和两岸关系有重要影响。日本曾对台湾进行了长达半个世纪的殖民统治，给台湾本土社会和文化传统打下深深的烙印。不少日本人与台湾人通婚，留下了许多后代，这些后代与日本一些社会力量有着姻亲和血缘联系。日本国内一直活跃着强大的军国主义力量，他们长期以来始终觊觎台湾、关注台湾，对台湾政治经济发展施加种种影响。日本军国主义势力想方设法地扶植和纵容“台独”势力，破坏两岸统一的民意基础和社会基础，成为台湾马克思主义研究的重要制约因素。

第六，台湾马克思主义研究与大陆的发展状况、大陆对台湾的影响程度和海峡两岸的交流交往密切相关。中国特色社会主义的建设和发展，是一部鲜活的马克思主义中国化“经典作品”，中国特色社会主义的发展状况，以及大陆对台湾民众和台湾经济社会发展的影响程度，直接影响着台湾人民对马克思主义、社会主义的认知度和信心。马克思主义、社会主义思想能否赢得台湾民众的广泛认同和接纳，为两岸最终实现统一奠定社会心理基础，取决于两岸不同的社会制度在未来政治、经济、文化发展的比较中谁更有优势和先进性，取决于台湾自身的经济社会发展状况及其对大陆发展的依赖程度。

综合台湾马克思主义研究与传播的演进历程及其特征，根据对台湾马克思主义研究和传播影响因素的分析，笔者认为，为增厚祖国统一的社会基础和民意基础，大陆除了发展好自身之外，还要大力加强两岸经济文化交流合作，更多地惠及台湾民众，鼓励台湾同胞到大陆探亲、学习、就业、生活，密切两岸同胞的血肉亲情。同时，还要积极采取措施，加强对“台独”势力的遏制，利用不同利益集团、不同派别之间的矛盾，扶持拥护祖国统一的爱国力量，把马克思主义与中华传统文化，以及孙中山、鲁迅等人的思想相融合，结合台湾社会发展实际，积极推进台湾马克思主义的研究与传播，削弱美日等对台湾的干预和影响，扩大大陆社会主义建设成就对台湾民众的影响力。

马克思主义史学理论的重要发展

——树立正确党史观理论研讨会纪要

刘润为[①]

在党史学习教育动员大会上，习近平总书记强调“要树立正确党史观”。这一重要命题一经提出，便立即得到全党同志的高度认同和热烈拥护。为了加深对这一命题的理解，增强学习党史的自觉性，更好地用党的创新理论最新成果武装头脑，中国红色文化研究会于 2021 年 4 月 13 日在北京举办了树立正确党史观理论研讨会。

在京的 19 位党史学者出席会议。原中共中央文献研究室主任逄先知，中国文联原副主席、重大革命历史题材领导小组成员李准，中纪委驻中国科学院纪检组原组长、中国科学院大学马克思主义学院院长王庭大，解放军后勤指挥学院教授、少将邵维正，军事科学院战略研究部原部长、少将姚有志，中宣部研究室原主任刘祖禹，原中央党史研究室第

---

① 刘润为，求是杂志社原副总编辑、中国红色研究会会长。

一研究部主任、华南师范大学教授蒋建农，解放军原总参宣传部领导、大校王立华作重点发言。

与会同志认为，习近平总书记提出党史观的概念以及对正确党史观的科学阐述，既有显著的理论创新意义又有很强的现实指导意义，是对马克思主义史学理论的重要发展，是习近平新时代中国特色社会主义思想的有机组成部分，是我们进行党史学习、研究、教育的根本遵循。我们必须认真学习、深刻领会习近平总书记“要树立正确党史观”的论断，使之转化成我们学习党史、研究党史、把握党史自觉采取的思维方式。

与会同志指出，所谓正确党史观，就是要在党史学习教育中把历史唯物主义的立场、观点和方法贯彻到底。它是合规律性与合目的性的统一，认识论与价值论的统一，科学性与党性的统一。一方面，我们进行党史学习教育具有崇高的目的性，它不是为了像阿Q那样以“我的祖宗比你们阔多了”来求得消极的精神慰藉，不是为了把前辈的功劳簿变成包装自己的华彩衣衫，更不是为了某种狭隘的名利动机去“消费”党史，而是为了“做到学史明理、学史增信、学史崇德、学史力行”。具体地说，就是为了牢记初心使命，推进中华民族伟大复兴历史伟业；为了坚定理想信念，在新时代坚持和发展中国特色社会主义；为了推进党的自我革命，永葆党的生机活力。另一方面，我们进行党史学习教育，又具有严谨的科学性，即必须贯彻实事求是原则，必须忠实于党史的本来面貌，必须探求党史发展的客观规律。

中国共产党人坚持中国特色社会主义理想和共产主义远大理想，我们的奋斗目标与历史进步的方向相一致；中国共产党人坚持以人民为中心，一心一意谋求以工人阶级为代表的最广大人民的根本利益而没有自己的任何私利，因而中国共产党人光明磊落、无所畏惧，有直面一切历史和现实的胸怀和勇气。在对待自己历史的问题上，我们的目的性越强烈、越自觉，就越能引导我们发现历史的真实；历史的事实搞得越扎实、越清楚，越是符合我们的目的性。比如狼牙山五壮士问题，如果我们没有一颗在党爱党、在党护党的心，就不可能穿过撒谎者制造的迷雾，找到历史的细节真实；如果我们不是扎扎实实地揭示出历史的细节真实，就不可能达到捍卫党的历史和形象的目的。

与会同志谈道，树立正确党史观，要求我们分清主流和支流。没有不犯错误的人，也没有不犯错误的党。在中国共产党百年历史中，有正确也有失误，有胜利也有失败。我们从不因为正确和胜利而回避失误和失败，也从不允许因为错误和失败而否定正确和胜利。矛盾的主要方面决定事物的主流本质。事实清楚地表明：争取民族独立、人民解放和国家富强、人民幸福，实现民族伟大复兴，是我们党百年奋斗史的主题主线；推进马克思主义与中国实际相结合，团结带领全国各族人民从胜利走向更大的胜利，是我们党百年奋斗史的主流本质。100 年来，中国共产党所做的一切，无愧于人民，无愧于历史；100 年来，中国共产党人用奋斗牺牲证明，他们是中国人民最优秀的儿女、中华民族最坚实的脊梁。没有这样的党史自信，就谈不到道路自信、理论自信、制度自信、文化自信，当然也就不会有更加光明的未来。

树立正确党史观，要求我们辩证地看待历史上的失误。犯错误当然是坏事，但在一定条件下也可以变成好事，正所谓失败是成功之母。在这里，“一定的条件”是关键。从主观上说，这个条件就是要有彻底为人民服务的初心、辩证思维的方法和批评与自我批评精神。所谓彻底为人民服务的初心，就是“为人民的利益坚持好的，为人民的利益改正错的”。只要这样，“我们这个队伍就一定会兴旺起来”。所谓辩证思维的方法，就是要在失误和困难的时候，看到成绩，看到光明，看到失败阴影覆盖下的积极因素。所谓批评与自我批评精神，就是不讳疾忌医，不搞一团和气，从团结的愿望出发，从解决问题的愿望出发，分清是非，分清责任，剖析出现错误的主客观原因，找到改正的办法。这种强大的纠错机制，是我们党无与伦比的思想优势和政治优势。正是凭借这种优势，我们党一次次从失败中奋起，一次次化险为夷，一次次把坏事变成好事。例如，没有对于陈独秀右倾机会主义的清算，就没有“枪杆子里面出政权”的科学结论；没有对于“左”倾教条主义的清算，就没有长征的胜利；没有对于张国焘分裂主义的清算，也许我们到今天也不大懂得“两个维护”的极端重要性。

树立正确党史观，要求我们在评价重大事件、重要会议、重要人物时，要“提到一定的历史范围之内”。既不能用前人的尺度衡量今人，也不能用今天的尺度衡量前人。例如，对于前后两个 30 年的评价，我们不能采取割断历史的态度。前 30 年不是我们不愿开放、偏好保守，而是因为帝国主义对我们实行封锁挤压的国际环境不允许我们开放；不是我们不去探索中国特色社会主义道路，而是进行了执着且有成效的探索，只是因为条件和时间的限制，未能将这种探索推进到比较完备的程度。后 30 年的改革开放，并非另起炉灶，它建立在前 30 年努力改善国际环境的基础上（如用小球推动大球、先后与欧美发达国家建交等），建立在前 30 年对中国特色社会主义道路艰难探索的经验教训的基础上，建立在前 30 年奠定的物质技术文化基础上，尤其建立在前 30 年建立的社会主义基本经济制度和政治制度上。没有前 30 年的探索奋斗，就没有后 30 年的改革开放；没有后 30 年的改革开放，前 30 年的探索奋斗就不能再续辉煌。有人说，不否定前 30 年，就无从证明后 30 年的正确，这是一种地地道道的形而上学的观点。

树立正确党史观，必须旗帜鲜明地反对历史虚无主义。当下的历史虚无主义，是一种具有极强政治反动性的历史唯心主义。它是国际资本扩张的产物。境内外敌对势力相互勾结、狼狈为奸，是它的基本阵容；“学术创新”“反思历史”“寻找真相”，是它掩盖祸心的遮羞布；移花接木、颠倒黑白、凭空捏造，是它惯用的伎俩；剥夺中国共产党执政的历史依据，颠覆中国共产党领导和社会主义制度，为国际资本扩张扫清障碍，是它的终极目的。恩格斯说：“资产阶级把一切都变成商品，对历史学也是如此。它生存的条件，就是要伪造一切商品，因而也要伪造历史。伪造得最符合资产阶级利益的历史著作，所获得的报酬也越多。”一个不学无术、专门解构抗美援朝历史的商人，被热捧成国内外著名的历史学家；一个浪得虚名、恶意抹黑土改的作家，在西方世界频频获奖，如此等等，其源盖出于此。

党的十八大以来，在以习近平同志为核心的党中央的坚强领导下，反对历史虚无主义的斗争取得了显著成效，意识形态领域出现了激浊扬清、扶正祛邪的向好态势。但是，历史虚无主义仍有不小的招摇空间，一些深层次、根本性的问题还没有得到解决，正本清源、固本培元仍然任重而道远。例如，那个关于陈云否定后期毛泽东的谣言，出自一家出版社于1989年翻译出版的美国杰斯·布莱恩所著《胡耀邦传》。然而，经学者在美国和西方各种出版物数据库中搜索，都找不到这本书的英文原版。那么，这本书的所谓“译稿”是从哪里来的？是不是应当查一查呢？

与会同志强调，树立正确党史观的前提，是要具备战士的品格。怕当战士，不敢斗争，树立正确党史观就是一句纯粹的空话。数十年间，历史虚无主义之所以会泛滥成灾，对我们党的执政地位构成现实的威胁，就是因为我们的相当一批党员干部没有起来斗争。他们爱惜羽毛，精于盘算，奉行乡愿哲学，争当开明绅士，左右逢源，四处讨好，八面玲珑，还自以为聪明得计。殊不知，皮之不存，毛将焉附？覆巢之下，岂有完卵？姑息养奸，一旦奸邪成了气候，哪里还会念及你的“姑息”之

"功"？到头来，很可能是脑袋掉了都不知道怎么掉的。在党史学习教育动员大会上，习近平同志语重心长地说，我反复强调要发扬将革命进行到底的精神，强调要发扬老一辈革命家"宜将剩勇追穷寇，不可沽名学霸王"的革命精神，发扬共产党人"为有牺牲多壮志，敢教日月换新天"的奋斗精神，这是有很深考虑的。总书记的这一"很深考虑"的奋斗精神，难道不值得我们深长体味、深刻领悟吗？

第四篇

理论辨析与对策研究

新帝国主义是帝国主义的最后阶段

余　斌[①]

一、新帝国主义阶段的界定

21 世纪初，英国首相顾问罗伯特·库珀（Robert Cooper）公开鼓吹世界需要一种“新的帝国主义”。美国《华盛顿邮报》专栏作家塞巴斯蒂安·马拉比（Sebastian Mallaby）也声称，治理国际社会无政府的混乱状态需要帝国主义。实际上，早在 20 世纪 70 年代，新帝国主义就已经出现了。

列宁在《帝国主义是资本主义的最高阶段》中指出，资本主义转化为帝国主义的时间，在欧洲是 20 世纪初。他指出，资本主义的一般特性就是资本的占有同资本在生产中的运用相分离，货币资本同工业资本或者说生产资本相分离，完全靠货币资本的收入为生的食利者同企业家及

① 余斌，中国社会科学院马克思主义研究院马克思主义原理研究部主任、研究员。

一切直接参与运用资本的人相分离。帝国主义或者说金融资本的统治是资本主义的最高阶段，这时候的这种分离达到了极大的程度。帝国主义的特点恰好不是工业资本，而是金融资本。因此，对自由竞争占完全统治地位的旧资本主义来说，典型的是商品输出；对垄断占统治地位的帝国主义来说，典型的则是资本输出。

列宁所说的帝国主义阶段一直延续到第二次世界大战结束之后。这时，美国成为世界上实力最雄厚的帝国主义国家，趁英法德日等旧帝国主义国家衰败，美国强化了其在帝国主义集团中的垄断和霸权地位，标志性事件就是1944年7月的布雷顿森林会议确定了美元霸权。布雷顿森林体系的要害是将美元纸币与黄金挂钩，其他国家纸币则与美元纸币挂钩，并确立了美元纸币在国际贸易结算中的垄断地位，从而使美元纸币窃踞了世界货币即黄金的货币符号地位。

这时的美帝国主义仍然是旧式帝国主义。由于存在与以苏联为首的社会主义集团抗衡的需要，欧美帝国主义国家之间加强了合作，矛盾冲突不像两次世界大战之前那么紧张，其他帝国主义国家借机得到了比美国更快速的发展，影响了帝国主义国家之间原有的实力对比。1970年前后，"美国首先在生产领域遇到了来自西德、日本的挑战，后者在制造业方面的仿效竞争使它在生产领域失去了支配地位，这就截断了美国霸权的一个关键的支柱。为应对来自生产领域的威胁，美国力图以它的金融力量进行反击，以求维持它摇摇欲坠的霸权地位"①。列宁指出，除"发展不平衡"外，改变帝国主义之间实力对比的另一个因素就是"战争"。正是越南战争的失败和大量消耗给了美帝国主义以沉重的打击。

越南战争的巨大开支迫使美国政府和美国金融寡头联手滥印美元纸

---

① 段忠桥：《资本帝国主义视野下的美国霸权——戴维·哈维的〈新帝国主义〉及其意义》，《中国社会科学》2009年第2期。

币用来购买用于战争的物资。随着大量美元纸币投入美国市场和大量物资被战争消耗，通货膨胀势不可当，商品价格攀升，进口变得有利可图。这样，过剩的美元被源源不断地输送到国外换购相对廉价的进口商品，在向国外输出通货膨胀的同时，美国的国际贸易收支自然出现大量逆差。当出口美国的国家要求美国用黄金兑现过剩美元纸币时，布雷顿森林体系就维持不下去了。该体系在 1973 年瓦解，美元纸币与黄金不再直接挂钩，美国私有中央银行——美联储也趁机摆脱了用黄金兑现美元纸币的责任，美元已经成为一纸不能兑现的白条。

但是，美元并没有随着布雷顿森林体系的瓦解而失去其所窃踞的世界货币符号地位。因为美帝国主义不择手段地迫使石油输出国组织只用美元进行石油结算，并通过中东战争提高石油的美元价格，从而成功迫使石油进口国不得不储备美元白条，并将其作为世界货币符号来使用。从此之后，“美国靠在全球发行美元、国债、股票以及大量金融衍生品这样的虚拟渠道，使全世界的实体资源（自然资源、劳动资源和资本资源）不停地流进美国。美国生产货币，其他国家生产商品”[①]。

显然，这时的帝国主义出现了不同于旧帝国主义的具有典型意义的经济特征——白条输出。新帝国主义出现了。

二、新帝国主义的白条输出

相比旧帝国主义的资本输出，新帝国主义的白条输出具有更强烈的帝国气息和掠夺性。因为旧帝国主义输出的是价值相当的资本，凭借资本来获得剩余价值、得到别国的进贡，而新帝国主义首先迫使别国用自

① 杨圣明：《美国金融危机的由来与根源》，《人民日报》2008 年 11 月 21 日。

己的生产资本和商品来换取他的白条，凭借白条的发行权攫取别国的铸币税，得到第一重进贡收益，然后再把换来的别国生产资本作为自己的资本输出，去获得进一步的剩余价值，得到第二重进贡收益。

法国波拿巴皇帝创办的动产信用公司，曾经想用发行自己的股票或其他证券而得来的资金去收购各种工业企业的有价证券，以使自己变成法国各种工业的所有者，并使皇帝本人变成最高董事。旧帝国皇帝没能做到的事，新帝国主义的金融寡头们却以更为轻巧的无本万利的方式做到了。

为了维护美元白条的地位，使其他国家的纸币同样缺乏含金量，西方经济学家刻意强调黄金不再是货币、黄金没有用、不如房屋保值等，让其他国家不再储备黄金，而美国自身却一点儿也没有放弃对黄金储备的控制。

不过，要可持续地利用白条输出掠夺世界各国人民，美国必须一方面迫使其他国家保有美元白条即持有美元储备，不能用这些储备的美元白条去购买美国的商品，否则这些白条就只是单纯的交易媒介，美国就攫取不了别国的铸币税了；另一方面，美国也必须适当地回收一些美元白条，进行重复性利用。当然这种回收不是兑现，而是近似无偿地收回。对于这一点，美国凭借其在国际经济、军事甚至思想领域的霸权地位是不难做到的。

美国用另一种白条即国家债券来换回并掩护纸币白条。纸币白条是发行纸币的金融寡头自己的债务，而国家债券则是全体民众的债务。金融寡头利用自己掌控的国家政权发行国债、回收纸币白条，再以救市的理由拿纸币白条购买自己手上的垃圾债券，进而把自己的债务转嫁到国内全体民众的身上。

对于其他国家，美国则利诱其购买美国国债。这些国家之所以同意用美国国债替换美元白条，一方面是因为美国国债支付利息，另一方面是西方经济学家不断鼓吹美国国债的安全性和保值性。实际上，从布雷顿森林体系开始崩盘的 1971 年到 2010 年的 39 年中，一盎司黄金的美元价格从 35 美元上升到 1278.5 美元，这意味着在这 39 年中美国通货膨胀的实际水平不低于 9.66%，只要美国国债的利息率的平均水平低于 9.66%，购买美国国债就不能做到保值，而是损失巨大。

为了强迫世界各国增持新帝国主义的国债白条，掩护纸币白条的输出，美国利用自己操控的国际金融垄断机构——国际清算银行的“巴塞尔委员会”制定《巴塞尔协议》，将美国的国债白条“定义”为高流动性资产，以提高流动性比率的名义，强迫参与国际金融业务的各国商业银行增持美国国债白条。

新帝国主义还利用自己掌控的国际金融市场制造危机和陷阱来回收美元白条。最典型的是 20 世纪末由美国金融大亨乔治·索罗斯亲自发动金融袭击，制造东南亚金融危机，掏空了东南亚一些国家的美元储备。这样，美国不仅不用担心东南亚国家拿这些美元白条向自己索回失去的财富，而且迫使这些国家不得不事后进贡更多的财富，以便换些美元白条回去储备起来。

具有讽刺意味的是，美国爆发金融危机后，美元白条相对于其他国家的纸币白条不仅没有贬值，反而升值。这一方面是因为，在这场危机中，像马克思故去前旅居的英国一样，美国也以破产的方式赖掉了不少美国所欠的世界其他国家以及普通民众的债务，其中中国企业海外欠账千亿美元，美国成重灾区；另一方面是因为，美元白条窃踞了世界货币符号的地位，得以利用危机造成的货币短缺所引起的对美元白条暂时性巨大需求而“坚挺”起来。但是，同真正的世界货币即黄金相比，美元大大贬值。这充分说明美元白条的“坚挺”只是相对于虚弱的其他纸币白条而言，在真正的货币面前美元白条是极其虚弱的。

三、新帝国主义的知识租权

旧帝国主义曾经利用发明专利权谋求自己在产业方面的竞争优势。与旧帝国主义相比，新帝国主义有过之而无不及。即便专利技术能够降低生产成本，专利权也被用来抬高价格。美国诺贝尔经济学奖获得者约瑟夫·斯蒂格利茨（Joseph Eugene Stiglitz）指出，当我们为医学试验室里发现导致女性乳腺癌的基因而欢呼时，那些病人会叫苦连天。这是因为当采取基因技术治疗这些患者疾病时，她们每次都要被收取专利费；当这些人不能承担因为专利而昂贵的药费时，显然会导致不必要的死亡，这些医药专利的申请者显然是剥削者；如果单独一方或者局部利益团体对知识使用拥有绝对的权力，这就人为地增加了垄断，垄断因素又扭曲了社会资源的分配，并最终抑制更多的创新。

知识租权即通常所谓的知识产权，指法律所许可的权利人对某种非物质形态的智力产物所享有的专有权利。授予并保护知识产权的所谓理由是，没有有效地保护措施就没有动力进行革新。对知识产权进行适度的保护，能促使潜在的发明者投身研究与发展。西方法学界还把作为财产权的知识产权视为人权。

但是，把财产权视为人权是典型的物对人的统治。恩格斯早就指出："利益霸占了新创造出来的各种工业力量并利用它们来达到自己的目的；由于私有制的作用，这些理应属于全人类的力量便成为少数富有的资本家的垄断物，成为他们奴役群众的工具。商业吞并了工业，因而变得无所不能，变成了人类的纽带；个人的或国家的一切交往，都被溶化在商业交往中，这就等于说，财产、物升格为世界的统治者。”[①]可见，在资本主义社会里，作为财产权的知识产权，跟财产权一样，都只是奴役别人的工具。斯蒂格利茨指出：“大多数的重要创新——计算机、晶体管、镭射激光的基本理念，以及DNA的发现——都不是因为金钱的诱惑而诞生。这些都是对知识的渴求的产物。”[②]迈克尔·皮瑞曼（Michael Perelman）也指出：“当大量的知识产权被掌握在极少数公司手中，与知识产权休戚相关的垄断必定提高价格水平。这样的体制将使数以百万计的人陷于贫穷，并且阻碍这些人对一般劳动的扩大发挥潜能。此外，追求知识产权对高等教育也产生很大的不良影响。”[③]

对于新帝国主义的金融寡头来说，他们作为食利者本来就完全脱离了生产，不接触生产过程，对生产不感兴趣，而知识租权恰恰给了他们一个不用生产就可以收租的好机会。许多发明的知识租权的最大受益者并不是发明人，而是收购发明专利权的人。随着新帝国主义的兴起，风险投资也兴盛起来，美国的苹果公司和微软公司都是金融寡头的风险投资培育起来的。风险投资对于发明专利项目一直高度关注，他们通过对早期的研发工作进行少量的投资，就能掌握高科技公司的大量股权。一旦研究成果转化成熟，市场前景显露，就到金融寡头创办和控制的各类股权市场上进行交易，获得暴利；有时也长期持有其股权以凭借其知识租权长期获利。

随着新帝国主义攫取知识租权，知识产权就成为国际事务中最重要的因素。知识产权之争就从利益得失上升为所谓正义与邪恶的较量。新

① 《马克思恩格斯文集》第1卷，人民出版社2009年版，第105页。

② 《斯蒂格利茨：知识产权加剧世界不平等》，观察者网，2013年7月17日。

③ ［美］迈克尔·皮瑞曼：《知识产权与马克思的价值理论》，靳立新摘译，《国外理论动态》2004年第8期。

帝国主义凭借其政治、经济和军事实力，尤其是其所控制的巨大市场容量来强行推广其知识租权。知识产权最终与贸易挂钩，被纳入乌拉圭回合谈判，最终形成了《与贸易有关的知识产权协议》，成为连斯蒂格利茨都加以指责的套在世界各国人民尤其是发展中国家人民头上的枷锁，扩大了发达国家与发展中国家的南北差距。新帝国主义在攫取知识租权的同时，还竭力破坏他国的自主创新能力，妨碍别国也拥有知识产权。例如，在中国汽车工业与金融寡头控制的外国汽车公司合资的过程中，中方的研发团队就曾经被迫解散。

目前，知识租权已经与健康权、受教育权、自决权、发展权这些西方社会也承认的人权之间产生了激烈的冲突。正如马克思指出："从人类精神的一般劳动的一切新发展中，以及这种新发展通过结合劳动所取得的社会应用中，获得最大利润的，大多数是最无用和最可鄙的货币资本家。"①

新帝国主义除了利用自身的知识租权收租外，还利用高科技手段窃取别国的政治经济军事信息和侵犯别国的知识租权。当美国"棱镜门"泄密者斯诺登（Edward Joseph Snowden）揭露了这一切后，为了捉拿他，欧美新帝国主义肆意践踏国际法，迫降并搜查被怀疑藏有斯诺登的玻利维亚总统座机。

四、新帝国主义的碳贡赋

纸币白条的发行权和知识租权已经不足以满足新帝国主义金融寡头们凭借权力掠夺的胃口，他们试图把控制人们的生存生活权作为他们最

① 《马克思恩格斯文集》第7卷，人民出版社2009年版，第119页。

大限度地攫取利益的手段。碳排放权就是生存生活权，这是因为人们的呼吸和生产都需要排放二氧化碳。

在世界气候变化谈判过程中，以美欧为主体的新帝国主义国家不仅拒绝为发达资本主义国家在过去数百年里肆意排放的二氧化碳承担责任，反而联手加大对中国等发展中国家的减排压力，试图通过限制发展中国家的碳排放来阻碍发展中国家的发展。在哥本哈根世界气候大会上，由新帝国主义起草的丹麦文本规定，到2050年，发展中国家人均温室气体年排放量须限制在1.44吨，而发达国家的人均年排放量为2.67吨，大约比发展中国家多1倍。这显然对发展中国家不公平，其目的是要发展中国家向发达国家购买不足的碳排放许可量。

新帝国主义企图通过凭空规定这样一个权利来迫使全世界人民为了生存生活而向掌握这种权利及其分配的新帝国主义者交纳封建性贡赋，实现其全球帝国之梦想，最终全面建成新帝国主义。

通过渲染全球变暖的危害，包括美国好莱坞电影的宣传，新帝国主义已经成功地将碳排放减排的义务强加到世界人民头上，凭空造出一个数百亿欧元的市场。据预测，全球碳交易市场有望超过石油市场，成为世界第一大市场，达到3万亿美元的规模。

但是，与石油不同，也与土地甚至技术不同，二氧化碳并不是生产要素，而至多只是生产的副产品。让生产企业为排放二氧化碳付出成本，其实就是征收产品税。如此巨额的产品税将对商品生产和国际贸易产生巨大的影响，成为生产企业和消费人群的巨大负担。这种碳贡赋正是新帝国主义反对世界人民的措施，尽管它打着维护生态环境的旗号。

一旦碳交易被普遍实行，新帝国主义就可以凭借其金融实力操控碳交易，哄抬碳排放权的价格，从而对世界各国的生产活动造成严重的干扰和破坏，并从中牟取暴利。发达国家还可以通过国际投资和国际贸易，将碳排放量大的项目向发展中国家转移，挤占发展中国家的碳排放空间，从而限制发展中国家的发展空间。

随着碳交易的普遍实行，碳排放的核查和监管也会成为至关重要的因素。这最终会给新帝国主义掌控的国际组织到发展中国家进行经济核查的权利，从而也就给新帝国主义国家直接干涉和全面掌控其他国家的经济内部事务提供了契机，而这正是新帝国主义的全球帝国治理所必需的。

最重要的是，旧帝国主义是资本的占有同资本在生产中的运用相分离，资本占有的利润还要来自对生产过程的直接剥削，而新帝国主义则完全脱离了生产过程，直接通过碳贡赋攫取一个又一个国家的整体利益。再也没有比碳贡赋更高效的剥削手段了，这达到了人类历史上剥削社会的终点。新帝国主义是帝国主义的最后阶段，也是资本主义的最后阶段，是一切人类剥削社会的最后阶段。

五、新帝国主义之争

一超独大的美国是新帝国主义的主要国家，但欧洲和日本等新帝国主义国家也在快速发展。第二次世界大战后，欧美日等帝国主义国家联手对付东方的社会主义国家。随着苏联解体，欧美日等新帝国主义国家之间的矛盾也日益突出。“统一的欧洲正在变得越来越不像盟友，而是竞争对手。同时，美国也不可能与欧洲建立有效而长期的合作关系，美欧难以弥合政治上的分歧，这些利益冲突将令美国与欧盟渐行渐远。”①

欧元白条的诞生刺激了新帝国主义国家重新瓜分白条输出势力范围

① 官进胜：《新帝国主义：历时与共时的视角》，《上海行政学院学报》2004 年第 6 期。

的竞争。这场竞争也可以说是一场瓜分经济领土的竞争。在维护美元霸权的伊拉克战争中，法德两国表现不积极，这并不是由于观念上的不同，而是白条输出利益上的差异。

在 2008 年美国引发的金融危机中，欧元和日元受到的冲击远比美元更甚。这是因为，在经济全球化的国际贸易和国际金融活动中，大量的信用货币都是以美元来计价的，因而在美国金融危机打乱了世界信用机制后，世界各国大量的信用货币都要转化为美元。这使美元的需求量大增，许多国家纷纷抛售其他可兑换货币来换取美元，使得欧元和日元相对于美元更贬值。美元的发行者利用这场危机带来的美元货币短缺，不仅摆脱了长期滥发美元导致的美元信用丧失的风险，还借机滥发大量的美元大赚了一笔，并获得了救市的好名声。

金融危机之后，欧洲新帝国主义国家痛定思痛，试图加强欧元区的政治联合，以强化欧元白条输出的势力范围，原本在西藏问题上对中国极不友好的德国总理默克尔也主动到中国来商谈货币合作。美国则希望欧元区解体，并且鼓吹一些国家应当退出欧元区。同时，美国还利用日本和菲律宾在中国周边挑起事端，对中国予以“警告”。

如今，能够输出纸币白条的国家和地区最主要的是以美国为核心的美元白条区和以欧洲大陆为核心的欧元白条区，其次是依附这两大区域或处于这两大区域夹缝中的英国和日本。法德联合的欧元白条区的新帝国主义实力远超单独一个欧洲大国，其与美帝国主义之间的新帝国主义竞争的规模大大超过了第二次世界大战前的旧帝国主义之间的竞争。作为中国自卫手段的人民币国际化也被卷入这一竞争。

英国曾是旧帝国主义的头号国家，尽管已经没落，却仍不甘愿完全融入欧洲。然而，欧洲新帝国主义的发展趋势正是日益融合，就像马克思时代的德国日益融合一样。英国的脱欧很像当年奥地利退出旧德国，其后果也会像当年普鲁士联合几个小公国成立新德国一样，形成新欧洲。在旧帝国主义时代，德国曾想用“欧洲联邦”对抗美利坚合众国。随着欧盟内部一体化的加强，美帝国主义将面临一个强劲的竞争对手。

日本帝国主义知道，美国不愿增加其在帝国主义方面的竞争对手，对日本有所警惕。因而，日本提出“中国威胁论”，利用美国遏制中国的企图以及经济危机给美国造成的力不从心，争当挑起地区摩擦的急先锋，以此换取美国许可其发展军事力量，许可其解禁集体自卫权，就像当年希特勒利用英国的默许来恢复德意志第三国帝国主义的实力一样。

虽然美国在德国和日本都有自己的驻军，日本所使用的美国军火也有利于美国的控制，但第二次世界大战前英国对德国控制失败的教训犹在，一旦美国对日本控制失败，美国也会深受其害。

总之，随着新帝国主义的发展、各帝国主义集团实力的变化，新帝国主义之间的争斗无可避免，这给未来世界经济的发展和国际安全局势蒙上了阴影。要知道，正是当年的英法帝国主义集团与德帝国主义集团以及日本帝国主义与美帝国主义的争斗引发了两次世界大战。

六、新帝国主义的终结

日裔美籍学者福山于20世纪80年代末提出“历史终结论”，其实质就是认为人类社会形态会以当时如日中天的新帝国主义为终结。但是，美国金融危机前后的事态发展表明，面临终结的恰恰是新帝国主义。

威廉·塔布（William Tabb）担心美国会因失去竞争力和维护帝国运行成本过高而破产。斯蒂格利茨和琳达·J. 比尔姆斯（Linda J. Bilmes）通过详细的计算分析后认为，按照保守估计，美国在伊拉克战争的总开支将达3万亿美元，甚至可能超过美国在第二次世界大战中的5万亿美元（按通胀率折算）开支。如此巨大的成本，显然是新帝国主义不能承受之重。

在与社会主义集团对抗时，新旧帝国主义曾经对本国工人阶级做了较大的让步，甚至采取了收买本集团内部工人阶级的政策，形成了所谓“福利国家”的模式。但是，东欧剧变和苏联解体后，新帝国主义国家纷纷享受“和平红利”，大幅削减工人福利，收回曾对工人阶级作出的一些让步。尽管如此，欧洲的主权债务危机表明，如今这种模式居然也成了新帝国主义不能承受之重。

马克思指出：“如果现代工业不是在周期性循环中经过停滞、繁荣、狂热发展、危机和极度低落这些彼此交替、各有相当时期的阶段，如果工资不是因这些阶段彼此交替而有高有低，如果厂主和工人之间不是进行着经常的、与工资和利润的这些波动密切联系着的战争，那末，大不列颠和全欧洲的工人阶级就会成为精神萎靡、智力落后、内心空虚、任人宰割的群众，这样的群众是不可能用自己的力量取得解放的，正如古希腊罗马的奴隶不能用自己的力量取得解放一样。”[①] 显然，随着这场由美国金融危机引起的新帝国主义国家的经济危机和福利的大幅削减，新帝国主义集团内部的工人阶级及其他群众的反抗也会日益加强。美国发生“黑人的命也是命”的骚乱正是这一反抗的体现。

列宁在谈到俄国革命形势时指出：“在多数情况下，对于革命来说，仅仅是下层不愿象原来那样生活下去是不够的。对于革命，还要求上层不能象原来那样统治和管理下去。”[②] 就新帝国主义的上层而言，“任何一个民族都不会容忍由托拉斯领导的生产，不会容忍由一小撮专靠剪息票

---

① 《马克思恩格斯全集》第 9 卷，人民出版社 1961 年版，第 191 页。

② 《列宁全集》第 23 卷，人民出版社 1990 年版，第 313 页。

为生的人对全社会进行如此露骨的剥削”[①]。事实上，美国爆发的占领华尔街运动，就是新帝国主义内部以产业资本家和小资产阶级为主体的中上层民众对金融寡头统治的一次示威。

但是，指望以产业资本取代金融资本的统治，指望虚拟经济让位于实体经济，这只不过是产业资本家的幻想。金融资本是产业资本自身的产物，虚拟经济的存在延缓了实体经济的危机。不废除产业资本就不可能废除金融资本，也不可能摆脱金融资本的统治，甚至连多少限制一下金融资本都极为困难，而且“每一个对旧危机的重演有抵消作用的要素，都包含着更猛烈得多的未来危机的萌芽”[②]。

虽然新帝国主义拥有强大的毁灭地球和人类的武器库，但这并不能阻止新帝国主义的终结。相反地，新帝国主义不得不把大量的财富用于军事工业，不断研发无人机等不用人或少用人参与战斗的武器，这恰恰表明了新帝国主义的脆弱性，表明新帝国主义不敢相信和依托任何人。

新帝国主义已经脱离生产，从而不再促进生产力的发展，他们甚至要废掉技术更先进的华为5G手机。新帝国主义已经阻碍生产力的发展，当生产力一旦开始突破这种障碍时，整个新帝国主义社会就会陷入混乱状态。新的更高的生产关系即社会主义生产关系已经在资本主义世界中破土而出并以自身的实践提供了正反两方面的经验，世界人民已经拥有科学的马克思主义作为指导。既然如此，新帝国主义的终结和资本主义的全面灭亡就不仅是不可避免的，而且是并不遥远的，这也是百年未有之大变局出现的原因。

---

① 《马克思恩格斯文集》第3卷，人民出版社2009年版，第558页。

② 《资本论》第3卷，人民出版社2004年版，第554页。

马克思主义“五形态说”是符合历史实际的

张顺洪[①] 甄小东[②]

马克思主义社会形态理论认为，人类社会发展演进历程是经原始社会、奴隶社会、封建社会、资本主义社会，再经社会主义社会过渡，进入到未来的共产主义社会。这就是通常所讲的马克思主义关于人类社会发展的“五形态说”。社会形态史是历史研究中的重大问题。不管是中国史研究，还是世界史研究，都必须高度重视社会形态史的研究。然而，多年来，我国学术界并不重视社会形态史的研究，主要体现为淡化或忽视社会形态史，也存在着否定社会形态理论的倾向，否定我国历史上存在过某个社会形态如奴隶社会或封建社会。学术界的这种状态很不利于促进历史研究的发展和创新。社会形态是人类社会发展中的根本性问题。如果忽视对这个根本性问题的研究，我们就不能够科学地理解世界历史和我国历史的发展规律。王伟光同志主编的《中国社会形态史纲》一书，

① 张顺洪，中国社会科学院世界历史研究所原所长、研究员。
② 甄小东，中国石油大学马克思主义学院讲师。

2020年9月由中国社会科学出版社出版。这本史纲是作为中国社会科学院大学和南开大学教材出版的，是令人鼓舞的，体现了我国学术界有识之士对培养青年学生重视社会形态问题的高远之见。但我国学术界否定马克思主义五种社会形态理论的声音丝毫没有减弱的趋向，一些杂志和网络平台有意发表和推送否定五种社会形态学说的文章。我们认为马克思主义五种社会形态理论是符合历史实际的，我国学术界不应否定，而是要深入研究和阐发。

一、关于社会形态问题的几点认识

第一，中国历史是世界历史的一部分。

中国是世界的一部分，中国历史也是世界历史的重要组成部分，中国历史发展进程与世界历史发展进程是不可分割的，共同组成人类社会发展演进历程。事物总是发展变化的，每个国家、每个地区、每个时段的社会发展演进都有其特殊性。但是，在这些特殊性中存在着人类社会发展演进的共同性。人类社会发展演进历程中的共性大于特殊性或个性，共性是决定性的，体现了一般规律，特殊性是非决定性的。在我国历史研究中，我们不应过分强调中国历史的特殊性，从而否定中国历史具有人类社会发展中的一般性、普遍性的规律。

毋庸置疑，中国历史的发展具有鲜明的特殊性，中国历史发展的各个阶段也具有其特殊性。但是，这不等于说马克思主义经典作家揭示的人类社会发展一般规律不适合中国历史。每个国家的历史都有其特殊性，每个国家历史不同阶段也有其特殊性，我们不能因为这些特殊性的存在而否定人类社会发展的一般规律。

马克思主义经典作家揭示人类社会发展规律，不是仅仅针对某个国家或某个地区，而是针对整个世界、整个人类社会。这一点是确定无疑的。例如，在《论国家》中，列宁指出：“我们始终都要记住历史上社会划分为阶级的这一基本事实。世界各国所有人类社会数千年来的发展，都向我们表明了它如下的一般规律、常规和次序：起初是无阶级的社会——父权制原始社会，即没有贵族的原始社会；然后是以奴隶制为基础的社会，即奴隶占有制社会。整个现代的文明的欧洲都经过了这个阶段，奴隶制在两千年前占有完全统治的地位。世界上其余各洲的绝大多数民族也都经过这个阶段。”“在历史上继这种形式之后的是另一种形式，即农奴制。在绝大多数国家里，奴隶制发展成了农奴制。这时社会基本上分为农奴主—地主和农奴制农民。”“后来，在农奴制社会内，随着商业的发展和世界市场的出现，随着货币流通的发展，产生了一个新的阶级，即资本家阶级。”“你们应当时刻注意到社会从奴隶制的原始形式过渡到农奴制、最后又过渡到资本主义这一基本事实。”“在人类史上有几十个几百个国家经历过和经历着奴隶制、农奴制和资本主义。”

这里，列宁讨论社会形态演进规律时，毫无疑问不仅仅关系到俄国或欧洲，而是关系到整个世界。列宁关于五种社会形态先后更替的论述十分清楚、毫不含糊。只是在这几段论述中，列宁还没有讨论到社会主义社会。中国历史与他国历史一样，都符合五种社会形态发展演进规律。研究中国历史的学者，需要更多地了解外国历史，拓宽学术视野，把中国各个时代的历史放在世界历史发展进程中来考察分析，深入理解我国历史与他国历史的共性和差异性。不应过度强调中国历史或中国历史某个发展阶段的特殊性，而不承认中国历史发展符合马克思主义揭示的人类社会发展的一般规律。

第二，人类历史上“第一个国家”是奴隶制国家，即奴隶社会。

关于人类社会的原始社会时期，学术界争论不大。原始社会不是文明社会，没有国家。一旦文明出现，国家产生，人们就告别了原始社会。国家的产生是原始社会后期社会生产力发展的结果。原始社会后期，是在新石器时期（有的地区可能处于铜石并用时期），人们的生产力水平提高，能够生产出剩余财富；随着剩余财富的增多，在财富占有上出现了不平等，社会逐渐贫富分化，产生贵族、平民、奴隶，阶级逐渐形成。这在中外学术界有广泛共识，也为考古发掘工作所不断证实。社会出现贵族和奴隶，也就意味着奴隶制形成。关于奴隶制的形成，恩格斯在《反杜林论》的“暴力论”部分做过精辟论述。恩格斯讲，“生产已经发展到这样一种程度：现在人的劳动力所能生产的东西超过了单纯维持劳动力所需要的数量；维持更多的劳动力的资料已经具备了，使用这些劳动力的资料也已经具备了；劳动力获得了某种价值。但是公社本身和公社所属的集团还不能提供多余的可供自由支配的劳动力。战争却提供了这种劳动力，而战争就像相邻几个公社集团的同时并存一样古老。先前人们不知道怎样处理战俘，因此就简单地把他们杀掉，在更早的时候甚至把他们吃掉。但是在这时已经达到的‘经济状况’的水平上，战俘获得了某种价值；因此人们就让他们活下来，并且使用他们的劳动。这样，不是暴力支配经济状况，而是相反，暴力被迫为经济状况服务。奴隶制被发现了”。

奴隶制产生，阶级矛盾随之激化，进而导致国家的产生。这个国家就是奴隶主阶级占统治地位的国家，即奴隶制国家，也就是奴隶社会。恩格斯的论述和上文所引列宁的论述都表明，历史上的“第一个国家”是奴隶制国家。经典著作的结论不是凭空想象出来的，而是基于深入历史研究所论证的。今天的世界各国并不是在历史上都经历过奴隶社会，但可以确定地说，“原初文明”地区是经历了奴隶社会的。“原初文明”指在没有外在文明影响或者外在文明影响较小的历史条件下主要是自身从原始社会后期逐渐发展演进形成的文明，文化、种族等方面有鲜明的自身特色，特别是形成了自己的原初文字，一般为象形文字或向象形文字过渡的图画文字。象形文字是人类历史上“原初文明”地区使用的成熟文字，是在表意符号和图画文字基础上形成的。具有象形文字的文明也就是原初文明。创造并使用象形文字的早期国家，就可视为“原初国家”。

世界历史上典型的“原初文明”是古代埃及文明、古代西亚两河流域文明、中国古代文明、印度河流域古代文明以及美洲印第安文明。亚非地区的古代原初文明，相互不是完全没有影响。例如，印度河流域古代文明，因为离西亚两河流域较近，很早就有交往，可能在相当大程度上受到两河流域文明的影响。但印度河流域文明有自己的代表性原初成分——印章文字，只是此文字迄今为止学术界尚未成功释读。古代埃及与两河流域地区交往联系较多，在文明形成发展进程中也有相互影响。古代中国与亚非大陆的其他文明地区也是有联系的，并非完全隔绝。但是，古代世界这四大文明都有自身特色，拥有自己的象形文字。曾经长期被学术界忽略的“原初文明”是古代美洲印第安文明。美洲印第安人自己创造了独具特色的文明。美洲印第安文明具有原初文明特征，特别是已出现了图画文字、象形文字，发明创造了自身文明的各种因素，包括天文学知识、数学知识等。而雅典时期的希腊文明和古罗马文明，可以说在很大程度上并不是“原初文明”，其奴隶占有制繁荣时期文明的基本因素——文字就是从亚洲非洲古代文明成就那里借鉴来的。古代希腊和古代罗马，与尼罗河地区、两河流域地区距离较近，可以说“一衣带水”，许多文明因素来自亚洲和非洲文明地区。这一点西方严谨的学者也不否认。我们认为，要说明一个地区或一个国家是否经历了奴隶社会，更重要的是要考察是否为“原初文明”地区或原初国家。这些地区的文明和国家，是在没有强大外力影响的历史条件下，自身从原始社会后期向新的社会形态演进的，具有鲜明的“原初文明”特色。一定意义上讲，这样的地区更能体现人类社会发展演进的规律。

中外历史学家们广泛深入的研究也充分揭示了古代埃及的早期国家是奴隶制国家。西亚两河流域最早的国家，即苏美尔的城邦国家，也是奴隶制国家。埃及和西亚地区后来长期都处于奴隶社会时期。南亚地区最早的文明是印度河流域文明，因最早发现于哈拉帕，也称哈拉帕文明。据有关专家研究，印度河流域在公元前2500年时，也出现了奴隶制城邦国家。后来印度也长期经历了奴隶社会。美洲印第安人创造了自己独特文明。在欧洲人于15世纪末到达美洲开始殖民征服之前，印第安三大文明：玛雅文明、阿兹特克文明和印加文明，都形成了早期奴隶制国家，处于奴隶社会发展阶段。一些即使不承认马克思主义社会形态理论的学者，也不否认美洲这三大文明地区当时存在着许多奴隶，在社会底层组成了一个奴隶阶级。

我国一批前辈学者如郭沫若等都认为中国存在着奴隶制国家，夏、商、西周就是奴隶社会。也有学者认为在夏之前就存在着奴隶制。夏王朝之前存在着地域性奴隶制国家，在我国古文献中也是能找到一些痕迹的。例如，《国语·周语下》记载，上古时期黎苗部落被征服后，“人夷其宗庙，而火焚其彝器，子孙为隶，下夷于民”，被强迫成为奴隶。《尚书·甘誓》讲：“用命，赏于祖；弗用命，戮于社。予则孥戮汝。”这是夏王朝“开国之君”启作战前的誓师词。明确讲，不奉命努力作战，就要受到惩处，被处死或降为奴隶。可见，彼时已存在着奴隶这个概念，并有将社会自由民甚至贵族成员降为奴隶的做法。可以推测，这种状况在此之前应是早已存在的，也就是说在夏朝之前就存在着奴隶制。

在中华大地上，夏朝之前应该存在着众多“邦国”或“古国”——

早期国家，而且是具有原初性质的早期国家。近年来卓有成就的考古工作，也在逐渐揭开被浩渺时空尘埃遮掩的历史面纱。根据考古发掘，早于夏的石峁古城，就有“皇城台”和“君王住居区”。在石峁古城，考古专家们还发现了人祭实证。陶寺古城的建立也早于夏朝，考古专家们发现了王墓和贵族墓地。这说明石峁古城和陶寺古城，应都是我国早期国家的都城。我国考古专家何驽认为，石峁“是一个建立在商品贸易基础上的奴隶制国家”。在距今4000年前后，“石峁集团奴隶制国家曾将晋南地区的中原文明核心陶寺邦国征服，作为其殖民地，整体上将陶寺文化所建立的邦国政权摧毁，并将陶寺邦国的遗民，整体沦为石峁集团的生产奴隶，为石峁集团从事农业、牛羊肉食养殖、羊毛产业、石器制造业殖民经济生产”。无疑，这是一种“国家奴隶制”。

的确，夏朝之前古国的存在现已成为我国考古学界的广泛共识。至目前考古发现，最早又最有代表性的古国应是良渚古国，新近考古发掘的河洛古国也受到学术界高度关注。

我们有理由推测：5000年前的良渚古国也应该是一个奴隶制国家。良渚古城有王族和贵族的墓地，还有神徽、神庙等奴隶制国家的现象，显然是个等级社会。“神王国家”现象正是奴隶制国家的一种标识，这一点我们在下文还会论及。良渚文化地区也存在人祭人殉遗迹。考古资料证实：良渚时期的人祭人殉遗存几乎发生于良渚文化各个大的时期，而人祭人殉正是奴隶社会特别是早期奴隶制国家的重要特征。

第三，应从历史发展长时段视角看不同社会形态的演进。

人类社会是不断发展变化的，社会形态也是不断发展变化的，一个国家的社会形态在不同时期也是有差异的。不同国家，即使处于同一个社会发展阶段，社会形态上也有差异，不可能完全相同。但是，在人类历史发展进程中，从整个世界历史发展长时段看，存在着几种相对稳定的社会形态，即原始社会、奴隶社会、封建社会、资本主义社会、社会主义社会（和未来的共产主义社会）。推动社会形态演进的决定性因素是生产力，而确定社会形态性质的决定性因素是生产关系。即一个特定社会中掌握主要生产资料的人与不掌握生产资料或只有极少量生产资料的人，在社会生产活动中形成的相互关系。

人类社会的漫长时期是原始社会，从人类诞生到国家形成。从生产力发展水平层面来看，主要经历了旧石器时代、新石器时代。在铜石并用时期，有的地区仍处于原始社会时期，有的地区则已经产生国家，进入了奴隶社会。从社会组织形式来讲，原始社会经历了原始群、血缘家族、氏族社会，氏族社会又分母系氏族社会和父系氏族社会，父系氏族社会的发展为国家形成、文明社会出现奠定基础。关于原始社会，学术界争议不大。原始社会不是文明社会，也没有国家。这在学术界是有共识的。学术界分歧较大的是关于奴隶社会。下面重点讨论一下奴隶社会问题。

奴隶社会是人类社会发展进程中第一个有阶级剥削和阶级压迫的社会。一般情况是：奴隶社会存在着奴隶主贵族、平民、奴隶三大阶级。奴隶社会最本质的特征是一部分人是另一部分人的财产，即奴隶是奴隶主的财产；国家的主要生产资料土地等掌握在奴隶主阶级手中。平民不是奴隶，但在奴隶社会中平民可能因为多种原因如欠债而沦为奴隶，奴隶制的存在也为奴隶主阶级剥削和压迫平民提供了条件。

奴隶社会的一个重要标识是人祭人殉。人祭人殉是奴隶社会，特别是早期奴隶制国家比较普遍的现象。在封建社会时期，有的地方也存在过人殉现象，但那种现象不是普遍的，是奴隶社会的残余。在所有原初文明地区，特别是在早期奴隶社会中，人祭人殉是比较普遍的。在古代埃及、两河流域、中国和美洲印第安奴隶制国家中，均存在着人祭人殉现象。有学者认为：“事实上，用活人作祭品无论在新大陆，还是在旧大陆都出现过。这样的例子不仅在中美洲找得到，在美索不达米亚、埃及和中国也都找得到。”随着中国考古工作的深入推进，在新石器时代晚期或铜石并用时期，越来越多的人祭人殉现象被发现。我国处于奴隶社会阶段的殷商王朝存在着大量人祭人殉遗迹，已被过去和现在考古发掘所充分证实。美洲印第安早期奴隶制国家，因为从存在时间上讲，离我们今天比较近，关于人祭人殉的实据可能保存得相对比较好。关于阿兹特克王国人祭现象的材料就比较丰富。学者们对阿兹特克王国人祭规模大小有不同判断，但共识是祭祀的人牲数量很大。有的学者甚至估计，15世纪的墨西哥，每年被用于人祭者大约25万，大致相当于总人口的1%；也有学者认为，在西班牙人入侵时，阿兹特克王国首都特诺奇蒂特兰每年人祭数量通常为几千人。

一些学者认为人祭是一种宗教迷信活动。我们认为这种看法很不全面。人祭主要是早期奴隶社会中发生的一种政治行为，是占主导地位的集团或统治阶级控制社会的一种方式，是涂上了神秘色彩的恐怖统治手段，不能简单地视为宗教迷信，也不能简单地指斥为野蛮习俗。人祭是一种暴力行为，是奴隶主阶级控制、镇压、威慑广大奴隶和平民的阶级斗争表现形式。正如有学者指出的，“在像特奥蒂瓦坎这样的复杂社会中实行人祭被认为是国家为了巩固和保持权力的镇压手段。这种行为是一种通过操纵意识形态和超自然力量的社会控制方式，把神用作镇压手段”。在阿兹特克王国，懒惰和“不驯服”的奴隶就会被多次倒卖，最终用于人祭。这就很形象地说明，人祭也是奴隶主迫使广大奴隶服从奴隶主、老老实实为奴隶主劳动的一种手段。除这样的奴隶外，某些罪犯和战争中俘获的那些不顺从并拒缴贡赋的武士也用于人祭。阿兹特克王国举行人祭仪式，常要求被征服地区的上层人士参加，这种恐怖现场对其造成某种威慑。

“王神合一”也是奴隶社会一种较普遍的现象。在奴隶社会，统治阶级为了维护社会统治，奴役被剥削被压迫者，把王权神圣化，国王的先祖是神。各奴隶制国家中的宗教虽然有差别，“但它们都有一个共同点：把奴隶制的国家制度和王权神圣化，宣传对自然界力量、对压迫者强力的屈服，不仅用地上的制裁而且用天上的惩罚来恫吓一切不驯服的人们”。在古埃及，“国王本身就是神，只有他才能与神进行直接交流”。商王也是以神化祖先的方式，来神化自己。《诗经》中有：“天命玄鸟，降而生商”（《诗经·商颂·玄鸟》）；商人的祖先契就是上帝的儿子。更早的良渚古国也存在着神王合一现象。张忠培认为，“良渚文化社会政权的性质是神王国家，也可称之为政教合一的国家”，国王掌握着政权和神权。古代两河流域最早的文明社会——苏美尔城邦国家，王生前就是神或半神式的人物；王可能被视为太阳神之子；王权“自天下降”。又如，美洲早期奴隶制国家印加王国的国王也被视为太阳神之子。

奴隶社会存在着成千上万的奴隶，组成一个被奴役的阶级，处于社会底层。这是奴隶社会的普遍现象。至于奴隶人口在社会总人口中占多大比例才被视为“奴隶社会”，学术界有不同的认识。有的学者之所以否认中国有过“奴隶社会”，理由是奴隶劳动者不占社会劳动者的多数。这是一个似是而非的理由，缺乏严谨的科学根据。因为，一个基本的事实是：古代奴隶制国家一般没有准确的人口统计，无法确定奴隶人口占社会总人口的比例。而且，任何一个奴隶制国家中的奴隶人口数量都是不断变化的，有时奴隶人口可能超过半数，有时可能达不到半数。而且，奴隶制国家的“边界”也是不断变动的。周边地区的人口随时可能通过战争或其他方式掠夺而来，成为奴隶。这种现象史不绝书。商朝奴隶主集团与羌人发生冲突抓获羌人为奴的事例在甲骨文材料中举不胜举。古希腊斯巴达人更是把周边的黑劳士作为军事训练的“耙子”，随时可以捕杀。美洲的阿兹特克王国通过发动战争掠取奴隶是常事。

有的学者强调奴隶制度在世界古代、中古、近代都存在，从而不承认人类社会发展进程中经历了一个特定的历史阶段——奴隶社会时期。我们所讨论的“奴隶社会”与“奴隶制”是有区别的。奴隶社会或奴隶制国家指的是人类社会发展进行中一个特定的历史阶段，处于原始社会和封建社会之间。的确，一些国家和地区总体上进入封建社会时期后，仍然保留有奴隶社会的残迹，有时甚至保留着比较浓厚的奴隶社会残余，社会上还存在着不少奴隶，占有奴隶也是“合法的”。也有这种现象，一个国家整体上已进入封建社会，局部地区却仍然存在着奴隶制。这样的国家和地区不属于奴隶社会，而是封建社会。在资本主义时期，世界范围内也存在过奴隶制度。例如，近代早期西方殖民国家在其殖民地就实行过奴隶制度，美国独立后也长期保留着奴隶制。但独立后的美国整体上是资本主义社会，而不是奴隶社会。学术界有些人把“古今”奴隶制混淆，从而否定人类历史上存在着一个特定的奴隶社会阶段，这不是一种科学的态度和方法。

在人类社会发展进程中，取代奴隶社会的是封建社会。这里“封建社会”中的“封建”一词，不是指我国古代的“封邦建国”，而是指一种社会形态，它处于奴隶社会与资本主义社会之间。封建社会取代奴隶社会是人类社会发展的一般规律，是世界历史发展中的一般现象。亚非欧各地区主要国家都经历了封建社会的阶段。中国、日本、印度、伊朗、土耳其、阿拉伯国家等亚洲国家，以及欧洲地区、非洲部分地区都经历过封建社会时期。整个美洲地区由于欧洲国家的殖民入侵，正常的发展进程被打断，奴隶社会没有演进到封建社会就沦为殖民地。澳大利亚等地也是如此，发展进程被欧洲或西方殖民扩张所打断。经历了封建社会时期的国家，时间也有长有短，各国封建社会也有其自身特色。但是，所有这些并不能否定人类社会作为一个整体经历了一个封建社会时期。封建社会的生产是以农业为主，土地是主要的生产资料。封建土地所有制是封建社会的基础。一般情况下，封建土地所有制的形式主要有三种：即封建国家土地所有制、封建地主土地所有制、个体农民土地所有制。地主阶级是封建社会的统治阶级，国家的土地主要掌握在地主阶级手中。封建社会主要有两大阶级，即地主阶级和农民阶级。前者主要由拥有土地的人组成，后者主要由没有土地或只有很少土地而在土地上劳动的人组成。地主阶级包括君主、各级封建领主（或称地主）或贵族、官员和高级僧侣等；农民阶级主要由不同身份的在土地上劳作的广大劳动者组成，包括自耕农、佃农、农奴等，他们是在不同程度上依附于地主阶级的劳动者，遭受封建国家和封建地主的奴役和剥削。当然，在不同国度及其不同发展阶段，社会的阶级阶层结构也是变化着的，每个国家的封建土地所有制也在不断发展变化。

封建地主阶级占有大部分土地，但不完全占有直接生产者。封建社会的农民享有不同程度的人身自由，他们不是地主阶级的财产。这是封建社会与奴隶社会的一个本质区别。资本主义社会仍然是私有制占主体地位的社会，与奴隶社会和封建社会一样，存在着鲜明的阶级差别。资本主义社会主要阶级矛盾是资产阶级与工人阶级（或曰无产阶级）之间的矛盾，这两大基本阶级的矛盾始终存在于资本主义社会之中。社会的生产资料，如资本、土地、工厂等，主要掌握在资本家手中。雇佣关系是资本主义生产关系的核心，也是资本主义社会本质性关系和特征。资本主义社会是不断发展的，资产阶级和工人阶级也是不断发展变化的，但不管怎么发展变化，资本家是“雇主”、工人是“雇工”这一基本关系没有发生本质变化。可以说，资产阶级主要由“雇主”组成，工人阶级主要由“雇工”组成，两者是雇佣与被雇佣的关系，也就是剥削与被剥削的关系。资本家可以解雇工人，工人则无法解雇资本家。工人有选择不同资本家的权利，但不管是哪个资本家，工人仍然是雇工。当然，在当今资本主义社会中，公司的高管形式上是受公司聘用的雇工，但他们如果掌握大量资本，实际上也是资本家，属于资产阶级。而一些工人虽然也可能有点股份，但他们及他们的家庭成员主要不是依靠股份生活，而不得不受雇于人，挣取工资来维持家庭生活。不能因为工人们拥有极少量股份，就认为工人也是资本家，也不能因为公司高管形式上是受雇者，就断言他们属于工人阶级，要依据实际情况来确定。需要强调一点的是，当今资本主义国家中所谓的“中产阶级”，许多人只不过是工人阶级中收入较高者。例如，美国有学者认定的“中产阶级”群体，一般就是受雇佣者，是“雇佣工人”，如低层经理、半专业人员（警察、护士、教师、职员、工头、文秘等）和非零售人员（如保险业、房地产业一般经营人员等）。这类“中产阶级”群体主要是依靠工薪生活，面临着失业或再就业压力、欠债与孩子教育困难等问题。他们大多具有高中学历，一些则是大学毕业生。

从人类历史发展进程看，取代资本主义社会的是社会主义社会。人类社会是不断进步的，不可能停留在同一个社会形态。资本主义社会不是万世不移的。十月革命的胜利，开启了全人类从资本主义社会向社会主义社会过渡的历史进程。

在奴隶社会，即奴隶是奴隶主的财富，奴隶主掌握着对奴隶的生杀予夺之权，奴隶可以大量用来“祭祀神灵”和陪葬。在封建社会，封建主阶级（各国封建主的名称可能不同）掌握着社会的主要生产资料——土地，但封建主不能随意出卖、转让、杀害依附封建主并在其土地上耕作的农奴或农民。在资本主义社会，表面上“人人平等”，但在雇主与雇工之间实际上是不平等的，掌握着财富和资本的雇主，也就掌握着随时解雇雇工的主动权。这是资本主义社会整个时代不同于其他时代的最核心特征。社会主义社会本质上是人民当家作主的社会，国家权力掌握在不受少数富人集团操控的政党——共产党的手中，也只有在社会主义制度下，人与人之间才有可能实现真正的相互平等。

第四，不同社会形态的分界线往往是一个过程。

不管是一个国家还是整个世界，社会形态的分期往往难以确定某个具体的时间或某个明确的标识。原始社会过渡到奴隶社会，本身就是一个过程。从氏族社会内部贫富分化到阶级形成，再到阶级矛盾激化，从而产生国家，需要经历一个较长的时间。原始社会与奴隶社会的分界线只能确定一个大致的时间段，且各国各地区不同步。

奴隶社会过渡到封建社会，也是一个较长的过程。两者都具有鲜明的阶级压迫和剥削，奴隶主贵族与封建贵族也存在着相似的地方。有的奴隶，如“授产奴隶”或被征服地区整个部落“集体奴隶”，在生产与生活形式上与封建社会的农奴也存在一定相似性。在奴隶社会后期，封建生产关系的因素已逐步产生；在封建社会早期，奴隶社会的痕迹一定程度上依然存在。从整个世界历史看，各地区从奴隶社会过渡到封建社会也不是同步的，因此在世界范围内更难确定一个具体的时间点作为两种社会形态的分界线。

封建社会向资本主义社会过渡也是一个过程。对整个欧洲而言，要划出一条封建社会与资本主义社会精确的分界线是困难的。单独一个国家，如英国和法国，即使发生了资产阶级革命，封建生产关系被资本主义生产关系代替也是一个过程。与奴隶社会的奴隶主能够逐渐演变为封建社会的封建主一样，封建主也可能逐渐采取资本主义生产方式，演变为资产阶级性质的“新贵族”。就整个世界而言，也难以划出一条封建社会时期与资本主义社会时期的分界线。

奴隶社会、封建社会、资本主义社会都是具有鲜明的阶级压迫和阶级剥削的社会，都是统治阶级的私有制占主体地位的社会，发生渐变是可能的，在演进过程中也的确体现出很强的渐变性。这里要强调的是：不能因为奴隶社会、封建社会、资本主义社会之间缺乏明确的分界线，就否定人类社会发展进程中存在过奴隶社会、封建社会、资本主义社会这三种不同的社会形态。奴隶社会、封建社会、资本主义社会各有其本质特征，从历史发展长时段看，它们之间的差异是非常明显的。这一点上文已述。而在这三大历史阶段，人类发展演进的总趋势是社会生产力发展水平不断上升，统治阶级与被统治阶级之间人身依附关系逐渐减弱，社会整体的文明程度不断提高。

社会主义社会取代资本主义社会，从已经发生的历史实例看，却是“突变性的”。1917 年俄国十月革命胜利，在很短时间内就建立起社会主义基本经济制度和政治制度，资本主义的俄国成为社会主义的苏联。第二次世界大战后，东欧一系列社会主义国家建立，中国、朝鲜、越南等社会主义国家建立，都是“突变性的”。因而，俄国的资本主义社会与苏联社会主义社会的分界线十分明确，那就是 1917 年的十月革命。十月革命开创了人类历史的新纪元，1917 年也就成为人类社会发展进程中资本主义社会逐步被社会主义社会所取代的历史进程的开端。这一点在马克思主义史学工作者之间早已形成广泛共识。当然，这不意味着今后其他资本主义国家也一定需要以“突变性的”方式演进到社会主义社会。当今世界不少资本主义国家的共产党正在积极探索如何通过和平的、渐变的方式实现国家向社会主义社会的过渡。可以想象，当世界上形成强大的发达社会主义国家为人类社会发展做出表率和指明方向时，资本主义国家通过和平渐变的方式演进到社会主义社会是完全有可能的。

二、坚持马克思主义“五形态说”的现实意义

第一，坚持“五形态说”就是尊重历史客观事实。

“五形态说”体现了人类社会发展进程的客观实际。人类社会就是这样一步步从低级阶段向高级阶段不断发展演进的。历史学是一门科学；从事历史研究必须坚持论从史出。这是从事科学研究的要求，也是坚持唯物史观的要求。我们不赞同某些学者急于撇清与马克思主义唯物史观关系的做法，断言中国没有奴隶社会，也不赞成没有深入研究就轻率地否定前辈学者长期深入探讨得出来的结论，更不赞同把唯物史观一些基本概念视为“舶来品”。科学无止境，历史研究工作也需要不断深化、不断加强。马克思主义经典著作和以往学术界关于五种社会形态的研究，没有也不可能穷尽真理，并且可能存在这样那样的不足。这就要求我们要努力加强人类社会发展史及其规律的研究，不断丰富、不断发展社会形态理论，深化我们对人类社会发展规律的认识和把握。

第二，坚持“五形态说”有利于深入认识当今世界历史发展大势。

五种社会形态理论揭示了人类社会发展规律，阐述了人类社会发展进程和发展趋势。历史是最好的教科书，鉴往才能知来。了解人类社会是怎样发展演进过来的，对于我们理解当今世界形势是非常必要的。而从历史发展长时段视角观察世界形势，则能够更好地把握当今世界发展大势。社会主义社会是新生的社会形态，资本主义社会相比之下是走向衰落的社会形态，当然这个衰落过程是较长的。人类社会面临一系列重大问题，如一国之内和国家之间严重的贫富两极分化、核扩散和核战争威胁、生态危机等，这都是资本主义制度造成的，在资本主义制度下是无法克服的。从整个人类社会发展进程看，可以说社会主义社会正在和

将要逐步取代资本主义社会。任何在中国推行资本主义的企图，都是开历史倒车！

第三，坚持“五形态说”是坚持中国特色社会主义道路的必然要求。

五种社会形态理论是马克思主义唯物史观的核心组成部分。马克思主义理论是中国共产党的指导思想，是社会主义中国立国的理论。否定了“五形态说”也就是否定了马克思主义的一个内核，否定了中国走上社会主义道路和坚持社会主义道路的历史合理性和必然性。走上社会主义道路，坚持社会主义道路，是几代中国共产党人研究社会发展规律、总结中华民族在近代历经重重磨难而认识到的真理。我们党的几代领袖，从毛泽东、邓小平、江泽民到习近平，都反复强调只有社会主义才能救中国。习近平总书记指出，“历史和现实都告诉我们：只有社会主义才能救中国，只有中国特色社会主义才能发展中国，这是历史的结论、人民的选择”。习近平总书记还强调：“中国特色社会主义是社会主义而不是其他什么主义，科学社会主义基本原则不能丢，丢了就不是社会主义。”中国作为唯一社会主义大国和最大的发展中国家，是以美国为首的西方发达国家集团围堵遏制、西化分化的主要对象。中华民族伟大复兴进程仍然充满着各种风险和挑战。没有中国共产党的坚强领导，没有强大的公有制经济及其各领域大型国有企业，没有庞大的、强有力的“国家队”科研和教学队伍，没有党绝对领导的强大的人民军队，我们是无法抵御西方敌对势力围堵遏制、西化分化中国图谋的。而这一切只有在坚持社会主义道路的条件下才能有保障。国际敌对势力对中华民族的生存与和平发展威胁极大，国内也有一些人错误地认为中国应该走资本主义道路。崇奉新自由主义思潮的人就是想丢掉科学社会主义基本原则，历史虚无主义思潮也是宣扬中国应该走资本主义道路的一种极其危险的思潮。因此，坚持“五形态说”绝不仅仅是一个学术探讨问题，而直接关系到坚持还是不坚持社会主义道路的问题。今天，我国迎来了前所未有的发展局面，中华民族伟大复兴处于快速进程之中，世界百年未有之大变局已经来临，但“变局”不等于“定局”，还处在艰难博弈的现实进程当中。对此，我国广大史学工作者应有清醒的认识和基本的自觉。

历史虚无主义新动向及斗争对策

徐安琪[①]

党的十八大以来，以习近平同志为核心的党中央在意识形态领域积极作为，有效遏制了曾经肆虐猖獗的历史虚无主义思潮。这一过程中，广大爱国民众担当作为，互联网、微博和微信空间，不再是“公知”的天下。一些歪曲党史、国史、军史的文章，受到来自学术界和舆论界的双重批驳。与此同时，一些正向、优秀的宣传和文艺作品开始占领意识形态空间并赢得人心。《中华人民共和国英雄烈士保护法》的出台让包括保护英雄烈士在内的反击历史虚无主义错误思潮的斗争有法可依。

然而，历史虚无主义思潮并没有彻底消退。作为一股时代逆流，它的负面影响仍然存在，甚至将长期存在。面对意识形态的高压态势，一些“公知”虽然发声少了，甚至在明面上销声匿迹，但并未从根本上改变立场。历史虚无主义者们变“明争”为“暗斗”，以更加隐晦、曲折、

---

① 徐安琪，北京石景山区作家协会理事。

狡猾的手法继续歪曲历史、蛊惑人心。同时，曾长期受历史虚无主义思潮影响的群体的错误认知还未得到根本纠正。因其多年来知识的源头都来自“公知”，他们中的相当一部分从观念上到情感上仍然是“公知粉”。

适逢中国共产党成立100周年，一场前所未有的全国性党史学习教育活动已如火如荼展开。在这一重要时间节点，进一步研究历史虚无主义新动向并开展反击活动，意义更加重大。

一、近年来历史虚无主义的新表现

近年来，我国反击历史虚无主义措施不断加强并取得显著成效，但历史虚无主义思潮并未完全消失，反而以更加隐蔽的方式而存在。

历史虚无主义者惯用的伎俩和手法主要表现在以下几个方面。

（一）旁敲侧击，靠次要人物实现褒贬意图

前些年，“公知”替一些负面历史人物翻案，如给汪精卫洗白，美化蒋介石、张灵甫、胡适等，官方和民间对此进行了一系列有理有据的批驳。在“正面进攻”受阻的情况下，历史虚无主义者们企图用“侧面迂回”、旁敲侧击等方式，以次要人物、次要事件、次要视角作为切入点，继续为负面人物翻案，抹黑正面人物。

例如，近年来，美化陈璧君的文章仍有受众，在评论区也仍有人点赞。有文章以“陈璧君长相一般，为何汪精卫与她厮守一生”为着眼点，叙述陈璧君出身南洋富商之家、早年支持汪精卫刺杀清朝重臣、对汪精卫照顾无微不至等细节，在字里行间将陈璧君捧为“民国励志女神”。实际上，陈璧君不仅是推动汪精卫叛国的主要内部力量，她自己作为汪伪政府的“中央监察委员”也是上了中华民国官方名单的大汉奸。客观叙

述陈璧君生平无可厚非，但拿其早年经历以偏概全，以所谓的爱情为切入点将其捧为偶像，显然是错误的。这对不了解汪精卫、陈璧君的读者具有较强的误导作用，由此也可以看出叙述者煞费苦心。

（二）搞怪失真，依靠文艺作品歪曲事实真相

涉及历史题材的文艺作品虽然讲的是故事，可对观众来说反映的就是真实历史。比起理论文章和宣传作品，文艺作品具有更强的感染力和意识形态渗透力。利用文艺作品来诋毁共产主义运动史的现象，在苏联已有深刻教训，在中国也并未禁绝。

除了以质疑为基调的作品，以歌颂的名义在内容上歪曲历史的现象也不少见。2020 年底上映又很快下架的电视剧《雷霆战将》就是一个典型。剧中八路军干部抹发胶、喝咖啡、抽雪茄、住别墅、向女战士抛媚眼……这些情节引起了网友的公愤，有评论称“恶心就两个字，《雷霆战将》把它变成了四个字”，“有史以来最假的战争片，没有之一”，等等。此后，数家官方媒体也发文批评该剧。

在意识形态领域的作用和性质方面，《雷霆战将》与此前广受批驳的“抗日神剧”是一样的。或许从创作者的出发点来说，并不是有意歪曲历史，而是想通过新奇、时尚、颠覆的手法宣传主旋律、迎合年轻人，但这样的做法显然是对先烈的亵渎、对历史的篡改。错判了观众的审美观，必然是欲求荣而终取辱。

（三）花样娱乐，把错误幻想当作怀旧时尚

2019 年，“抖音”上一种旗袍服装秀火了。这种服装秀一般以周杰伦的《霍元甲》为配音，年轻女士穿上不同类型的旗袍，变身民国的“军阀太太”，以此来秀一种雍容魅惑的贵妇风范。还有人边摆造型边问“我

能当第几房姨太太”。很多女士争相扮演，不亦乐乎。

在历史上，真实的民国人民，生活艰难。真实的民国军阀，鱼肉百姓、杀人如麻。真实的军阀姨太太，往往出身寒微，丧失人格尊严，实际上等同于军阀的附属品和玩物。可笑的是，人格独立、婚姻自由、生活向好的当代女性，竟然会向往民国姨太太的生活和风尚，幻想自己能在民国风情中锦衣玉食、招摇度日。这种病态的追求，既源自其自身历史知识的匮乏、政治觉悟不高，也与前些年社会上流行的“民国热”有关。

这种在花样娱乐中歪曲历史的风潮，也是近年来历史虚无主义的新表现。值得注意的是，网络娱乐作为一种文化载体，本身就包含着意识形态属性。换言之，娱乐场本身也是意识形态斗争的战场，而不是与意识形态无关。

（四）制造谣言，在冷门领域开辟宣传素材

目前，官方对党史中一些大是大非的问题、人们耳熟能详的事件已经作出定性。历史虚无主义者要对这些问题、事件进行歪曲具有一定的难度。然而，在浩瀚的党史中，还有一些相对冷门的知识点。在这些内容上造谣，被打假的概率较小，且可以占据传播的高地。如果谣言中的一部分还是依托于“片面的事实”，那么会更具有迷惑性。

（五）旧文重发，用煽情文本覆盖辟谣文章

在 2021 年清明节，笔者发现微信朋友圈中多人在转发一篇文章《清明，全中国亏欠最深的恩情：20 万学生集体赴死，19 万人无一生还》。文章以煽情动人的笔法，梳理了黄埔军校培养的人才，列举了部分出自黄埔系的国共两党抗日将领和牺牲英烈，认为黄埔军校是中华民族的脊梁。文章点击量超过了 10 万，在评论区也有一大批诸如“致敬”“泪

目”“缅怀英雄”的留言。

实际上，这并不是一篇新作，而是一篇几年前就被广为转载的旧文。除了清明节，在每年的“七七事变”等节点，该文都会受到多个公众号又一批次的传播。该文叙事手法动人、致敬英烈的说法也没错，但在数据和观点上存在严重的问题。一是“20 万”“19 万”数据系明显造假；二是夸大了黄埔军校的作用，把毛泽东领导的中国共产党是抗日的中流砥柱的史实，篡改为了黄埔军人是抗日的民族脊梁，更忽略了蒋介石背叛革命、国民党消极抗战、部分黄埔军人当汉奸等关键内容。尽管对这篇文章进行辟谣澄清的文章早已面世，但因为登载的公众号影响力有限，未能获得很大力度的传播。相反，这篇有问题的旧文则一而再、再而三地出现在互联网空间。

类似的旧文，还有不少，都是以煽情的手段美化民国、贬低中共。因为辟谣文章的影响力有限，错误观点的旧文重发，依然会给一大批新的读者洗脑。虽是老调重弹，但错误引导的不利影响仍然不能忽视。

（六）审核不严，使庄重议题引发观念迷乱

近年来，伴随着一些国家级重要历史纪念活动的开展，如纪念抗战胜利 70 周年、纪念抗美援朝出国作战 70 周年等，有媒体和名人发掘了一些参战的中国老兵。当这些耄耋之年的老兵颤巍巍地举手敬礼，再讲述些忆苦思甜的故事，有良知的国民都会从心中升起感动和敬意。这本应是很好的历史教育课题。然而，细心的网友也发现，随着越来越多老兵被披露，有些老兵的身份、口述内容存在一定问题。被曝光的老兵中共产党的少，国民党的多，其中一些被披露的老兵所在部队的番号、经历的战役、自身的履历等，与可查的确凿历史并不相符。如，按照其履历中所写的毕业于黄埔军校第几期去查阅，发现并无此人。个别老兵抗

日的事迹模糊，可其曾所在部队却被查出“剿共”非常卖力，这都给受众带来了一定的观念迷乱，让原本庄重感人的议题变得扑朔迷离，让受众失望或对真实历史产生疑惑。

（七）数据说话，拿片面资料呈现隐含立场

在数字时代，很多人都认为数据展现的结论最为客观，都选择相信数据。然而，数据可以是片面的，也可以是伪造的。当看到数据后，不具备专业研究能力的读者往往会信以为真，没有能力去质疑数据。

例如，展示伪满洲国数据的文章常见诸部分微信公众号和微信群。文章一般没有太多描写，只以展现数据资料对比为主要内容，如日本当年修了多少公里铁路、“满洲国”已超越日本成为亚洲第一大经济体、“满洲国”时期的东三省城市化率比改革开放后还高等。这些资料摆出来都鲜明地暗示了一点：日本的侵略是东三省的“福音”，或者说，日本是东三省现代化的功臣。这种观点与日本侵略者的观点近似一致，在立场上不止停留在反共层面，而是到了反中华民族的层面。这些数据完全忽略了日本在东三省烧杀抢掠、迫害民众的事实，忽略了日本开发东三省是为了给全面侵华做后盾的事实，也忽略了东三省已有经济基础的事实，更忽视了民族独立、人民解放才是发展经济的基础这一基本常识。

文章的狡猾之处正在于，以数据说话、“引而不发”，使得不具备专业研究能力的读者，虽然感觉到文章有问题却不易开展反驳。久而久之，这些数据自然会造成思想混乱。

（八）商业炒作，将错误史实当作新潮噱头

2019 年，商业品牌“盒马鲜生”打出一则名为“民国集市”的广告，口号是“穿越历史老集市，让物价回归 1948”。这则商业广告设计人员

的初衷应该是，因自认为民国物价便宜、合理，于是打造了“民国集市”的噱头，以此来吸引客户。然而，海报一出来，就在网友中炸开了锅。稍有历史常识的网友都知道，1948 年是国民党统治全面崩溃、民不聊生、物价飞涨的一年。网友评论：“不懂感恩、敬畏之心的企业，只知如何刷眼球，好好脑补一下历史吧。”“民国是中国的黑暗时代，民国情怀只是现代愚昧文人的一种幻想。被他们带沟里去了吧？”等等。此后，一些官方平台也及时发声，列举了系列史实，如 1948 年 4 亿多金圆券才买一石大米等，对该广告进行了严肃批评。从这一荒唐的事件可以看出，仍然有一些人把民国当作黄金时代，渴望梦回民国。商家对历史欠缺敬畏，吃着当代中国的红利，却怀念着旧社会，弄出滑天下之大稽的文案。由此可见，历史虚无主义的流毒仍然没有肃清，且已经超越了学术圈，进入了商业炒作的范畴。

二、进一步反击历史虚无主义的斗争对策

面对历史虚无主义的新变化、新特点，需要与时俱进地创新应对策略。根据历史虚无主义的新表现，我们可以从以下方面进一步加强反击历史虚无主义。

（一）认清问题实质，严肃、严谨、严格准备持久战

开展反击历史虚无主义的斗争，我们要依托学术手段，如查资料、写文章、搞辩论等，以明辨是非。历史虚无主义并不是一种学术观点，与历史虚无主义的斗争也并不是学术之争。根本而言，这是一场政治斗争、敌我斗争。它关乎中共在意识形态博弈中能否取得主导地位，关乎 14 多亿人在历史认知问题上的人心向背，关乎中国特色社会主义的前途

命运。历史虚无主义泛滥加速推进苏联亡党亡国就是前车之鉴。

习近平总书记非常重视反击历史虚无主义的议题。在此次党史学习教育动员大会讲话之前，他曾尖锐指出："历史虚无主义以所谓'重新评价'为名，歪曲近现代中国革命史、党史和中华人民共和国史。历史虚无主义的要害，是从根本上否定马克思主义指导地位和中国走向社会主义的历史必然性，否定中国共产党的领导。""中国共产党人是马克思主义者，坚持马克思主义的科学学说，坚持和发展中国特色社会主义，但中国共产党人不是历史虚无主义者，也不是文化虚无主义者。"

要进一步反击历史虚无主义，我们必须以上述认识和觉悟为基础。如果仅仅认为这是学术之争、意气之争、利益之争，进而对错误思潮抱有"能辩则辩、适可而止""求同存异、兼容并包""观点有误、无伤大雅"等心态，那么这场斗争显然无法取得胜利。

对于历史虚无主义的观点，不能容忍；对于历史虚无主义的危害，不能小觑；对于发表历史虚无主义观点且产生较大影响的个人，不能妥协。这就是态度上的严肃性。有了这种严肃性，才能保证工作的严谨性，让反击的素材翔实细致、深入人心，彻底揭穿错误观点的伪装。进而才能保障工作的严格性，让诸多藏于角落、含沙射影、暗潮涌动、华丽包装的文章得到批驳，让一些处于中间过渡地带的思潮得到扭转，彻底肃清历史虚无主义的危害。

（二）逐一反击谬论，翔实、全面、深入拨乱反正

要想彻底消除历史虚无主义的危害，必须找到现存的错误文章、消息来源，逐一进行批驳。不仅要批驳来自名人或署名作者的错误观点，还要批驳有影响的匿名的错误观点。不仅要回应热门领域的错误观点，更要特别关注冷门领域的错误观点。不仅要关注新的错误观点，对于反

复传播的旧的错误观点也要加以重视和再次批驳。不仅要回应来势汹汹、开门见山、肆无忌惮的错误观点，对于侧面切入、引而不发、春秋笔法的错误观点也要重视。

不能小看任何一篇历史虚无主义文章的负面作用。因此，学术工作必须在严谨的原则下做好。首先是翔实。如前文提到的高岗、饶漱石案和潘汉年案，如果有学者能把已经解密或公开的文件、回忆录等详细梳理，披露事件的具体条件、前因后果、历史细节，“毛泽东整人泄私愤”的错误观点就会不攻自破。其次是全面。如前文提到日本开发“满洲国”的资料，单纯从数据上看东三省的工业是得到了提高。然而，第一，数据不是凭空来的，东北之前就有一定的经济基础。第二，东三省作为殖民地，对它的开发显然只是给日本本国输血，东北人民不可能享受任何红利。第三，要说日本在东三省的行径，则要把各项数据，如杀了多少人、带走了多少矿藏、掠夺了多少财富都列出来。实际上，哪怕仅是日本奴役和残害的中国劳工，就是个天文数字。这样全面来看，就不会被片面数据所迷惑了。再次是深入。如怎样认识顾维钧的问题，就需要深入、细致地分析还原历史，用历史唯物主义的视角看待，不能浅尝辄止、人云亦云。

（三）改进宣传方式，细节、人物、情感必不可少

在痛恨、唾弃历史虚无主义的同时，我们也迫切需要思考为什么这些造谣的文章能够如此蛊惑人心？为什么不是主义的历史虚无主义，却能比很多有主义、有内涵的文章传播得更广？客观地说，以昔日“公知”为代表的历史虚无主义阵营，在宣传谣言方面非常讲究策略。

历史虚无主义者擅长讲故事，善于把假的故事讲成真的似的。他们首先是注重从细节入手。正因为群众不了解历史细节，拿篡改、编造或

局部的细节说事，就特别容易引发人的好奇心，容易让人信以为真。其次是注重人物。谣言的文章都有鲜活的主人公，故事具有强烈的代入感，以某个小人物的命运沉浮为线索，展现时代的罪恶或美好。再次是注重情感。很多谣言文章非常煽情，让人不知不觉感同身受、受到迷惑。总之，历史虚无主义者能够熟练运用这些争取人心的套路，屡试不爽。

这就要求我们不仅要旗帜鲜明反击历史虚无主义，还应在策略上“师夷长技以制夷”。应看到前些年官方或主旋律在历史宣传中的不足之处，如偏于陈旧、刻板、抽象、宏观、脸谱化，流于形式主义。难以“尽精微”，便不易“致广大”。其实，立场正确的历史宣传，也完全可以讲好故事，剖析典型细节、挖掘典型人物、渲染典型情感。事迹都是真实的，典型自应树得理直气壮。真的细节、人物、情感，可以打败假的细节、人物，让被谣言利用的群体及时回头。

（四）严格把关审核，重点关注文艺、娱乐、教育等领域

当《雷霆战将》下架的时候，也有网友追问：“这样的剧是怎么通过审核的？”“军阀姨太太”旗袍秀如火如荼地传播，在相关网友发现并质疑前，视频所在平台也并未发现此种视频存在不良导向。一些微信公众号上的历史谣言仍在传播，但对它们的投诉往往因为并不涉及现实问题而难以被平台采信。这都反映出应对涉及历史虚无主义的挑战，需要包括广电部门、相关软件、相关媒体在内的平台加强审核把关。

打击历史虚无主义，不应仅仅在学术圈内开展讨论，而是应扩展到更为广阔的领域。凡是有历史谣言的地方，就应该有反击历史虚无主义的利剑。应当重点关注的领域，有文艺、娱乐、教育等。文艺领域，如小说、影视作品、二次元作品、博物馆布展、历史人物雕塑等。娱乐领域，如娱乐视频、明星言论等。教育领域，如高校、中小学、课外辅导

班中涉及历史的教材、师资言论和授课内容等。总之，哪里涉及意识形态，哪里就是反击历史虚无主义的战场。

（五）开辟宣传阵地，主动、丰富、生动呈现国史

我们要主动开辟宣传阵地，拓展反击历史虚无主义的力量，不能让辟谣文章无处可发、无人问津。

仅仅反击谣言，是被动的。如果不想让谣言总是先发制人，就要主动地阐释历史。物质生活向好的广大人民群众，实际上有学习历史的精神需求。官方呈现的历史应该努力满足这种需求，从一开始就主动出击、正本清源，不给历史虚无主义可乘之机。我们要主动找到群众关注的要点、迷惑的疑点，包括一些冷门知识点，进行权威阐释。在表现形式上，应当丰富多样，如通过学术作品、文学作品、网络段子、纪录片、影视剧、短视频、网课、现场讲座、新闻访谈等来阐释正确立场。在表达手法上，也应该更加生动活泼，增强代入感、可读性、可观性。正确的立场，更需要精巧细腻的表达。

可喜的是，近几年，随着官方部门更加重视意识形态斗争的互联网阵地，越来越多的主旋律宣传表现了适应时代的高水平姿态。只要能把党史、国史、军史的故事讲好、赢得人心，历史虚无主义的空间就会越来越小。

（六）走好群众路线，有理、有利、有节改造观念

反击历史虚无主义，必须依靠群众。在前些年的网络舆论斗争中，爱国民众发挥了极其重要的作用。他们针砭时弊、激浊扬清、明辨是非、奋不顾身。在进一步反击历史虚无主义的斗争中，更应该走好群众路线。应当相信，绝大多数的人民群众都是拥护中国共产党，能以严肃态度对

待历史的。无论从自身利益还是立场来看，他们都能站到反击历史虚无主义的阵营中来。还应注重从群众中挖掘能讲好政治道理和历史故事的潜在文艺骨干，使之发挥更大的作用。

必须注意到，在历史虚无主义曾经大行其道的日子里，“公知”们也培养了大批的“粉丝”。除了少数顽固分子，他们中的大部分是受到错误资料和观点蛊惑、欠缺正确史观的普通群众。对待这些普通群众，我们不能以对待“公知”的方式进行批判，而应该晓之以理，敦促他们迷途知返。要有理、有利、有节地改造他们。所谓有理，就是言之有据。用足够的史实来说话。所谓有利，就是要以说服为目的，借重要节点、关键问题，有力扭转其观念。所谓有节，就是以团结教育为准则，注重方式方法。只要做足功课，加之现实事件的教育，他们中的大部分还是可能逐步改变的。

（七）深度整合力量，干部、学者、青年守土有责

反击历史虚无主义，不能“各打各的”，而应该加强力量整合、“联合作战”。一些爱国网友，熟悉网络上的动态，也有反击历史虚无主义的强烈愿望，却不具备专业研究能力。一些专家，具备研究能力，立场也正确，可是与反击历史虚无主义的一线工作脱节，只是在自己的小圈子内发表观点。这就要求将二者整合起来，让热情和专业性配合起来。

反击历史虚无主义，所有的共产党员都责无旁贷。而与之有交集的三类群体也非常关键。一是公务员群体。身为国家干部，更应该敬畏苦难辉煌的中共党史、捍卫我国的社会主义制度，在自己的工作岗位上保护好正确的历史叙事。尤其是一些处在意识形态岗位的干部，责任更重，应当守土有责，绝不能对谣言听之任之。二是相关学者。马克思主义、历史、党建等专业的学者应该认识到自己的职责使命，主动参与到反击

历史虚无主义的进程中。更广义来说，所有的人文社科学者都应承担起自己的责任，为大众普及好文史知识。三是青年。西方把“和平演变”的希望寄托在共产党第三、第四代人身上，也就是当代青年身上。作为从未亲历当年历史的当代青年，更应该关注国是、学习国史，赓续红色血脉，自觉与历史虚无主义作斗争，并在斗争中锤炼自我。

（八）依托法律手段，党性、血性、韧性共击谬论

《中华人民共和国英雄烈士保护法》的出台是一个大进步，但历史虚无主义涉及的内容和人物并不仅限于革命英烈层面。在用好《中华人民共和国英雄烈士保护法》的同时，还应沿着该法的立法思路，继续扩展立法，用法制手段遏制住歪曲历史的谣言。

反击历史虚无主义，是捍卫党的历史和尊严。需要拿出党性对待这项工作，不能袖手旁观、明哲保身，不能稀里糊涂、得过且过。反击历史虚无主义，也是在精神和文化层面和敌人“拼刺刀”，甚至要面对敌人的谩骂、侮辱、侵害、威胁，因此还需要血性。不能瞻前顾后、患得患失，不能花拳绣腿、缩手缩脚，不能遮遮掩掩、扭扭捏捏。要拿出勇气。在这场持久战中，做好工作还需要韧性。多年来积累的历史虚无精神毒素，并不是短期就可以迅速清理的。激浊扬清、扶正祛邪还需要一段时间、一个过程。因此，要有耐心，不要被短期的困难击垮。在斗争中，党性、血性、韧性要结合起来，共同击退谬论。

抗疫战是新时代的国运之战

于赫夫[①]　宋丽丹[②]

自2020年以来，在以习近平同志为核心的党中央坚强领导下，全国上下一心坚决抗疫，取得了抗击新冠肺炎疫情的初步胜利。但在世界绝大多数国家，疫情形势并不乐观。截至2021年8月11日，国外确诊病例累计超过2亿人，死亡病例超过430万人。如果将抗击新冠肺炎疫情看作是一场抗战的话，中国已经渡过了战争初期最为艰难的阶段，进入了战略相持阶段，而国外大部分国家仍然处于战略防御阶段。在此种情形下，有两种观点浮出水面，造成了一定的思想混乱。

第一种观点是疫情结束遥遥无期，西方国家没有隔离清零的可能，因此全球也不会有隔离清零的一天。

要回答这个问题首先要问西方是否有清零的能力，答案是完全有。现代医学起源于西方，传染病隔离、防治的理论和实践包括技术手段等

---

① 于赫夫，长春工程学院理学院讲师。

② 宋丽丹，中国社会科学院马克思主义研究院副研究员。

都已经非常成熟，理论上西方国家已经具备隔离清零的技术，关键在于国家意志。但以美国为首的西方国家并没有将强制隔离贯彻到底，导致疫情不断反扑。其行径一般认为是出于资本盈利的考虑，比如说封锁不利于经济生产，疫情的大规模蔓延既可以消灭作为福利负担的老年人、穷人，又能大幅增加对他们开发的疫苗的刚性需求等。但事情还应该有更深一层的考虑。

我们不要对西方产生自由主义的思维定式，好像西方人是因为“自由惯了”所以反抗隔离导致政府抗疫不成功。自由主义是对抗共产主义的话语工具，但它并不是西方文化的内核，西方文化内核与基督教有密切的关系。基督教徒自认为是上帝的选民，彼此是兄弟姐妹，但是其他同为人类的异教徒要下地狱，为了送他们下地狱必须听从上帝的旨意。这就逐渐形成了西方文化漠视人权（或者说低人权）以及高度组织化的特征。从中世纪的十字军东征到 15 世纪的地理大发现，种族灭绝、掠夺殖民地成为西方历史中不可或缺的部分，虽然资产阶级革命提出了“自由民主博爱”的口号，但是西方文化中的低人权与高“动员”手段并没有改变。因此，他们有可能较快地组织起来，又是由于低人权，他们可以毫无心理负担地消灭一个个异教徒或原住民（极端例子如德国法西斯）。因此，从理论上而言，西方国家的清零能力比我们“粗暴”得多，同时也非常“高效”。

如果中国深陷西方式的疫情泥潭，有能力自救清零吗？答案是非常非常难！因为中国文化的核心是高人权即人命大于天，高人权在清零战中具有相当的难度。我们不能像美国那样禁止部分病人就医住院，不能用机枪坦克封锁街道，不能任由老百姓死在家里，不能让零基础学徒当医护主力。所以深陷疫情时西方没有医疗资源挤兑，但我们会有。只要回想一下 2020 年救援武汉是什么状态，就可想象到全国清零的难度。在同等灾难级疫情下，中国很可能比西方更难自救。当不得不靠别人清零时，我们自己的权利必然会被西方瓜分殆尽。

因此，西方不是没有清零的能力，而是不到时候不清零。

第二种观点是既然全球不会隔离清零，只有中国维持内部清零状态，就会变成世界孤岛，因此中国必须学会与病毒共存，要完全开放国门。

尽管有越来越多的民众接种疫苗，但在没有隔离清零的情况下，新冠肺炎疫情仍然在全球肆虐，并且病毒变异不止，产生了某些工业生产本地化的刚需（因为长途运输效率太低），而这些工业生产必然需要他国的各级别、各领域的支撑。中国独立完整的国民经济体系在世界上是独一无二的，具备支撑世界各国建立所需工业的能力，世界经济趋于形成中国一对多的大经济圈。这将是中国经济最优的局面，即便维持现状也很不错。随着时间的推移，这一局面最终也将倒逼西方隔离清零。当然，这种局面不会自然出现，而是充满了风险和博弈。那么在什么情况下西方国家才会隔离清零呢？

西方知道新冠肺炎病例一定会在中国隔离、清零，他们会怎么做？当然是期待中国防控出现漏洞，譬如国际机场“保洁”环节出现的漏洞；或者是期待中国打开国门主动在疫情中“共存”。那么在全球不隔离清零的情形下，病毒变异总会更快地迭代，在击穿他们本国保障体系的同时也击穿了中国防线，同时产生清零刚需。只要中国进入日均几十万感染的状态，西方各国会不约而同地转变风向，迅速组织隔离清零，然后用援助的手段划分它们在中国的利益，那时等待我们的不止《广场协议》。西方的策略几千年来从没变过：豁出半条命，要你一颗头，然后分食尸体并得到远大于半条命的利益。这个策略是西方默认的博弈起点，但对我国绝大多数老百姓而言是不可思议的。好在中国的顶层设计是清醒的，不管有人如何煽动老百姓，就是不计代价的清零，因为清零带来的不便相对于真正的代价可以忽略不计。

因此，西方国家现在坚决不隔离清零，不仅是防疫策略，也不仅是经济策略，还可能是一种政治策略。他们在赌一个超级加倍的新冠肺炎病毒变异毒株，会迅速击穿中国的防线，这是西方现在唯一的翻盘点。

那么我们应该怎么办呢?

一是坚守当前的精准防疫路线，严守国门安全。

我们仍然生存在一个以华尔街为代表的国际垄断资本统治下的世界，对于华尔街而言，中国的崛起（不管是和平的还是被迫伴随着战争的）必定是打破他们霸权的主要力量。从美国等国的疫情防控措施来看，民众的生死并不重要，死亡的更多的是少数族裔、老年人和穷人等弱势群体，有钱人基本上是安全的。对待自己国家的人民尚且如此，更不要期待我们开放国门与病毒共存就能从西方得到更多的利益。

事实上，我们的国门一直没有关闭，而是在严格防疫基础上有序对外交往。因此，我们坚守当前的精准防疫路线，严守国门安全，就是对一线疫情防控人员最大的保护和减压。相反，如果我们的认识不能形成合力，如果社会有相当大的声音认为防疫一线人员在做无用功，那么防疫战线就有可能一溃千里。只有隔离清零的思想和声音形成合力，才能更有效地帮助一线人员摆脱官僚主义和形式主义，为他们做出真正的帮助和保护，也更促进隔离防疫技术向自动化和数字化发展。

二是疫情防控这场仗我们还没有打完，这是一场持久战、人民战，不能投降也不能速胜。

目前还无法预测新冠肺炎疫情结束的那一天。很多人对疫情是否能终结过于悲观，就像疫情初期很多人对于疫情的严重性过于乐观那样，这两种态度与抗战时期的投降论和速胜论类似，本质上是被恐慌和烦躁剥夺了全局观。

目前，我们对新冠病毒的战争已经进入了战略相持阶段，因此有如下结论：

第一，我国不能在全民接种疫苗后开放国门和病毒“共存”，这种做法无异于在大好局面下无端自毁。截至 2021 年 8 月美国疫苗接种率达到 70%，但原本趋于平滑的感染曲线在变异的德尔塔毒株出现后快速反弹，日均感染几万人，死亡数百人，然而更惨的是新的变异毒株“拉姆达”已经不期而至。参考美国的情况和我国人口规模、密度，与病毒共存的结果是每天几十万甚至数百万人感染，几千人死亡。有人也许会说新冠肺炎死亡率参考车祸、癌症等似乎还“可以”接受，但在每天都有几十万、上百万人从劳动力变成需要照顾的病患的情况下，我们的家庭和社会能承受这个损失吗？再者，死亡率并不是判断疫情危害的唯一标准，还需要按人口比例计算疾病后遗症造成的整体失能和长期医疗负担。新冠肺炎会造成免疫系统和生殖系统损伤，很多患者在病愈后很难恢复原有机能。如果青壮年大规模患上新冠肺炎，不孕不育率也将会增高，严重损害人口的生产和再生产能力，就算放开生育也意义不大。

更可怕的是，德尔塔毒株并不是新冠肺炎病毒的终点。之前有人相信随着演化，新冠肺炎病毒的毒性会越来越低，但这种预判对新冠肺炎病毒是不适用的。国外大量病人导致病毒反复交叉变异，最终产生了高载毒量、低检测性、突破疫苗、高重症死亡率、高后遗症率同时存在的变异，这样的变异还不止一种。人口大国与新型冠状病毒“共存”，结果只能是贡献新版的超级新型冠状病毒，在引爆世界的同时，让自己成为爆炸中心点。因此打开国门和新冠“共存”是一条死路！必须坚守精准防疫路线。

第二，资本主义总想发一波疫情财，“让民众死去，不关我事”——那是在资本家自己没有承担成本的前提下。资本家以为（或者为了利益而假装以为）疫情对整个社会的压力只有挤兑医疗，减少收治和检测就能控制影响。但随着新冠病毒的迭代趋同变异，民众的压力会真正传导至他们所有人。从德尔塔型到拉姆达型，变异的危害性在迅速增加，时间间隔在缩短。下一版超级毒株出现时，浸泡在疫情中的国家不但会击穿医疗，更会击穿物流和供给保障，击穿消费的每个环节，甚至击穿富人阶层原本有效的防疫措施。随着疫情的发展，世界各国再也无法承受由之带来的代价时，只能选择隔离清零。如果中国仍保持现在的隔离型策略，将必然是全球清零的主导者。如果把疫情看作另一种世界大战，中国届时将是战后规则的制定者。所以，现在突然放弃隔离政策国门洞开，是大好局面的自毁。

到那个时候，就不仅仅是美国急火火地来天津找我们谈的局面，而是我们给全球各国多少谈判配额，如何组织清零的问题。一旦进入反攻阶段，各国分批隔离、我国保障隔离期供应的模式滚动起来，病毒会用肉眼可见的速度被清零，世界秩序也就重新划分完了。回到对整个问题的答案：新冠病毒的高危变异性，会倒逼全球产生清零刚需，而我国的隔离清零经验以及无与伦比的工业保障能力，将支撑中国成为新冠病毒清零的领导者。只要全民上下坚定这个信念不放松，我们必然能取得这次人类抗疫斗争的胜利。

防范和化解金融风险的极端重要性和现实紧迫性*

中国社会科学院“我国发展重要战略机遇期相关问题研究”课题组

习近平总书记高度重视重大金融风险防范化解工作。2021 年 8 月 17 日，习近平总书记在主持召开中央财经委员会第十次会议上强调指出：“金融是现代经济的核心，关系发展和安全，要遵循市场化法治化原则，统筹做好重大金融风险防范化解工作。”①

早在 2016 年中央经济工作会议上，习近平总书记就明确指出：“金融风险有的是长期潜伏的病灶，隐藏得很深，但可能爆发在一瞬之间。”“如果我们将来出大问题，很可能就会在这个领域出问题，这一点要高度警惕。”②

---

* 本文系马克思主义理论研究和建设工程重大项目“我国发展重要战略机遇期相关问题研究”专题报告之十三。

① 《习近平主持召开中央财经委员会第十次会议强调　在高质量发展中促进共同富裕　统筹做好重大金融风险防范化解工作》,《人民日报》2021 年 8 月 18 日。

② 《习近平关于总体国家安全观论述摘编》，中央文献出版社 2018 年版，第 93 页。

2020年底召开的中央经济工作会议明确指出："强化反垄断和防止资本无序扩张。"[①] 这是贯彻习近平总书记关于防控金融风险一系列重要指示的重大战略举措。认真落实这一重大战略举措，十分重要和十分迫切。笔者理解，这里所说的垄断和资本无序扩张的重点，既包括特指蚂蚁金服这样名义上好像是国内私人资本，但其主要股东是被西方用各种途径与办法控制的国内外合流的资本，同时亦包括直接的国内外资本特别是国外资本。

据路透社报道，中美金融圆桌会议（CUFR）计划在2021年秋季再次召开，举行（线上）虚拟会议。以往举办的中美金融圆桌会议，吸引了黑石、高盛、摩根大通和摩根士丹利等美国金融界重量级企业的有关代表参加。所以，在2021年中美金融圆桌会议召开之前，认真领会习近平总书记关于金融安全相关思想的深刻内涵，探讨习近平总书记再三强调的金融安全的相关问题，对于准确研判国内外经济金融形势、厘清我国经济金融工作思路，推动更高水平的经济金融开放，以实现金融开放的高质量发展、促进国内经济高质量发展和我国各项工作的高质量发展，应具十分重要的现实和历史意义。

一、从我们当前所处的时代性质以及时代所在的阶段性来看

只有站在当今世界所处时代的高度，透过现象看本质，同时认清时代的阶段性变化，我们才能真正认识防范和化解金融风险的极端重要性和现实紧迫性。2017年9月29日，习近平总书记在十八届中共中央政

---

① 《开局"十四五"开启新征程——从二〇二〇年中央经济工作会议看以习近平同志为核心的党中央谋划"十四五"开局起步》,《人民日报》2020年12月21日。

治局第四十三次集体学习时强调指出："时代在变化，社会在发展，但马克思主义基本原理依然是科学真理。尽管我们所处的时代同马克思所处的时代相比发生了巨大而深刻的变化，但从世界社会主义500年的大视野来看，我们依然处在马克思主义所指明的历史时代。"[①]笔者认为，习近平总书记这里所说的"我们依然处在马克思主义所指明的历史时代"就是马克思、恩格斯在《共产党宣言》中所指明的"整个社会日益分裂为两大敌对的阵营，分裂为两大相互直接对立的阶级：资产阶级和无产阶级"[②]，是指马克思、恩格斯在《共产党宣言》中向全世界宣告的："资产阶级的灭亡和无产阶级的胜利是同样不可避免的"[③]，即我们通常所说的资本主义必然灭亡、社会主义和共产主义必然胜利这"两个必然"的一个宏大的历史时代。在这样一个宏大的历史时代中，既包括习近平总书记所说的"马克思所处的时代"即自由竞争的资本主义时代，又包括了列宁所说的"帝国主义时代"，即垄断的、寄生即腐朽的、垂死的资本主义，这一资本主义发展的最高阶段，同时还包括了当前帝国主义由垄断、寄生即腐朽阶段开始向垂死阶段过渡并进入垂死阶段这一相对更小一点的历史时期。在自由竞争的资本主义时代，资本主义处于上升阶段，从总体上看，资本主义在这一阶段对人类文明和人类历史的进步起着促进甚至极大的促进作用。但进入帝国主义这一资本主义发展的最高阶段后，资产阶级由原来上升的阶级转变成了垄断的、寄生即腐朽的、垂死的阶级。在资本主义垄断、腐朽和寄生的这一历史时期，资产阶级虽然仍然是社会的主导力量，但无产阶级的逐渐觉醒和壮大，则

① 《习近平在中共中央政治局第四十三次集体学习时强调　深刻认识马克思主义时代意义和现实意义　继续推进马克思主义中国化时代化大众化》，《人民日报》2017年9月30日。

② 《马克思恩格斯选集》第1卷，人民出版社1995年版，第273页。

③ 《马克思恩格斯选集》第1卷，人民出版社1995年版，第284页。

必然逐渐上升为革命的主导力量，使得帝国主义时代同时成为无产阶级社会主义革命的前夜即无产阶级革命的时代。帝国主义时代与无产阶级革命时代是一个问题的两个方面，二者相互依存，共生共灭。亦可以说，帝国主义时代有多长，无产阶级革命时代就有多长。如果从 1581 年世界上第一个资本主义国家尼德兰共和国（今荷兰）建立算起，世界资本主义制度已经有 400 多年的历史。19 世纪末 20 世纪初，世界主要资本主义国家美、德、英、法等先后进入以垄断、寄生为主要特征的帝国主义，至今才有 100 多年的历史。

我们应高度重视对当前帝国主义由垄断、寄生即腐朽阶段开始向垂死阶段过渡并进入垂死阶段这一相对更小一点的历史时期的研究。这一相对更小一点的历史时期，就是毛泽东提出、习近平总书记多次强调的“从现在起，五十年内外到一百年内外，是世界上社会制度彻底变化的伟大时代，是一个翻天覆地的时代，是过去任何一个历史时代都不能比拟的。处在这样一个时代，我们必须准备进行同过去时代的斗争形式有着许多不同特点的伟大的斗争”[①]这样一个历史时期。帝国主义由垄断的、寄生即腐朽的金融资本主义开始向垂死的资本主义过渡并将最终灭亡的这一历史阶段，具体时间的长短当然无法准确估量。这一时段的起始时间假若能从 2008 年爆发的国际金融危机算起，到其从总体上终结，则往往可能需要近百年直至上百年甚至更长一点的时间。当然，当今世界已经攀上极盛峰巅，个别帝国本身的衰落和跌落亦极可能并不需要这么多时间。

习近平总书记多次强调，当今世界处于百年未有之大变局，并把这一大变局与中华民族实现伟大复兴战略全局紧密联系起来看待与谋划。

---

① 《毛泽东文集》第 8 卷，人民出版社 1999 年版，第 302 页。

从一定意义上讲，习近平总书记之所以强调以上这两个大局，其战略判断的基点都是建立在帝国主义从垄断、寄生即腐朽的顶点开始并正在向垂死直至最终灭亡曲线上滑落这一雄厚的历史事实基础之上的。在这一历史进程之中，既有前所未有的难得机遇，同时又有世所罕见的严峻挑战。在这一历史进程之中，我们决不能有急躁心理，要有足够充分的持久作战的思想准备和相应的战略定力，如果不作长期斗争的思想准备，认为帝国主义很快就要终结，但结果并不是如此，到时就会很失望甚至严重损害争取胜利的信心；同时又要看到世界各国人民逐渐觉醒这一根本力量和世界社会主义光明灿烂的前途，充分发挥用先进理论武装起来的共产党人和广大人民群众的主观能动性和敢于斗争、敢于胜利的伟大斗争精神，坚定信心、奋发有为。在这一历史进程之中，我们既要看到眼前并兼顾眼前利益，同时更要看到长远和长远的根本利益，要居安思危，未雨绸缪、统筹谋划。对帝国主义特别是美国帝国主义灭亡的具体时间，可能不是一些同志所想的将要很快到来，但亦可能不是一些同志所想的遥遥无期；较长时期才能到来和不是太长时期到来，这两头都要准备，我们才能在任何情况下都能立于不败之地。当然，这里的关键问题之一就是世界各国人民，尤其是代表各国人民根本利益和人类共同利益的共产党人的共同觉醒和共同努力程度。

列宁在100多年前写作的《帝国主义是资本主义的最高阶段》中明确指出，不研究“帝国主义的经济实质这个基本经济问题”，“就根本不会懂得如何去认识现在的战争和现在的政治”。[①] 广义上的战争，除了包括传统意义上的战争外，又包括了贸易战、金融战、意识形态战，其中包括网络战、法律规制战、科技战、生物战、太空战、地球物理战等。

① 《列宁选集》第2卷，人民出版社2012年版，第576页。

列宁又强调："帝国主义，或者说金融资本的统治，是资本主义的最高阶段。"[①]"金融资本是一种存在于一切经济关系和一切国际关系中的巨大力量，可以说是起决定作用的力量，它甚至能够支配而且实际上已经支配着一些政治上完全独立的国家"，使之成为"各种形式的附属国"，"在政治上、形式上是独立的，实际上却被金融和外交方面的依附关系的罗网缠绕着"。[②]正是从这一意义上，帝国主义，亦可以称之为金融帝国主义；在当今世界，这些被金融霸权罗网所缠绕的附属国，还没有真正从经济、政治、文化以及外交上完全独立起来，其中有些领域和有些方面本质上仍然是"现时代的殖民地和半殖民地的国家"。在经济全球化和国际金融危机日益深入发展的条件下（当今新冠肺炎疫情的大泛滥仅是国际金融危机的特殊表现形式而已），金融是国家管理经济最为重要最为根本的工具。在此条件之下，金融管理本国经济的根本职能之一，就是防止极少数霸权国家威逼利诱其他国家货币主权的无度开放。东南亚金融危机、拉美金融危机，本质都是开放货币主权，让美国和西方金融大鳄占有并操纵金融市场的结果。金融帝国主义越接近灭亡，鲸吞他国财富以挽救自己的欲望就越强烈。对金融帝国主义本质的认识，我们不能有丝毫的含混和动摇。

正因为经济是国家的基础，金融是国家管理经济最为重要最为根本的经济工具；正因为当代帝国主义由垄断、寄生即腐朽阶段开始向垂死阶段过渡并进入垂死阶段这一相对更小一点的历史时期，就是说个别大的金融帝国不仅是秋后的蚂蚱，而且更是秋后的蚊子，所以完全可以预计，在当今这个时代，在未来几十年内，我国和广大发展中国家与以美国为代表的国际资本垄断集团的合作，本质上更是激烈的竞争、博弈甚

---

① 《列宁选集》第2卷，人民出版社2012年版，第624页。

② 《列宁选集》第2卷，人民出版社1995年版，第644—648页。

至是严酷、残酷、血腥的较量，其较量的关键部分实质和本质上是在隐蔽的金融战线上静悄悄地展开的。而其他种种狭义和广义形式的战争，往往是直接或间接地为金融战争而服务的。他们所发动、从事的金融战，不仅是要从货币金融战线直接抽取我国多年辛勤积累的巨额财富，更是企图颠覆我们党的领导和我国社会主义这一根本制度。如果说，2020 年初在我国发现的新冠肺炎疫情是个别西方大国对我国发动的生物战，是个别西方大国企图“搬起石头砸别人的头，结果却是砸了自己的脚”的话，那么，今后他们企图推翻我国现政权、达到颠覆我们党的领导和我国社会主义制度这一“根本战略目标”的最主要手段，则极可能是在比较隐蔽的金融战线。对于这一点，我们必须要有十分坚定、清醒的认识。

2021 年 7 月 6 日，由美国退役海军上将斯塔夫里迪斯等撰写的美国畅销小说《2034：关于下一次世界大战的小说》出版发行。书中描绘了 2034 年中美两国在南海爆发战争，并最终演变成一场世界大战的虚构故事。有美高级军官看完小说后说：“书很好，但开战年份设定的不对。这不是 2034 年的事，而是 2024 年或 2026 年的事！”①2021 年 8 月 18 日，约旦《约旦时报》刊登美国海军陆战队前司令查尔斯·克鲁拉克、盖茨基金会前首席财务官亚历克斯·弗里德曼题为《美中并非注定一战》的文章。文章的核心观点是：美国和中国注定会有各种各样的冲突，但直接的国家间战争未必是其中之一。其理由有四：第一，两国的任何军事冲突都会迅速变成核冲突；第二，中国的军事实力大幅增长，但在几乎所有重要的衡量标准上，仍然落后于美国；第三，中国已经在全球软实力战争中斩获胜利，中国应对疫情的表现比美国好很多；第四，中国和美国在经济上密不可分，中国持有超过 1 万亿美元的美国国债，其中大部分不

① 《2034 年中美开战？美军上将新出“小说”引猜测！》，环球时报评论，2021 年 4 月 20 日。

能轻易抛售，否则会导致巨大损失。以上四条理由都重要，但第四条理由颇为独特，尤为值得我们高度关注。这也就是说，美国当局有不少人笃定和赌定：中国为了缓和目前紧张的中美关系，特别是避免直接的军事冲突这一眼前利益，不仅不会大量抛售美债，反而还会继续大量增持美债。这一笃定和赌定，不仅是美国当局一些人对企图挽救千疮百孔的帝国继续衰败而开出的一副单相思的宽慰剂，更是他们企图用中国如何缓和中美关系，特别是避免直接军事冲突的眼前利益作为诱饵，实则是企图采用相对隐蔽的金融手段从根本上搞乱、搞垮我国而开出的所谓“良方”。中华人民共和国经过 40 多年改革开放风雨的考验，特别是党的十八大以来的一系列深化改革，可以预言，这一企图必将惨遭失败。

前些年，新自由主义如今天的新冠肺炎疫情一样在全球肆虐，不少经济学家认为自由竞争是市场经济的绝对规律。但是，这些经济学家完全忘记了或有意不提垄断亦是自由市场经济的绝对规律，同时又是自由竞争的必然结果，最终则必然是马克思发现并命名的剩余价值规律的彻底展开，是全球范围内的贫富两极分化和世界绝大多数人民群众的觉醒和反抗，是资本主义自由市场经济的彻底终结，即“资产阶级的灭亡和无产阶级的胜利是同样不可避免的”[①]。在当今世界，金融是全球市场经济中各种要素的血液和命脉。商品、人才、产业、教育、科技、规制、军事、意识形态等所有霸权的根基和全部的秘密都在于金融垄断。一旦美国的金融垄断和美元霸权有所动摇，那么其他所有垄断和霸权都会跟着动摇。但是，很少有人对此给予揭露。这也正如列宁所说：“资产阶级教授的任务不是暴露全部内幕，不是揭穿银行垄断者的种种勾当，而是加以粉饰。”[②] 列宁当年对金融垄断者，以及为了个人私利甚至特定小集

---

① 《马克思恩格斯选集》第 1 卷，人民出版社 2012 年版，第 413 页。

② 《列宁选集》第 2 卷，人民出版社 2012 年版，第 605—606 页。

团利益而依附于金融垄断者这张皮上的众多根毛发即资产阶级教授的这一抨击，至今仍有着强烈的现实意义。当今世界的资产阶级学者即所谓公知对金融垄断者的粉饰，只会进一步延长全球各国人民其中包括美国人民遭受金融灾难的痛苦期，但绝对不可能避免全球范围内金融垄断者给予各国人民必然带来的种种灾难。还可以这样断言，金融灾难到来得越晚，那么最终到来的全球性金融灾难便会愈加炽烈，各国人民所遭受的灾难便会愈加深重。

二、从苏联亡党亡国的殷鉴看

习近平总书记号召全党学习历史。这对我们透过复杂的历史进程，把握历史前进的方向具有重大现实意义。了解金融帝国主义的历史劣迹，有助于奠定“两头都要准备”的思想和理论基础，更准确地把握当下金融主权这个关键环节。毫无疑问，当年苏联的垮台，首先是西方在苏联的意识形态打开了缺口。但值得我们进一步高度关注的是，紧接着则是以戈尔巴乔夫为首的苏联领导集团，不仅迷信美国的宪政制度和多党轮流执政制度，而且迷信美国和美元，在金融领域彻底交出国家主权，国家的物质基础乃至经济基础从根本上被撼动。2013 年，中央批准在全党县处级以上干部中播放的中国社会科学院世界社会主义研究中心制作的六集党内教育片《苏联亡党亡国 20 年祭》解说词中谈到了西方对苏联的金融战。今年是苏联亡党亡国 30 周年，在这里让我们重温如下一段解说词：“西方对苏联的货币金融战，也极大地削弱着苏联的经济实力。1961 年卢布与美元的比价为 1 ∶1.1。从 1989 年开始，苏联由原来的固定汇率制‘转型’为双重汇率制。各种国际金融机构蜂拥进入苏联境内，他们用美元购置卢布，特别是在苏境内高息揽储和借贷巨额卢布，推高卢布比值。外汇市场上卢布兑美元的比价很快接近为1 :2。接着，所谓‘苏联国企没有自生能力’‘苏联国企债券被严重估高’‘卢布应更加自由浮动’等各种研究报告充斥‘国际社会’特别是苏联境内。苏联国企证券价格快速下跌。外来投资者则在卢布高位时乘机大批收购了十分廉价的苏联国有企业。由于外资银行大量的短期借债等，引起苏联国内急遽的通货膨胀。1990年11月，外资银行乘苏联汇率改革之机又开始抛售卢布，并引导着卢布对美元的贬值预期，卢布兑美元的比值很快下跌为100 :1。卢布的外汇市场被彻底击垮。1993年，卢布与美元的比值为1400 :1，加上国际套利者低价购入的苏联国有资产和卢布贬值所逃掉的巨额卢布债务，最后卢布对美元的实际贬值程度竟达112000倍这一天文数据。美国仅动用区区几亿美元，在几年内就洗劫了苏联人民70多年辛辛苦苦积累的28万亿美元的巨额财富。”[①] 以上铁的事实进一步说明，苏联亡党亡国，其根本原因是党和政权性质的逐渐蜕化变质，并在西方历史虚无主义和新自由主义等错误思潮的直接导引下，政治上完全放弃党的领导，经济工作特别是作为经济命脉的金融工作完全放弃了国家主权所致。

三、从我国当前所面临的国际金融环境看

现在的国际政治，已经进入全球“动荡变革期”。冷战后，美国霸权主义加大了文化战、金融战和科技战等投入，在世界各地引发“颜色革命”即“颜色叛乱”。美国之所以能够在很多国家推动“颜色叛乱”，其根源之一就是通过金融文化侵略，攫取了很多第三世界国家货币主权，从而可以通过印钞直接用美元支持这些国家的少数西化精英制造内乱；

---

① 李慎明总撰稿：《苏联亡党亡国20年祭——俄罗斯人在诉说》，社会科学文献出版社2013年版，第78—80页。

还在很多国家金融市场进行投机活动，洗劫这些国家积储多年的财富，制造普遍性的贫困和大量难以维持生存的贫民，从而先后引发东南亚金融危机、拉美金融危机、俄罗斯金融危机等。我们应当清醒地认识到，以美国为首的西方国家在我国的金融领域已经布局多年，蓄谋已久、伺机而动，但是，党的十八大的胜利召开有力地打乱了美西方这一战略布局和战略步骤。2020 年底，党中央毅然打出“强化反垄断和防止资本无序扩张”这一重拳，进一步打乱了国内外敌对势力沆瀣一气，企图在我国制造金融危机、推翻我国坚定不移坚持党的领导和社会主义制度现政权的狂妄目的。

1991 年东欧剧变、苏联解体前后，以美元为代表的金融帝国主义的金融触角逐渐伸及全球各地。当今全球财富向极少数金融寡头口袋里的集聚已达峰巅，不仅全球范围内的贫富两极分化已达峰巅，美元国债同样达到峰巅。尤其是 2020 年新冠肺炎疫情暴发后，美国国债从 23 万亿美元急速攀升到 2021 年 7 月 1 日的 28.43 万亿美元，相当于 2020 年 GDP 的 136%，每年仅国债利息支出就接近 6000 亿美元，但其国家总储备（主要是黄金）才有 5000 亿美元。最近 25 年来，美国国债余额一直在持续增加，并始终处在借新债还旧债的困境，且国债余额逐年在增加，使得当今美国持续陷入严重的通货膨胀之中。2021 年 9 月 8 日，美国财政部部长珍妮特·耶伦还警告国会领导人，如果白宫和国会不提高债务上限，美国将在 10 月份拖欠国债无法偿还。可以预计，到 2024 年美国仅国债利息支付就高达上万亿美元左右，届时必然会逾越借新债仅只能付息而不能同时还本的红线。美国的经济与金融危机，本来在 20 世纪 60 年代末和 70 年代初已经显现，1971 年美元与黄金脱钩，以及 1991 年的苏联解体，先后延长了美元霸权的寿命。这期间，我国改革开放所取得的巨大成就，也不断加深着美国对“中国负责生产，美国负责消费”这一合作方式的依赖。以上合作方式的深化，亦带来美国产业空心化的加速和内外种种矛盾的集聚，特别是美国巨额债务的累增。美国为了摆脱这一最为根本和最为基础的经济金融危机，必然会首先想方设法对准我们这个有着 3.2 万多亿美元的全球最多外汇储备的大国。美国会不惜采用各种非常规思维和手段，不仅企图永久赖掉这些巨额外债，而且还会千方百计、设法引诱，让我国再增持其巨额的国债。从一定意义上讲，今年美国连续在新疆、香港、新冠肺炎病毒起源等问题上发起大规模的污蔑宣传，美国军机公然接二连三地降落我国领土台湾，在我国南海一再制造紧张局势，鼓动日本重启军国主义，鼓动澳大利亚拥有、制造和部署核潜艇等，其根本目的之一，就是企图用这些威胁让我国在继续大规模增持美国国债，并确保源源不断继续向美国输送以美元为结算的物美价廉物品，在这一根本性问题上作出全面性的战略妥协。

四、从我国国家债务总额等种种金融数据看

我国 40 多年的改革开放取得的丰硕成果绝不容许否定。但同时亦需要看到，由于我国实行的是干部任期制，改革开放往往也是从易处着手，即先吃好吃的肉，先啃好啃的骨头，亦即提前大规模释放地租、级差地租和超额地租的红利，这就给改革开放的后继者留下了一些难啃的骨头。据国际金融协会统计，到 2020 年 10 月初，发达国家债务总额达到了 196.3 万亿美元，相当于其 GDP 的 432%；发展中国家债务总额 76.4 万亿美元，相当于其 GDP 的 245%。其中，美国债务总额为美国 GDP 的 383%。截至 2020 年底，我国债务总额已达到 335%，明显高于发展中国家的平均水平，快速向发达国家接近。

从 2009 年起至 2020 年，我国积极的财政政策已实行 11 年，财政

赤字不断扩大，债务规模相应急剧扩张。“十四五”时期，多数省市的债务可持续性堪忧，粗略计算，大约四分之一的省级财政50%以上的财政收入将用于债务的还本付息。按照央行提供的统计数据，到2021年7月底，我国企业负债率进一步攀升到138.4%，是美国的两倍以上。我国个人从银行贷款总额是67.4万亿元，人均接近5万元。我国广义房地产业（其中包括一些城市非必须地铁建设等）直接间接债务已经超过银行贷款总额70%以上，我国恒大、碧桂园、万科等地产十大巨头的平均负债率在2017年就已攀升到80%以上，这些地产大佬不仅绑架诸多百姓，而且绑架着国有商业银行，绑架着人民政府；我国现在的房价已处于高位的三难境地：维持当今房价，则住房空置率很高，有学者用国家电网提供的数据指出，一类主城区零用电的空置房占20%；将来房价如果继续直线高攀或者急速下跌，都可能是一场极难应对的金融乃至经济灾难。2021年9月20日，白宫新闻秘书Jen Psaki在记者会上表示，在有需要时，美国政府已准备好应对中国地产市场危机和当地地产商恒大可能违约的风险。

另外，西方的金融市场已经开辟了数百年，而我们对此积累的经验和经历的教训仅有几十年，对国际金融运行规律和风险评估掌握得远远不够。

综上所述，金融安全绝不仅仅涉及我国的经济稳定发展，而是从根本上涉及党和政权的安全，切不可轻视和忽视。巩固政权往往需要“三个子”：枪杆子、笔杆子和钱袋子。从一定意义上讲，其中的钱袋子是枪杆子和笔杆子的物质基础。在以习近平同志为核心的党中央坚强正确领导下，枪杆子已牢牢掌握在党的手中，笔杆子与钱袋子亦都得到进一步的加强，但各自领域存在的一些问题仍让人忧虑。习近平总书记多次强调要坚持和加强党的全面领导。坚持和加强党的全面领导，不仅是毫不动摇坚持党对军队的绝对领导，毫不动摇坚持党对意识形态领域的领导，同样应是毫不动摇加强党对经济特别是金融工作的领导。经济、政治、文化与外交，是紧密相连、血肉相依的一个整体，绝不是互不相干的“四张皮”。如果党和国家的各项工作各自为政，不能在党的领导下形成紧密合力，非但事倍功半，还极可能犯下不可挽回和不可饶恕的颠覆性错误。

我们十分赞同习近平总书记关于“金融风险有的是长期潜伏的病灶，隐藏得很深，但可能爆发在一瞬之间”“如果我们将来出大问题，很可能就会在这个领域出问题，这一点要高度警惕”这一重大战略判断。金融风险是当前我国所面临的所有风险中最为隐蔽、最为主要、最为直接、最为关涉全局，且可能是瞬间突然爆发又不可逆转的，当前最为迫切需要化解和破解的风险。我们必须高度警惕，不能懈怠。

今后二三十年乃至五十年左右，是彻底暴露腐朽透顶、矛盾百出的美国帝国主义制度其中包括金融制度的重要时段。2021 年 9 月 1 日，习近平总书记在 2021 年秋季学期中央党校（国家行政学院）中青年干部培训班上明确指出：“当前，世界百年未有之大变局加速演进，中华民族伟大复兴进入关键时期，我们面临的风险挑战明显增多，总想过太平日子、不想斗争是不切实际的。要丢掉幻想、勇于斗争，在原则问题上寸步不让、寸土不让，以前所未有的意志品质维护国家主权、安全、发展利益。共产党人任何时候都要有不信邪、不怕鬼、不当软骨头的风骨、气节、胆魄。”[①] 在国家金融安全战线，同样迫切需要这样风骨、气节、胆魄。

我国的对外开放，特别是金融开放，不仅需要更高水平的开放，而且迫切需要更高质量的开放。因为，高质量金融开放是高水平金融开放

① 《习近平在中央党校（国家行政学院）中青年干部培训班开班式上发表重要讲话强调　信念坚定对党忠诚实事求是担当作为　努力成为可堪大用能担重任的栋梁之才》，《人民日报》2021 年 9 月 2 日。

的灵魂，确保金融安全是高水平和高质量金融开放的根本前提。在确保金融安全的前提下，推动高质量、高水平的金融开放，才能有力推动我国经济的高质量、高水平发展。为此，特建议我国有关方面，继续高度重视金融特别是国际金融领域安全问题，必要时召开几个相关内部研讨会，分别请各个方面包括甚至有不同看法的专家人士畅所欲言，以达到正确的集中决策之目的。这亦是习近平总书记在“七一”重要讲话中所强调的全过程民主中的题中应有之义。

（执笔人：李慎明　瑞东　云辉）

中国金融改革绝不能复制美国模式

马　霞[①]

新中国70多年取得的经济成就是人类历史上绝无仅有的。特别是在全球化提速的过去20年，我们在竞争中赢得了主动，动摇了美国这个头号经济霸主的地位，这是人类经济史上的最大奇迹。

经济奇迹要归功于中国共产党领导下的社会主义制度优势和实事求是的信贷货币管理智慧。要保持竞争优势，我们应继续发挥金融领域的制度优势，没有理由复制欧美的金融模式。

美国从2000年开始大步走向产业空心化，大吹金融泡沫，仅用了20年的时间，就把第二次世界大战前后积累起来的巨大经济优势和赢得冷战的红利全部吃光输净。在金融全球化的今天，金融杠杆按下了国家兴衰转换的快进键，没有哪个国家是绝对的赢家，或者能轻松守住优势地位。

① 马霞，经济学者、独立投资人。

美元的全球结算、信贷、储备货币的霸主地位，是美国霸权的核心支柱。但是，美元霸权是以美国不断累积外债为代价的，在资本盛宴的狂欢之后，严重资不抵债的美元必定反噬美国经济和金融安全。美国的金融市场化给我们提供了一个很好的反面教材，中国金融的改革开放绝不能复制美国的模式。

当前，中国要实现产业升级，推动经济迈向高质量发展。前进道路上的每一步，都在考验着我们的金融治理能力——从微观到宏观。如果做不到科学的、系统化的金融管理，依然用过去“胡子眉毛一把抓”的粗放手段管理金融，那么每解决一个旧问题，就会冒出十个新问题；一旦关键问题处理不当，真的有可能犯颠覆性错误。金融领域犯颠覆性错误的风险始终都在，我们必须设计出系统性的新方案。

要走出经济和金融治理的困局，我们首先要找对路径。当下国内外的形势是：对外，我们面临着美元霸权的威胁；对内，过去累积起来的金融风险可能会进入一个叠加高发期。要实现下一个五年计划，对金融领域的系统性问题，我们必须有系统性的解决方案。

中国经济新的增长动力是推动内外两个循环的产业升级。只有实现了产业升级，才能通过拉动内需来提升整体国民收入水平。要实现这个目标，我们面临着一个致命风险和五个瓶颈。

一、一个致命风险：通货膨胀

刺激内需的前提是严控通胀。中美较量已经到了决战的关键时刻，胜负手就是通胀。中美两国谁先通胀，谁先倒下。控制通胀应该成为经济和金融决策的第一考量。当前，大宗商品价格开始上涨，已经传导到电器消费品涨价，这种态势限制了通过扩大基建投资刺激经济的空间。

通胀是刺激内需最致命的风险。推动内需型经济成为百姓收入增长新引擎的关键，是刺激供应端增加有效供给，而不是刺激基础消费端增加需求，否则会带来更大的通胀压力。我们一定要在经济增长和控制通胀之间找到一个最优的、动态的平衡点。

如何既控制通胀又实现经济增长？我们可以向老一辈革命家学习。新中国刚成立时，国家一穷二白，老一辈革命家实行了精准的产业分类管理：民生消费领域，严格控制物价；工业建设领域，银行信贷与产业规划同步配套。这才是抓住了货币管理的本质。算盘时代我们都能做到精准的产业分类管理，今天有了大数据和区块链的技术支持，我们完全可以做到精准的产业分类管理。数字化时代是有管理的市场经济大放异彩的时代。

二、瓶颈之一：现行金融体系无法有效服务国家经济的总体战略的局限

中国经济发展的最大瓶颈是，现行金融体系的经营方式无法有效服务国家经济的总体战略。银行信贷唯资产抵押、唯负债率指标的经营模式，不仅不能控制呆账风险，还会不断引出 AAA 级国企债券的问题。这样的金融经营模式，其结果是：成功的企业变成了富可敌国的独角兽，失败企业的损失则由国家和人民买单，大资本成为无风险套利集团。

金融为国家经济战略服务，就要对金融体系进行彻底改革。金融体系的顶层设计一定要回应银行对信贷风险的关切，只有消除了银行对呆账的担心，才能建立稳定有效的信贷经营模式。银行有了稳定有效的信贷经营模式，就能通过信贷管理重建精准的产业分类管理，党管金融也就有了抓手。

三、瓶颈之二：产业混业经营是金融精准服务的最大障碍

高度混业经营会产生各种巨无霸经济实体，对产业精准管理造成巨大障碍。混业经营无法实行精准的产业分类管理，也无法做到滴灌式的货币供应。当各种不同性质的产业搅在一起的时候，货币供应一定是混乱无序的，这也是“一抓就死、一放就乱”的根源。高度混业经营，资金追逐金融泡沫就成为必然，金融服务实体经济的目标就很难达成。如果把问题简单地推给市场，只会制造更多的麻烦，最终必然形成系统性风险。中国经济要更上一层楼，必须在重塑经济治理系统上下功夫。实现了精准的产业分类管理和与之配套的货币精准投放，防范金融风险才能做到未病先治。

把管理和市场对立起来，是人们普遍的认识误区。事实上，市场的充分竞争与高效组织的管理体系一点也不矛盾。只有用高效精准的信贷体系主导重构产业体系，中国经济才能实现持续、稳定、高质量的发展。

四、瓶颈之三：消费品市场的无序竞争

推动中国内需型经济增长的潜能来自消费品产业升级，而消费品产业升级的最大障碍是：线上交易过度发达、线下交易严重匮乏；消费品价格管理混乱，虚假打折、虚假报价、杀熟等欺诈行为盛行；直播带货等。无序竞争的消费品市场使优质商品无法脱颖而出。今天的网购平台已经成为消费品市场的命门，要实现消费品市场的良性竞争，就要把互联网平台产业归类为国计民生的命脉产业。互联网核心产业要像高铁和电网一样，成为国家重点基础设施的一部分，而不是成为垄断资本的套

利工具。如何保护消费者权益、维护消费品市场的公平竞争？这方面欧、美、日都有很好的经验，可以借鉴。

五、瓶颈之四：劳动力市场供求错配

今天的劳动力市场，技术工人供不应求，白领职位严重供过于求。随着国民受教育水平的提高，高学历人才的就业压力会越来越大。解决就业问题，不能仅依赖工业化体系，还要大力发展线下商业，鼓励夫妻店，这样既能成就年轻人的奋斗梦想，还能减轻高学历群体的就业压力。国家要培育和保护以家庭为单位的服务产业的良性生态环境，就要限制大资本连锁店对消费品市场的垄断。只要地方政府拿出 20 世纪 90 年代招商引资的劲头，来培育小生意的生态环境，解决家庭小生意的经营痛点，中国一定能形成像欧、日那样的家庭小生意群体，从而实现多元化的就业结构。多元化的就业结构，对保护社会生态多样化有着不可估量的作用。

六、瓶颈之五：美元陷阱是“一带一路”建设的最大风险

经济全球化最大的金融风险是全球离岸资本掌控在华尔街手中。一是美元的霸权地位使华尔街掌控了全球离岸资金；二是我们没有掌握自己的离岸资产管理权，准确地说，我们没有自己的离岸货币。美元是全球离岸货币，全球离岸流动性都填了美元的债务黑洞，这才是美元主导的全球金融体系的真相。

“一带一路”是功在当下、利在千秋的伟大战略，但是，在美元主导的货币体系下，我们很难控制“一带一路”的汇率风险。欧美金融体

系主导着全球离岸流动性，如果我们的“一带一路”建设依赖美元融资，必将始终处在汇率大幅贬值的风险下。巴西和阿根廷就是最典型的例证，这两个国家的经济基本面并不差，却始终走不出货币危机的阴影，中国企业在当地投资都有过切肤之痛。

只要美元还主导着经济全球化，我国的金融安全和“一带一路”建设，就始终处在美元陷阱的巨大威胁下。所谓的中等收入陷阱，实际上就是美元陷阱。美元问题是经济全球化的头号风险，也是中华民族实现伟大复兴的最大绊脚石。

中国是共产党领导下的社会主义国家，我们要跳出西方金融学的套子，系统性地解决中国的金融、经济问题，构建全新的金融体系。要转变思维方式，既要鼓励竞争，最大限度地发挥市场配置资源的作用；又要有效阻隔金融风险，稳定经济体系，确保国家金融安全。当今社会是数字化时代，中国一定能够建立起稳定、高效、普惠的金融体系，让金融成为实现共同富裕的有力工具。同时，还要打造一个全新的全球离岸货币体系，为构建人类命运共同体服务。

另一深层次的西方政治体制标本
——以法国、英国、美国为例*

郑若麟[①]

西方政客、媒体人等总是自我标榜，所谓“民主体制”主要由立法、行政、司法三权分立而构成，并由多党、普选、轮流执政、司法独立和新闻自由等来保障。然而，经过笔者在法国 20 多年的深入考察认识到，他们所谓“民主体制”的权力构成远非如此，亦非我们想象的那样简单。我发现，至少在法国、英国、美国，其权力结构如同一个俄罗斯套娃——一层套一层，上述表面分立的三权只是最外面的那一层，而真正的权力核心是在套娃的里面。

* 本文在“犹太社团：控制法国主流媒体的隐秘团体”部分引用了卢克文先生的某些观点和资料，特此致谢。

① 郑若麟，复旦大学中国研究院研究员。

一、《世纪俱乐部》：深层权力的一角

笔者到法国后通过朋友介绍发现了一本书——《权力的核心》，作者是艾玛纽·拉蒂埃。这本书是朋友送我的，它不在正式发行渠道发行，只有直接向作者本人或通过少数几家私人书店才能找到。笔者读完这本书后很吃惊：原来法国的权力结构并非我以为的那样，更不是法国政客、媒体人等宣传的那样，当然中国人更是对此一知半解。作者拉蒂埃在该书前言中说：本书描述的一切均千真万确，如有不实欢迎任何人将他告上法庭。

《权力的核心》透露，法国最顶尖的精英阶层在二战后私下组织了一个“世纪俱乐部”，成员多达两千多人，几乎囊括了法国全部左右翼政治、经济、司法、传媒等主要精英、政府高官和企业名流，构成了法国的真正统治阶层。我研究了这个名单，发现在电视上对一项政策或一个观点相互间争论得你死我活的法国左派与右派政治家们，在“世纪俱乐部”里都是关系密切的朋友，甚至包括“独立的法官”“自由的媒体人”以及富可敌国的企业家们，与公开场合常常互不理睬或怒目相视的政治家们不同，在俱乐部里他们却觥筹交错、称兄道弟。这是真是假？我咨询了很多法国记者，他们居然也不知道这个俱乐部的存在。

笔者一度以为，这本书也是常见的阴谋论，很可能有故意夸张或想象的成分，但事实慢慢告诉了我真相。萨科齐当选并组成政府时，任命拉希达·达蒂担任他的司法部部长。坦率而言，达蒂仅有硕士文凭，5年前还只是个寂寂无闻的普通职员，在司法界供职时间太短，出任司法部部长的资历远远不够。为什么达蒂能被萨科齐选中而一步登天？笔者发现她有一部自传，便特意找来读。达蒂在自传中的这样一句话引起了笔

者的关注："在进入尼古拉·萨科齐的办公室成为他的顾问时，我也进入了俱乐部"，这个"俱乐部"就是"世纪俱乐部"。达蒂还在俱乐部外又成立了一个外围俱乐部——"21 世纪俱乐部"，将老家马革里布出生的下属们纷纷拉进来，以扩大自己的影响力。这时我意识到，这就是法国式的统治结构：法国社会精英在一个个圈子里筑起自己的"围城"，"围城"外的人对其内的一切一无所知，"围城"内的人则永远遵循"沉默原则"。达蒂将支持她的人纳入自己的俱乐部并形成一定势力，她凭此势力进入"世纪俱乐部"，一旦进入"世纪俱乐部"就有了晋升的资本。权力就是这样一环套一环而构成的。据《世界报》报道，达蒂任司法部部长，主要就是因为她加入了"世纪俱乐部"，尽管她的任命和上任都一直遭到司法界的强烈反对，但最终显然是"世纪俱乐部"起了决定性作用。这难道证明：法国是由顶尖的一小部分人统治，而非一人一票选出来的"民主"国家？

2010 年初，相关情况进一步明朗。瑞士媒体首先披露，"世纪俱乐部"不但确实存在，而且每月最后一个周三，俱乐部成员会在协和广场边上的一家豪华餐厅聚餐。这个聚餐叫"世纪晚宴"。接着，美国网络将参加"世纪晚宴"的人员名单也公布出来，法国媒体由此开始注意发生在他们国土上的这件事：到了周三晚上，他们蜂拥而至协和广场，平时在公开场合观点、立场均尖锐对立的政治家、记者、议员、法官……都一个个出现了，他们关起门来讨论什么？当然是共同商议怎么统治法国、怎么分配各自的利益。

进入互联网时代，法国媒体也开始报道"世纪俱乐部"，并闹得沸沸扬扬。2011 年 5 月 12 日，法国《新观察家》周刊总编、俱乐部重要成员之一罗朗·若弗兰发文承认"世纪俱乐部"的存在。他介绍，俱乐部的人主要分为三部分：一部分是法国财阀，控制军工、通信、航空、航天、娱乐、银行；一部分是法国媒体，控制电视、纸媒、广播、出版社、电影公司；还有一部分是政府要员，包括部长、议员、警察或司法机构官员等。“世纪俱乐部”每月在协和广场聚餐一次，商讨法国政治、经济、舆论等各方面形势的发展变化，“世纪晚宴”结束后每位出席者都能拿到一个私人电话手册，全部出席者的直接手机或座机都列在上面，方便以后彼此之间的联系。在法国名流界，递给别人的普通名片上的电话一般都是秘书的；如果能相互交换私人电话，那表明大家同处一个社会阶层，以后就是“自己人”了……法国社会一旦出现什么利益冲突，俱乐部成员之间就可以直接进行沟通、谈判和调和了。

若弗兰发表这篇文章的目的是想说明，“世纪俱乐部”没什么，就是一个聊天场所而已，与权力没太大关系。他的目的很快达到了，在法国主流媒体异口同声的说辞下，“世纪俱乐部”的暴露很快被抹平，并很快被公众忘记了。法国的统治者就是这样通过手中控制的媒体，轻易就把一些不利于他们统治的事情摆平。而在圈子外面的平民，对统治阶层内部的情况一无所知，还以为自己能够每五年投一次票来选总统便获得了“民主”。殊不知，总统候选人是谁、是什么样的人、听从谁的指令、按哪个或哪一小撮大财阀的意志行事……他们根本一无所知，俱乐部掌握统治权的人则统一保持沉默。

工作经验渐渐使笔者确信，这是法国政治的一部分真相。“世纪俱乐部”相当于一个元老院，表面上看法国民众有选择总统候选人的权力和言论自由，但实际上所有这些都是假象和受媒体控制。2012 年，笔者全程采访了法国总统大选，在跟踪采访一名叫雅克·舍米纳德的候选人时知晓了选民、媒体与候选人之间的关系。在法国要参选总统，必须有 500 个民选官员的签名支持，而要获得他们的支持就必须与他们进行面对面交流，说服他们把手中的支持票给他，这是非常困难的。舍米纳德在 1995 年、2007 年、2012 年三次获得 500 名民选官员的支持，说明他在与民选官员面对面交谈时是能够说服对方支持自己的竞选纲领的。然而，笔者在法国媒体上看到，这位候选人被描述为一个“疯子”，因为他“想要工业化月球”，而且是一位“极右翼”政治家。在法国，极右翼是普遍遭到反对的政治流派，谁会把选票投给一个极右翼的“疯子”？这时，一家法国电视台请一批外国记者采访总统候选人，我受邀采访舍米纳德。我通过对他的经历和竞选纲领的研究，发现他是一位非常“正常”的政治家，一个头脑清醒的正常人，并没有任何出格的言语和政治诉求；媒体所谓他要“工业化月球”，其实是他在施政纲领中的一个大胆建议，即他当选后将在联合国提出一个议案，建议将所有国家的军费集中起来，开发月球、造福人类。虽然这太过天真、太过理想化，但并没有任何“疯”的成分。而他被描述为“极右”，是他的一些竞选纲领来自美国的一位反犹政治家，因而被归类为极右。笔者问他自己的政治倾向时，他自称为“中左翼”。

由此笔者突然悟到，媒体上的舍米纳德与实际上的舍米纳德即给予他签名的 500 名民选官员面对的舍米纳德，完全不是同一个形象。公众只能通过媒体来认识舍米纳德。笔者决心将一个真实的舍米纳德传递出去。然而，50 分钟的采访只播了 5 分钟左右，剪辑出来的效果，舍米纳德还是个疯子。这使笔者真正认识到，西方“民选体制”的关键，在于选民与候选人之间存在着一个所谓“自由的媒体”，而这个媒体基本上控制着选民手中的那张选票。

由此，笔者对西方“民选体制”的认识迈了一大步——“民选体制”绝非“民主体制”，两者无法画等号。

二、共济会：法国更重要的深层权力

如果说“世纪俱乐部”这样的深层权力还有被媒体揭露的可能性的话，那么类似“共济会”这样的影响更广泛、历史更悠久、权力更大的团体，其运作方式、作用和人员就根本不会被揭露出来。

笔者在法国生活多年后还曾一直以为“共济会”之类的话题属于“阴谋论”范畴。直到有一天笔者被邀请到法国两大“共济会”中的一支“大东方共济会”去作讲座时才确认，共济会不仅存在，而且很多有关“传说”都是真实的。

如果说法国三权分立是其统治的俄罗斯套娃最外面的那一层（也是我们的知识界研究最透彻、最仔细的一层）、“世纪俱乐部”是里面的第二层的话，那么共济会至少是法国统治阶层的第三层。法国共有两大共济会组织——大东方共济会和大共济会，其成员都是保密的，如果自己不说，就没有人知道，彼此通过某种特殊的握手方式进行辨识。尽管局外人对两大共济会在法国政治、经济及其他领域究竟有多重要，其影响力和权力有多大等问题基本上一无所知，但其存在和影响力是无疑的。在法国时常可以听到某某名流是共济会成员，某某政治家与共济会有着千丝万缕的联系……但其真实内幕我们不得而知。

更重要的是，法国共济会与欧洲其他国家、与美国共济会也是联手一体的。所以，这是一个跨国的权力组织，我们对其认识还有很长的路要走。

三、犹太社团：控制法国主流媒体的隐秘团体

就西方权力构成而言，如果说三权分立、“世纪俱乐部”、共济会等还都是“有形”的俄罗斯套娃的话，那么在法国影响非常深远的“犹太社团”则完全属于“无形”的权力层次，处于“俄罗斯套娃”内部的另一深层次。

法国犹太社团是一支强大的政治和社会力量，甚至是一支强大的经济力量。据相关方透露，犹太后裔大约占法国总人口的1%，由于法国官方不能按种族或族群统计人口，因而我们无法了解确切的数字。法国犹太后裔有很多组织，其中最著名的是“犹太人协会理事会”。这个理事会联合了法国各种政治倾向的犹太人组织，并与“世界犹太人大会”保持密切关系。法国总统候选人几乎都要出席他们一年一度的著名晚宴，这样才可能获得他们的支持而当选。

法国犹太裔中有很多人富甲一方。他们不仅自身就是金融资本的组成部分，而且控制着一大批主流媒体，在法国属于非常有权力的一个层级。以控制着法国71家媒体的达索集团为例，其老板达索家族（创始人是马塞尔·达索，到守业的塞日尔·达索，再到今天的罗朗·达索）就是犹太人。达索集团控制着《费加罗报》、《快报》、斯克媒体出版集团等重要媒体，可以随心所欲地把候选人描成黑色就是黑色、描成红色就变成红色。除达索集团外，法国其他最重要的纸质媒体如《世界报》《解放报》《新观察家》《观点》等，也大多被犹太资本所控制。这些媒体在法国政治生活中的作用相当大，当政治倾向上明明是中间偏左的舍米纳德被这些媒体塑造成极右翼时，选民当然不可能把票投给他，因而他的得票率一直极低。

犹太社团控制西方主流媒体的现象在欧美普遍存在，英国、美国主流媒体的情况与法国相似。英国的路透社于1850年由犹太人路透创立，《泰晤士报》由犹太人默多克（犹太血统不是非常纯正）控制，BBC由几大财团出钱共同投资建立，《每日电讯报》在加拿大人康拉德布莱克手里（他旗下的霍林格公司还有《芝加哥太阳报》和《耶路撒冷邮报》），《卫报》现在归一个基金会所有。美国政治权力顶层是由盎撒人控制着政治+军队，犹太人控制着金融+媒体，平时我们听到的各路世界一流媒体几乎都被犹太人控制。美国的迪斯尼影业老板乔·罗斯是犹太人，时代华纳大老板杰拉德·莱文是犹太人——娱乐与体育节目电视、HBO电视网、华纳音乐、《时代周刊》、《体育画报》、《人物》、《财富》都是他们家的，维亚康姆集团老板萨姆纳·瑞德斯通是犹太人（他们不仅有最好的出版社，还有四千多家百视达音像连锁店，作秀时刻、MTV音乐台也是他们家的），NBC被犹太人大卫·萨尔诺夫控制，《纽约时报》归犹太人家族索尔兹伯格家族控制——这个家族还有《波士顿环球》、7家电视台、12家杂志、3家图书出版公司等，《华盛顿邮报》由犹太人梅耶家控制，《华尔街日报》归犹太人佩特·卡恩控制。好莱坞的华纳兄弟、环球、派拉蒙、米高梅、哥伦比亚、20世纪福克斯，创始人几乎都是来自东欧和俄罗斯的犹太移民。脸书、推特也是犹太人的。犹太人在美国不仅是顶尖精英阶层，也在其他国家绑定了地方精英一起统治世界，这才是许多欧美国家权力核心圈内的深层次现状。

四、如何理解西方真实的权力结构

在控制欧美社会的三大基石“资本—政权—媒体”中，资本控制媒体，媒体控制选民的意识，选民选出资本选中的政府，资本、媒体、政权再一起结成同盟，搞各种俱乐部、协会和其他类似的外围组织，来分享权利与经济利益。与西方人灌输我们的三权分立、多党轮流执政、司法立法独立、一人一票、新闻和言论自由不同，至少在法国、英国、美国，国家统治大权被资本、媒体、政权三股势力瓜分，这三股势力形成秘密联盟，实际控制和决定着国家的命运，其中资本恒定不变，媒体根据资本的需要而变动，执政者则每四五年轮换一次。表面上大家都可以参选总统，但媒体能轻易决定参选人的形象，普通选民只能通过媒体认识参选人，这就意味着谁控制媒体谁就能操控总统选举。媒体又被以犹太裔为主的大资本控制着，因而资本可以通过控制媒体间接控制政治家当选上台执政。

西方所谓“新闻自由”是一个硕大的谎言。表面看，西方不禁止出书、出报、办电视电台，但他们有种种办法使反对真正的幕后统治集团和西方政治体制的书、电视、电台没人买、没人看、没人读、没人听。例如，上述《权力的核心》一书，作者虽然印了出来，却没有大的发行渠道，因为各大发行渠道都被资本控制，结果他只能在家里通过邮寄售书，还有一些私人小书店销售。你写了书、出了书，但民众看不到你的书，这就是西方新闻出版自由的现状，也是美国前总统特朗普一直在“痛骂”美国“假新闻”横行的主要原因。

西方的犹太社团问题是理解西方特别是美国的关键。犹太人几乎遍布美国资本、媒体和政府这三大权力的各个角落，拜登内阁中从白宫幕僚长、国务卿、财长、司法部部长，到国土安全部部长、国家情报总监、副国务卿、国家网络安全顾问、中情局副局长等均为犹太裔，其他西方国家亦大致如此。苏联解体后瓜分其庞大国家财产的七大寡头中有六个是犹太人，他们与西方犹太社团联手，共同构成了苏联解体后对西方的统治。正是在这个时候，犹太社团在西方深层次权力机构中占据主导地位。中国的发展则刚好达到新中国成立后与发达国家差距最大的时期，因而中国出现了一些被西方说服、自觉向中国民众传播西方价值观的知识分子。

近些年来，世界格局发生了深刻变化。欧美国家在战后的高福利政策中享受 30 多年经济高增长之福后，又通过苏联解体吸了大量非西方国家的血，到今天所积累的财富消耗得差不多了，其内部社会矛盾越来越大，经济和社会都正在走向衰败。为摆脱上述状态，西方国家对外搞金融剥削、“颜色革命”，对内以种族冲突来冲淡阶级矛盾，试图分散国内矛盾的注意力，但所有这些都收效甚微。西方国家急需再吃掉一个国家，以便让他们再享福 30 年，而在体量上能让他们吃饱的国家，在全世界也就只有中国了。他们正在磨刀霍霍、走向中国，并且还打起了一面道义的旗帜，利用他们控制的欧美主流媒体，肆无忌惮地向中国泼脏水、将中国污名化：新冠病毒是中国搞出来的，中国在盗窃他们的技术，华为在窃听他们的信息，中国在新疆搞种族灭绝、强迫劳动……这样他们就可以用所谓的共同价值观绑架盟友，将中国塑造成好莱坞电影里的“反派 BOSS”，等待像苏联倒下后那样的盛宴。

但他们期盼的盛宴一直迟迟未开。很明显，中国跟苏联不一样。目前，在国际上反对我们的，主要是跨国深层次权力统治集团属下以英美为主的“五眼联盟”国家，广大发展中国家对中国没有敌视之心，德法领导的欧盟考虑自身利益与中美保持某种平衡。西方国家主要想通过“舆论战”引发一场“颜色革命”，进而推翻中国共产党的领导和中国政治体制，使中国变成他们可以控制、主导的“民选政治体制”和“自由市场经济”。在与某些西方国家的较量中，我们要谨防金融和媒体行业被西方代理人渗透，保证国家金融安全，防止大媒体私有化。

纠正与意识形态工作法治化相关的几个错误观念*

杨云霞[①]

当前，纷繁复杂的国际形势和艰巨繁重的国内改革发展任务，迫切需要我们贯彻落实党的十九大报告关于牢牢掌握意识形态工作领导权的要求。实践证明，要牢牢掌握意识形态工作领导权，就要加强意识形态工作的法治建设，有序推进意识形态工作的依法管理，以法治筑牢意识形态工作的领导权。在当前党史学习教育中，也需要将法治作为反对历史虚无主义的有力武器。针对意识形态法治化问题，社会上存在一些不当观念，这不利于意识形态工作的法治建设，需要认真加以研究和纠正。

* 本文系陕西省社科基金重大现实问题专项研究项目“新时代思想政治课建设守正创新研究”（2019ZDWT16）、陕西省社科基金重大项目“学习贯彻党的十九大精神，牢牢掌握意识形态工作领导权研究”（2017ZD02）的阶段性成果。

① 杨云霞，西北工业大学马克思主义学院院长、教授。

一、纠正“意识形态工作不宜法治化”的观念

有人认为，意识形态是“隐蔽战线”的工作，不宜谈论法治化，不宜实现法治化。事实上，这一观念是不可取的。

（一）全面依法治国基本方略决定了意识形态工作的法治化是必然趋势

法治是国家治理体系和治理能力现代化的重要依托。要推动我国经济社会持续健康发展就必须全面推进依法治国，从法治上为解决党和国家面临的一系列重大问题提供制度化方案。作为国家治理和社会治理重要方面的意识形态工作法治化是必然趋势。

（二）法律自身的意识形态属性决定其具有保障意识形态的功能

意识形态是与一定社会的经济和政治直接联系的观念、观点、概念的总和，法律是其中的重要内容之一。意识形态具有政治倾向性和法律属性，法治不仅自身就是一种意识形态，同时具有维护政治意识形态的功能。因此，实现意识形态的法治化是与法律自身的属性相一致的。

（三）国内司法实践涉及意识形态的案件不断出现要求法律制度回应

近些年来，国内意识形态领域的事件不断出现，围绕意识形态产生的诉讼屡见不鲜，这给我们提出了一个现实问题：如何运用法治手段解决意识形态领域的问题？例如，某律师因携带港版的海关禁书《红太阳

是怎样升起的》入关被扣书，引发了该律师作为原告诉海关的行政诉讼案件，该个案反映了意识形态工作已被提上司法诉讼的轨道，对法治建设提出了一些新的要求。在这类案件中，尽管有些原告没有明确的意识形态诉求，而是以政府信息公开、通信权等受侵害为由提起诉讼，但其中关涉的意识形态问题不容回避。新时代的意识形态领域很多实际工作，诸如意识形态的监测预警及其问题的发现、研判和处置等需在法治思维和环境下完成，而我们的相关法律和制度依据上有缺失，相应实体法律和程序法律未做好充分准备，因而无法直面和妥善解决这一领域的司法案件。

（四）针对霸权国家以所谓“法治”手段实施的行为，我们必须采取法治手段予以反制

在国际层面，一些霸权国家以所谓“法治”手段对我国进行意识形态的攻击、诋毁，我们除采取政治、外交手段外，必须采取法治手段予以反制。例如，美国《2021年战略竞争法案》明确要求美国国际媒体署应采取以下行动：应扩大现有的、可促进新闻标准、调查性报道、网络安全和数字分析的培训项目和合作项目，以帮助揭露和反击“共产党的虚假叙事”。此外，这一法案清晰表明，2022—2026年的每一财年，美国都将投入3亿美元，用于采取各种措施打击“中国的全球影响力”。可见，国际范围内意识形态的斗争已经突破政治化、隐形化而逐步转向法治化、公开化，我们也必须以法治的武器进行斗争。

（五）实现意识形态工作法治化是法治国家的通行做法

很多国家在其宪法中确立了本国的意识形态核心内容，并通过各种具体立法制度加以保障。例如，《美国法典》第18篇第115章第2384条

“煽动暴乱阴谋”规定：“凡鼓吹以暴力反抗美国任何法律的书刊，其处理参见本篇第 552 条。”德国联邦议会通过的《反纳粹和反刑事犯罪法》规定，在公开场合宣传、不承认或淡化纳粹屠杀犹太人罪行的言行，可依法判处 3—5 年徒刑。俄罗斯通过立法，对宣传及公开使用纳粹标志的行为依法进行严惩，把否定苏联在二战中取得的胜利成果、歪曲战争性质、歪曲历史事实认定为违法行为。针对英雄烈士的保护，《大韩民国刑法》规定，公然编造虚假信息毁损逝者名誉的，“判处 2 年以下徒刑或 500 万韩元以下罚金”。

（六）意识形态法治化是有严格边界的

意识形态领域实现法治化，并非将所有问题都诉诸法治。一方面，法律有其固有的治理边界，不能逾越法律的边界将所有涉道德、涉伦理、涉思想的内容全部纳入法治的范畴；否则，必将陷入法律无限扩大化的误区。另一方面，意识形态领域的工作具有渐进性特点，这就决定其法治化进程也具有渐进性特点，而不是、也不可能是一蹴而就的。例如，在反对历史虚无主义中，对于一些党和国家尚无定论的事件、人物、行为等，自然无法通过法治化手段加以认定和解决。

二、纠正“意识形态工作无法实现法治化”观念

有人认为，意识形态属于政治，不属于法治范畴，而政治具有模糊性特点，因而很难统一和明确界定；舆论导向的随机性与法的稳定性之间存在矛盾，这也导致意识形态工作无法法治化。之所以持这种观点，一方面，是囿于传统的政治意识形态思维，认为意识形态纯粹就是政治；另一方面，就是将政治与法治的关系对立起来，认为有政治就没有法律。

（一）政治与法治具有同向同行的共同属性

正如习近平总书记所强调的："党和法的关系是政治和法治关系的集中反映。法治当中有政治，没有脱离政治的法治。"[①]《中华人民共和国宪法》具有明显的意识形态属性，其中明确提出了坚持四项基本原则，在根本大法上确立了"社会主义制度是中华人民共和国的根本制度"，要求"禁止任何组织或者个人破坏社会主义制度"。此外，将马克思主义、社会主义精神文明、倡导社会主义核心价值观等明确写入《中华人民共和国宪法》，这也是宪法坚持社会主义意识形态的明确宣示，是意识形态入法入规进程的重要标志。

（二）社会主义核心价值观融入法治建设是意识形态工作法治化的重要一步

核心价值观具有鲜明政治立场和意识形态属性，法治是社会主义核心价值观的"压舱石"。社会主义核心价值观融入法治建设，是维护社会主义意识形态安全的必然要求，也是意识形态工作法治化的集中表现。习近平总书记强调，要用法律来推进社会主义核心价值观建设。2016 年 12 月，中共中央办公厅、国务院办公厅印发的文件强调，要运用法律法规和公共政策向社会传导正确价值取向，发挥法治的规范和保障作用，促进社会主义核心价值观由"软性要求"向"硬性规范"转变。2018 年 5 月，中共中央印发了《社会主义核心价值观融入法治建设立法修法规划》。适应上述要求，我国法律进行了多处修订。

---

① 《习近平关于社会主义政治建设论述摘编》，中央文献出版社 2017 年版，第 98 页。

（三）意识形态阵地建设和管理也可以法治化

除意识形态正面融入法治建设外，还需从约束性要求等角度加强意识形态阵地的建设和管理，有专家提出建议，以立法形式制定和出台《意识形态阵地建设和管理规定》。当然，意识形态工作法治化是个漫长的过程，还需要实现从以权力为核心的政治意识形态向以权利义务为核心的法治意识形态的转变，实现从单纯政治思维方式向政治与法治思维方式相结合的转变，解决法的刚性与意识形态的弹性之间的矛盾。

三、纠正“规范意识形态工作就是限制言论自由”的错误观念

有人认为，《中华人民共和国宪法》第35条规定“中华人民共和国公民有言论、出版、集会、结社、游行、示威的自由”，提出规范意识形态工作是限制言论自由、是侵犯宪法所赋予的言论自由权利。

这里需要说明言论自由的边界问题。言论自由不是没有边界的绝对自由。我国宪法中所规定的言论自由，首先是在承认宪法所确立的各项内容的前提基础上的言论自由。这在任何国家的法律中都是如此，即使是在美国，言论自由也是受限制的相对自由。

针对言论自由，美国法律有明确限制，明文规定不允许造反、叛乱、暴乱或鼓吹推翻政府。《美国法典》第2381—2391条详尽阐述了对反政府活动的管理与惩罚，从中可以看到对以下反政府活动的具体惩治：叛国、对叛国行为知情不报、叛乱或造反、煽动暴乱阴谋、鼓吹推翻政府、平时对武装力量进行煽动、战时对武装力量进行煽动、招募兵员反对美国、应征入伍反对美国等。早在1918年，美国国会就通过了谋叛法，规定凡对

美国政体“不忠诚、不尊重、粗鲁或辱骂”的言论或“蔑视、嘲讽、侮辱、丑化”美国宪法或美国武装力量的言论，均属犯罪之列。在第一次世界大战后的“赤色恐怖”中，有一批美国公民就依据此法被投入监狱。

四、纠正“我国意识形态工作已实现法治化”观念

有人认为，《中华人民共和国宪法》《中华人民共和国民法典》《中华人民共和国刑法》《中华人民共和国国家安全法》《中华人民共和国网络安全法》《互联网群组信息服务管理规定》等对保护意识形态都有相应的规定，我国意识形态领域的法治基本完备了，意识形态工作已经实现了法治化，已经能够满足意识形态工作对法律的需求了。对上述观点，我们需要具体分析。

（一）在意识形态法治化进程中，我国已初步完成了法律规范的建构

我国的意识形态法治化、制度化建设取得了一定进展，已经初步完成意识形态法治化的法律规范建构。

党内法规也有相关规定，以对党员群体规范和约束的形式，将党建工作与意识形态法治化结合起来，落实意识形态工作责任制情况。《中国共产党巡视工作条例》规定，巡视组对巡视对象落实意识形态工作责任制不到位等问题进行巡视。

（二）我国现有相关法律制度远不能满足意识形态工作的需求

《社会主义核心价值观融入法治建设立法修法规划》提出，力争经过

5—10 年时间，推动社会主义核心价值观全面融入中国特色社会主义法律体系。这表明，意识形态工作法治化远未完成，突出的是现有法律制度仍存在供给不足，甚至在一些问题上还存在理论盲点。

“立”与“破”的制度规范相对不足。意识形态的法治建设要坚持先“立”后“破”，这里的“立”就是确立标准、确定意识形态应坚持的底线；“破”就是对违反意识形态行为的处理。《中华人民共和国宪法》以及相关法律仅从正面规定应该如何做，而对意识形态领域诸多行为的性质界定、审查、惩罚、保护或促进等还缺乏相应的法律规范。例如，我国意识形态管理的底线要求尚无明确界定；历史虚无主义、新自由主义、民主社会主义、“普世价值”等不断挑战我国主流意识形态的话语权，对于其中可以法治化的问题，如何根据其行为、情节界定其性质仍缺乏相应的制度规范。

对于中共党员以外群体的具体法律规制还相对不足。有人认为，意识形态工作仅针对党员，无须规范其他社会公众。虽然党员是需要规范和约束的特殊群体，应对其进行意识形态的严格管理和约束，但不能说意识形态工作仅针对党员群体，而是应规范各类群体的行为。通过意识形态工作凝心聚力、统一思想，这是关系人心聚散、政权安危的头等大事，关系每一位公民的价值取向。根植于全民心中的法治精神，是社会主义核心价值观建设的基本内容和重要基础。这些都是意识形态法治化所要解决的重点问题。当前，党内法规针对有违社会主义意识形态的行为已经有一些规范，但对民众的此类行为的有效规制措施不足，这也是未来一个时期意识形态工作法治化的重要议题。

针对体制外的群体规制手段还不足。当前处理体制内人员出现的意识形态不当言论和违法行为，主要通过解除公职等手段加以解决，而对于体制外的群体则缺乏有效抓手。例如，北京师范大学对史杰鹏事件的处理，中央电视台对毕福剑事件的处理，都是以用人单位解除用工关系等方式解决，但对于体制外的人该如何处理？体制外的用人单位是否有维护意识形态的社会责任？作为惩罚手段的解除劳动关系与公民劳动权之间的关系如何厘清？都需要进一步研究。

对意识形态领域违法行为适用何种法律责任形式的研究不足。针对某些违反意识形态的言行，该采用何种法律责任形式处理，目前对此研究还较少。我们面临的主要问题是：现有民事责任、行政责任、刑事责任是否可以有效处理意识形态领域的问题？是否需要引入政治责任来弥补上述几种法律责任形式的不足？中共中央办公厅印发的《党委（党组）意识形态工作责任制实施办法》提出，“把做好政治理论的宣传教育与加强法制宣传教育紧密结合起来”，而如何通过开展社会主义教育来实现行为人意识形态的转变？是否需要通过剥夺一定时期的政治权利对行为人加以规范和制裁？用人单位除解聘不当行为人人事关系、劳动关系外，还有哪些更有力的制约措施？针对上述问题，亟待通过深入、系统的学术研究来弥补现有理论研究的不足。

在程序法方面存在不足。例如，对2015年“作业本”抹黑邱少云事件的处理主要通过私法、通过亲属状告名誉权受损得以维权。实际上，英雄人物的形象不单是个人名誉权和荣誉权问题，还是社会公共利益和价值认同的问题，这一理念在《中华人民共和国英雄烈士保护法》得到了认可。该法规定：“对侵害英雄烈士的姓名、肖像、名誉、荣誉，损害社会公共利益的行为人，英雄烈士近亲属不提起民事诉讼的，检察机关可以依法向人民法院提起公益诉讼，要求侵权人承担侵权责任。”这是一个重要的制度进步。但是，除检察机关外，社会公众是否可以提起公益诉讼？除公益诉讼外，是否还有其他有效维权途径？这些问题也值得研究。再如，针对违反社会主义意识形态的行为，涉诉案件如何进入诉讼？在立案登记制下如何阻止一些不适宜诉讼的案件进入诉讼？非涉诉案件采用何种程序处理？国家公权力机关与用人单位等该如何协调意识形态责任分工？这些问题也都需要进一步研究。

当然，从法治运行的历史和阶段看，不会也不可能有绝对的法治。就意识形态领域而言，不可能完全脱离政治权力而建构起纯粹的法治意识形态。在一定时期内，法治并不能规范意识形态领域的所有事务，政治意识形态与法治意识形态将长期并行。

五、纠正“意识形态法治化就是单纯进行立法”观念

意识形态工作法治化不仅包括立法，也包括融入执法、司法和普法等工作中。

（一）在司法和执法中实现意识形态法治化是一些国家的惯常做法

很多国家在司法和执法中实现了意识形态法治化。例如，国外在惩治否认、鼓吹、美化法西斯言论及模仿法西斯行为方面有很多典型司法案例。2017 年 8 月 6 日，两名在德国国会大厦外行“纳粹礼”的外国游客被德国巡警以“使用违宪组织标志罪”拘捕。1972 年，美国最高法院作出判决：维护马萨诸塞州通过的法律，这个法律要求州政府雇员采用宣誓方式反对以暴力或非法或违宪手段推翻政府；1988 年哈索伍德学区诉库米尔案中，美国最高法院裁定：“任何一所学校都有权对于刊载在校刊上的具有争议性的文章予以事先审查和撤销。”2017 年底，美国最高法院法官在处理劳动案件时，表现出了明显的意识形态倾向。

除上述司法层面的意识形态法治化案例外，也有大量的执法领域的

意识形态案例。例如，2015 年 7 月，俄罗斯成立了“与以危害俄罗斯利益而篡改历史行为斗争委员会”。再如，美国杜鲁门政府颁布的有关联邦公务员忠诚测验的行政命令规定：“只要有理由‘怀疑某人对美国政策不忠诚’，就可以把他解雇。”美国艾森豪威尔时期，亲属住在共产党国家的人可能被联邦政府解雇或不被雇用。还有，根据美国《移民和国籍法》，2020 年特朗普政府发布新规，限制中国共产党党员及其直系亲属赴美旅行。

可以看出，意识形态融入司法、执法等环节是一些国家法治的重要内容。当然，对于美国等一些国家在司法、行政中借意识形态而违反人权的做法，我们应坚决予以摒弃和反对。

（二）我国亟待制定和发布适应意识形态需求的司法政策、司法解释和指导性案例

遵循法律精神和法治原则，实行适应社会主义核心价值观要求的司法政策，增强适用法律法规的及时性、针对性、有效性，为惩治违背社会主义核心价值观、严重失德败德行为提供具体、明确的司法支持，这也是意识形态工作法治化的重要内容。意识形态工作法治化范畴还包括：准确把握法律精神和法治原则，适应社会主义核心价值观建设的实践要求，发挥司法解释功能，正确解释法律；完善案例指导制度，适时选择对司法办案有普遍指导意义及对培育和弘扬社会主义核心价值观有示范作用的案例作为指导性案例发布。近些年来，意识形态工作对司法和执法工作提出了严峻挑战。例如，很多有关司法和行政的案件直接或间接表现出对意识形态问题的诉求，在立案审查制的诉讼制度下很难通过法律途径将这些案件排除在司法裁决之外。这些都要求在司法和执法实践中进一步发现问题，研究意识形态工作法治化的策略。

新自由主义私有化批判

——基于国外铁路私有化改革实践的分析

崔　云[①]

近年来，中国铁路尤其是中国高铁取得了举世瞩目的成就，赢得了世界普遍赞誉。但与此同时，也出现了少数不同声音，其中不乏用西方资产阶级新自由主义价值观裁剪我国铁路实践，用西方资本主义私有资本利润最大化等评价体系来衡量我国铁路发展的声音。有人认为，虽然中国铁路发展迅速，但是很多线路处于亏损状态，而亏损的主要原因在于铁路国有化缺乏效率，难以提高经济效益。尤其是2011年“7·23”甬温线特大铁路交通事故发生后，媒体上不时有舆论攻击中国铁路，并抛出形形色色的铁路私有化论。有人认为，铁路私有化可以明晰产权，提高经营效率，提高经济效益，提升服务质量；有人认为，铁路私有化可以减少亏损，减少政府补贴，减轻财政负担；等等。各种铁路私有化论

① 崔云，中国社会科学院马克思主义研究院助理研究员。

调试图通过舆论造势等各种方式影响中国铁路改革，使中国铁路走向私有化之路。

铁路私有化真的有如此神效吗？从国外铁路私有化改革实践看，铁路私有化并不是灵丹妙药。早在20世纪70—90年代，受鼓吹自由化、私有化、市场化的新自由主义影响，面对铁路行业连续亏损、政府财政负担日益加重的状况，英国、阿根廷、日本等国家不同程度地推行了铁路私有化改革。英国铁路私有化改革不但没有从根本上改善铁路运营状况、提高经济效益、提升服务质量、减轻财政负担，反而出现了重大交通事故频发、铁路行业连续亏损、旅客满意度下降、财政补贴远超国有国营时期的情况。阿根廷铁路私有化改革后，也出现了大量线路停运关闭、重大交通事故频发的情况。国外铁路私有化改革实践表明，铁路私有化行不通。铁路私有化本质上是西方新自由主义的一种表现样态。铁路私有化改革是新自由主义私有化在铁路行业的实践。国外铁路私有化改革的失败表明，新自由主义私有化行不通。与此同时，以国有为主体的中国铁路取得了举世瞩目的成就，充分彰显了社会主义公有制的优越性。无论是国外铁路私有化改革的失败，还是以国有为主体的中国铁路取得的伟大成就，均以无可争辩的事实对新自由主义私有化作出了最有力的批判。

一、铁路私有化未必能够提高经营效率、提升服务质量

国外铁路私有化改革实践主要分为两类：一类是铁路所有权和经营权全部私有化，以英国为代表；另一类是盈利线路的业务所有权和经营权私有化，亏损线路的业务所有权国有，公司化经营，以日本为代表。这些国家铁路私有化改革的目标之一是改变铁路行业的亏损状况，提高

铁路行业的经营效率，提高经济效益（铁路私有化国家主要以经济效益代表经营效率），提升服务质量。然而，铁路系统极其复杂，铁路经营效率不仅受铁路系统自身管理、技术、制度等因素的影响，还受地理位置、地形条件等自然因素的影响，更受人口密度、经济发展、产业规模、产业结构等经济社会因素的影响。实践表明，铁路私有化未必能够提高经营效率、提高经济效益、提升服务质量。

首先，铁路私有化后，虽然铁路行业的经济效益在短期内有所提高，但最终陷入亏损状态，亏损的数额甚至超过国有时期。以英国为例，经过 1994—1997 年的铁路私有化改革，在政府补贴减少的情况下，英国铁路行业的经营状况短期内得到改善，经济效益有所提高。但是，这一改变主要是通过充分利用国有时期的设施设备、减少雇员、减少或放弃长期投资等手段降低成本并提高价格来实现的，并非通过追加投资或技术进步实现，因而严重影响了铁路行业的长远发展。英国铁路私有化改革后发生的多起重大交通事故也充分说明了这一问题。英国铁路经济效益在短期提高后，政府铁路补贴数额也开始增长，并远超国有时期，但英国铁路行业还是陷入亏损状态。从可获得的数据看，以 1987 年 1 月的不变价格计算，在英国铁路国有时期，即 1972—1973 年、1973—1974 年、1974—1975 年、1975—1976 年财政年度铁路行业亏损额分别为 48.18 百万英镑、144.51 百万英镑、52.41 百万英镑、24.07 百万英镑。① 而在铁路私有化后，即 2015—2016 年、2016—2017 年、2017—2018 年、2018—2019 年财政年度铁路行业亏损额分别为 792.08 百万英镑、785.85

① 根据英国皇家出版局出版的英国官方手册（1975—1978 年）有关铁路的统计数据和英国国家统计局官网价格指数数据计算得出。

百万英镑、772.2 百万英镑、387.22 百万英镑。[①] 显然，英国铁路私有化后亏损的数额要远高于国有时期。铁路私有化并没有从根本上提高经营效率和经济效益。

其次，铁路私有化后，部分私有铁路公司之所以能够持续赢利，主要原因不在于它们是私有公司，而在于它们所经营的线路本就是国有时期经济发达地区客流量较大的盈利线路等。例如，1987 年，日本开始推行铁路私有化改革，将日本国有铁道（国铁）分割私有化，成立日本铁路集团（JR）。其中，东日本旅客铁道公司（JR 东日本）、西日本旅客铁道公司（JR 西日本）、东海旅客铁道公司（JR 东海）、九州旅客铁道公司（JR 九州）四家公司分别于 2002 年、2004 年、2006 年、2016 年完全私有化后，实现了持续赢利。由此，日本被奉为铁路私有化改革的成功典范。但是，四家公司之所以能够持续赢利，主要原因不在于它们是私有公司，而首先在于四家公司所运营的线路本来就是国有时期盈利较大的线路，覆盖了日本东京、大阪、名古屋三大都市圈等客流量大的经济发达地区。而且，私有化时剥离了大量债务，四家公司只承担国铁时期很少一部分债务，绝大部分债务由日本国有铁道清算事业团承担[②]，最终大部分债务由国家偿还，从而大大降低了私有公司的财务成本。此外，实行铁路私有化后，四家公司裁撤了大量铁路员工，大幅降低了运营成本。因此，将四家私有铁路公司的持续赢利简单机械地归结为私有化，是不符合事实的。英国能够持续赢利的私有铁路公司基本也是上述状况。例如，维珍铁路公司（Virgin Trains）运营的英国西海岸主线（West

---

① 根据英国铁路与公路办公室官网相关铁路行业统计数据和英国国家统计局官网价格指数数据计算得出。

② 日本国土交通省鉄道：『国鉄の分割民営化から 30 年を迎えて』，https://www.mlit.go.jp/common/001242868.pdf。

Coast Main Line）等。由此可见，私有铁路公司能够持续赢利，未必是私有化提高效率的结果。

再次，在私有公司经营不佳甚至亏损的同一条线路上，国有公司的经营实现了持续赢利。从英国东海岸主线（East Coast Main Line）铁路私有化、国有化、再私有化、再国有化的过程，可以一窥国有国营与私营的效率高低。铁路私有化改革后，作为英国第二大主干线的东海岸主线铁路先后授权给两家私有公司运营，但由于多年经营效益不佳甚至出现较大亏损，2009 年，英国政府不得不把铁路收归国有，并成立国有直营铁路（Directly Operated Railway）公司运营，该公司在运营后的首个财政年度就实现了赢利，此后持续赢利。英国学者 2014 年 1 月 10 日在英国《金融时报》网站发表过一篇题为《国营的东海岸铁路成为“最有效率”铁路线》的文章，指出“英国少数国有铁路线之一的东海岸铁路的经济效益高于私有铁路”[①]。2015 年，怀有新自由主义私有化执念的英国政府再次将东海岸线路私有化，授权给向英国政府承诺缴纳更高特许经营费的私有公司运营。但私有铁路公司最终缴纳的特许经营费不仅远低于承诺的费用，还低于国有直营铁路公司所缴纳的费用，经营也陷入亏损。2017 年底，英国政府被迫收回两家公司在该条线路的特许经营权，再次将东海岸主线铁路国有化，国有铁路公司 2018—2019 年财政年度实现赢利。事实表明，铁路私有化不仅未能提高运营效率，相反，还降低了运营效率。英国东海岸主线铁路私有化、国有化、再私有化、再国有化的奇葩过程一方面用无可辩驳的事实否定了铁路私有化高效率论，否定了新自由主义私有化；另一方面也深刻反映出新自由主义对英国政府的影响何其根深蒂固。

① ［英］罗思义:《国营的东海岸铁路成为“最有效率”铁路线》，转自英国《金融时报》，观察者网，2014 年 1 月 10 日。

最后，很多资本主义国家的铁路行业仍以国有为主体，部分国家仍有部分业务国有。在德国，占据市场主体地位的铁路公司为国有的德国铁路控股公司（DB）；同样，在法国，占据市场主体地位的法国国家铁路公司（SNCF）也为国有。此外，还有澳大利亚、意大利、荷兰、瑞士等国家。与此同时，即使在铁路私有化程度较高的国家，仍有很大一部分业务是国有。例如，一贯以最大自由化、私有化和市场化标榜的美国，在私有铁路客运业务连续亏损、难以为继、濒临破产的情况下，1971 年，对部分铁路客运业务实行国有化，成立了国有的美国铁路公司（Amtrak）。目前，该公司已连续运营 50 年，财务状况逐渐改善。上述情况本身就是对铁路私有化改革的否定。

此外，铁路私有化也未必能够提升服务质量。以英国为例，铁路私有化后，除经营管理不善造成多起重大交通事故外，为获取最大利润，私有铁路公司不断提高票价，关闭停运盈利不佳线路，降低设备更新等再投资比例，造成"铁路票价高、运力不足、设备老旧、晚点严重"。英国火车票价昂贵，英国铁路员工国内出差情愿坐飞机也不愿坐火车。英国铁路设备也很老旧，"车外下大雨车里下小雨"。英国铁路与公路办公室统计数据显示，"2016 年，英国境内的火车平均服役 21 年，达到 2000 年以来的最高值"。英国北方公共政策研究所（IPPR）智库主任艾德·考克斯（Ed Cox）称，"英国的铁路系统比其他发达国家都要老旧"[①]。另一家智库研究报告称，"私有化每年带来的总成本大约 12 亿英镑，而真正的私人投资额只有这个数字的 1%。难怪欧洲其他地区主要以公营为主的铁路都要比英国便宜得多"[②]。英国火车晚点十分严重，"同一车次一次也没准点过"，"全国常有延误的铁路班次超过三分之二"。而造成列车延误

① 陆纾文：《英国铁路让民众忍无可忍》，《文汇报》2017 年 1 月 27 日。

② 《英国人 15% 的收入用来买火车票》，转自英国《卫报》，观察者网，2012 年 8 月 29 日。

的原因更是千奇百怪，“除了常见的天气因素，铁轨被偷、电线着火、信号丢失、司机迟到、中途迷路，都可以成为火车晚点的理由”[①]。

实践表明，无论是在提高经营效率，还是在提升服务质量方面，同国有铁路相比，私有铁路公司均无优势可言。因此，铁路私有化并不可行。

二、铁路私有化不仅无助于减轻财政负担，还会大大降低经济社会效益

国外铁路私有化的一个主要目标是减少政府对铁路行业尤其是对亏损线路或业务的补贴，减轻财政负担。然而，事实表明，私有资本的逐利性，即追求利润最大化的本性，决定了铁路私有化不但难以减轻财政负担，还会加重财政负担，并大大降低经济效益和社会效益。

首先，私有资本的逐利性决定了它在选择投资经营铁路线路或业务时，优先选择盈利最大的线路或业务，力避盈利不佳和亏损线路或业务。铁路私有化后，通常情况下，在多个私有资本的角逐中，实力较强的私有资本会获取盈利较大的线路或业务。而盈利较小或亏损线路的业务通常会出现三种情况：一是无法实现私有化，仍需政府补贴。例如，在日本推行铁路私有化改革过程中，北海道旅客铁道（JR 北海道）、四国旅客铁道（JR 四国）和日本货物铁道（JR 货物）三家公司，由于受人口较少、经济活动水平较低等因素的影响，客货流量较小，经营状况不佳。尤其是北海道旅客铁道公司长期处于亏损状态，没有私有公司愿意购买。至今三家公司仍无法实现原计划的私有化，虽以公司形式运

① 陆纾文：《英国铁路让民众忍无可忍》，《文汇报》2017 年 1 月 27 日。

营，但仍为日本国家全资所有，需要日本政府给予补贴。二是私有化后公司亏损，又重新国有化。例如，英国铁路私有化后，成立全国铁道公司（Railtrack），在发生多起重大交通事故后，该公司亏损严重，加之铁道等基础设施本身具有投资大、回报低等特点，没有私有公司愿意接手，“英国政府不得不于2002年组建路网公司接管铁路资产，重新国有化”①。三是私有化后亏损，公司以各种理由获取政府各种补贴。综上所述，铁路私有化后，一方面，原本盈利尤其是利润丰厚的线路或业务出售给了私有资本，提高了私有资本的经济效益，缩小了政府的收入来源；另一方面，亏损线路或业务仍需政府给予大量补贴。对于这种状况，英国媒体称，“英国铁路现在是吞噬公共财富的黑洞，钱全都溜进了垄断承包商的口袋里”②。

其次，私有资本的逐利性，决定了它会不惜一切代价大力降低运营成本，提高价格，最大限度提高股东分红比例，争取政府最多补贴。为降低经营成本，一些私有公司不惜牺牲铁路安全购买劣质低价的产品或服务。例如，英国铁路私有化后成立的全国铁道公司，为降低成本，购买廉价低劣的安全系统，将维护、保养等业务低价外包给私有公司等，导致多起重大交通事故发生，给社会造成重大损失。为增加收入，私有铁路公司一再提高价格，提高了广大民众的出行成本。例如，铁路私有化后，英国火车票多次提价，成为欧洲最昂贵的火车票。2012年，火车票支出就已高达英国乘客收入的15%，英国有50%的热门线路飞机票比火车票更便宜③。为获取最大收益，私有铁路公司还常常提高股东分红的利润占比，降低用于技术研发和再投资的利润占比，这不利于铁路行业

① 贾晋京：《铁路为何难以“私有化”？》，《社会观察》2011年第9期。
② 《英国人15%的收入用来买火车票》，转自英国《卫报》，观察者网，2012年8月29日。
③ 《英国人15%的收入用来买火车票》，转自英国《卫报》，观察者网，2012年8月29日。

的长远发展。此外，为增加收入，无论是长期赢利的私有公司，还是亏损的私有公司，常常以各种“合理”理由扩大支出，以争取得到政府更多补贴。

最后，私有资本的逐利性，决定了它会根据自身经济利益停运、关闭一些盈利不佳和亏损线路，从而不利于经济社会的平衡发展。停运或关闭的线路通常位于客流量小的偏远地区、农村地区，而这些地区一般为交通不便、经济社会发展相对落后的地区，民众收入水平普遍偏低，铁路是当地民众与外界加强经济社会联系的重要纽带。铁路线路的停运或关闭无疑会弱化当地民众与外界经济社会的联系，加大地区间经济社会发展的不平衡。例如，阿根廷进行铁路私有化改革后，私有公司停运、关闭了大量盈利较小和亏损的铁路线，这不仅导致阿根廷铁路行业发展严重倒退，还加剧了偏远落后地区的贫困化和社会的贫富分化。

实践表明，铁路私有化不仅无助于减轻财政负担，还会加重财政负担，降低社会效益，加大社会的不平等程度。英国进行铁路私有化改革后，政府对铁路的补贴金额在短期内略有下降，随即迅速攀升到远超私有化之前的水平，详见下图中的英国政府铁路运营补贴情况。英国政府原本希望通过铁路私有化减轻财政补贴负担，结果却适得其反。此外，根据法国著名经济学家托马斯·皮凯蒂（Thomas Piketty）在《资本与意识形态》（*Capital and Ideology*）一书中提供的相关数据，20 世纪 80 年代以来（即英国撒切尔政府私有化改革以来），英国公有资本占全部资本（包括公有资本和私人资本）的比重基本呈不断下降趋势。与此同时，英国收入不平等程度自私有化改革后呈现上升趋势，而英国经济增长率在经过私有化改革后的短期上升后，随即陷入长期的增长停滞困境。由此可见，新自由主义私有化无助于从根本上解决经济发展问题，只会加剧贫富分化，并把经济推向长期衰退。与此同时，越来越多的有识之士日益认识到铁路私有化的危害，呼吁回归国有化。英国绿党领袖、欧洲议会议员卡洛琳·卢卡斯（Caroline Lucas）发文声称，“铁路私有化是一场灾难，是再次国有化的时候了”①。

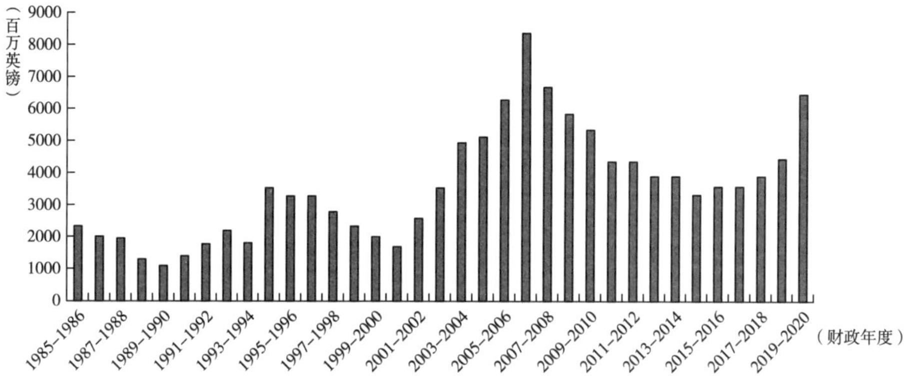

英国政府铁路运营补贴（2019—2020 年不变价格）

数据来源：Department for Transport and Office of Rail and Road, “Government Support to the Rail Industry”, https://www.gov.uk/government/statistical-data-sets/rai03-rail-finance.

三、铁路私有化本质上是新自由主义的一种表现样态

铁路私有化是一种私有化主张，而私有化是西方资产阶级右翼意识形态新自由主义自由化、私有化和市场化三大核心内容之一，也是新自由主义思想、理论体系的根本原则之一。因此，铁路私有化主张本质上是一种新自由主义价值观，铁路私有化本质上是新自由主义的一种表现

① Caroline Lucas, “Privatising the Railways was a Disaster. It’s Time to Renationalize,” *The Guardian*, 22 August, 2013.

样态，铁路私有化改革则是新自由主义在铁路行业的实践。国外铁路私有化改革实践表明，新自由主义私有化无力解决资本主义国家铁路行业出现的问题，铁路私有化改革注定是失败的。

（一）私有化主张本质上是一种新自由主义价值观

新自由主义是在资本主义经济社会发生深刻变化，并出现了社会主义实践的复杂背景下，产生并发展起来的思想、理论体系，是现代资产阶级右翼的意识形态。

20世纪20—30年代，自由竞争资本主义已逐渐过渡到垄断资本主义，与此同时，俄国十月革命胜利后，社会主义付诸实践，这些变化对资产阶级古典自由主义经济理论形成极大的挑战和压制，新自由主义就是在此背景下产生的。1920年，奥地利经济学家米塞斯（Ludwig von Mises）发文断言，“社会主义国家不可能有合理的经济计算，不可能实现资源的合理配置”①。显然，新自由主义在产生之初就将矛头直对社会主义。20世纪20年代末30年代初，资本主义世界爆发严重经济危机，古典自由主义理论遭到怀疑和否定，而主张通过扩大政府支出解决有效需求不足的以凯恩斯主义为代表的国家干预主义开始盛行，并占据主流地位长达40年之久。由于新自由主义的保守立场及其不合时宜的极端政策主张，它长期受到冷落，处于非主流地位。

20世纪70年代，随着资本主义社会基本矛盾的加剧，主要资本主义国家陷入高通胀、高失业、低经济增长的滞胀困境，奉行国家干预的凯恩斯主义对此束手无策，鼓吹自由化、私有化、市场化的新自由主义取代凯恩斯主义上升到主流地位。1979年英国首相撒切尔夫人和1981

---

① 吴易风：《略论新自由主义及其影响》，《当代世界与社会主义》2004年第2期。

年美国总统里根先后上台，开始大力推行新自由主义政策，极力减少政府干预，大规模推行私有化改革，并在全球掀起私有化浪潮，至今仍余波未平。

新自由主义发展至今已有百年，新自由主义学派众多，理论体系庞杂。影响最大的是伦敦学派、货币学派和新古典宏观经济学派。其中，尤以哈耶克（Friedrich August von Hayek）的影响为最，他是伦敦学派主要代表人物，同时也是新奥地利学派和芝加哥学派的核心成员。哈耶克极力主张自由化，认为自由是效率的前提，私有制则是自由的前提，而市场经济是实现自由的最有效途径，是保证自由的自然秩序。因此，哈耶克也极力主张私有化和市场化，反对任何形式的社会主义和经济计划等，认为这些属于人为构建的秩序，会给人类带来灾难。在反对社会主义方面，哈耶克和他的老师米塞斯可谓一脉相承。哈耶克的理论观点成为新自由主义诸多学派的主要思想来源。自由化、私有化和市场化成为新自由主义思想、理论体系的三大原则。因此，从这一意义上讲，私有化主张本质上就是一种新自由主义价值观。

从新自由主义的产生、发展历程看，新自由主义既是对社会主义的极化反应，也是对凯恩斯主义的极化反应。一方面，面对实践中的社会主义，西方资产阶级惶恐不安，迫切需要建立不同的思想理论反对社会主义；另一方面，面对资本主义经济危机，在不改变资本主义生产资料私有制的条件下，西方资产阶级黔驴技穷，极易走向束手无策的凯恩斯主义的反面，从而主张推行自由化、私有化和市场化。然而，在资本主义体系内，无论是凯恩斯主义，还是新自由主义，都不可能解决资本主义的基本矛盾，也无法解决资本主义经济社会发展的停滞问题。新自由主义私有化，只会推动越来越多的生产资料等私有化，不断加剧资本主义的基本矛盾。因此，新自由主义私有化注定是失败的。

（二）新自由主义"华盛顿共识"的本质与危害

20世纪80年代以来，新自由主义逐渐由理论转向"政治化、国家意识形态化"[①]，其标志性事件为1990年达成的"华盛顿共识"。"华盛顿共识"的核心是推行最大限度的私有化、自由化和市场化。"华盛顿共识"要求所有想融入全球化的国家（实际上主要是发展中国家）必须实行国企私有化、国际自由化（贸易自由化，放松外资限制，开放商品、资本市场）和市场化（利率市场化、汇率市场化、放松政府管制等）。就其本质看，国有企业私有化不过是主要发达资本主义国家私有垄断资本削弱发展中国家尤其是社会主义国家独立自主发展本国经济的国有经济力量，廉价获取其优质国有资源以占为私有（自身私有或其代理人私有）的过程；国际自由化不过是发达资本主义国家跨国资本无障碍地进出他国获取利润的自由；国内市场化不过是发达资本主义国家私有垄断资本不断获取有定价权的市场的过程。"华盛顿共识"旨在向社会主义国家渗透新自由主义意识形态以诱导其"和平演变"，同时向发展中国家灌输新自由主义意识形态以推行其新殖民主义。

美国新自由主义经济学家杰弗里·萨克斯（Jeffrey Sachs）针对俄罗斯的"休克疗法"改革方案以及挪威新自由主义经济学家伊萨克森（Arne Jon Isachsen）等针对俄罗斯和其他东欧国家提出的私有化政策建议就是"华盛顿共识"的具体应用。新自由主义"华盛顿共识"推动俄罗斯和其他东欧国家迅速走向全面资本主义化。然而，新自由主义私有化并没有带来预期的经济效益的提升、经济的快速发展、人民收入水平的提高。相反，它给俄罗斯和其他东欧国家的人民带来了巨大灾难，

---

① 中国社会科学院"新自由主义研究"课题组：《新自由主义研究》，《马克思主义研究》2003年第6期。

私有化之后的俄罗斯和其他东欧国家经济发展严重倒退，社会严重两极分化，人民生活水平急速下降。此外，萨克斯等人还为中国制订了私有化方案。该方案提出，要通过“产权清晰化”，使中国国有企业“私有化”“股份化”。萨克斯等人指出，“中国私有化方案与俄罗斯私有化方案的主要区别仅在于：俄罗斯私有化是‘突变式私有化’，中国私有化是‘渐进式私有化’”①。

虽然新自由主义私有化主张至今在我国也没有达到其预期目的，但是，国内的确出现了形形色色的私有化论调，铁路私有化就是其中之一。铁路私有化是一种私有化主张，而私有化是新自由主义思想、理论体系的三大原则之一，是新自由主义“华盛顿共识”三大核心内容之一。铁路私有化既不是什么新理论，也不是什么新观点，而是西方资产阶级右翼意识形态新自由主义的一种表现样态。因此，我们要警惕新自由主义，警惕“华盛顿共识”，警惕包括铁路私有化在内的各种私有化论调。

（三）铁路私有化改革是新自由主义私有化在铁路行业的实践

作为新自由主义的一种表现样态，铁路私有化并没有仅仅停留在思想理论层面，还被多国政府推向了经济社会实践。

20 世纪 70 年代，资本主义经济进入萧条期和危机期，信奉新自由主义的政府陆续推行私有化改革，并逐渐将之扩展到铁路领域。一方面，信奉新自由主义的政府希望通过铁路私有化，减少政府干预，推动铁路行业自由化、市场化，同时甩掉对铁路行业的补贴负担，减轻财政

---

① 吴易风：《略论新自由主义及其影响》，《当代世界与社会主义》2004 年第 2 期。

压力；另一方面，信奉新自由主义的政府希望通过铁路私有化提高私有铁路公司的经营效率，增加税收，同时通过铁路私有化出售铁路国有资产来直接增加财政收入，缓解财政压力。英国最为典型。1979 年撒切尔夫人上台后，面临经济衰退，1980 年英国经济增长率为 –2.1%[①]。为缓解经济压力，受哈耶克、弗里德曼（Milton Friedman）等的新自由主义思想理论影响，英国开始大规模推行国有企业私有化改革，从钢铁、石油等竞争性行业，扩展到电信、电力、自来水等自然垄断性的公共事业部门。梅杰上台后，进一步将私有化扩展到多年亏损、需要政府补贴维持运营的铁路行业，并于 1997 年彻底完成铁路私有化改革。20 世纪 80 年代，日本国铁投资新干线造成巨额负债，饱受诟病，加之国铁多年亏损，政府财政压力加大。为改变这一现状，受撒切尔和里根新自由主义改革的影响[②]，1987 年，日本推行铁路私有化改革，将盈利较大的线路逐步私有化。20 世纪 80 年代，阿根廷经济衰退，政府债台高筑，经济压力增大，国有铁路又连年亏损，为改变这一状况，信奉新自由主义"华盛顿共识"的梅内姆（Carlos Saúl Menem）总统在世界银行等国际机构的指导下推行了铁路私有化改革。由此可见，铁路私有化成为资产阶级政府解决国内经济问题、减轻财政压力的工具。作为私有资本获取最大利润并维护统治的工具，资产阶级政府日益从古典自由主义私有资本的"守夜人"演变为新自由主义私有资本的"仆人"。

信奉新自由主义的英国、日本和阿根廷政府希望通过铁路私有化提高铁路经营效率，提高经济效益，同时减轻财政负担。然而，事与愿违。经过 20 多年的私有化改革，英国铁路陷入重大亏损，2020 年 9 月

---

① Office for National Statistics, "Gross Domestic Product: Year on Year Growth: CVM SA %", https://www.ons.gov.uk/economy/grossdomesticproductgdp/timeseries/ihyp/pn2.

② ［日］野口悠纪雄：《战后日本经济史》，张玲译，民主与建设出版社 2018 年版，第 187—188 页。

21 日，英国政府宣布，终止铁路特许运营权模式的铁路私有化改革，这宣告了英国铁路私有化改革的失败。而早在 2015 年，阿根廷政府就宣布铁路全部国有化。被标榜为成功典范的日本铁路私有化改革，只是盈利线路的私有化，这一模式并不能说明铁路私有化改革的成功。因此，从实践上看，铁路私有化改革是失败的，即新自由主义在铁路行业的实践是失败的。

虽然铁路私有化改革以失败告终，但是，新自由主义仍以各种方式以各种表现样态在世界传播。受其影响，铁路私有化改革仍会在某些国家推行。例如，为缓解当前国内经济压力，尽管遭到了民众的强烈反对，印度莫迪政府还是准备推动本国铁路私有化。新自由主义影响之大，由此可见一斑。因此，我们要始终警惕新自由主义，警惕新自由主义对思想理论、意识形态、经济社会实践、媒体舆论、法律制度等各个层面的渗透。

四、以国有为主体的中国铁路[①]取得了伟大成就

在中国共产党领导下，以国有为主体的中国铁路始终以人民为中心，无论是在路网规模上，还是技术水平上，均取得了举世瞩目的成就。与此同时，中国铁路运输生产能力快速增长，有力地促进了经济社会的发展，取得了显著的经济效益和巨大的社会效益。

---

① 中国铁路（统计范围不含港澳台）基本为国有，其中，主体部分为中国国家铁路集团所有，其余为地方国有和其他国有企业所有；合资企业中的私有部分占比很低。当前，以国有为主体的中国铁路基本为公司化经营，国有经营一说逐渐淡出。

中国的路网规模位居世界前列。根据相关数据，截至2020年，全国铁路营业里程14.63万公里，位居世界第二；复线率59.5%，电化率72.8%，均位居世界首位。西部地区铁路营业里程5.9万公里。国家铁路营业里程12.8万公里，复线率61.6%，电化率74.9%。中国高铁发展迅速，从2004年无一寸高铁，从引进、消化、吸收再创新到自主创新，中国高铁现在已经领跑世界。2020年高铁运营里程达3.8万公里，位居世界首位。目前，在2017年完成的“四纵四横”高铁网基础上，“八纵八横”高铁网正在加密成型。

中国铁路总体技术水平已迈入世界先进行列，高速、高原、高寒、重载铁路技术已达到世界领先水平，智能高铁技术创新实现重大突破，智能高铁技术正逐步实现全面自主化，自主研制的复兴号高速列车成功实现时速350公里的商业运营、智能型复兴号高速列车在世界上首次实现时速350公里自动驾驶功能，中国高铁从世界铁路发展的追赶者成为了引领者。英国学者希瑟·麦格雷戈（Heather McGregor）2019年10月27日在《星期日泰晤士报》（*The Sunday Times*）网站发文感叹中英铁路在速度等方面的巨大反差，指出，“如果英国的火车效率能有一点点像中国也好”①。这既是对中国铁路效率和服务质量的极大肯定，也是对中国高铁技术的高度赞誉。

中国的铁路运输能力和运输效率位居世界首位。根据世界银行和中国国家统计局的相关数据，当前，无论是客运周转量，还是货运周转量，中国铁路均位居世界首位。20世纪80年代初，中国铁路客运周转量低于印度和日本；2008年之前，中国铁路货运周转量一直低于美国；

① 《英学者感叹中英铁路巨大反差：“我太喜欢从上海到北京的高铁了”》，http://www.cankaoxiaoxi.com/china/20191029/2394073.shtml。

近年，随着中国铁路运输生产的快速增长，中国与世界铁路运输大国的距离不断缩小，并最终超越这些国家。在铁路运输能力快速增长的同时，中国铁路的运输效率也在不断提升。早在 2009 年，“中国铁路以占世界铁路 6% 的营业里程完成了世界铁路 25% 的工作量，运输效率世界第一”[①]。

中国铁路取得了显著的经济效益。鼓吹铁路私有化者认为国有铁路产权不清晰，效率低下，进行私有化改革可以提高经营效率和经济效益。近年来，国有中国国铁集团（原中国铁路总公司）在偿还高额债务的同时整体上实现了持续赢利（2020 年受疫情影响亏损）。具体到各项业务，客运业务总体亏损，其中，客流量大的线路基本赢利。例如，客流量大的京沪高铁已成为全球最为盈利的铁路，客流量小的西部多条线路尤其是偏远落后地区的线路基本常年亏损；货运业务基本赢利，其中盈利最大的为大秦铁路；投资、科研、设计等非运输业务基本赢利，例如，中国国铁集团下属的中国铁路投资有限公司、中国铁道科学研究院集团有限公司、中国铁路设计集团有限公司等获得了大小不等的盈利。而推行铁路私有化的英国，在政府补贴远超国有时期的情况下，近年来，铁路行业整体陷入亏损状态。即使仅用“新自由主义”所谓的经济效益标准来衡量国有铁路与私有铁路的运营效率，孰高孰低也一目了然。

中国铁路取得了巨大的社会效益。中国铁路与西方私有铁路的最大区别是，中国铁路始终以人民为中心，西方私有铁路以自身利润最大化为最终目标。中国铁路不仅关注自身经济效益，更关注人民的利益，关

---

① 《中国铁路营业里程已达 8 万公里　运输效率世界第一》，http://www.gov.cn/jrzg/2009-08/12/content_1389375.htm。

注社会效益，关注铁路行业对整个经济社会的影响。马克思指出："缩短流通时间的主要方法是改进交通。"[①] 中国铁路的快速发展，中国铁路运输生产的快速增长，大大缩短了商品流通时间，加快了资本周转速度，提高了整个社会的经济效益。中国铁路尤其是高铁的快速发展，拓展了人口流动的范围，扩大了人口流动的规模，促进了劳动力生产要素的有效配置，推动了经济社会的发展。中国铁路的快速发展为国防、三农物资、抗震救灾、国家重点物资等公益性项目提供了坚实有力的保障，促进了经济社会的健康稳定发展。中国铁路尤其是高铁的快速发展还促进了国际铁路项目合作、国际商贸合作、国际能源合作等，提升了中国的国际经济政治影响力。此外，中国铁路也为脱贫攻坚作出了重大贡献，有力地推动了经济社会的平衡发展。以国有为主体的中国铁路始终以人民利益为中心，中国铁路有多条线路，尤其是西部山区等偏远落后地区的线路，常年亏损运营。例如，已建成的青藏铁路和在建的川藏铁路，均为投资巨大而明知亏损的项目；普速铁路客运价格多年未变，贫困山区的慢火车公益项目常年亏损运营，如运行超过 50 年票价未涨，穿越大凉山区的 5633/4 次扶贫慢火车；等等。这充分彰显了社会主义制度的巨大优越性。

当前，无论是线路规模，铁路总体技术水平，还是铁路运输生产能力和运输效率，中国铁路均位于世界前列。与此同时，中国铁路还取得了显著的经济效益和巨大的社会效益。以国有为主体的中国铁路取得的伟大成就，是对铁路私有化论调最有力的否定和批判。

---

① 《资本论》第 3 卷，人民出版社 2004 年版，第 84 页。

五、结语

铁路私有化论既不是什么新理论，也不是什么新观点。铁路私有化本质上是西方新自由主义的一种表现样态，是新自由主义私有化在铁路行业的展现。铁路私有化改革是新自由主义私有化在铁路行业的实践。西方国家铁路私有化改革实践表明，铁路私有化未必能够提高经营效率、提高经济效益、提升服务质量；铁路私有化不仅无助于减轻财政负担，还会加重财政负担，大大降低经济社会效益，加大经济社会发展不平衡，加剧社会贫富分化，并将经济推向衰退。西方国家铁路私有化改革的失败表明，新自由主义私有化无力解决资本主义国家铁路行业出现的问题，铁路私有化行不通。与此同时，以国有为主体的中国铁路取得了伟大的成就，取得了显著的经济效益和巨大的社会效益，充分彰显了社会主义制度的巨大优越性。西方国家铁路私有化改革的失败，在实践上验证了新自由主义私有化的不可行；而以国有为主体的中国铁路取得的伟大成就，则在实践上证明了国有铁路的高效。无论是国外铁路私有化改革的失败，还是以国有为主体的中国铁路取得的伟大成就，均以无可争辩的事实对新自由主义私有化作出了最有力的批判。

习近平总书记明确指出：“如果我们用西方资本主义价值体系来剪裁我们的实践，用西方资本主义评价体系来衡量我国发展，符合西方标准就行，不符合西方标准就是落后的陈旧的，就要批判、攻击，那后果不堪设想！”① 这既是忠告，也是警示。我们不要忘记，新自由主义私有化给俄罗斯和其他东欧国家的人民带来的巨大灾难；不要忘记，新自由

① 习近平：《在全国党校工作会议上的讲话》，人民出版社 2016 年版，第 9 页。

主义私有化将拉美国家的人民推进经济崩溃和社会动荡的深渊。新自由主义代表人物哈耶克认为，人为构建的社会主义会给人类带来灾难。然而，多国的新自由主义实践表明，给人类带来灾难的不是社会主义，而是哈耶克所推崇的新自由主义。因此，我们要警惕用西方资产阶级新自由主义价值观裁剪我国实践，用西方资产阶级新自由主义评价体系来衡量我国发展，警惕新自由主义陷阱，警惕各种铁路私有化论，同时要坚定不移地坚持我国铁路以国有为主体的发展方向，深化铁路行业改革，进一步提高我国铁路行业运营效率，提升服务质量。

推动新时代农业合作化，需要发扬高举旗帜敢于担当的精神
——烟台实践的启示*

江　宇[①]　李　玲[②]　徐俊忠[③]

2017年以来，中共山东省烟台市委组织部坚决落实习近平总书记关于“党管农村工作是我们的传统”[④]“走好农业合作化道路”的重要指示，在市委支持下，主动走上乡村振兴主战场，创造性地提出“党支部领办合作社”，率先探索在整个地市范围发展壮大农村集体经济，走出了一条依靠党的领导推动乡村振兴、走向共同富裕的道路。近年来，“烟台经验”

---

* 本文系中央马克思主义理论研究和建设工程重大委托课题“新时代重大战略机遇期相关问题研究”（2019MZD031）的阶段性成果。

① 江宇，国务院发展研究中心宏观部研究员。

② 李玲，北京大学国家发展研究院教授。

③ 徐俊忠，中山大学哲学系教授。

④ 《加大推进新形势下农村改革力度促进农业基础稳固农民安居乐业》，《人民日报》2016年4月29日。

在全国产生了较大影响,《求是》《人民日报》等多家媒体进行了专门报道。许多农村干部和专家学者认为，烟台的探索来之不易、振奋人心，是落实习近平总书记关于乡村振兴重要指示的地方样板。迄今山东省内外已有1.8万多人次到烟台学习。

为什么烟台能率先走出一条特色农业合作化道路并在全国产生一定影响？根本原因在于有一批牢固树立“四个意识”、坚定“四个自信”、做到“两个维护”、传承红色基因、敢举旗帜、担当作为的优秀干部。在烟台调研时，我们亲身感受到，烟台组织系统和广大农村基层干部有坚定的共产主义远大理想，对习近平总书记关于走农业合作化道路的讲话领会深刻，说起农业合作化和集体经济如数家珍，对坚持走农业合作化道路充满信心。这样一支具有远大理想、敢闯敢试、精神饱满的基层党员干部队伍，是烟台能够在新时代农业合作化道路上取得突破的关键因素。他们的经验充分证明，政治路线确定之后，干部就是决定性因素。实现乡村振兴和共同富裕，必须造就一支自觉带领群众走合作化道路的高素质干部队伍。

一、烟台“党支部领办合作社”是新时代农业合作化道路的创新探索

2017年以来，在中共烟台市委领导下，市委组织部提出并在全市推广“党支部领办合作社”。截至2020年底，这一模式已覆盖全市3045个村，占比达到47.3%。据不完全统计，“党支部领办合作社”带动全市村级集体收入增加3.9亿元，群众增收超过5亿元，使广大农户尤其是贫困户获得了巨大收益。在“党支部领办合作社”过程中，基层党组织一

呼百应，党员干部精神抖擞，群众集体主义意识增强，人才从城市回流，村庄呈现蓬勃生机。比照全国其他地区的情况，烟台的农业合作化实践有四个重要突破。

一是率先探索组织部门主导，把党的领导贯穿于乡村振兴实践全过程。党管农村工作，是我们党的优良传统。中共烟台市委组织部主动作为，走上乡村振兴主战场，把党的领导贯穿于乡村振兴实践的全过程，发挥党的思想、政治、组织、制度优势，确保合作社“姓公不姓私”，促进了共同富裕，也夺回和巩固了一度被宗教、宗族、宗派势力影响的农村基层阵地。

二是率先实现全域覆盖，把发展壮大集体经济由“星星之火”引向燎原之势。改革开放以来，我国先后涌现出滕头村、华西村、南街村等集体经济强村，但这对于集体经济的发展来说，仍属“星星之火”，没有形成燎原之势。烟台在全市推广“党支部领办合作社”，填补了农业合作社地区化、规模化的空白，用事实证明发展壮大集体经济不是特殊的“个案”，完全可以大面积复制推广。

三是率先建章立制，形成了实现共同富裕的制度体系。实现共同富裕从根本上要靠制度。烟台市、县、乡三级初步形成了一套支持集体经济发展的制度体系，涉及干部选拔、产业选择、资金支持、收益分配、民主管理、风险防控与社会资本合作等方方面面，用制度保障农村集体经济组织既规范运行，又充满活力。较早开展“党支部领办合作社”的东院头村，2019 年每亩地可分红 5050 元，远超过简单流转土地每亩 500 元左右的收入，使广大农民充分享受到产业增值带来的实惠。

四是率先走群众路线，找到了重新唤起群众集体意识的办法。农村利益关系复杂，不少群众缺乏集体意识。烟台市没有采取“下指标”“一刀切”的办法，而是通过深入细致地做思想工作，向各级干部和群众宣讲习近平总书记关于“发展新型集体经济”“走农业合作化道路”的重要指示，通过干部带头、典型示范等方式，让群众充分认识到“组织起来”的好处，主动走上合作化道路。

二、从六个侧面看烟台的农业合作化道路为什么能够取得成功

20世纪90年代，一些专家学者就提出要深入研究如何在市场经济条件下发展壮大集体经济的重大课题。然而，在实践中，发展壮大集体经济面临不少困难。在思想上，一些干部群众对发展壮大集体经济的意义认识不够，甚至担心“走回头路”；同时，主张土地私有化、资本下乡跑马圈地的思想也有不小的影响。在实践中，一些群众集体意识淡漠，部分基层党组织软弱涣散，甚至被黑恶势力控制，农村利益关系复杂，发展集体经济缺乏有力的政策支持。

那么，为什么烟台能够率先克服这些困难，在农业合作化道路上取得重大突破呢？带着这样的问题，我们从2019年到2020年多次赴烟台调研，走访了九个区（市）的30多个村，与100多位当地基层干部和群众进行了座谈，了解了自2017年以来烟台市委组织部推动“党支部领办合作社”的全过程。经过实地调研，我们得出这样的结论：烟台广大基层干部始终坚持正确的政治方向、真学真信真用习近平新时代中国特色社会主义思想、敢于担当作为，这是他们坚定不移走农业合作化和共同富裕道路并取得显著成绩的根本原因。

（一）为什么组织部门知难而进、主动承担推动农村集体经济发展工作

过去，领导发展农村集体经济并不是组织部门的职责，甚至一度受“党政分开”思想的影响，农村党组织领导集体经济的职能弱化虚化，党的建设和发展经济形成“两张皮”。2017 年 3 月，时任中共烟台市委组织部部长的于涛在对农村实际情况深入调研后提出：“农村集体经济空壳，党的执政基础就会空壳。发展壮大集体经济不仅是经济问题，也是重大的政治问题。”“乡村振兴是全党的共同责任，每个部门都要找准位置、为党分忧。”“抓集体经济就是组织部分内之事，基层党组织不带领群众发展集体经济就是失职。”在市委组织部带动下，全市组织部门打破“各扫门前雪”的思维定式，克服畏难情绪，主动担当补位，扛起推动农村集体经济发展的政治责任。在具体推动工作过程中，市委组织部主动与农业农村、财政、国土、供销、金融等部门密切协作，形成了“党支部领办合作社”强有力的组织领导力量，真正落实了习近平总书记提出的“党管农村工作是我们的传统，这个传统不能丢”[①]的基本要求。

（二）为什么在半年时间里，干部群众对于农业合作化道路的态度从众说纷纭转变为思想高度统一

发展壮大集体经济，首先要过的是干部的“思想关”。最初，同全国大多数地区一样，烟台对于农村要不要走合作化道路、发展壮大集体经济也有犹豫，集体经济“低效论”“过时论”“不好抓论”等束缚了各级干部的思想。2017 年初，市委组织部抓住“两学一做”的契机，要求全

① 《加大推进新形势下农村改革力度促进农业基础稳固农民安居乐业》，《人民日报》2016 年 4 月 29 日。

市组织系统和乡镇、村党支部书记认真研学习近平总书记关于“合作社是发展方向”“发展新型集体经济”等重要指示，逐个动员县委书记、组织部部长和乡镇党委书记，各级干部深入群众做细致的思想和宣传工作。经过半年的大动员、大讨论，烟台上下形成了学合作社、办合作社的热烈景象，广大干部群众深刻认识到：“党支部领办合作社”是加强农村基层党建的现实要求，是重建基层党组织同群众的密切联系和促进集体意识回归的必然要求。在统一思想的基础上，农业合作化逐步开始试点推广，从 2017 年的 11 个试点村到 2018 年的百村示范、2019 年的千村覆盖，再到 2020 年的巩固提升，全市上下形成了千帆竞发、你追我赶的实践局面。

（三）农村基层丢失的阵地是怎样夺回来并得到进一步巩固加强的

2017 年推动“党支部领办合作社”之前，烟台个别地区也存在农村基层政权被宗教、宗族、宗派势力控制的情况，党支部领导作用弱化，党组织不如村委会，甚至不如个别“大户”有影响力。如何夺回丢失和被削弱的阵地？烟台市委组织部从“党支部领办合作社”入手，把重构农村基层政治生态和发展集体经济结合起来。2017 年，抓住村“两委”换届契机，中共烟台市委把政治标准作为第一关，切实加强农村基层组织建设。市委组织部提前介入村党支部换届，通过县乡村“三级联审”，取消了 770 个有黑恶背景的自荐人资格，坚决避免“恶人治村”，在烟台历史上首次实现了所有村“两委”全部成功换届，信访量比上一次换届减少 46%。在此基础上，再通过“党支部领办合作社”，重构集体和个人之间的利益联系。同时，破除“集体经济带头人可遇不可求”的迷信，构建了相对完善的乡村干部选拔培养体系。经过努力，党组织唱主角、站前台，开展工作有了抓手；群众有了集体观念，认识到组织起来更有力量，像石榴籽一样凝聚在党组织周围，夯实了党的执政基础，夺回了阵地。

（四）如何用好群众路线这个法宝，引导群众增强集体意识、主动组织起来

习近平总书记指出："要尊重农民意愿""不能搞强迫命令，不能搞行政瞎指挥。"[①] 当前，一方面，农业农村发展客观上需要提高组织化、专业化、合作化程度；另一方面，包产到户已经实施多年，相当一部分群众的集体意识淡化，再加上过去一些合作社往往由少数"大户"主导，大多数农民没有获得好处，导致一些群众最初对党支部领办的合作社也不理解、有疑虑。如何既引导广大农民树立集体意识、走合作化道路，又避免强迫命令"大呼隆"？中共烟台市委组织部回答了这一难题，那就是用好党的群众路线这个法宝，从群众中来，到群众中去。广大干部在田间地头、大棚农舍给群众宣讲习近平总书记关于推动农业合作化的重要指示，村干部带头入社，给群众算明白账，让群众认识到"组织起来"才能使自己最大受益，自觉自愿地加入合作社。正是因为走群众路线，烟台做到了在发展集体合作社过程中，不定指标、不搞突击、不搞"大呼隆"、不搞行政命令，而是成熟一个、成立一个，确保每个合作社的成立、每位社员的入社，都是主动和自愿的。这充分证明，"组织起来"的巨大动力蕴含在群众当中，只有走群众路线，才能把这种动力发掘出来，让集体经济行稳致远。

---

① 《习近平主持召开中央全面深化改革领导小组第五次会议》，http://cpc.people.com.cn/n/2014/0930/c64094-25763751.html。

（五）如何传承和激活红色基因，推动火热的现实斗争

烟台既是沿海开放城市，也是革命老区。我们在烟台调研时深切感受到，烟台的党建工作处处注重传承红色基因，选拔干部时重视考核思想政治素质和理想信念。那些坚持发展集体经济的干部，对于党的历史和新中国农业合作化的历史都比较了解，对在农村坚持社会主义道路有坚定的信念。有的村支书用河北遵化“穷棒子社”“三条驴腿闹革命”的例子激励自己。有的村支书说：“如果搞土地私有化，那么2000多万革命烈士的鲜血不就白流了吗？不走共同富裕的道路，这些先烈会答应吗？”有的村支书说：“我也曾有机会把集体企业改制给自己，但想来想去，觉得不该这么做。党的十八大之后，党风焕然一新，我觉得我的选择是对的。”这些话让我们感到，烟台之所以能够走出“党支部领办合作社”的道路，是同市委组织部重视用党的历史教育干部、传承红色基因分不开的，这为走农业合作化道路提供了强大思想动力。

（六）这样的干部为什么受到群众欢迎

新中国成立以来农业合作化的发展，离不开王国藩、李顺达、陈永贵、吴仁宝、史来贺等典型带头人的引领。在中国特色社会主义进入新时代的今天，在烟台“党支部领办合作社”的实践过程中，也涌现出一大批信念坚定、敢于斗争的优秀基层干部，得到了人民群众的信任和支持。

广大村党支部书记冲在领办合作社的第一线。柞岚头村党支部书记史日成带病工作，牺牲在工作岗位。大解家村党支部书记徐卫兵、引驾夼村党支部书记栾建军、衣家黄口村党支部书记衣起运等，为了流转土地成片连方，甘愿放弃自家的产业和果园。还有许多党支部书记个人垫

资作为合作社的启动资金。

中共烟台市委组织部是“党支部领办合作社”这一新探索的主要发起者。烟台市委组织部之所以能够在市委支持下开创性地走出一条“党支部领办合作社”的道路，是同广大党员干部具有坚定的理想信念和顽强的斗争精神分不开的。烟台市委组织部明确要求，每开展一项工作，都要首先学习习近平总书记有关重要论述。通过学习，广大干部进一步坚定了共产主义信仰，旗帜鲜明地坚持和捍卫信仰。他们利用党课、调研、会议以及业余时间开设个人微信公众号等多种方式，宣传马克思主义和习近平新时代中国特色社会主义思想，以此推动工作、带动其他干部。中共烟台市委组织部要求干部“做一件事之前，必须在理论上思考清楚”。在推动“党支部领办合作社”过程中，善于从党史国史中举例子教育干部群众，用政治经济学原理教育干部群众，从讲政治的高度认识集体经济的本质，批评“有的干部对西方经济学奉若圭臬，就是不会用习近平新时代中国特色社会主义思想来看问题，不会用政治经济学来看问题”。面对创办合作社过程中出现的种种不同观点，市委组织部强调：“我们党执政的根本目标是为了实现共同富裕。”组织系统干部善于走群众路线，经常在周末自己开车到农村，察民情、摸实情，和基层群众交朋友，许多村党支部书记可以随时给市委组织部领导打电话、发信息，这种作风影响和带动了烟台许多基层干部，为走好农业合作化道路提供了组织保障。

烟台的农业合作化道路取得了明显成效，得到了当地干部群众的极大认可。被《求是》杂志报道过的“当代愚公”、衣家村党支部书记衣元良说：“我们农村不该穷，我们有爱农村、爱农民的好领导。”莱州市田家村经过“党支部领办合作社”，从莱州最乱的村变成最安定团结的村，村委会主任杨春华说：“三年前上任时，村民对干部大打出手，俺娘哭了多少回。现在全村政通人和，干部到村民家要碗水喝，他恨不得给你熬碗汤。我和我娘最热门的话题就是，谁也没想到田家村会干成这样。感谢烟台市委组织部推动‘党支部领办合作社’，给田家村创造了由乱到治、由贫到富的局面。”

烟台的广大基层干部是党的十八大以来千千万万基层干部的缩影。党的十八大以来，全党高举习近平新时代中国特色社会主义思想伟大旗帜，大力加强农业农村建设，始终坚持农村集体土地所有制，坚持正确的改革方向，使广大基层干部备受鼓舞，涌现出一大批坚定做到“两个维护”、坚持中国特色社会主义方向的好干部，使基层的面貌发生了历史性变化。

三、启示和思考

我们已经踏上第二个百年奋斗目标的新征程。在这一时代背景下，党中央把乡村振兴作为一个重要任务来抓，这既是加快形成国内大循环为主体、国内国际双循环相互促进的新发展格局的必然要求，也是缩小城乡差距、实现共同富裕的必然要求，烟台的经验值得深入研究和积极推广。

（一）真学真信真用习近平新时代中国特色社会主义思想，增强“四个意识”、坚定“四个自信”、做到“两个维护”，是实现乡村振兴的根本保证

调研中我们发现，不论是烟台各级组织部门的干部，还是农村的广大干部群众，讲得最多的就是党的十八大以来习近平总书记关于乡村振兴的一系列重要讲话，记得最牢的就是习近平总书记关于“不忘初心、牢记使命”的嘱托。他们说：“只要认真读过总书记的重要讲话，脑子

里就有了乡村振兴的顶层设计，烟台就是在不折不扣地落实总书记的讲话精神。”烟台农业合作化探索取得的成绩表明，只要坚定不移遵循习近平总书记的指示，牢固树立“四个意识”，坚定“四个自信”，做到“两个维护”，农业合作化就能沿着正确道路不断攻坚克难，农村农民一定能够面貌一新。这是总结烟台探索实践得出的最重要经验。

（二）支持烟台在新时代农业合作化道路上继续探索，充分发挥其示范带动作用

当前，从全国来看，如何按照习近平总书记的要求因地制宜走好农业合作化道路，还有大量理论和实践问题需要探索和回答。社会上对发展壮大集体经济还有一些不同看法，甚至主张土地私有化、认为市场经济和集体经济相矛盾等观点的影响还比较大。在这种情况下，烟台的大胆探索及其取得的重要突破尤其难得。建议支持烟台在现有基础上继续大踏步前进，给予更大先行先试权限，在进一步扩大合作社规模层次、兴办“三位一体”农村新型合作体系、促进城乡大循环等方面作出新的探索，充分发挥其示范和带动作用，打造新时代乡村振兴的地方样板。

（三）走新型农业合作化道路，要着力培养优秀基层干部

烟台的实践表明，走新型农业合作化道路，需要培养造就大批有理想觉悟、有经营能力的集体经济带头人，更需要培养造就大批了解农村情况、敢于担当作为、善于创造性推动乡村振兴的基层干部。建议积极推广烟台经验，在全国开展大规模干部培训，使习近平总书记关于农业合作化的重要讲话精神进一步深入人心。选拔和培养一大批新时代农业合作化带头人，建立健全选人用人机制和激励机制，带动全国形成“五级党委抓乡村振兴”的生动局面。

要高度重视新冠病毒溯源问题

王立华[①]

导致新冠肺炎疫情的病毒到底来自哪里？这是遭受“非典”和新冠肺炎两次疫灾的中国人民极为关注的重大问题，也是正在这次疫灾中苦苦挣扎的世界各国都迫切希望弄清的要害问题，还是美国刻意栽赃陷害中国的关键问题。美国不但以攻为守，反复利用新冠病毒溯源孤立打击中国，甚至公开提出巨额经济索赔。据媒体公开报道，仅在 2020 年 4—5 月，美国、印度、英国、澳大利亚等国家民间提出的索赔数额就高达近 70 万亿美元。如果让美国栽赃成功，就会有更多的国家借机提出索赔要求，那样的话，即使把整个中国都赔进去也不够，甚至成为祸及子孙的遗留问题。所以，对新冠病毒溯源问题绝不能掉以轻心，一定要认真贯彻习近平总书记的要求，本着科学原则、按科学规则推动新冠病毒的溯源工作。

---

① 王立华，昆仑策研究院副院长兼秘书长、高级研究员。

新冠肺炎疫情暴发以来，世人关注和争论的焦点主要集中在两个问题，一是病毒产生的源头，二是病毒传播的原因。

一

关于病毒产生的源头，主要有三种说法。

一是来源于蝙蝠携带的冠状病毒。武汉疫情暴发之初，武汉病毒研究所石正丽在《自然》杂志发表论文宣布，中华菊头蝠携带的冠状病毒，与导致疫情的新冠病毒同源性高达96.2%。因此，中国的蝙蝠成了新冠肺炎疫情的最大嫌犯。但在进化逻辑上有一个问题没解决，蝙蝠携带的冠状病毒并不感染人类，基因同源性只要差1%就是人和老鼠的差异，接近4%的不同更是自然进化中难以逾越的天堑，怎能仅凭基因相近就轻率下结论呢。一些人却据此认定，新冠病毒来源于中国的蝙蝠。中科院也有研究人员认为"新冠病毒的起源符合自然进化过程"，否定了非自然起源的可能性。网红医生张文宏持相同观点，但他用的是另一种逻辑，他认为，中国只有武汉最先出现这个新传染病，如果是外国传到中国来，应该是几个中国城市同时发病，而不是有时间先后，大家对新冠肺炎疫情的起源争议很大。其实，他的所谓"共识"经不起推敲，外部传入病毒为什么就不会从一个城市传入，再传到多个城市呢？2021年10月13日，世界卫生组织宣布成立新的新冠病毒溯源团队。仅过一天，《纽约时报》就报道，老挝北部森林发现新的蝙蝠冠状病毒，比新冠病毒早期毒株更厉害，并说可以推翻实验室炮制说和人为操纵说。由此可见，他们的舆论配合非常及时。

二是来源于美国实验室的病毒改造。早在2015年，美国北卡罗来纳大学教堂山分校的15人研究团队，由著名病毒学和传染病学教授拉尔夫·巴里克（Ralph Baric）带领，在《自然·医学》杂志第21卷第1508—1513页（2015年）发表的《一个类似SARS的蝙蝠冠状病毒群显示了人类出现的可能性》（A SARS–like cluster of circulating bat coronaviruses shows potential for human emergence）论文中，就非常明确地说："我们从中国马蹄蝠分离的RSSHC014–冠状序列中构建了一种编码人畜共患冠状病毒棘突蛋白的嵌合病毒，其背景是SARS冠状病毒小鼠适应的脊骨。这种杂交病毒使我们能够评估这种新的棘突蛋白引起疾病的能力，而不必依赖于其自然基础上其他必要的适应性突变。"

这说明，他们早在2015年就已经构建了一种人畜共患的嵌合病毒。此事实还有媒体视频为证。2020年9月，巴里克在接受意大利国家电视台采访时说，他可以做到"人为改造病毒却不留痕迹"。同年3月，特朗普政府战略顾问格雷格·鲁比尼（Greg Rubini）在推特（Twitter）上透露，他手中有文件能够证明美国制造了冠状病毒，是北卡罗来纳大学BSL–3实验室一种基因改造生物武器，福奇资助了实验室生产，由"影子政府"从北卡罗来纳州传播到中国、意大利和全美国，病毒就是美国制造的。

还有一个触目惊心的证据来自德国。2021年7月9日，全球最大的无形资产保险商、M·CAM国际创新风险管理公司总裁大卫·马丁（David Martin），在接受德国新冠调查委员会质询时发表证词说，从2000年初，他的公司被要求监测违反生物和化学武器条约行为，他们从公共专利档案记录中，全面审查了围绕SARS冠状病毒发布的4000多项专利，还有操纵冠状病毒研究的融资情况，发现了一个惊人的事实：导致"非典"疫情的冠状病毒SARS–COV–1，与导致新冠肺炎疫情的SARS–COV–2，都不是自然产生的，而是由美国国家过敏和传染病研究所所长福奇资助，北卡罗来纳大学教堂山分校研制，参与此事的还有美国军方和一些制药公司。巴里克研究冠状病毒长达30年，他在发表的系列论文中，不仅承认有针对冠状病毒的基因改造和“病毒增强”技术，还表示能根据病毒的基因片段培育出活生生的病毒。

病毒溯源应当把这些因素充分考虑进来，即使讲源于自然变异，也应当先把这些问题证伪，否则不能形成共识。

三是来源于武汉病毒研究所。美国栽赃中国，主要就是说病毒源头在武汉病毒研究所。据有关报道，在2013年的一次国际会议上，美国北卡罗来纳大学的巴里克了解到，武汉病毒研究所石正丽在野生蝙蝠身上发现了一种新型冠状病毒SHC014，并从她那里获取了该病毒基因测序信息，然后在北卡罗来纳大学生物实验室进行改造。前文所述2015年巴里克在《自然·医学》杂志发表的关于构建嵌合病毒的论文，石正丽也是作者之一，她在巴里克15人团队中排序最后，其贡献是“提供了SHC014棘突蛋白序列以及质粒”。但是，这项研究是在北卡罗来纳大学进行的，在石正丽提供病毒棘突蛋白序列和质粒之前，他们就进行了卓有成效的研究，他们构建的嵌合病毒也没有提供给石正丽，武汉病毒研究所又怎么可能得到这种病毒呢？

二

关于病毒传播的原因，也有三种说法。

一是食用野生动物引起病毒传播。2002年“非典”暴发时，也有专家曾言之凿凿地把疫情传播归罪于食用果子狸，但把果子狸斩尽杀绝后才知道，与果子狸没有关系。不知从什么时候开始，人们一向信任的“科学”“专业”言论，在一些人那里变成了可以不经过证实就言之凿凿的“假说”，并且一再出现严重错误也不愿意纠正。这不是科学精神的表现。在疫情暴发之初，对有些假说宁可信其有而采取措施可以理解，但在疫情之后必须找出真实的疫情原因，不能长期用假说来解释这种重大疫情。

二是美国蓄谋已久的生物战行动。这种说法的主要事实依据是，与巴里克有关联的美国德特里克堡生物实验室是美国生物武器计划研发中心，美国继承了日本731部队全部研究资料，还建立了遍布全世界的200多个生物实验室，这都是光天化日之下的生物战设施。2001年底美国退出《禁止生物武器公约》，2002年4月巴里克就申请了《产生重组冠状病毒的方法》专利，专利号7279327。按照美国法律，重组冠状病毒专利得到通过，说明它是人造的而非自然起源。这项专利获批后7个月，“非典”疫情在中国暴发。

解放军第四军医大学流行病学教授徐德忠等，针对“非典”疫情违反新发传染病流行的自然规律、“非典”病毒有不适应人类新宿主的“逆向进化”现象，以及当时有股势力极力阻碍寻求SARS-COV真实起源等问题，进行系统研究后得出结论：“非典病毒非自然起源，而是人为起源，不能排除是人制人新种病毒基因武器。”他的专著于2015年出版，却没有在国内外引起关注。

马丁在证词中说，美国和英国的专利文件证明，2015年美国国防部、英国农业部、欧盟委员会与盖茨（提供资金）合作制造了新冠病毒。新冠病毒SARS-COV-2的多项专利，是2015年11月后在美国授权，2018年这些专利又被神秘地从北卡罗来纳大学转移到美国国立卫生研究院，这意味着美国政府有权从该研究中受益。

2019年11月，在中国还没出现任何疫情迹象时，美国国家医学情报中心就对内发布警告：中国武汉将暴发新型冠状病毒疫情的大流行！还把这一消息透露给以色列，让以色列提前做好准备。2020年1月，新冠肺炎疫情在中国暴发，特朗普幸灾乐祸地说，这将“对我们有一个很好的结局”。同年 2 月他又说，疫情处于我们控制之中，一切尽在掌握中。

同年 3 月，蓬佩奥在美国国安会议上说，新冠病毒是一种新型攻击武器，体现了强大威力，在无形中极大地消耗了对手的国力，是美国 21 世纪最强大的秘密武器。同年 6 月，蓬佩奥对西点军校 2020 级军官学员演讲时说：SARS 病毒就是生化武器，前些日子流行的 SARS Ⅱ也是；为使所有部分都符合联邦法律，国防部把这项工作分解了，由许多公司和研究所分别承担这项工作的不同部分；有些负责收集天然病毒样本，有些负责设备的研发，有些负责修改基因，有些负责研究种族差异，有些负责哨兵实验室的测试，有些负责药物研发，有些负责处理负面新闻；这意味着整个工作是机密的，即使有人能把它们联想到一起，他们也会被当成疯子，不能揭露我们的真实计划。

美国国防部部长埃斯珀也说，新冠病毒在中国的实践证明，这款武器所带来的心理冲击，超过了美国现有的任何一款武器，低投入、高产出、大效益，为美国下一阶段的武器开发提供了最好的思路。

美国政客如此胆大妄为、无所忌惮，让人吃惊。对这些不打自招的供词，中国不能视而不见、听而不闻，必须以对中国人民和全人类高度负责的态度彻查，辨明真伪。

三是实验室泄漏引起传播。世界卫生组织在中国溯源的结论非常明确：新冠病毒从中国实验室泄漏极不可能。但几乎所有中国媒体的报道标题，都是《国家卫健委：“新冠病毒实验室泄漏”假说极不可能》，完全忽略了“中国”这个至关重要的主语，似乎中国实验室不可能泄漏，就等于美国实验室也不可能泄漏，就能认定实验室泄漏完全是假说。中国外交部要求世界卫生组织调查美国德特里克堡和北卡罗来纳大学实验室时，世界卫生组织驳回的理由竟是“中国强烈反对实验室泄漏论却要求调查美国的德特里克堡是矛盾的”。

事实上，新冠病毒涉嫌从美国实验室泄漏的证据极多。2019 年 6 月，美国德特里克堡基地附近暴发不明呼吸道疾病，症状跟新冠肺炎一模一样，美国政府称之为“电子烟肺炎”。同年 7 月，德特里克堡所在地马里兰州的两家养老院，突发不明原因呼吸道疾病，导致多名老人死亡，美国疾控中心发函关闭德特里克堡。同年 9 月，马里兰州报告，电子烟疾病患者增加了一倍。还是这个月，疫情开始在意大利传播，据美国世界新闻网报道，是美军通过血液合作项目将新冠病毒带到了欧洲。同年 12 月中旬，美国加利福尼亚、俄勒冈和华盛顿有 39 人血液中出现新冠病毒抗体。2020 年 1 月 1 日，美国佛罗里达州出现 171 个新冠肺炎症状患者，而此时武汉疫情尚未暴发。特朗普曾在 2020 年 5 月 15 日说，美国是 2020 年 1 月 11 日开始研发新冠病毒疫苗，中国 2020 年 1 月 12 日才完成新冠病毒基因测序并报告世界卫生组织，美国 2020 年 3 月才承认出现新冠肺炎病例，怎么能比中国更早取得毒株呢？这表明美国说了假话。在马丁的证词中，甚至讲到一个世人想都不敢想的事实：2019 年 3 月，美国莫德纳公司修改的新冠病毒专利申请，提及“故意释放呼吸道病原体必须在 2020 年 9 月之前完成”，并说这意味着美国人为制造新冠肺炎疫情的事实成立。

世界卫生组织对中国已经完成两次溯源，对美国这个病毒源头最大嫌疑国却无可奈何，甚至视若无睹。疫情暴发以来，以美国为首的西方国家推动一波波所谓“病毒溯源”，其实质是以混淆视听的方式抹黑、栽赃、陷害中国，其目的是“溯源中国”。对此，中国必须高度警惕，绝不能掉进美国主导的栽赃势力设置的陷阱。

三

建议国家尽快组织力量进行独立溯源，弄清病毒和疫情到底来自哪里，这既有利于夺取抗疫战争的最后胜利，同时掌握对敌斗争主动权。

第一，要确立科学的溯源指导思想。世界性新冠病毒和疫情的传播蔓延，至少存在三种可能。一是源于自然病毒的变异和自然传播，二是源于人工改造病毒的实验室泄漏，三是源于有计划的生物战行动。到目前为止，没有证据能够排除是美国在发动生物战，我们不能盲目地以反对“阴谋论”作茧自缚。美国最希望中国无条件地排除生物战可能，把疫情归罪于“来源于自然”的中国蝙蝠，或者直接嫁祸于中国。我们不能唯美国马首是瞻，必须对上述几种可能认真调查。

第二，要组织不同类型的溯源队伍。国家必须实施强有力的领导，专门组织病毒研究人员、疫控及相关科研人员等，运用多种科学技术和手段，从不同角度对中国和国外深入调查研究。通过科学可靠的调查结论，解释现有的种种线索和问题，确认或排除某种可能的源头，给中国人民和世界各国一个负责任的交代。

第三，要彻查多轮疫情的源头。中国第一轮疫情控制后，相继又暴发多轮疫情，暴发地包括广州、上海、北京、南京、云南、福建、河北、大连、青岛、新疆、内蒙古、黑龙江等，发现了人传人、冷链传人和病人废弃物传人等多种传播方式。从武汉疫情莫名其妙地突发，到全社会严防死守背景下依然在不同地域以不同传播方式轮流暴发，此种情况下应充分警惕人为的生物战。

第四，不能轻易改变抗疫国策。尽管有西方政客和某些专家要大家把新冠肺炎疫情看成“大号流感”，提出通过打疫苗形成“群体免疫”“与病毒长期共存”等主张。但是，美国、英国、新加坡等国的惨痛失败，以及我国无与伦比的防疫与经济双胜利，证明严格管控、动态清零、中西医结合是无比正确的抗疫国策。这一国策只能坚持和完善，不能轻易改变。要有底线思维和长远打算，适应积极防御生物战和更致命病毒的要求，运用人工智能及其相关技术，高标准建设精准的发现——预警——管控——防治系统。

第五，要推广中国的成功经验。疫情至今没看到尽头，疫苗的群体免疫作用不尽如人意，唯一被实践证明的有效办法，就是严格管控、中西医结合。对世界抗疫作出更大贡献，出钱出物不如出办法。要推动在各国、各地区交替进行中国式的封闭管控，创造困死病毒的环境，让世界早日摆脱疫灾。

新冠肺炎疫情新形势下中国农业生态安全的突出问题与对策

蒋高明[1]　宋丽丹[2]

新冠肺炎疫情至今仍在全球肆虐。中国本土确诊病例在各地时有发生，对国家、社会和家庭造成了各种负面影响。疫情的暴发有内外两方面因素，内因是病毒来源问题，外因则表现在生态环境退化与人体免疫力下降等方面。疫情还暴露了粮食安全隐患，一些粮食出口国为了自保，纷纷禁止粮食出口，一度出现了粮食囤积潮。

传统医学与现代医学的结合，是我国在短时间内控制疫情的法宝。从长期看，在病毒长期存在的预期下，只有加强生态环境保护尤其是保障农业生态系统健康，提高人体免疫力，才能在应对疫情时变被动为主动。目前，我国生态农业发展较为缓慢，亟待加强政策扶持与引导。

---

① 蒋高明，中国科学院植物研究所研究员。

② 宋丽丹，中国社会科学院马克思主义研究院副研究员。

一、我国农业生态安全的突出问题

20 世纪中叶，为了解决人口急剧增长与粮食生产之间的矛盾，必须大量生产食物，并解决与之相关的加工、储存问题，“绿色革命”应运而生。在此过程中人类发明了至少 5 万种化学物质，这些物质中除极少数是必要的外，大多数对生态系统造成了严重的污染，并通过食物链使很多人生病，形成了危及我国农业生态安全的六大问题。

（一）农业生态失衡

害虫在伤害庄稼的同时还给虫媒花植物传花授粉。高达 3 万种以上的农药，虽可暂时控制虫害，但同时消灭了害虫的天敌，又使害虫在合适的时机卷土重来。农药消灭了给植物授粉的昆虫，人类就使用催熟激素，使蔬菜水果不经授粉就膨大结果，很多有益元素已严重低于历史的最好水平。比如钙质，根据我们的研究，用化肥生产出来的小麦面粉，比用有机农业模式生产的面粉缺钙 76%，其他蔬菜、水果的缺钙现象也是非常普遍的。食物缺钙，人类就发明补钙的方法，但那些无机钙很难被人体吸收。消费者忘了一个最朴素的道理：食物补钙才是王道。

化肥中不能被土壤完全吸收的化合物，如 NO、N_2O、N_2O_5 等，摇身一变成为雾霾的前身物质，污染了大气环境，雾霾肆虐。除草剂会促进杂草进化，消灭土壤中的有益微生物，使农田板结，非常容易造成水土流失。化肥使土壤酸化，土壤中原本存在的一些重金属物质溶解出来，进入食物链。反季节种植需要大量使用地膜，地膜中含有的塑化剂等化学物质对环境污染也是非常严重的。

因环境和食物链中充斥了大量非食物成分的化学物质，以前不曾出现的怪病增多了，突出表现在儿童性早熟、抑郁病、多动症、男女不孕不育症、肥胖症、白血病、各种癌症等集中暴发。乌克兰的人体清理专家，在死亡的病人体中可以清除平均每人3—5公斤毒垢垃圾，相当于体重的4%—6%；其中铅、汞等重金属，氯、硝酸盐等药的毒垢约0.52公斤。

（二）农田生态退化

我国用占世界耕地面积不到1/10的土地生产出了世界1/4的粮食，耕地高强度、超负荷的利用，造成中低产田比例大、耕地质量退化面积大、耕地污染面积大，土壤有机质含量低（多地耕地有机质不足1%）、补充耕地等级低、基础地力低的“三大”与“三低”态势。

在我国很多地方，庄稼生产几乎全靠化肥“当家”。国际公认的化肥施用安全上限是每公顷225千克，但目前我国农用化肥每公顷面积平均施用量超过400千克，是安全上限的1.93倍，致使土壤pH值下降了0.3—0.8。我国化肥使用量一度高达5900万吨/年。化肥使用量大，利用率低，肥料没被吸收，都变成了污染。

我国的工厂化养殖动物，每年产生出大量动物肥料，但因养殖业与种植业分离等原因，这些本可成为很好有机肥来源的动物肥料并未用到应该用的地方。在我国现有的耕地中，中低产田占耕地总面积的70%，耕地退化面积占耕地总面积的40%以上；南方土壤酸化，华北平原耕层变浅，西北地区耕地盐渍化、沙化问题很突出；全国耕地土壤点位污染超标率达到19.4%，南方地表水富营养化，北方地下水硝酸盐污染，西北等地农药地膜残留较多。这样的土地质量很难支撑中华民族可持续发展的要求，甚至也很难保证当下的粮食安全。

（三）国外种业大举进驻中国

全球种子市场把持在少数跨国公司手中。全球十大种子公司除“圣尼斯”公司是墨西哥的之外，其余都分布在发达国家，如美国的孟山都、杜邦等。作物种子几乎被美国等少数公司垄断，其中孟山都在种业中的霸主地位至今无人撼动，美国几乎实现了对全球作物种子市场的绝对控制。由于作物种子被以美国为主的商业公司垄断，其他西方国家的商业资本只好从蔬菜和花卉种子入手，加大对其他国家种子市场的“殖民”力度，其中欧洲与以色列瓜分了全球蔬菜种子市场。

由于我国在防范国外资本对种业市场的入侵方面重视不足，导致中国作为全球最大的农业国变成了西方公司的“种子倾销地”。早在20世纪80年代，杜邦、孟山都、先正达等跨国公司就开始悄无声息地布局和抢占中国市场。目前，在我国注册的外资种子企业已超过了70家。国外大公司凭借其先进的科技、雄厚的资金、丰富的国际市场运作经验迅速左右了我国种子市场。在美国公司成功“打败”中国的大豆和棉花种业后，玉米和水稻种子也岌岌可危。

尤其需要引起重视的是，为巩固市场垄断地位，孟山都等跨国公司竟研发和推广转基因种子。这些种子有配套的杀虫剂和除草剂，其他作物几乎都会被杀死，而转基因作物则不会，这意味着转基因作物的农药含量必定超标，严重危害人体健康。这些农药的杀伤力巨大，对环境的危害也会更大。同时，转基因作物的基因漂移也会对自然界的生物链产生难以估量的负面影响。更进一步说，如果转基因种子在改造过程中嵌入了对特定人种有危害的基因片段，那么购买这些种子的国家将承受随时暴发的基因攻击风险。

少数公司对市场的控制，使人类种养殖的动植物品种日益单一化。农民天生就是育种专家，有了种子就有了农业自主权，农民对于种子是高度重视的。但自从有了杂交技术、转基因技术，以及以资本为主导的种子公司，这一切都发生了根本性的变化。杂交种子很难留种，转基因作物更不能留种，农民只能去购买种子公司的种子。人类驯化并保留了上万年的成千上万种的种子，就这样快速地消失。

在过去的100年间，全世界已经有超过1000个品种的家养动物灭绝。在我国，随着大型养殖场的兴起，本土禽畜品种大量消失，曾经闻名遐迩的原生北京鸭、九斤黄（鸡）、溧阳鸡、大尾寒羊等畜禽品种已经灭绝或濒临灭绝。农业品种多样性的消失，品种的单一化，都有可能是农业崩溃的前兆。

美国发动的针对中国的全方位围堵，企图阻止中华民族伟大复兴的进程，粮食尤其是种子最有可能成为美国“不战而屈人之兵”的重要武器。

（四）农业生物入侵

生物入侵始终是现代农业的棘手问题，随着基因生物技术的发展，越来越多的非传统物种入侵问题出现了。早在2011年6月，浙江舟山口岸在一船从美国进口的转基因玉米中，检测出以糙果苋为代表的七种检疫性杂草，这些杂草具有很强的抗除草剂能力，很难被草甘膦等除草剂杀死，被称为“超级杂草”。“超级杂草”正是不当使用科技酿下的苦果。转基因作物中抗除草剂的基因，通过基因漂移进入野生近缘种或近缘杂草，从而形成耐多种除草剂、具抗性的“超级杂草”。在美国，除阿拉斯加和夏威夷之外的48个州的空地或路边，随处可见“超级杂草”或其他恶性杂草，美国的防控技术也对它们束手无策，这些恶性杂草一旦在我国农田泛滥成灾，将后患无穷。

随着农产品进口的增加，我们面临的生物入侵形势也日益严峻。2020年3月16日，天津海关所属新港海关在一批美国进境燕麦种子中检出检疫性有害生物——豚草。豚草生命力极强，会抑制其他植物生长，破坏原有生态系统，造成粮食减产，甚至会导致绝收。

草地贪夜蛾入侵是当前威胁我国粮食安全的一个迫切问题。2019年1—10月，可取食76科350多种植物的草地贪夜蛾入侵了中国除东北三省以及青海和新疆外的26个省区的1538个县，对玉米等粮食作物的生产安全构成了重大威胁。目前草地贪夜蛾已经完成了从入侵、定植到爆发前的两个重要过程，今后几年将呈重发态势，对我国粮食安全构成严重威胁。

（五）植物病害加剧

植物也会生病。农作物生病的原因很多，除了病毒细菌的感染外，也会因营养元素缺乏或环境污染而引起。如果庄稼生长在健康的环境中，根繁叶茂，就基本不会生病，或者有点小病也能够依靠自身的“免疫”力量抵抗过去。

由于化肥、农药、地膜的大量使用，耕地品质严重退化，引发了植物病害，涉及主粮、油料作物、蔬菜、果树、中草药等。有些患病作物会引起人畜中毒，一些优质高产品种往往因病害严重而被淘汰。如果农作物和林木的病害大面积发生，将会使国家经济和人民生活遭受严重损失。植物病害的发生和流行，除自然因素外，与盲目开垦植被、过度猎取生物资源、工业污染以及农业措施不当等人为因素有关。在现代农业中，过度使用化学物质，会造成耕地污染并引起生物多样性下降，长期使用地膜也造成了病害的流行。

（六）食物链污染

为了生产和加工食物的需要，或为了满足消费者对食物品相感官的不当需要，人类发明了无机或有机化学物质，包括饲料添加剂、农药、化肥、地膜、除草剂、食品添加剂、兽药、重金属等。据初步统计，我国有50626种化学物质或商品，是取得合法身份并允许使用在农业生产的不同环节的。

农药的大量使用说明，我们的生态环境是一个不断恶化的进程。人类与“害虫”抗争了近一个世纪，但是并没有控制住“害虫”的危害。今天，人类仍没放弃灭杀“害虫”的错误思路，反而越走越远了，当年西方曾经犯的错误又在我国重演。目前，常见的农药有溴酸钾、硝基呋喃代谢物、敌敌畏、百菌清、倍硫磷、草甘膦、除虫脲、敌百虫、毒死蜱、对硫磷、多菌灵……名单可以拉很长。

倒退 40 年，我国接触的农药种类只有六六六、敌敌畏等几种，且很少在食物链中使用。现在国家明文规定的“食物中不能超标使用的农药”就高达 3650 项，其中鲜食农产品高达 2495 项。但是，这些农药都可能在我们的日常食物中遇到。2015 年，某环保组织在抽样检测时发现，北京 40% 的样品含有 5 种以上农药残留，其中油麦菜、番茄、黄瓜混合农药残留严重。这就是“农药鸡尾酒”现象（消费者几乎每年饮用一杯由多种农药调制成的“鸡尾酒”）。

目前，我国每年农药使用面积达 1.8 亿公顷次。半个世纪以来我国使用“六六六”累计高达 400 万吨，“滴滴涕”累计高达 50 多万吨，受污染的农田达 1330 万公顷。农田耕作层中“六六六”和“滴滴涕”的含量分别为 0.72ppm 和 0.42ppm；土壤中累积的“滴滴涕”总量约为 8 万吨。我国每年农药用量 337 万吨，分摊到 14 亿多人身上，就是每个人 2.59 公斤！这些农药都到哪里去了？除非常小的一部分（小于 10%）发挥了杀虫作用外，大部分进入了生态环境，进入了食物链，损害我们的健康，由此造成的医疗费用数量惊人。

以上六个突出问题任何一个解决不好，都会牵一发而动全身。只有从人与社会同自然和谐相处的全局、从工农业协调发展的角度来系统解决农业生态安全问题，才能找到合理的出路。

二、由粮食质量安全引发的数量安全

粮食的质量安全会引发粮食数量安全问题。进口的粮食以转基因大豆为主，适合做饲料与工业原料。国外粮食生产很难做到精耕细作，农药残留与转基因成分残留是难以避免的。这样的粮食卖低价可以，但不能拉低国内优质粮食价格。可是，市场的运行有时并不以人的意志为转移，尽管国外粮食到岸价还不到国产粮食的一半，但低质低价的大量进口粮还是将我国粮食价格（不论质量高低）拉低了。粮贱伤农，种粮不仅赚不了钱还极有可能会赔钱，农民纷纷撂荒进城打工，土地由留守的妇女和老人耕作。据调查，中国种地农民的平均年龄为 57 岁，且很多劳动力为女性，他们种地的目标很简单，“够自己吃就行”。这使我国粮食安全面临极高风险，我国的粮食供给是不能继续依靠老人和妇女来满足的。2019 年，我国累计进口谷物和谷物粉 1785.1 万吨，进口大豆 8851.1 万吨，合计 10636.2 万吨，进口粮食的总量突破了 10% 警戒线。

近几十年，我们盲目学习美国的工业化与化学化的农业，甚至还有人希望借助生物技术化搞“懒人农业”，让少量的人种地，满足大量城市人口的需求。事实上，农业早就是“懒人”农业了，由于农业效益低，劳动力不足，种地农民只好减少人工，尽量使农活简单，不得不借助于农药、化肥、地膜。所谓的生物技术化就是一些农业技术专家提出的“用转基因技术解决中国人吃饭问题”，他们还建议政府将主要精力用于该项技术的开发。但据有关资料显示，以及从美国、巴西、阿根廷发展转基因农业的结局来看，转基因技术面临的三个问题至今还没能解决，一是不增产，二是不环保，三是存在潜在的健康风险。

由于用地不养地，我国已经出现了严重的土壤问题，如耕地板结、酸化、塑膜化。在北方，有些土地酸碱（pH）值已经达到了 4—5，而正常土壤是 7—8；土壤有机质更是下降到 1% 以下。地力不断下降是不争的事实，农产品的质量也日益恶化。

如果目前的农业生产模式循环往复下去，地力下降到某一临界值之后，会带来粮食产量的断崖式崩塌，必将给我们这样一个人口大国带来难以想象的危机，这是任何生物技术也解决不了的问题。

三、对策与建议

在新冠肺炎疫情新形势下，我国粮食的数量安全与质量安全都是重中之重。我们建议，以生态文明建设为契机，大力发展高效生态农业，以保障粮食安全，解决环境污染问题，带动全民大健康工程实施，引领世界走可持续发展的农业道路。

第一，帮助建立农村集体经济组织，从源头解决关系到农业生产安全的组织结构问题。

农业部门的供给侧改革有三个关键环节：一是土地，如何将细碎化的、条块分割的土地通过流转回到村集体手中，解决土地撂荒问题。二是人，通过集体经济组织的建立和发展吸引青壮年劳动力返乡创业，解决“老人农业”问题。三是在解决好前两个环节的基础上发展生态农业，形成结构合理、保障有力的高品质农产品供给系统，打造“三产联动”新格局。

用土地的集体经营解决土地的低效率使用问题，在此基础上形成集体经济积累，才能解决农民返乡后的生存与发展问题；青壮年农民返乡，才能解决生态农业所需的人手问题，以及工农业协调发展问题。生态农业不是回归小农生产，它的本质是高效环保，需要解决大环境的环保及生产效率问题，这不是分散的小农能够实现的。只有让农民联合起来，才能实现人力、物力和土地的高效运用，为生态农业的高速发展打下基础。

第二，国家用于扶贫、农业补贴、农村生态环境保护、乡村振兴、土地治理等的资金向高效生态农业倾斜。

在全国大力推广高效生态农业模式，发挥国家涉农、环保、医疗卫生资金使用的有效性，促进精准扶贫，提高农产品的经济附加值，保护生态环境。建立研究、技术和教育部门，研发更多生态农耕技术和方法；增加基础设施建设，如农民培训学校、网络教育设备，为农村送去生态农业知识；完善生态产品的贸易、补贴机制，增加农民收入；完善知识产权机制，对开发新技术的农民的研究成果进行保护；同时加强禁用非生态技术。

第三，扶持优质“零农残”产品销售，向符合要求的销售平台提供必要的资助。

生态名优农产品的网络销售，进一步释放了城市居民的购买力，是发展生态农业的巨大推动力。如果 1 亿个城市家庭每年消费 3 万元的生态优质农产品，即可带动 1 亿个农村家庭从事生态农业。生态种植、生态养殖、生态加工与生态农产品的销售，会增加就业机会，有利于引导农二代、大学生进入生态农业领域，吸引年轻人回乡就业。

第四，建立高效生态农业实验示范区，加强对老种子、老品种的选育和保护。

选择有条件的县或市，大范围推广高效生态农业技术。农民普遍接受和积极参与到高效生态农业中来，就可以利用相对较少的土地，保障国家粮食数量安全与质量安全，并促进农业良性循环与可持续发展。加强对老种子、老品种的选育和保护，维护生物多样性，以增强农业生态体系的自我修复功能。食物是用来吃的，不是用来看的，必须对各地所谓现代农业产业园、反季节设施等做法进行反思，尽快禁止用国家政策资金搞形象工程的做法。

第五，促进乡村生态环境保护，恢复农业生态系统健康。

优质食品生产对生态环境有严格的要求，从源头减少化肥、农药、除草剂、地膜、人工合成激素，通过市场作用倒逼工厂少生产有害化学物质，帮助国家保护生态环境。高效生态农业是一种环保产业，更是最大的公益产业。目前，由于农业和其他土地利用方式的改变所排出的温室气体，占世界温室气体排放总量的1/3。对我国而言，若将土壤农田有机质提高1%，就相当于土壤从空气中净吸收二氧化碳306亿吨。发展有机农业，固碳贡献率非常可观。通过生态农业恢复土壤健康，减少病虫害的发生，建立起人民自觉抵御外来生物入侵的屏障，发挥农业生态系统服务功能。

第六，跟踪示范区人群健康指标，获得第一手健康大数据。

从源头遏制重大疾病年轻化趋势，为今后实施全民健康工程寻找合理的途径。病从口入，疾病与农产品质量关系密切。在试验示范区内，生态农业减少了化肥、农药、除草剂对食物和环境的污染，从源头保证了食品安全，实现了从“吃饱”向“吃好求健康”的突破，提高了居民免疫力。

在新冠肺炎疫情新形势下，随着国际形势不确定因素的增加，对我国农业生态安全体系提出了新要求，不仅要保障国家的粮食安全，也要为中华民族的伟大复兴提供可持续发展的物质基础。为此，我们必须改变化学农业思维，从人、社会与自然和谐共生的角度出发，以生态农业为抓手，切实解决好农业生态失衡、耕地生态退化、种子危机、农业生物入侵、植物病害加剧和粮食安全等重大问题。争取在21世纪中叶实现我国农业从生产方式到经营方式的根本性转变，为实现“两个一百年”的伟大目标打下坚实基础。

中医药与疫苗并举、城乡并重，全面、及时、有效地打胜防治新冠肺炎疫情又一仗*

中国社会科学院“健康中国与中医药国情调研组”

当前，在党中央和国务院的关心、指导下，一场抗击新冠肺炎疫情的新战斗正在展开。与上一场以武汉为主战场的全国性抗疫大战相比，这场分散在若干省份的抗疫斗争出现了三个比较明显的新情况：第一，疫情有所变化。在原型新冠病毒零星散发的同时，新冠病毒在国外发生变异并传入国内，变异后病毒传播速度提升70%且毒性不减。第二，战场布局发生变化。上一场战斗主要在城镇地区进行，而此场战斗以河北省为典型，个别农村地区成为重灾区。第三，我们防治新冠病毒有了新的武器——疫苗。

随着新情况的出现和战场布局的变化，怎样根据不同地区、不同疫情阶段、不同医药服务条件的实际，充分运用中西医药有效防治新冠肺

---

* 本文系马克思主义理论研究和建设工程重大项目“我国发展重要战略机遇期相关问题研究”专题报告之八。

炎的各种方法和工具，合理地加以分配、组合运用，是这场新战斗能否在时间、人财物力和效果各个方面做到投入产出配比最优的重大决策。

防治新冠肺炎的工作主要是防和治两类。可以说，在上一场全国性抗疫大战中，在党中央、国务院的指导、督促下，经过中医药相关业界的努力争取，以“中西医并重”为原则，在没有现代医药的特效药和疫苗可用的背景下，中医药人员不畏艰险奋勇参战，无论是医治轻症、普通症还是抢救重症、危重症患者，在改善、控制乃至逆转症状、降低轻转重比例、降低病死率等多个方面，都取得了明显的疗效，不但彰显了中医药“简便验廉”的特色，而且证明了中医药在救治新冠病患方面具有无可替代的特殊作用。

在此次抗疫斗争出现上述三个新情况的背景下，无论是按照我国医药卫生工作“防重于治”的方针，还是按照中医“治未病”的理念，现在都是在切实做好确诊病人和无症状感染人群的治疗的同时，及时、正确地部署并落实预防新冠肺炎疫情传播工作的重要时刻。在一定程度上甚至可以说，从确诊人数、分布区域等方面的现实情况看，对新冠病毒“外防输入、内防扩散”的预防工作才是目前涉及面最广、最紧迫、最重要的中心工作。

在与北京崔月犁传统中医药研究中心等机构及相关人士交流沟通后，中国社会科学院“健康中国和中医药国情调研组”就目前中医药参与全国新冠肺炎防治工作形成以下共识：

首先，虽然当前我国已批准使用并开始有序接种防治新冠肺炎的疫苗，但疫苗在一个相当长时期内都无法做到给全国各类人员普遍接种。这当中不但有疫苗供给的生产能力问题，还有技术方面储藏保管、运送分配条件问题，使用方面专业接种机构和人员的培训、布点问题以及相关人员的生理情况是否适宜接种问题。此外，还有经济方面的费用负担问题（即便是全部由政府财政和医保“买单”，也是一笔巨额支出）。

实事求是地看，在这诸多问题的影响下，如果把接种新冠疫苗作为主要甚至唯一的预防方法，那么，全国有不少地区、不少人群，尤其在广大农村地区、边远贫困地区，极有可能会在一个相当长的时期内在新冠病毒的预防工作方面出现滞后、“留白”甚至踏空的情况。在病毒传播能力增强，不但能“人传人”而且有可能“物传人”，而省际、市际、城乡间的人流、物流交通又不可能绝对安全地隔绝的情况下，防止和控制病毒传播扩散的任务将是异常艰巨的。如何尽快并有效地开展全面布防工作，把所有希望都寄托在疫苗接种上是不现实的，因而也是不可行的。必须继续推广运用上一场全国性抗疫大战在预防和治疗新冠肺炎感染方面普遍采用中医药方法的成功经验。

其次，与疫苗相比，中医药在预防和抗击新冠肺炎疫情方面具有如下优势：

——中医药从调理人体内气血运行平衡，从根本上改善体质、增强免疫力入手，而非仅仅直接针对某种或某类病毒，因而即便病毒发生变异甚或其他病毒来袭，人体自身的免疫力依然能够发挥主战武器的作用；

——服用中药男女老少皆宜，没有性别、年龄限制（只是孕妇慎服即可），和疫苗相比较，适用人群范围更广，可以非常有效地填补疫苗接种留下的遗漏和空白；

——服用相关中药一周或半个月，就可以大大降低疫情期间被感染致病的风险，无须担心三两个月就失效的问题，而且基本不用担心可能致病的副作用；

——中药可发挥“因时因地因人”制宜的特色，更多地利用当地中医中药资源，有明确针对性地组方用药，从而显著提高中医药防治方法的可及性和有效性；

——自 2003 年抗击非典以来，在与禽流感、甲流等疫情，特别是在 2020 年上半年抗击新冠肺炎疫情的斗争中，人们多次得益于中医药的应用，对中医药的信任和接受程度逐渐提高，比较易于推广采用；

——中药不但生产、保管、运输成本相对较低，使用费用大概一人份一周三五百元，远低于疫苗，可以大大减轻财政和医保经费负担。

基于以上多种原因，调研组向党中央、国务院郑重提出如下建议：近些年来，党的全国代表大会文件多次强调要坚持“中西医并重”方针，我国宪法第 21 条也明确规定国家“发展现代和我国传统医药”。经受了数次抗击全球性重大流行性疫病的实践考验，党和国家都肯定了“中医药在维护人民生命安全方面的有效作用和特殊作用”。因此，在新冠疫苗存在及时、普遍应用方面困难，不足以独力支撑全国各地各类人群预防新冠肺炎感染的艰巨、紧迫任务的情况下，应：

第一，尽快要求并认真落实在各级政府的新冠肺炎疫情防控领导机构，尤其是专职的疾病预防防控中心里，专门设立中医药工作组和中医药专家组，并用制度确保其全方位、全流程参与所在机构一切与疫病防治有关工作的权利和机会。

第二，对各地提出明确要求：在部署预防新冠肺炎传播的工作中必须制定并向上一级管理机构报送接种新冠疫苗和采用中医药方法“两条腿走路”的具体工作方案，包括对新冠肺炎患者、无症状感染者、密接人员、中风险高风险地区群众和一般地区群众的分别处置方案。

第三，对各地各级政府在新冠肺炎疫情防控工作中应用中医药预防方法的情况提出明确的、包括定量指标在内的考核要求，定期加以考核评价并向上一级机构报告和向社会媒体公布经考核证实的结果。

国家社科基金特别委托项目 中国社会科学院创新工程学术出版资助项目 中国社会科学院马克思主义理论学科建设与理论研究工程资助项目

世界社会主义黄皮书

YELLOW BOOK OF WORLD SOCIALISM

世界社会主义跟踪研究报告

(2021—2022)

——且听低谷新潮声(之十八)

中国社会科学院世界社会主义研究中心 主编 李慎明 姜 辉

下册

当代中国出版社
Contemporary China Publishing House

第五篇

国外共产党人谈中国共产党百年

中国共产党建党百年是引领未来的历史大事件

［瑞士］马西米利亚诺·阿伊[①]

一、中国共产党的经验值得全世界共产党人学习

中国在脱贫攻坚、经济与科学发展、多民族和谐发展、处理市场化改革中固有的社会矛盾等方面取得了巨大成就。任何一个从事政治活动的人，都会对这些成就产生浓厚的兴趣，尤其是对于那些接受马克思主义思想，并因此按照科学社会主义的原则和方法在本国的经济社会环境中开展政治活动的人来说，中国的吸引力自然就更大了。

除了在经济社会领域取得的巨大成就外，中国以维护和平、实现国际关系民主化为目标的外交政策，也颇为引人关注。这对我们瑞士共产党人来说，也是至为重要的。中国正在为超越大西洋单边主义、推动实

① ［瑞士］马西米利亚诺·阿伊，瑞士共产党总书记。

现多极化世界而努力，为战胜帝国主义以及将亚非拉贫困国家从新殖民主义枷锁中解放出来的斗争作出根本性贡献。也许，这才是当今国际共产主义运动的政治实践中，值得给予更多关注的方面。

事实上，西方及其左派往往忽视了一个基本的政治事实：中国取得所有这些成就的关键因素是中国共产党的领导。组织原则、群众路线、矛盾的辩证处理（我们想到了毛泽东主席提出的二分法理论）等中国共产党在百年实践中总结出的经验，值得全世界共产党人学习。这种学习，既不存在谁从属于谁的问题，也不存在所谓的“模式输出”的问题。我们每个人都应以建设性的态度，在保持自身独立性并尊重彼此的地缘、文化、社会和经济环境的前提下，去学习中国共产党人的经验。这种学习还有一个共同的目标，那就是在和平、平等和社会正义等原则基础上，建设一个充满生机与活力的社会主义新世界。

二、中国共产党人的实践经验和理论贡献

在我们瑞士共产党人看来，中国共产党在 1949 年革命胜利后长期执政的原因主要在于以下几点：第一，能够与传统对话并将马克思主义中国化；第二，有能力以渐进的方式进行改革创新；第三，有能力对干部选拔体系不断进行试验和创新。在优良的干部选拔体系下，对每个人进行评估。在评估过程中，既没有权力寻租现象，也不存在庇护问题。这些都与党的意识形态密切相关。

不背弃过去，同时把人民大众文化和民族传统文化融入当代实践。这是很容易获得理论认同的一句话，但实际上也许正是国际共产主义运动中最复杂的一点。对于那些观察中国的外国人来说，这可能是最吸引人的问题之一。无论从社会经济的角度，还是从历史和风俗习惯的角度，

中国共产党都能够使马克思主义中国化。这或许是最值得深入分析的方面。因为中国共产党不仅仅体现了科学社会主义的本质（我们说的是科学社会主义！），而且懂得如何避免使马克思主义退化为一种僵化的、教条的、停留于书本中的学说，并使其恢复了本质上的辩证性。与历史上的其他社会主义经验相比，这是其最吸引人的特征之一。

遗憾的是，过去的一些社会主义实践经验表明，社会主义理论往往很难与经济社会发展水平落后的国家建立联系。这是世界上很多共产党都存在的问题：他们都希望成为一支强有力的革命力量，但事实上却难以将自身与具体且现实的国情密切联系起来。我们瑞士共产党人需要进行自我批评，必须承认也犯了这样的错误。我们正以必要的谦卑态度，通过革新党来纠正这些错误，重新恢复马克思列宁主义政党的科学特征，以与实际的历史阶段和大众的真正意识相适应。毕竟，这就是我们所渴望成为的"先锋队"与一个脱离自己的人民和工人阶级的"精英党"之间的区别。

中国共产党还始终将另一个核心思想置于政治生活的中心，即毛泽东主席所强调的"实事求是"，坚持调查研究，并力争克服一切教条主义。从中国共产党人的经验来看，防止思想僵化，应该按照"理论——实践——新理论"的原则，从具体行动中产生新的理论，而"理论——实践——新理论"又与"统一——实践——在新的基础上统一"相联系。并且，这种进行思想理论创新的意愿绝不能成为一种时尚，一种可能导致机会主义的"新奇主义"。

中国特色社会主义实践的另一个要素是渐进地适应新阶段，避免现实与历史相脱节。从小规模试验转向更广泛、更具战略意义的创新进程，意味着要努力让群众参与进来。这一共同参与的历史进程，是一条能够避免急转弯的集体道路，其能够在未来与传统之间发挥桥梁作用。在这个进程中，将避免骤然剧变，因为过于激进的方式，会将奋斗于不同历史背景下的前辈们的巨大贡献和奉献精神湮没，还会因此在民众中引发混乱情绪，进而使其产生对党的不信任感。

三、党的上层建筑和意识形态问题

社会主义在原苏联和东欧国家的衰落，凸显世界左派在解决向社会主义过渡问题和处理权力问题等方面的主要倾向：要么将这些问题排除在理论辩论之外，要么将它们视为与当下现实脱节的陈词滥调。而反观中国共产党，其功绩恰恰在于，它不仅没有低估这些问题，还能够用毛泽东思想武装全党以适应中国的实际，并推进理论革新。此后，在改革开放的政策背景下，中国共产党也没有屈服于意欲把西方自由文化下的治理体系强加给中国的内外压力。

马克思告诉我们，经济结构是人类社会的基础，上层建筑（国家秩序、法律制度、道德观念、政党制度、宗教、思想等）是建立在这个基础上的。恩格斯曾指出，生产以及随生产而来的产品交换是一切社会制度的基础。他还提出，应该从经济而不是哲学中寻找社会、文化和政治变革的起源。马克思也曾说过，不是人们的意识决定人们的存在，相反，是人们的社会存在决定人们的意识。必须不断对西方左派中的一部分人重复这一原理，他们现在认为政治是一系列模糊而抽象的暴行。

然而，许多马克思主义者也必须进行自我批判的反思。他们认为，经济结构是唯一值得分析的因素，这种观点可能是片面的。如果认为社会客观条件的变化会自动导致思想意识的变化，那就有点儿轻率了。无论是在建党过程中，还是在每个国家向社会主义过渡的过程中，如果不考虑上层建筑因素，都会付出高昂的代价。还应注意不要低估思想建设的必要性，避免党内出现官僚主义、唯利是图和个人主义现象。尤其要注意这些情况，因为它们与社会中持续存在的资本主义元素和帝国主义主导的新自由主义影响密切相连。

中国共产党通过加快人民和工人阶级的世界观的自觉转变，将社会主义革命纳入上层建筑的范畴。这种尝试必须以观念的更新和民主化为目标，因为人们尽管可通过说理和学习经验获得革命意识，但其思维方式不宜通过纯行政手段来加以改造。从这个意义上说，从干部开始，对党员进行严肃的政治教育是非常重要的，尤其是在过渡阶段，政治教育应该能够平衡物质激励和道德激励，而这又与再分配和生产力之间的进一步平衡相关。

世界观的转变，是坚定地坚持党的路线，摆脱自由主义和个人主义文化影响，为社会主义政治进程作出贡献的必要条件。因此，不充分重视党员和广大群众的主观创造性因素，不仅很难避免教条主义，而且还不能阻止资产阶级思想的产生。如果说，这在某种意义上是资本主义的“自然”风险，那么，即便在社会主义初级阶段，也不可否认这种风险的存在。事实上，如果没有适当的文化倡议与物质生活发展相随，那么一旦社会权利得到保障，消费主义和利己主义就会抬头。这将首先从党员干部开始，然后在群众中大量出现。

习近平总书记在中国共产党内部推动的关于治国理政、依法治国的广泛讨论，正是重视上层建筑的表现。中国当前的探索，实际上可以被视为世界社会主义发展进程中一个极其重要的实验阶段，也是世界社会主义在21世纪的具体实践。2020年公开发表的重要文件《关于加强新时代民营经济统战工作的意见》也是属于这个意义范畴的。

四、世界社会主义的发展前景与中国密切相连

在一些西方左派眼中，“贫困中的平等”竟然是社会主义“纯洁性”的同义词。要知道，贫困是应该且必须通过发展生产力加以克服的问题。而中国共产党，尤其是邓小平同志，很早就认识到贫困是一个严重的问题。他们认识到，在如今全球化的时代背景下，经济发展停滞且技术水平落后是国家生存的致命威胁。当资本主义世界持续衰退，失业和社会两极分化问题不断恶化时，在中国保持着旺盛活力的中国化的马克思主义，是成功应对当前诸多挑战的理论指南。中国共产党知道如何在社会主义初级阶段确立基本经济制度，创新发展社会主义市场经济的理念，使市场在国家计划控制下，在资源配置中起决定性作用。这给我们这个时代的所有共产党人留下了深刻印象。

无论是在新冠肺炎疫情大流行期间还是疫情之后，全世界人民都应该明白：中国不是敌人，它有太多值得学习的方面。例如，将公共卫生安全置于利润之前；在紧急状态下，利用电子信息技术高效地实现现代化的管理规划。中国经济的发展，大规模脱贫攻坚所取得的惊人成果，中国共产党作出的全面建成小康社会的决定，这不仅是对中国和中国人民至关重要的事情，也将对社会主义思想的传播产生非常积极的影响。

东欧剧变和苏联解体后，一个妖魔化和污名化共产党人和社会主义的进程开始了。资产阶级的“历史终结论”不仅对青年产生了不良影响，还解除了工人阶级的意识形态武装，使工人运动陷入消极状态。此外，还不应忽视那些改旗易帜的共产党力量实施的修正主义和清算主义的消极影响。

今天，我们再次站到了十字路口：由于中国共产党领导下的中国所取得的成就，社会主义再次展现了光明的前景。与其他坚持以马克思主

义为指导的国家一样，中国已成为具有重大影响的新兴经济体之一。因此，尽管中国共产党的经验首先是立足于中国国情的，但在世界范围内对理解、研究和发展新时代的马克思主义也具有重要意义。

另外，不能不看到，目前，一股以“恐华”为主题的媒体宣传在西方的中小学校、大学和公共电视台已经铺开，甚至在瑞士这样一个中立且与中国有稳固的外交和贸易关系的国家，也出现了这样的情况。打赢这场涉及意识形态，当然也涉及经济利益的战争是必要的，因为这场战争决定了马克思主义能否在衰落的西方国家的普通民众中取得文化领导权，尤其是在新生代中取得文化领导权。要知道，就这些新生代对世界社会主义运动的意义而言，不仅仅是代表了理论上的未来。

五、中瑞共产主义者的友好交往推动新国际主义实践

以习近平同志为核心的中国共产党领导下的中国，是一种新的、非帝国主义外交政策的主要践行者。这种政策不仅使帝国主义国家以既定模式主宰世界的企图破产，而且促进了世界和平与合作。帝国主义过去对南半球国家资源的开发并未促进这些国家的发展，新殖民主义强权也无意于此。而中国正在努力促成一种新的国际贸易体系，期望通过促进长期贫困落后国家的发展，来消除历史遗留问题。在这样的多边主义地缘政治秩序下，中国的任务不是进行所谓的社会主义模式输出以在海外燃起革命烈火，而是帮助被压迫民族摆脱屈从于帝国主义的范式。如此，或可间接开启新的政治行动空间，使每个国家的进步与和平力量能够独立行动。这些力量首先应扩大在群众中的影响，然后建设、发展新的人民力量，最后走向新民主主义和社会主义。

1952 年 10 月 14 日，斯大林在苏联共产党第十九次代表大会的闭幕

式上谦虚地说，如果认为苏联共产党已经成为强大的力量，不再需要支持了，那就错了。苏共及其领导下的国家过去和将来始终需要海外兄弟人民的信任、同情和支持。这种支持的特点在于，任何兄弟党对苏共争取和平的一切支持，都意味着对苏联人民维护和平的斗争的支持。斯大林还指出，团结应该是对等的，苏共不能停止支持兄弟党，必须继续帮助他们……争取解放的斗争，维护和平的斗争。众所周知，苏共就是这样做的。苏联领导人还特别注意到了那些尚未上台并继续在资产阶级严酷统治下工作的共产主义政党、民主主义政党和工农政党。显然，他们的任务很艰巨。当然，这并不像沙皇统治时期的俄国共产主义者那样困难，当时哪怕是最微小的进步都被视为严重犯罪。但俄国共产党人仍然坚定不移，不怕困难，取得了胜利。

中国共产党人坚持不干涉他国内政原则，其以审慎、相互尊重且多元的方式发展国际关系的主张是值得称道的。不称霸，也不向背景不同的国家输出自身的社会主义模式是一个重要方面，但这并不应该减少我们对增强国际主义的期待。作为瑞士共产党人，2009 年，我们发起了一场叫作“放开中国”的宣传活动，并在多米尼克·洛苏尔多（Domenico Losurdo）教授的大力支持下，在瑞士贝林佐纳市召开了关于中国特色社会主义发展的会议。在中国共产党和瑞士共产党两党之间的关系历经多年停滞甚至倒退后，2011 年开启了一个加强彼此间了解和增进友谊的进程。这多亏了我们亲密的同志——意大利共产党人的帮助，尤其是现任意大利罗马大学法学院院长和中国中南财经政法大学“文澜学者”讲座教授奥利维耶罗·迪里贝尔托（Oliviero Diliberto）同志的推动，他是四届国会议员，并两度担任意大利司法部部长。此外，中国共产党与瑞士共产党之间的友好关系也得益于已故的意大利马克思主义经济学家詹弗兰科·贝利尼（Gianfranco Bellini）的影响。贝利尼教授公开支持向多极地缘政治秩序过渡，接受并逐渐发展了合作共赢的理念。这在我们党的纲领性文件中都有体现。

我们已经讲过，今天我们处于大西洋帝国主义的包围阶段。大西洋帝国主义正损害着整个欧亚大陆，特别是中华人民共和国的利益，这意味着各种类型的挑衅，包括最严重的军事挑衅将影响到中国的国家和地区安全以及领土完整。我们还注意到了中国的香港、新疆以及西藏等地出现的恐怖主义和分裂主义。

由美国发动的新的贸易战，可与海盗行为相提并论，其不择手段地对中国公司施加极大的压力（如施压多国弃用5G技术）。此外，针对中国文化和学术中心（如孔子学院）的审查，也很好地说明了“恐华症”的扩大化。但是，毛泽东主席说过，如若被敌人反对，那就好了，那就证明我们同敌人划清界限了。如若敌人起劲地反对我们，把我们说得一塌糊涂，一无是处，那就更好了，那就证明我们不但同敌人划清了界限，而且证明我们的工作是很有成绩的了。因此，中国共产党在建设社会主义与推动和平方面取得的显著成就，不仅给予了中国共产党人强大的力量以继续走在正确的道路上，也鼓舞了世界上其他国家的共产党人。如瑞士共产党人虽深知自身力量有限，但会采取具体行动，与中国共产党持续协调，以在多个层面实施合时宜的软实力战略和政治、文化、经济交流战略。

作为瑞士共产党人，我们深信，必须采取行动，找出和利用资产阶级内部的矛盾，以取得突破，并推动我们国家保持中立地位（现在经常妥协），成为东西方之间的桥梁。此外，还要推动国家的经济、文化、政治、军事伙伴等的多样化。我们希望瑞士能够对中国越来越开放，我们也支持“一带一路”建设，这将从根本上改变世界各国人民的发展机遇。简而言之，民间的和自我参照式的国际主义是不够的，我们需要革新国际主义的实践方式，使之不仅再一次成为团结的标志，而且成为能够影响现实的有效合作工具。

（中国社会科学院马克思主义研究院副研究员　李凯旋　译）

讲述中国故事　见证中国腾飞

［乌拉圭］巴勃罗·罗维塔[①]

2021年7月是中国共产党的百年华诞。在这重要历史时刻，我想回顾我父亲比森特·罗维塔的经历。他是一位乌拉圭的老共产党员，他与中国的渊源可以追溯到20世纪50年代。我本人随父母于1975年抵达中国，在中国学习和工作数十年。虽然我现在定居西班牙，但工作和生活仍与中国密切相关。我和父亲一样，对中国及中国人民怀有深厚的感情，对中国共产党充满敬意。从某种程度而言，我和父亲两代人见证了中国是如何在中国共产党领导下从站起来、富起来到强起来的伟大飞跃。

我的父亲比森特·罗维塔1925年出生于乌拉圭科洛尼亚省的新帕尔米拉市（Nueva Palmira）。比森特年轻时就积极参加乌拉圭的工人运动，年仅17岁就以代表身份参加了乌拉圭工人总工会的成立大会。此后，他

---

① ［乌拉圭］巴勃罗·罗维塔，乌拉圭翻译家、中国问题研究专家、“东方深思”网站创办人。罗维塔在向西班牙语国家传播中国文化、介绍当代中国等方面作出了突出贡献，于2016年获西班牙王国国民成就荣誉勋章。

供职于工会期刊《战斗》(*Combate*)与《工作》(*Trabajo*)，后又成为《进步》(*El Progreso*)杂志的记者。

20 世纪 40 年代，比森特加入乌拉圭共产党（Partido Comunista del Uruguay），历任乌拉圭共产党一些重要部门的负责人，如乌共南部地区总书记（当时乌拉圭共产党从组织上分为北部和南部两个地区），后于 1951 年当选乌拉圭共产党中央委员会委员，兼任党报《真理报》(*Verdad*)负责人等职。自 20 世纪 50 年代起，比森特就对中国革命萌生了极大兴趣，阅读了大量毛泽东的著作。他曾供职于乌拉圭共产党主办的人民联合出版社（Ediciones Pueblos Unidos）。1953 年，该出版社与中国国际书店[①]建立业务联系，开始向乌拉圭推介和销售与中国相关的书籍。

中苏两党发生分歧后，很多拉美国家的共产党也受到影响。乌拉圭共产党支持苏共立场，比森特则选择拥护毛泽东思想，站在中国这一边。比森特认为，毛泽东思想具有联系群众、反对资产阶级、与第三世界紧密团结等特征，是一条正确的道路。鉴于此，比森特和其他一些不赞同苏共立场的党员于 1962 年脱离乌拉圭共产党。此后，有的同志创建了新的政党组织“左派革命运动”（Movimiento de Izquierda Revolucionaria）。比森特从未正式加入该组织，但一直和他们保持密切的联系。

受中苏关系影响，乌拉圭共产党下属的机构不再发行与中国相关的书籍和报刊。于是，比森特自己创办了一家书店和出版社，取名为“原生书店”（Nativa Libros），继续与中国国际书店合作，在乌拉圭发行来自中国的各类书籍报刊。其中包括大量政治类作品，如毛泽东的《毛主席的五篇哲学著作》《中国社会各阶级的分析》《湖南农民运动考察报告》《中国的红色政权为什么能够存在？》《星星之火，可以燎原》《将革命进

---

① 中国国际书店创建于 1949 年 12 月，是中华人民共和国成立后最早创办的图书进出口公司，现为中国国际图书贸易集团有限公司。

行到底》《统一战线中的独立自主问题》等著作，还有一些介绍中国文学、艺术、中医等内容的刊物或书籍。

1966 年 2 月，比森特受中国国际书店邀请，第一次访华。比森特赴北京、上海、杭州、武汉等多地考察，亲眼看到了中国的发展及其在经济文化等方面取得的成就。1967 年，比森特再次访华，并受到了毛泽东主席和周恩来总理等领导人的亲切接见。比森特的原生书店在乌拉圭的影响越来越大。到了 20 世纪 70 年代初，原生书店已成为整个拉丁美洲南部发行中国刊物的重要基地，《毛泽东语录》等书籍广受欢迎，常常售罄。上海大学青年学者张琨撰写的《比森特·罗维塔与原生书店——试论冷战时期毛泽东思想在拉丁美洲的传播》一文中，引用了上海市档案馆关于比森特和原生书店的记录：

> 两三年来，他经营的书店业务发展很快。目前在乌拉圭以该书店为核心，正在逐步形成一个左派发行网。现批销我西文《人民画报》每期 1 万份，《北京周报》每期 450 份，《中国建设》每期 500 份，《中国银幕》每期 200 份，还订购我大量图书和艺术品，发行地区很广，遍及乌全国 19 个省。不仅如此，该店还多次举办我书刊展览，经常在报刊上登广告，编印推广并散发，积极介绍和征收订户，并主动开展和承办向阿根廷、巴西、委内瑞拉、秘鲁等国的转批转运工作。此外，该店还为我翻译出版了《中华人民共和国土改法》《论共产党员的修养》和《南方来信》等书。

1969 年，原生书店联合阿根廷“装甲玫瑰”出版社（Rosa Blindada）在当地推出了西班牙语版的《毛泽东选集》（四卷本），为推动毛泽东思想在南美的传播起到了积极的作用。阿根廷学者阿德里安·塞伦塔诺

（Adrián Celentano）在《1963 至 1976 年间毛泽东思想在阿根廷的传播》一文中指出，这套《毛泽东选集》的出版具有重要意义，“丰富了毛泽东著作在阿根廷市场的供应并推动了毛泽东著作的普及，与此同时，激励了当地推崇毛泽东思想的民众，促使他们组建新的政党和团体”。塞伦塔诺在该文中还写道：

> 由比森特·罗维塔的原生书店出版的“红旗丛书”是当时最重要的关于毛泽东思想的读物。这套丛书设计成袖珍的口袋书形式，装帧考究，成为拉美地区独树一帜的毛泽东思想宣传册。1968—1974年，“红旗丛书”共计出版图书三十余种……其中包括毛泽东的《中国革命和中国共产党》《关于正确处理人民内部矛盾的问题》《毛泽东论文艺》等著作。

当时乌拉圭国内政治情况非常复杂，有关当局和右派组织认为比森特是“红色中国的间谍”“北京在乌拉圭的代理人”。独裁政府查处并烧毁了大量书籍，原生书店两次受到极右恐怖分子的袭击。鉴于此，父亲不得不带着我们离开乌拉圭前往阿根廷。令人敬佩的是，比森特的热情并没有被打倒。他在阿根廷也创建了原生书店，继续发行中国的刊物并出版与中国相关的图书。但是，比森特传播中国书籍的事业举步维艰。1974 年 11 月，他被阿根廷警察逮捕入狱。1975 年，他又被阿根廷政府驱逐出境前往秘鲁。抵达秘鲁后，比森特与中国大使馆取得了联系。中国大使馆与国内有关部门联系后，邀请他到中国定居。

就这样，1975 年 7 月，我们一家抵达北京。我的父亲当时在《北京周报》当专家，母亲在外文出版社工作。直到 1986 年乌拉圭恢复民主政府后，他们才启程回国。回到乌拉圭后，比森特一如既往地在乌拉圭和南美一些国家发行中国图书和刊物，还撰写出版了《中国的农业革命》和《十八年后的中国：迷失在北京》等书。2005 年，比森特参与创建了乌拉圭—中国文化交流中心，并担任名誉主席一职，继续推进乌拉圭和中国的文化交流。

2018 年 5 月 23 日，比森特与世长辞。回顾父亲的一生，他的足迹遍布乌拉圭、阿根廷、秘鲁和中国等地，但他留下的最深刻的印记无疑与中国有关。翻开原生书店出版于半个世纪前的中国书籍，父亲对中国的热爱、在困难岁月积极推介中国的那份勇敢与赤诚，在泛黄的书页中跳跃闪烁，熠熠生辉。

一、“东方深思”：在 21 世纪促进中拉认知的网络之窗

因为父亲的缘故，我从小就与中国“相识”。我的童年读物中就有不少来自中国的故事书。我至今记得《今日中国》杂志上那些图片带给我的震撼。父亲第一次去中国时，我才 8 岁。他带回来很多礼物，有茉莉花茶、丝绸、檀香扇等，还有一盏红灯笼，灯笼周围放满了关于中国的图书和报刊。我的童年记忆，交织着那个遥远的东方国家的气味和想象。慢慢长大后，我开始阅读更多的书籍，逐渐了解到鲁迅、巴金、老舍和茅盾等作家，还有齐白石、徐悲鸿等画家。通过父亲书店里出售的汉语教材，我第一次接触到了神秘的汉字。再后来，我成为父亲的助手，协助他出版关于中国的图书。其间，我阅读了大量中国左翼理论家和作家的作品。

当然，如前所述，我真正抵达中国是 1975 年。确切地说，是那一年的 7 月 7 日。从那天起，我告别遥不可及的想象，接触到了一个真实的中国。我至今记得第一次见到算盘时的惊讶与激动。算珠和木梁的碰撞

声，清脆急促，像一首美妙的乐曲，讲述着中国文化的博大精深。我先是在北京语言学院学习汉语，后于 1978 年进入清华大学，就读计算机专业。毕业后，我在外文出版社做了一段时间的中西翻译，后于 1982 年入职西班牙埃菲社（Agencia EFE），开启了我的驻华记者生涯。1986 年，我的父母回到了乌拉圭，但我选择继续留在中国。从 1991 年开始，我入职西班牙联合技术公司（Técnicas Reunidas S.A.）并担任中国区负责人。1995 年移居西班牙后，我每年都会回到我的“第二故乡”——中国。实际上，我是在西班牙和中国两地生活。这些年来，我参与了多个促进中国与西班牙语国家交流的项目，涉及经济、文化、教育等领域。2016 年，我有幸获得西班牙王国国民成就荣誉勋章（La Orden del Mérito Civil）。该勋章是经西班牙国王费利佩六世签署颁授的政府性奖项，旨在表彰我为推动西班牙文化传播以及中国与西语国家文化交流作出的贡献。

我已年逾六十，按中国人的说法，已是花甲之年。60 多年来，我在中国生活的时间超过了我在祖国乌拉圭或现在居住的西班牙的时间。我总觉得，我们罗维塔家族注定与中国有种不解之缘。乌拉圭的全称是乌拉圭东岸共和国（República Oriental del Uruguay）。在西班牙语中，国名中的“东岸”和常用来指代中国的“东方”用的词都是“Oriental”。无论我的父亲比森特，还是我本人，我们的人生轨迹就在“东岸”与“东方”之间循环往复。

现如今，我在西班牙已经生活了 20 多年，但西班牙人常和我说：“你的思维就像是一个中国人。”毫无疑问，在中国数十年的生活和工作经历进一步加深了我对中国的理解和感情，中国文化对我的影响也潜移默化、日益深入。我的父亲毕生致力于在“东岸”宣传“东方”，而我虽然供职于西班牙联合技术公司，但我的“副业”才是我真正的事业。几十年来，我用西班牙语和汉语撰写了大量关于中国的文章，刊登在中国和其他国家的报纸杂志上，还多次应邀在中国和多个西语国家参加会议并发言，讲述我的中国见闻，分享我对如何促进中国和西语国家交流的看法和见解。2012 年，为了让更多人了解中国，我创建了个人网站“东方深思”（Reflexiones Orientales）。在网站首页，我写道：

> 生活在乌拉圭东岸共和国的居民自称“东岸人”。创办本网站的这位“东岸人”，在乌拉圭和阿根廷生活了 17 年后，于 1975 年抵达中国。自那时起，这位“东岸人”就再也没有和那个“东方国度”分开过。他在中国度过了将近 25 年的光阴，时至今日，他仍与中国保持着密切的联系。“东方深思”旨在讲述与分享中国故事和个人经历，通过深度分析，带您走近“东方国度”，了解中国的昨天和今天。

“东方深思”网站主要刊载本人的原创文章，涉及中国的历史、文化、政治、经济、外交等诸多方面。对我们西语国家的人而言，哥伦布的航海经历家喻户晓，但极少有人知道中国明代的郑和在哥伦布之前就已经七下西洋。因此，我专门撰写了“郑和下西洋”的文章，发布后引起了很好的反响。我还利用双语优势，通过一些有趣的语言现象，以小见大，反映中国的社会发展和中国人的生活习俗的变化。比如，通过梳理“赤脚医生”一词在中国语境的出现和逐渐“退场”，来讲述中国医疗制度的变迁和改革，反映中国人民的医疗条件如何得到逐步改善。

中国的政治和外交也是我关注的重要领域。黄志良先生是中国最早赴拉美开展外交工作的大使之一。我认真阅读了他撰写的《新大陆的再发现：周恩来与拉丁美洲》一书，受益良多。我把该书的主要观点以及我的阅读心得，整理成文字发表在网站上。我希望发挥我的语言优势，把这部优秀的中文作品用西班牙语介绍给西语国家的读者，让更多人了解中国与拉美在20世纪中叶的外交往事。《习近平讲故事》是我非常喜欢的一本书。该书以讲故事的方式，把习近平主席深刻的思想转化为生动有趣的故事，非常适合我们外国人阅读。于是，我在“东方深思”上也发表了多篇文章，用西班牙语来转述习近平主席讲的那些故事，让更多人了解中国新一代领导人的治国理政思想及其关于中国的改革和未来规划的真知灼见。

中国有句古话叫“子承父业”。从某种意义而言，我也传承了父亲的事业。遥想几十年前，父亲通过原生书店在南美推销中国图书的经历，我现在通过“东方深思”这个网络平台讲述中国故事实在是要便捷得多，普及面也更为广泛。毫不谦虚地说，在西班牙语国家，像“东方深思”这样的网站并不多。截至当前，共计发布了200多篇文章，每月至少有6000多对中国感兴趣的西语国家读者浏览网站。对此，我很欣慰，也备受鼓舞。

二、旅华数十载，亲历中国飞速发展

如前所述，我父亲比森特从20世纪50年代就开始关注中国，我们全家人在70年代就到中国生活。可以说，我们两代人见证了中华人民共和国是如何在中国共产党的领导下从站起来、富起来到强起来的伟大飞跃。

从某种程度而言，我们全家在1975年抵达中国时，恰逢当代中国一个重要的历史节点。那时，毛泽东和周恩来尚健在，但身体状况已大不如前，邓小平已经在中国共产党党中央发挥越来越重要的作用，困扰中国人民的“十年动乱”已接近尾声。紧接着就是1976年，我们和中国人民一起，经历了周恩来、朱德、毛泽东的逝世和唐山大地震带来的巨大悲痛，也一起见证了“四人帮”的倒台和“文化大革命”的结束。

在 20 世纪 70 年代，中国不如乌拉圭发达，生活条件还比较艰苦，物资也相对匮乏。我还记得，那时一到冬天，大家就开始囤大白菜。我在清华大学读书时，每到周末就和同学骑着自行车“进城”。当时的中国，日常用品都是按计划供应，人人都用粮票、肉票和布票。对于很多普通家庭，自行车、手表、收音机和缝纫机是他们“最大的财富”。但即便如此，我认为，对于一个经历了数十年战争和饥荒的国家而言，社会发展能取得当时的成绩已经是一个不小的壮举。

如果说我父亲见证了新中国成立后中国共产党领导的社会主义改造和社会主义建设初期的成就，那么，我所见证的，则是改革开放以来中国取得的伟大成绩。我是“中国速度”的见证者和亲历者。不知不觉间，高楼拔地而起，自行车换成了小轿车，绿皮火车正逐渐被高铁取代。人民生活越来越富裕，基础设施建设发展迅猛，中国在人工智能领域异军突起，在减贫方面取得的成绩更是举世瞩目，连经常与中国作对的国家都无法否认中国的成就。中国的发展可谓日新月异，我见证的“中国奇迹”不胜枚举。遥想那些吃大白菜的冬天记忆、那些回旋在北京街巷的清脆的自行车铃声，我不由得感慨万千，我亲历的是从一个“新中国”走向一个“更新的中国”的过程，我见证的是中华人民共和国如何一步步走近世界舞台中央的过程。

中国取得的伟大成绩离不开中国共产党的领导。现如今，中国共产党迎来百年华诞。我认为，这 100 年来，中国共产党至少做了两件改变中国人民历史命运的“大事”：一是经过多年革命斗争，中国共产党于 1949 年 10 月 1 日建立了中华人民共和国，中国人民从此站起来了；二是 1978 年中国共产党十一届三中全会的召开，那之后中国政府陆续实行了一系列改革开放政策，大大改善了中国人民的生活水平，中国的综合国力和国际地位明显提升。中国共产党领导中国革命、建设、改革百年，积累了很多成功的经验。在我看来，突出体现在以下两方面：

第一，在革命阶段，中国共产党善于将马克思主义及别国的经验，特别是苏联经验，与中国的实际情况相结合。回顾历史，我们可以发现，中国共产党曾经有过惨痛的教训。比如在 1927 年，当时中国共产党没有对本国的具体情况作认真的分析研究，而是听从共产国际和苏联的建议，结果遭遇了挫折。后来在上海发生了大屠杀事件，大批党员被残忍杀害。但那之后，中国共产党吸取教训，从中国的实际情况出发，慢慢摸索出了新的策略。毛泽东提出的农村包围城市就是一项非常成功的战略。需要强调的是，无论在革命年代，还是之后的建设和改革时期，中国共产党都没有死板地“复制”别国的经验，生搬硬套别国的“路线图”，而是把相关理论、别国的成功或失败的经验作为参考，然后结合中国的实际情况，去探寻自己的道路，并最终成功找到了这条路，即中国特色社会主义道路。

第二，中国共产党能适应时代发展，团结一致向前看。毋庸置疑，今日的世界已不再是马克思、恩格斯、列宁和毛泽东生活的那些时代，中国共产党能清醒地认识到这一点，而且能适应形势的发展和情况的变化，不断地进行改革和调整政策。当然，我这样说，并不是指马克思、恩格斯、列宁和毛泽东这些伟人的理论和思想已经过时了，应该被时代抛弃，恰恰相反，当今世界发生的很多事件证明了他们诸多理论的正确性。虽然苏联及东欧一些国家实行的社会主义失败了，但事实证明，资本主义对人类造成了很多灾难，如饥饿、社会不平等、失业、难民及战争等。发达资本主义国家仍在欺负发展中国家，在一些以农业和畜牧业为主的国家，还有很多儿童在挨饿。因此，社会主义完全没有“过时”，关键在于如何把社会主义相关理论与各国实际情况结合起来，根据新的时代发展，调整方向或出台新的政策。唯有如此，执政党才能管理好国家，才能切实改善人民生活。我认为，中国共产党在这方面树立了一个典范。

总而言之，中国共产党在百年历程中并非一帆风顺，也经历过不少挫折。中国共产党之所以能克服困难并最终走出一条成功之路，最关键的因素就在于上述两点。

中国共产党对中国历史作出的贡献有目共睹，与此同时，中国共产党百年来也为全世界的发展作出了巨大贡献。中国的强大，意味着再也没有任何国家可以对占世界人口五分之一的国土进行侵略和剥削。中国经济的持续高速发展以及中国人民生活水平的提高，已经使中国成为世界最重要的供应方，也是最重要的消费市场。举个简单的例子，随着中国人均 GDP 以及人均可支配收入持续保持稳定增长，中国出境旅游人数也逐年攀升，给世界多国的旅游胜地提供了新的创收机会。当前，中国已成为全球最大的出境客源国和旅游消费支出国。再举一个和乌拉圭相关的例子。乌拉圭的农业和畜牧业资源非常丰富，这和中国形成了资源互补。近些年来，中方大力加强与乌拉圭在农业科技、畜牧业、渔业及农产品贸易和投资等领域的合作，已经成为乌拉圭第一大贸易伙伴。此外，值得强调的是，中国的出口商品已经从之前的附加值非常低的劳动密集型产品为主，逐渐转向具有自主知识产权及技术含量较高的高新技术产品。从前，中国有竞争力的产品以日常生活用品为主，现在中国制造的高科技产品已经打破了一些国家的企业的垄断地位，这在手机领域尤为突出。在我生活的西班牙，多个中国手机品牌跻身最受欢迎的智能手机品牌榜单。

当前，世界各国仍处于新冠肺炎疫情的阴影之下，全球政治经济格局正经历复杂而深刻的变化。与此同时，种种迹象表明，美国在多个领域针对中国，试图掀起一场新的冷战。在百年未有之大变局下，中国共产党也面临新的挑战。不过，我相信，历经百年、身经百战的中国共产党会继续秉持将理论与实践相结合的理念，从中国的现实情况出发，结合国际形势的新变化，出台新的发展战略，应对新的挑战。历史表明，没有哪个国家可以威胁中国或阻止中国的发展。中国的命运和未来掌握在中国人民自己手中，任何国家都无法对之强行干预。世界格局多极化已成定势，中国必将在国际事务中发挥越来越重要的作用。不管有些国家愿意与否，都必须面对这一现实。对于其他一些国家而言，最明智的做法就是适应这种新形势，改变其对中国的固有成见，抓住机会，顺势而为。可喜的是，无论是发展中国家还是发达国家，已经有越来越多的领域和民众受益于“新中国”的大发展。时光荏苒，距离我第一次踏上中国的土地已经整整四十五载，而距离我父亲在乌拉圭推介毛泽东思想和中国共产党理论已经走过整整一个甲子。从原生书店到“东方深思”，时代在进步，方式在改变，唯一不变的是我们罗维塔父子对中国的热爱以及对这份促进中拉认知工作的热情。我这个“东岸人”，会继续将父亲开启的事业发扬光大，让更多西语国家的人了解中国，并最终和我们罗维塔家族的人一样，爱上这个“东方国度”。

（中国社会科学院拉丁美洲研究所助理研究员　楼宇　译）

互学互鉴·相知相亲·世代友好

[尼泊尔] 普拉昌达[①]

中国共产党以马克思主义为指导，完成了历史意义重大、影响深远的革命和建设的阶段性任务。中国推动构建人类命运共同体，为解决当今国际问题提供了更好的方案，为世界社会主义运动作出了新贡献。尼泊尔共产党（NCP）与中国共产党互学互鉴，共同促进中尼两国友好合作。中尼两国相知相亲，共建“一带一路”，携手抗击新冠肺炎疫情，消除贫困。中国特色社会主义必将引领中国走向高质量发展道路。

---

① [尼泊尔] 普拉昌达，尼泊尔共产党联合主席。

一、中国共产党在百年历程中不断克服困难，领导中国人民取得了一个又一个胜利

在中国共产党的百年发展历程中，中国人民在中国共产党的领导下，完成了革命、建设和改革的阶段性任务。首先，在中国共产党的正确领导下，中国人民胜利完成新民主主义革命任务，从帝国主义、封建主义和官僚资本主义的压迫下解放出来，极大地鼓舞了世界无产阶级和殖民地半殖民地人民的革命斗争。其次，中国共产党领导中国人民开展社会主义建设，实行改革开放，确立了中国特色社会主义道路。最后，中国共产党领导中国人民实现了全面建成小康社会的第一个百年奋斗目标，帮助近一亿人摆脱绝对贫困。如今，在中国共产党的领导下，中国人民正满怀信心地奔向第二个百年目标——全面建设社会主义现代化国家。中国共产党领导中国人民取得了如此辉煌的成就，为中国带来了更加光明的前景，也为世界各国谋求共同发展、共同繁荣树立了榜样。

中国共产党之所以成功地领导了中国的革命、建设和改革，根本原因在于中国共产党把马克思主义基本原理与中国实际相结合，顺应人民的要求，加强党的建设，以党的伟大自我革命推动了伟大的社会革命。同时，坚持战略目标的坚定性和策略的灵活性，坚决维护中国人民的根本利益。

在中国共产党的百年历程中，中国共产党也曾遭遇失误和挫折。正是在不断总结经验教训、纠正错误和巩固成就的过程中，中国共产党一步步走向成熟。在历次的挫折和考验中，中国共产党坚持以马克思主义为指导，立足中国社会的客观实际，作出恰当的决策，领导中国人民一次又一次战胜困难，最终取得成功。

二、构建人类命运共同体的提出，是中国共产党在意识形态方面为世界社会主义运动作出的新贡献

作为无产阶级的先锋队组织——共产党，其最终目标是解放全人类，实现共产主义。在我看来，构建人类命运共同体为通向这一最终目标提供了具体的、可操作的方案。构建人类命运共同体的提出，是中国共产党在意识形态方面为世界社会主义运动作出的新贡献。

当前，随着经济全球化的发展，一条裂缝在有财产者与无财产者之间、富裕国家与贫穷国家之间张开，整个世界充满了矛盾和冲突，发展差距不断扩大。这正是西方国家在过去 70 年里宣传的发展模式的积弊。而习近平总书记提出的"构建人类命运共同体"，则是和谐、平等、可持续发展的模式。

当代世界，霸权主义、单边主义横行，西方国家的意识形态和文化渗透、支配着其他国家的意识形态和文化；"强权即公理"的逻辑仍在世界秩序中盛行；一些西方国家违反国际规则，将其意志强加给其他主权国家。因此，构建人类命运共同体任重道远。

气候变化、新冠肺炎疫情大流行、非传统安全威胁、网络安全、贫困，以及其他一系列紧迫的问题，构成全球性挑战，需要全世界所有国家精诚团结、相互合作、共同应对。中国在较短的时间内基本控制了新冠肺炎疫情，并与其他国家分享抗疫经验，提供医疗物资和技术，有力地支持了全球抗疫斗争。中国慷慨地将新冠肺炎疫苗作为公共产品提供给有需要的国家，中国共产党以实际行动证明了构建人类命运共同体的诚意。

中国共产党倡导互联互通、互利合作、平等、和谐，这是一个契机，世界各国可以通过平等互助，为美好的未来共同努力。只有共筑繁荣与和谐，我们才能实现和平与幸福。

三、社会主义道路是解决当今全球性问题的唯一方案

在东欧剧变、苏联解体事件中，苏联和东欧的共产党之所以没能控制住混乱局面，背后的主要原因是他们在意识形态上出了问题，没有尊重人民的愿望和需要。我们由此得到的教训是：只有根据社会的发展变化不断发展、创新马克思列宁主义，结合本国实际，创造性地运用马克思主义基本理论，革命才能不断走向成功。

在长达一个世纪的历程中，中国共产党贯彻马克思主义基本理论，证明了自己是一支为国家、为人民、为人类事业而奉献的力量。由此可见，党的领导人只有坚持马克思主义的开放性理论品格，不断丰富发展马克思主义；以问题为导向，根据不断变化的社会现实进行理论创新，在坚持革命理想的基础上提出科学的解决问题方案、选择正确的实践路径，才能带领党和人民取得社会主义革命和建设的成功。

正如我前面谈到的，资本主义的发展模式和一些资本主义国家推行的霸权主义与单边主义，造成了人类发展的差距和困境。资本主义的问题不能靠资本主义自身来解决，共产主义者必须为当今世界面临的问题找到解决方案。中国是和谐、和平发展的倡导者，当前正通过“一带一路”来促进互联互通，拓展与发展中国家在社会经济发展方面的合作。中国已扶助国内众多贫困人口摆脱贫困，这是社会主义建设的一项伟大成就，中国的这些成就都是通过坚持和发展中国特色社会主义而取得的。

四、中国共产党与尼泊尔共产党始终保持着非常密切的关系

在尼泊尔，每一个共产主义政党基本上都是在反帝反封建的革命斗争中建立起来的，以马克思主义、列宁主义和毛泽东思想作为党的指导思想，其战略选择深受中国新民主主义革命的启发。直到今天，中国共产党的成功经验仍源源不断地给尼泊尔共产党以启发和借鉴。

目前，由尼泊尔共产党（联合马列）和尼泊尔共产党（毛主义中心）这两个最主要的共产主义政党合并组建的尼泊尔共产党，已成为尼泊尔主要的共产党。尼泊尔的共产主义政党与中国共产党之间的密切关系已保持了 71 年，在尼泊尔共产党合并组建后，中尼两国共产党的关系愈加稳固、深化和发展。尼泊尔以社会主义为导向的政体和尼泊尔共产党建立社会主义制度的总体战略目标，与中国共产党坚持和发展中国特色社会主义所取得的成就互相呼应，为进一步深化中尼两国共产党之间的建设性关系提供了良好的理论和实践基础。中尼两国共产党携手共进，为促进党员干部、议员、青年、妇女、学生、友好协会、工会、体育界人士、文化团体、艺术家、智库、企业界人士的友好合作发挥重要作用。

中国共产党始终重视与尼泊尔共产党兄弟般的友谊，这一点给我留下了深刻印象。中国共产党作为世界上最大的政党，始终尊重他国的主权独立，从不干涉他国内政。正如我们所见，中国共产党始终致力于人类的福祉，寻求和平解决国际争端，维护发展中国家的主权完整，并为其社会经济发展提供力所能及的支持。

近年来，尼泊尔的多位共产党领导人和干部到中国访问，学习借鉴中国社会主义建设经验，深入考察中国的经济文化、风土人情等，增进

了中尼两国根深蒂固的友好关系。

良好的党际关系有助于中尼两国在本地区的和平、发展和繁荣等问题上建立更广泛的共识；有助于在双方共同关心的重大问题上取得一致意见，增进相互信任，加深友谊，促进政策协调和经济一体化。党际交流还有助于协调两国的发展战略，促进生产链发展，促成铁路和公路等重大基础设施项目的启动；有助于加强在疫苗开发和使穷人获得疫苗等抗击疫情方面的合作，进一步扩大技术转让、农业发展、人力资源开发，以及技术与职业教育等各领域的合作。我们应加快合作的步伐，选择的项目应既能较快地给人民带来明显的利益，又有利于建设跨喜马拉雅的繁荣与幸福的丝绸之路。

五、中尼两国相知相亲，世代友好

中国与尼泊尔自古以来保持着睦邻友好关系。中国是尼泊尔值得信赖的邻居、亲密的朋友和可靠的发展伙伴。中尼关系以和平共处五项原则为指导，其基础是彼此互信。不干涉彼此的内部事务，理解关心彼此的核心利益并能感同身受，是中尼两国亲密关系的显著特点。尼泊尔共产党将继续坚定不移地支持一个中国政策，主张台湾和涉港、涉藏、涉疆等事务是中国的内政，绝不允许任何势力在尼泊尔的领土上对抗中国。尼泊尔非常珍视与中国的关系，感谢中国对尼泊尔的主权独立、领土完整、政治稳定和发展愿景的支持。

我们绝不允许阻碍“一带一路”合作，绝不允许破坏中尼关系。我们将促进边境地区的民间合作，以增进对边境地区的了解，维护边境地区的和平与安宁。中尼双方应携手合作，不断克服“一带一路”合作道路上的障碍，坚持和平与发展、多边主义和地区合作，维护跨喜马拉雅地区的和平与稳定。

我们要在 2017 年签署的“一带一路”合作谅解备忘录的大框架下，通过跨喜马拉雅的多维度互联互通网络，齐心协力，快马加鞭，果断地把我们两国、两国人民和两国经济联系在一起。我们必须加快落实包括跨境铁路在内的互联互通项目，使尼泊尔从“内陆国”转变成“陆联国”。

中国始终支持尼泊尔的社会经济发展。中国支持的魅力在于政府牵线的合作模式，不像其他发展伙伴巧立名目，也不干预我们的政策和事务。中国是尼泊尔最大的发展融资来源国、最大的投资来源国和第二大旅游来源国，中国的持续支持对我们至关重要。

当前，世界面临多重挑战，新冠肺炎疫情、经济衰退、单边主义和保护主义、气候灾难、网络安全、贫困、数字鸿沟和地区冲突等。全球团结与合作比以往任何时候都更加紧迫，唯有合作，才能应对上述全球性问题的复杂情况。

六、携手抗击新冠肺炎疫情，消除贫困

截止到 2020 年 11 月中旬，新冠肺炎疫情夺去了全球约 130 万人的生命，全球感染人数超过 5100 万人。全球经济损失惨重。习近平总书记成功组织动员了中国疫情防控战，中国共产党坚决遏制新冠肺炎疫情的蔓延，努力挽救每一条生命，为确诊新冠肺炎的病人支付所有医疗费用。

我们非常感谢中国为尼泊尔和其他发展中国家抗击新冠肺炎疫情提供的坚定支持。目前尼泊尔仍属于疫情高风险地区，经济和就业受到严重影响，中国的支持对于我们遏制新冠肺炎疫情、重振遭疫情重创的经济是非常重要的。

中国将新冠肺炎疫苗作为公共产品提供给有需要的国家，值得高度赞扬。这表明，中国在负责任地发挥作用，关心社会经济实力较弱的发展中国家的需求。据预测，全球贫困指数（包括尼泊尔贫困指数在内）将在后新冠肺炎疫情时期急剧上升。与此形成鲜明对比的是，即便受到新冠肺炎疫情的严重影响，中国也实现了 2020 年前消除绝对贫困的全面小康目标。因此，在新冠肺炎疫情使贫困激增之时，世界各国可以学习借鉴并受益于中国在消除贫困方面取得的前所未有的成功。

七、继往开来，中国特色社会主义引领中国走向高质量发展道路

中国今后 5—15 年的经济发展规划对尼泊尔乃至整个世界都非常重要。中国既是世界上第二大经济体，又是 2020 年从新冠肺炎疫情的影响中较快恢复的第一大经济体，中国共产党十九届五中全会精神将指引中国向实现第二个百年目标迈进。在中国共产党的坚强领导下，中国完成了从快速发展向高质量发展的转变，踏上了建设社会主义现代化强国的新征程。

我们的友好邻居——中华人民共和国，正在中国特色社会主义道路上继续前进，并更加坚定地推动构建人类命运共同体。中国的快速发展和跨境发展合作对尼泊尔非常有利，尼泊尔将继续加强与中国的团结和合作。

（中国社会科学院马克思主义研究院副研究员　唐芳芳　译）

百年中国共产党的成就具有重要的世界意义

［意］毛罗·阿尔博雷西[①]

一、引言

意大利共产党与世界上其他国家的共产党一样，一直怀有极大的兴趣密切关注着中国共产党自 1921 年建党以来的发展历程及其积累的宝贵经验。我们知道，如同其他国家的共产党一样，中国共产党也是在第一次世界大战和俄国十月革命所开启的革命性历史转型，以及沙皇俄国、哈布斯堡王朝、德意志帝国和奥斯曼帝国解体的国际大背景下成立的。这一系列事件共同开启了世界殖民体系危机与崩溃的历史进程。而当时的中国，则是该体系的主要受害者之一。

中国共产党诞生后，很快便与共产国际建立了非常紧密的联系。此

① ［意］毛罗·阿尔博雷西，意大利共产党总书记。

后，中国共产党又采取了许多具有历史性影响的革命行动：与孙中山领导的中国国民党建立革命统一战线。在城市和农村组织起大规模群众运动，如五卅运动。推动工人运动、农民运动和工农联盟发展壮大。由于蒋介石发起对无产阶级的镇压活动，中国共产党与之决裂，并在毛泽东的推动下建立红色革命根据地。1931 年，中华苏维埃共和国成立。在反“围剿”失败后，中国共产党开始长征。几乎与此同时，日本侵华战争爆发。反侵略斗争和阶级斗争交织于中国共产党领导的革命实践中，而争取中华民族独立的反帝国主义斗争中亦蕴含着社会主义的发展愿景。中国共产党通过逐步推动解放区人民力量的建设，最终在 1949 年成立了中华人民共和国。

二、中国共产党取得巨大成就的两大关键能力

通过分析梳理中国共产党百年发展历程的重要节点，我们发现了其获得成功的两大关键能力：理论密切联系实际及突出的自我批评和反对主观主义的能力。

中国共产党领导中国革命取得胜利的关键恰恰蕴藏于争取民族独立的斗争、新民主主义革命和社会主义建设的历史进程中。尤其值得关注的是中国共产党理论与政治实践密切结合的能力。通过毛泽东发起的延安整风运动，中国共产党获得了另一种非常重要的能力，即纠正自身错误和反对主观主义的能力，或者说是自我反思与自我批判的能力。这使得党能够不断前进，不断根据现实变化调整自身的路线。正是由于有了这种能力，中国共产党能够及时调整党的路线以适应不断变化的现实，总结经验教训并不断前进。

自中国改革开放以来，辩证法在毛泽东的继任者那里得到了深刻发

展，也发生了巨大的变化。例如，建设中国特色的社会主义问题，其主要目的是最大限度地发展生产能力，包括利用能够在资源分配方面发挥很大作用的市场机制。在从资本主义向共产主义的革命转变时期，即在无产阶级专政的过渡时期，在一定程度上利用市场机制是可行的，也是苏联的宝贵经济实践的一部分。

与此同时，中国共产党已经从东欧剧变和苏联解体的惨痛历史事件中吸取了教训。中国共产党认识到，经济改革会给私有制和市场机制留下空间，因此到目前为止顺利推进的改革牢牢抓住了这两点：公有制在经济的战略性部门中占主体地位，因而可以保证改革继续按计划发展；同时，更为密切相关的是保证党在其中的领导作用。在实现社会主义建设目标的整个过程中，党的集中统一领导丝毫不容置疑。这两点是保证中国社会主义性质的决定性因素。

我们意大利共产党人看到了一个极为原创、极为独特且高效的建设社会主义模式。这意味着，社会主义与市场之间的关系得到了有效调控。它们之间的关系不是冲突的，并不像资本主义与社会主义之间的关系那样。社会主义社会的首要目标是增进人民的福祉。中国共产党就是在此目标指引下行动并取得了举世瞩目的成就。

三、人类命运共同体倡议符合全人类的根本利益

中国共产党的目标之一是建立一个真正的人类命运共同体，这是一个符合当前人类发展历史阶段的愿景。我们这个时代的特点是经济全球化、世界各国和地区之间的相互依存程度达到了前所未有的水平。世界上不同地区在生态、气候以及经济、生产和财政等方面都密切相连。2020 年发生的新冠肺炎疫情也证明了全人类是一个命运共同体。因此，

人类应该基于这一前提并在对全球性问题——环境、气候、和平、资源和发展等形成共识的基础上，建设自己的未来。这需要推动文化和政治的改变，当然经济模式也不能例外。一方面，资本主义制度建立在对人和资源的剥削以及商品的无限生产的基础上，正日益暴露出其作为一种社会制度存在着非公正性、非正义性，以及对于我们这个星球发展而言的不可持续性。另一方面，资本主义国家特别是帝国主义国家的统治集团，顽固地拒绝承认这种现实，甚至否认生态问题与气候危机等客观情况的存在，否认资产阶级自由主义的应对方式早已完全不合时宜。

在20世纪70年代，意大利共产党领导人恩里科·贝林格（Enrico Berlinguer）也曾论及建立一个推动全球经济和社会发展的世界政府的必要性。如今，全球治理对人类的命运而言至关重要。不过，良好的世界经济治理是需要规划的，或者至少要对事关发展问题的选择进行规划。资本主义，就其本质而言，无法实施真正的经济计划——这与其宣扬的自我调节的市场信念相冲突，与私人利益更是会产生竞争关系，甚至是相矛盾的。只有将社会主义作为目标的战略似乎才能应对这一挑战。而中国经验的重要价值在于，作为一个起点，也是一个非常重要的社会主义平台（枢纽），它对帝国主义国家统治阶级的霸权，客观上形成了一种制约。帝国主义国家统治阶级霸权的历史性衰落是非常显著的。这一方面表现在世界市场力量对比和国际分工的变化，另一方面则表现在中华人民共和国所发挥的作用日益重要。

从这个角度而言，中国经验所表现出的重要世界意义是积极的、有力的。这些经验有助于在全世界重新燃起社会主义的理想，重塑社会主义的愿景。中国的经验不仅揭示了一种不同于资本主义的社会主义经济和社会组织方式是可能的，而且证明了以和谐共赢的方式在世界不同国家和地区之间构建国际政治关系和经济关系也是可能的。

许多人认识到，中国的社会主义建设及其未来与国际形势紧密相连。中国共产党和中国都是致力于和平的力量，是致力于通过和平方式解决国际争端并维护国际秩序稳定的力量。在过去的100年中，中国共产党对世界和平与发展所作出的重大贡献主要表现在两个方面：首先，中国共产党在战胜西方殖民体系以及撼动西方世界长期以来所享有的霸权方面，作出了巨大贡献。其次，中国共产党在今天提出了一个和谐的发展模式，一个以合作、多边主义和共赢为基础的国际关系体系。这一模式也体现在"一带一路"（我们意大利人习惯称其为"新丝绸之路"）倡议中，这完全不同于美国提出的单边的、竞争的和富于侵略性的模式。

可以想象，这两种模式在未来数年中将有可能产生冲突。而第一个模式显然与和平发展以及社会主义的前景密切相连。在我们看来，当前最大限度地扩展拯救人类文明力量的战线，以使之免受各种灾难性后果及其次生灾害的威胁，才能巩固和谐共赢的发展模式。这一战线可以吸收许多国家、许多政治和工会力量以及群众运动，甚至超国家机构。在这一庞大的战线内部，工人的政治组织和工会组织之间的协调应得到加强，使之与资本主义及其统治一样达到一种全球化水平。换言之，工人的政治与经济社会组织，应具有跨国性和全球性。

四、中国共产党与意大利共产党的友谊发展前景可期

意大利共产党与中国共产党在一些问题上的立场是一致的。例如，两党都尝试探索并发展出了一条适合本国特点的通向社会主义之路，而且这条道路还能够团结一批以无产阶级为核心且以无产阶级政党为先锋队的社会力量。

中国共产党和意大利共产党之间有诸多共同点，两党在共同发展和

探索社会主义道路的进程中，还建立了深厚的友谊。前意大利共产党总书记陶里亚蒂（Palmiro Togliatti）认为，中华人民共和国诞生是继十月革命之后世界上发生的最伟大变革。1951 年，在向意大利共产党第六次代表大会提交的报告中，他从世界格局的核心内容“选择和平还是战争”出发，重申中国革命的胜利已经完成了“摧毁殖民制度的决定性一步”，预示着被压迫人民的“新一轮民主解放运动”即将到来。1957 年，吉安·卡洛·帕杰塔（Gian Carlo Pajetta）率领的意大利共产党代表团访问中国，巩固了两党之间的友好关系。20 世纪 60 年代，两党关系经历了比较艰难的时刻，但在此后的 10 年间，两党关系得到了改善。1979 年，贝林格访华，标志着两党关系全面恢复正常。1991 年，在葛兰西（Antonio Gramsci）和陶里亚蒂等领导下组建的意大利共产党解散，意大利共产主义运动内部出现了多条路线，对立冲突频现。

我们党决定重新启用原意大利共产党的名称和党的标志，以明确对其政治文化的继承和延续。在我们看来，原意共的政治文化对 21 世纪社会主义的发展依然是有价值的。如今的意大利共产党仍然是小型政党，将党建设成一个群众党是我们党的战略中心。总体而言，面对当前的挑战，群众路线是更符合实际的应对之策。从这个角度来说，对中国的经验、中国共产党以及与中国共产党的探索路径相连的文化结构进行研究和分析，对我们而言意义重大。而对于中国的同志而言，意大利共产党可以成为其在欧洲进行政治和文化交流与斗争的有益沟通者和对话者。中国同志所进行的这场斗争，反对任何形式的“恐华症”和国际政治层面的侵略主义行径，有望将资本主义国家工人运动的斗争同从殖民主义中解放出来的人民（如中国人民），以及今天仍受制于帝国主义枷锁的人民的斗争统一起来。

因此，我们有意愿尽可能巩固和扩大我们两党在政治和文化上的联系，使之尽可能保有最大限度的连续性。2021 年，中国共产党和意大利共产党都迎来建党 100 周年——这是一个深化友谊的契机，让我们共同回顾党的历史，展望 21 世纪社会主义的前景吧！

（中国社会科学院马克思主义研究院副研究员　李惟　译）

中国共产党对马克思主义的创新性发展

［乌克兰］格奥尔吉·克留奇科夫[①]

中国在较短的时期内从一个饱受帝国主义、殖民主义压迫的贫穷、落后国家转变为自由、强大、有影响力的世界大国，中国共产党百年来革命、建设和改革取得的巨大成就，使我们对伟大的中国人民怀有深深的钦佩和尊敬之情。改革开放40多年来，中国的经济总量大幅增长。几乎没有人怀疑，中国经济总量在未来几年将上升至世界首位。

一、中国人民在中国共产党的领导下走过艰难而又不平凡的道路

对于任何一个没有偏见的分析家来说，一个显而易见且不可否认的事实是，中华人民共和国从根本上改变了14亿多中国人民的命运。经过

① ［乌克兰］格奥尔吉·克留奇科夫，乌克兰共产党中央委员会委员。

新民主主义革命，推翻了“三座大山”；进行社会主义改造，建立了社会主义基本制度；实行改革开放，解放和发展了生产力；将马克思主义基本原理与当代中国实际相结合，探索出中国特色社会主义道路。当前，为了实现中华民族的伟大复兴，中国共产党正坚定地带领中国人民奔向第二个百年目标——全面建设社会主义现代化国家。

中国人民在中国共产党领导下走过的道路是艰难而又不平凡的，中国经验具有重要的国际意义。中国共产党十九大和十九大以来的历次中央委员会全体会议，对中国经验进行了全面总结；中外学者和政界人士，也都对中国经验进行了较为深刻而又全面的分析总结，并给予了高度评价。中国经验最重要的一条是：中国共产党在其纲领性文件中明确规定了马克思主义在意识形态领域的指导地位，强调一切工作必须坚持党的领导。正如中国共产党十九大报告指出的：“党要团结带领人民进行伟大斗争、推进伟大事业、实现伟大梦想，必须毫不动摇坚持和完善党的领导，毫不动摇把党建设得更加坚强有力。”从实践上看，党的领导确实涵盖了中国社会生活的所有领域，加强党的建设、增强党的执政能力、发展社会主义民主、严格干部管理、优化领导体制等，这些都取得了极好的效果。

20 世纪八九十年代，东欧剧变，苏联解体，其根本原因正是放弃了共产党的领导。今天，以美国为首的西方国家把中国视为“头号敌人”，把中国社会主义建设成就视为首要威胁，也是因为他们敌视共产党的领导。

二、中国共产党的“以人民为中心”发展思想体现在党和国家的所有活动中

中国共产党坚持“以人民为中心”的发展思想。中国共产党认为，人民群众是历史的创造者，是国家的主人，是社会主义建设的基本依靠

力量。因此，中国共产党以不断提高人民的生活水平、不断满足人民日益增长的美好生活需要，作为全面建设社会主义现代化国家的根本目的。

中国共产党的“以人民为中心”发展思想体现在党和国家的所有活动中，特别是在经济领域。恩格斯指出：“大工业及其所引起的生产无限扩大的可能性，使人们能够建立这样一种社会制度，在这种社会制度下，一切生活必需品都将生产得很多，使每一个社会成员都能够完全自由地发展和发挥他的全部力量和才能。”“以人民为中心”发展思想完全符合科学社会主义创始人关于必须发展大工业的论述。

实现恩格斯说的这一美好图景，不能仅停留在口号或承诺上，要制定科学合理的发展规划，还要有一整套切实可行的综合性措施，这方面中国确实做得很好。中国成功解决贫困问题就是一个生动而又令人信服的例子。习近平总书记在十九大报告中指出，2012—2017年，“脱贫攻坚战取得决定性进展，六千多万贫困人口稳定脱贫，贫困发生率从百分之十点二下降到百分之四以下”。纵观世界历史，还没有哪一个国家能够完成如此艰巨的任务。

三、中国共产党创造性地丰富和发展了马克思主义

中国共产党十九大报告指出：“中国特色社会主义进入新时代，我国社会主要矛盾已经转化为人民日益增长的美好生活需要和不平衡不充分的发展之间的矛盾。”中国共产党关于新时代中国社会主要矛盾转化的重大论断，丰富和发展了马克思主义。马克思、恩格斯指出：“建立共产主义实质上具有经济的性质，这就是为这种联合创造各种物质条件。”

中国的马克思主义者客观地评价中国社会主义所处的历史阶段，丝毫没有夸大中国正在建设的社会主义社会的发展成熟度（这正是当时苏

联共产党陷入无法克服的危机的原因之一）。正如中国共产党十九大报告指出的："我国社会主要矛盾的变化，没有改变我们对我国社会主义所处历史阶段的判断，我国仍处于并将长期处于社会主义初级阶段的基本国情没有变，我国是世界最大发展中国家的国际地位没有变。"这也就是说，中国共产党将继续毫不动摇地坚持党在社会主义初级阶段的基本路线，"领导和团结全国各族人民，以经济建设为中心，坚持四项基本原则，坚持改革开放，自力更生，艰苦创业，为把我国建设成为富强、民主、文明、和谐、美丽的社会主义现代化强国而奋斗"。中国共产党提出的这一行动纲领，既是波澜壮阔的，也是脚踏实地的，引起了全世界的广泛关注。这里要强调的是，如果没有中国共产党的领导，上述任务的完成将不可避免地成为乌托邦。

中国共产党领导和团结全国各族人民，致力于有效应对各种严峻挑战，抵御重大风险，克服困难和障碍，解决国内外复杂矛盾，领导具有新的历史特点的伟大斗争，为世界其他国家开展共产主义运动树立了榜样。中国共产党客观评价国内外形势、科学制定社会发展战略、根据本国国情走适合自己的发展道路的做法，值得其他国家学习和借鉴。

全面加强党的建设是极为重要和有启发性的。中国共产党要始终成为时代先锋、民族脊梁，始终成为马克思主义执政党，自身本领必须始终过硬。中国共产党十九大报告指出："全党要更加自觉地坚定党性原则，勇于直面问题，敢于刮骨疗毒，消除一切损害党的先进性和纯洁性的因素，清除一切侵蚀党的健康肌体的病毒，不断增强党的政治领导力、思想引领力、群众组织力、社会号召力，确保我们党永葆旺盛生命力和强大战斗力。"

四、构建人类命运共同体需要世界人民的共同努力

中国在上海合作组织中积极开展活动，深化与金砖国家的合作，习近平总书记提出的构建人类命运共同体的主张被写入联合国多个决议和文件中，这些都说明中国正在发挥日益重要的作用。

当今世界，所有国家从未像现在这样紧密地相互依存、利益密切地交织在一起，没有哪个国家能够独自应对人类面临的各种挑战。事实已经证明，资本主义不可能维护世界人民的根本利益，更解决不了人类社会共同面临的、关系到人类生死存亡的各种问题。资本主义的阶级矛盾和剥削现象，只有通过改变其社会政治制度，向社会主义过渡，才能从根本上消除。

自然资源，特别是能源和粮食耗竭的威胁，也是非常重要的问题，全球对资源的需求早已远远超过了其开采或生产的总量，世界知名科学家早就对此发出警告。此外，还有生态领域日益加剧的各种灾难，以及社会领域精神和道德层面的问题，更不用说一旦爆发核战争，人类将面临毁灭性的威胁了。解决上述问题需要全人类的共同努力。正如习近平总书记指出的："要相互尊重、平等协商，坚决摒弃冷战思维和强权政治，走对话而不对抗、结伴而不结盟的国与国交往新路。要坚持以对话解决争端、以协商化解分歧，统筹应对传统和非传统安全威胁，反对一切形式的恐怖主义。要同舟共济，促进贸易和投资自由化便利化，推动经济全球化朝着更加开放、包容、普惠、平衡、共赢的方向发展。要尊重世界文明多样性，以文明交流超越文明隔阂、文明互鉴超越文明冲突、文明共存超越文明优越。要坚持环境友好，合作应对气候变化，保护好人类赖以生存的地球家园。"

以美国为首的西方势力不可能支持构建人类命运共同体，只有马克思主义政党才是世界人民根本利益的代表，构建人类命运共同体需要世界人民长期的共同努力。正如列宁的著名论断："根据马克思主义的基本思想，社会发展的利益高于无产阶级的利益；整个工人运动的利益高于工人个别部分或运动个别阶段的利益。"

当前的国际形势迫切需要各种进步力量，特别是所有共产主义政党在反对帝国主义、霸权主义方面共同努力。帝国主义和霸权主义对各种进步力量以及争取社会平等和正义的斗士们的打击越发变本加厉，加强共产主义运动的国际联合比任何时候都更重要。资产阶级政权在反对工人运动、迫害共产党人方面日益暴露出恐怖主义特征，一些国家的法西斯主义威胁不断加剧（我们在乌克兰感受尤为明显）。

当前最紧迫、最重要的任务是捍卫社会主义运动取得的成就和斗争中积累的经验，捍卫社会主义国家和人民的真实历史，捍卫共产党领导人和无产阶级革命家的真实历史；坚决抵制和防范别有用心的人诽谤、歪曲、污蔑、丑化无产阶级革命斗争，欺骗年青一代。众所周知，正是对这些问题的重视程度不够，才导致苏联解体、苏共垮台，国际共产主义运动遭受巨大损失。

五、中国人民的第二个百年奋斗目标一定能实现

今天在谈到中华人民共和国及其领导力量——中国共产党时，重点都放在"中国特色社会主义"上。中国共产党不照搬马克思主义教条或苏联模式，而是把马克思主义基本原理与中国实际相结合，走自己的路，建设中国特色社会主义。这是在考虑了中国的国情、历史和现实条件，以及社会主义建设经验教训，特别是其他社会主义国家兴衰成败经验教

训的基础上作出的正确选择。这种思考和解决问题的方法也正是科学社会主义创始人所要求的。

最后，请允许我在这个光荣的日子——中国共产党成立 100 周年之际，向中国共产党全体党员、中共中央以及伟大的中国人民表示祝贺，衷心祝愿你们早日实现第二个百年奋斗目标——全面建设社会主义现代化国家。

（中国社会科学院信息情报研究院副研究员　高媛　译）

中国共产党理论探索和实践的贡献及未来挑战

[法] 法比恩·罗塞尔[①]

一、中国共产党对中国的重要贡献

从1921年成立到1949年全国执政，中国共产党经历了反抗外国占领、国民党镇压和日本侵略等一系列斗争。这是一段充满挑战和磨难的历史。中国共产党每克服一个这样的挑战，就向中华人民共和国的成立迈出了重要一步。新中国成立后，中国共产党面临三重挑战：摆脱国家一穷二白的面貌，赶上时代发展的步伐；开始建设现代化国家；重新在强国林立的世界舞台上占有一席之地，抹去鸦片战争以来遭受的失败和屈辱。新中国成立，特别是中共十一届三中全会后实施的各项改革措施，确保了中国的经济独立，并把促进中国工业和技术发展写进了长期的发展方略中。经

① [法] 法比恩·罗塞尔，法国共产党全国书记。

过 70 多年的发展，中国人民创造性地解决了上述三重挑战，取得了超乎寻常的成就。近年来，无论是在解决各省特别是西部地区发展不平衡的问题方面，还是在国际上提出“一带一路”倡议、推动合作与共同发展方面，中国取得的成就都十分引人瞩目。70 多年前，中国是世界上最贫困的国家之一，人均国民生产总值只有非洲的一半。今天，中国已经摆脱了极端贫困，而且根据某些经济分析数据，中国已上升为世界第二大经济体，在很多方面已经超过了美国，在国际舞台上扮演着重要角色。

在中国全面推进经济国际化进程和社会深刻变革之际，深化改革与成为国家工作重点的脱贫攻坚重要目标密切相关。发展公共服务（指政府同时提供给所有成员的诸如一般公共服务、公共秩序和安全、经济事务、环境保护、住房和社区便利设施、医疗、教育、文娱、社会保护等方面的非市场性服务），确保以人为本、重视环境的现代化可持续进行，为改革的发展和深化作出了贡献。社会保障的普及，即全民社会保障、医保、养老、教育及职业培训、社会保障性住房、保障基本消费品的获取，是应对中国和世界其他国家所面临的脱贫重大挑战的首要对策。这些都是中华民族在发展进程中取得的根本性进步，也是亚洲和世界发展进步的重要组成部分。

二、中国共产党对中国发展道路的探索

对于法国共产党来说，深刻理解每个民族特有的历史条件，以及各自的历史进程和政治文化，并坚持马克思主义的方向非常重要，也是我们从 20 世纪的历史中共同吸取的教训之一。从这方面看，中国共产党坚持一贯立场，没有受到霸权主义的诱惑。今天，中国共产党提出的习近平新时代中国特色社会主义思想，进一步深化了毛泽东所开创的马

克思主义中国化，是中国共产党理论发展史的延续。中国共产党从成立之初就分析了中国的现实国情：中国历史上曾是一个政治和商业大国，但到 20 世纪初期，中国乡村落后，经济衰败，被外国部分占领，中国共产党根据这一国情，制定了自己的方针政策。

40 多年前，邓小平指出“中国的发展离不开世界”，领导中国走上了改革开放之路。早在 1978 年，邓小平就提出“实践是检验真理的唯一标准”，要求先实验，再总结经验，最后推广开来，开创了一条由中国共产党领导的独一无二的发展道路。为此，对马克思主义进行理论创新，把马克思主义视为一种不断发展的理论而非教条，回答了 21 世纪提出的新问题，并在面对新自由主义意识形态和极右翼兴起时强调马克思主义的重要意义，这些都让马克思主义成为具有普遍指导意义的理论。

中国的改革是长期历史进程的一部分，它还在继续，并没有停滞。中国共产党从一开始就考虑到改革本身会产生新矛盾，带来新挑战。为了动员各种建设力量，并把党的目标集中在发展经济上，中国共产党在三个根本问题上实现了马克思主义的现代化：一是市场与计划的关系：市场和私人资本对公共部门的投资是为了走向社会主义，这让中国共产党重新思考自己与私营企业之间的关系；二是对集体服务在经济社会发展中的作用进行相关性分析；三是把国家和政府视为当代社会进步的必要形态。今天，在以上三个基本问题之外，还必须加上生态问题。

改革开放政策的实施，开启了一场关于市场地位的根本性辩论。现在，市场是中国社会主义制度日常运行的一部分，那么市场的目的是什么呢？中国的改革事业是全球整体的一部分，改革的目标是不可改变的：建设一个繁荣和具有经济主权的国家。随着时间的推移，改革的推进意味着提出和实施改革的政府具有了连续性，并获得了人民的支持，这与苏联东欧所经历的“休克疗法”相去甚远。中国经济体制改革的目的不是要把资本主义输入中国，而是要建立一个由公有部门和私营部门共同组成、不同所有制（公有制、集体所有制、中外合资、私有制和外国独资）共同发展的、一体的现代化生产体系。在这个生产体系中，私有资本的重新出现受到政府的批准和管控，市场的引入是作为发展的工具而不是目的，在某些领域取消计划经济，产生了“社会主义市场经济”，这是当前历史阶段即“社会主义初级阶段”的必然，在这个阶段，市场经济是工具而不是目的，开放是效率的条件。

今天中国进入了新时代，第一个目标是在2021年建党100周年时，中国全面建成小康社会，实现“十三五”规划提出的城镇国民生产总值和农村居民收入比2010年翻一番的目标。第二个是新中国成立100周年时的奋斗目标，习近平分成两个阶段来安排：首先是到2035年，中国基本实现“社会主义现代化”；然后到2049年，中国将建成“社会主义现代化强国”。改革第一阶段出现的矛盾促使中国共产党人提出了新的问题。

习近平追随毛泽东等先辈的脚步，如马克思、恩格斯所要求的那样，根据中国具体的历史条件，不断思考社会变革的过程。习近平指出，中国社会的主要矛盾已经转化为人民日益增长的美好生活需要和不平衡不充分的发展之间的矛盾。因此，中国当前的主要工作是在必要的情况下减少过剩生产、减少房地产储备（即住房应回归居住功能，而不再是投机工具）、加强建设公共服务、基础设施和制度建设等经济中的薄弱环节。

改革的新的历史阶段已经开启。根据更加平衡、更加社会化、更加高质量的增长标准，改革重新关注国内市场，重视扩大公共服务，减少对国际经济波动的依赖。“中国制造2025”计划十分重要，该计划旨在通过创新、融合信息技术和保护环境来促进工业的发展。从一种经济类型转向另一种经济类型似乎是一种冒险，但面对新自由主义的困境，中国共产党在政治上重新动员，加强公平公正，这说明改革进程并非一成不变。在建立改革新阶段的社会共识方面，政府如何运用自我变革的能力将起到决定性作用。由于国际环境不稳定给中国造成了很大的风险，因而这个时期变得更加敏感。

三、中国共产党与中国人民的关系

一个国家的经济增长、社会发展和现代化建设必须为提高人民生活水平服务，政府是否以此为目标至关重要。中国共产党提出的全面建成小康社会的目标离不开脱贫攻坚的努力，这样的雄心壮志体现了社会主义制度与以追求利润为唯一目的的资本主义制度之间的差别。在以自由主义经济为基础的资本主义国家，只遵从盈利逻辑的倒退政策造成了社会体系和公共服务的崩溃。

我们如何才能使经济增长和社会发展涵盖更多的群体？最贫穷的人口受新冠肺炎疫情的影响最大，法国的情况尤其体现了这一点。塞纳－圣丹尼斯省就是个例子。该省是法兰西大区最贫穷的地区，医院基础设施和医疗设备比较稀缺，在疫情中受害颇深。在当前新冠肺炎疫情危机中，国家和公共服务的作用尤为重要，中国全民动员遏制新冠肺炎疫情就是明证。因此，必须采取行动，施行由世界卫生组织协调和支持的公共卫生政策。药品、医疗和社会保障行业的非市场化，就是要解决全民的健康保障权问题。为确保社会经济稳定发展，政府应该负起责任，将民众的安全和健康置于一切利益之上。

联合国秘书长古特雷斯经常强调，要积极促进卫生领域的国际合作。在这个意义上，我们欢迎世卫组织大会于 2020 年 5 月 18 日作出的决定。这个多边机构已通过一项决议，要求强化普遍获得新冠肺炎治疗方案和疫苗的原则，并正式启动了自愿共享平台，集中了所有相关数据、科学知识、治疗方案和疫苗的专利知识产权。中国在大会上承诺，未来新冠肺炎疫苗将成为“全球公共产品”，这将使发展中国家能够获得并负担得起新冠肺炎疫苗。

四、中国共产党与世界政党

虽然我了解中国共产党历史上的每一个伟大时刻，但2019年夏天，我作为法共全国书记第一次正式访华的经历却令我记忆犹新，印象深刻。我参观了中国共产党于1921年在上海召开成立大会的会址，代表们开会的房间给我留下了深刻印象，他们的工作非常令人敬佩，他们的行动对于解放中国人民发挥了决定性的作用。在我参观的当天上午，街上挤满了成群结队的参观者，很多中共党员同志带家属同来，我们有相同的心情，脸上露出了同样的笑容。我们一起拍照留念，就像法共同志们在“《人道报》节”的小巷里彼此拍照留念一样，永久记录下我们的幸福感：共处此刻，共有同样的革命理想。无论是与中共领导人的会面，还是参观首钢原址，或是参观冬季奥运会场馆和奥运村，我和所有代表团成员对此都难以忘怀。在中国共产主义运动历史长河中，这次参观的洗礼具有特殊的意义。

我们对通过政党交往促进中法关系和保持国际秩序的稳定、提升全球治理水平深信不疑。在法国公共讨论和民主生活中，政党发挥了主要作用。我深信，政党的作用必须受到政治权利和宪法的保障和加强。在一个充满活力的社会中，工会和协会的参与也至关重要，而政党的任务是把社会运动转化为政治诉求。像中国共产党一样，法国共产党也是法国悠久历史的一部分，是其时代工人阶级的政党，是具有行动力和创造力的政党，是受剥削者和被统治者的政党。受剥削者和被统治者被排斥在权力和决策之外，在法国国家机构中的代表很少，受制于资本的选择和经济政策，所以他们共同的利益是战胜资本主义制度，不仅改造法国社会，还要构建新型的欧洲和国际关系。因此，我们的作用有别于其他政党，因为我们是一个革命的政党，其目标是给予工人和公民改造现实的手段，让他们能够在一个“每个人的自由发展是所有人自由发展的条件”的民主社会中生活。与国家间交流和对话类似的是，政党间的交流同样有助于深化合作和国际团结，从而巩固和平，这是我们各国人民自身发展和应对全人类共同挑战所需要的。共产党必须能够参与国际机构、联合国及其分支机构的工作。我们坚决支持更好的国际治理——我们丝毫没有将其与“政府”混为一谈。国际治理还没有摆脱西方的统治，没有摆脱金融市场和资本的压力，国际治理必须是民主的，涵盖广泛的群体，必须与社会和公民运动相联系，必须防范民族主义的诱惑。

我们参加了中国共产党召集的加强与外国政党交流的高级别会议，目的是更好地了解中国和其他国家的发展状况，并与一些与会代表讨论两国人民之间交流与合作的新前景，每次都受益匪浅。欧洲层次的政党会议也能展示多数受邀的共产党对奉行新自由主义政策的欧盟的替代愿景。在欧洲议会的欧洲联合左翼党团中或欧洲左翼党内，欧洲共产党积极合作。在这些高级别会议上，可以再现我们正在进行的政治斗争，即为建立一个由社会掌控的、民主的、发展的和各党之间及其与世界各国人民之间相互团结的、和平的欧洲联盟而斗争。

五、共产党与世界面临的挑战

面对未来的挑战，法国共产党的工作重点应放在反对社会和经济不平等、反对军备竞赛、支持世界无核化、促进全球公共产品——诸如健康、水、能源等的协同管理、保护生物多样性和防止全球变暖。保障联合国开发计划署定义的集体的、全球的人类安全的时刻来临了。当今新冠肺炎疫情的流行和健康危机甚至严重影响了最发达的国家，保障各国人民的粮食主权和施行新的贸易管制条约已成必然。这些管制条约必须在尊重生态系统和生物多样性的同时，服务于重大的基础设施发展项目、公共产品、就业和公共服务。

在新冠肺炎疫情大流行期间，公共产品成为思想交锋和政治领域越来越重要的主题。交锋中提出的愿望、进行的动员、共同生活的新愿景对应着我们所面临的重大挑战，大家对此越来越心照不宣。未来，人是基本的财富，工作的重点是就业、社会发展和生态转型，这意味着将生产的财富服务于人类。在欧洲议会选举期间，法国共产党为此提出许多建议，特别是追回逃逸的税款，重新规划欧洲央行每个月支付给各银行的 300 亿欧元。法共建议设立欧洲社会和生态发展基金，为公共服务提供资金支持。

生态挑战需要共同应对。消费模式和生产模式的深层次转变让我们不得不否定新自由主义的逻辑并打破对它的幻想，即我们每个人可以单打独斗。除了各国在国际上相互合作发展公共服务外，还有一个至关重要的问题，即为了人类而发展公共服务和公共产品。这就要求我们采取改革措施，逐步收回多国企业在这些领域的主导权。像人类其他活动一样，数字技术是资本激烈争夺的对象，但资本只是为了把它转化为利润来源。因此，与其他所有领域一样，在这一领域提出建立公有制的理论并没有脱离阶级斗争理论的范畴。

事实证明，资本主义越来越无法为人类今天面临的挑战提供以人类可持续进步为目标的解决方案。而且，资本主义还在进行旨在进一步巩固其统治地位的攻势。真正的激进主义是建立另一个共享的和人类解放的世界。

（中国社会科学院马克思主义研究院助理研究员　高静宇　编译）

第六篇

国外共产党、左翼发展新态势

当今国外共产党发展新态势*

柴尚金①

当今世界的共产党主要有三大部分：一是中国共产党、越南共产党、朝鲜劳动党、老挝人民革命党和古巴共产党等社会主义国家执政党，二是欧美等发达国家的共产党，三是亚非拉众多发展中国家的共产党。囿于不同国情和发展阶段，它们在政策主张、斗争方式和依靠力量等方面都表现出复杂情况。随着资本主义制度弊端和中国特色社会主义制度优势越来越凸显，各国共产党和左翼力量的发展变化呈现新的特点，它们对引领世界社会主义发展方向，凝聚各种反资本主义政治力量都产生了不可替代的作用。

* 本文系北京市习近平新时代中国特色社会主义思想研究中心重点项目“大变局中的世界社会主义现状和趋势研究”（LLKDA020）的阶段性成果。

① 柴尚金，天津科技大学特聘教授，中联部当代世界研究中心研究员。

一、执政共产党的“战略共同体”意识不断增强

作为政治制度相同、发展道路相近的社会主义国家，党和国家的前途命运紧密相连，维护共产党执政地位、确保国家政治安全、加快经济发展仍是现存社会主义国家当今面临的共性问题和头等大事。越南共产党（简称越共）大力进行反腐败斗争，净化党内政治生态，巩固党的领导地位。2021 年 1 月，越南共产党举行第十三次全国代表大会，重申越南共产党在越南政治体系中的领导地位和作用，提出要在党和国家一切工作中始终坚持“民本”思想，保证人民当家作主的权利，信任和尊重人民群众，坚持共产党领导和社会主义道路不改向。越共十三大正式提出“两个一百年”目标，到 2030 年越共建党 100 周年时建成具有现代工业、中等偏上收入的发展中国家，到 2045 年越南建国 100 周年时建成社会主义定向的高收入发达国家。近年来，朝鲜劳动党加强各级党组织建设，特别重视发挥基层支部的堡垒作用。2021 年 1 月召开的朝鲜劳动党第八次全国代表大会，将“人民群众第一主义”作为党的政治理念，认为这是朝鲜劳动党始终坚持的使命和任务。金正恩还强调要“以党治国”，要求全党全国人民绝对拥护党中央权威，紧扣党中央唯一领导体系的工作主线。同时加强党的建设工作，改进党的工作体系和方法，建立新的党的纪监体系，严格党的纪律，根除党内官僚主义和贪污腐败现象。此外，朝鲜将外部压力转化为内部动力，集中力量抓民生，维护社会稳定。继续推进经济调整，重点发展农业以保证人民粮食稳定供应，同时推行房地产市场化模式，允许住宅使用权进入市场进行交易，解决人民住房问题。老挝人民革命党于 2021 年 1 月召开第十一次全国代表大会，大会主题是“深入贯彻革新路线，促进团结和谐，确保政治稳定，推动

经济社会发展方式转变，不断提高人民生活水平，领导国家朝着社会主义目标稳步前进”。按照十一大确定的政治路线，老挝党将继续加强党的自身建设，不断提高党员干部素质，保持干部队伍清正廉洁，为老挝经济社会发展注入新的活力。2021 年 4 月 16—19 日，古巴共产党召开第八次全国代表大会，迪亚斯－卡内尔（Díaz–Canel）当选为古巴共产党中央委员会第一书记，大会强调古巴正处在社会主义建设历史阶段，主要任务是建设主权完整、独立民主、繁荣可持续的社会主义，继续坚持卡斯特罗时代的路线方针政策。

在当前国际格局深刻演变、世界社会主义发展面临新机遇新挑战背景下，坚持共产党领导和社会主义道路，打造社会主义国家战略共同体，是现存社会主义国家最大的利益交汇点。朝鲜劳动党召开第八次全国代表大会，中国共产党致电祝贺，朝鲜劳动党以八大名义复电中共中央，称朝中关系是以社会主义为核心的友好关系。2021 年 7 月 11 日，朝鲜劳动党中央机关报《劳动新闻》为纪念《中朝友好合作互助条约》签订 60 周年刊发评论文章，称朝中友谊在社会主义之路上不断强化，朝鲜人民对于中国人民在社会主义建设中取得的一切成果就像自己的事一样感到高兴，继续大力加强和发展以社会主义为核心的朝中友好关系，是朝鲜党和政府坚定不移的立场。① 在新冠肺炎疫情给各国带来了巨大威胁的时候，美国无视联合国和世界卫生组织呼吁，趁机加大制裁朝鲜、古巴、委内瑞拉等国家，加重了无辜平民的苦难和人道主义危机。特朗普在自己即将下台之际，竟不忘将古巴列上支持恐怖主义黑名单，延长《对敌国贸易法》框架下对古巴制裁的有效期，强化对古巴的制裁，阻止古巴进口石油，切断古巴医疗服务输出、旅游和侨汇等主要创汇来源，使新

---

① 参见《习近平同朝鲜最高领导人金正恩就〈中朝友好合作互助条约〉签订 60 周年互致贺电》,《人民日报》2021 年 7 月 11 日。

冠肺炎疫情下的古巴雪上加霜。古巴长期受美国制裁和封锁，经济民生陷入困境。自 1992 年以来，联合国大会已经 29 次高票通过解除对古巴制裁的决议，“一直以来，中国共产党都坚定支持古巴，反对美国对古巴实施的经济、商业和金融封锁。支持古巴人民反对美国干涉和制裁的正义斗争”[①]。随着中国日益走近世界舞台中央，中国作为世界社会主义运动的定盘星和压舱石作用更加突出，中国倡导的构建人类命运共同体理念受到越来越多国家的认同，越共中央总书记阮富仲称习近平提出的构建人类命运共同体主张，体现了中国的全球视野和大国担当。古巴赞赏中国提出的构建人类命运共同体的理念，强调古巴坚持在和平、正义、关注人类命运、尊重人民自主权原则的基础上发展对外关系。2021 年 7 月，越共中央总书记阮富仲、古共中央第一书记迪亚斯 - 卡内尔应邀出席中国共产党与世界政党领导人峰会，他们在峰会上致辞表示：“中国共产党坚持以人民为中心的发展思想为世界提供重要启示和借鉴，愿与中国共产党加强交流合作，携手建设一个更加美好的世界。”

社会主义作为一种超越资本主义的先进思想，它所追求的消灭剥削、实现社会公正平等、实现每个人自由而全面的发展、实现人类彻底解放，从必然王国到自由王国的飞跃等理念和价值，永远占据人类道义的制高点，这是社会主义具有吸引力的根本原因。尽管今天的社会主义各具特色，各国改革进程和经济发展水平不一样，但都有相似的价值目标和经济社会基础。共产党执政国家理想信念相通、发展道路相近、前途命运相关，打造社会主义国家命运共同体成为共识。老挝是最早认同中国构建人类命运共同体的周边国家。近年来，两国领导人就人类命运共同体进行了深入沟通，达成共识，将中老两国是具有战略意义的命运共同体

---

① 姜辉主编：《共同见证百年大党——百位国外共产党人的述说》上，当代中国出版社 2021 年版，第 10 页。

的表述写入联合声明。近年来，受新冠肺炎疫情影响，世界共产党和工人党国际会议没能如期举行，共产党之间直接交往受阻。但中国共产党与越南共产党、古巴共产党、朝鲜劳动党、老挝人民革命党之间云端交流不断，执政党开展治国理政经验交流，进一步提升了相互之间在政治、经贸、投资、文化、教育培训、卫生、科技等领域的合作成效，密切了社会主义国家之间的传统友谊。

二、发展中国家共产党恢复活力

在世界现存的 100 多个共产党中，发展中国家占了大多数，其中不乏像印度共产党、南非共产党、阿根廷共产党、智利共产党（前身是 1912 年成立的智利社会主义工人党，1922 年 1 月将党名改为智利共产党）、巴西共产党、墨西哥共产党、保加利亚共产党、埃及共产党、伊朗共产党、巴勒斯坦共产党这样的百年老党。经过 20 世纪 90 年代初一段时间的组织分裂和思想混乱后，发展中国家共产党大部分党的力量基本保存下来。南非、南美、南亚国家的共产党开展社会主义斗争取得一定成就，有的国家甚至出现了共产党通过议会斗争上台执政的现象。目前，亚非拉发展中国家许多共产党在探索本国社会主义的斗争中积极作为，呈现良好的发展势头。

南亚是共产党和左翼政党比较活跃的地区之一。近年来，印度、孟加拉国、尼泊尔、斯里兰卡等国的共产主义力量出现一些新变化。印度共产党（马克思主义）〔以下简称印共（马）〕虽然失去在印度西孟加拉邦和喀拉拉邦的执政地位，在印度人民院的议席减少，但党员人数不减反增，已突破 100 万人，是世界上党员人数最多的非执政共产党。印共（马）还领导着拥有人数达几千万的工会、农民协会、青年和学生联合会、妇女联合会等群众组织。印度另一个力量较大的共产党是印度共产党，现有党员65万人，也领导一批群众团体组织。印共（马）同印度共产党、印度共产党（马列）、印度前进同盟、革命社会党等左翼政党组成左翼阵线，共同开展反对资本主义的斗争。孟加拉国共产党与印度共产党同根同源，印巴分治后，印度共产党于1948年2月召开全国第二次代表大会，决定组建巴基斯坦共产党。1948年3月，巴基斯坦共产党在东、西巴基斯坦分别建立党中央，独立进行地下活动。1971年孟加拉国独立后，东巴基斯坦的共产党地区组织改名为孟加拉国共产党。不久，孟加拉国共产党内部分裂出多个派别组织。其中，坚持马克思列宁主义和共产主义信仰的一派以孟加拉国共产党（马克思列宁主义）自称。目前，孟加拉国共产党（马克思列宁主义）积极参与左翼进步活动，捍卫劳动人民利益。2021年7月，该党总书记巴鲁阿（Dilip Barua）在中国共产党与世界政党领导人峰会上发表书面发言，称赞中国共产党百年来取得的辉煌成就。孟加拉国工人党于1980年由孟加拉国工人党（列宁主义）、革命共产主义同盟和工人党合并成立，自称是工人阶级政党，代表工人和农民利益，信仰马列主义。主张通过工人和农民阶级运动来扩大群众基础，建立统一的左翼和进步力量联盟。孟加拉国工人党现是孟加拉国主要左翼政党，也是孟加拉左翼政党联盟的重要成员，在孟加拉国政治生活和社会主义运动中发挥着重要作用。2000年，该党与孟加拉国共产党、孟加拉国共产党（马克思列宁主义）等11个左翼政党联合成立左翼政党联盟，并在其中发挥领导和骨干作用。2008年，工人党参加人民联盟领导的14党“大竞选联盟”，并加入政府。在2014年、2018年大选中，工人党继续与人民联盟结盟，赢得议会选举。2019年11月，孟加拉国工人党举行第十次全国代表大会，该党在中央层面设有政治局、中央委员会，地区设有市、县、村级委员会以及农民、青年、妇女、工会等组织共约60个。目前，该党在国民议会中有4个席位，为国民议会中席位最多的左翼政党。斯里兰卡共产党（成立于1943年，原名为锡兰共产党）坚持以马克思主义为指导思想，以社会主义为奋斗目标，自称是代表工人、农民、自由职业者、知识分子、小商人等所有劳动人民的政党，主张利用议会等各种民主机制实现社会变革。它曾多次同斯里兰卡自由党、兰卡平等社会党等组成联合阵线参与议会选举，并参加联合政府。斯里兰卡共产党现有党员5000多人，设有工会、青年和妇女等群众组织。斯里兰卡共产党于2020年8月积极参加斯里兰卡议会选举，虽在斯里兰卡南部地区有一定影响，但未赢得足够选票进入国家议会。尼泊尔两大共产党——尼泊尔共产党（联合马列）同尼泊尔共产党（毛中心）①经过多年努力于2018年5月合并成为统一的尼泊尔共产党，但由于两党在新领导机构成员分配比例问题上诉求不一，特别是普拉昌达（Prachanda）和卡·普·夏尔马·奥利（K. P. Sharma Oli）两位领导人的权力划分争端，导致最终分裂，原尼泊尔共产党（联合马列）高级领导人尼帕尔（Madhav Kumar Nepal）于2021年8月底成立尼泊尔共产党（联合社会主义）并任党主席，尼泊尔共产党现呈碎片化发展趋势。目前尼泊尔共产主义力量发展由于高层领导自身原因出现挫折，但尼泊尔共产党在尼泊尔政坛上仍扮演重要角色，党的基层组织比较稳固，党的新生力量开始成长，发展前景可期。

在非洲和阿拉伯地区，共产党建立的历史虽然比较早，但有的多年处于非法地位，力量普遍弱小。近年来，土耳其、伊拉克、埃及、伊朗等国的共产党开始活跃起来，崭露头角，影响不断扩大。伊拉克共产党

① 尼泊尔共产党是马克思主义政党，历史上曾有多个派别，主要有尼泊尔共产党（联合马克思列宁主义）、尼泊尔共产党（毛泽东主义）、尼泊尔共产党（马列）等，其中尼泊尔共产党（毛）曾改名为尼泊尔共产党（毛中心）、联合尼泊尔共产党（毛）。

曾主张武装斗争推翻独裁政权，长期被视为非法政党。萨达姆政权被推翻后，伊拉克共产党合法存在并得到较快发展。该党与其他政党结盟，积极推动并参加议会选举，获得 25 个席位。伊拉克共产党现有近 2 万名党员，20 多万名支持者，已经积累了参加竞选的丰富经验，在伊拉克新政府、库尔德地区政府中都有部长席位。不久前，伊拉克共产党根据新形势制定了新的党纲党章，强调要坚持社会主义方向，加强与其他爱国力量团结与合作，积极参与竞选活动，为早日实现伊拉克国家和平与稳定发挥重要作用。土耳其共产党成立于 1920 年 9 月，加入共产国际，参加过凯末尔（Kemal）领导的土耳其民族解放战争。土耳其建国后，土耳其共产党长期遭政府打压，党的领导人流亡海外。1983 年 4 月，土耳其颁布《政党法》，开放党禁，土耳其共产党慢慢开始恢复政治活动，参与议会选举，但一直效果不彰。近年来，土耳其共产党借助网络和国际会议平台不断扩大自身影响，在有些地方选举中取得较好战绩，甚至还有土耳其共产党人士竞选市长并成功当选。土耳其共产党目前有 5000 多名党员，2017 年举办过第 17 次世界共产党和工人党国际会议，2020 年同希腊共产党联合主办第 21 次世界共产党和工人党国际会议。

在南部非洲，马克思主义政党很少。有着百年历史的南非共产党（简称南非共）仍坚持与非国大、南非工会大会结成政治同盟，在争取民族独立和人民解放斗争中不断发展壮大，近年来党员人数迅速增加，由十年前的几万人增加到现在的 30 多万人，在非国大和南非各级政府中任职的南非共产党员明显增多。2011 年成立的肯尼亚共产党于 2019 年通过了《肯尼亚共产党宣言》，宣称肯尼亚共产党是以马克思列宁主义为指导思想的先锋政党，其最高纲领是在肯尼亚、东非共同体、非洲和全世界建立社会主义，最终实现共产主义。2021 年 4 月，肯尼亚共产党在其官网上刊登了以该党全国主席署名的庆祝中国共产党成立 100 周年的贺信。

当今非洲很多国家跳出西式民主模式来寻求国家治理出路，出现了一股新社会主义思潮。坦桑尼亚革命党主席马古富力（John Pombe Joseph Magufuli）自2015年当选总统后，以该国社会主义先驱朱利叶斯·尼雷尔（Julius Nyerere）的学生和坚定追随者自居，在“乌贾马社会主义”思想基础上，融入西式多党人权理念、强人政治、民粹主义等要素，以巩固和壮大坦桑尼亚革命党的执政基础。在2020年10月的选举中，马古富力以84.3%这一前所未有的得票率赢得选举，连任坦桑尼亚总统，革命党在国会议会选举中获得98%的席位。这次大胜不仅巩固了革命党主导的政治格局，还提振了非洲左翼进步政党阵线的士气。马古富力强人政治反映了当下非洲政治生态变化和思潮动向。当今津巴布韦总统、津巴布韦非洲民族联盟－爱国阵线主席兼第一书记姆南加古瓦（Emmerson Dambudzo Mnangagwa），纳米比亚人组党主席、总统根哥布（Hage Geingob）等都是倾向社会主义的强势人物。

纳米比亚人组党（1960年成立时称为西南非洲人民组织）是纳米比亚独立以来一直执政的民族主义政党。该党在非洲民族解放运动时期深受苏联共产党和中国共产党影响，宣称奉行科学社会主义。1976年人组党政治纲领明确提出要“建立一个基于科学社会主义理想和原则的无阶级、无剥削的社会”①。1990年，人组党领导人民取得国家独立。受当时国际形势影响，纳米比亚走上了民主社会主义道路，但并没有放弃科学社会主义的目标志向。人组党在执政过程中，越来越认识到民主社会主义实际上是资本主义的一个流派，虽然可以带来政治民主自由，但不能根本解决人组党革命和纳米比亚民众急盼的土地分配、经济平权等问题，已影响到人组党的执政地位。因此，人组党必须重新审视和改革当前发

① 中共中央对外联络部《各国民族民主政党手册》编辑委员会编：《各国民族民主政党手册》，人民出版社1995年版，第682页。

展模式，选择过去想实行而未能实行的科学社会主义道路。执政 27 年的人组党在 2017 年召开的第六次全国代表大会上再次提出建设“纳米比亚特色社会主义”的设想，并在 2018 年党的特别代表大会上正式将此确立为党的奋斗目标并写入党章。这是自 20 世纪 90 年代以来，首个提出要将社会主义作为奋斗目标的非洲执政党。2020 年，在人组党执政 30 年全党总结大会上，党主席根哥布总统表示，人组党要想实现长期执政，必须要适应新形势，深化改革，建设“纳米比亚特色社会主义”。人组党领导人表示，要立足纳米比亚国情实际，借鉴中国、古巴等国探索社会主义道路的成功实践，进一步完善“纳米比亚特色社会主义”的独特内涵。纳米比亚人组党提出建设“特色社会主义”在非洲并非个例。近年来，津巴布韦与安哥拉执政党也提出了建设本国特色社会主义或本国特色民主社会主义的想法，反映出新时期非洲政党渴望探索自主发展道路的强烈意愿。

有着悠久共产主义运动历史的拉美地区现有 20 多个共产党，除古巴以外，巴西、智利、委内瑞拉、厄瓜多尔、秘鲁等国共产党都保持稳定发展，均是本国政坛中的一支重要力量。在传统政党力量衰退、年轻人反感政党不愿参与政党政治的形势下，有百年历史的智利共产党党员人数不降反升，党员增至 4.7 万人。巴西共产党现有党员 34 万人，在巴西政府部门和一些市镇都有巴西共产党党员担任部长、市长职务。2021 年 3 月 8 日，巴西联邦最高法院法官裁决，前总统卢拉（Luiz Inácio Lula da Silva）因涉嫌贪腐所获的所有判决“均无效”。卢拉能无罪释放，表明受巴西现右翼政府打压的劳工党、巴西共产党处境有所缓和。在委内瑞拉共产党等左翼力量支持下，委内瑞拉马杜罗政府较过去一年相对稳定，委内瑞拉反对派领导人胡安·瓜伊多（Juan Guaido）尽管得到美国和境外反左势力庇护，但在国内掀不起大浪。最近墨西哥、智利、秘鲁等国大选，共产党和中左翼政党结盟的联合阵线均获胜，拉美有可能出现新一轮左右轮替现象。

在东欧剧变、苏联解体后，俄罗斯东欧中亚地区重建的共产党，多数声称是前共产党的继承者，其中力量较大者主要有俄罗斯联邦共产党（简称俄共），现有党员 16 万人。在 2016 年 9 月第七届国家杜马选举中赢得 42 席（现有 43 席），为杜马第二大党。2020 年 11 月，俄罗斯联邦共产党召开了第十一次中央全会，讨论了俄共建立国内人民阵线，维护劳动人民权利和国家利益等问题，认为只有社会主义才能取代资本主义，要想取得社会主义胜利，就必须在俄罗斯国内建立广泛的左翼爱国统一人民阵线，俄共能够成为左翼阵线的核心，通过与人民阵线共同行动，更多地维护劳动者权益。2021 年 4 月 24 日，俄共举行第十八次代表大会第一阶段会议，来自全国各地的 211 名代表参会，久加诺夫以全票再次当选为俄共主席。俄共利用《真理报》及俄共网站的宣传作用，通过议会内外工作相结合的方式，维护工人阶级的利益，提升俄共在工人阶级中的影响力。2021 年 9 月 17—19 日，俄共在第八届国家杜马选举中获 18.93% 的选票和 57 个议席，较上届增加 16 席，还获得 1 个州长职位。中亚的哈萨克斯坦人民党（2004 年 4 月与哈萨克斯坦共产党分裂后成立）现有党员约 10 万人，在议会下院拥有 7 个席位。塔吉克斯坦共产党和吉尔吉斯斯坦共产党人党发展势头看好，党员人数持续增长，在本国议会中都有席位。捷克和摩拉维亚共产党（简称捷摩共）现有党员 3.7 万人，是捷克国家议会的第三大党，在全国 13 个州中的 9 个州执政或参政，该党主席沃伊捷赫·菲利普（Vojtech Filip）曾任捷克参议院副议长。在 2021 年 10 月捷克议会选举中，捷摩共失利，未能进入议会。摩尔多瓦共产党人党曾执政 8 年，失去执政地位后，该党数次分裂，党的力量遭受重大损失。2021 年 7 月，摩尔多瓦举行第十届议会选举，摩尔多瓦共产党人党与社会主义者党结成竞选联盟参选，获 27.42% 的选票。

三、发达国家共产党在右翼政党和民粹政党夹击下艰难前行

欧美国家的共产党大多是百年老党，目前虽坚持党的名称不变，但党员人数少，年龄老化，缺乏新生力量。有的国家还有多个共产党组织，如英国现有英国共产党、新英国共产党、英国共产党（马列）等共产党组织。但每个共产党的人数都不过千人左右，且基本上是老年人。英国共产党约有 800 人，半数以上是退休的老人。为增加党的新鲜血液，英共重视做青年人工作，为青年人打造职业规划，定期沟通思想，促其成为领导骨干。英国共产党、德国的共产党于 2020 年 11 月在线上共同举办纪念恩格斯诞辰 200 周年活动，本次活动由英国共产党曼彻斯特大区支部承办，英国共产党中央主席莉兹·佩恩（Liz Payne）与德国的共产党国际书记雷纳特·科佩（Renate Koppe）联合主持，全英各地党员及德国、委内瑞拉等国共产党代表 130 多人与会，并通过社交网络直播，英国共产党《晨星报》、英国共产党青盟刊物及德方的《我们的时代》对这次活动进行了报道。

2018 年 3 月，意大利重建共产党和意大利共产党与其他一些左翼小党和政治运动组织共同组建“权力属于人民”联盟，参加全国大选，获得 1.1% 的选票。意大利共产党于 2018 年 7 月举行第一次全国代表大会，大会突出反帝国主义、反种族主义，坚持和平环保等政策主张，号召认同共产主义、社会主义的意大利各界人士团结起来，成为引领意大利走出困境、恢复国家发展的先锋队。

面对新冠肺炎疫情，欧美国家政府束手无策，表现不佳。过去几年

得势的民粹政党因无所作为，支持率立马下降。然而，这些国家的共产党积极发声，纷纷提出了自己的疫后重建计划，获得不少选民支持。意大利、葡萄牙、西班牙等国的中左翼执政党因在抗疫中表现得当，民意支持率上升。在2021年1月葡萄牙大选中，葡萄牙共产党欧洲议会议员若昂·费雷拉（João Ferreira）作为总统候选人参选，得票率4.32%，位居第四。葡共连续举办45届《前进报》节，邀请左翼政党及其支持者参加，以报节为平台积极发声造势。

法国共产党、葡萄牙共产党、西班牙共产党在近年举行的党代会上均强调继续推进左翼联盟政策，联合其他反资本主义力量，反对右翼政府实行紧缩政策，以左翼阵线结盟竞选，开展政治斗争。日本共产党长期坚持独立自主方针，不与国内其他政党结盟。2020年初召开的日本共产党第二十八次代表大会改变了过去一直实行的不结盟策略，把建立“在野党联合政权”即联合其他在野党推翻自民党–公民党执政作为振兴日本共产党的主要政策，日本共产党主张的联合政权面临的选择不是资本主义或者社会主义的问题，而是要在资本主义框架内进行体制和机制改革。

百年未有之大变局引发不同文明和社会思潮相互激荡。西方国家各种反对资本主义、主张社会主义价值取向的政治组织和人士，在批判当今资本主义弊端和反思苏联社会主义教训的基础上，对社会主义的目标、特征、道路等进行了有益的探索，提出各自的“新社会主义”主张。欧美国家的千禧一代深感资本主义危机四伏，更倾向于接受社会主义。美国许多左翼民粹分子为了同“精英政治”划清界限，往往自称为社会主义者。

四、共产党对世界社会主义运动的引领作用渐显

以马克思主义为指导的各国共产党和工人党领导劳动人民争取社会主义，是共产党的初心与使命使然。与其他中左翼政党和社会运动相比，共产党重视思想理论和组织建设，有明确的指导思想和行动纲领，其存在和发展对世界社会主义运动具有重要的引领作用，它们作为主体力量是世界社会主义运动区别于其他社会运动的主要标志。

东欧剧变、苏联解体后，一些共产党改名或转型，传统优势丧失。由于党内有派、党外有党，各级党组织名存实亡。意大利共产党重建后，组织不断分裂，力量遭受重大损失。近年来，许多共产党清醒地认识到“民主化”弊端，认为思想分歧和组织分裂是世界社会主义力量振兴的最大障碍，纷纷吸取教训，注重以党章、党纲和政治决议等明确基层组织的地位、功能和作用，对基层党组织基本任务、目标职能和运作方式都作了细致规定，强调要通过加强党的建设，重振共产党的传统优势，特别是组织优势。依靠和发挥共产党组织力量的传统优势，在新时代重塑共产党组织优势，对推动和引领当今世界社会主义运动走向振兴之路将具有重要意义。

以发展的马克思主义理论指导当今争取社会主义的斗争实践，有利于各国共产党制定正确的路线方针政策，凝聚共识。由于多年来推行革新调整，一些党过于多元化，缺乏明确的、有凝聚力的纲领目标，在许多重大问题上分歧严重，不能形成统一的观点。一些共产党政策措施与社会党趋同，特色不明显，缺乏吸引力。还有极少数党认识不到资本主义的新发展和新变化，固守街头斗争立场，在本国政治格局中日益边缘

化。令人欣慰的是，许多党面对挫折能及时总结经验教训，注重马克思主义理论建设，与时俱进，适时调整方针政策，在社会主义的长期探索中开始形成适合自己的观点主张。发达国家共产党虽然在政策主张上存在分歧，但普遍认同马克思主义理论不是教条，而是行动指南，必须随着实践的变化而发展。这些认识成为凝聚国外共产党的“最大公约数”。在近年纪念马克思、恩格斯诞辰200周年、列宁诞辰150周年等活动中，许多共产党强调马克思主义不仅是科学的理论，而且是不断发展的开放的理论。必须从实际出发，革新和发展马克思主义。以中国共产党为代表的社会主义国家执政党始终坚持马克思主义指导地位，重视党的理论建设，形成了具有本国特色的社会主义理论主张，这不仅对本国社会主义建设具有指导作用，也对其他国家的社会主义探索具有启示意义。

中国共产党在理论与实践上取得的成功经验，对各国共产党的社会主义探索具有重要的借鉴意义。许多国外共产党对百年中共的最深印象是中共能把马克思主义理论与中国实际相结合，走自己的路，认为中国特色社会主义是结合中国国情、历史传统所取得的伟大成果，也融入了对马克思主义的深刻理解。马克思主义与中国实际相结合是最值得其他国家共产党学习借鉴的重要经验。秘鲁共产党（红色祖国）主席阿尔维托·莫雷诺（Alberto Moreno Rojas）说，中国共产党将马克思主义基本原理同自身实际充分结合，在不断实践、总结、反思、创新过程中，实现了马克思主义的中国化。“习近平新时代中国特色社会主义思想，不仅为新形势下发展中国特色社会主义提供了根本指导，也为世界社会主义事业作出重大贡献，其他国家的政党应学习借鉴。”

五、各国共产党注重左翼团结联合发声

国际金融危机爆发以来，许多左翼力量、非政府组织投身反新自由主义的运动中，并得到民众的广泛响应和支持。一些有利民生、推动历史进步的新兴社会运动拓宽了当今政治实践领域，不仅为共产党扩大生存和发展空间提供了机遇，也是共产党可以借重和合作的生力军。如今，许多共产党除了继续受右翼的排斥打压外，还面临来自民粹主义的挑战。他们都认识到，在这种复杂形势下必须加强与各种新兴社会运动的团结与合作，在实现广泛的左翼联合中，抢占国际话语权，树立新形象，争取世界社会主义运动的新优势和新发展。许多共产党积极呼应各种新兴社会运动和进步力量反对霸权政治、反对野蛮资本主义、建立公正合理的世界秩序、建立一个不同于资本主义的“另一个世界”等正义要求，制定正确的战略与策略，调动和利用各种积极因素，扩大左翼统一战线，以达到凝聚队伍和争取自身发展的目的。

东欧剧变、苏联解体后，在美国及西方国家的推动下，西方民主被奉为“普世价值”，将共产党及社会主义等同为所谓的“专制独裁”，各种“颜色革命”此起彼伏。以特朗普在联合国讲坛上呼吁各国起来“抵制社会主义”并将中国定义为“战略竞争对手”为标志，美国的西方盟友开始新一轮对共产党特别是中国共产党的意识形态围剿和联合打压。为迎合当前美国和西方“去共化”的需要，表明“政治正确”，一些右翼分子借机歪曲历史，煽动仇恨，竭力抹黑和丑化共产党。2020 年 11 月，斯洛伐克议会竟表决通过了《共产主义体制非道德性与非法性法》修正案，将 1948—1989 年的捷克斯洛伐克社会主义制度定性为“非法的、压

制人权和自由的制度”，将上述时期的捷克斯洛伐克共产党员定性为“犯罪分子”，禁止在纪念碑上出现“赞扬、宣传、捍卫基于共产主义意识形态和社会制度的文字、图像和符号”，从历史和法律上同苏联支持下的捷克斯洛伐克共产主义政权进行彻底切割，动摇本国共产党（1992 年成立的捷克斯洛伐克共产党）等左翼力量的意识形态根基。

20 世纪七八十年代各国共产党没有大范围的国际联系。进入 21 世纪后，许多共产党呼吁加强国际联合与团结，纷纷举行各种地区性和国际性会议，渐渐恢复一度中断的世界共产党、工人党及其他左翼政党的国际性交往和联系。许多左翼人士和社会主义者频频举行各种国际研讨会，如在法国巴黎召开多届马克思大会；在美国纽约连续举办世界社会主义者大会，一致谴责和批判资本主义，主张未来世界属于社会主义。各国共产党工人党代表国际会议迄今已举行 21 次（2020 年、2021 年因全球新冠肺炎疫情暂时中断）。中国共产党、越南共产党、古巴共产党、朝鲜劳动党和老挝人民革命党均派高级代表团多次出席了世界共产党和工人党国际会议，越南共产党还举办了第 18 次世界共产党和工人党国际会议，借此向各国共产党宣示越南继续走社会主义道路的决心和意志。2018 年 5 月，在中国深圳举行了纪念马克思诞辰 200 周年的理论研讨会，50 个国家和地区的 75 个共产党和左翼政党的领导人参会。与会代表一致肯定中国共产党对人类文明进步和世界社会主义事业作出了重要贡献，呼吁中国应进一步利用自身优势和影响，在社会主义国际团结合作中发挥更大作用。2021 年 7 月，习近平在中国共产党与世界政党领导人峰会上发表重要讲话，从当今时代发展和全球高度，全面阐释了为人民谋幸福的政党责任，“进一步升华了对世界政党政治发展规律和人类社会发展规律的认识，为各国政党携手应对百年未有之大变局提供了重要参考，为各国政党推动构建人类命运共同体的伟大实践提供了行动指南”[①]。许多与会的国外共产党领导人认为，习近平的讲话体现了中国共产党对人类前途命运担当负责的大党风范，给世界人民带来了新希望。

当今，社会主义国家和资本主义国家、发展中国家和发达国家、新兴大国和传统大国之间，围绕发展道路和发展模式展开激烈较量，其中充满不同价值观念和不同社会制度之争。在资本主义和社会主义意识形态及制度博弈日趋激烈的背景下，许多国家共产党领导人纷纷对中国特色社会主义道路和制度表示赞赏，积极为中国共产党发声。美国、英国、澳大利亚、挪威等反华盟国的共产党都挺身而出，反对西方借疫情污名化中国的恶劣作法。法国共产党全国书记法比安·卢塞尔（Fabien Roussel）在新冠肺炎疫情初期致函中国共产党，高度赞扬中国抗疫努力，认为中国抗疫成功充分证明了国家和公共服务的重要性，也充分体现了社会主义和资本主义的区别。他还撰文高度赞赏中国共产党建党百年历史成就和习近平新时代中国特色社会主义思想，认为中国共产党的理论创新对马克思主义在新形势下扩大影响有着重要意义。西班牙共产党主席何塞·路易斯·森特利亚（Jose Luis Centria）频频通过镜头和文章为中国点赞，充分肯定中国共产党对世界社会主义的贡献和影响。在中国共产党建党 100 周年之际，170 多个国家的 600 多个政党（其中有近百个共产党）和政治组织等发来 1500 多封贺电贺信，表达对中国共产党的友好情谊和美好祝愿。随着资本主义和社会主义的竞争白热化、长期化，共产党和左翼力量国际联合与合作趋势会进一步加强。许多发展中国家对西方制度从“心仪”到“心疑”，开始“向东看”“往中靠”，普遍地根据本国传统优势，选择并发展具有本民族特点的政治制度，各国发展道路与发展模式将更加多样化。

---

① 宋涛：《引领前行方向 共创美好未来——深入学习贯彻习近平总书记在中国共产党与世界政党领导人峰会上的重要讲话精神》，《当代世界》2021 年第 7 期。

大道不孤　命运与共

——国际社会视野中的新时代中国特色社会主义

李瑞琴[①]　单　超[②]

2017年10月，应中国社会科学院的邀请，原德意志民主共和国（东德）最后一任党和国家领导人克伦茨出席中国社会科学院第八届世界社会主义论坛。在华期间，克伦茨到新乡、宁波、金华、义乌、温州、重庆等地考察，恰逢中共十九大召开，他一路非常认真地学习十九大报告，考察和体验中国特色社会主义建设的巨大变化。习近平总书记作的十九大报告，给予克伦茨强烈的震撼。基于对社会主义的坚定信念，联系东德社会主义失败的教训，克伦茨回国后写下了《我看中国新时代》一书，于2018年初在德国莱比锡首次出版，7000册书很快售罄，后又发行第2版。克伦茨由衷表示，中国共产党领导下的中国，正在不断实现自身发展目标，同时也为促进世界和平、稳定与发展作出越来越重要

① 李瑞琴，中国社会科学院马克思主义研究院研究员。
② 单超，中国社会科学院马克思主义研究院助理研究员。

的贡献。在当前日趋混乱动荡的国际形势中，中国的成功给予世界社会主义以新的鼓舞，对世界具有重要意义。克伦茨以前共产党领导人的视角观察和思考中国新时代，打开了研究新时代中国特色社会主义国际影响和世界意义的新思路。世界各国共产党领导人、左翼政要、国际友好人士、国际知名学者、前政要等，对新时代中国特色社会主义的关注、观察与思考，是不可疏忽的视角、不可忽略的声音、不可忽视的力量。

由此，中国社会科学院原副院长、世界社会主义研究中心主任李慎明研究员主编了《大道不孤——新时代中国特色社会主义的国际影响与世界意义》（江西教育出版社即将出版）一书，纵览中国方案、中国担当、中国道路、中国经验、中国旗帜五个方面，以国外左翼政党、国际知名人士眼中的新时代为研究内容，从国际社会、海外传播的视角和视野，全方位展示了新时代中国特色社会主义的国际影响和世界意义，献礼中国共产党百年华诞。

一、中国方案：形成全面开放新格局，破解世界发展难题

2008 年国际金融危机以来，在欧美经济陷入困境的情况下，部分发达国家出现政策内顾倾向，保护主义抬头，逆全球化、单边主义等现象日益凸显，世界发展面临前所未有的挑战。中国多次重申，将推动建设开放型世界经济，始终致力于让世界各国的发展机会更加均等，发展成果各国人民共享。在庆祝改革开放 40 周年大会上，习近平总书记再次重申："我们要支持开放、透明、包容、非歧视性的多边贸易体制，促进贸易投资自由化便利化，推动经济全球化朝着更加开放、包容、普惠、平衡、共赢的方向发展。"中国以坚如磐石的决心和担当，砥砺前行，力推开放发展的全球化新格局，推动人类历史发展的大趋势。中国方案、中国行动受到国

际社会的高度肯定和关注。一些国家更是从中获得发展机会。

2019 年 10 月 3 日，俄罗斯《俄罗斯报》以柬埔寨西哈努克港经济特区的发展为例，生动而形象地展示了当代中国以开放胸怀与世界深度融合的景象。报道说，索非亚波是柬埔寨最普通的女性，在西哈努克港经济特区一家有中国资本的公司工作。与 7 年前相比，她现在过着更加幸福、富足的生活。该经济特区由中柬两国企业共同建造，主要依靠中国企业的资本投资。报道认为，西哈努克港经济特区是开放中国发展机会的显示器。中国正在逐步扩大对外开放的范围，不断加强与世界的关系和互动，以形成全面开放新格局。破解世界发展难题的中国方案及其践行，引起世界越来越广泛的关注。许多国际知名人士认为，中国力推全球化“已经显示卓越成就和影响力”。

吉尔吉斯斯坦前总理卓奥马尔特·奥托尔巴耶夫认为，当前全球化和全球治理模式之所以出现许多问题，是因为世界上许多地区的政治家们都不能提供长久的解决方案。由于世界一些发达经济体正在失去经济竞争力，为了避免出现社会动乱，短期解决方案就是采取保护主义。纵观世界过去几年的发展就会发现，孤立主义趋势增强是一种非常危险的局面，可能导致经济一路衰退。这些问题只有通过共同努力才能解决，“一带一路”倡议就是中国提出的一个有效的全球治理新方案。在贸易保护主义、单边主义逆流而动的当下，中国坚持贸易自由化和全球化，扩大对外开放，不仅有利于自身经济发展，也为世界经济发展带来机遇。

2019 年 1 月，全球领先的高增值管理咨询公司科尔尼发布《全球高管观点》，对于科尔尼全球商业政策委员会提出的未来十大潜在趋势，全球高管的意见呈现惊人的一致性。400 名高管对于“中国将在全球化发展进程中发挥更重要的作用”这一趋势认同度最高。

对于中国为推动全球化所做的努力，英美主流媒体如《卫报》《纽约时报》《华盛顿邮报》等，也都给予了关注。《华盛顿邮报》引用习近平总书记在十九大开幕会上的讲话："没有哪个国家能独自应对人类面临的各种挑战，也没有哪个国家能退回到自我封闭的孤岛"，赞赏中国推动经济全球化发展的努力，肯定人类命运共同体的发展理念。《卫报》社论指出，中国国家主席习近平将中国定位为经济全球化、自由贸易和气候变化行动的倡导者，他被誉为推动世界进步的力量。《纽约时报》评价说，习近平主席成功地将中国定位为一个负责任的大国，他在华盛顿后退的时候挺身而出。

进入新时代的中国特色社会主义，以更加进取、自信、成熟的姿态走近世界舞台的中央。世界关注、期待中国方案，有着重要的现实考量：一方面，中国特色社会主义进入新时代，给世界上那些既希望加快发展，又希望保持自身独立性的国家和民族提供了全新选择，为解决人类问题贡献了中国智慧；另一方面，中国是世界上最大的发展中国家。新中国成立以来，中国秉持国际主义和人道主义精神，始终关注和支持其他发展中国家改善民生、谋求发展的事业。广大发展中国家见证了中国发展的奇迹，更是搭乘了中国发展的"顺风车"，实现了共同发展。

中国和世界的互动，中国"面对变局，最根本的是把握世界多极化、经济全球化发展的必然趋势，抓住各国人民对和平与发展的共同诉求，走合作共赢道路"的天下胸怀和世界大格局，获得广大发展中国家的高度认可，凸显新时代中国特色社会主义独有的国际影响和世界意义。

二、中国担当："一个伟大国家的诚挚呼吁——构建人类命运共同体"

2013 年 3 月 23 日，习近平主席在莫斯科国际关系学院发表题为《顺应时代前进潮流　促进世界和平发展》的演讲，首次提出人类命运共同体理念。现场聆听演讲的莫斯科国际关系学院院长阿纳托利·托尔库诺夫说，习近平主席的演讲非常精彩，寓意深刻，富有哲理，也很风趣。在演讲时，习近平主席提及了中国梦，阐述对外政策时强调合作共赢的原则。中国实力在不断增强，国际地位在不断提高，这样一个秉持和平理念的大国对世界是有益的。在当代错综复杂的国际形势之下，中国提出建立相互尊重、公平正义、合作共赢的新型国际关系，以推动构建人类命运共同体，解决当代世界突出问题。中国担当，让世界看到了光明和未来。

白俄罗斯前副总理托济克认为，中国正是基于对 21 世纪人类文明发展状态和规律的深刻理解，提出了一系列与人类命运休戚相关的倡议，包括构建人类命运共同体和“一带一路”倡议。他说，这是来自一个伟大国家的诚挚呼吁，呼吁全球各国应意识到危机并相互帮助、携手共建美好家园。

第七十一届联合国大会主席彼得·汤姆森的表达则意蕴深远。他说，构建人类命运共同体理念“对我而言，这是人类在这个星球上的唯一未来”。英国剑桥大学政治与国际关系学院资深研究员马丁·雅克深信：“中国提供了一种‘新的可能’。这就是摒弃丛林法则、不搞强权独霸、超越零和博弈，开辟一条合作共赢、共建共享的文明发展新道路。这是前无古人的伟大创举，也是改变世界的伟大创造。”

巴西共产党副主席沃特·索伦蒂诺表示，各种形式的保护主义抬头，让很多民众感到绝望，而中国坚定走社会主义道路，并提出了人类命运共同体这一伟大构想，给世界带来了希望。他说，巴西积极响应“一带一路”倡议，与包括中国在内的世界各国关系日益密切，是正确的选择。2018 年 9 月 2 日，“巴西国家博物馆在遭受不幸火灾之后，我们得到了中国人民的真切慰问和关心，这也是人类命运共同体的一个例证”。

俄罗斯媒体在报道中国“一带一路”峰会时这样写道，现代世界把中国构建人类命运共同体之倡议视为人类发展的必由之路并非偶然。关键不仅在于中国是世界领先的经济体，更重要的是，中国正在为人类提供一种新的价值体系。这种新的价值体系建立在人性特征的基础上，即具有开放性、善良性、平等性、正义性、幸福性等总体特征。正是这种价值范式，有可能在所有国家和人民共同利益的基础上，创造一种新型的国际关系。它不仅关乎国家之间的互利经济合作，而且涉及面向整个人类世界的新概念和新的发展模式。西方地缘政治模式与中国方案的根本区别是什么？中国认为进步是国际社会所有国家的共同事业。这里的逻辑是：中国和其他国家同样追求正义和幸福。这是人类共同事业唯一的原则性表达，是进步的原则。

的确，中国奉行的合作共赢、互利共享、共同发展的新理念，与西方的冷战思维、零和博弈于人类进步发展是截然相反的路径。二者对于人类历史命运的把握，对于推动人类社会发展的意义，高下立见。

2020 年，新冠肺炎疫情在全球暴发，面对这百年未有之大变局的典型呈现，一些前政要、学者关注世界抗疫，郑重发表感言。他们认为，当前世界以其极具特点的局势证明，习近平倡导的构建人类命运共同体具有前所未有的现实性和紧迫性。

克伦茨直言，新冠肺炎疫情以极端的方式教训了人类。世界经济正走向 1929 年大萧条以来的最大危机，克服危机的方式必须具有社会责任的人道内涵——完全有别于资本主义施放的烟幕弹。致力于构建人类命运共同体，比任何时候都更具现实性。

意大利《21 世纪的马克思》期刊的主编安德烈·卡托内展望说，此次新冠肺炎疫情大流行表明，在世界范围内构建人类健康命运共同体，正成为一种趋势。中国国家主席习近平在 2020 年 3 月召开的二十国集团领导人应对新冠肺炎特别峰会上提出，重大传染性疾病是全人类的敌人，国际社会最需要的是坚定信心、齐心协力、团结应对，携手赢得这场人类同重大传染性疾病的斗争。在 2020 年 5 月 18 日第七十三届世界卫生大会上，习近平主席进一步提出："要坚持以民为本、生命至上。"人类是命运共同体，团结合作是战胜疫情最有力的武器。中国国家主席从一个具有普世性的概念出发，即人类的福祉是人类的共同利益，超越了国家边界和国际秩序。这是一个简单且具有共识的建议，同时又很了不起：共享知识，合作开展药物和疫苗研发，建立全球药品和医疗设备的研究和生产网络，援助落后国家，推动世界医疗卫生系统诞生。

列夫·克里斯塔波维奇是白俄罗斯共产党中央委员、资深哲学家和历史学家，曾获得俄罗斯人民友谊勋章。2020 年 6 月，他以《走向人类命运共同体》为题，阐述了他理解的中国发展以及中国倡导的构建人类命运共同体。文中这样写道，在通往人类命运共同体的道路上，一项开放、包容、全球性的"一带一路"合作计划为全人类打开了新视野，中国梦将变成全人类的梦想。中国国家主席习近平为中国和世界的发展，向国际社会提出了一个社会哲学概念，这个概念被称为"构建人类命运共同体"。在新冠肺炎疫情大流行的背景下，中国是所有国家中第一个应对这场灾难的国家。中国证明，只有社会主义才能有效地抗击疾病和保护人类生命。走向人类命运共同体，是世界人民的必然选择。尽管美国拥有强大的资本主义市场体系，但它不仅不能有效应对新冠肺炎疫情的流行，而且整个国家结构体系濒临自我毁灭。美国从反面为中国的成功作了证明。克里斯塔波维奇的真知灼见，反映了国际社会对于构建人类命运共同体倡议实践性的真实表述，体现了推动世界之治的中国担当。

2020 年 10 月，世界经济论坛创始人兼执行主席克劳斯·施瓦布撰写的《后资本主义》一文，刊登在美国《评论汇编》杂志上。他说，第二次世界大战结束以来，没有任何事件能像新冠肺炎疫情这样对全球产生深远影响。新冠肺炎疫情清楚地表明了一个事实：单独行动的政府、企业或民间社会团体无法应对系统性的全球挑战。人们需要消除将这些领域相互隔离的障碍，并建立广泛合作的体制平台。让年青一代参与这一过程同样重要，因为必须着眼于长远的未来。必须加紧努力，以认识到世界人民的生活经验、观点和价值观的多样性。每个人都有自己的个人身份，但都属于具有共同利益和命运交织的地区、国家乃至世界。

施瓦布认为，着眼于长远未来的核心理念，就是推动构建人类命运共同体。人们的价值观具有多样性，但人们同属于具有共同利益和命运交织的地球村，客观上形成了休戚与共的命运共同体。应对系统性的全球挑战必须进行全方位的广泛合作。施瓦布对人类命运共同体的理解，别有深意、别有卓见。

在中国与世界各国携手抗疫的过程中，人类命运共同体的现实意义和时代价值进一步凸显，历史和现实再一次推出了中国担当，选出了“中国答案”。

三、中国道路：“经济稳定和繁荣的典范”

2017 年 10 月中共十九大召开时，俄罗斯一个非政治类网站刊出了这样一段文字，以国外媒体的视角形象地记录了“经济稳定和繁荣典范”的中国道路发展历程：“现代中国，似乎已经跨越了数个世纪。20 世纪对中国的蔑视，目前已经让位于几乎无法隐藏的钦佩之中。如今，这个世界上曾经最贫穷的国家，已经是拥有经济可持续发展的超级大国。现在，不仅贫穷国家把目光投向中国，希望能够寻找并借鉴中国发展的奇迹，中国还吸引着全球的目光。”

文章贴切地表述了中国与西方不同的发展道路带给世界的惊艳。体现自身特色的中国道路，是中国共产党带领各族人民，无畏于事业征途上的各种风险考验，不懈探索、创新而成。中国道路的成功开辟，为广大发展中国家走向现代化提供了可资借鉴的方案，大大拓宽了广大发展中国家走向现代化的路径。

亲历中国发展伟大成就的国际友好人士见证，中国走出了一条完全不同于西方国家现代化的道路。俄共主席久加诺夫认为，“中国道路是人类社会发展新模式”。中国道路很重要的方面就在于“中国的发展主要不是基于利润或是为了一小部分富人和权贵的利益，而是为了大多数人的福祉”。他说，中国同志透彻研究了苏联社会主义建设的经验，对其优劣有正确的认识。解决国家面临的问题、实现发展目标，离开党的坚强领导是不可能做到的。将“中国共产党领导是中国特色社会主义最本质的特征”写进《中华人民共和国宪法》，是深思熟虑和正确的决定。中国取得的一切成就以及发展成为世界强国，与坚持社会主义发展道路和中国共产党的领导密不可分。新时代中国特色社会主义是可以代替西方方案的人类社会发展新模式。

有着百年历史的阿根廷共产党与中国共产党的交往始于新中国成立之前。2017 年 12 月，阿根廷共产党总书记维克多·科特受邀参加了中国共产党与世界政党高层对话会。2018 年 5 月，他再次受邀赴北京出席纪念马克思诞辰 200 周年大会。科特说，他访华的最大感触是中国的现代化程度非常高，人民的生活水平和社会福利非常好，科技创新和产品应用广泛，文化领域也非常繁荣。同时，科特也深刻地感受到了中国共产党高效的执政能力和执政水平。他说，新中国成立以来，中国在经济、科技、民生、减贫等各领域成绩斐然，这要归功于中国共产党对国家的成功治理，特别是始终领导人民坚持走中国特色社会主义道路。

“习近平总书记在纪念马克思诞辰200周年大会上曾说过，只有把科学社会主义基本原则同本国具体实际、历史文化传统、时代要求紧密结合起来，才能把蓝图变为美好的现实。同时，作为执政党，中国共产党坚持一切从人民利益出发，把惠民和提升人民幸福度视作追求目标和自身使命，并通过战略规划分阶段落实。这是中国最成功的执政经验，值得世界各国学习和借鉴。”

科特认为，新中国取得的巨大成就印证了“没有共产党就没有新中国”的历史结论。同时，也正是由于中国共产党以人为本的指导思想，才让中国的发展成就可以惠及全球。“我认为新中国对世界的第一大贡献就是新中国的成立。它深刻影响了世界革命运动，改变了世界格局。第二大贡献是把马克思主义基本原理与中国实际相结合，创新和发展了马克思主义理论，创造了成功的中国发展模式。第三大贡献就是中国倡导构建人类命运共同体，致力于推动互利、共赢、合作与全球化发展。”中国正通过“一带一路”国际合作等实际行动推动着本国和世界的发展。

2020年新冠肺炎疫情暴发后，一些左翼政党人士看到中国抗击疫情不同于西方国家，认为中国的抗疫行动体现了中国道路的优越性。他们指出，在这场新冠肺炎疫情面前，“中国的政治制度有效地团结和动员了14亿多人民，中国能够充分调动各方可利用的力量和资源与新冠肺炎疫情作斗争。中国的抗疫行动和有效成果表明，中国人民选择的社会制度和发展道路符合中国国情，中国共产党得到了中国人民的广泛支持”。

俄罗斯联邦驻华大使安德烈·杰尼索夫曾对中国抗击疫情、恢复经济作出两个重要判断，给俄罗斯人留下深刻影响。2020年5月，中国的疫情得到有效控制，即将召开全国两会。杰尼索夫在俄罗斯新闻发布会上宣布，中国政府为消除新冠肺炎疫情带来的经济后果所采取的措施规模惊人，“协调这项工作远非易事，但总的来说，中国政府成功了”，“我们正在认真研究中国为刺激经济所采取的措施，并将此报告给莫斯科，以便在开展活动时也考虑中国的经验”。2020 年 7 月 23 日，在俄罗斯著名国际智库瓦尔代俱乐部年会上，杰尼索夫再次作出判断，“中国已成为新冠肺炎疫情大流行后拉动全球经济复苏的‘火车头’。中国国内生产总值（GDP）数据证明了这一点，第二季度中国 GDP 较 2019 年同期增长 3.2%”。

杰尼索夫对中国抗击疫情、恢复经济于全球经济复苏重要影响的判断，是基于对中国的深刻了解。杰尼索夫的判断并非基于疫情这一时一事，而是从中国道路长期发展历程中得到的答案。许多国际著名人士的重要观点和言论，是他们多次来华、在华考察后的亲身感受，是作为新时代中国特色社会主义事业发展的亲历者和见证者得出的深刻结论，为我们研究新时代中国特色社会主义的国际影响和世界意义，提供了不可替代的独特视角。

四、中国经验：数亿人脱贫的“历史丰碑”

贫困是全人类共同面临的难题，消除贫困是各国政党和政府的共同目标。以习近平同志为核心的党中央带领全国各族人民努力实施精准扶贫、精准脱贫，创造了历史上最好的减贫成绩，中华民族千百年来的绝对贫困问题得到历史性解决。中国扶贫成效引起全世界热烈、广泛的关注，“世界上没有哪一个国家能在这么短的时间内帮助这么多人脱贫，这对中国和世界都具有重大意义”。许多国际著名人士从中国共产党及中国政府在脱贫问题上的责任担当、“精准扶贫”的理念与实践中，深入研究和考察创造数亿人脱贫“历史丰碑”的中国经验，认为中国的扶贫经验和扶贫模式，为整个人类社会反贫困贡献了中国智慧和中国力量。

2019年10月4日，俄罗斯《俄罗斯报》曾发表长文跟踪关注中国扶贫事业的世界意义，文章的题目是《中国的扶贫之路与世界息息相关》。文章说，习近平在庆祝中华人民共和国成立70周年的招待会上自豪地指出，“千百年来困扰中华民族的绝对贫困问题即将历史性地画上句号”。彻底消除贫困将是人类历史上的真正奇迹。70多年来，中国向170个国家和国际组织捐款超过4000亿元人民币，用于消除贫困；派出60万人履行人道主义义务，建设了约5000座人道主义设施。由于中国的努力，在发展中国家培训了1200万名熟练工人。这些数字说明了中国作为负责任大国的使命和义务。中国的消除贫困模式和经验为世界提供了解决全球性减贫问题的“中国版”。中共作为执政党，把消除贫困作为社会经济发展的主要目标，并为实现这一目标制定了明确的时间表，不断寻求减贫领域的灵活政策。正如习近平所说，“发展是甩掉贫困帽子的总办法”。文章说，习近平的著作《摆脱贫困》在发展中国家引起了强烈反响。许多非洲官员认为，这本书不仅是为中国人写的，而且是为非洲人写的，也是为所有积极致力于消除贫困的人写的。

文章说，据世界银行的统计，“一带一路”倡议的实施将有助于消除760万人的极端贫困，另外，3200万人在有限条件下将提高物质生活标准。2015年，中国设立了南南合作援助基金。截至2018年底，中国已实施了200多个发展合作项目，为30多个国家的自然灾害、医疗等领域的受害者提供援助。在2018年9月举行的中非合作论坛首脑会议上，中方承诺与非洲国家合作以刺激其生产和发展能力，得到了非洲领导人的高度赞扬。

《中国的扶贫之路与世界息息相关》将中国的扶贫事业置于全球范围加以考量，通过一组组数据，彰显中国在反贫困方面取得的历史性成就，是国际社会观察的大视角。一些国家的共产党将中国的扶贫成就赞誉为

“奇迹”。正如有些国外社会主义政党所说的那样，没有一个西方国家提出摆脱贫困的任务。中国敢于直面这一人类难题，敢于承担这一历史使命，积极倡导并参与国际减贫合作，乐意为其他国家在扶贫方面提供支持和经验分享，体现的就是社会主义中国的历史责任感。联合国秘书长安东尼奥·古特雷斯认为，到 2030 年，消除贫困、实现联合国可持续发展计划的目标的唯一途径就是中国创造的向穷人提供有针对性的援助战略——精准扶贫。中国作为在反贫困方面有经验的负责任大国，十分重视互利互惠，开放合作。中国通过增加进口、投资和其他措施，向发展中国家提供援助，以增加可持续发展的机会。在实现联合国可持续发展计划中，中国将发挥举足轻重的作用。

埃及共产党总书记萨拉赫·阿兹利说：“中国的面貌焕然一新，中国共产党的智慧和领导发挥了很大作用。”中国已经从一个贫穷落后的国家成为世界经济增长的引擎。中国共产党的发展历程是伟大而辉煌的。中国共产党拯救中华民族于危亡，在 20 世纪 70 年代紧跟时代变化，提出改革开放政策，如今继续坚定不移推进中国特色社会主义事业发展。“中国在消除贫困方面充满雄心壮志，也为完成目标制订了有效计划。”中国的减贫成就证明，中国共产党时刻努力为人民服务。“中国共产党帮助他们实现梦想，是他们拥护中国共产党的原因。”中国的扶贫成效在规模和时间上都是空前的，在人类历史上从未看到有那么多人摆脱了极端贫困。阿兹利在四次访华之后感慨道：“中国日新月异的发展变化令人惊叹，尤其是中国扶贫工作取得的巨大成就给我留下深刻印象。特别是中国共产党十八大以来，中国的减贫进程明显提速。”

在 2020 年 10 月 17 日世界反贫困日这一天，国外媒体一篇别有寓意的文章的标题引起广泛关注：《羡慕嫉妒吧！中国将提前 10 年战胜贫困》。文章说，10 月 17 日是世界反贫困日，可以说中国已经赢得了胜利。尽管存在新冠肺炎疫情和经济放缓等因素，但中国将在2030年前实现联合国可持续发展计划的主要目标：完全消除贫困。从2012年到2019年底，短短的7年时间里，中国的贫困人口减少了9000万，贫困率从10.2%下降到0.6%。中国在2020年彻底消除贫困，比《联合国2030年可持续发展议程》所设想的要早10年完成消除贫困的任务。世界银行在世界贫困日前夕发布的数据显示，中国在减少世界贫困方面的贡献占比已超过70%。而据联合国估计，由于新冠肺炎疫情，世界其他地区极度贫困的人口数量将在不久的将来增加约1.15亿人。几十年来，贫困人口从未如此急剧上升。

文章说，为了帮助偏远贫困村庄的居民，几年前，大约有100万中国共产党党员前往农村，其中绝大多数是青年党员。截至2020年6月，中国有47.1%的互联网用户通过网络捐款帮助穷人，有34.6%的人通过互联网从贫困地区购买农产品。越来越多的互联网用户认识到，互联网在帮助有需要的人方面发挥着越来越重要的作用。中国是整个国家都在参与消除贫困的工作，这场斗争取得胜利是必然的。

网友对这篇文章的评论极具特点，认为中国能够消除贫困是因为："共产党在为人民和国家的利益竭尽全力"；"社会主义中国与西方有很大不同，社会主义制度下，工作足以满足所有人的需求，失业则是资本主义最大程度剥削穷人的把戏"；"大约有100万中共党员和年轻党员前往农村帮助摆脱贫困，哪个国家能做到？"

越来越多的国家看到了中国共产党在脱贫攻坚中的领导核心作用。他们认为，中国减贫事业的重要经验之一，就是坚持中国共产党的领导。中国共产党秉持人民至上的执政理念，坚持以党建促脱贫攻坚，充分发挥广大党员干部在脱贫攻坚战中的重要作用，为决胜脱贫攻坚提供了政治保障和组织支撑。

尼泊尔共产党中央书记贾拉·纳特·卡纳尔说，2020 年中国政府工作报告明确表示，全面脱贫是全面建成小康社会必须完成的硬任务，这份工作报告表明了中国脱贫的决心与毅力。“尽管全球蔓延的新冠肺炎疫情给中国的脱贫攻坚带来了挑战，但我相信中国将如期实现脱贫攻坚的伟大胜利，将提前实现联合国 2030 年可持续发展议程的减贫目标，并以此历史性成就永载史册。”

乌拉圭广泛阵线主席哈维尔·米兰达指出，全心全意为人民服务是中国共产党的根本宗旨。强大的制度优势和治理能力表明，在中国共产党的领导下，中国完全有能力克服疫情影响，如期实现全面建成小康社会目标。“毫无疑问，尽管有‘贸易战’、世界经济危机和新冠肺炎疫情的挑战，中国将很快实现消除贫困和建设‘中等收入社会’的目标。”

上述观点不仅体现了对中国减贫成就的高度认可，也是对中国国家治理能力、治理体系、政治制度、治国方略的高度肯定。

五、中国旗帜：世界共产党人对现代社会主义的梦想

东欧剧变，苏联解体，世界社会主义陷入低潮后，世界社会主义者从未放弃过振兴社会主义的梦想。新时代中国特色社会主义展现的光明前景，给世界共产党人以希望和信心，他们从中国社会主义的历史、现实及未来的发展进程中寻找答案、追溯原因，破解中国发展的密码。

俄罗斯科学院远东研究所副所长、著名中国问题专家安德烈·奥斯特洛夫斯基在 2017 年十月革命纪念日发表文章，将十月革命 100 周年与中共十九大召开的深远历史意义、现实意义作了关联研究。文章说，100 年前，十月革命在俄国爆发，而当下，中国共产党第十九次全国代表大会在北京举行。在时间和空间遥远的两个事件之间，存在直接而深刻的

联系。被帝国主义掠夺的半殖民地半封建的中国留下的是落后、腐败和被鸦片摧残的社会。在接受了马克思列宁主义，沿着十月革命道路前进的100年间，中国呈现给世界的是持续增长的国家经济、国家综合实力的飞跃式提高。中国在建设社会主义的道路上，创造性地吸收了苏联的经验、成就和教训，成功探索出有效的社会主义模式。中国已重新获得了19世纪中叶“鸦片战争”后失去的地位，即“世界上第一经济体”的地位。中国14亿多人民的生活水平高于世界平均水平，各个领域继续蓬勃发展。中国共产党第十九次全国人民代表大会的召开证实，中国共产党正在继续1917年十月革命开创的道路。它正在认真地建设自己的国家，坚持社会主义事业，并展示出令人印象深刻的发展速度。奥斯特洛夫斯基以世界、俄罗斯及中国沧海桑田般的历史性巨变为线索，呈现了史诗般的中国社会主义革命、建设和改革历程。

乌兹别克斯坦共产党人撰文，详细地论述了中国改革开放的历史过程。文章说，1978年12月邓小平在中共十一届三中全会上的讲话，使中国走上了改革之路，由此开始了国家的现代化建设。今天的中国经济的发展，体现了全世界共产党人长期以来对现代社会主义的梦想，但具有中国特色。进入新时代的中国，在高科技和数字化时代，正经历着电子工业的飞速发展，并处于工业革命的最前沿。中国与战略伙伴积极建立贸易和经济关系，坚持独立自主的外交政策，与时俱进，并不断适应时代发展的新要求。中国愿与发展中国家分享多年自身经济现代化的积极经验，以克服南北不平等为目标，帮助欠发达经济体。中国在实现“世界繁荣”方面取得了令人瞩目的进步，并致力于全面促进全球发展与进步。为践行“一带一路”倡议，中国在邻国的基础设施项目中投入了大量的劳动力、物力和财力。中国是人类历史上的独特风景，成功地建立了社会主义市场经济。

乌兹别克斯坦共产党人的观点独到而又符合实际。“中国特色社会主义体现了全世界共产党人长期以来对现代社会主义的梦想”的结论，鼓舞人心。作者强调，中国国家战略的宏伟蓝图，是建立在坚持四项基本原则基础上的，始终高举中国特色社会主义的旗帜，因此，中国经济腾飞、国家进步与发展的一切成就，皆因立足于此根本。

2021 年 3 月 11 日，十三届全国人大四次会议在北京人民大会堂举行记者会，国务委员兼外交部部长王毅表示，80 多年前，斯诺和斯特朗、史沫特莱等一批外国记者将自己的所见所闻、所思所想忠实地介绍给了世界。今天的中国需要更好地了解世界，世界也需要更好地了解中国。中国希望并欢迎更多外国媒体记者成为“新时代的斯诺”。《大道不孤——新时代中国特色社会主义的国际影响与世界意义》一书，以各国左翼人士、多位“新时代的斯诺”的视野，观察、思考、把握新时代中国特色社会主义的国际影响和世界意义，期待能为中国共产党百年华诞添彩。

近年来世界共产党联合化新趋势与应对

余维海①

当前，世界百年未有之大变局进入加速演进期，资本主义危机层出不穷且密集爆发，“社会主义时刻”在世界多地被高调唱响。共产主义运动迎来若干个百年纪念活动，许多国家的共产党也进入战略和策略的“百年”反思期。当前世界上各类共产党和工人党不仅数量庞大，而且存在明显的联合之势。世界共产党联合的呼声此起彼伏，多种形式的联合行动在多地涌现。许多共产党和工人党就社会主义斗争、工人阶级的权益、和平与正义、资本主义新变化和帝国主义的新表现、各地区的斗争形势以及其他国际共运重大议题达成一致共识，共同发表联合声明，聚力发声。他们在平台机制、意识形态、斗争对象、实践行动上展示了聚合之力，共同营造了国际共运的新态势，丰富了国际共运的新形式和内涵。

① 余维海，华中师范大学政治与国际关系学院教授、国外马克思主义政党研究中心主任。

一、近年来世界共产党联合化的表现

共产主义运动本质上是一种国际性的运动。马克思和恩格斯在为共产主义者同盟起草的纲领《共产党宣言》中曾明确提出："联合的行动，至少是各文明国家的联合的行动，是无产阶级获得解放的首要条件之一。"近年来世界共产党的联合，不同于国际共运史中那种具有共同的组织、纲领、目的和行动的联合，而是具有了许多新的内容和特征。

第一，建立一系列联合化的组织机制。东欧剧变、苏联解体使国际共运陷入低潮，多数共产党陷入组织萎缩、涣散、分裂、改组甚至解散的困境，"历史终结论"甚嚣尘上。为了摆脱困境，世界共产党和工人党加强了组织的联合化建设，建立了一系列国际联合的固定平台，包括国际会议、国际性和区域性的社会组织等。如创建于 1993 年的共产党联盟—苏共（现有 18 个成员党，3 个观察员党）、创建于 1994 年的马列主义政党和组织国际会议（现有 24 个成员党）、创建于 1998 年的共产党和工人党国际会议（现有 118 个成员党）、创建于 2006 年的国际马克思主义倾向（在近 40 个国家和地区开展活动）、创建于 2001 年的苏联共产党（现有 14 个成员党）、创建于 2010 年的革命政党和组织国际协调（现有 62 成员党）、创建于 2013 年的欧洲共产党和工人党倡议（现有 30 个成员党）、创建于 2020 年国际社会主义选择（在 34 个国家和地区有分支机构）以及欧洲左翼党、巴尔干地区共产党和工人党会议、马列毛主义政党和组织、国际革命左翼、第四国际、共产主义前线、阿拉伯左翼论坛等各种类型的共产党和工人党组织机制。

第二，通过发表联合声明凝声聚气。21 世纪以来，互联网的兴起拓宽了各共产党交往的途径，各共产党和工人党利用国际会议和互联网平台就关系人民群众切身利益的重大事件发表联合声明，如团结网、保卫共产主义、保卫马克思主义、欧洲共产党和工人党倡议、毛主义之路等。线上线下联动，联合声明形成惯例且日渐增多，不仅成了各共产党彼此联系的窗口，还在一定程度上展现了一致的理论观点和斗争方向。签署联合声明的政党数量少则 2 个，多则上百个。以 2020 年为例，世界共产党和工人党围绕纪念恩格斯诞辰 200 周年、列宁诞辰 150 周年、毛泽东诞辰 127 周年，以及新冠肺炎疫情、巴勒斯坦问题、伊朗局势等议题发表了系列联合声明。

第三，开展一致性的国际斗争。世界共产党的联合化形式多种多样，不断密集、交织地呈现出来。各共产党通过党媒或联合化的平台机制，协调一致地在世界各地开展游行示威、声援等多种形式的斗争和抗议活动。在委内瑞拉、古巴、巴勒斯坦、伊朗等地的反帝主义斗争中，在反对格鲁吉亚、乌克兰、欧洲议会等的反共主义斗争中，在美国的黑人民权斗争等事件中，各国共产党人在世界各地同时组织了各种声援活动。据笔者 2019 年度在美国一年中的实地调研发现，美国共产党、美国争取解放和社会主义党等仅在“别碰委内瑞拉”行动中，响应国际呼吁，组织了从中央到各州、俱乐部各层次、各地区的街头游行示威。

第四，凝聚形成了共同精神，使分散的共产主义运动具有国际性。各国共产党的斗争，虽然没有国际性的共同行动纲领，却在客观上形成了共同精神。概而述之，当代共产党的共同精神主要有：理想信念上追求社会主义、共产主义；奋斗目标上推翻资本主义、建立社会主义社会；价值观念上倡导自由民主、公平正义、国际主义、环境保护、性别平等；意识形态上反对战争与侵略，反对帝国主义、新自由主义、法西斯主义、种族主义等；实践斗争中维护工人阶级和人民的权益、反对种族和性别歧视、反对右翼政府等。各国共产党人正是在这种共同精神下，汇聚成牵制资本主义的力量。在共同精神的指引下，分散的行动也呈现较强的共性和趋同性，无形中在世界各地凝练成为“社会主义共同体”，共同点燃当代国际共产主义运动的星星之火。

二、当前世界共产党联合化的新特征

在世界百年未有之大变局中，各国共产党的组织与活动方式出现许多新的变化，它们的国际性联合活动也是如此，这主要表现在联合主体、联合空间、联合频次、联合方式等方面。

第一，联合主体上的平等性和多元化。与国际共运史上的联合不同的是，当前世界共产党的联合是以各政党之间彼此独立、相互平等为基础的，是平等基础上的自愿联合，是在国际共运组织机制的联合平台下的“抱团式”取暖。同时，各共产党参与的联合化组织，既有世界性的，也有区域性的；既有共产党之间的，也有泛左翼政党内的，甚至也有进步团体和社会组织的；既有马克思主义的、马列主义的、马列毛主义的，也有托派的、霍查主义的或社会民主化的共产党。尽管各多元化的联合主体之间，存在较大的理论分歧，却能够在国际共运的许多重要问题上聚力发声。

第二，联合空间上的共振性和网络化。当今国际共运已经走出了一个中心、统一领导的模式，呈现多组织机制内的分头行动，共同聚力发声，转向了网络化的联合。各共产党散布在世界各地，在同一议题上像蝴蝶效应般采取协调一致的行动，呈现了共振性特征。与此同时，在空间分布上，联合化的探索与行动在国家内部、地区、全球多个层面展开，而各共产党在参与联合声援行动中，往往又在多组织机制中重叠、交叉性参与，由此就构成了联合的网状化倾向。在组织平台上，不少共产党也是多个平台的正式成员，如土耳其劳动党（EMEP）既是霍查主义的马列主义政党和组织国际会议的成员，也是共产党和工人党国际会议的成员，还曾是国际共产主义研讨会（2014 年停止活动）的成员。

第三，联合频次上的连续性和密集化。在恶劣的生存环境和共产主义运动的国际性特征的共同催化下，世界共产党屡屡发出联合呼吁和诉求。在多方的共同努力下，世界共产党开展了更为密集的联合行动，推动形成高涨的联合之势。事实上，自 2008 年国际金融危机爆发，世界共产党联合的组织机制不断完善，实践斗争连绵不绝，联合声明越发密集，共同精神日渐突显。世界共产党在年度性会议、常态化声明、协同化声援和游行示威中连续、密集地发声发力。仅以 2020 年上半年的新冠肺炎疫情、列宁诞辰 150 周年、五一劳动节、世界各地抗议活动为例，世界共产党发表联合的声明有 30 多个，单方面的声援和声明则更多。这种连续性的活动有助于保持社会主义运动在世界上的存在感和影响力，增强社会主义运动的活力，同时让更多人看到社会主义运动的强大力量和巨大潜力。

第四，联合方式上的多样性与议题化。不同于以往组织化的联合形式，当前世界共产党的联合，具有新的形式。政党联盟、国际会议、联合声明、声援抗议是其常见的主要形式，议题化而非组织化是其明显特征。许多共产党不仅参与共同的国际会议并搭建了固定的平台机制，而且还在各种事务性选举中，组建了选举联盟、执政联盟、统一战线联盟，实现共同精神指引下议题化的聚合。例如，近年来，据不完全统计，在选举联盟方面，印度共产党、葡萄牙共产党、南非共产党、西班牙共产党等 14 个共产党参与或组建过选举联盟；在执政联盟方面，阿根廷共产党、尼泊尔共产党、南非共产党、西班牙共产党等 10 多个共产党也与其他左翼政党组成过全国或地方执政联盟；而各共产党更是积极联合国内的进步力量和左翼组织，构建统一战线联盟或阵线，共同为反资、反帝、反战，实现公平、正义、环保，捍卫工人阶级与人民权利等议题发声聚力。如印度的印度共产党（马克思主义）、印度共产党等五个政党组成左翼政党联盟，互动性非常强，近年来经常联合发表声明，协同开展多种活动。

三、对当前世界共产党联合化的评价

世界共产党的联合化发展态势，更加凸显了社会主义运动的阶级性、国际性、联动性和组织化趋势，不仅有助于凝聚世界各地的共产主义力量，使国际共运“薪火相传”，还丰富了国际共运的内容与形式。

（一）增强了反制资本主义的力量，壮大了世界社会主义的声势

国外多数非执政的共产党，都相对分散和弱小。世界共产党在理论主张、组织状况和思想路线上，在对现行社会主义国家乃至对世界社会主义运动等的理解方面不尽相同，却体现了某些共性。共产党因共性而联合。一方面，从不同侧面发起对资本主义进攻的号角，无疑会增强反制资本主义的力量；另一方面，在联合化过程中，这些政党打造了多个联合平台，能够拧成一股绳，凝声聚力，开展协调一致的行动。这无疑既有助于世界社会主义整体力量和声势的提升，对各个政党而言，又获得了更好的发展机会。他们通过联合，加强沟通交流，互学互鉴，彼此支持和声援，增强了自身的社会影响力。

（二）丰富并发展了国际共产主义运动的内涵与形式

所谓国际共产主义运动，是由以马克思主义为指导的无产阶级政党领导的国际性的无产阶级革命运动，其宗旨是推翻资产阶级统治和一切

剥削制度，建立和发展社会主义制度，进而最终实现人的彻底解放，建立共产主义社会。世界共产党的联合，是当代国际共运存续的最佳注脚。当今的国际共产主义运动，已经不再是“一个中心，一条路线，一种模式”，而是在共产党的联合化趋势下更新了其形式和内涵。

首先，国际共运并没有淡出历史舞台。有不少论者直接否认世界社会主义运动的存在，认为要“从思想理论上抛弃所谓‘国际共运’的传统观念”，因为“当今世界社会主义”不过是“彼此独立自主、各行其是、没有统一联系的各种名目的社会主义力量、社会主义流派或社会主义模式的一个‘大汇总’”。诚然，国际共运的主题已经不再是布尔什维克式的世界革命，暴力革命也不是当前绝大多数共产党人进行无产阶级革命运动的选择。在承认当前仍然存在大量共产党的客观事实前提下，考察国际性的无产阶级革命运动就是考察国际共运的关键所在。各联合机制共同编织成国际共运的活跃网络，频繁的国际会议、声明、声援、联合等使共产主义运动具有国际性内涵。而世界共产党的联合主体、空间、时态和方式上的国际联合，诠释了当代共产主义运动的“生生不息”“薪火相传”。

其次，国际共运的新联合是与内部的宗派斗争同时并存的。当今的国际共运舞台上，活跃着数量众多的共产主义政党组织。据维基百科的不完全统计，世界上现存的大大小小共产党数量有 400 多个。世界上许多国家都存在好几个，甚至一二十个共产主义政党。以美国为例，美国的共产主义政党数量多、派系多，有马列主义、马列毛主义、民主社会主义、托洛茨基主义、霍查主义、无政府主义等类型的共产党，可以说几乎包括了国际共运史和当代世界社会主义中的所有派别，存在如美国共产党、共产党人党、工人世界党、革命共产党、争取社会主义与解放党、劳动党、自由道路社会主义组织、进步劳动党、毛主义共产党等 10

多个党。这一政党数量相当庞大的共产党队伍是共产主义政党分散化、不断裂变的尴尬结果，也是政党之间的内耗、分歧与分裂的表征。各派的政党在国际上有自己的联合平台，彼此之间的界限常常十分分明，具有明显的排他性。比如，影响最大的共产党和工人党国际会议，虽然具有一定的开放性，但是仍然拒绝不少共产党加入。此现象广泛存在于世界左翼之间，无形中削弱了联合化的国际意义，降低了左翼间的凝聚力。当今国际共运的内耗与宗派主义对联合化的努力产生了巨大的反作用力，使联合化的探索一直陷于低效困境。

再次，国际共运已经从“中心—外围”式的运动变成了较为松散的网络化运动。各国共产党在独立平等和自愿的基础上，可以自主选择不同的组织机制，实现不同目的和层次的联合。例如，希腊共产党经常活跃在共产党和工人党国际会议、欧洲共产党和工人党倡议、国际共产主义研讨会、巴尔干地区共产党和工人党会议等平台上。其他共产党也是如此。

最后，国际共运更加具有分散性和多样性的特点。从马克思主义诞生之日起，人们就对其有各种不同的解读视角。各国共产党的思想虽然源自马克思、恩格斯、列宁、毛泽东等革命导师，却在不同的历史发展进程和空间地域，有了不同的理解和内涵。共产党业已演化成了不同的类型。这种多样性不仅体现在不同类型共产党（如执政的和非执政的、马列主义的和马列毛主义的、托派的、霍查主义的等）的差异性上，也体现在联合机制之间的差异性上，还体现在联合议题的多元化上。各国共产党在不同的议题下的联合，既有国际主义精神的指引，也是在各自民族国家内竞相探寻自身社会主义道路的反映。多样性的联合，固然增加了国际共运的聚合力，却也为宗派主义、教条主义提供了滋生的土壤。联合中议题化特征的增加，使国际共运眼前目标和长远目标之间的张力更为突显。

四、世界共产党联合化态势这一“新的历史特点”下我们的应对

中国共产党的十八大报告指出，“发展中国特色社会主义是一项长期的艰巨的历史任务，必须准备进行具有许多新的历史特点的伟大斗争”。世界共产党的联合化发展新态势、国际共产主义运动的新内涵和形式，也正是推进新时代中国特色社会主义伟大事业进程中需要认真研究和把握的“新的历史特点”之一。那么，如何才能更好地研究和把握好这一“新的历史特点”，为伟大斗争服务呢？

第一，要加强国际共运和世界社会主义的研究。世界共产党联合化态势为国际共运增添了新的活力，也注入了新的内容。因此，要加强对当前国际共运的研究，考察其内涵特征、组织机制、联合力量、共同精神，探究其发展规律，特别是要深入研究新时代中国特色社会主义与国际共运之间的关系。

第二，要深入研究习近平关于“新型政党关系”的相关理论命题。习近平新型政党关系理论命题，在认识论上是中国共产党政党外交政策的重大创新，在方法论上是解决国外共产党频繁分裂、纷争与分歧的有效方法，在逻辑与前景上是中国特色社会主义引领世界社会主义发展的钥匙。要以习近平新时代中国特色社会主义思想为逻辑起点，从背景与形成、内涵与体系、特征与原则、意义与价值、机制与路径五个维度，系统地研究习近平新型政党关系理论命题，研究该理论体系的系统性、创新性和前瞻性。围绕政党外交的本质与理念开展习近平新型政党关系理论的应用转化研究，从而构建以政党外交主体、主线、理念、内涵、层次、领域、方位、平台、机制等为关键点的新时代中国共产党政党外

交的具体政策。

第三，在世界共产党网络化的联合趋势中，我们要树立战略思维、保持战略定力。东欧剧变、苏联解体后，国际共运形势更加复杂，各种类型和派系的共产党竞相登场，许多政党之间理论上的差异性较大，特别是对中国特色社会主义的认知和态度存在较多分歧，出现了不少批评、否定和攻击我们的声音。这股刺耳的声音在许多联合声明中时有出现，发出的合力效应值得警惕。而正是这些政党，最热衷于呼吁建立类似于“共产国际”式的新的国际组织，热衷于推动布尔什维克式的世界革命。与此同时，国内也有不少声音，认为中国共产党作为世界上最大的共产党，要接过苏联的接力棒，勇于扛起联合世界社会主义力量的大旗。显然，一厢情愿地搞大团结和大联合，既不符合我国当前的发展战略，也是不现实的。面对这样的联合化声音，我们要树立战略思维、保持战略定力，不当头，不扛旗，不参与，不反对。认真发展好中国特色社会主义伟大事业，就是对国际共运的最大贡献。但是，对一些人的消极无为、无所作为的思想也必须要警惕和反对。

第四，要合理利用世界社会主义的力量。世界共产党的联合化行动，既是反制资本主义的生力军，同时也可以合理地加以利用，使之成为服务于中国特色社会主义伟大事业的外援部队和友军。事实上，多数共产党也在联合化的行动中给予了我们公开的支持，成为一支可资利用的力量。2020 年 3 月，在 82 个共产党签署的题为《立即采取措施保护人民的健康和权利》的联合声明中，中国的国际主义抗疫行动得到了赞誉；同年 4 月，中国共产党同 100 多个国家、230 多个政党就加强抗击新冠肺炎疫情国际合作发出的共同呼吁，得到了世界众多共产党的签署、公开发文、致谢等多种方式的支持和赞誉。

为了更好地利用这股世界社会主义的联合之力，首先，我们要从战略上重视并做好对国外共产党的统战工作，积极主动地谋划、打造好有利于我们的联合力量；其次，要以中联部为主体，贯彻落实习近平新型政党关系理论，加强与国外共产党的交流，建立以政党高层专题对话会为主的多层次交流机制；最后，要发挥科研机构、高校智库的科研力量，建立人文交流机制，加强理论探讨。多管齐下，才能更好地讲好中国故事，发挥对世界社会主义运动的引领和推动作用。

近年来国外共产党对中国国家治理的认知与评价

李玉才 [①]

在党和国家的积极推动下，中国的国家治理取得了显著的成就。世界各国共产党对此广泛关注，它们通过党报党刊、网站、国际会议、贺电和访谈等多种形式，在不同场合积极评价中国国家治理成效，努力探寻“中国之治”的奥秘，充分肯定中国国家治理模式的世界意义。

一、国外共产党多维度评价中国国家治理

国家治理是现代国家有序运行的必要条件。新中国成立以来，中国共产党带领全国各族人民在社会主义革命、建设和改革过程中逐渐形成了具有中国特色的国家治理体系和治理模式，中国国家治理优势以及国

① 李玉才，中央财经大学马克思主义学院 2019 级博士研究生。

家治理水平在此过程中逐渐得到彰显。对此，国外共产党从国家治理效能、治理思想以及治理方式等多方面、多维度研究和评析中国国家治理问题，以期全面认识中国国家治理体系。

（一）中国国家治理取得了显著成效

近年来，国外共产党高度肯定中国国家治理成效，积极评价中国的治理能力和治理水平。它们一致认为，新中国成立以来，尤其是改革开放以来，中国在国家治理方面取得了世界瞩目的成就。

第一，国外共产党高度赞赏中国在经济领域取得的伟大成就。它们普遍将中国经济的快速发展称作“中国奇迹”，认为这是中国国家治理成效和中国社会主义优越性的集中体现。葡萄牙共产党在庆祝中华人民共和国成立 70 周年的贺信中指出，中国共产党不但推翻了帝国主义和封建统治，而且在社会主义建设过程中实现了经济社会的快速增长以及人民生活水平的稳步提升，把中国从落后的农业国变为先进的工业国①。古巴共和国副主席萨尔瓦多·瓦尔德斯·梅萨（Salvador Valdés Mesa）指出，“中国已经成为世界第二大经济体，70 年来它的国内生产总值年均增长超过 8%，这是人类历史上前所未有的成就。2019 年的中国与 1949 年大不相同，不再是 70 年前那个贫穷落后的国家，由于经济的持续增长，中国的经济实力和生产力发展水平得到了明显提升”②。

第二，国外共产党充分肯定中国在贫困治理方面所取得的伟大成就。世界各国共产党高度赞扬党的十八大以来中国的贫困治理工作，认为中

---

① “PCP Saúda 70.°Aniversário da República Popular da China”, http://www.pcp.pt/pcp-sauda-70o-aniversario-da-republica-popular-da-china-0.

② “Cuba Comemora 70 Anos da República Popular da China”, https://pcb.org.br/portal2/24053/cuba-comemora-70-anos-da-republica-popular-da-china/.

国式扶贫不仅使中国人民生活得到根本改观，也为世界反贫困作出了巨大贡献。它们以“首屈一指”“绝无仅有”“世所罕见”等词语来描绘中国减贫成就。越南共产党网站刊发题为《中国减贫与全面建成小康社会的目标》的文章，认为“改革开放 40 多年来，中国在减少贫困人口和改善人民生活质量方面取得了长足进步，基层贫困治理能力得到显著提高，整个国家形成了全社会共同抗击饥饿和贫困的新面貌”①。俄罗斯联邦共产党主席久加诺夫（Gennady Zyuganov）以中国河南为例，高度肯定中国的精准扶贫工作。他认为，“中国在 40 多年间使 7 亿人摆脱贫困，为全球减贫作出了重大贡献，并提前实现了联合国千年减贫发展目标”②。

第三，国外共产党普遍认可中国在环境治理方面作出的努力。加拿大共产党在其官网上刊文指出：“中国在减少碳排放和发展可再生能源方面取得了巨大进步，像北京这样的城市，过去一直遭受严重的空气污染和沙尘暴侵袭，但是现在已经有了清洁的空气和美丽的蓝天。”③美国共产党前主席约翰·巴切特尔（John Bachtell）高度评价中国环境治理成效，指出：“中国的环境污染治理有效促进了自然与社会的和谐，克服了人类发展与生态可持续性之间的矛盾。”④

第四，许多国外共产党对中国在基础设施建设及社会保障方面取得

① “Công Tác Giảm Nghèo và Mục Tiêu Xây Dựng Toàn Diện Xã Hội Khá Giả ở Trung Quốc”, http://www.tapchicongsan.org.vn/web/guest/chi-tiet-tim-kiem/-/2018/815997/cong-tac-giam-ngheo-va-muc-tieu-xay-dung-toan-dien-xa-hoi-kha-gia-o-trung-quoc.aspx.

② Зюганов Г.А.На первом месте в Китае нужды простого Человека, https://gazeta-pravda.ru/issue/59-30991-1720-iyulya-2020-goda-/na-pervom-meste-v-kitae-nuzhdy-prostogo-cheloveka/?sphrase_id=96713.

③ “Congratulations to the People’s Republic of China on the Occasion of Its 70th Anniversary”, http://communist-party.ca/congratulations-to-the-peoples-republic-of-china-on-the-occasion-of-its-70th-anniversary/#more-3344.

④ John Bachtell, “A New Era for Building Socialism with ‘Chinese Characteristics’”, https://www.cpusa.org/article/a-new-era-for-building-socialism-with-chinese-characteristics/.

的成绩表示肯定。加拿大共产党在庆祝中华人民共和国成立 70 周年的贺信中指出："中国已然从一个半殖民地半封建国家发展成为一个技术先进的工业国家，使得 7 亿多中国人摆脱了严重的贫困，为超过 10 亿人口提供了医疗保健、教育、住房和就业机会，普通民众的工资和生活水平也在不断提高。"①

第五，许多国外共产党高度肯定中国在抗击新冠肺炎疫情中表现出来的国家治理能力和治理水准。澳大利亚共产党主席维尼·莫利纳（Vinnie Molina）高度赞赏中国处理重大突发事件的能力和水平，认为"中国共产党和中国政府在应对新冠肺炎疫情方面表现出的行动力和透明度为世界树立了杰出的榜样"。②巴西共产党在声援中国的公告中谴责了西方国家利用新冠肺炎疫情质疑中国国家治理能力的行为，认为"中国在应对新冠肺炎疫情方面始终表现出巨大的能力，中国通过有计划、合理地利用经济和卫生资源，有效协调国家力量来克服新冠肺炎疫情的蔓延"③。

（二）高度认同中国在国家治理中坚持马克思主义的指导思想

中国作为社会主义国家，在进行国家治理过程中始终坚持以马克思主义为指导。不少国外共产党认同中国共产党在治理中国这一大国时始终坚持马克思主义的基本原理，运用马克思主义指导中国的国家治理实

① "Congratulations to the People's Republic of China on the Occasion of Its 70th Anniversary", http://communist-party.ca/congratulations-to-the-peoples-republic-of-china-on-the-occasion-of-its-70th-anniversary/#more-3344.

② "CP of Australia，CPA Statement on the Coronavirus", http://www.solidnet.org/article/CP-of-Australia-CPA-Statement-on-the-Coronavirus/.

③ "Solidariedade à República Popular da China", https://pcb.org.br/portal2/25163/solidariedade-a-republica-popular-da-china/.

践，旗帜鲜明地在党的文件中坚持马克思主义。阿根廷共产党总书记维克托·科特（Víctor Kot）指出，中国共产党在治国理政过程中“始终以马克思主义为指导，并能充分考虑中国的国情现实和客观情况，适时调整政策，不断探索创新，带领世界上人口最多的国家走出了一条中国特色社会主义道路”①。维尼·莫利纳充分肯定了中国共产党人对马克思主义的信仰，在他看来，历史已经证明，即使在国际共产主义运动处于低潮时，中国共产党也能够始终坚持用马克思主义思想理论武装自身②。

不少国外共产党认为，中国在推进国家治理现代化的伟大实践中不断发展和创新了马克思主义。智利共产党总书记劳塔罗·卡莫纳（Lautaro Carmona）曾多次到访中国。他指出：“中国共产党作为一个马克思主义政党，在建设社会主义的过程中，掌握了马克思主义的精髓，那就是从实际情况出发，建设中国特色社会主义。”③在他看来，中国在推进国家治理体系和治理能力现代化过程中不拘泥于马克思主义经典作家的具体结论，而是能够将马克思主义同中国具体国情相结合，在解决中国现实问题中创新和发展马克思主义。葡萄牙共产党总书记热罗尼莫·德索萨（Jerónimo de Sousa）也认为，马克思主义普遍原理并没有给我们的发展提供现成的配方，我们在发展过程中需要结合具体的现实状况来运用这些理论④。

有些国外共产党认为，习近平新时代中国特色社会主义思想是当代

---

① ［阿根廷］维克托·科特：《中国取得的成就具有超越时代的意义》，楼宇译，《光明日报》2021年7月8日。

② “CPA Greeting to the Centenary of the Communist Party of China”, https://cpa.org.au/statement/2021-2/cpa-greeting-to-the-centenary-of-the-communist-party-of-china/.

③ 《开天辟地 铸就辉煌——海外共产党领导人点赞中国共产党领导中国取得伟大发展成就》，http://www.xinhuanet.com//2019-09/27/c_1125049036.htm?ivk_sa=1023197a。

④ Jerónimo de Sousa, ”Álvaro Cunhal e o Legado de Karl Marx”, http://www.pcp.pt/alvaro-cunhal-legado-de-karl-marx.

马克思主义的最新成果，为“中国之治”奠定了重要的思想基础。秘鲁共产党（团结）总书记路易斯·比利亚努埃瓦（Luis Villanueva）指出，习近平新时代中国特色社会主义思想明确提出要从政治、经济、外交等方面推进国家治理体系和治理能力现代化，表明中国共产党人敢于解决新问题、开辟新道路，这是中国共产党人在新时代推进理论创新的集中体现和重大成果，是对马克思主义的丰富和发展[①]。在不少国外共产党看来，习近平新时代中国特色社会主义思想为中国解决当前存在的现实问题提供了锐利的思想理论武器，是中国顺利推进国家治理现代化的不二法门。

（三）深入考察中国国家治理方式

国家治理方式是落实和体现国家治理理念和治理思想的重要手段，也是实现国家治理效能的关键环节，它在整个国家治理体系中占据着至关重要的地位。对此，不少国外共产党对中国国家治理方式进行了多维考察，并结合自身的认知和理解对中国国家治理方式作出相关评析。阿根廷共产党在其官网刊发题为《中国革命70年》的文章，指出新中国成立之初中国成功“实施了土地革命以及开展了社会主义革命”，改革开放之后“中国通过创办经济特区实现对外开放，不断推动农业结构调整和现代工业发展”，当前阶段中国更加注重“社会主义制度体系创新以及有效的经济管理”“努力实现社会主义现代化”[②]。

有的国外共产党比较具体地考察了中国国家治理方式。约翰·巴切特

① 《让马克思主义在21世纪焕发更强大真理力量——国际社会高度评价习近平新时代中国特色社会主义思想》，《人民日报》2018年5月5日。

② “70 Años de la Revolución”, http://www.nuestrapropuesta.org.ar/world/1485-70-anos-de-la-revolucion.

尔指出，中国共产党正全力推进国家治理改革，努力扩大基层民众的参与权和决策权。他认为："中国治理改革的重点是全面依法治国，中国通过完善立法、强化宪法权威以及健全司法制度来建设法治国家。"①巴西共产党以新冠肺炎疫情为例，具体分析了居委会在中国基层治理中的作用。在巴西共产党看来，中国基层治理能够取得成功很重要的秘诀在于"中国具有一个良好的社会组织结构"。中国的居委会"是人们参与治理的最直接工具"，居委会这种组织"具有很强的纪律性以及浓厚的社会文化"，对中国治理的顺利开展具有重要作用。②

有的国外共产党进一步阐述了中国国家治理方式的特色和优势。久加诺夫认为，中国国家治理的鲜明特色在于没有放弃计划管理制度的优势，能够制定完善的并且是多层次的发展规划，积极把可调控的市场与出色的计划管理进行有效结合，使得经济资源尽可能地高效配置。③罗伯特·格里菲斯也认为，中国在国家治理过程中非常注重制定完善的发展蓝图和发展战略，能够"制定并寻求实现长期目标"，从而保证国家治理的连续性和方向性，与此同时又不把理论当作教条，能够"灵活调整短期目标和指标"。他还以中国的五年规划为例，指出2008年国际金融危机发生后，中国能够根据现实需要及时调整经济政策以抵抗外部冲击。④

---

① John Bachtell, "The Long March to Socialism with Chinese Characteristics", https://www.cpusa.org/party_voices/the-long-march-to-socialism-with-chinese-characteristics/.

② "China：Comitês de Bairro no Combate ao Covid", https://pcb.org.br/portal2/25342/china-comites-de-bairro-no-combate-ao-covid/.

③ Зюганов Г.А.Китай предлагает миру справедливое жизнеустройство, http://skpkpss.ru/novosti-kprf-g-a-zyuganov-kitaj-predlagaet-miru-spravedlivoe-zhizneustrojstvo/.

④［英］罗伯特·格里菲斯：《中国共产党百年发展的成功经验与重要贡献》，李鑫、石月编译，《世界社会主义研究》2021年第1期。

二、国外共产党积极探索“中国之治”的成功密码

国外共产党不仅高度肯定中国在国家治理方面所取得的历史性成就，而且还积极探寻中国能够取得如此成就的原因，深入揭示“中国之治”背后的成功密码。

（一）充分发挥中国共产党的领导作用

多数国外共产党对中国共产党的领导作用给予了积极评价，它们一致强调，中国共产党是中国的领导力量，中国在国家治理方面所取得的伟大成就是对中国共产党领导作用和执政能力的最好证明。正如埃及共产党总书记萨拉赫·阿兹利（Salah Azli）所说，中国共产党是中国特色社会主义的领导核心，“中国共产党在带领中国人民实现富强的道路上发挥了中流砥柱作用”[①]。

巴西共产党中央委员会委员何塞·雷纳尔多·卡瓦略（Jose Renaldo Carvalho）发表长文高度赞扬中国历代党的领袖在国家治理中的远见卓识，认为新中国成立以来中国国家治理取得的巨大成就，很大程度上得益于中国共产党的坚强领导及其领导人高超的政治智慧。他充分肯定习近平主席的治国能力和执政水平，认为习近平主席的坚强意志和责任担当为世界其他国家领导人树立了典范[②]。有些国外共产党肯定中国共产党基层党组织及党员干部在基层治理中的作用。印度共产党（马克思主义）

---

① 《中共是带领中国人民实现富强道路上的中流砥柱》，http://www.xinhuanet.com/politics/2017-06/27/c_1121221371.htm。

② Por José Reinaldo Carvalho，“PC da China: 100 Anos de Coragem，Inovação e Coerência Revolucionárias”，https://i21.org.br/especial-centenario-do-partido-comunista-da-china/pc-da-china-100-anos-de-coragem-inovacao-e-coerencia-revolucionarias/.

在其党报上刊发题为《党建创新助力实现中国梦》的文章，表示中国共产党的基层党支部具有强烈的服务意识和较高水平的治理能力，基层党员干部依托党组织不断改进工作作风，不断提升“党组织的电子化、数字化建设”，以便更好地“密切联系群众和改进工作作风”①。

不少国外共产党认为，中国共产党的执政能力建设对于提升中国国家治理效能发挥着至关重要的作用；中国共产党之所以在治国理政中很好地发挥了领导作用，很重要的原因在于其自身能够不断加强党的建设工作。约翰·巴切特尔表示，中国共产党的自我革命精神是充分发挥党的领导作用的前提，“中国共产党是一个强大的革命党，能够创造性地将马克思主义应用于中国现实。她不仅在处理问题时做到实事求是，而且能够进行自我革命、开展自我批评”②。久加诺夫强调，中国共产党为了提升公共治理的有效性，不仅积极贯彻群众路线，加强党的纯洁性建设，而且敢于同党内腐败现象、享乐主义作斗争③。英国共产党《晨星报》刊文指出：“反腐倡廉为中国共产党进一步落实治国理政基本方略提供了切实保障和民心支持。”④

（二）中国的社会主义制度具有无可比拟的优势

国外共产党在探寻“中国之治”的奥秘时，不仅充分肯定中国共产党的领导作用，也高度肯定中国社会主义制度的优越性，它们认为，中

---

① Mariam Dhawale, “Innovative Steps at Party Building to Achieve the Chinese Dream-II”, https://peoplesdemocracy.in/2016/1120_pd/innovative-steps-party-building-achieve-chinese-dream-ii.

② John Bachtell, “A New Era for Building Socialism with ‘Chinese Characteristics’”, https://www.cpusa.org/article/a-new-era-for-building-socialism-with-chinese-characteristics/.

③ Зюганов Г.А. Братский Китай сумеет преодолеть все трудности, http://skpkpss.ru/novosti-kprf-g-a-zyuganov-bratskij-kitaj-sumeet-preodolet-vse-trudnosti/.

④ “Is Mike Pompeo Right That the Chinese Resent Their Communist Party?”, https://morningstaronline.co.uk/article/mike-pompeo-right-chinese-resent-their-communist-party.

国完善的制度体系为国家治理提供了基本前提和制度保障。巴西共产党主席卢西亚娜·桑托斯（Luciana Santos）指出，中国制度的优势在于中国共产党既能坚持社会主义根本制度不动摇，同时又具有一种灵活、反教条主义的精神，这种精神使得中国政府能够更好地适应时代发展的需要，及时结合现实情况调整自身具体制度，从而实现经济社会的快速发展[①]。法国共产党全国书记法比恩·罗塞尔（Fabien Roussel）充分肯定中国经济制度的优越性，他认为，在中国，“市场的引入是作为发展的工具而不是目的，在某些领域取消计划经济，形成‘社会主义市场经济’，这是当前历史阶段即‘社会主义初级阶段’的必然。在这个阶段，市场是工具而不是目的，开放是提高效率的条件”[②]。还有一些国外共产党充分肯定中国的基本经济制度对于中国国家治理现代化的作用。它们认为，中国坚持公有制为主体，不断探索公有制多种实现形式，并鼓励、支持、引导非公有制经济发展，这种基本经济制度为中国国家治理现代化提供社会主义经济基础。其中热罗尼莫·德索萨指出，“以公有制为主体的所有制形式和国有企业在战略领域占主导地位，是中国取得经济和社会进步的一个重要因素”[③]。

有些国外共产党结合中国的具体实践行动来评析中国制度的优越性。澳大利亚共产党《卫报》刊文指出，中国共产党指派数百万党员干部深入贫困地区帮助民众脱贫，中国充分利用社会主义制度的优势创造了世

---

① “Em Mensagem，PCdoB Saúda Amizade e Conquistas dos 100 Anos do PCCh”，https://pcdob.org.br/noticias/em-mensagem-pcdob-sauda-amizade-e-conquistas-dos-100-anos-do-pcch/.

② ［法］法比恩·罗塞尔：《中国共产党的重要贡献》，高静宇译，《世界社会主义研究》2021 年第 3 期。

③ 《葡共总书记热罗尼莫·德索萨：中国走社会主义道路意义重大》，http://www.fx361.com/page/2019/0912/5528885.shtml。

界瞩目的减贫奇迹，让亿万民众彻底摆脱了贫困[①]。还有一些国外共产党结合抗击新冠肺炎疫情来阐释中国制度的优越性，认为中国那种集中力量办大事的制度优势有利于更好地实现“中国之治”。巴西共产党在其官网上发表题为《中国共产党 100 年》的文章。文章指出，在抗击新冠肺炎疫情中，中国向世界展示了社会主义的制度优势，充分说明了中国共产党能够利用完善的制度体系调动各方力量和资源去克服新冠肺炎疫情带来的挑战[②]。

（三）始终坚持人民利益至上的治理理念

国外共产党对中国共产党的人民立场和人民情怀深表赞赏。维克托·科特表示，100 年来，在中国共产党的领导下，中国发生了翻天覆地的变化，中国人民的生活水平得到显著提高。他认为，“人民立场是中国共产党的根本政治立场。中国疆域辽阔，人口众多，因此，中国共产党对改善人民生活条件所作出的努力尤显不易”[③]。久加诺夫指出：“从中国民众福利以及收入的增长可以明显看出，中国不是将少数资本家的利益放在首位，而是将广大人民的利益放在首位。”[④]葡萄牙共产党以抗击新冠肺炎疫情为例说明中国共产党在应对重大突发事件时能够坚守以人民为中心的执政理念，指出，“中国共产党坚定地致力于采取措施，以尽量减少新冠肺炎疫情的影响并防止其迅速蔓延，将捍卫中国人民的生命

① “CP of Australia，Guardian1828 2018-06-27”，http://solidnet.org/article/CP-of-Australia-Guardian1828-2018-06-27/.

② “Partido Comunista da China：100 Anos!”，https://pcb.org.br/portal2/27497/partido-comunista-da-china-100-anos/.

③ ［阿根廷］维克托·科特：《中国取得的成就具有超越时代的意义》，楼宇译，《光明日报》2021 年 7 月 8 日。

④ Зюганов Г.А.Братский Китай сумеет преодолеть все трудности”，http://skpkpss.ru/novosti-kprf-g-a-zyuganov-bratskij-kitaj-sumeet-preodolet-vse-trudnosti/.

健康作为第一要务”[①]。在葡萄牙共产党看来，相比于西方消极抗疫行动，中国共产党不惜一切代价，在最短的时间内控制本国疫情的扩散，中国的抗疫行动获得了绝大多数民众的支持与拥护，强化了整个社会的凝聚力和向心力。维克托·科特也认为，中国在抗击新冠肺炎疫情中不仅高度重视本国人民的根本利益，而且积极向世界人民提供必要的援助，他感谢中国政府为阿根廷人民提供了数千份新冠病毒检测试剂盒和其他应对大流行病所需的物资[②]。

三、国外共产党积极评价中国国家治理的世界意义

国外共产党还积极评价中国国家治理模式的世界意义。它们认为，中国的治理成就有利于世界的繁荣与发展，中国国家治理模式是对西方治理模式的超越，为广大发展中国家推进国家治理现代化提供了重要经验启示。

（一）中国国家治理成就促进了世界的繁荣与稳定

不少国外共产党认为，中国近年来在国家治理方面取得的伟大成就有利于促进全球治理。第一，中国国家治理现代化的有效推进不仅保证了中国经济的发展，而且在一定程度上也为世界经济的增长带来新动力。它们普遍认为，中国已成为世界经济增长的重要动力之一，中国的快速发展对于带动世界经济的复苏起到了至关重要的作用。萨拉赫·阿兹利指出：“中国在经济发展等方面成绩斐然，在国际政治舞台上发挥着举足轻

① “Carta Conjunta de Partidos Políticos do Mundo Sobre uma Cooperao Internacional Mais Estreita Contra a COVID-19”, http://www.pcp.pt/carta-conjunta-de-partidos-politicos-do-mundo-sobre-uma-cooperacao-internacional-mais-estreita.

② “El Socialismo Frente a la Pandemia”, http://www.nuestrapropuesta.org.ar/politica/2122-el-socialismo-frente-a-la-pandemia.

重的作用，已成为世界经济发展的重要引擎和携手发展中国家实现发展目标的重要力量。”[①] 维尼·莫利纳表示，中国的“一带一路”倡议有利于促进全球经济发展，为世界经济增长提供新活力。他明确指出：“中国的‘一带一路’倡议和其他跨国发展项目都特别注重合作共赢和利益共享，极大地促进了合作国的经济发展，这有利于抵制遏制中国发展的国家及其盟友的帝国主义影响。”[②] 第二，中国国家治理的成功实践有利于维护世界和平与发展。国外共产党普遍认为，中国的快速发展为世界和平与稳定提供了重要的支撑力量，有利于世界治理和世界发展更上新台阶。热罗尼莫·德索萨认为，中国坚持在以联合国为代表的国际组织的框架下开展国家合作，积极发挥自身的作用，为世界和平稳定作出了重要贡献。他认为，在整个世界不稳定因素持续加大、发达资本主义国家社会矛盾日益突出的背景下，“中国在经济社会发展和社会主义建设方面取得的成就将对实现全人类的共同事业作出重大贡献”[③]。加拿大共产党官网发表的题为《热烈祝贺中华人民共和国成立 70 周年》的文章指出，中国日益成为维护世界和平稳定的重要力量，对于维护世界共同安全、促进世界多边主义的发展，进而建立起互利共赢的国际关系发挥着重要的作用[④]。第三，中国国家治理的成功实践为发展中国家带来希望和信心。维尼·莫

① 《开天辟地 铸就辉煌——海外共产党领导人点赞中国共产党领导中国取得伟大发展成就》，http://www.xinhuanet. com//2019-09/27/c_1125049036.htm?ivk_sa=1023197a。

② “CP of Australia，CPA Greeting to the 70th Anniversary of the People’s Republic of China”，http://www.solidnet.org/article/CP-of-Australia-CPA-greeting-to-the-70th-anniversary-of-the-Peoples-Republic-of-China/.

③ 《葡共总书记热罗尼莫·德索萨：中国走社会主义道路意义重大》，http://www.fx361.com/page/2019/0912/5528885.shtml。

④ “Congratulations to the People’s Republic of China on the Occasion of Its 70th Anniversary”，https://communist-party.ca/congratulations-to-the-peoples-republic-of-china-on-the-occasion-of-its-70th-anniversary/.

利纳指出："在中国共产党的领导下，中国人民为建设社会主义社会进行了艰苦卓绝的探索，不仅改变了数以百万计的中国人的命运，而且增强了世界其他地区人民的信心，成为其进步的灯塔。历史证明我们共产党人是正确的，资本主义和帝国主义对世界人民造成的更多是苦难和破坏。只有通过社会主义的社会重建，我们才能结束贫穷、饥饿、剥削、战争和环境破坏。"[①] 卢西亚娜·桑托斯明确指出，中国奉行的合作共赢的国际政策为世界不少发展中国家的发展作出了重要贡献，中国近年来取得的历史性成就给世界各国共产党带来了新的希望[②]。

（二）中国国家治理模式是对西方国家治理模式的超越

不少国外共产党认为，中国的治理模式既不同于传统的苏联社会主义模式，也不同于西方国家近代以来形成的资本主义治理模式。中国国家治理模式是对西方国家治理模式的超越，两者具有本质区别。

第一，中国国家治理模式超越了西方的资本逻辑，始终坚持人民至上。国外共产党普遍认为，坚持利益至上还是坚持人民至上，是社会主义和资本主义的本质区别，体现的是两种截然不同的价值观念追求。对此，葡萄牙共产党以抗击新冠肺炎疫情为例进行比较说明。葡萄牙共产党在其官网上刊登了各国共产党和工人党的联合声明，该声明高度赞赏中国共产党始终坚持人民立场，强调中国在抗击新冠肺炎疫情时总是能够把人民群众的生命健康放在最为重要的位置，努力采取措施保护人民

---

① Vinnie Molina，"CP of Australia，CPA Greeting to the 70th Anniversary of the People's Republic of China"，http://www.solidnet.org/article/CP-of-Australia-CPA-greeting-to-the-70th-anniversary-of-the-Peoples-Republic-of-China/.

② Luciana Santos，"China Contribui com o Desenvolvimento de Outros Países"，https://pcdob.org.br/noticias/luciana-santos-china-contribui-com-o-desenvolvimento-de-outros-paises/.

的健康和利益[①]。爱尔兰共产党高度评价中国在抗击新冠肺炎疫情中对世界的贡献，明确指出，中国等社会主义国家和美国等西方国家对待新冠肺炎疫情的态度截然不同，“美国这些帝国主义势力正试图垄断世界穷人和被压迫者急需的药品和防护设备，这同中国、古巴与请求援助者共享资源的例子形成了鲜明对比”[②]。

第二，中国超越了西方“唯利是图”的霸权主义，在国际关系中遵循平等互利、和平共处的基本原则。久加诺夫在接受新华社记者采访时指出：“中国从不站在强势地位与其他国家进行交流对话，不要求其他国家以政治让步来换取经济援助，更不会对他国进行勒索和威胁。相反，中国正在努力同他国建立对双方都有利的合作关系。”[③]意大利共产党总书记毛罗·阿尔博雷西（Mauro Alboresi）也认为，中国在国际交往中摒弃了西方国家盛行的霸权主义和强权政治，中国“提出了一种和谐的发展模式，一种以合作、多边主义和共赢为基础的国际关系体系，这完全不同于美国提出的单边的、竞争的和富于侵略性的模式”[④]。

（三）为世界广大发展中国家的国家治理提供中国经验

中国国家治理的成功实践让不少发展中国家的共产党认识到，各国应该结合自身的国情去选择适合自身的社会制度和治理体系。它们普遍认为，中国在推进国家治理现代化建设过程中创造了一种不同于西方的

---

① “Medidas Imediatas Para Proteger a Saúde e os Direitos dos Povos”, http://www.pcp.pt/medidas-imediatas-para-proteger-saude-direitos-dos-povos.

② “CP of Ireland, Message of Solidarity Sent to Communist Party of Cuba”, http://solidnet.org/article/CP-of-Ireland-Message-of-solidarity-sent-to-Communist-Party-of-Cuba/.

③ Зюганов Г.А.Китай предлагает миру справедливое жизнеустройство, http://skpkpss.ru/novosti-kprf-g-a-zyuganov-kitaj-predlagaet-miru-spravedlivoe-zhizneustrojstvo/.

④ ［意］毛罗·阿尔博雷西：《百年中国共产党的成就具有重要的世界意义》，李惟译，《世界社会主义研究》2020 年第 12 期。

治理模式，这种治理模式为世界广大发展中国家提供了经验启示。南非共产党在官网刊发的庆祝中共十九大胜利召开的文章指出："在中国共产党的领导下，中国经济已发展成为世界第二大国。从国际社会来看，对于那些曾经遭受过殖民入侵的国家而言，它们对中国的发展和治理的兴趣与日俱增。它们在赞赏中国成功实现社会转型的同时积极学习中国的成功模式，认真研究中国建设和发展社会主义的具体条件。"① 斯洛伐克共产党官网发布的文章《中国战胜了新冠肺炎疫情》指出，总结中国抗击新冠肺炎疫情的实践经验对于提升广大发展中国家的治理能力具有重要启示。文章认为，中国在抗击新冠肺炎疫情过程中不仅有"与各种流行病作斗争的丰富经验"，而且能够得到中国人民的信任和拥戴，中国在国内"能够科学投入并善于调动各方力量"，在国际社会乐于同世界各国合作，这些都是中国国家治理能力和治理水平的重要体现，值得其他国家研究学习②。

国外共产党在总结中国国家治理经验的同时，也强调要加强同中国的合作交流，希望在合作交流中学习中国国家治理的经验。委内瑞拉共产党在庆祝中国共产党成立 99 周年的贺信中不仅高度评价了中国所取得的伟大成就，而且期待两党两国能够在国家治理方面加强合作交流，希望两国"积极推动全方位交流，努力提高合作水平，以推动政治领域实现新的更大发展"③。罗伯特·格里菲斯指出，中国在社会主义革命、建

① "SACP Solidarity Message to the Chinese Communist Party During the Occasion of Its 19th Congress", https://www.sacp.org.za/content/sacp-solidarity-message-chinese-communist-party-during-occasion-its-19th-congress.

② "Čo Pomohlo Poraziť Epidémiu v Číne", http://kss.sk/co-pomohlo-porazit-epidemiu-v-cine.

③ "CP of Venezuela, Saludo del PC de Venezuela al PC de China en el Marco de la Celebración del 99 Aniversario del PCCh", http://www. solidnet.org/article/CP-of-Venezuela-Saludo-del-PC-de-Venezuela-al-PC-de-China-en-el-marco-de-la-celebracion-del-99-Aniversario-del-PCCh/.

设、改革过程中积累了丰富的经验，“其他国家的共产党人、社会主义者和进步人士可以在实现全民义务教育、确保妇女与少数民族平等地位、发展现代工业等方面积极向中国学习”①。南非共产党总书记布莱德·恩齐曼迪（Blade Nzimande）指出：“中国在实现国家转型，推动社会主义改革等方面具有丰富的经验。中国一直以来追求和平崛起的发展方式，这种发展方式和发展经验值得南非共产党学习。希望在一些国际问题上加强同中国的沟通协作，从而努力实现全球的发展和人类的解放。”②

四、结语

总体说来，国外共产党对中国国家治理能力和治理水平普遍给予了高度评价，充分肯定中国国家治理的成就以及中国国家治理模式的世界意义，并对中国国家治理效能、方式、思想理念以及“中国之治”背后的成功进行了深刻剖析。它们关于中国国家治理的多维解读与审视，为我们更好地推进国家治理体系和治理能力现代化提供了重要的启示。

第一，我们要坚定“四个自信”，要对中国的国家治理体系和治理能力充满信心。新中国成立 70 多年来的伟大成就充分证明，我们的国家制度以及国家治理体系同西方国家相比具有显著优势。特别是在此次抗击新冠肺炎疫情中，我们的国家治理体系和治理能力得到充分检验，“中国之治”得到进一步彰显。我们要充分认识到中国国家制度和国家治理体系的显著优势，增强对“中国之治”的认同感，自觉做中国特色社会主

① Robert Griffiths，“MANCHESTER—Celebrating 100 Years of the CP of China”，https://www.communistparty.org.uk/manchester-celebrating-100-years-of-the-cp-of-china/.

② “The 70th Anniversary of the Founding of the People’s Republic of China”，https://icp.sol.org.tr/asia/70th-anniversary-founding-peoples-republic-china.

义制度的信仰者、捍卫者和践行者。

第二，国家治理模式和治理体系的选择必须与本国国情相结合。中国国家治理的成功实践表明，世界上不存在定于一尊的国家治理模式，西方的国家治理模式并非所有国家的唯一选择。世界各国需要根据本国的现实国情和文化传统以及经济社会发展状况，选择适合自身的国家治理模式，而不能照搬照抄。中国的国家治理现代化必须按照中国的特点、中国的实际来加以推进，中国国家治理成效也只有中国人民最有发言权。

第三，要立足于中国特色社会主义伟大实践，不断推进中国国家治理体系和治理能力现代化。我国的国家治理虽然取得巨大成效，但中国的国家治理体系仍具有完善发展的空间。我们推进国家治理体系和治理能力现代化要久久为功，以《中共中央关于坚持和完善中国特色社会主义制度、推进国家治理体系和治理能力现代化若干重大问题的决定》为指导，根据中国实践发展需要不断提升国家治理能力，积极构建系统完备、科学规范、运行高效的治理体系，努力把制度优势更好地转化为治理效能。

古巴共产党第八次全国代表大会：承前启后　继往开来

徐世澄[①]

2021年4月16—19日，古巴共产党第八次全国代表大会在首都哈瓦那召开。中共中央在致古共中央的贺电说，“古巴共产党召开八大，对当前和今后一个时期党和国家事业发展作出战略规划和部署，具有继往开来的重大意义”[②]。5月6日，习近平总书记同古共中央第一书记、国家主席迪亚斯－卡内尔通电话时表示，“古共八大对当前和今后一个时期古巴党和国家事业发展作出战略规划和部署，对古巴社会主义事业具有重大意义”[③]。

① 徐世澄，中国社会科学院荣誉学部委员、拉丁美洲研究所研究员。

② 《中共中央致电祝贺古巴共产党第八次全国代表大会召开》，http://www.xinhuanet.com/2021-04/16/c_1127340 126.htm。

③ 《习近平同古巴国家主席迪亚斯－卡内尔通电话》，《人民日报》2021年5月7日。

一、古共八大召开的背景

2016年4月古共七大至2021年4月古共八大的五年间，特别是在特朗普任职期内（2017年1月至2021年1月），美国政府加强了对古巴的封锁和制裁，对古巴采取了240多项新的制裁措施，使古巴遭受巨大的经济损失：2017—2018年损失43.21亿美元；2018—2019年损失43.436亿美元；2019—2020年损失55.7亿美元[①]。再加上严重的自然灾害，委内瑞拉因经济危机减少了对古巴的援助，拉美一些国家政局的“左退右进”使古巴劳务出口收入减少等原因，古巴的经济困难加剧。2016年古巴经济增长0.5%，2017年增长1.8%，2018年增长2.2%，2019年出现0.2%的衰退，2020年原计划增长1%，实际衰退11%。2020年新冠肺炎疫情以来，古巴主要外汇来源之一的旅游收入大幅度减少。古巴的疫情在拉美算是比较轻的，但是最近疫情有所加剧。4月17日一天确诊1037例，死亡13人。到4月19日，累计确诊94571例，累计死亡532人。

自2021年1月1日起，古巴开始统一货币和汇率，取消可替换比索，增加职工工资，提高物价，古巴将这一系列行为称为“理顺任务”（tarea de ordenamiento）。古巴领导人认为这是古巴迈向经济社会模式更新的坚定步骤，虽然它并不能完全解决古巴经济当前所面临的全部问题，但有助于创造必要的条件，以扎实推动经济问题的解决。但是，从头三个月实际执行情况来看，其效果不尽如人意，通货膨胀加剧，物资供应

① Oscar Figueredo Reinaldo，Cinco datos claves de la economía cubana en 2020 y proyecciones para el próximo año.

短缺，人民生活受到影响。古巴有关部委不得不继续调整具体政策。此外，自 2018 年 9 月起，在哈瓦那等地爆发多起青年知识分子和艺术家的抗议活动，并在 2020 年 11 月一度达到高潮，被称为“圣伊西德罗[①]运动”。

在古共八大召开前，各省当选的古共八大代表事先在各省讨论古共八大的文件，提出修改和补充意见。由于受新冠肺炎疫情的影响，与会的古共八大代表只有 300 名（古共七大代表为 1000 名）。4 月 16 日召开八大开幕式全会，由古共中央第一书记劳尔·卡斯特罗（Raúl Castro）主持，第二书记马查多·本图拉（Machado Ventura）致开幕词，劳尔·卡斯特罗作中心报告。当天，代表们通过了古共八大主要文件。17 日和 18 日上午，代表们分三组进行了讨论。第一组讨论古共六大制定的《党和革命的经济与社会政策的纲要》（简称《纲要》）的落实情况，由总理曼努埃尔·马雷罗·克鲁斯（Manuel Marrero Cruz）主持；第二组讨论思想工作，由第二书记本图拉主持；第三组讨论党的干部政策，由国家主席迪亚斯－卡内尔（Díaz–Canel）主持。18 日下午，代表们酝酿中央委员名单并进行投票。19 日，召开闭幕式全会，会议由劳尔主持。大会一致通过《关于八大中心报告的决议》《关于古巴社会主义发展经济和社会模式理念的更新的决议》《关于 2021—2026 年纲要执行情况及其更新的决议》《关于党的运转、思想工作和与群众联系的决议》《对党的干部政策的决议》等。随后，劳尔宣布投票结果，迪亚斯－卡内尔当选为新的古共中央委员会第一书记，劳尔还宣读了 14 名政治局委员的名单。接着，新当选的第一书记迪亚斯－卡内尔宣布新书记处 6 名成员的名单。

① 哈瓦那一个区的名字。

二、古共八大中心报告[①]的要点

与以往党代会的中心报告不同，劳尔在古共八大所作的中心报告谈成绩的篇幅不多，重点谈当前存在的主要问题，指出今后应该克服的错误倾向。报告的要点有以下内容。

第一，古共八大是在卡斯特罗宣布古巴革命社会主义性质60周年之际召开的，在4月19日古巴打败美国入侵吉隆滩战役胜利60周年之际结束。2019年4月10日，古巴通过了新宪法，随后古巴全国人大通过了11项法律，国务委员会通过了33项法令，古巴党和政府是依法治国的。他指出，这一中心报告已经得到古共中央政治局批准。

第二，由于受新冠肺炎疫情影响，这次大会只有300名代表参会，代表了古共70万名党员。尽管形势严峻，古共八大如期召开是十分必要的。古共七大以来，党员人数增加了2.7万名，从而扭转了自2006年起党员人数减少的趋势[②]。但是，党员平均年龄增加，42.6%的党员年龄超过了55岁。

第三，报告谈到抗击新冠肺炎疫情的斗争时说，由于受新冠肺炎疫情的影响，不得不对2020年1月30日古共中央政治局通过的2020年度经济社会发展计划作了调整。由于古巴发挥了社会主义的优越性和全面免费医疗的实施，古巴抗疫斗争取得了显著的成绩。但最近几个月，疫

---

① 劳尔中心报告的原文，参见 Informe Central al 8vo. Congreso del Partido Comunista de Cuba (+PDF)> 8vo. Congreso del PCC> Granma- Órgano oficial del PCC，http://www.granma.cu/octavo-congreso-pcc/2021-04-17/informe-central-al-8vo-congreso-del-partido-comunista-de-cuba-17-04-2021-05-04-12。

② 2016年4月，劳尔在古共七大中心报告中说，到2015年底，古共党员人数为671344人，而2012年党员总数为769318人，3年内党员人数减少了97974人。

情有所反弹。目前，古巴正在试验生产 5 种疫苗[①]。

第四，劳尔强调生产资料的全民所有制是劳动者权力的基础。他尖锐地批评有些人主张私有化，指出私有化将消除古巴社会主义社会的基础和本质。他严厉指责有些人主张改变国家对进出口贸易的垄断、主张进出口贸易私有化。他强调，党的领导层和党员在这些问题上决不能天真，有些界限是不能逾越的，如果逾越，将犯战略性错误，将使社会主义丧失国家主权和独立。经济方面的决策决不能破坏革命公正和平等的理想。必须确保国有企业在经济中占据主导地位，这是维持社会主义社会不可或缺的条件。劳尔同时强调，必须对国企进行改革，应从上到下、从下到上改变企业结构，克服无效、推诿和缺乏主动性。企业领导必须改变旧的、不良的习惯，发展创新精神，拥有更多自主权，增加产量和有效性。

第五，劳尔强调应该厉行节约，自己有什么就消费什么，不能依赖进口，减少进口古巴本国能够生产的东西，要扩大食品生产。劳尔在报告中对古巴农业生产存在的问题提出了严厉的批评[②]。他还谈到旅游业的发展和存在的问题，特别说明由于外汇的短缺，古巴政府不得不开设外汇零售和批发商店。最后，他还强调必须改变过去对外国投资的偏见，吸引更多的外资。

第六，关于贯彻落实《纲要》，劳尔批评对非国有制经济存在的偏见，批评中央《纲要》落实委员会没有很好组织各种经济成分参与落实《纲要》，并违规越权。他指出，古共八大将七大修改后的 274 条《纲

---

① 自 2021 年 5 月 12 日起，古巴开始在首都哈瓦那启动本国生产的"阿夫达拉"和"主权 02"两种疫苗的接种工作，圣地亚哥、马坦萨斯等其他疫情较为严重的省份也将陆续开始接种。

② 在古共八大召开前夕，2021 年 4 月 12 日，原农业部部长罗德里格斯（Gustavo Rodríguez Royero）被撤职。

要》[①]保留了17条，修改165条，补充18条，最后确定为200条。古共八大代表讨论了七大通过的《古巴社会主义经济和社会发展模式的理念》，肯定了其主要原则，同时也对某些问题做了修改。

第七，报告承认自2021年1月1日起，古巴在实施统一货币和汇率的“理顺任务”，进行工资、养老金、社会救助改革，取消和减少补贴和免费时，准备不足、缺少监督，出现了不少问题和缺陷，造成物资短缺、供应紧张，引起民众的不满。但劳尔强调，这一进程应该继续进行下去。

第八，报告强调，古共是古巴社会和国家的最高领导力量，是古巴唯一的政党，广大民众团结在党和革命事业的周围是应对帝国主义威胁和侵略的主要战略武器，应珍惜这一团结。要发扬党内民主，听取不同意见，保持与劳动群众和居民的密切联系。要重视共青盟、学联、妇联、青年运动的工作，加强思想政治工作，加强基层党组织。加强思想工作是党的主要任务之一，要改进媒体宣传工作。美国千方百计利用互联网和社交网络企图颠覆古巴，资助持不同政见者，其主要目的是削弱古巴的民族团结，诋毁古巴社会主义发展模式，妄想复辟资本主义，应坚决反对颠覆活动。古巴国内的反革命缺乏社会基础和组织能力，其人数和活动持续减少，主要是利用互联网和社交网络活动。

第九，在谈到党的干部政策时，劳尔强调要提拔青年、妇女、黑人和混血种人担任各级领导。劳尔批评党脱离群众的现象，指出一些党的干部缺乏动员集体力量解决问题的能力，表扬古巴外交部要求所有进外交部工作的年轻干部必须曾在边防部队服过兵役，强调不提拔没有服过兵役的年轻人当干部。

第十，在谈到对外关系和外交政策时，劳尔指出，古巴经受着美国

---

① 2011年4月古共六大通过的《纲要》共313条，每条为一项政策措施。2016年4月，古共七大对原《纲要》进行了删改和补充，形成274条。

全方位、不平等和持续的经济战。特朗普在四年任期内，对古巴发动经济战，采取了 240 多项制裁措施，对 231 个单位进行制裁，影响古巴的供应链。美国对古巴实施金融打击，影响古巴的生产和供应，影响古巴的抗疫斗争。劳尔重申古巴愿意在不放弃革命和社会主义原则的前提下，与美国进行互相尊重的对话；重申古巴对拉美加勒比团结的承诺，声援委内瑞拉、尼加拉瓜政府；强调中国和越南为古巴提供了经验，古巴将巩固与中国、越南、老挝、朝鲜党和政府的良好关系；加深与俄罗斯的政治关系，并指出古巴与欧盟关系取得进展。

第十一，劳尔强调要加强国防，指出军队要在抗击新冠肺炎疫情的斗争中发挥重要作用；强调要加强内务部的工作。

第十二，劳尔宣布他辞去第一书记职务。他表示："我将以一名革命战士的身份继续在党员队伍中奋斗，为党的事业贡献力量，为捍卫社会主义奋斗终生。"[①] 劳尔强调，党政领导岗位新老交替的工作应逐渐进行，不要匆忙和仓促，要发扬民主和集体精神。领导新老交替的战略任务还没有完成，但一部分久经考验的老战士已经退出岗位。他称赞迪亚斯－卡内尔三年来的工作卓有成效，提名迪亚斯－卡内尔为中央委员会第一书记是经过深思熟虑的。

① 劳尔中心报告的原文，参见 Informe Central al 8vo. Congreso del Partido Comunista de Cuba (+PDF) > 8vo. Congreso del PCC > Granma- Órgano oficial del PCC，http://www.granma.cu/octavo-congreso-pcc/2021-04-17/informe-central-al-8vo-congreso-del-partido-comunista-de-cuba-17-04-2021-05-04-12。

三、古共八大选举产生了新的中央委员会[①]

经过古共八大经过选举，迪亚斯－卡内尔当选为古共中央第一书记，劳尔·卡斯特罗兑现了他在古共六大上所作的承诺，即在担任两届中央第一书记后不再担任第一书记的领导职务。到 2021 年 6 月，劳尔将满 90 周岁。新的中央委员会不再设第二书记。原中央第二书记马查多（90 岁）和政治局委员、革命司令拉米罗·瓦尔德斯（Ramiro Valdés，88 岁）不再担任政治局委员。新政治局委员共 14 人，比第七届减少 3 人，其中 9 名上届政治局委员继续留任，5 名是新当选的，14 人平均年龄 61 岁。但是，古共八大还没有实现劳尔在古共七大报告中曾提到的下届中央委员年龄不超过 60 岁、主要领导不超过 70 岁的承诺。新的古共中央委员中仍保留一些 60—79 岁的老革命者。新的书记处共 6 人，比上届书记处增加 1 人，均为新的书记处成员。新中央委员会共 96 人，比第七届中央委员会减少 46 人。上届政治局委员、《纲要》落实委员会主任马里诺·穆里略（Marino Murillo）没有当选政治局委员和中央委员。原政治局委员、哈瓦那第一书记拉萨拉·梅尔塞德斯（Lázara Mercedes）落选。新任总理曼努埃尔·马雷罗·克鲁斯当选为政治局委员，古巴外长布罗诺·罗德里格斯（Bruno Rodriguez）再次当选为政治局委员。古共八大中央委员候选人 100% 当选，所有候选人得票率均超过 99.32%。古巴有几位负责经贸工作的部长，如外贸和外国投资部部长、原农业部

---

① 古共八大选举产生的中央委员会委员、政治局委员和书记处成员的名单，参见 Comité Central del Partido Comunista de Cuba (+Video) > 8vo. Congreso del PCC > Granma- Órgano oficial del PCC，http://www.granma.cu/octavo-congreso-pcc/2021-04-19/buro-politico-secretariado-y-miembros-del-comite-central-del-partido-comunista-de-cuba-19-04-2021-10-04-36。

部长没能当选为中央委员。原副总理、中央政治局委员罗伯托·莫拉雷斯·奥赫达（Roberto Morales Ojeda）继续当选为政治局委员，还当选为书记处书记，任中央组织部部长，并兼管意识形态工作，自4月20日起卸任副总理职务。在八大产生的古共中央委员会中，年轻的、在基层和地方工作的委员、妇女、黑人和黑白混血种人、现役或退役军人的比重增加。

新当选的第一书记迪亚斯－卡内尔指出，古共八大是历史性的大会，是团结的大会，是继往开来的大会。老一代将责任和事业传承给新一代，古巴社会主义革命充满活力。他高度评价劳尔在古巴革命和社会主义建设、领导古巴经济社会模式的更新、恢复并改善与美国关系、促进拉美团结和一体化等方面发挥的重要作用。他强调，今后在涉及国家命运的战略性重大决策时，将继续请示劳尔。劳尔将继续为革命事业作出贡献。卡内尔认为，八大通过代表们的广泛讨论，提出了新的思想、理念和方针，是今后工作的指南，强调要加强团结。他批评上一个五年计划实施效果不好，相当一部分企业和预算部门运转无效，出现结构性问题，对物资和金融缺乏监督，存在官僚主义，拖了经济发展的后腿。他承认统一货币和汇率的实施出现了问题。最后，他表示，新当选的中央委员、政治局委员和书记处成员承诺将继续推进古巴革命，新一代领导人将接受挑战，承担应尽的责任。

四、对古共八大的评价

总的来看，古共八大是“团结和可持续”的大会，是承前启后、继往开来的大会，具有重要的历史意义。古共八大基本完成了党的领导新老交替的工作，劳尔·卡斯特罗不再担任古共中央第一书记。西方国家一些媒体渲染古共八大之后古巴进入了“后卡斯特罗时代”，这种说法似是而非。劳尔·卡斯特罗虽然不再担任党政领导职务，但他身体还健康，头脑很清醒，正如迪亚斯－卡内尔所说，在关键时刻，他仍将起指导作用。八大健全了古共党的集体领导制度和党内的民主集中制。古巴党和政府最高领导的顺利交替、平稳过渡确保古巴革命和社会主义事业的继续发展，为古巴未来经济社会模式的更新确定了方向，对古巴和世界社会主义运动的发展具有重要意义。

目前古巴面临的困难和挑战是巨大的。一是必须恢复和发展经济，深化经济社会模式的更新，改善人民的生活；二是必须继续抗击新冠肺炎疫情；三是必须应对美国政府对古巴的持续封锁、制裁和经济战。正如 2021 年 5 月 6 日习近平总书记同古共中央第一书记、国家主席迪亚斯－卡内尔通电话时所表示的，“相信在以迪亚斯－卡内尔第一书记同志为首的新一届古共中央领导下，古巴党和政府将带领古巴人民团结奋斗，推动古巴特色社会主义事业取得新成就”①。中古两党、两国政府的“好同志、好兄弟、好伙伴”的友好合作关系会继续下去，而且会取得进一步的发展。

① 《习近平同古共中央第一书记、国家主席迪亚斯－卡内尔通电话》，http://www.xinhuanet.com/。

当前拉美左翼的发展现状与前景*

杨建民①

从 1999 年乌戈·查韦斯（Hugo Chávez）在委内瑞拉执政开始，拉美左翼政党纷纷崛起，相继在大选中获胜，掀起一波“粉红色浪潮”。在 2005 年的世界社会论坛上，乌戈·查韦斯宣布美国提出的美洲自由贸易区计划最终流产。拉美左翼政党执政国家的领土面积一度达到拉美地区的 71.8%，人口占拉美地区总人口的 53.8%②。2015 年至今，拉美政治格局从“左退右进”迅速过渡到“左右互有进退”和“左右共治”的阶段。由于巴西仍然由右翼的雅伊尔·博索纳罗（Jair Bolsonaro）执政，拉美地区的政治格局中右翼仍然拥有优势，但左翼 40 年来首度在墨西哥执政，拓展了“粉红色浪潮”高潮时都未曾到达的空间。2020 年以来的新冠肺

* 本文系中国社会科学院马克思主义理论研究与建设工程重大项目“百年未有之大变局中的左翼政党和共产党与拉美社会主义”（2020mgczd003）的阶段性成果。

① 杨建民，中国社会科学院拉丁美洲研究所研究员、马克思主义理论与拉美政治研究室主任。

② 参见苏振兴：《拉美左派崛起与左派政府的改革》，《拉丁美洲研究》2007 年第 6 期。

炎疫情大流行促使拉美民众反思新自由主义政策，有利于左翼积聚力量、拓展空间。但目前拉美左翼力量分化严重，面临加强团结、执政后继续探索新自由主义替代方案等重要问题。

一、拉美政治格局从“左退右进”到“左右共治”

即使在 2015 年前“粉红色浪潮”风起云涌的发展时期，拉美左右翼的斗争也没有停止过，而是贯穿了浪潮兴起、发展和衰退的全过程，至今仍在继续。即使在左翼发展的高潮时期，右翼也不断向左翼发起进攻，在一些国家形成拉锯战。2001 年，委内瑞拉传统右翼势力发动了声势浩大的示威游行，反对查韦斯政府的改革计划，造成社会动荡、石油产量严重下滑和经济衰退。2002 年 4 月 12 日，委内瑞拉反对派还策动了政变，将查韦斯劫持到一个小岛上。美国参与和推动了政变的发生。在委内瑞拉空军的支持下，查韦斯才在三天后重返总统府，继续执政。2009 年，洪都拉斯左翼何塞·曼努埃尔·塞拉亚（José Manuel Zelaya）政府谋求连任，推动全民公决，但受美国推动的司法改革影响的最高法院却裁定公决无效，右翼军人支持最高法院的决定，塞拉亚被迫流亡海外。2012 年，巴拉圭右翼发动“议会政变”，指控曾帮助无地农民获取土地的左翼总统费尔南多·卢戈（Fernando Lugo）在一桩农民非法占地案中处置不当，卢戈被弹劾下台，曾经连续执政 61 年的右翼红党再度上台执政至今。

随着 2015 年阿根廷左翼正义党胜利阵线在大选中落败和委内瑞拉左翼执政党——委内瑞拉社会主义统一党在议会选举中失利，拉美政治格局开始呈现“左退右进”态势。2016 年，巴西劳工党的迪尔玛·罗塞夫（Dilma Rousseff）总统被弹劾下台，组成了以中右翼为主的新内阁；

2017年12月，智利左翼联盟在选举中落败，中右翼的塞瓦斯蒂安·皮涅拉（Sebastián Piñera）当选总统。至此，右翼在拉美政治格局中占据了优势地位。2017年8月，秘鲁、巴西等拉美右翼执政的国家和加拿大组成利马集团向委内瑞拉施压。2018年，尼古拉斯·马杜罗（Nicolás Maduro）再次当选委内瑞拉总统后，美国和利马集团不承认选举结果，要求重新选举。巴西、阿根廷和巴拉圭等右翼国家主导的南方共同市场以“民主化条款”为由中止了委内瑞拉的会员国资格，只是因为左翼执政国家乌拉圭的坚持才将决议的生效时间推迟了三个月。当时，拉美前五大经济体——巴西、墨西哥、阿根廷、哥伦比亚、智利都实现了右翼执政，拉美的政治钟摆迅速向右，古巴、委内瑞拉面临国际环境方面前所未有的压力。墨西哥外交部前部长豪尔赫·卡斯塔内达（Jorge Castañeda）发表文章称“拉美左翼已经死亡”①。

然而，拉美政治格局“左退右进”的形势只延续了三年（2015—2018年）就开始发生了有利于左翼的新变化。在2015年以后才刚刚崛起的拉美右翼很快就遭遇了新的失败，尤其是智利的塞瓦斯蒂安·皮涅拉、哥伦比亚的伊万·杜克·马克斯（Iván Duque Márquez）、巴西的雅伊尔·博索纳罗等右翼总统正在经历着社会抗议和竞选运动的考验。2018年5月，中左翼卡洛斯·阿尔瓦拉多（Carlos Alvarado）在哥斯达黎加大选中获胜。同年7月，墨西哥左翼国家复兴运动党候选人安德烈斯·曼努埃尔·洛佩斯·奥夫拉多尔（Andrés Manuel López Obrador）当选总统，该党一跃成为墨西哥最大的政党，打破了该国长期存在的民主革命党、革命制度党和国家行动党左、中、右三大党鼎立的政治格局，也是墨西哥左翼政党40年来首次执政。2019年10月，阿根廷左翼正义党候

① Jorge Castañeda, “Latin America’s Left Turn”, https://jorgecastaneda.org/notas/2009/06/02/latin-america-s-left-turn/.

选人阿尔韦托·费尔南德斯（Alberto Fernández）在大选中获胜，左翼时隔4年再度执政。2020年10月，在玻利维亚前总统莫拉莱斯（Evo Morales）因被美洲国家组织等指控操纵选举而流亡国外仅仅一年后，“争取社会主义运动”便强势回归，在“透明的大选”中第一轮就锁定胜局，其候选人、莫拉莱斯政府时期的经济和公共财政部部长路易斯·阿尔塞（Luis Arce）和外交部部长戴维·乔克万卡（David Choquehuanca）分别当选总统和副总统，左翼重新在玻利维亚执政，莫拉莱斯则从阿根廷回国，继续担任执政党的主席。阿尔塞在莫拉莱斯政府任经济部部长期间曾组织实施了国家的土地分配和国有化政策。2020年11月8日就职后，阿尔塞承诺把减贫作为重要任务。在智利2020年10月的全民公决中，78%的民众投票赞成修改皮诺切特时期的宪法，增加卫生健康保障、提升教育和促进平等方面的内容①。2020年12月，委内瑞拉左翼执政党在议会选举中也获得了2/3以上多数，而反对派处于分崩离析状态。这些都说明左翼的力量在进一步回潮和壮大。

二、新冠肺炎疫情大流行有利于左翼力量继续拓展空间

第一，2021年新冠肺炎疫情在拉美继续蔓延，加剧了民众对经济衰退、贫困、腐败、不安全和缺乏工作机会等问题的关切。拉美各国政府不仅没能有效地应对上述问题，而且包括减少卫生部门支出在内的右翼政策在疫情背景下负面作用尽显，社会不平等现象加剧②。同时，受疫

① International Institute for Strategic Studies，“MAS Returns to Lead Bolivia”，https://doi.org/10.1080/13567888.2020.1848505.

② Ksuadmin，“A New Turn to the Left in Latin America?”，https://ksusentinel.com/2021/03/17/a-new-turn-to-the-left-in-latin-america-03-17-2021-latinoamerica21/.

情冲击，拉美国家的财政税收大幅减少、面临大幅度通货膨胀风险，却还要实施积极的财政政策，造成公共债务和外债双升，公共债务比例从2019年的57%上升到2020年的67%，巴西、阿根廷和萨尔瓦多更是高达101.4%、96.7%和89%，阿根廷在2020年5月发生了史上第9次主权债务违约，债务危机的风险在积聚，未来两年可能出现集中释放。在这种情况下，拉美经济要在后疫情时代实现恢复性增长，就必须实现大规模的疫苗接种。但截至2021年5月，拉美国家尚未研制出任何一款疫苗，疫苗仍然属于稀缺品[①]。因此，如何获得疫苗并实现疫苗的公平分配就成为当前拉美国家面临的重要任务[②]。由于拉美国家医疗基础设施不足，很多国家的政府动用武装部队保障疫苗的交付，该区域每个国家都寻求与制药企业的开发人员交易以获取疫苗分配，并加入了由世界卫生组织创建的"新冠疫苗实施计划"（该计划试图为全球20%的人口提供足够剂量的疫苗，目前已经有190个国家参与其中）。根据联合国拉美经济委员会的数据，2020年拉美国家的贫困人口和极端贫困人口分别增加了4540万和2850万，贫困人口总数达到2.31亿，占总人口的37.7%[③]。

第二，未来两年，拉美多国将举行选举，左翼有可能继续拓展空间。2020年的疫情加剧了这一趋势，拉美民众开始反思右翼新自由主义的种种弊端，再次寻求政府和社会在经济发展和分配中的作用，这有利于左翼力量的发展和进一步拓展空间。2021年，拉美地区的厄瓜多尔

---

① 截至2021年7月，拉美国家中只有古巴的疫苗研制达到第三期临床试验并开始接种，但其严重的疫情和受限的产能很难为其他国家提供疫苗。

② International Institute for Strategic Studies, "The Pandemic and A 2021 Super Election Cycle in Latin America", https://www.tandfonline.com/doi/full/10.1080/13567888.2020.1872951.

③ CEPAL, Balance Preliminar de las Economías de América Latina y el Caribe, Santiago de Chile, Diciembre 2020.

（2 月）、秘鲁（4 月）、智利（11 月）等国家举行大选[①]，2022 年哥伦比亚、巴西、委内瑞拉等国将举行大选。鉴于巴西的博索纳罗总统、哥伦比亚的杜克总统和智利的皮涅拉总统在疫情前后的表现，预计难以继续参选总统或在大选中获胜，客观上为左翼在上述国家的发展创造了条件。

厄瓜多尔在 2021 年 2 月 7 日举行首轮总统选举，左翼“希望联盟”候选人安德烈斯·阿劳斯（Andrés Arauz）获得 32.7% 的选票，保守派“创造机会运动”候选人吉列尔莫·拉索（Guillermo Lasso）得票率为 19.7%，位居第二。激进左翼土著人组织——帕查库蒂克多民族统一运动候选人亚库·佩雷斯（Yaku Pérez）和民主左翼党的候选人哈维尔·艾瓦斯（Xavier Hervas）分列第三位和第四位，得票率都在 15% 以上[②]。在 2021 年 4 月 11 日举行的第二轮选举中，拉索最终以 5.08% 的得票优势逆转当选总统。值得注意的是，在厄瓜多尔参加首轮总统选举的得票率居前四的候选人中，有三位是左翼，但最后却是右翼的拉索实现逆转当选总统[③]。

在巴西，2021 年 3 月 8 日，联邦最高法院法官埃德松·法欣（Edson Fachin）认定曾在 2018 年对前总统卢拉·达席尔瓦（Lula da Silva）的贪腐案作出判决的库里蒂巴第 13 联邦法庭缺乏管辖权，应转交巴西利亚的

① The U.S .Congressional Research Service，“ Latin America and the Caribbean: Fact Sheet on Leaders and Elections”，https://crsreports.congress.gov/product/pdf/RS/98-684/107#:~:text=Latin%20America%20and%20the%20Caribbean%3A%20Fact%20Sheet%20on，was%20moved%20forward%20from%20December%202018%20to%20May.

② “Most Voted Candidates in the 2021 General Presidential Elections in Ecuador”，https://www.statista.com/statistics/1202112/share-votes-cast-general-presidential-election-ecuador/#:-:text=Most%20voted%20candidates%20in%20the%202021%20general%20presidential，%2015.68%20%25%20%209%20more%20rows%20.

③ “Guillermo Lasso Wins Presidential Election in Ecuador”，http://peoplesdispatch.org/2021/04/12/guillermo-lasso-wins-presidential-election-in-ecuador/.

法院审理。4 月中旬，最高法院投票表决，维持法欣的裁决。至此，卢拉恢复了政治权利，获得参加 2022 年 10 月总统选举的资格。虽然巴西左翼不乏年轻的优秀候选人，但卢拉的政治遗产无可替代，其领袖魅力、政治整合力和实用的政策依然具有强大的吸引力。在当前博索纳罗政府任职期内持续低迷的经济状况和失控的新冠肺炎疫情的阴影下，卢拉的参选更容易唤起选民对其任期内经济繁荣的回忆，这显然有利于劳工党和整个巴西左翼卷土重来，重获执政地位。

在秘鲁，左翼在总统选举中取得历史性胜利。2021 年 4 月 11 日，秘鲁举行总统和国会选举，其中总统选举爆出冷门，最初民调一直落后的 52 岁的小学教师、教师工会领导人之一的左翼自由秘鲁党候选人佩德罗·卡斯蒂略（Pedro Castillo）和右翼人民力量党候选人藤森庆子（Keiko Fujimori）的得票位居前两位，分别为 18.92% 和 13.25%，进入于 6 月 6 日举行的第二轮总统选举。右翼国家前进党候选人、著名经济学家埃尔南·德索托（Hernan de Soto）的得票率为 11.9%。呼声较高的、在严重的体制危机中被再度提名为左翼“共同为了秘鲁”总统候选人的维罗尼卡·门多萨（Verónika Mendoza）在首轮选举中便名落孙山。在 6 月 6 日举行第二轮选举中，卡斯蒂略最终凭借 0.25% 的得票率优势战胜藤森庆子当选总统[①]。

智利在 2021 年 5 月举行了制宪会议和地方选举。在制宪会议议员选举中，右翼执政联盟“我们前进”在 155 席中仅获 38 席，占 24.52%；独立人士获 54 席，占 34.84%；“同意尊严”占 18.04%；“我同意”占 15.1%；印第安人获 17 席。在地方选举中，智利共产党人伊拉茜（Iraci Hasler）当选为首都圣地亚哥市市长，这是智利共产党人在历史上首次

---

① “Economist Intelligence Unit（EIU）”，Country Report——Peru，July 2021，p.4.

当选首都市长。智利将于 2021 年 11 月举行大选，同时批准制宪会议起草的新宪法和新议会。2019 年发生大规模民众抗议后，智利自皮诺切特以来的市场导向的经济模式一直受到挑战，民众要求国家在保障卫生、教育和养老金方面发挥更大的作用。由于来自右翼的皮涅拉总统不能再次参选总统，左翼力量在大选中享有优势。此次大选的结果对智利的政策走向非常重要。

在墨西哥，左翼总统洛佩斯·奥夫拉多尔（Andrés Manuel López Obrador）仍然拥有较高的支持率，32 个州长中有 7 个由执政党人担任，执政党在 19 个州的立法机构占多数席位，拥有修改联邦宪法所需要的多数。在 2021 年 6 月 6 日举行的中期选举中，虽然执政党国家复兴运动党丧失了 2/3 的绝对优势地位，但仍然在参众两院占据多数，无须借助革命制度党、国家行动党和民主革命党等主要反对党的支持，只需联合一些小党即可通过法案，执政环境仍然有利①。

第三，2020 年美国大选也是影响拉美地区政治格局的重要事件。乔·拜登（Joe Biden）战胜唐纳德·特朗普（Donald Trump）当选美国总统，弱化了特朗普政府对左翼政权进行"极限施压"的国际环境，有利于拉美的政治钟摆再次向左转。

三、左翼政党加强了在国际上的团结协调，但在国内却分化严重

经过十多年的执政、参政和竞选运动，拉美左翼政党经历了从团结奋斗到逐渐分化的过程，面对国内外右翼势力的进攻，左翼政党必须像

① "Economist Intelligence Unit（EIU）", Country Report——Mexico, July 2021, p.4.

以前一样团结起来共同应对挑战。东欧剧变、苏联解体后，世界社会主义运动和拉美左翼运动均陷入低潮，但包括共产党在内的拉美左翼政党相继发起了圣保罗论坛和世界社会论坛，批评资本主义和新自由主义，探讨新自由主义发展模式的替代方案，指出“另一个世界是可能的”①，使得拉美左翼运动很快走出东欧剧变、苏联解体的阴霾，相互支持，纷纷在选举中获胜，掀起一波波澜壮阔的“粉红色浪潮”。在国内政策上，左翼主张发挥国家的作用甚至实行国有化；对外则反对美国霸权及其倡导的美洲自由贸易区计划，主张区域一体化，相继建立了美洲玻利瓦尔联盟、南美洲国家联盟以及排除美国和加拿大但包括其他拉美国家在内的“拉美和加勒比国家共同体”等区域一体化组织。左翼执政周期大大推进了拉美国家团结自强的进程，推动了拉美和亚洲、非洲的关系。

在国际上，面对右翼进攻与联合的新形势，左翼联合与协调也取得了新的进展。美洲国家组织的选举观察一直是右翼以民主之名指控左翼政党和候选人的重要方式。在 2019 年 10 月的玻利维亚选举中，美洲国家组织认为执政党“争取社会主义运动”舞弊，在玻利维亚国内发生大规模抗议浪潮和军队警察倒向右翼的情况下，已经宣布胜选的莫拉莱斯总统被迫宣布辞职，流亡国外。2020 年 11 月，新的左翼总统路易斯·阿尔塞就职后，玻利维亚恢复了被右翼珍妮娜·阿涅斯（Jeanine Añez）临时政府断绝的与古巴、伊朗和委内瑞拉的外交关系，呼吁美洲国家组织修正错误，重新审计 2019 年玻利维亚的选举。“争取社会主义运动”是普埃布拉集团最积极的政党之一。该组织是拉美地区 14 个国家的左翼政党重新组织的地区左翼协调组织，它成立了专门的选举观察部门，希

① “另一个世界是可能的”是 2001 年拉美左翼倡导成立的世界社会论坛提出的中心口号，最初是该论坛要与达沃斯世界经济论坛分庭抗礼，反对全球化，寻求替代新自由主义，探索另一个世界的可能性，包括对社会主义的探索，进而有左翼政党提出“一个社会主义的新世界是可能的”。

望对抗和替代美洲国家组织在这方面的职能，阿尔塞和“争取社会主义运动”上台后第一个任务就是为普埃布拉集团提供资金和意识形态支持，支持2021年左翼政党在智利、厄瓜多尔和秘鲁的选举。如果左翼政党在2021年11月的智利大选中获胜，玻利维亚期待更新两国之间的关系。

在美国的授意下，右翼利马集团对委内瑞拉左翼政权的干涉不断加强，要求委内瑞拉释放政治犯，“举行公正的选举，恢复宪法秩序”①。2017年8月，南方共同市场认为委内瑞拉违反了成员国民主承诺的条款，中止了委内瑞拉的成员国资格。只是在乌拉圭当时的执政党广泛阵线的要求下，中止委内瑞拉资格的决定才推迟了3个月。2018年，墨西哥左翼的上台，改变了对委内瑞拉马杜罗政权的态度，使国际上围堵委内瑞拉的利马集团②失去了关键支柱。2019年10月，阿根廷左翼正义党候选人费尔南德斯在大选中获胜，在南方共同市场与巴西形成分庭抗礼的态势。2021年3月，阿根廷政府宣布退出利马集团③。2021年7月，秘鲁左翼卡斯蒂略当选总统，新任外长赫克托·贝加尔·里维拉（Héctor Béjar Rivera）宣布改变对委内瑞拉的立场，促进双边关系的发展。这可能意味着利马集团宣告正式解体④。

① Lima Group, “Statement of the Third Meeting of the Lima Group on the Situation in Venezuela”, https://www.minfor. gov.gy/guyana-venezuela-controversy/lima-group-on-venezuela/.

② 2017年8月，西半球国家因在利马召开有关委内瑞拉问题的会议而组成利马集团，其中包括秘鲁、墨西哥、阿根廷、巴西、哥伦比亚、加拿大等14个美洲国家，旨在推动解决委内瑞拉国内冲突的和平谈判和调停活动。委内瑞拉马杜罗政府曾批评该集团严重干涉其内政。2021年，阿根廷宣布退出利马集团。

③ 2021年3月24日，阿根廷外交部发布公告，称利马集团未能在帮助委内瑞拉走出困境方面取得任何实质性进展，阿根廷政府也不能接受利马集团为了使委内瑞拉反对派参与其中而采取的某些立场。阿根廷政府重申，帮助委内瑞拉人民的最佳方式是促成包容性的对话，而不是简单地选择支持某一方。

④ El Ciudadano，“End of the ‘Lima Group’? This is How the New Relations between Peru and Venezuela Are Advancing”，https://www.elciudadano.com/en/end-of-the-lima-group-this-is-how-the-new-relations-between-peru-and-venezuela-are-advancing/08/05/.

与此同时，拉美左翼力量在各国内却分化严重。

第一，新的左翼力量出现或崛起，却成为传统左翼的竞争对手。在智利，2011 年因抗议高等教育费用过高而产生的学生运动导致了新左翼的形成，其最著名的领导人卡米拉（Camila Vallejo）在 2014 年被吸收进左翼“新多数派联盟”，学生运动的另外两个主要领导人杰克逊（Jackson）和博利克（Boric）不仅游离在左翼大联盟之外，而且杰克逊领导的民主革命党和学生运动的其他组织均作为其反对派而存在。2017 年大选中，广泛阵线继续巩固与议会外左翼运动和政党的关系，通过吸收前学生领袖豪尔赫·夏普（Jorge Sharp）领导的自治运动在瓦尔帕莱索市取得了决定性的胜利。夏普在该市获得了 53.8% 的选票，而“新多数派联盟”和右翼联盟仅分别获得 22.4% 和 22.6% 的选票[①]。但在全国层面，左翼多数派联盟却没有形成联合，导致其在 2017 年 12 月的大选中失利。

在 2021 年厄瓜多尔的大选中，左翼土著人组织帕查库蒂克多民族统一运动候选人亚库·佩雷斯（Yaku Pérez)成为黑马[②]，在第一轮获得了 19.4% 的选票，获得的议席从 4 席增加到 27 席，仅以 0.35 个百分点的微弱差距屈居第三，未能进入第二轮[③]。但因其在环境保护等方面与科雷亚的政策有分歧，其在 2021 年的第二轮总统大选中既不支持右翼“创造机会运动”和基督教社会党候选人、银行家吉列尔莫·拉索（Guillermo Lasso），也不支持科雷亚的追随者左翼希望联盟候选人安德烈斯·阿劳斯（Andrés Arauz），甚至号召选民破坏选票或者投无效票。在 5 个省份的

① Noam Titelman，“La nueva izquierda chilena”，Nueva Sociedad，No.281，mayo-junio de 2019.

② Brendan O’Boyle，“Yaku Pérez: The New Face of Ecuador’s Left?”，https://www.americasquarterly.org/article/yaku-perez-the-new-face-of-ecuadors-left/.

③ “Economist Intelligence Unit（EIU）”，Country Report——Ecuador，March 2021，p.5.

选举中，被破坏的选票甚至超过了阿劳斯获得的选票数，这也是阿劳斯在第一轮总统选举中以较大优势领先却在第二轮选举中被拉索逆转的重要原因。

第二，面对严峻的执政形势，左翼在政策应对方面存在分歧。在厄瓜多尔，被称为拉斐尔·科雷亚（Rafael Correa）接班人的莱宁·莫雷诺（Lenín Moreno）在执政后风格大变，转而实行更加市场化的经济政策，在左翼政党继续执政的情况下政策发生右转，甚至执政党主权祖国联盟运动就是否支持科雷亚发生分裂，支持科雷亚的副总统豪尔赫·格拉斯（Jorge Glas）因腐败指控被免职和预防性拘留。在2021年的大选中，执政党主权祖国联盟运动丢掉了所有的74个议席，没有获得一个席位。

第三，政治碎片化和意识形态极化现象加剧。在2021年秘鲁大选中，候选人得票率最高的只有16%，执政党和传统左翼政党“共同为了秘鲁”仅获得了130个议席中的42个，成为左翼执政的短板。厄瓜多尔议会中获得席位的政党多达15个，获得席位最多的希望联盟也只有49席。近年来，尤其是新冠肺炎疫情大流行以来，拉美国家的意识形态极化现象加剧，出现了极右翼和极左翼，前者如巴西的博索纳罗，后者如秘鲁的卡斯蒂略和厄瓜多尔的亚库等极左翼的出现一方面壮大了左翼阵营，另一方面其激进的政策主张也对拉美左翼的团结图强形成了新的挑战。

四、新的左翼执政周期能否开启尚待观察，但左翼在拉美将长期存在

在未来几年中，拉美左翼将经历重要时刻，必须证明自己可以成为社会引擎的能力，新的左翼周期能否开启将至少取决于以下几个因素。

第一，除了要平复民众对国家发挥作用的方式及其政治创新要求的不满之外，拉美左翼还要通过政治复兴形成新的社会共识，以及恢复改善人民的生活条件。第二，新左派必须证明自己有足够的政治管理能力，以获得制度权力空间，同时不放弃与社会运动的联系，以获得赢得选举的动力[①]。尤其是左翼领导人能否以效率和透明度应对新冠肺炎疫情大流行，将对增强公众对政府的信任意义重大[②]。第三，拉美左翼上台后能否正确界定国家的作用、完成对新发展模式的探索至关重要。在刚刚过去的执政周期，虽然左翼在民众中赢得了很高的声望，但左翼没有重视对国家的塑造，尤其在武装部队、警察、司法领域没有进行必要的改革，非但没有达到替代新自由主义的目标，反而陷入执政困境，最终丧失了政权。现在，第二个周期可能即将开始，左翼力量将采用哪些新战略来有效重新界定国家的存在，我们可以拭目以待[③]。

经过 21 世纪初的“粉红色浪潮”，拉美政治也出现了一系列趋势性的重大变化，为左翼在政治上的长期存在和发展提供了条件。目前各国存在的左翼政权仍然可以和右翼分庭抗礼，2021 年秘鲁左翼获得历史性胜利，玻利维亚左翼将执政到 2025 年，委内瑞拉和墨西哥左翼都将执政到 2024 年，阿根廷左翼将执政到 2023 年，尼加拉瓜和智利左翼还有可能在 2021 年的选举中获胜。左翼仍然是拉美政治格局中不可忽视的政治力量，其韧性存在和发展的基础犹存，这主要表现在以下几个方面。

第一，拉美地区国家不断进行政治、经济和外交等方面的改革，在

① Noam Titelman, “La nueva izquierda chilena”, Nueva Sociedad, No.281, mayo-junio de 2019.

② Anatoly Kurmanae, “Latin America Is Facing a ‘Decline of Democracy’ under the Pandemic”, https://www.sanjuandailystar.com/post/latin-america-is-facing-a-decline-of-democracy-under-the-pandemic.

③ Policy Desk, “What’s after the Outbreak: Challenges of the New Political Geography of Latin America”, https://www.easternherald.com/2020/10/30/challenges-of-the-new-political-geography-of-latin-america/.

提升政治体制的合法性、巩固民主的前提下解决新自由主义政策留下的社会贫富分化、经济滞涨等问题。在发展经济的同时，注重解决政治问题和社会问题，努力寻求一种更为公正合理、可持续的发展方式，增强政治融入与政治整合的程度，由此取得的成就将为拉美国家下一轮现代化进程奠定基础。

第二，政治环境和制度条件的变化使拉美的政党和政党体制加速演变，不断适应民主巩固所带来的新政治需求，政党政治正在孕育更多、更高的现代性。左翼政党通过指导思想、组织方式和动员方式变革，积极应对大众政治、草根政治的风潮，其执政方式和执政能力表现出新的特点。

第三，随着经济的成长和民主体制的深化，拉美国家政治体制的社会基础不断扩大，政治融合程度空前提高。该地区国家愈来愈多地关注下层民众的社会权利和政治权利，关注他们的政治参与，关注他们在政治、经济和社会政策形成过程中的作用。同时，日趋壮大的中间阶层及其政治诉求正在对传统政治体制形成新的挑战。

第四，拉美国家长期存在的贫富分化和不平等现象也为拉美左翼的存在提供了支持基础。在拉美地区，贫困人口的比例在 20 世纪 90 年代新自由主义实施后，即使在“粉红色浪潮”之后的今天，仍然在 30% 以上[①]，这部分人群在民主化的政治条件下会支持主张社会平等的左翼，而这种情况在拉美将长期存在。

总之，拉美国家左翼政治力量的存在和发展有其政治、经济、社会甚至人口方面的基础，主张社会平等的左翼和社会主义思潮拥有存在的广泛空间，这也是拉美左翼 100 多年来一直韧性发展的重要原因。

---

① 2020 年拉美地区的贫困率为 37.7%，参见联合国拉美经委会，Balance Preliminar de las Economías de América Latina y el Caribe，Santiago de Chile，Diciembre 2020。

百年中国共产党支持非洲革命和建设的经验启示

李新烽[①] 李玉洁[②]

百年来，中国共产党基于中非共同战略利益，在长期的共同斗争与合作发展中，建立起新型中非战略合作伙伴关系，走出了一条特色鲜明的合作共赢之路，深刻地影响了非洲国家的革命与建设，引领着当前的国际对非合作。中国共产党与非洲的百年交往、合作史，具有深厚的国际主义底蕴和鲜明的马克思主义使命型政党特征，彰显了百年大党的全球视野、世界胸怀、大国担当和政治智慧。

① 李新烽，中国非洲研究院研究员。
② 李玉洁，中国非洲研究院助理研究员。

一、世界革命观下中国共产党对非洲反帝反殖反霸斗争的支持与合作

中国共产党早在幼年时期，就已经意识到中国革命是世界革命的一部分，必须与全世界的无产阶级和被压迫民族联合起来，结成国际反帝统一战线。百年来中国共产党与非洲国家同心同向、守望相助，成为非洲人民反帝反殖反霸斗争最鲜明、最坚定、最主要的支持者。

（一）全力声援非洲国家的反帝反殖反霸斗争

早期的中国共产党虽然与非洲国家政党的直接交往较少，但双方情感共鸣、相互声援，为后来中非的紧密合作奠定了良好基础。中华人民共和国成立后，中国共产党与非洲国家的交往日渐增多。毛泽东、周恩来等老一辈领导人高瞻远瞩、胸怀全局，把非洲的民族解放运动与中国革命和建设的外部环境联系起来，作出我们完全支持非洲的表态，认为中非是互相支持、互相帮助的关系，支持非洲的反帝运动就是支持中国。为此，中国共产党全力声援非洲的反帝反殖反霸斗争。

中国共产党鼓励各类民间团体加强与非洲国家的交往。藏于陕西省档案馆的《中共中央宣传部关于最近时期宣传非洲民族解放运动的通知》显示，1949—1960 年，非洲 41 个国家和地区的 520 余人次通过民间交往的途径访华，其中包括民族解放运动领导人、工会代表、青年学生以及妇女代表等。同期，我国有 425 人次访问了非洲 13 个国家和地区。1960 年，中国非洲人民友好协会在北京成立。中国各类民间团体积极为非洲对应团体的反帝反殖斗争发声，塑造了中非民间外交的新景象。如全国总工会、全国妇联、全国青联、全国学联等积极为非洲对应组织发

声，鼓励对方坚持斗争、把一切帝国主义侵略势力从非洲赶出去。中国共产党还组织了多场群众集会，声援非洲人民的斗争。

（二）为非洲国家的反帝反殖反霸斗争提供思想理论指导

在非洲国家革命的性质上，毛泽东给出了清晰的指向。1959 年，毛泽东在接见非洲国家的代表时明确指出，非洲革命的性质是资产阶级民主革命的性质，不是无产阶级社会主义革命。他还就非洲革命胜利的快慢和依靠力量等问题发表了意见。1960 年，毛泽东在接见非洲代表时，更是从宏大的国际视野指出了非洲反帝反殖斗争的世界意义，明确肯定中非之间互相支持、互相帮助的合作关系。20 世纪六七十年代，中国共产党对非洲各国政党的吸引力日益增强，非洲的许多国家自觉把中国共产党作为争取民族独立、摆脱殖民统治的榜样，把毛泽东思想作为非洲国家反帝反殖、争取民族解放的指南。毛泽东思想在辽阔的非洲大地上广泛传播。

1974 年，毛泽东在会见赞比亚总统卡翁达时，明确提出了“三个世界”划分的战略思想。“我看美国、苏联是第一世界。中间派，日本、欧洲、澳大利亚、加拿大，是第二世界。咱们是第三世界。”这里的“第三世界”包括亚非拉和其他地区的发展中国家，这些国家遭受的压迫和剥削最重，是反帝反殖反霸的主力军。“三个世界”划分理论为中国联合非洲国家抵御霸权主义侵略、结成国际反霸统一战线提供了强大思想理论武器。

20 世纪 90 年代以来，在非洲国家普遍实现民族独立、要求更大发展空间，冷战后美国成为全球唯一超级大国，“单边主义”和“新干涉主义”等挑战频现的新形势下，中非合作反对西方国家霸权主义和强权政治的任务更加凸显。针对此种情况，中国共产党明确提出反对大国干涉非洲内政、支持非洲国家根据本国国情选择自己社会制度和发展模式的主张，鼓舞和推动了非洲国家对自身独立发展道路的探索。

（三）以实际行动支持非洲国家的反帝反殖反霸斗争

从1956年埃及收复苏伊士运河、抗击英法武装侵略的斗争，到1954—1962年阿尔及利亚人民反抗法国殖民统治的武装斗争，再到20世纪60年代南非人民反对种族隔离制度的斗争，非洲国家争取民族独立的整个过程，都有中国共产党的坚定支持。例如，中国向莫桑比克解放阵线提供武器和军用物资援助，中国军事专家在坦桑尼亚营地为莫桑比克培训了近万名战士；向阿尔及利亚提供争取民族解放斗争所必需的武器和各类物资；为埃及提供2000万瑞士法郎的外汇赠款助其渡过难关；向刚果（利）爱国武装力量提供武器装备、医疗器械和药品及财政援助；为安哥拉、几内亚比绍、津巴布韦等国家的民族解放组织无偿提供武器弹药等各类援助，帮助他们训练军事干部；等等。中国共产党扶危济困、除恶扬善的义举，赢得了非洲人民的尊敬和友谊、提高了中国在非洲的声望，中国被非洲人民视为患难之交的兄弟和最真诚的朋友。

中国与非洲国家的支持始终是相互的，可以说，在涉及中国核心利益和重大关切问题上，非洲国家从不缺席。他们始终坚定支持中国维护主权和领土完整，助力中国提升国际地位、掌握国际话语权。1971年10月，第二十六届联合国大会通过阿尔巴尼亚、阿尔及利亚等23国提案，恢复中华人民共和国在联合国的合法席位。23个提案国中有11个非洲国家，占将近一半；表决时的76张赞成票中有26张来自非洲国家，占1/3以上。毛泽东曾深情地感谢非洲黑人兄弟的真诚支持。此外，在挫败反华人权提案、“台湾参与联合国”提案，支持中国加入世贸组织、申办奥运会、反对南海仲裁案等一系列重大问题上，非洲国家也都给予中国有力的支持。

（四）百年大变局下中非携手共同捍卫多边主义与国际秩序

当今世界正处于百年未有之大变局，中非更加紧密地团结起来，携手捍卫多边主义，坚定维护以联合国宪章为基础的国际秩序和国际体系，坚定维护和平共处五项原则等国际关系基本准则，有力地维护了发展中国家的共同利益和国际社会整体利益。正如习近平总书记在中非合作论坛的翰内斯堡峰会上所指出的："无论发展到哪一步，无论国际风云如何变幻，中国始终坚定同包括非洲在内的广大发展中国家站在一起，坚持正确义利观，永远做发展中国家的真诚朋友和可靠伙伴。"高层交往保持良好势头，中国外交部部长连续31年新年首访非洲，表明中国对非洲的高度重视；政党交流日渐频繁，多届中非政党理论研讨会召开，推动双方治国理政经验分享；中非人文交流深入开展，拉紧中非人民感情纽带，促进民心相通和文明互鉴；国际事务中特别是在涉及彼此核心利益和重大关切问题上，中非团结协作，共同推动国际关系民主化。中非关系完成了"新型伙伴关系""新型战略伙伴关系""全面战略合作伙伴关系"三级跳，朝着构建中非命运共同体迈进。

二、共同发展观下中国共产党对非洲建设的全方位支持与合作

（一）从中华人民共和国成立到改革开放前后：无产阶级国际主义思想指导下的对非援助

这一时期，中国始终遵循1963—1964年周恩来访问非洲时提出的《中国政府对外经济技术援助的八项原则》，这八项原则包含了真诚、无

私、平等、互利、公正等中国精神。据《人民日报》报道，1960 年，中国赠送几内亚政府 1 万吨大米；1963 年，中国向阿尔及利亚派出了第一支医疗队；1967 年，中国援建被誉为中非“友谊之路”的坦赞铁路；等等。此外，中国还同多个非洲国家签订贸易协定，积极发展政府间的贸易往来，中非贸易额呈逐年攀升态势。据新华网的数据，1950 年中非双边贸易额仅为 1214 万美元，1960 年达 1 亿美元，1980 年超过 10 亿美元。

中国共产党还注重与非洲国家交流经济建设、治国理政经验，以提升非洲国家的自主发展能力。1964 年，邓小平与肯尼亚首任驻华大使亨利·穆利谈话时指出：“一个民族不仅要在政治上获得独立，而且还要在经济上获得独立才能算是真正独立。”

（二）从 20 世纪 80 年代初到 90 年代末：合作共赢理念指导下的中非经贸合作

这一时期，中国对非洲的援助方式开始多样化，中非经贸合作的内容也更加丰富。中国从“交钥匙”的方式转变为参与管理、管理合作、代管经营等多种方式，鼓励企业到非洲国家投资办厂，搞散件组装、兴办合资企业或开展承包劳务业务。为解决中国对一些非洲国家的贸易顺差问题，中国还鼓励企业积极扩大从非洲国家的进口。新的援助方式也为中国企业带来了大量的承包工程和劳务合作业务。根据《中国对外经济统计年鉴（1996 年）》的数据，1979—1995 年，中国在非洲对外承包工程和劳务合作达到 5494 份，总金额近 70 亿美元。中国对非洲新的援助方式对中国的经济建设也有着重大意义，中非合作真正实现了合作共赢的目标。

1995 年，中国开始援外方式的改革。根据国家商务部网站专题稿件库《1999 年中国与非洲国家的经贸关系》一文的数据，截至 1999 年，中国共向 23 个非洲国家提供优惠贷款援助，实施的优惠贷款项目已有

33 个。新的援外方式被越来越多的非洲国家接受，取得了较好的社会和经济效应。与此同时，中国对非洲的投资额大幅上升。根据国家商务部网站专题稿件库《中非经贸发展五十年》一文的数据，截至 1999 年底，中国对非洲的投资累计达 4.4 亿美元，设立企业 351 家，投资涉及轻工、机电、纺织、服装、制药等多个领域。

（三）21 世纪以来：人类命运共同体理念指导下的中非全方位合作

2000 年中非合作论坛成立以来，中非合作硕果累累。中国在非重点推动非洲基础设施等领域的发展成果显著，惠及当地人民。2021 年 1 月，国务委员兼外交部部长王毅在结束访问非洲五国之际接受媒体采访时谈道，“中国迄今已在非洲修建了超过 6000 公里的铁路、6000 公里的公路、近 20 个港口、80 多个大型电力设施，援建了 130 多个医疗设施、45 个体育馆和 170 多所学校”。2020 年 10 月，王毅在《人民日报》撰文谈中非合作论坛成立 20 周年，称“中非合作举世瞩目”：“2019 年，中国对非直接投资存量 491 亿美元，较 2000 年增长近百倍；中非贸易额 2087 亿美元，是 2000 年的 20 倍。中国连续 11 年成为非洲第一大贸易伙伴，连续多年对非洲经济增长贡献率超过 20%。”进入 21 世纪以来，特别是 2013 年“一带一路”倡议提出后，中非合作再次提速。中国引领着国际对非合作，中非合作成为南南合作的典范。

中非关系的日益密切，招致了部分西方国家与主流媒体的恶意曲解和诋毁，出现了一些影响中非关系发展的不和谐之音。他们从维护既有利益或地缘政治出发，担心“一带一路”削弱英美等大国在非洲的影响力，说“一带一路”是“新殖民主义”“中国版马歇尔计划”“中国威胁论”等；他们从国家制度、发展模式竞争和意识形态的立场出发，担心“一带一路”成为中国向非洲推广“中国模式”、提高大国影响力的战略，因而抹黑中非共建“一带一路”，说什么“主权侵犯”“意识形态渗透”“忽视当地国家主权”等；他们从西方理念和西方标准出发，认为中国在非洲投资有违“国际原则”“不遵守国际环境标准”，说什么“人权侵犯”“资源掠夺”“债务陷阱外交”等。这些恶意曲解与诋毁，难免使一些非洲国家对“一带一路”产生误解，甚至猜测与观望。习近平总书记指出：“中方坦诚面对中非关系面临的新情况新问题，对出现的问题，我们应该本着相互尊重、合作共赢的精神加以妥善解决。”在这一思想指导下，中非坦诚沟通，友好协商，妥善解决了可能存在的争议，用事实说明了“一带一路”合作给非洲国家带来的好处，有力地驳斥了西方国家的不实言论，推动“一带一路”倡议在非洲落地生根。

2013 年 3 月，习近平总书记在坦桑尼亚尼雷尔国际会议中心的演讲中指出，“中非从来都是命运共同体”，明确提出了中非命运共同体概念。2015 年 12 月，习近平总书记在中非合作论坛约翰内斯堡峰会开幕式上的致辞中强调：“中方将秉持真实亲诚对非政策理念和正确义利观，同非洲朋友携手迈向合作共赢、共同发展的新时代。”赋予中非关系全新的定位。2018 年 9 月，习近平总书记在 2018 年中非合作论坛北京峰会开幕式上的主旨讲话中，对中非命运共同体的背景、内涵和特点等进行了系统阐述，强调对非坚持做到“五不”：“不干预非洲国家探索符合国情的发展道路，不干涉非洲内政，不把自己的意志强加于人，不在对非援助中附加任何政治条件，不在对非投资融资中谋取政治私利。”还指出：“中国希望各国都能在处理非洲事务时做到这‘五不’。”

中非命运共同体是基于中非相同的历史遭遇、面临共同的发展任务、怀揣对美好生活的共同追求提出的，以实现责任共担、合作共赢、幸福共享、文化共兴、安全共筑、和谐共生为目标，真正彰显了习近平总书记所说的“中国坚持把中非人民利益放在首位，为中非人民福祉而推进合作，让合作成果惠及中非人民”的主张。中非命运共同体这一针对中非未来发展的重要顶层设计，体现了我对非工作的全新视角，为下一步的中非全方位合作指明了方向。2020 年中非团结抗疫、2021 年中国向非洲国家提供新冠肺炎疫苗等，成为中非命运共同体的生动诠释。

三、百年中国共产党支持非洲革命和建设的经验启示

在非洲国家反帝反殖反霸斗争中，中国共产党对非洲给予了最大支持和帮助，非洲国家也竭尽所能地支持中国。总结百年中国共产党支持非洲革命和建设的经验：一是坚持对非合作的原则与方向不变；二是注重不同阶段对非政策的灵活性；三是凸显中国共产党作为使命型政党的特质与国际主义精神；四是彰显中国共产党秉持的人本价值取向，务实关心非洲人民的福祉；五是中非互帮互助，共赢反帝反殖反霸斗争的胜利。

百年来中国共产党支持非洲革命和建设之所以取得成功，离不开中国共产党始终秉持的“非洲观”“世界观”和“中非友谊观”。“非洲观”体现为中国共产党在对非百年交往中坚持“非洲是非洲人的非洲，非洲的事情应该由非洲人说了算”的主张；“世界观”体现了中国和非洲是世界不可分割的一部分的全球视角；“中非友谊观”体现了中国共产党“永远是非洲的好朋友、好伙伴、好兄弟”的关系定位。在当前西方占据中非关系话语霸权、散播“新殖民主义”“债务陷阱外交”“资源掠夺”等攻击中非关系言论的背景下，中国共产党与非洲交往百年的成就与经验是驳斥西方不实言论的有力证据。同时，也是改变非洲国家对我可能存在的认知偏差的重要契机，对深化中非传统友谊、推动未来中非关系发展具有重要启示意义。

国际形势越复杂多变，中非越要坚持携手构建中非命运共同体的根

本方向，将中非关系打造成构建人类命运共同体的先行者和示范者。为此，特提出如下建议：

第一，继续坚持对非合作的基本原则，与非洲国家协同开展研究与传播，为未来中非关系把舵定向。回顾百年来中国共产党与非洲国家的交往历史，中国共产党始终坚持独立自主、相互尊重、平等互利、互不干涉内政、合作共赢等基本原则。面对挑战与冲击，必须加强与非洲国家对这些原则的协同研究与传播，以这些原则为指导，推动中非关系迈入一个崭新的阶段。

建议对百年来我对非合作的基本原则与政策进行归纳总结、理论阐释，浓缩提炼形成具有标识性的概念、编撰成书。在建党 100 周年的重大节点，与非洲国家各方协同开展学术研讨、系列展览与深度媒体报道，推动这些原则历久弥新、历久弥深、历久弥坚。一方面，夯实中非合作的政治共识，深化友谊，有助于今后中非在继续遵循这些原则的基础上谋求更深入的合作；另一方面，加强百年来对非政策与原则的阐释与传播将是驳斥西方抹黑中非关系不实言论的最有力证据，也是中非共同冲破西方国家话语霸权的努力。在 2021 年 3 月 15 日中国非洲研究院等机构举办的第七届大使讲坛上，苏丹驻华大使强调，西方国家和媒体十分擅长话语权和话术建构，中非都希望实现发展与合作，而西方不希望看到这个画面，必然要阻碍中非合作。

第二，继续弘扬国际主义精神，总结对非合作经典案例，以集体记忆纠正非洲国家对我的认知偏差。20 世纪 70 年代以前，在中国经济还十分困难的情况下，中国人民节衣缩食、竭尽所能地帮助非洲兄弟。当前，在中国人民还急需新冠肺炎疫苗的情况下，中国政府雪中送炭，及时为非洲国家和人民提供新冠肺炎疫苗。在百年交往史中，中非互帮互助的故事不计其数，如向几内亚赠送大米、援建坦赞铁路、派驻援非医疗队等，这些故事都是中国共产党秉持“天下为公”理念、致力于为全世界人民造福的明证，也是对西方狭隘国际利益观的超越。

加强对这些经典案例的收集、整理和传播具有重要战略意义。一是其中有些案例因历史久远，对其收集整理有增补珍贵文献的作用；二是传播这些案例有利于唤醒中非共同的集体记忆，纠正当前非洲国家对我可能存在的一些认知偏差，有利于增进彼此的情感纽带，助力中非命运共同体的构建；三是向国际社会传播中非合作的经典案例既是对西方污蔑中非关系的有力反驳，也是中国特色大国外交成果的重要展示，有利于推进我与更多发展中国家的合作。

第三，继续坚持理论强党与政策灵活性，加强中非命运共同体的研究，打造人类命运共同体新典范。中国共产党尤为注重理论先行与理论强党，用理论指导中国对非外交实践。如毛泽东提出的“三个世界”“两个中间地带”等理论。党的十八大以来，习近平提出的中非命运共同体思想是中国共产党将马克思主义基本原理同中非合作具体实践相结合的又一次重大理论创新。建议中非学界、智库加强对中非命运共同体的学理研究与深度阐释，加速其理论化的进程，推动中非命运共同体成为人类命运共同体的新典范；建议中非媒体加强对中非命运共同体的传播，发挥价值观传播的力量，扩大其在非洲民众中的影响力，让中非命运共同体成为非洲人民耳熟能详、入脑入心的理念。

新时期的中非关系亟待新理论与新思想的指导。除了中非命运共同体这一主导性理论，还应着眼于变化的世界形势与中非现实，提出一些具有创新性且符合实际的新思想与新政策，维护并更新中非双边合作关系。可以尝试提出一些“共同但又兼具非洲国别差异”的合作新理念，推动我与非洲各国的关系走深、走实。

第四，继续坚持对非党际交往，搭建机制性平台共享经验，以非洲为桥头堡推进新型政党关系建设。在中非党际关系蓬勃发展且已基本形成交往格局的背景下，建议在诸如中非合作论坛框架下搭建中非党际交往的常规机制与平台，加强双方在政党建设、组织建设、人事制度、反腐倡廉、经济建设、精准扶贫等领域的交流，以夯实中非全面战略伙伴关系的政治基础，同时也以非洲为桥头堡建立求同存异、相互尊重、互学互鉴的新型政党关系。这也是非洲国家所急需的。在中国非洲研究院等机构举办的第七届大使讲坛上，苏丹驻华大使、刚果（布）驻华大使、布基纳法索驻华大使等三位大使都谈道，希望中国向非洲国家分享更多的治国理政、反对恐怖主义、脱贫攻坚、经济发展、可持续发展、安全治理等方面的经验，发挥中国更大的国际影响力。他们相信，中国共产党不仅能为中国人民谋福祉，也有能力帮助非洲国家应对诸多全球性挑战，造福非洲人民。在建党百年的重要时期，建议率先推出中非政党大会，奏响中国共产党与世界政党高层对话的“序曲”，为建党百年庆祝活动营造良好的国际舆论氛围。

第五，继续推进中非互帮互助发展之路，挖掘中非新的战略资源，加强对内宣传非洲于我的意义。中国共产党百年来与非洲合作取得诸多成果的经验之一就是中非始终坚持互帮互助、合作发展之路。当前，国内一些民众对中国对非援助、中非合作存在一些认识误区，如“重外轻内”“乱撒钱”等。这是对非洲与中非关系的误解，非洲已不再是国内民众印象中只需要中国帮助和救济的贫穷大陆，相反，中国与世界的联系更加紧密，非洲正在成为中国未来发展最具潜力的合作伙伴，中国的发展将会越来越离不开非洲。中非相互需要，已经成为你中有我、我中有你的命运共同体。因此，应高度重视非洲于我在地缘政治、全球治理、经贸发展、外交领域等方面的新战略意义，挖掘中非之间新的战略资源，并向国内公众更多地宣传非洲对于我发展的战略意义，纠正他们可能存在的对非偏见与歧视，为构建中非命运共同体争取更大程度的支持。

日本共产党现状、困境及其发展路径选择

张伯玉[①]

日共成立于1922年，到2022年已成立100周年。日共现有众议员12人（占全体众议员的2.6%）、参议员13人（占全体参议员的5%）、都道府县议会议员138人（占全体议员的5.2%）以及市区町村议会议员2488人（占全体议员的8.4%）。作为拥有百年历史的共产党，日共的发展表现出一定的强韧性。日共在国际共运中自称“独立自主”，在国内主张通过议会选举实行“社会变革”的社会主义路线，但其总体发展日趋衰退。

一、组织建设面临危机，党的力量不断衰退

进入21世纪后，日共党员人数在2000—2010年基本维持在40万人左右，但在2010—2020年减少了13万多党员。日共在2010年大规模清

---

① 张伯玉，中国社会科学院日本研究所研究员。

理“幽灵党员”（不能正常参加党组织活动的党员），一次性清理9万多名党员。同时，日共还掀起了建设“像革命政党的党”运动，致力于发展新党员。但是，日共的各种努力未能遏制党员人数的日趋减少。2014年日共二十六大时党员人数为30.5万人，《赤旗》报日报和周末版读者总计为124.1万人；2020年日共二十八大时党员人数为27万多人，《赤旗》报日报和周末版读者总计为100万人。日共实力不断衰退，除受小选举区选举制度等外部因素的影响以外，其自身的结构性问题是根本原因。

第一，党员老龄化严重，发展新党员困难。65岁以上的高龄党员与65岁以下党员在全体党员中占的比例，由1997年的2∶8上升到2010年的4∶6，高龄党员占比倍增。可见65岁以上高龄党员在全体党员中占的比例在显著增加，65岁以下党员占的比例在明显下降。日共于2010年实施的“现状调查”的统计结果显示，1997年，日共65岁以上的党员约占全体党员的20%，65岁以下的党员约占全体党员的80%；2010年，日共65岁以上的党员约占全体党员的40%，65岁以下的党员约占全体党员的60%。

日共发展新党员非常困难。2020年1月，日共召开二十八大，关西地区某职场支部代表在介绍发展党员经验时说：“当‘大运动（日共为发展党员以及宣传该党政策等举行的较长时间的活动）’提出每个支部要发展一名以上党员的目标时，如果不对7至8人做工作就完不成任务。最初开展工作时很茫然，但是在向41名入党积极分子做了26次思想工作后，有2人入党。”某县常务委员代表在介绍发展学生党员的情况时说：“三年来有23名学生加入民主青年同盟（日共的青年组织），八年来第一次重建‘学生小组’，还发展4名学生入党，12年来第一次重建了学校支部。”如何在年青一代和在职工人中发展党员，成为日共党组织建设的一大难题。

第二，基层党支部开展活动困难，支部数量不断减少。在 2010 年清理党员之前，由于很多党员不参加党的活动，部分党支部的支部活动处于瘫痪状态。交纳党费的党员仅占全体党员的 62%，4.8% 的支部没有支部书记，20% 的支部每月召开的支部生活会不到一次。2020 年，日共二十八大有关党的建设的第二决议指出，很多地区支部书记是 70 岁以上的党员，支部活动的负担集中在一部分高龄党员身上。在党员人数日趋减少的同时，基层党支部的数量也在减少：2006 年日共有 2.4 万个支部，2020 年减至 1.8 万个支部。

第三，地方党组织领导体制薄弱。日共以支部为基础，按照“支部——地区——都道府县——中央”的形式构建组织体制。构成都道府县与地区委员会领导核心的是专职常务委员，保证一定数量的专职常务委员对发挥基层党支部的作用至关重要。由于财政困难导致地区委员会专职常务委员减少，基层党组织的领导核心薄弱化，给基层支部活动带来各种困难并造成恶性循环。与 1997 年相比，2010 年地区委员会的专职常务委员人数减少了 458 人，由 1997 年的 1376 人减少到 918 人；没有专职常务委员的地区从 3 个增加到 11 个，专职常务委员不满三人的地区占比增加到 46.3%。2017 年 12 月，日共二十七届三中全会报告指出：“专职常务委员不到三人的地区 196 个（约为全部地区委员会的 62.2%），没有专职常务委员的地区 23 个。”这种情况直到 2020 年日共二十八大召开时也未能改善。

日共所属地方议会议员人数的减少严重影响日共党组织建设。伴随市区町村的大合并和地方议会议员定数的减少，日共地方议会议员人数从 4000 多人减少到 3000 多人，后来又减少到 2000 多人。一直活跃并全力支持日共基层党支部活动的市区町村议会议员人数的减少，给该党的基层组织活动带来新的困难。

二、连年财政赤字，财政状况恶化

日共是日本唯一不接受“政党补助金”（根据国会议员人数和国会选举得票率领取来自国家财政的政党活动资金）的政党，财政收入主要来自发行《赤旗》报所获取的收入，以及党费和捐款。其中《赤旗》报的收入最近两年基本占其财政收入的85%左右（高峰期甚至占到95%），在财政收入中起着决定性作用。与普通报纸的收入依赖大企业广告费不同，《赤旗》报的收入主要来自读者（日共党员）的订阅费，订阅数的减少直接导致日共财政收入的减少。日共《政治资金收支报告书（2000—2019年）》显示，20年中只有7年没有出现财政赤字；财政结转余额由2000年的74亿日元减少到2019年的10亿日元。

《赤旗》报日报的发行长期亏损是日共财政状况恶化的主要原因。2019年8月1日，《赤旗》报日报与周末版发行总量跌破100万份，不到最高发行量335万份（1980年）的1/3。《赤旗》报日报和周末版各自有独立的财务管理制度。随着日报发行量的减少和销售额的下降，2011年以来扣除发行成本日报每月的亏损达2亿日元。

《赤旗》报日报的经营危机已成为日共开展各种活动的严重障碍。对日报的长期亏损，目前日共中央主要采取了两项措施：一是削减发行成本，除减少编辑部的日常开支以外，还缩减了报纸的版面数量；二是用周末版的财政盈余填补日报的财政赤字。此外，日共于2011年9月将日报的订阅费提高了500日元。在用智能手机或计算机随意浏览新闻的时代，在日共党员人数和支持者日趋减少的形势下，像20世纪80年代那样靠增加订报数量和订报费等手段从根本上解决财政赤字问题已经不太可能，纸质版《赤旗》报有可能最终被电子版取代。

财政问题是“钱”的问题，但从日共财政收入来源看，根本上还是人（党员队伍）的问题。日共要从根本上解决财政问题，最终还是需要发展壮大党员队伍。

三、在政治博弈中遭遇“左右夹击”

日共的政策主张遭到右翼的攻击，并被贴上“保守”标签。日共的基本立场是肯定和拥护日本战后体制。日共坚决反对修改宪法，主张完全实施包括宪法前言在内的所有条款，特别是有关和平与民主的各项条款；对天皇制，日共原则上仍然坚持其一贯立场，认为天皇制与日共追求的民主共和制不相容，却又主张“天皇制是一种宪政制度，其存续应该在未来形势成熟时通过国民的共识来解决”；日共认为自卫队是违反《日本国宪法》的军队，主张取消《海外派兵法》并采取裁军措施，同时也提出了“自卫队必要论”或“自卫队利用论”等政策主张；在对美政策上，日共一方面高举“摆脱对美从属”旗帜，另一方面将废除《日美安保条约》、撤除美军及其军事基地的标语口号推向幕后。在日本右翼阵营看来，既然日共认为现体制基本上是好的，那么该党作为共产党就已经没有存在意义。

日共还面临来自左翼阵营新生力量的强势竞争。近年来，日本左翼阵营出现两个新生政治力量：一是2017年众议院选举前成立的“立宪民主党”，使2012年以来对民主党失望、转而投票给日共的原民主党支持层选民重新找到最优投票对象，其政治立场比原民主党左，又比日共“右”；二是2019年参议院选举前成立的“令和新选组”，其“招牌”政策与日共一样，也是反对增加消费税，其党首山本太郎的演说魅力吸引了支持废除消费税的选民。在政治立场偏左的选民人数远少于政治立场偏保守的选民的日本，“立宪民主党”和“令和新选组”这两个新生政治力量的诞生，更加剧了左翼政治势力之间的竞争。

四、国政影响力陷入“低潮”

20 世纪 90 年代以来，日共的国政影响力两次“潮起潮落”，并且都发生在日本政治形势重大变化时期。日共之所以在短暂的发展“高潮”之后旋即进入“低潮”，究其原因，主要是传统左翼势力的衰落与新生左翼势力的崛起。

1996—2000 年是第一次日共国政势力大发展时期。20 世纪 90 年代，日本社会党与自民党组成联合政权并转变了党的政策路线，日本社会党的一部分支持者转到了支持日本共产党的立场，日共迎来国政势力大发展时期。日共在 1998 年参议院选举中绝对得票率达到 8.27%，创下日共历史最高。

但是，日共国政势力的发展很快于 2001 年进入“低潮”。2001 年参议院选举，日共所获选票由上届选举的 820 万张锐减至 433 万张；2003 年众议院选举，日共所获选票由上届选举的 672 万张锐减至 459 万张。迅速陷入“低潮”的主要原因是新生左翼势力吸走了原社会党支持者对日共的支持。在这种背景下，2004 年日共第二十三次代表大会对纲领进行了全面修订，这也是时隔 43 年后日共首次对纲领进行全面修订。

2013—2016 年是第二次日共国政势力大发展时期。民主党下野后，又有一部分民主党支持者转而支持日共，日共再次迎来国政势力大发展时期。但是，与上次一样，短暂的发展之后随即于 2017—2019 年进入“低潮”。2017 年众议院选举，日共所获选票由上届选举的 606 万张锐减为 440 万张；2019 年参议院选举，日共所获选票由 2016 年参议院选举的602万张锐减为448万张。日共再次陷入“低潮”的主要原因是新崛起的左翼政党“立宪民主党”“令和新选组”分流了日共支持者的部分选票。与上次“低潮期”时修订纲领的做法类似，2020年日共二十八大对纲领内容进行了部分修订。

上述可见，日共国政势力的波动主要受日本政治形势，尤其是左翼政治势力变化的影响。实际上，日共国会选举的基础或核心票源并未发生大的波动。日共的支持者主要是日共党员、《赤旗》报读者以及日共后援会会员等，目前日共有后援会会员342万人，这部分人是日共的坚定支持者。为利用议员或候选人的知名度吸引广泛的支持者，日共重新允许议员或候选人个人成立后援会。2020年日共二十八大第一决议提出的选举方针指出：“以‘日本共产党后援会’活动为竞选活动的基础，必要时党的国会议员或候选人可以成立各种名称和形式的个人后援会。”时隔40年之久日共国会议员个人后援会重新复活。但是，此举遭到重视“共产党”招牌的传统左翼支持者的质疑。

五、发展路径选择——“唯我独社”

在总体发展趋势不断衰落的态势下，可供日共选择的发展路径有限。有左翼学者建议日共改党名为社会民主党，名副其实地走社会民主主义路线。该建议本身包含的一个基本判断是：日共在现实中实践的是社会民主主义，而其坚持的马克思列宁主义（科学社会主义）理念与实践是矛盾的。对日共来说，放弃科学社会主义是一条加速衰亡之路。这是因为日共的支持基础主要是已经老龄化的传统左派，日共若要放弃科学社会主义路线，不仅会失去长期以来不离不弃的“坚定支持者”，也吸引不到更广泛的无党派选民的支持，将会重蹈日本社会党之覆辙。因此，日共不可能放弃科学社会主义路线。

日共不仅要“坚持”科学社会主义，还要让他们“坚持”的科学社会主义是独一无二的，认为只有他们坚持的才是社会主义，别的共产党坚持的都不是社会主义。日共批判中国等社会主义国家的社会主义道路，要让“发达资本主义国家的社会变革是通往社会主义和共产主义的大道”成为日共专属的“金字招牌”。日共二十八大删掉“一些国家已经开始社会主义新探索”等认知和判断，提出“发达资本主义国家的社会变革是通往社会主义和共产主义的大道”命题，试图确立“日共致力于实现的社会主义、共产主义才是理想的社会主义、共产主义”的理念，并以此与现实社会主义国家的社会主义建设实践进行“切割”。

在日共看来，那些生产力发展水平落后于资本主义国家的国家，它们建设社会主义的实践或以失败告终，或走上“变质”之路，让社会主义和共产主义失去了魅力和吸引力。但是，日共认为社会主义和共产主义的希望和曙光并没有消失。2020 年日共二十八大纲领指出：“随着资本主义危机的发展，发达资本主义国家实现社会主义、共产主义出现了新的可能性，日本共产党正处于这种运动的最前沿。”

长期以来，日共在探索发达资本主义国家（日本）走向社会主义的道路问题上，坚持了马列主义的一些基本原则，但日共“唯我独革”“唯我独左”“唯我独社”思想严重，所以在国内和国际共运中始终处于孤立境地。作为一种思想或运动的社会主义，在日本的影响力有限，在可预见的未来基本没有成为现实政治制度的可能性。在这种形势下，日共为进一步凝聚传统左翼支持者，所能选择的唯一发展路径就是绝不放弃科学社会主义路线，甚至走上“唯我独社”之路。日共理论上或口头上坚持科学社会主义，实践上却又主张在议会民主制下通过议会选举赢得多数席位的方式实现社会主义和共产主义，其理论和实践是相互矛盾的，这正是日共长久不能脱离困境的根本原因。

六、日共提出“重新认识中国社会主义道路”等问题的实质及我们的对策

第一，日共并未提出我们不得不认真思考和面对的深层次理论问题。日共二十八大通过的新纲领，突出强调“发达资本主义国家进行社会主义变革”的意义，提出了“发达资本主义国家的社会变革是通往社会主义、共产主义的大道”新命题。但是，日共并未创造性地分析资本主义新变化，并未创造性地发展马列主义，其长期坚持的“独立自主”社会主义路线也未取得创新性发展。

日共社会主义理论的发展是一个长期过程。第二次世界大战前，日共处在“非合法”时期，有1922年纲领、1927年纲领和1932年纲领。第二次世界大战结束后，日共成为合法政党，在1947年“和平革命论”纲领、1951年“暴力革命不可避免论”纲领后，于1961年制定了“两个阶段革命论”“民族民主统一阵线在国会控制稳定多数的多数人革命论”纲领。此后，分别在1973年、1976年、1994年、2004年、2020年对党纲进行过五次修改。1973年日共十二大将“无产阶级专政”改为“无产阶级执政”，删除“以苏联为首的社会主义阵营”中的“以苏联为首”。1976年日共十三大将“建立工人阶级的政权，即无产阶级执政”改为“工人阶级政权”，将“马克思列宁主义”改为“科学社会主义”，并通过了《自由和民主宣言》。

20世纪80年代末90年代初，日本国内外形势发生巨大变化，东欧剧变，苏联解体，自民党的长期单独执政结束。为了对国内外新情况作出解释，1994年日共二十大对纲领做了大幅度修改，改“人民共和国”

为“民主共和制”，改“社会主义革命”为“社会主义变革”。该纲领认为：“冷战体制”不但没有结束，反而得到加强；美国继续充当“世界宪兵”，而不是相对衰落；苏联解体是苏共推行“霸权主义、官僚主义和专制主义”所致；苏联解体并不标志“共产主义和社会主义失败”，也不标志“资本主义胜利”，科学社会主义具有生命力；日本是美国的从属国，而不是竞争对手。

进入 21 世纪后，2004 年日共二十三大对纲领进行了全面修改。关于未来社会的称呼，停止“社会主义社会是共产主义社会第一阶段”的说法，改为“社会主义共产主义”，二者不再是低级阶段和高级阶段的关系；将“美帝国主义”改为“美国”；不再使用“人民”“新民主主义”概念；将民主主义革命界定为“资本主义制度框架内的可能的民主改革”，将“民主主义革命”等同于“民主主义改革”。日共长期坚持的民主主义革命论减弱了革命色彩。

2020 年召开的日共二十八大对纲领进行了部分修改，删掉 2004 年纲领中肯定中国“通过市场经济实现社会主义新探索”的内容，增加了不指名地批评中、俄走向“新大国主义和霸权主义”的内容，提出了“发达资本主义国家的社会变革是通往社会主义和共产主义的大道”命题。总体来看，日共对发达资本主义国家实现社会主义革命道路的探索，基本未超出 20 世纪 70 年代形成的欧洲共产主义理论的框架。

第二，日共所谓“判断中国等社会主义国家现状的标准”并不是根据马列主义基本理论提出的。在现实政治实践中，日共“唯我独社”，所谓“判断中国等社会主义国家现状的标准”完全是主观唯心论。日共委员长志位和夫在二十八大上作的《关于纲领部分修订案的中央委员会报告》（以下简称“报告”）中指出：“根据当前状况重新评估对中国的认识，考虑到将中国视为开始‘社会主义新探索’的根据已经消失，我们建议从纲领中删除相关内容。”

关于判断中国等社会主义国家现状的标准，志位和夫在2014年日共二十六大上作的中央委员会报告中指出：“最重要的是看其国家领导人对社会主义事业是否认真、是否诚实。由于我们并未居住在中国或越南，因此衡量这些国家领导人是否认真、诚实的唯一方法是接触这些国家的领导人，或分析判断这些国家采取的对外路线。”日共二十八大“报告”再次强调：“观察中国的最大标准是看其‘领导层对社会主义事业是否认真和诚实’，并以其对外关系来评价其是否认真和诚实。如果领导人对社会主义事业认真、诚实，就可以克服各种困难并向前发展。如果没有认真、诚实，社会主义事业向前发展的保证就会消失。这只能通过对外关系，即我们直接与其领导层接触做出判断，或者对其对外路线进行分析。我们一贯坚持这种态度，相信这是一种有节制而理性的态度。”日共理论家不破哲三逐渐退居二线后，日共党内缺乏接替不破哲三的社会主义理论家，日共为批判而批判，提出了这样一个评价中国、越南等社会主义国家现状的唯心主义标准。日本媒体有评论指出，如果不破哲三去世，那么日共党内无人能够在理论上“把关”，恐再难修改党纲中有关社会主义理论的内容。

与发展中国家相比，发达资本主义国家的社会主义运动始终艰难得多。作为发达资本主义国家中少数能够在实践中坚持不改党名、理论上坚持马列主义的一些基本原则、始终不放弃社会主义代替资本主义理想追求的日共，被日本右翼批评为戴着“假面”，认为日共实现社会主义的手段是“没有革命的革命”。此外，日共现在仍然是日本公安调查厅重点监视调查的对象，他们每年都会对日共的动向做出评估。在目前日本政治生态环境下，日本最大在野党“立宪民主党”对自民党的牵制远不如1955年时的社会党，而日共是一支重要的补充力量。日共力量的维持和发展，于我而言利大于弊，若对日共进行针锋相对的批判，最高兴的莫过于反共反华的日本右翼势力。

第三，日共惯用“霸权主义”“专制主义”等扣大帽子伎俩。从历史上看，日共在处理与社会主义国家共产党的关系时，经常乱扣“霸权主义”“专制主义”等大帽子，惯用以小欺大伎俩。苏联解体前，日苏两党关系正常化后，日共仍继续批判苏共搞霸权主义、专制主义，导致两党关系没有实质性的发展。日共与朝鲜劳动党的关系也不好，1984 年日共批判朝鲜劳动党搞“霸权主义”，批判金日成搞“个人崇拜”，引起两党不睦，直至中断往来。

1966 年中日两党关系破裂后，日共不断发表文章攻击我党。20 世纪 80 年代初，日共反华言行有所收敛。为改善两党关系，1985 年我党主动伸出橄榄枝建议两党接触。但在会谈时日共蛮不讲理，继续攻击我党“搞霸权主义”等，致使会谈无法继续下去。目前与日共保持密切党际交流关系的只有越南共产党。从历史经验来看，社会主义国家执政党与日共维持正常的党际交流关系不太容易。

第四，日共给中国扣上“新大国主义、霸权主义”的大帽子，说到底，是因为中国共产党在日共的核心关切（禁止核武器条约）问题上没有满足其主张要求。早在 2017 年日共二十七大日共就攻击中国“新大国主义、霸权主义”。主要理由有四方面：一是认为在核武器问题上中国已经“发生严重变质”“中国已经不再站在和平与进步势力的一边，正在成为阻碍追求无核世界活动的障碍”；二是认为中国通过武力改变东海和南海现状；三是认为中共“破坏国际会议民主运作”，2016 年 9 月在马来西亚召开的亚洲政党国际会议上，日共代表团建议将“呼吁尽快开始《禁止核武器条约》谈判”写进宣言，在宣言通过之前，中国共产党代表团的强烈要求使该建议被删除；四是日共认为中共代表团在亚洲政党国际会议上的行为严重影响两党关系，按他们的话说，日共代表团“要求与中共代表团进行真挚对话与合作，以便将禁止核武器条约谈判建议写进宣言，但中共代表团没有任何正当理由就拒绝了我党的合作要求”。上述四点除第二点外其余都与日共的切身利益直接相关。禁止核武器条约是日共确定的核心对外政策主张，为此，日共耿耿于怀，反手给中国扣上“新大国主义、霸权主义”的大帽子。志位和夫在 2019 年 11 月日共二十七届八中全会上作的《关于部分修改纲领草案的提案报告》（简称“提案报告”）中，除再次重申上述第一点和第二点外，还将第三点与第四点合并为第三点，并在第四点增加攻击中国人权问题的内容。

第五，日共短期内不会改变批评中国的立场。志位和夫在“提案报告”中提出：“此次纲领修改的重要意义之一是对中国的重新认识。”可以说，日共修改纲领的主要政治意图就是与中国社会主义划清界限。日共的支持者主要是大城市低收入阶层，目前其核心支持者也就是有 342 万人的后援会，通过批判中国并与中国社会主义划清界限，是日共凝聚党员及其核心支持者的最佳选择。此外，在美国竭力打压中国、遏制中国的国际环境下，作为美国在亚太地区的最重要盟友，日本政府在政治、安全上坚定地站在美国一边，经济上则想方设法与中国保持互利关系，甚至可以为日美政治、安全关系牺牲中日经济关系。日本国内主流媒体（包括日本四大全国性报纸以及日本广播电视台等）对中国有利的信息能少报道则少报道，敌视中国的日本右翼势力主要在网络媒体发表攻击污蔑中国的言论。在这种国内外环境下，日共也加入了利用网络媒体消费中国的行列，日共二十八大期间，志位和夫的推特曾反复推送批评中国的内容。从日共党纲修改的政治意图，到日本国内外环境的变化等来看，日共短期内不会改变批评中国的立场。

第六，重新审视对日共工作，有两点教训与反思。一是在需要与国外非执政党或非政府部门进行交涉时，与官方直接出面相比，通过民间渠道来协调或做工作更方便、灵活。一方面，中国共产党党际交流部门和政府外事部门工作人员本着诚意与日共进行接触、交流，均潜藏着被日共对外宣传利用的高风险。日共二十七大召开前，我前驻日大使曾亲自出面对日共做工作。该情况被志位和夫利用，他不仅在日共二十七大上讲，在日共二十八大上还继续讲，对我党形象影响很不好。另一方面，通过民间渠道做工作，沟通方式灵活，即使效果不理想，由此带来的负面影响显然小于官方直接出面。二是学术界应重视对国外共产党和国际共运新动向的跟踪研究。与中国政治、中共党史与党建研究等相比，国外共产党和国际共运新动向的研究尚未受到国内学术界研究人员的高度重视，这一领域的研究性价比不高。以中国社会科学院日本研究所为例，日共研究相较于日本执政党自民党、公明党研究显著偏弱。对国外共产党的研究，尤其是现状跟踪研究，依靠学术研究规律来调节不符合我国现实需要，应立足于国家需要、政治需要通过相应的政策支持推动国内学术界对国外共产党和国际共运的跟踪研究。早在 2016 年亚洲政党国际会议前后，日共就向我党发出了“斗争宣言”，遗憾的是当时国内学术界对此关注不够、相应的跟踪研究未能及时跟上。2017 年日共二十七大已经开始攻击污蔑中国是“新大国主义、霸权主义”，直到 2020 年日共二十八大以修改纲领部分内容的方式再次攻击污蔑中国，才引起学术界的重视。以此为鉴，建议有关部门以政策支持推动国内学术界关于国外共产党和国际共运新动向的跟踪研究，以在某种局面发生质变之前采取妥善的应对措施。

日本学界习近平新时代中国特色社会主义思想研究：现状、关注点和推进策略*

朱旭旭[①]

中日两国一衣带水，文化同源，日本也是海外中国研究的重要阵地。近年来，随着中国日益走近世界舞台中央，日本学界对习近平新时代中国特色社会主义思想的关注度明显提升。系统了解日本学界研究习近平新时代中国特色社会主义思想的现状，归纳其研究议题、热点问题，对全面提升我国文化软实力具有重要现实意义，也可以为我们学习和理解这一思想提供一个独特的视角。

① 本文系中国社会科学院资助课题“日共 21 世纪对于科学社会主义理论与实践认识的变化及其原因研究”（2020YJBWT012）；中国社会科学院马克思主义理论学科建设与理论研究工程资助课题“日本共产党百年来对科学社会主义的理论研究与实践探索”（MGCJB2020001）的阶段性研究成果。

① 朱旭旭，中国社会科学院马克思主义研究院博士后研究人员。

一、日本学界习近平新时代中国特色社会主义思想研究的现状

以日本国立情报研究所运营的国内最大、最权威的学术论文数据库——CiNii为研究载体，以“習近平思想”[①]“習近平新時代中国特色社会主義思想”“習近平国政運営を語る”“習近平”为关键词分别进行检索，通过归纳总结可以发现，日本学界的相关研究有如下特点：

（一）各类图书馆收录“习近平谈治国理政”等书籍明显增加

截至2021年10月30日，以“習近平”为关键词搜索“图书”选项可以发现，日本国内各类图书馆中共收录中文版、日文版、英文版及其他语种版本的相关书籍323册，同年4月20日初次检索时为249册。其中《习近平谈治国理政》（2014年）日文版有18家图书馆（17家是大学学校的图书馆）收录，中文版有26家图书馆收录；《习近平谈治国理政》第1卷第2版日文版（2018年）有3家图书馆（均为大学图书馆）收录，中文版1家图书馆收录；《习近平谈治国理政》第2卷日文版（2018年）有4家图书馆（均为大学图书馆）收录，未检索到中文版收录情况。《习近平谈治国理政》第3卷中文版（2020年）有大阪市立大学、神户大学、东京都立中央图书馆3家图书馆收录。上述情况比“2017年仅有日本国会图书馆一家图书馆收录一本日文版《习近平谈治国理政》”明显增多，比2021年4月检索时猛增近百本，这意味着近年来日本学界对习近平新时代中国特色社会主义思想的关注度明显提高。此外，尽管还有一些图

① 日本学界将“习近平新时代中国特色社会主义思想”等同于“习近平思想”，因而“习近平思想”概念在日本学术研究中广泛运用。

书馆收录了中宣部、《人民日报》理论部、中共中央党史和文献研究院以及中国学者阐释习近平新时代中国特色社会主义思想的中文版专著，也有日本学者直接翻译中国学者的专著被收录，但上述专著被收录的数量非常有限，基本上只有1家图书馆收录，且仅收录1册。《习近平关于党风廉政建设与反腐败斗争论述摘编》（中央文献出版社、中国方正出版社2015年版）被日本8家图书馆收录，这一定程度上与日本国民关注本国腐败问题并希望从中国吸取反腐败经验密切相关。此外，日本学者撰写相关著作有近百部，其中林望的《习近平领导下的中国：百年梦想和现实》（岩波书店2017年版）在日本的图书馆收录数量最多（450家），比上次检索时增加2家；天儿慧的《日中对立：解读习近平领导下的中国》（筑摩书房2013年版）居第二位（175家），比上次检索时减少3家；石原享一的《习近平领导下的中国经济：富强、效率和公平难以互补》（筑摩书房2019年版）居第三位（143家），比上次检索时减少1家。在相关著作中，日本学界对以习近平为核心的中共中央领导集体的政策主张，特别是对中国的经济、外交、军事等与日本国家利益密切相关的领域给予了高度关注，这充分体现了日本学术资政的特点。值得注意的是，由于受意识形态等因素的影响，相当一部分日本学者仍持反华立场，不断提出一些片面、歪曲、错误的观点和结论，这势必会误导日本国民。比如，某些人把“一带一路”倡议歪曲为“中国现代版的殖民主义”，把人类命运共同体的真实目的曲解为“构建‘隶属于中国’的自由、人权，不承认国家主权的社会”等，并且日本国内图书馆收录这类言论的著作较多，这与近年来中日两国关系紧张、日本国内整体反华情绪升高有关。

（二）发表了一些研究习近平新时代中国特色社会主义思想的论文

以“習近平思想”为关键词进行检索，检索到论文9篇（日文7篇，英文 2 篇）；以“習近平新時代中国特色社会主義思想”为关键词，检索到 1 篇中国学者发表的论文（日文）；以“習近平”为关键词，检索到 176 篇学术论文（日文），这些论文主要是对习近平个人特点、中国历代中央领导集体比较、以习近平同志为核心的党中央的各种方针政策等方面的研究，主要刊载于日本有关国际公共政策、政治经济、外交、东亚研究等学术刊物上。虽然 CiNii 收录的相关论文数量有限，但大量学者通过各类网站、学术报告、研讨会等方式，发表了一系列对习近平新时代中国特色社会主义思想的认知与评价。比如，丸山真男在自己创办的“21 世纪的日本与国际社会”网站翻译了中国共产党、中国知名学者的观点，同时进行了论证并阐述了自己的观点。爱知县立大学副教授铃木隆、中国问题研究专家津上俊哉、庆应义塾大学教授加茂具树等学者，也长期致力于中国共产党、习近平新时代中国特色社会主义思想方面的研究，发表了不少这方面的研究成果。总体看来，立足于客观立场的日本研究者有限，其学术成果的影响力也较小，反而误解、曲解的观点不少。

（三）日本本土学者介入较多，华人作者参与度较低

在日本本土学者中，相当一部分人有在中国工作、学习和生活的背景。比如，东京福祉大学远藤誉（生于中国，12 岁时回日本，现为中国多家大学客座教授），庆应义塾大学教授加茂具树（曾留学中国，曾任香港总领事馆专职调查员）、产经新闻外信部次长矢板明夫（生于天津，中国社会科学院日本研究所特邀研究员，南开大学兼职讲师）、现代中国研究专家津上俊哉（曾任日本驻中国大使馆经济部参事官、通商政策局东北亚科科长）等。虽然有些日本学者与中国交流较多，在日本以中国问题研究专家著称，但持反华立场且其研究结论大多具有严重的片面性，上述学者除聚集在高校外，还有一些在政府或企业的智库，如日本国际问题研究

所、日本经营合理化协会、国际研究开发法人科学技术振兴机构——中国研究会、国家基本问题研究所、亚洲经济研究所等。这些智库更关注中国对外经济政策、外交政策等方面的问题，力图为日本国内外政治经济发展服务，特别是为日本国内企业开展对华贸易提供政策咨询，其中一些研究机构受日本特定财团的资金支持，研究立场自然也会受其影响。比如，作为从多角度考察中国政治、经济、外交等领域的智库，日本中国问题国际研究所服务于本国利益，得到了持反华立场的“实业之日本社”白井一成社长的资金等支持，因而持反华立场、发表很多反华言论。

（四）研究内容呈片面性、主观性特点，缺乏系统性研究

日本学者主要关注党的十八大以来中国的内外政策，特别是习近平领导体制下的中国经济发展、中美关系、中日关系等。虽然这些与习近平新时代中国特色社会主义思想有联系，但专门研究和解读这一思想成果（无论是著作还是论文等）的较少。有一些日本学者从习近平的成长经历视角，探寻和论证习近平新时代中国特色社会主义思想的来源，以及对当前中国共产党的各项政策和主张影响等。在日本学者中，具有研究中国近现代史、中国共产党发展历史背景的学者，对习近平新时代中国特色社会主义思想的研究立场比较客观，提出的理论观点和见解也比较符合实际。然而，以研究国际关系见长的日本学者，倾向于立足本国利益展开相关研究，往往提出一些带有严重主观性、片面性的观点。

二、日本学界习近平新时代中国特色社会主义思想研究的关注点

“习近平新时代中国特色社会主义思想”提出以来，日本学界对中国

特色社会主义理论体系的关注度明显上升，日本国内出现了一批解读、评价和追踪研究相关思想的专家学者，他们的关注点主要集中在以下方面。

（一）关于习近平的杰出贡献

大阪经法大学客座教授浅井基文多次翻译和引用《求是》上的文章，引用韩庆祥、郑必坚等的观点并高度肯定习近平带领中国人民所取得的显著成就。他认为："习近平带领中国人民从经济大国迈进了世界强国，推动中国进入实现民族伟大复兴的新阶段。""在中国历代领导人中，习近平是继毛泽东、邓小平之后党内杰出的领导人……有意识地推进马克思主义、民主主义的中国化。"日本经营开发研究所所长栗原诚一郎对习近平在"反腐败、产业革新、缩小贫富差距、维护世界和平与稳定"等方面作出的贡献予以高度肯定。原滋贺县立大学教授荒井利明指出，新冠肺炎疫情背景下习近平提倡和践行人类命运共同体理念，强调"中国基于人类命运共同体的理念，与世界各国共享信息、抗疫情经验等，共同抑制疫情扩散，支援世界各国，对世界经济安定作出重要贡献"。浅井基文针对日本及其他西方国家对中国民主政治制度的非议强调："习近平对中国民主的思想、制度、实践越来越充满信心，在中国推行着中国特色社会主义民主不断完善。虽然我们认为民主是普遍的价值，但各个国家的具体做法（制度、实践）会有不同。也就是说，我们不能机械地运用西方标准来评价中国民主制度。在谴责中国民主不是民主主义之前，我们需要从中国具体国情来理解和认识中国特色社会主义民主。"

（二）关于习近平经济思想

日本财务省财务综合政策研究所特别研究官、奈良县立大学特聘教授田中修指出，中国经济进入了新时代，这意味着中国经济发展由高增长向高质量转变，意味着今后中国经济发展将不再一味强调增长率，而是优先提高经济增长质量和效率，中国经济发展的动力也将发生根本转变。他认为："习近平经济思想的核心是：（1）创新；（2）城乡之间、区域之间、产业之间、经济社会之间的协调发展；（3）重视环境（绿色发展）；（4）对外开放；（5）发展成果由全民共享。这些也就是所谓的'新发展理念'。"他把习近平经济思想概括为："在党的集中统一领导下，主动适应经济发展新时代，以五大发展理念为轴心实现高质量发展，到2035年实现构建充分满足人民日益增长的美好生活的多样化、高水平要求的现代化经济系统，为到21世纪中叶建成现代化强国做充分准备。"他认为，在2035年以前维持高质量发展、建成现代化的经济系统、改革宏观调控的方式不是要求"平衡"，而是将资金引向民营企业、"三农"、社会保障和存在收入差距等脆弱领域，推进供给侧结构性改革，推进民营企业自主创新，提高供给质量。大和总研经济调查部首席研究员斋藤尚登将"党的十八大以来中国共产党经济实践的理论结晶视为习近平经济思想的内容"，高度评价习近平在经济政策层面做出的自上而下的战略部署，赞赏经济领域由中国制造向中国创造转变、由中国速度向中国质量转变、由制造大国向制造强国转变。

（三）关于习近平外交思想

浅井基文直接引用新华社评论员的观点，"从理论精髓、历史观和大局观、着力点、智慧等方面"阐释了习近平外交思想。株式会社日本研究所调查部主任研究员佐野淳指出，习近平第二次执政以来，在党的十九大报告中提出通过对话解决纠纷、通过协商消除分歧，强调对话比对立更重要，"在政权和国家领土方面执行了灵活的外交政策，目的就是要通过国际协调主义的灵活路线来扩大国际社会的支持"。共同社客座评论员冈田充指出，与美国等大国保持并列关系的大国外交、重视与周边国家关系的周边外交、加强与发展中国家外交等，构成了习近平外交战略的三个重要组成部分，这表明中国的外交政策已经从中国本位向国际主义转变，通过“一带一路”倡议、亚洲投资银行建设等举措已经赢得了外交主动权。

（四）关于中国梦

东京大学研究生院法学政治学研究所教授小原雅博认为：“与以追求实现个人梦想为显著特征的美国梦不同，中国梦是以人类命运共同体为显著标志，追求实现国家富强、民族振兴、人民幸福的‘三位一体’的梦想，是中国特色社会主义的梦想。这是欧美国家仅对国家与国民之间历史紧张关系进行简单批判所不能产生的理念。”东京大学东洋文化研究所教授中岛隆博引用习近平在中国国家博物馆的讲话阐释中国梦的内涵，认为“中国梦是习近平政权的一个重要政治口号，是与美国梦相匹敌甚至是超过美国梦的梦想。中国梦与中华民族伟大复兴密切相关”。也有学者对中国梦的未来表示担忧，认为中国梦面临着三种风险：“贫富差距扩大和民主问题的政治风险、向‘新常态’转变过程中产生的经济风险、威胁社会稳定的劳动力红利消失和人口老龄化导致未富先老双重矛盾的社会风险。”

（五）关于“一带一路”倡议

多摩大学客座教授木村知义指出，20 世纪是欧美国家领导世界的时代，21 世纪的今天世界呈现多极化趋势，世界重心随着中国崛起向欧亚大陆转移，人类社会已进入应如何选择未来生活、价值观、历史意识的崭新时代；在这种时代背景下，“习近平主席提出的‘一带一路’倡议已经不仅停留在其中的沿线国家，而是全球性的构想。‘一带一路’倡议也不是日本媒体所说的仅停留在经济层面的‘巨大经济圈’构想，而是与构建全球伙伴关系和全球治理密切相关的对整个国际秩序的构想，这对现代世界乃至未来世界都具有重要意义”。筑波大学研究生院名誉教授近藤荣一指出，日本国内对“一带一路”倡议的错误解读“是对现实的国际社会无知和信息操作的结果，是对中国认识的扭曲”；应加强中日两国“一带一路”相关研究机构的合作，以推动两国在“一带一路”领域的合作。福井县立大学唱新教授从经济学原理、亚洲各国经济发展经验、“一带一路”政策的实际效果等视角对“一带一路”加以考察，对日本学界的“债务危机论”展开了批判。他还从地缘政治学、国际商务合作的视角论述中日以第三国市场合作的方式推进两国政府、企业之间合作的必要性。收集海外发展各种相关信息的“海外商业支援平台”研究人员助川贵认为，“‘一带一路’给日本政府及企业带来发展机遇，应号召日本摆脱美国的干预并在‘第三国市场合作框架下’加强与中国合作。‘一带一路’具有维护世界和平与安全的双重作用”。不过，早稻田大学研究生院亚洲太平洋研究系教授青山瑠妙从外交视角，论述了未来“一带一路”沿线的环境问题、参加国债务问题、意识形态问题等，认为这些将增加对中国推进该战略构想的反对与对抗的风险，这些也是我国需要高度关注和认真面对的问题与挑战。

（六）人类命运共同体

日本研究中国问题的专家加藤佳美指出，在习近平人类命运共同体战略构想指导下，“中国始终坚持对外开放基本政策，奉行互利共赢的开放战略，在推动实现自身发展的同时也将惠及更多其他国家的人民，这一政策主张展现出中国对建设美好世界的决心和责任担当”。多摩大学客座教授木村知义指出，经历过新冠肺炎等重大传染病，国际社会要求在医学和流行病学等自然科学领域、国际合作与支援等社会政策领域以及政治治理领域等加强合作的要求越来越强烈，这也是人类命运共同体所追求的现实目标；当今世界正处于一个超越零和博弈、各国命运休戚与共的时代，不同民族以及不同文明、不同宗教信仰的人们在相互认可的同时，更需要相互尊重和理解，为构建以包容为基础的世界而努力，这也是人类命运共同体的基本要求。他指出："只是当今世界依然处于欧美国家主导的世界秩序中，人们担忧人类命运共同体构想过于理想化而无法实现。同时，在对立与分裂、抗争与压制不断增强的当代世界，人类命运共同体的现实意义更加突出。"原滋贺县立大学教授荒井利明指出，在新冠肺炎疫情背景下，"基于人类命运共同体理念，习近平主席强调病毒是人类共同的敌人，倡导世界各国共享信息、经验，世界各国团结起来共同抗击疫情，以维护世界经济稳定发展。同时，中国作为负责任大国，积极共享自己的经验并支援世界其他国家，践行了人类命运共同体理念"。

三、推动习近平新时代中国特色社会主义思想在日本的传播

"国之交在于民相亲，民相亲在于心相通。"习近平新时代中国特色社会主义思想是我们党和国家必须长期坚持的指导思想，是新时代我们国家政治生活、社会生活的根本指针。我们要通过习近平新时代中国特色社会主义思想研究这个窗口，以更加积极、自信的态度开展与日本学界的交流与合作，尽最大可能凝聚中日两国学者之间的思想理论共识，消除日本学界乃至日本社会对中国发展的疑虑、误读、曲解和排斥，增进中日两国政府和人民的了解和友谊，为我国发展创造更好的国际环境。

（一）区别对待日本学界的相关思想观点

由于受政治立场、意识形态、民族文化等因素的影响，受研究立场、

方法、材料、视角等限制，日本学者对习近平新时代中国特色社会主义思想的研究成果呈多元化认知。有的日本学界人士顽固坚持反华、反共政治立场，蓄意歪曲或否定习近平新时代中国特色社会主义思想，对此我们要坚守立场、保持原则、敢于亮剑，开展积极的政治思想和意识形态的斗争，揭露和消除相关错误思想观点的影响。由于与中国社会政治背景不同，日本学者大多依照西方标准、带有自身政治倾向进行研究和评介，并且在研究方法、逻辑语言等方面与我们有较大差异，有些思想观点或提法与我们不完全一致，甚至往往得出一些偏离事实的错误结论，有些日本学者甚至对中国特色社会主义有误解、偏见，我们要注重吸收和借鉴日本学者研究中的有益成分，丰富和充实我们对习近平新时代中国特色社会主义思想的理解和认识。

（二）增进中日两国学术界的共识

我们要主动搭建中日两国学术交流的平台，主动邀请日本相关知名学者到中国体验生活，感受党的十八大以来中国特色社会主义取得的显著成就，以学术手段、利用学术场合推介和宣传习近平新时代中国特色社会主义思想。日本某些人出现对习近平新时代中国特色社会主义认知偏差的一个重要原因，是他们一直在资本主义体系下工作和生活，其知识体系和价值观念与资本主义相适应，没有到中国学习或交流的经历，对中国的改革和发展不了解、不熟悉。我们要多与日本学者展开深层次的学术交流与合作，用日本话语和表达方式向日本学界介绍中国特色社会主义，以增强双方之间的学术认同、凝聚理论共识。针对日本学界的碎片式研究，我们要提高对具体问题的分析和研究能力，从理论依据、资料来源、指标选取等方面开展具体的探讨式的研究，用科学的理论成果回应日本学界人士的学术关切。

（三）营造有利于正确认识中国的舆论环境

长期以来，日本很多人都难以用平和的心态看待中国的和平崛起，“中国威胁论”在当今日本很有市场。我们应主动出击，提高对日本的宣传和渗透能力，加强对日本进行有针对性的宣传工作。首先，加强两国政府间的理论交流，营造有利于两国关系友好发展的舆论氛围。2004 年中日两国确立“中日执政党交流机制”以来，已经召开 8 次执政党交流会议（2018 年召开第 8 次会议以后，两国执政党之间的交流中断，与在野党之间的交流早已中断）。我们要以“中日执政党交流机制”为载体，恢复两国执政党之间的正常交流，带动与在野党之间的交流，增进两国之间的理论共识，推动消除日本社会各界的误解和歪曲。其次，要以两国政府为主导、学界为引领、舆论界为桥梁纽带，调动中日两国各界力量消除在日本涉华舆论的“寒蝉效应”，帮助日本各界人士正确认识中国崛起对世界和平发展的意义，引导其以平常心看待中国和平崛起，正确看待当今中国的内外政策与实践。最后，继续弘扬中日两国民间交往的优良传统，夯实中日友好的民间根基。中日建交已近 50 年，我们要总结以往开展民间交往的经验，进一步夯实中日两国民间交往的基础，促进两国之间的互相理解、增进互信。习近平主席曾特别强调中日两国青年交往的重要性，鼓励两国年青一代踊跃投身于中日友好事业，希望他们在接触和交往过程中了解历史，了解两国关系改善的重要性和紧迫性。

（四）中国学者要积极在日本学术平台发声

海外学术平台是展示中国国家形象的重要通道。近些年来，日本学界有关习近平新时代中国特色社会主义思想的学术研讨会、报告、讲座等几乎没有中国学者的声音，日本学者也很少阐述中国官方和知名学者的理论观点。中国学者、在日华人学者以及其他海外华人学者要借助日本的学术平台及其他海外学术平台，主动在日本学界和国际学界发出中国声音、讲好中国故事。“如果没有新时代的理论创新，没有中国奇迹的事实，没有中国话语的‘走出去’，就不会掀起海外学者对习近平新时代中国特色社会主义研究的热潮。”在与日本学界人士交流过程中，我们要注意提炼中国话语、构建中国理论，将中国故事嵌入日语表达模式中，减少使用意识形态色彩较强的词汇，以日本学界认可的方式传播我们的思想观点，向日本学界乃至国际学术界介绍中国的实践检验，推介符合中国国情的创新性理论观点。

（五）关注日本社会各界舆论动向，及时解答日本社会各界的疑惑

“北京—东京论坛”新闻发布会最新发布的中日民意调查的数据显示，中国民众对日本的好感度不断提升，已经达到46%；然而，日本国民对中国的好感度却呈持续下降态势，已经降到10%。这种反差值得我们深入思考，已经成为影响习近平新时代中国特色社会主义思想在日本社会各界的认同和传播的重要原因，迫切需要研究和改进。我国对外机构、新闻媒体工作者、学界人士等要主动研究和密切关注日本社会动态，主动做好对日舆论宣传和引导工作。特别是对于日本各界提出的质疑和困惑，我们要及时给出官方的权威解答；对于日本国内流传的虚假报道和歪曲言论，我们要及时澄清、还原真相，尽力消除日本社会各界的误解和偏见，避免以讹传讹。

国外共产党官方推特的运行、影响力及经验教训 *

禚明亮①

当前，互联网已经成为国际意识形态斗争的重要战场，国外共产党已经认识到互联网社交工具的特殊功能，普遍进行了利用官方推特宣传党的理论、主张、方针、政策的尝试。各国共产党官方推特发布的推文内容主要分为“个性内容”和“共性内容”两部分，具有独特的政治意蕴；相比各国共产党的推特账号，其领导人的个人官方账号更吸引网民的关注。从实际效果看，国外共产党在现实政治舞台上的活跃程度决定了他们在互联网社交平台上的活跃度。尽管各国共产党官方推特的开通、运行及影响力参差不齐，但总体宣传效应不可低估。

* 本文系 2018 年度中央马克思主义理论研究和建设工程重大项目、国家社科基金重大项目“世界社会主义高潮低潮的判定标准研究”（2018MZD011）的阶段性成果。

① 禚明亮，中国社会科学院马克思主义研究院助理研究员。

一、互联网已经成为当前国际社会意识形态斗争的重要战场

随着时代与技术的迅速发展，互联网成为国际意识形态斗争的重要领域之一。以美国为首的西方国家长期掌握国际社交工具的话语权和规则制定权，希拉里等人甚至叫嚣用“推特革命”促进各国所谓的“民主”进程，其实质是通过发动底层民众干涉他国内政，试图推翻他国合法政权。在所谓“颜色革命”“阿拉伯之春”以及西亚、北非骚乱等一系列政局变动事件中，人们时常看到“推特”的影子。从某种程度上说，网络社交工具已经超出了纯粹的技术交流，成为开展政治活动的工具，作为一种“渗透性”“颠覆性”手段，在意识形态“战场”上频繁出现。此外，还成为资本主义国家对本国民众实行监控的手段。澳大利亚共产党指出：“澳大利亚、美国等国政府将互联网的发展视为进一步控制和压制劳动人民的机会。”“澳大利亚情报和执法机构已经在监控脸谱上的政治异见人士，并对普通民众的网络行为进行调查。”

许多国外共产党已经认识到国际社交工具的重要意义，利用推特、脸书等互联网社交媒体宣传党的理论、主张、方针、政策，已经逐渐成为其共识与选择。国外共产党对这一问题高度关注，在政治报告、主题发言和声明等文件中形成了相关的实施决议。例如，葡萄牙共产党在其政治报告中指出：“信息和宣传是全党和所有党员的任务。要结合党的建设事业的发展，不断完善党的宣传工作。”“我们需要研究现有宣传资源的使用情况，同时考虑互联网特别是社交网络的使用情况。”希腊共产党第二十次全国代表大会政治报告也强调：“要加强党的宣传工作，尤其是互联网工具和社会网络媒体的使用。”因此，各国共产党大都在其官方网站上列出了推特、油管、脸书等相关账号。

二、国外共产党普遍开展运用官方推特宣传党的理论、主张、方针、政策

推特是现今国际社交的重要平台之一，是全球互联网访问量最大的十个网站之一，由杰克·多西在 2006 年 3 月创办并在当年 7 月启动，支持 30 多种语言的版本，用户数量超过 5 亿。推特在全世界拥有大量的粉丝（即关注者），根据推特公司发布的财报显示，截至 2020 年第三季度，推特的可货币化日活跃用户达 1.87 亿人次。国外共产党的官方推特类型主要包括国外共产党和党的领导人、共产党下属的青年团以及附属杂志、报刊等。笔者对国外共产党官方推特的开通时间、粉丝数量和推文（发布的信息，含文字、图片、视频等）数量等进行了统计与梳理（如下表）。

国外共产党官方推特的开通日期、粉丝数量和推文数量

名　称	开通日期	粉丝数量	推文数量
俄罗斯联邦共产党	2010 年 12 月	8.84 万	2.35 万
俄罗斯联邦共产党主席久加诺夫	2010 年 2 月	24.22 万	0.62 万
加拿大共产党	2014 年 2 月	2.01 万	3.96 万
加拿大共产党奥尔良委员会	2013 年 10 月	0.35 万	0.26 万
澳大利亚共产党	2010 年 3 月	1.27 万	0.41 万
法国共产党国际部	2013 年 9 月	0.45 万	0.56 万
法国共产党	2009 年 12 月	5.24 万	2.54 万
印度共产党	2018 年 4 月	0.23 万	0.037 万
印度共产党（马）	2014 年 2 月	34.9 万	1.96 万
印度共产党（马）普杜切里委员会	2014 年 3 月	1.27 万	1.03 万
印度共产党（马）西孟加拉邦委员会	2014 年 3 月	12.26 万	2.33 万

（续表）

名　称	开通日期	粉丝数量	推文数量
印度共产党（马）西孟加拉邦委员会总书记苏尔吉亚·坎塔·米什拉	2015 年 11 月	9.94 万	0.33 万
印度共产党（马）比哈尔邦委员会	2015 年 4 月	1.02 万	0.7 万
印度共产党（马）马哈拉施特拉邦委员会	2014 年 3 月	1.82 万	2.28 万
印度共产党（马）塔米尔纳德邦委员会	2014 年 3 月	4.78 万	3.49 万
印度共产党（马）德里州委员会	2017 年 9 月	0.52 万	1.11 万
印度共产党（马）奥迪沙州委员会	2015 年 4 月	0.41 万	1.1 万
印度共产党（马）喀拉拉邦委员会	2014 年 3 月	9.46 万	2.78 万
印度共产党（马）总书记亚秋里	2015 年 10 月	99.23 万	0.82 万
印度共产党（马）政治局委员、喀拉拉邦首席部长皮纳拉伊·维贾扬	2014 年 8 月	59.31 万	0.36 万
印度共产党（马）中央委员会委员、喀拉拉邦财政部部长托马斯·伊斯克	2013 年 10 月	11.68 万	0.14 万
印度共产党（马列主义）	2013 年 12 月	1.71 万	1.21 万
印度共产党（马列主义）总书记迪潘卡·巴塔奇亚	2013 年 3 月	2.66 万	0.98 万
土耳其共产党	2011 年 2 月	7.24 万	0.84 万
土耳其共产党国际部	2017 年 4 月	0.61 万	0.16 万
西班牙人民共产党	2010 年 8 月	2 万	1.33 万
日本共产党	2013 年 5 月	10.88 万	4.79 万
日本共产党总书记志位和夫	2013 年 5 月	15.88 万	0.61 万
日本共产党书记局长小池晃	2009 年 9 月	16 万	1.6 万
墨西哥共产党	2010 年 2 月	1.84 万	2.72 万
美国共产党	2009 年 3 月	3.21 万	2.57 万
美国共产党凤凰城委员会	2020 年 2 月	0.15 万	0.29 万
美国共产党人党	2017 年 1 月	0.3 万	0.0542 万
英国共产党	2010 年 4 月	1.61 万	0.26 万
英国共产党伦敦委员会	2014 年 2 月	0.3 万	0.24 万
英国共产党莱斯特城委员会	2016 年 8 月	0.1 万	0.24 万
爱尔兰共产党	2010 年 6 月	0.83 万	0.41 万

（续表）

名　称	开通日期	粉丝数量	推文数量
爱尔兰共产党都柏林委员会	2016 年 2 月	0.17 万	0.44 万
南非共产党	2012 年 3 月	7 万	1.85 万
斯威士兰共产党	2014 年 4 月	0.3 万	0.19 万
智利共产党	2013 年 1 月	8.57 万	8.96 万
意大利重建共产党	2009 年 3 月	1.39 万	1.44 万
波兰共产党	2011 年 8 月	0.24 万	0.25 万
菲律宾共产党	2016 年 6 月	0.66 万	1.36 万
威尔士共产党	2010 年 11 月	0.27 万	0.39 万
尼泊尔总理、尼泊尔共产党主席奥利	2014 年 9 月	65.42 万	0.14 万
尼泊尔共产党主席普拉昌达	2015 年 12 月	30.8 万	0.32 万
希腊共产党	2020 年 3 月	0.44 万	0.088 万
巴基斯坦共产党	2010 年 8 月	0.38 万	1.41 万
芬兰共产党	2011 年 7 月	0.1 万	0.25 万
苏丹共产党	2018 年 2 月	0.77 万	0.072 万
美国自由道路社会主义组织	2013 年 6 月	0.3 万	0.29 万

数据来源：部分共产党的官方推特（截止到 2020 年 12 月底）。

如上表所示，从账户类型上看，国外共产党官方推特主要分为共产党官方账号、共产党分支机构官方账号以及共产党领导人的个人账号等。从开通时间上看，基本都是在 2009 年之后，还有少数共产党组织 2020 年才开通。从粉丝数量来看，各党之间差异明显，有的多达几万、几十万甚至是上百万的关注量，而有些共产党的关注者则只有寥寥几千人甚至是几百人，反映出各国共产党在官方推特建设上的巨大差异。从推文数量上看，数量越多表明该党发布信息越积极、主动，一定程度上体现了各共产党组织的政治活跃度。

三、各国共产党运行官方推特的效果、影响力及经验教训

当前，国际社交工具的蓬勃发展为各国共产党对内聚民意、对外展形象提供了良好的契机。目前，国外共产党的网站建设已经取得较大成绩。相比于传统的官网宣传、广播电视节目、海报街头派发等手段，互联网社交工具所具有的即时性、交互性、日常性等优势日渐凸显。其中，即时性即快速传播性，保证了各党能够将最新的主张和看法以推文的形式快速展现出来；交互性既能够实现本党与粉丝（又称“推友”）之间的实时互动交流，也能加速国外共产党相互之间的信息分享和交流效率；日常性使各党将大量资讯规律性地、节奏性地进行日常化、大众化传播。尤其是在新冠肺炎疫情蔓延全球的特殊背景下，线上沟通与交流显得愈加重要。各国共产党还通过官方推特直播等方式进行党的理论、路线和政策的宣传，粉丝数量整体上呈不断增长态势，取得了较好的效果。

（一）国外共产党在官方推特的开通、运行及影响力上参差不齐，但总体宣传效应不可低估

受各党宣传理念、政策和战略以及对此项工作的重视程度的差异性影响，各党官方推特的运营和建设呈现参差不齐的情况。其中，表现较为活跃的有印度共产党（马）、美国共产党、加拿大共产党等，他们的粉丝数和推文发布量均位居前列，而且已经建立起多层级的推特宣传体系，且能够维持每日更新的发布频率。这些共产党组织不仅开通党的推特总号，而且各级分支组织也建立了属于自己的账号。比如在印度，不仅有印度共产党（马）的总部账号，而且印度共产党（马）普杜切里委员会、西孟加拉邦委员会、比哈尔邦委员会、马哈拉施特拉邦委员会、奥迪沙

州委员会等都建立了自己的账号，美国共产党的肯塔基、奥尔良、芝加哥分部，加拿大共产党的渥太华、多伦多党组织分部等都拥有自己的推特账号。总体上看，这些次层级账号所发布的推文更多地关注本地斗争，更具有“本地”特色，其推文主题和内容与本地的经济、政治、文化、社会、生态等密切相关，这些次层级官方推特在团结、凝聚和发动本地民众上具有独特优势。

少数共产党组织虽然较早地开通了账号，但长期不进行更新，几年下来总共只有寥寥几百条推文。如菲律宾共产党，他们的官方推特关注者较少，上一次更新的时间还要追溯到几年前，在某种程度上已经成为“僵尸账户”。有些共产党组织虽然发布推文的数量不少，但吸引到的关注者数量与此不成比例。例如，英国共产党（马列）于 2012 年 11 月开通了推特账号，至今发布推文接近 3000 条，而且最新一次更新的时间是 2021 年 1 月 18 日，但该账号目前的粉丝数仅有 840 人。因此，上述这些官方推特的国内知名度和国际影响力微乎其微、形同虚设。此外，还有许多共产党组织尚没有开通推特账号或在其他国际社交工具上进行活动。无论如何，尽管各党之间存在较大差异，但上表所统计的国外共产党的推特粉丝总数已经超过 450 万人，而且人数在不断增加，其产生的宣传效应不可低估。

（二）从宣传主题和内容上看，各国共产党官方推特发布的推文内容主要分为“个性内容”和“共性内容”两个部分，具有独特的政治意蕴

“个性内容”，是指发布各国共产党组织对自己党的重要历史事件、历史人物的纪念文章与活动、各党近期开展的具体工作包括召开的会议、发表的宣言和声明、开展的议会斗争和群众运动等信息。例如，2020 年，澳大利亚共产党和英国共产党分别纪念建党 100 周年、葡萄牙共产党召

开二十三大等活动。2021 年 1 月，印度共产党（马）连续发表数篇推文，用图片、短视频等方式，生动展现了印度多地农民反对莫迪政府新的农村法案、进行游行示威的现场，向全球粉丝和关注者展现了该党的最新主张和人民的力量。在“资强社弱”的大背景下，各国共产党“个性内容”的不间断发布，有助于向广大民众宣传党的历史、理论和主张，加深他们对共产主义政党的认识和理解；有利于打破政府主流媒体的话语垄断和对共产党组织的“丑化”“妖魔化”宣传，维护党的正面形象，扩大党的群众基础。

“共性内容”，是指各国共产党对地区性、国际性共同问题的立场与态度，所论及的大多是各国共产党普遍关心、带有全局性的问题。各党围绕近期发生的重大国际热点事件，如新冠肺炎疫情暴发和蔓延、美国黑人弗洛伊德之死、欧洲“黄马甲”运动、波兰反共刑法修正案、中美贸易战等，发布共同的立场和声明；各国共产党基本上在同一时间节点发布有关回顾和纪念国际共产主义运动重大历史事件的推文，如俄国十月革命 103 周年、共产国际成立 101 周年、列宁诞辰 150 周年、恩格斯诞辰 200 周年、毛泽东诞辰 127 周年、切格瓦拉被刺杀 53 周年、民主德国成立 71 周年等。各国共产党围绕同一主题和内容，在同一时间段内相互转发、点赞和评论，事实上形成了一种集体性的力量表达和宣传合力，揭露了资本主义的根本缺陷和历史命运，宣传了解决经济社会难题的“共产主义主张”和“社会主义方案”，彰显了人民的力量和社会主义的光明前景。

（三）相比于国外共产党的推特账号，其领导人的个人官方账号更能吸引网民的关注

研究显示，国外共产党领导人的个人账号往往能够吸引相当于其政党官方推特数倍的粉丝关注量。如上表所示，俄罗斯联邦共产党官方推

特拥有 8.84 万人的关注量，而俄罗斯联邦共产党主席久加诺夫却有高达 24.22 万的粉丝；印度共产党（马）拥有 34.9 万粉丝，而其最高领导人亚秋里拥有高达 99.23 万人的关注量。其中的原因不仅在于各党领导人具有独特的个人魅力，还更多地反映出大多数推友和关注者都希望最大限度地缩短交际距离、提升与领导人的亲近感的心理。

同时，对于国外共产党领导人来说，他们也愿意与民众在推特上进行直接的沟通和交流，这样更能便捷地倾听民声、了解民意，体现共产党领导人的“亲民”形象，有利于党制定的路线、方针和政策更加贴近群众的需要、更“接地气”，从而逐渐形成了一种良性循环。

（四）宣传工作是各国共产党的重要工作内容，国外共产党在现实政治舞台上的活跃程度决定了他们在国际社交平台上的活跃度

在当前世界社会主义运动整体上处于低潮的背景下，各国共产党在自身组织力量、话语能力和政治影响力上差异明显，有些共产党难以有足够资金和能力来运营自己的社交账号，开展国际宣传。尤其是在欧美极右翼思潮不断抬头、部分国家推行“反共产主义”政策的不利背景下，各国共产党的组织建设和活动空间遭到前所未有的冲击，许多共产党组织的发展陷入困境，有的甚至被政府列为“恐怖组织”。在此背景下，各国共产党应当积极利用推特等国际社交工具积极发出党的声音，讲好党的故事，帮助广大民众了解党的政策和主张，坚决抵制资产阶级政府和媒体“妖魔化”“丑化”共产主义的宣传，维护党的形象，努力赢得广大普通民众的认同和支持。

第七篇

美国问题研究

美国帝国主义是资本主义的没落阶段
——兼谈新冠肺炎全球流行对国际战略格局的影响

张文木[①]

列宁说："资本家瓜分世界，并不是因为他们的心肠特别狠毒，而是因为集中已经达到这样的阶段，使他们不得不走上这条获取利润的道路。"[②]同样的道理，一个生气勃勃的美国被这般送入末途，也不是资本家"心肠特别毒辣"，它是美国人建立的这类绝对资本主义（或称"原教旨资本主义"）制度使然。美国人太热爱自由了，以致将自由绝对化，结果由"自由"造成的制度反成了打倒美国自由的力量：为自由而挣脱欧洲，为了捍卫和巩固革命得来的自由成果又将自由绝对化，结果绝对自由及建立于其上的片面信仰又将自由葬送。这样的结局确实需要今天的美国人乃至新成长起来的中国青年反思。

---

① 张文木，北京航空航天大学战略问题研究中心研究员。

② 《列宁全集》第27卷，人民出版社2017年版，第388页。

这次全球性的新冠肺炎疫情将美国问题突出地提了出来，在化解这次世界范围内的疫情大流行灾难方面，美国的应急体制与中国的比较，真是相形见绌。人们不由得提出“世界将向何处去”的问题。目前的世界已从列宁所说的资本主义最高阶段跌入没落阶段，其表现是金融资本迅速向高利贷资本返祖，军工复合体和高利贷资本迅速结合并向法西斯方向逆行。基辛格说这次“新冠病毒大流行将永远改变世界秩序”①。列宁曾将20世纪初的帝国主义看作“资本主义的最高阶段”②，我们认为，21世纪初的美国代表着资本主义“最高阶段”之后的没落阶段。人类曾有过封建社会的没落阶段，现在我们正经历资本主义的没落阶段。本文讨论的正是这个问题，需要说明的是，本文中的“美国”的概念主要不是指作为民族国家的美国，而是指在国际垄断资本统治下的“美帝国”③。

① 《基辛格：新冠病毒大流行将永远改变世界秩序》，人民网，2020年4月5日。

② “帝国主义作为资本主义的最高阶段，到1898—1914年间先在欧美然后在亚洲最终形成了。”《列宁全集》第27卷，人民出版社2017年版，第323页。

③ 中美之间的矛盾的本质是中国与“美帝国”之间的矛盾。美国人民面临的真正敌人不是白宫，而是“美帝国”。毛泽东始终是这样区分的。1961年8月18、19日，毛泽东在杭州会见巴西友人，谈到美国时说：“我说的美国人，指的是美国政府、垄断资本，不是讲美国人民，美国垄断资本不仅对中国人民不友好，对世界各国人民也是不友好的。它不仅压迫社会主义国家，也压迫民族主义国家或争取民族独立的人民。”在谈到中国和巴西的关系时，毛泽东说：“现在障碍只有美帝国主义。”在谈到巴西发展时，毛泽东说：“为什么北美能有一个美国，南美就不能有一个‘美国’，我讲的不是帝国主义，是讲经济、文化上强大的巴西。”1965年11月25日，毛泽东在接见外宾时说：“我们反对美国帝国主义，只是限于反对帝国主义分子，一定要把美国帝国主义分子同美国人民划分清楚。现在美国人民起来反对他们的政府的侵略政策，我们表示高兴，表示欢迎。”1966年8月21日，毛泽东在会见赞比亚友人时说：“美帝国主义是我们的对头。我们对美国的了解也是逐步的，就像你们了解英国一样。”参见《毛泽东年谱（1949—1976）》第5卷，中央文献出版社2013年版，第9、543、615页。

一、新冠肺炎疫情，哀鸿遍野，天灾还是人祸？

2020年世界发生了波及全球并导致上百万人死亡的新冠肺炎疫情，有效的抗疫斗争是从中国武汉开始的。有一些人说是天灾，也有一些人认为是人祸。笔者认为，此次疫情发生的人为痕迹很明显。这次发生在中国武汉的疫情具有战略性的时间和战略性的地点合二为一、高度重合的特点，这是只有人为安排才能做到的事情。

武汉居中国长江之中腰。西方海权理论先驱阿尔弗雷德·塞耶·马汉（Alfred Thayer Mahan）对中国长江的地缘政治价值十分重视，他从帝国主义的视角把话说得很露骨："谁拥有了长江流域这个中华帝国的中心地带，谁就具有了最可观的政治权威。出于这些原因，外部海上国家应积极、有效地对长江流域施加影响，而中国由此得到的益处也会被更广泛地、均衡地扩散到全国。在长江流域丢下一颗种子，它会结出一百倍的果实，在其他地区也有三十倍的收获。"[①] 笔者注意到，2020年初在中国武汉发现的新冠肺炎疫情具有战略性的时间和战略性的地点高度吻合的特征。战略性的时间是中国春节，战略性的地点是号称中国"九省通衢"的武汉（以及随后的北京）。将这两个特点合在一起除了人为因素，被自然因素偶撞的概率几乎为零。其战略指向非常明显，就是用生物战瓦解中国，打断中国的发展进程。无独有偶，2019年9月9日，华尔街大佬乔治·索罗斯（George Soros）在《华尔街日报》发表文章，文章很短，但话很重。索罗斯在全文结尾时说："我相信：北京正在建立的社会信用体系，如果任其扩展，在中国乃至全球都可能敲响开放社会的丧钟。

---

① ［美］马汉：《海权论》，萧伟中、梅然译，中国言实出版社1997年版，第277—278页。

专断者们将渴望购买中国企业的专有技术，使得它们在政治和金融上依赖中国，并使得北京政治控制体系在全世界范围内得到扩展。”为此，他说：“作为开放社会基金会的创始人，我对打败当下中国的兴趣，超过了对美国国家利益的兴趣。”①

公历的8、9月间是犹太历的6月，是犹太教以禄月（Elul），出自《圣经·旧约》“以禄月二十五日，城墙修完了，共修了五十二天”一句，这个月被犹太人视为收获的季节。《圣经·旧约》叮嘱“万物的结局近了，你们要谨慎自守，警醒祷告”。以禄月也意味着万物已近结局。②接下来就是提斯利月（Tishrei），是犹太人新的一年开始。索罗斯选择9月9日发表这篇文章，显然有“万物已近结局”的暗示。

2019年12月30日，湖北省武汉市疾控中心监测发现不明原因肺炎病例。武汉市卫生健康委员会（以下简称武汉卫健委）向辖区医疗机构发布《关于做好不明原因肺炎救治工作的紧急通知》。12月31日，国家卫生健康委员会凌晨作出安排部署，派出工作组、专家组赶赴武汉市，指导做好疫情处置工作，开展现场调查。武汉卫健委在官方网站发布《关于当前我市肺炎疫情的情况通报》，宣布发现27例病例。随后新冠肺炎疫情在武汉大规模发生并向全国辐射传播。

就在索罗斯发表那篇文章的前两个月，2019年7月，位于美国德特里克堡的传染病医学研究所关闭，随后世界陷入灾难。

2019年8月，一场大规模的“流感”造成（美国）1万多人死亡；10月，美国在中央情报局副局长的参与下组织了“事件201”（Event

---

① 转引自李焕宇：《索罗斯称对打败中国的兴趣，胜过关心美国家利益》，观察者网，2019年9月11日。

② 参见谢金良、卢关泉主编：《圣经典故辞典》，复旦大学出版社1998年版，第226页。

201）全球流行病演习①；10 月 18 日至 27 日第七届世界军人运动会在中国武汉举行。就在快要参加比赛的时候，来自美国的 5 个参赛选手病了，“患的都是疟疾”。但其症状与疟疾不同而和新冠肺炎很相似：发热、咳嗽，呼吸不顺畅。当时美国参加比赛的团队，就住在武汉海鲜市场附近的宾馆里。11 月，中国发现不明原因肺炎。

2020 年 2 月，新冠肺炎疫情在全球发生，截至 2021 年 3 月 21 日，全球新冠肺炎确诊病例累计 24932148 例，死亡 2716580 例。美国的新冠肺炎死亡病例数远远高于其他国家，而且超过了该国第二次世界大战的死亡总人数。数据显示，截至同日，美国新冠肺炎死亡人数上升迅速，累计死亡人数达到 554871 人。以至有人惊呼：“美国新冠死亡人数超二战。”②

2020 年 6 月，即在疫情全球扩散的高峰期，美国正式通知联合国秘书长古特雷斯（António Guterres），将于 2021 年 7 月 6 日退出世界卫生组织③。

这次疫情扩散及造成的死亡的人数，让许多人想起第二次世界大战的伤亡，这意味着人们不自觉地意识到它已接近一次新的“世界大战”。当地时间 2020 年 4 月 3 日，美国前国务卿基辛格在《华尔街日报》发表

---

① 据 2020 年 3 月 20 日《纽约时报》记者大卫·桑格（David E. Sanger）发表的独家报道称，2019 年美国官方与学界分别组织了两场关于大规模流行病的推演，一场是由美国卫生和公共服务部（HHS）在 2019 年 1—8 月间进行的“赤色传染病·2019”推演，一场是美国约翰斯·霍普金斯大学健康安全中心联合世界经济论坛及比尔和梅琳达·盖茨基金会于 2019 年 10 月 18 日在纽约市共同主办的针对大规模流行病的“事件 201”桌面推演。两次推演都以由外国输入病例在美国本土造成大规模传播为模拟情景。推演中想定的一个场景：一名从中国返回的游客从芝加哥开始在全美境内传播呼吸道病毒；在不到两个月的时间里，该病毒感染了 1.1 亿美国人，其中超过 50 万人因病死亡。该报告及结论“并没有得到实际的重视和应用”。参见曹以雅：《美国“赤色传染病·2019”大规模流行病推演纪事》，知远战略与防务研究所官网，2020 年 4 月 9 日。

② 《美媒：美新冠病亡人数已超过美二战阵亡人数》，参考消息网，2020 年 12 月 12 日。

③ 《美国正式通知联合国明年 7 月退出世卫组织》，新华社官网，2020 年 7 月 8 日。

文章说："新冠肺炎全球大流行的超现实气氛，让我想起了在第二次世界大战'突出部战役'期间，我作为第 84 步兵师一名年轻人的感受。"基辛格说："现在就像 1944 年一样，有一种早期的危险感，这种危险不是针对任何特定的人，而是随机的袭击和破坏。"① 这次新冠肺炎疫情让基辛格回忆起第二次世界大战，但基辛格的含蓄表达自然让人们由这次新冠肺炎疫情联想起第三次世界大战来。2020 年一年中全球死于新冠肺炎的人数也接近于前两次世界大战中头一年死亡的人数。如果将来世界人民找出那些制造并传播新冠病毒的首魁的话，那它无疑就是一场以生物战为表现形式的第三次世界大战。第二次世界大战之初的打击目标是社会主义苏联，这次是社会主义中国。前两次世界大战都持久地改变了世界秩序。基辛格说，这次"新冠病毒大流行将永远改变世界秩序"②。他之所以这样说，是因为西方国家在这次抗击新冠肺炎疫情的战役中表现得很不好，社会主义国家和资本主义国家再次有了"两个阵营"的鲜明对比，"秩序改变"了。

社会主义国家这边是以救护人民生命为核心价值，举全国之力，运用社会主义制度的优势，万众一心，凝聚资源，调动各方面力量。至 2020 年底，基本就控制住了疫情在全国的蔓延。而西方资本主义国家则不同。在日益激增的死亡人数面前，政府束手无策。在新冠疫苗远没有指望的情况下，英国竟提出基于"优胜劣汰"生物学原则的"群体免疫"③ 防疫政策。2020 年 3 月 13 日，针对来势汹汹的新冠肺炎疫情在英

① 《基辛格：新冠病毒大流行将永远改变世界秩序》，人民网，2020 年 4 月 5 日。

② 《基辛格：新冠病毒大流行将永远改变世界秩序》，人民网，2020 年 4 月 5 日。

③ 群体免疫即一个群体中大部分人有了某种病毒的抗体后，就产生了群体免疫效应，使得其他没有免疫力的个体因此受到保护而不被传染。群体免疫理论表明，当群体中有大量个体对某一传染病免疫或易感个体很少时，那些在个体之间传播的传染病的感染链便会被中断。拥有抵抗力的个体的比例越高，易感个体与受感染个体间接触的可能性便越小。

国的蔓延，英国首席科学顾问帕特里克·瓦兰斯（Patrick Vallance）表示，如果60%以上的人感染新冠病毒，就能够建立群体免疫力；相反，如果采取非常严厉的防控措施，当解除这些措施时，疫情则会反弹。因此，政府当时能做的最合理、最恰当的措施，就是要求轻症患者自我隔离、保持接触距离等，与此同时，也需要有人被感染并产生抗体①。

2020年3月14日，229名来自英国各大学的科学家联名发表公开信，认为政府现行防控策略将对英国国家医疗服务体系造成额外压力，并致“远超必要数量的生命面临危险境地”。公开信的联署者同时对帕特里克·瓦兰斯“让感染扩散以造成群体免疫”的言论提出批评②。英国伯明翰大学的威廉·范斯海克（William Van Schaik）教授与利物浦大学的马修·贝利斯（Matthew Bailes）教授分别指出，在没有可用疫苗的情况下实现群体免疫的过程让人“非常担忧”——若以新冠肺炎病亡率的1%这一较低水平数值估算，即便英国只有50%—60%的人（约3600万）被感染也会导致几十万人的死亡。英国伦敦玛丽女王大学的病毒学家约翰·奥克斯福德（John Oxford）教授坦言，作为一名病毒学家，他对此感到非常不安，他不喜欢这个做法，认为它带有一些优生学的念头在里面③。

在中世纪，“科学只是教会的恭顺的婢女”④；在近现代资本主义社会里，科学也转为资本的“婢女”。在重大灾难面前推行优胜劣汰的生物法则，能最大限度地满足私有制下的资本赢利的需要。瓦兰斯的“群体免疫”对

---

① 参见曹永福：《程序伦理在破解新冠肺炎疫情引发伦理难题中的价值》，《医学与哲学》2020年第11期。

② 《10万人请愿，229名科学家联名批评，英国“群体免疫”是不是豪赌？》，《中国新闻周刊》百家号，2020年3月15日。

③ 《“群体免疫”策略：科学还是赌博》，《世界科学》2020年第5期。

④ “科学只是教会的恭顺的婢女，不得超越宗教信仰所规定的界限，因此根本就不是科学。”参见《马克思恩格斯选集》第3卷，人民出版社2012年版，第761页。

策提出后，英国首相鲍里斯随即宣布，防控策略从第一阶段的“遏制”进入到第二阶段的“拖延”，其核心策略是：不严防死守，容忍疫情缓慢进展，期待大部分人在隐匿性感染后无症状或仅有轻微症状，从而在人群中获得普遍免疫[①]。在这种消极“群体免疫”理论的纵容下，西方多个国家都宣布不收治轻症患者或者无症状患者，让他们自行隔离。结果在东方中国抗击新冠肺炎疫情取得节节胜利之际，西方世界却经历着21世纪以来最大的人道主义灾难。天灾不能阻挡，人祸却在西方愈演愈烈。

国际社会对可能造成这次疫情的人为因素提出越来越多的质疑。

2021年1月14日，根据2020年7月商定的工作任务书（TOR），世卫组织派出国际专家组抵达武汉，与中方专家组成联合专家组，并分为流行病学、分子溯源、动物与环境三个小组，共同开展全球溯源中国部分工作。专家组中方组长梁万年表示：无证据表明2019年12月前病毒就在武汉传播。世卫组织新冠病毒溯源专家组成员彼得·本·安巴雷克（Peter Ben Embarek）指出，从武汉病毒实验室泄露导致病毒传播的假说极不可能。对于这个共识，中国疾控中心流行病学首席专家曾光表示：“美国必须是新冠溯源工作重点中的重点。”[②]

位于美国德特里克堡的传染病医学研究所于2019年7月关闭，在时间上与这次新冠肺炎疫情的全球传播前后紧密相连，这不能不引起人们的联想和广泛质疑。2020年5月8日在外交部例行记者会（以下简称例行记者会）上华春莹发问：“关闭德特里克堡生物基地的真实原因是什么？”“美方可不可以开放德特里克堡生物基地，以及美国国内和分布在世界各地，包括在乌克兰、哈萨克斯坦等地的生物实验室接受国际独立调查？可不可以邀请世卫组织或国际专家组赴美调查新冠肺炎疫情起源

① 刘栋：《美公卫专家：主张“群体免疫”不人道不负责》，澎湃网，2020年3月16日。

② 曾光：《为什么我说“美国必须是新冠溯源工作重点中的重点”》，观察者网，2021年2月9日。

及美方应对情况？”6月11日，华春莹再问：“德特里克堡生物实验室关闭与电子烟疾病、大流感和新冠肺炎疫情之间究竟有什么关系？”在7月6日的例行记者会上，赵立坚说：“美国政府关闭德特里克堡生物基地的真实原因是什么？美方何时邀请世卫组织或国际专家组赴美国调查疫情的起源？”在7月22日例行记者会上，汪文斌说：“说到真相，我们倒是希望美方能够就德特里克堡基地等问题说明真相，给美国人民和国际社会一个交代。”在10月16日例行记者会上，赵立坚说：“既然蓬佩奥如此‘关心’病毒溯源问题，针对国际社会一直存在关切的德特里克堡生物基地、电子烟疾病等问题，美方是不是可以尽早给个说法，给包括美国人民在内的各国人民一个满意的交代？”在2021年1月4日例行记者会上，华春莹追问：“美方高官既然对溯源问题如此重视，考虑到美国媒体之前报道出来的有关德特里克堡生物基地和美国前年秋季大流感，以及新冠肺炎疫情之间的关系，美方为什么迄今不邀请世卫组织派专家去美国开展实地调查？美国在海外设立200多个生物实验室到底在做什么？美方为什么不允许国际记者去进行实地参观和采访？”在1月18日例行记者会上，华春莹呼吁：“如果美方真的尊重事实，就请开放德特里克堡基地，并就美海外200多个生物实验室等问题公开更多事实，请世卫组织专家去美国开展溯源调查，回应国际社会关切，用实际行动给国际社会一个交代。”[①]4月27日，俄国家杜马（议会下院）主席沃洛金（Vyacheslav Volodin）表示，新冠病毒可能从一家美国生物实验室泄漏，俄罗斯政府应该提出病毒泄漏的责任问题。他补充说，俄罗斯科学家能够查明病毒来源是天然的还是人造的。[②]

---

① 以上信息来源均见中华人民共和国外交部网站。

② 单珊：《俄国家杜马主席：新冠可能由美国实验室泄漏，美方应赔偿全世界损失》，东方网，4月28日。

追问美国是必要的，研究美国更是必须的，只有了解美国的昨天和今天，有些蹊跷现象连同基辛格说的“新冠病毒大流行将永远改变世界秩序”的话，才可以得到合理的解释。

二、高利贷帝国主义是当今美帝国的鲜明特征

上面在讨论这次新冠肺炎疫情可能是人为的因素时，笔者没有提到白宫，而是专提索罗斯。这是因为今天能够决定美国外交政策方向的不是白宫而是华尔街。美国建国之初，其外交就已经半是主义，半是生意；可到今天，美国外交已没有主义，只有生意。白宫制定美国外交政策的前提是偿还债权人即华尔街财团的借款，因而华尔街财团而非美国白宫的表态往往就是美国外交政策变动的风向标①。

在新中国成立之初，美国政府就在“不自由，毋宁死”的原则下主动削弱政府对社会的监管权力②，其中包括削弱国家对企业的控制和监管权力，遑论银行，因此美国国家一直没有建立起独立的国家财政③。这使得美国在制定外交政策时就需要资本财团的资金支持，而外交政策实施能力的大小要以能从华尔街债权人那里借出多少钱为前提。因

① 张文木：《美国政治结构与外交政策》，《国际关系研究》2013 年第 3 期。

② “‘小政府’原则是杰斐逊政治思想的一个重要组成部分。‘小政府’（又称‘有限的政府’）意味着取消常备军与大大缩小官僚机构……因为他认为一个拥有庞大的官僚系统和常备军机构的臃肿政府，就是一个压迫人民的政府。因此，为了保障人民的自由民主权利，为了减轻人民的税务负担，就必须取消常备军和精简官僚机构，以便实现一个‘小政府’。这是杰斐逊终身追求的一个政治目标。”参见刘祚昌：《杰斐逊全传》上，齐鲁书社 2005 年版，第 788 页。

③ 随着美国联邦储备系统（美联储）的影响力和权力越来越大，同时，美国国会也一直支持美联储货币政策的独立性，因此，1951 年，美联储与财政部签署一项协议，美联储的决策不受财政部的影响。至此，美联储成为世界上独立性最强的中央银行之一。参见王华庆：《央行·人民币：中国经济可持续发展中的基石作用》，中国金融出版社 2016 年版，第 10 页。

此，在每次重大政策实施前，美国政府的第一件事就是借钱。这使得美国政府从独立之日起就失去了独立的财政能力，它的财政得靠资本财团支持，以致后来美国日益异化为由一小撮债权财团控制的“半殖民地”国家。[①] 如图 1 所示：

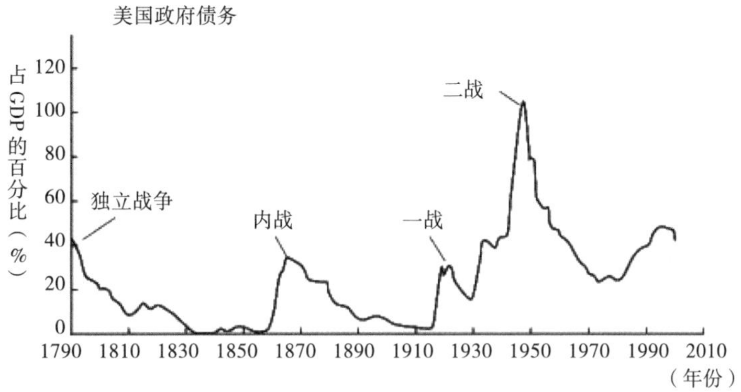

图 1　美国政府债务

数据来源：[美]曼昆：《经济学基础》第 2 版，梁小民译，三联书店 2003 年版，第 422 页。

由上图我们可以看出，美国人通过独立战争摆脱了英国殖民地地位的同时，又在借贷中落入了华尔街金融财团[②]的控制：政府借贷的规模越来越大，这使得美国政府在华尔街的债务陷阱中越陷越深且不能自拔。到第二次世界大战时，美国政府的借贷规模已大大超出了国内生产总值。美国在赢得第二次世界大战并成了世界的主人后，却彻底成了华尔街的债奴。借来的钱是要还的，大规模的借贷迫使美国白宫外交政策为还钱

① 参见王华庆：《央行·人民币：中国经济可持续发展中的基石作用》，中国金融出版社 2016 年版，第 7—10 页。

② 华尔街金融财团是集中在华尔街的、提供融资货币的资本家垄断集团，它根据预期效益为美国实体经济提供融资，其中获得最大最有力支持的是盈利最大的军工资本集团。

而不是为民族利益而制定。第二次世界大战中，美国取得了胜利，但战争中从华尔街借来的债务却不能因胜利而一笔勾销。为此，必须找个理由再发动美国人民根本不需要的朝鲜战争和越南战争。美国第34任总统艾森豪威尔意识到这一变化的危险，他在卸任时“感到有必要就这些发展的危险性向全国再次发出警告”，他说：

> 庞大的军事编制和巨大的军火工业的这种结合，在美国是前所未有的。它的整个影响——经济的、政治的甚至精神的——在每座城市、每个州政府、每个联邦政府机构里都能感受到。我们承认这种发展是绝对必要的。然而我们不可不看到它是牵连广远的。我们的劳动、资源和生计全都同它有牵连；我们的社会结构本身也是如此。
>
> 在政府的各种会议上，我们必须防止军事—工业复合体有意无意地施加不正当的影响。促成这种大权旁落的有害现象的潜在势力，目前存在，今后也将继续存在。
>
> 我们绝不可让这种结合的压力危及我们的自由和民主进程。我们不可掉以轻心。只有保持警惕和深明事理的公民集体，才能迫使巨大的工业和军事防务机器去紧密配合我们的和平方法和目标，这样，安全和自由才能共存共荣。①

艾森豪威尔说这是他“在白宫岁月告终之际所能留给我国人民的一个最有挑战性的咨文”②，文中尖锐地指出了美国当时已出现了“大权

① ［美］德怀特·D. 艾森豪威尔：《艾森豪威尔回忆录》四，樊迪、静海等译，东方出版社2007年版，第479—480页。

② ［美］德怀特·D. 艾森豪威尔：《艾森豪威尔回忆录》四，樊迪、静海等译，东方出版社2007年版，第480页。

旁落”，即指军工财团支配政府决策的现象。集中于华尔街[①]的军工财团——即使在和平时期——需要的并不是面包而是战争。艾森豪威尔回忆道：“许多集团发现防务经费的不断增加对他们自己甚有好处。向来关心百分之百的安全的各军种，也很少对拨给它们的款项感到满意，即便那是个慷慨的预算。昂贵的军火的制造商们肯定喜欢他们所获得的利润，而开支越大，利润就越高。在潜在利润的刺激下，有势力的国会院外集团跳出来力争愈来愈庞大的军火开支。于是这种特殊利益的蛛网越织越大。”[②]

但是，能拉动军火工业的只能是战争，最好是由美国直接发动的战争。为了巩固其在美国已形成的反客为主的政治地位，这个华尔街军工复合体从部门利益出发操纵舆论不断制造敌人，以此促使美国外交不断强势升级。只要有战争，美国的军工复合体就有军火盈利，由此它在美联储进而在美国就有稳固的地位。巨大的利润——庞大的国内枪支销售利润只是他们的保底——增加了军工财团的收入，华尔街财团再拿出其中的部分通过美联储反哺白宫财政。

1940 年至 1945 年二战结束，美国的债务总额从 500 亿美元快速上升至 2600 亿美元，债务总额占 GDP 的比重从 50%上升至历史上最高的 121%。实际上，从第二次世界大战伊始，美国逐年提高其

---

① 华尔街（Wall Street），1792 年荷兰殖民者为抵御英军侵犯而建筑了一堵土墙，从东河一直筑到哈德逊河，沿墙形成一条街，华尔街因而得名。后拆除了围墙，但“华尔街”的名字却保留下来并成为美国和世界的金融、证券交易中心，通常把华尔街作为垄断资本的代名词。鉴于第二次世界大战后美国金融资本在国际上的统治地位，华尔街越来越多地失去民族性，因而它已异化为国际垄断资本的代名词。本文正是从后一种意义使用这一词语的。

② ［美］德怀特·D. 艾森豪威尔：《艾森豪威尔回忆录》四，樊迪、静海等译，东方出版社 2007 年版，第 478 页。

> 债务上限额度，从最初的 490 亿美元，上升至 1945 年的 3000 亿美元。此后，在美国债务上限历史上，就再也没有低于 1000 亿美元的时期了。①

今天的美国“虽然在观念上，政治权力凌驾于金钱势力之上，其实前者却是后者的奴隶”②。满世界耀武扬威的美国政府在国内已成了华尔街的债奴，其外交活动基本就是为了清偿债务。由图 1 可知，美国政府在第二次世界大战中的天量借贷直到 20 世纪 70 年代才基本偿清。我们看到，正是为了还债，这期间美国外交不得不选择有悖于美国国家利益的朝鲜战争和越南战争，直到越南战争结束时，美国政府才将第二次世界大战中借来的债务基本还清。这是美国尼克松新政得以推出的前提。

但尼克松要推动新外交还得靠借贷维持，昨天的债权人是华尔街军工复合体，但美国在朝鲜战争和越南战争之后实在打不动了，于是在 20 世纪 70 年代，尼克松及时将其债权人从华尔街军工复合体转为华尔街金融资本集团。直至特朗普上台之前，美国政府完成了从对军工复合体的依赖转为对金融资本集团的依赖，美元的支撑点从军工转向石油。研究这一时期的美国外交，着眼点主要是华尔街金融集团的利润表现而不再是军工复合体的利润表现。里根时期美国对金融集团的依赖大幅深化。美国财政赤字高居不下，里根政府策划并推动了苏联解体，使美国从中获得超额“浮财”，这在相当程度上缓解了美国政府的财政危机。1992 年后，美国财政赤字大幅下降。在 1998 年至 2001 年，美国财政已有盈余。如图 2 所示：

① 戴金平、张素芹、邓郁凡:《主权债务危机：国家信用神话的破产》，厦门大学出版社 2012 年版，第 186 页。

② 《马克思恩格斯全集》第 1 卷，人民出版社 1956 年版，第 448 页。

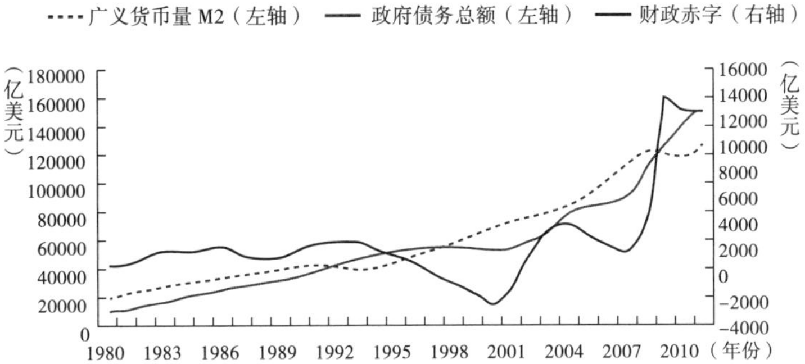

图 2　美元发行额与赤字额（1980—2010 年）

数据来源：国会预算办公室，国际货币基金组织，世界银行。转引自史正富：《超常增长：1979—2049 年的中国经济》，上海人民出版社 2013 年版，第 70 页。

为了保证美元在世界原油价格的独控地位，2001 年美国发动了阿富汗战争，2003 年又发动了伊拉克战争。但美国在阿富汗和伊拉克人民的反抗中陷入困境，由此美国政府失去了对中东石油的专享权力。2008 年美国宣布从伊拉克部分撤军，与此同时，美国的国债也大幅飙升，财政赤字更是断崖式直线上升。此间，美国政府对华尔街从以前的相对依赖变为绝对依赖：财政赤字的不断积累，导致了美国政府债务不断攀升。截至 2012 年底，美国政府的净债务累计达到 13.11 万亿美元，政府净债务对 GDP 的比率达到 83.77%；与此同时，美国政府的总债务累计达到 16.78 万亿美元，政府总债务对 GDP 的比率达到 107.18%[①]。如图 3 所示：

① 关建新：《国际货币金融体系变革与中国》，中国发展出版社 2015 年版，第 118 页。

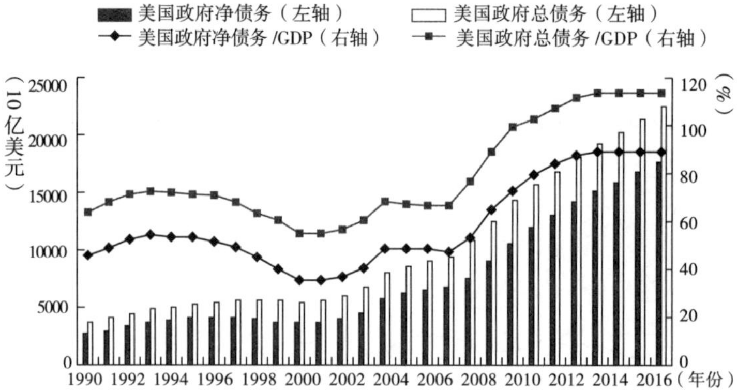

图3 美国政府债务（1990—2016年）

数据来源：根据国际货币基金组织网站WEO数据库绘制，参见羌建新：《国际货币金融体系变革与中国》，中国发展出版社2015年版，第118页。

由图3可见，截至2016年，美国政府总债务与GDP的比重已接近美国历史的最高点，即1945年第二次世界大战结束时的水平（参考图1）。问题是1945年美国政府大举借贷是为了打赢正义的反法西斯战争，而2016年的高债务率是为了非正义的入侵阿富汗和伊拉克的战争。同一形式下却是完全对立的内容。

至此，美国在短短300多年里从欧洲的造反者、北美的创业者最终竟异化为华尔街的债奴，美国政府从一个独立自主的为美国国家利益服务的机构异化为为华尔街债权人服务的买办集团，并于20世纪下半叶从军工帝国主义[①]转变为以金融产品赢利为目的的帝国主义，列宁称这样的

① 笔者提出“美国军工帝国主义”的概念是基于已有的相关专题的研究。毕业于西点军校，参加过越战的美国波士顿大学国际关系教授安德鲁·巴切维奇（Andrew Bacevich）在《美国新军国主义》一书中明确提出：“我们时代的美国人已经陷入军国主义的困境了。”另外，美国学者查默斯·约翰逊（Chalmers Johnson）的《帝国的悲哀：黩武主义、保密与共和国的终结》、诺姆·乔姆斯基（Avram Noam Chomsky）的《霸权还是生存：美国对全球统治的追求》、卡尔·博格斯（Carl Boggs）主编的《战争主宰者：美帝国时代军国主义及其后座力》等，都是研究美国军国主义的力作。

国家为“高利贷帝国主义”①，不同的只是，当时列宁说的是法国，现在轮到美国来扮演这个角色了，而美国这一时期也就整体性地回归到当年犹太人“夏洛克”的老本行，转为高利贷民族。自 1980 年里根当选美国总统之后，历史的发展印证了马克思在《论犹太人问题》中的结论：犹太教与基督教的精神在美国合二为一了②。

三、美国的蜕变：从一个向上的正常国家向帝国转变

（一）凡是现实的东西都是合乎理性的

黑格尔说：“凡是合乎理性的东西都是现实的；凡是现实的东西都是合乎理性的。”③黑格尔这里说的“理性”是反映事物本质的规律，是上升的因素。当事物发展进入它的否定阶段后，它就是反“理性”的、不“现实”的④。今天的美国已与理性相悖，进入反理性存在，其自身的否定因素已大于肯定因素，按照黑格尔的观点，出现这种情况，从逻辑上讲，已“不配享受现实的美名”⑤。即使如此，我们研究美国也不能有片面性，美国今天的腐朽性是从昨天的进步性来的，找不到美国否定因素

① “法国帝国主义与英国殖民帝国主义不同，可以叫作高利贷帝国主义。”参见《列宁全集》第 27 卷，人民出版社 2017 年版，第 378 页。

② “基督教起源于犹太教，又还原为犹太教。基督徒起初是理论化的犹太人，因此，犹太人是实际的基督徒，而实际的基督徒又成了犹太人。”参见《马克思恩格斯全集》第 1 卷，人民出版社 1956 年版，第 450 页。

③ ［德］黑格尔：《法哲学原理》，范扬、张企泰译，商务印书馆 1961 年版，第 11 页。

④ “在日常生活中，任何幻想、错误、罪恶以及一切坏东西、一切腐败幻灭的存在，尽管人们都随便把它们叫作现实。但是，甚至在平常的感觉里，也会觉得一个偶然的存在不配享受现实的美名。因为所谓偶然的存在，只是一个没有什么价值的、可能的存在，亦即可有可无的东西。但是当我提到‘现实’时，我希望读者能够注意我用这个名词的意义……”参见［德］黑格尔：《小逻辑》，贺麟译，商务印书馆 1980 年版，第 44 页。

⑤ ［德］黑格尔：《小逻辑》，贺麟译，商务印书馆 1980 年版，第 44 页。

的规定性即进步因素，就说不准今天美国腐朽和没落的本质。黑格尔还说："世界上没有一个真正恶人，因为没有一个人是为恶而恶，即希求纯否定物本身，而总是希求某种肯定的东西，从这种观点说，就是某种善的东西。"① 黑格尔这句话的深刻性在于，启示我们，今天不能够戴着有色眼镜看待当前美国的事物。这也是马克思在研究资本主义时采取的态度。马克思说："我决不用玫瑰色描绘资本家和地主的面貌。不过这里涉及到的人，只是经济范畴的人格化，是一定的阶级关系和利益的承担者。我的观点是：社会经济形态的发展是一种自然历史过程。"② 今天我们对美国的研究也不能戴着有色眼镜，只有如此，我们才能揭示出美国曾经历过的一个"既不能跳过也不能用法令取消自然的发展阶段"③。

事实上，早期的美国人是向善的，与其他国家——比如早期美国人决心摆脱的英国——不同的只是，美国人选择的这种"善"，即不受约束的和放任的自由原则所产生的必然性，使自己比较快地从自由走向被奴役，从进步走向反动。

（二）共命运：犹太教与清教联袂登上新大陆

在此，笔者还是要再提索罗斯，这是因为，索罗斯身上有两个附在今天美帝国身上的重要符号：高利贷和犹太人。有人说"不了解清教徒的思想，就无法了解美国"④，沿着这个深刻的见解，同样也会发现：不了解犹太教，就既不能了解清教，也不能了解美国。

---

① ［德］黑格尔：《法哲学原理》，范扬、张企泰译，商务印书馆 1961 年版，第 151 页。

② 《资本论》第 1 卷，人民出版社 1975 年版，第 12 页。

③ "一个社会即使探索到了本身运动的自然规律——本书的最终目的就是揭示现代社会的经济运动规律——它还是既不能跳过也不能用法令取消自然的发展阶段。但是它能缩短和减轻分娩的痛苦。"《资本论》第 1 卷，人民出版社 1975 年版，第 11 页。

④ 转引自王帅等编：《驴象之争 200 年》，经济日报出版社 2001 年版，第 217 页。

马克思说："商人资本和生息资本是最古老的资本形式。"[①] 世界各民族早期都有过高利贷活动，但操持高利贷营生时期较长的，大概就是犹太民族，以致在中世纪欧洲，犹太人在许多文学作品中都被"奸商"化了。莎士比亚笔下的高利贷商犹太人"夏洛克"就成了奸商和贪婪的同义词，以致马克思都说："犹太人的空想的民族是商人的民族，财迷的民族。"[②]

其实，今天浪迹于欧洲和北美的犹太民族原本是一个反高利贷的民族。他们最初生活在中东的西奈半岛："住在死海以西的山区南部的称为犹太人部落，住在巴勒斯坦土壤丰美之地的称为以色列部落。"[③] 公元前 11 世纪，扫罗建立了统一的以色列—犹太国家。这个国家位于欧亚非的交通枢纽上，是一条重要的国际商道，在这条商道上产生了较早的以专营货币为生的商业民族。那时中东一带放高利贷的并不以犹太人为主，相反，犹太人还是高利贷活动的受害者。公元前 925 年，以色列—犹太王国分裂。"此后南方由大卫的后裔继续统治，称犹太；北方另立王朝，称以色列。"[④] 史称"以色列人的经济比较发达，高利贷活动随之增长，被剥夺土地和生产资料的人也迅速增多。即使在经济比较落后的犹太，到公元前 8 世纪，穷人也已遭受债务盘剥"[⑤]。生活在两河流域的古代巴比伦更是承认高利贷为正当业务。颁布于公元前 18 世纪的《汉穆拉比法典》认为，高利贷是巴比伦人日常商业活动中的一种行为。《汉穆拉比法典》第 89 条规定贷谷的利息高达本金的 1/3，贷银则达 1/5。此法

① 《资本论》第 3 卷，人民出版社 1975 年版，第 674—675 页。
② 《马克思恩格斯全集》第 1 卷，人民出版社 1956 年版，第 449 页。
③ 周一良、吴于廑主编：《世界通史·上古部分》，人民出版社 1973 年版，第 844 页。
④ 周一良、吴于廑主编：《世界通史·上古部分》，人民出版社 1973 年版，第 845 页。
⑤ 周一良、吴于廑主编：《世界通史·上古部分》，人民出版社 1973 年版，第 846 页。

典第 96 条更规定债务人如无谷物和银子还债，应以其他不动产作抵[①]。

显然，古犹太人并不是天生的高利贷者，相反，在前基督教时期他们一直秉持反对高利贷的信念。在古代欧洲民族的宗教教义中，犹太教和基督教都认为高利贷是有罪的，在前基督教时代，犹太人是较早禁止高利贷的民族。高利贷（usury）来自拉丁词汇“usura”，意为对贷款索取利息——任何利息[②]。根据《旧约》的记载，上帝通过摩西将禁止借贷的律法给了以色列人，禁令最早出现在摩西的第二部书《出埃及记》中，“我民中有贫穷人与你同住，你若借钱给他，不可如放债的向他取利”[③]。值得注意的是，摩西律法颁布之际，犹太人仍是游牧民族，没有复杂的贸易体系；“同为上帝的子民，邻人之间（而非商人和顾客之间）的借贷不啻为抢劫”[④]。

犹太人经营高利贷业务是从古罗马消灭犹太国之后才开始的。公元前 64 年，庞培把犹太置为属国，受叙利亚总督节制。罗马统治给犹太人带来苛重的捐税和各种掠夺，犹太人奉为神圣的耶路撒冷神庙[⑤]在罗马统治的 10 年内遭到两次洗劫，引起犹太人于公元前 53 年、公元 6 年和公元 66 年的起义，最后一次起义史称“犹太战争”，对罗马打击最大，这也导致罗马人对犹太人屠城式灭国，此后犹太人就没有了自己的国家。

失去祖国的犹太人此后就只能与钱相依为命，钱就成了犹太人的

① 周一良、吴于廑主编：《世界通史·上古部分》，人民出版社 1973 年版，第 85 页。

② 王乐兵：《担保法专论》，对外经济贸易大学出版社 2018 年版，第 24 页。

③ 《旧约·出埃及记·二十二章》，转引自周一良、吴于廑：《世界通史资料选辑·上古部分》，商务印书馆 1962 年版，第 171 页。

④ 王乐兵：《担保法专论》，对外经济贸易大学出版社 2018 年版，第 24 页。

⑤ 上古时代的神庙也担负着银行的某些职能。比如古希腊的帕提侬神庙及卫城之上的雅典娜神庙，被雅典人视为“他们的国库”，位于古罗马城市广场的卡斯托尔和波吕克斯神庙，这里都是“民众交易包税人公司股份、竞拍政府合同的场所”。［美］威廉·戈兹曼：《千年金融史：金融如何塑造文明，从 5000 年前到 21 世纪》，张亚光、熊金武译，中信出版社 2017 年版，第 67、74 页。

“祖国”。1844 年，马克思在《论犹太人问题》一文中说：“我们不是到犹太人的宗教里去寻找犹太人的秘密，而是到现实的犹太人里去寻找犹太教的秘密。”[①] 那么，什么是现实的“犹太人的秘密”呢？马克思说得很直接：“犹太人的世俗基础是什么呢？实际需要，自私自利。犹太人的世俗偶像是什么呢？做生意。他们的世俗上帝是什么呢？金钱。”[②] 但钱最怕的是什么？最怕没人借，这就使得以货币为生的犹太人的需要与以实体生产为生的人的需要产生了对立。也就是说，现实世界越是需要货币，犹太人在他们所在国家的地位就越高。与实体生产者的需要相反，犹太人最需要的是借贷的环境，这就是破产、疫病、灾荒等，最好就是战争，它们都能创造出对金钱的巨量需求。在欧洲的历史中，一旦出现革命或战争，君主们就急需金钱，这时他们就会给予犹太人比较宽容的待遇。比如，在 12 世纪末，“借贷业已经成为法国犹太人最重要的职业”[③]。而且，由于犹太人的借贷业对整个国家经济的重要性，借贷业在各国获得了法律的认可，1190 年法国的特许状承认了犹太人放贷业的合法性即是一个证明。哈布斯堡王朝的德意志国王和神圣罗马帝国皇帝弗里德里希三世（Friedrich III，1415—1493）遇到财政困境，他便“宣布对犹太人的保护，给他们发了许多赦免书，从而减轻了因对犹太人采取的特别经济措施而给人民带来的负担”[④]。在欧洲其他的国家中，“犹太人也是最重要的放贷者”，犹太放贷者因此成为许多国家中的特殊阶层。拿破仑执政时期，为了获得犹太人对其欧洲政策的财政支持，法国政府在 1808 年 11 月 15 日颁布的《宪法》第 10 条和第 15 条就规定：

① 《马克思恩格斯全集》第 1 卷，人民出版社 1956 年版，第 446 页。
② 《马克思恩格斯全集》第 1 卷，人民出版社 1956 年版，第 446 页。
③ 转引自张淑清：《试论中世纪欧洲借贷业中的犹太妇女》，载于潘光、汪舒明、罗爱玲主编：《犹太人在美国——一个成功族群的发展和影响》，时事出版社 2010 年版，第 291—292 页。
④ ［黎巴嫩］萨比尔·塔伊迈：《犹太通史》，张文建、王复译，商务印书馆 1992 年版，第 110 页。

> 1. 全体信仰犹太教的国民，享有其他国民所享有的一切权利和自由。
>
> 2. 非我国国民但居住在我国国内的犹太人，享有其他外国人所享有的一切权利和自由。
>
> 3. 废除一切仅加给犹太人的捐税。[①]

“这样，在法国、荷兰和德国的一些州，犹太人与其人民之间的社会差别逐渐消失。”[②] 但是在没有战争的时候许多犹太人依然放高利贷，马克思说：“由此产生了民众对高利贷的憎恶，这种憎恶在古代世界达到了极点。”[③] 对高利贷的憎恶导致欧洲人对犹太人的偏见也由此产生。莎士比亚写的《威尼斯商人》[④] 则是这种偏见的文学反映。英国学者丹·哈德卡斯耳在1843年出版的《银行和银行家》一书中写道：

> 犹太人，伦巴第人，高利贷者，吸血者，是我国最早的银行家，是我国原始的金融业者。他们这种人简直可以说是不顾廉耻……后来，伦敦的金匠加入了他们的行列，整个说来……我国最早的银行家……是一伙很坏的人，他们是贪得无厌的高利贷者，是铁石心肠的吸血鬼。[⑤]

---

① ［黎巴嫩］萨比尔·塔伊迈：《犹太通史》，张文建、王复译，商务印书馆1992年版，第121—122页。

② ［黎巴嫩］萨比尔·塔伊迈：《犹太通史》，张文建、王复译，商务印书馆1992年版，第121—122页。

③ 《资本论》第3卷下，人民出版社1975年版，第675页。

④ 莎士比亚在《威尼斯商人》中讽刺了犹太高利贷商人夏洛克的心胸狭窄和贪婪。

⑤ 《资本论》第3卷下，人民出版社1975年版，第691页。

这种偏见导致欧洲从古代起直至20世纪40年代发生了一波又一波的针对犹太人的有系统的大迫害。欧洲一些人试图用种族灭绝的方式来解决所谓犹太“奸商”问题[①]，事实上这反而强化了犹太人对未来历史，特别是对美国历史的影响力。

与其他民族一样，犹太民族也是一个伟大的民族，不幸的是，罗马对犹太的灭国政策让这个民族失去了祖国，他们不得不将金钱当作自己的“祖国”，并被迫选择了一种与实物生产的民族不同的价值趋向：没有祖国就把钱搂紧，就把钱当生命。其他民族有土地、有国家，可以从事物质生产。犹太人没有土地，只能从事被亚里士多德认为的“最不合乎自然”[②]的钱生钱的事业。在外汇市场中，货币对国家是没有感情的[③]。就这样，在现实中，没有祖国的犹太民族便与可以随意游移于多国间的货币有了生死相托般的“依赖”。我们在后面的历史中可以看到，与钱的命运捆绑在犹太民族的品质中打下了与实体经济相对立的印记。马克思说：“资本在历史上起初到处是以货币形式，作为货币财产，作为商人资本和高利贷资本，与地产相对立”[④]，“富裕地主因高利贷而遭到破产，小生产者被敲骨吸髓，这二者造成了大货币资本的形成和集中”[⑤]。

---

① 值得说明的是，与资产阶级不同，马克思指出了犹太人从中解脱出来的道路就是消灭私有制。马克思说：“一种社会组织如果能够消除做生意的前提，从而能够消除做生意的可能性，那末这种社会组织就能使犹太人不可能产生。他的宗教意识就会像烟雾一样，在社会的现实的、蓬勃的空气当中自行消失。另一方面，假如犹太人承认了自己这个实际本质毫无价值，因而尽力消除它，那他就会摆脱自己以前发展的范围，直接从事于人类解放，为反对人类自我异化的极端实际表现而奋斗。”参见《马克思恩格斯全集》第1卷，人民出版社1956年版，第446页。

② “所谓‘利息’正是‘钱币所生的钱币’。我们可以由此认识到，在致富的各种方法中，钱贷确实是最不合乎自然的。”参见［古希腊］亚里士多德:《政治学》，吴寿彭译，商务印书馆1965年版，第32页。

③ 法国谚语：“没有一块土地没有地主。”“货币没有主人。”转引自《资本论》第1卷，人民出版社1975年版，第168页。

④ 《资本论》第1卷，人民出版社1975年版，第167页。

⑤ 《资本论》第3卷，人民出版社1975年版，第672页。

凡事都有两面性：高利贷既然出现在人类历史中，它就一定有它的积极性，即黑格尔说的“合乎理性”的方面。在历史从封建社会向资本主义社会转变，以及与此相伴的资产阶级登上历史舞台的进程中，高利贷都起到了积极的推动乃至革命的作用。恩格斯说：“自从阶级对立产生以来，正是人的恶劣的情欲——贪欲和权势欲成了历史发展的杠杆。”[①] 马克思看到这一点，他写道：

> 高利贷在资本主义以前的一切生产方式中所以有革命的作用，只是因为它会破坏和瓦解这些所有制形式，而政治制度正是建立在这些所有制形式的牢固基础和它们的同一形式的不断再生产上的。[②]
>
> 但是，这个过程会在多大的程度上像在现代欧洲那样使旧的生产方式废除，并且是否会以资本主义生产方式代替它，这完全要取决于历史的发展阶段以及由此产生的各种情况。[③]

13 世纪至 19 世纪，犹太人及其商业活动在推进欧洲资本主义过程中成了一支“举足轻重、令人生畏”的积极力量。黎巴嫩历史学者萨比尔·塔伊迈（Sabir Taimai）在《犹太通史》一书中写道：

> 自 13 世纪到 19 世纪初，所有商业城市里的犹太人都参与了资本主义商业活动的发展，随后又参与了企业管理、开银行和控制资本的各项活动。
>
> 由于犹太人散布在欧洲的商业城市里，因此，离商业发展的场

① 《马克思恩格斯选集》第 4 卷，人民出版社 2012 年版，第 244 页。

② 《资本论》第 3 卷，人民出版社 1975 年版，第 675 页。

③ 《资本论》第 3 卷，人民出版社 1975 年版，第 672 页。

> 地很近。在封建基督社会里，尽管他们中间很多人都为封建王公们服过务，但却难于从事大规模的渗透和控制活动。在依赖封建基督教而维系的犹太实体的废墟上开始发展资本主义商业活动的阶段到来时，继承了理财本领——从事经纪人、借贷和投机倒把——的犹太人，看到跃上这一时代的领导地位的时机已经到来。刚刚进入19世纪，犹太人就具有了即便在控制工业资本发展运动时都不曾具有的意识。到19世纪末，他们已成为一支举足轻重、令人生畏的力量。
>
> 19世纪给犹太人创造了从事上述活动的许多机会。当欧洲爆发了工业革命，特别是英国的工业革命不断发展壮大时，在城市居民的各个阶层中，在旧有的封建时期的主宰们中间，出现了掌握着领导和控制权的新的经济力量。犹太人不愿意放弃领导这一重要的历史潮流的机会。于是，他们在各个商业城市中心，显示出他们特殊的能力。到19世纪初，开始出现新的聚集的犹太社团，几乎成了这个资本主义工商业发展的先锋和主宰。①

但是，当欧洲“封建基督教”大本营罗马天主教皇的权力在新教（对应地也可称“资本主义基督教”）改革中被削弱、资本主义登上历史舞台后，资产阶级的商业本性已不再局限于犹太族群。换言之，犹太人的商业本性已扩展为早期资产阶级的普遍品性。他们之间的差别只是资本自由的尺度。新教中的清教徒坚持绝对自由——这在资本主义上升时期是“合乎理性”的，而新教的另一部分即欧洲皇室则要求相对自由，即资本必须受国家节制。最终一部分激进的资产阶级以宗教（清教）的名义与欧洲曾和封建贵族妥协的资产阶级（比如英国女皇、拿破仑皇帝等，他们是贵族化

① ［黎巴嫩］萨比尔·塔伊迈：《犹太通史》，张文建、王复译，商务印书馆1992年版，第123—124页。

的资产阶级）决裂，并在信仰理念上向犹太教的经典《旧约》“皈依”。

对欧洲这场发生在新教内部的冲突，不能简单地用“旧的封建势力”或“新生的资本主义力量”来评价。欧洲大陆国家驱赶清教的政策，是吸取了欧洲近千年的政教二元冲突中无谓消耗人力、物力的教训，在打败天主教后他们不能允许将来资本强大后再与国家冲突——这显然是合理的选择。从清教徒方面看，他们代表新兴资产阶级，刚刚登上历史舞台，在他们蕴藏的巨大的生产力能量尚未释放之前，是不能接受欧洲国家尤其是皇室国家的控制的——这也是合理的选择。

清教徒坚决反对世俗国家控制资本的信念与长期没有了祖国的犹太人一拍即合。双方的合作首先是理念的接近。清教徒在《新约》中找不到有利于自己的解释，便从犹太教经典《旧约》中寻找思想资源。比如清教徒主张的“上帝选民”的思想就是从犹太教中衍生而来[①]，而这个打破等级制的思想却为刚刚从封建社会脱胎而来的欧洲资产阶级皇室，尤其是英国皇室所不容。双方矛盾激化的结果就是英国皇室大规模驱赶清教徒，以及被驱赶的清教徒与犹太教徒——为抵抗欧洲皇室——完成了历史性的大结盟，这种结盟是建立在理念融合之上的，因而可以说是天作之合。二者融合的结果就是美利坚精神和美利坚合众国在北美大陆的诞生。

关于此方面的研究，美国当代保守主义运动的思想导师拉塞尔·柯克（Russell Kirk）有较大的贡献。作者“上下纵横三千多年，将美国秩序的根基牢牢锚定在《旧约》中的先知时代”[②]。柯克在 1974 年出版的《美

---

① 犹太人相信他们是上帝选民。根据《圣经》的说法，上帝与犹太人之间这种特殊关系的传说源自亚伯拉罕。上帝要求亚伯拉罕和他的家人离开美索不达米亚的家乡，来到迦南。为了回报亚伯拉罕的忠诚和顺从，上帝承诺他将成为一个伟大民族的祖先，而且他的子孙将继承迦南的土地。上帝与亚伯拉罕之间的约定就是著名的“圣约”。参见［英］西蒙·亚当斯、威尔·福勒等：《世界历史百科》，陈日华译，黑龙江科学技术出版社 2008 年版，第 156 页。

② ［美］拉塞尔·柯克：《美国秩序的根基》，张大军译，江苏文艺出版社 2018 年版，第 1 页。

国秩序的根基》一书中单列“旧约与新美国”一节，他写道：

正如希伯来人所了解的，有种超越时间的道德秩序。西奈山秩序通过其基督教和犹太教的形式依然在给美国注入活力。

在殖民地时代的美国，任何接受过基础教育的人都熟知一本书：《圣经》。《旧约》和《新约》同样重要，因为美国殖民地在建立时恰逢对希伯来文化的学术研究重新火热起来，而且早期美国基督教信仰的加尔文主义特征强调以色列的遗产。

马吉安派（Marcionism）[①]是基督徒试图从犹太人教义中排除出去的异端，在早期的美国没有追随者。在美国革命前，只有少数犹太人在殖民地定居，而且直到19世纪最后几十年人数才增多。不过，以色列的遗产在美国的影响力大于在欧洲的影响力。

新英格兰的清教徒们不仅以十诫和《利未记》与《申命记》来建构他们共同体的秩序，而且一直将他们自己比作以色列和犹大的百姓。清教徒们认为自己在上帝的指引下正再次经历希伯来人的磨难和成就。

尼尔·里摩尔（Neal Riemer）评论道，“因为旧约的核心主题便是从奴役和压迫中得自由”，以色列和犹大的遗产滋养了美国的自由。

不过，虽然如此，如果不诉诸律法和先知，美国的政治理论和体制以及美国的道德秩序便不可能获得很好的理解、维系或更新。“我们信仰上帝”这一美国信念重新确认了与诺亚、亚伯拉罕、摩西以及预言中最后日子里的以色列之子们所立的圣约。地上的耶路撒冷从来都不是座雄伟的城市：今天，生活在纽约市的犹太人远远多于在所罗

① 约在公元2世纪中叶，从土耳其移居罗马的马吉安认为基督徒认可的只能是《新约》，《旧约》没有权威性，应剔出正典。他反对福音中有犹太信仰。犹太人的雅威不是上帝，只是工匠神，犹太神只会使人类蒙受苦难，直到基督来临。

门最光辉灿烂的日子里生活于巴勒斯坦所有地区的居民。不过，比起清教徒们创建的波士顿、荷兰人创建的纽约或因杰斐逊主义者和汉密尔顿主义者在政治上的妥协而诞生的华盛顿，永恒的耶路撒冷这座灵性之城对美国秩序的影响更大。当地上之城灰飞烟灭时，信心和盼望却会永存：这实际上是以色列在上帝主权之下的经历的主要教训。①

犹太人对金钱的归属感是由于没有祖国。马克思在《共产党宣言》中说“工人没有祖国”②，是由于资本尤其是高利贷资本没有祖国③。“资本不是一种个人力量，而是一种社会力量。”④确切地说，相对于高利贷资本而言，工业资本对祖国还是有些归属感的，因为工业资本不能自己生产和消费自己，它需要通过社会消费它生产的商品才能增殖。而生产商品就需要工业矿产和劳动力，这些都是以国家和民族的存在为前提的。在工业资本（马克思有时称“产业资本”）和高利贷资本之间，高利贷资本对祖国的依存感最低。美国独立战争时帕特里克·亨利（Patrick Henry）那篇《不自由，毋宁死》⑤的著名讲演之所以当时那么鼓舞人心，就是他道出了来到北美的“上帝选民”视资本高于国家的心声——而这正是与他们原来的祖国英国的价值观相对立的地方。当时的英国已接受黎塞留（Armand Richelieu）⑥式的国家至上的理念，将宗教乃至资本都归属于国家利益。

① ［美］拉塞尔·柯克：《美国秩序的根基》，张大军译，江苏文艺出版社2018年版，第46—47页。

② 《马克思恩格斯选集》第1卷，人民出版社2012年版，第419页。

③ “资本是不知道爱国的。”参见［美］拉铁摩尔：《中国的亚洲内陆边疆》，唐晓峰译，江苏人民出版社2010年版，第131页。

④ 《马克思恩格斯选集》第1卷，人民出版社2012年版，第415页。

⑤ ［美］J. 艾捷尔：《美国赖以立国的文本》，赵一凡、郭国良译，海南出版社2000年版，第14—17页。

⑥ 黎塞留（1585—1642），法国政治家、外交家，法王路易十三的宰相，天主教的枢机，在法国政务决策中具有主导性的影响力。其主张对内恢复和强化专制王权，对外谋求法国在欧洲的霸主地位，为路易十四时代的兴盛打下了基础。

与中国经历了战国时代200多年的折磨后人民选择了秦王嬴政的道理一样，欧洲选择黎塞留的国家至上的理念——与之相应的是黑格尔的国家哲学——是在欧洲经历数百年并最终解决了政教二元冲突后血写的经验。

当年其信念与犹太教义非常接近的清教徒（这部分人心中的“上帝的选民”是工业资本）与犹太教徒（这部分人心中的“上帝的选民”是金融乃至高利贷资本）天然结盟后来到北美大陆，他们在倒掉英国国教这盆“洗澡水”时，因用力过猛把洗澡盆里的“孩子”（指国家观念——笔者注）也倒了出去，以致当美国在工业资本与金融资本联手在第二次世界大战中打败欧洲霸权后，便在20世纪70年代初尼克松执政时期出现分裂，石油美元取代军工美元，至20世纪80年代里根时期，金融资本大规模扩张且反客为主，民生工业资本（与军工资本相对——笔者注）受到重创，进入21世纪后，美国整体性地转变为高利贷帝国主义。

“重大的历史转折点有宗教变迁相伴随。”① 美国学者拉塞尔·柯克（Russell Kirk）在《美国秩序的根基》一书中单列“旧约与新美国”一节，柯克这里说的“新美国”，是指清教教义与犹太教教义融合后形成的与欧洲资产阶级新教各国不同的美国。这个美国因清教教义与犹太教教义融合而强大：在它面前，“一切神都要退位”②；同样，当其他神退位后，在两教教义中埋得很深的矛盾即货币与商品从而高利贷资本与工业资本的矛盾③ 逐渐升级，并最终又以工业资本屈服、高利贷资本的权杖肆虐美国并最终毁掉美国而告终。

---

① 《马克思恩格斯选集》第4卷，人民出版社2012年版，第241页。

② 《马克思恩格斯全集》第1卷，人民出版社1956年版，第448页。

③ 高利贷资本与工业资本的矛盾，可以用马克思的这句话——“货币对不动的、不可分割的财产起瓦解作用”来解释。参见《马克思恩格斯全集》第31卷，人民出版社1998年版，第332页。

四、新美国：在资本面前，“一切神都要退位”

马克思说：“货币对不动的、不可分割的财产起瓦解作用。”[①]只要世界陷入货币依赖，货币的持有人就成为世界的主人，世界上用的货币量越大，这些人的权力就越大，地位就越高。可以说，是罗马人用灭族灭国的暴行将一个本不愿靠与货币为伍的犹太民族[②]在后来的历史中逼成了有名的“高利贷民族”[③]，又是货币将犹太人送到历史舞台的聚光灯下。因此，不研究货币，就读不懂犹太人，而读不懂犹太人，就读不懂美国。

确切地说，犹太人以民族的身份与高利贷活动发生联系是从12世纪末开始的，此后各国对四处流亡的犹太人的经济活动范围越来越多地加以限制。比如，有许多国家就规定“犹太人作为外民，不能拥有土地……犹太人又被排斥在行会之外，各种手工业经营被有效地阻止。因此，犹太人从事农业和手工业的极少。而犹太人作为一个主要定居在城市的民族，从事商业的比较多；加上早期基督教禁止其教徒放贷取息……于是，犹太人充当放贷者的就相对较多”[④]。这样就在欧洲普遍产生了对犹太人的偏见。比如莎士比亚笔下的放贷人“夏洛克”的形象就是这种偏见的文学表现。在这里，“犹太人”几乎被丑化为“贪婪者”的同义词。尽管如此，我们还是不能否认犹太民族为人类的历史进步作出

---

① 《马克思恩格斯全集》第31卷，人民出版社1998年版，第332页。

② 根据《旧约》的记载，上帝通过摩西将禁止借贷的律法给了以色列人，禁令最早出现在摩西的第二部书《出埃及记》中，“我民中有贫穷人与你同住，你若借钱给他，不可如放债的向他取利”。《旧约·出埃及记·二十二章》，转引自周一良、吴于廑：《世界通史资料选辑·上古部分》，商务印书馆1962年版，第171页。

③ 张力升：《重回耶路撒冷：犹太人的三千年》，金城出版社2009年版，第36页。

④ 石竟琳：《美国历史上反犹主义的宗教文化根源》，转引自潘光、汪舒明、罗爱玲主编：《犹太人在美国——一个成功族群的发展和影响》，时事出版社2010年版，第74页。

了杰出的贡献。至于其中少数人在后来的历史上参与帝国主义寡头垄断集团瓜分世界的活动，并成为世界历史的反动力量，从阶级分析的角度看，那只是犹太民族中的上层剥削阶级的行为，这笔账不能算在整个犹太民族的劳苦大众身上。

与20世纪80年代中国改革开放之初面临的美元紧缺的经历相似，15世纪至18世纪，欧洲自由贸易广泛开展，一时间金银货币紧缺，这刺激了欧洲盛行“重商主义”经济理论，重商主义将金银货币存量的增长当作财富增长的标志[①]。重商主义的提出和金银货币短缺的现实提升了手持大量货币并具有娴熟货币经营能力的犹太人的社会地位。在这个过程中犹太人站在新兴资产阶级一边，帮助欧洲新兴资产阶级打败了天主教，消除了欧洲“则中一国而二君二王也”[②]的政教二元冲突的历史难题。当然在这个历史性的资产阶级大借款的过程中，犹太货币商们也名利双收，赚得盆满钵满。

罗马天主教会在与欧洲世俗政权的斗争中败北并随后隐退，是欧洲资产阶级对历史进步的一大贡献，也无疑为欧洲资产阶级伴随着民族国家登上历史舞台扫清了道路[③]。但是，当欧洲民族国家走到前台之后，那里的资产阶级与这些曾经支持过他们的犹太货币商们的矛盾也就随之上升，后者要求在新国家中有自己的统治权力。1799年，拿破仑政变成功——这当然少不了这些货币商的帮助，次年他便邀请法国知名犹太人

① 18世纪意大利经济学家彼得罗·维里（1728—1797）认为：“尽量增加每一种商品的卖者的人数，尽量减少买者的人数，这是政治经济学的一切措施的枢纽。”转引自《资本论》第1卷，人民出版社1975年版，第154页注释94。

② 《管子·轻重甲篇》，转引自黎翔凤：《管子校注》下，中华书局2004年版，第1425页。

③ “欧洲因政教二元矛盾导致的地缘政治破碎化也使欧洲因祸得福，这就是欧洲城市商品经济（市场经济的前身）和市民阶级（资产阶级的前身）比东方中国以更快的速度登上历史舞台。”参见张文木：《基督教佛教兴起对欧亚地区竞争力的影响》，清华大学出版社2015年版，第81页。

召开会议。拿破仑借用古代犹太法庭的称呼将这次会议命名为“伟大的公会”①，其目的就是要确保这些曾在推翻旧政权的大革命中帮助过他的犹太商人对法国新政权的忠诚。俄国在打败拿破仑后随即“卸磨杀驴”，加入排犹行列——排犹在欧洲一直延续到1945年第二次世界大战结束，其目的与拿破仑一样，就是遏制这些货币商的政治欲望。

这些在欧洲资产阶级革命中作出巨大贡献的犹太货币商们的“从政”欲望最先在英国遭到了清算。英国王权要将宗教置于国家的监督之下，伊丽莎白一世（Elizabeth I)期间，英国完成了脱离罗马教廷的新教改革，确立了教廷必须服务于英王即国家的宗教属性。但这遭到新教中失意的清教徒（实则是新兴的工商资产阶级）的反对，后者只承认《圣经》是信仰的唯一权威，强调所有信徒在上帝面前一律平等。

事实上，同一“上帝”在清教徒眼里与欧洲大陆的资产阶级的认识是有区别的，前者的“上帝”就是新兴的工商资本主义——正如犹太人的“上帝”就是手中的货币一样，后者的“上帝”则是欧洲王朝国家。清教徒们不甘心在资本的起步阶段就受制于国家，相反，他们要让世俗王权为资本让位，国家要根据“上帝选民”②的原则，以资本的多少来确定国家的统治者。一句话，资本面前无国家。马克思说：

> 钱是以色列人的妒忌之神；在他面前，一切神都要退位。钱蔑

---

① ［美］林赛·波特:《光明会：阴谋论的前世今生》，韦民、王春燕译，海南出版社2010年版，第100页。

② 在17世纪初的英国，最早源起于加尔文的清教徒们发起宗教改革运动，试图在基督教内部进行“纯洁”工作。自称为“上帝的选民”的新教各教派自认为“出污泥而不染”，竭力通过自己在尘世的行为来证明上帝对自己的“恩宠”。在虔诚的清教徒身上，这一点表现得尤为强烈。清教徒们本想在英国推进宗教改革，实现梦寐以求的神圣理想。但是由于他们的主张反映的是新兴阶级的要求和利益，很难为守旧的、以王权为代表的统治阶级所容忍。

视人所崇拜的一切神并把一切神都变成商品。钱是一切事物的普遍价值，是一种独立的东西。因此它剥夺了整个世界——人类世界和自然界——本身的价值。钱是从人异化出来的人的劳动和存在的本质；这个外在本质却统治了人，人却向它膜拜。”①

马克思这段论述也道出了犹太教及清教的本质，即在资本面前，包括国家在内的“一切神都要退位”②。

也正因此，清教徒为英国王室所不容并于16世纪末17世纪初遭到英王室的驱逐，其中大多数人迁往北美③。这些人来到北美的同时也就确立了今天的美国的立国精神即“五月花号”④原则，这个原则的核心是契约精神。历史上对契约精神贡献最大的是没有国家的犹太人，契约是平权的人之间的一种私法约定，它是社会团体组建和管理的基础，其间排除了纵向的国家权力及其管理体系。由于没有国家，社团就成了犹太人

---

① 《马克思恩格斯全集》第1卷，人民出版社1956年版，第448页。

② 黑格尔说：“神自身在地上的行进，这就是国家。”参见［德］黑格尔：《法哲学原理》，范扬、张企泰译，商务印书馆2009年版，第259页。

③ “在其发表《独立宣言》时，美国人中有80%是清教徒，天主教徒占总人口的0.8%，信仰基督教的人口占美国总人口的绝对多数，而犹太教徒仅占总人口的0.1%。”参见潘光、汪舒明、罗爱玲主编：《犹太人在美国——一个成功族群的发展和影响》，时事出版社2010年版，第76页。

④ 1620年7月，102名英国清教徒满怀希望地登上“五月花”号邮船，离开南安普敦港，驶向梦想之地——新大陆。历经风浪、饥饿、疾病等磨难，5个月后，疲惫不堪的旅客们在普利茅斯登陆，踏上了充满希望但又荒凉野蛮的新大陆。途中，他们在船长、清教改革家威廉·布雷福德（William Bradford）的主持下，订立了被认为是美国民主基石的《五月花号公约》，宣誓以上帝的名义在新大陆进行清教改革试验，“弘扬上帝的荣耀，推进基督的信仰，同舟共济，以契约的形式组成政府……并且要随时制订、拟定和设计那种公认最为适合殖民地全体人民利益的公平法律条例法令法规，以及设立治理机构……以求自我完善，把北美大陆建成新的耶路撒冷”。参见王帅等编著：《驴象之争200年》，经济日报出版社2001年版，第215页。

所依赖的命运共同体。犹太人靠社团在世界各国生存[①]，也靠社团向世界扩张[②]。可以说，社团及其必需的契约精神是犹太民族对世界文明的一大贡献，这也是犹太民族在世界民族之林中得以“合乎理性”地长期存在的前提。身为犹太人的马克思汲取犹太社团及其契约文明并将其改造为未来国家消亡后人类的组织形式，马克思在《共产党宣言》中说：“代替那存在着阶级和阶级对立的资产阶级旧社会的，将是这样一个联合体，在那里，每个人的自由发展是一切人的自由发展的条件。”[③]

但是，与马克思所谓的自由人联合体本质不同的是，犹太人带给美国的契约社团是私有制下没有祖国的人群在其他国家生存和发展的联合方式。在这里，人的横向契约打破了国家的垂直权力，取而代之的是确立了资本的垂直权力。这样，人对物（资本）的管理就假以“自由”“民主”的名义，变成了物对人的管理，人的尺度异化为物的尺度。为了防止在未来的新国家中重演在欧洲刚刚经历过的“卸磨杀驴”[④]的噩梦，在刚登陆美国的清教先驱及后来美国的开国领袖心目中，新国家必须是由遵守契约的商人绝对控制并为资本服务的工具，这样的共识形成了《五月花号公约》的本质。

《五月花号公约》精神使从犹太教分离出来的基督教在美国以清教

---

① 从12世纪开始，英国各主要城镇开始出现较为固定的犹太人聚居地，中世纪英国的犹太社团已初具规模。参见杨鹏飞、李家莉主编：《欧亚文明研究：历史与交流》，甘肃文化出版社2013年版，第108页。

② “以色列经济发展的源头可以追溯到上世纪末，在大规模犹太移民基础上形成的巴勒斯坦地区犹太人社团经济。”参见杨光主编：《中东的小龙：以色列经济发展研究》，社会科学文献出版社1997年版，第1页。

③ 《马克思恩格斯选集》第1卷，人民出版社2012年版，第422页。

④ 意指欧洲皇室利用新兴的资产阶级打败天主教后又要控制资本的后果。

的名义再次向犹太教“还原”[①]。这使得建国以后的美国人在清教精神中不自觉地成了犹太化了的美国人；这时的犹太人也脱离了他们在欧洲大陆的社团闭合的特性，转变为美国化了的犹太人。马克思概括得很深刻，他在《论犹太人问题》一文中写道：“基督教起源于犹太教，又还原为犹太教。基督徒起初是理论化的犹太人，因此，犹太人是实际的基督徒，而实际的基督徒又成了犹太人。”[②]

来自欧洲大陆的清教徒到北美大陆后，皈依于资本和商人的契约精神，使犹太裔与非犹裔族群的价值分野——与欧洲相比——变得模糊多了。美国社会精英阶层对犹太人也不像欧洲那样排斥，而是广泛接纳。他们在“民主”“自由”（本质是资本不受节制和自由放任）的旗帜下统一了起来。在这种文化中，“反犹主义在美国主流社会中逐渐变成一种在政治和道德上都是不正确的行为而难以获得支持”[③]。历史上犹太人第一次不受任何制度性排斥，可以靠自己的奋斗挤入国家权力中枢和社会上层。据统计，美国的犹太人只占全国人口2%，但美国资产排名的前400名中，23%是犹太人。美国资产排名的前40名中，40%是犹太人。世界亿万富翁排名前400位的，15%为犹太人[④]。不仅如此，犹太人在美国的政治生活中也发挥着举足轻重的作用。目前美国联邦储备委员会（以下简称美联储）更是犹太人云集。包括历任美联储主席在内，美联储最高委员会的成员几乎都是犹太人［直到2018年杰罗姆·鲍威尔（Jerome

① 1630年3月29日，英国国王下令将1500名离经叛道的清教徒以押解的方式强行迁居北美。他们在领袖约翰·温斯罗普（John Winthrop）的带领下，建立了马萨诸塞殖民地，严格按照清教戒律管理。他在布道时自豪地宣称将建立照亮世界的“山巅之城”。参见王帅等编著：《驴象之争200年》，经济日报出版社2001年版，第215页。

② 《马克思恩格斯全集》第1卷，人民出版社1956年版，第450页。

③ 潘光、汪舒明、罗爱玲主编：《犹太人在美国——一个成功族群的发展和影响》，时事出版社2010年版，第90页。

④ 高宏德编著：《经济社会管理常用数据手册》，成都时代出版社2006年版，第244页。

Powell）就任美联储主席才打破了这个惯例]，比例接近100%。而美联储下属的12家地区储备银行的行长也多是犹太人。这些犹太人中，曾任纽约联邦储备银行行长的蒂莫西·盖特纳（Timothy F. Geithner）后来成为奥巴马政府第一任财政部部长，曾任旧金山联邦储备银行行长的珍妮特·耶伦（Janet L. Yellen）女士则在2014—2018年任美联储主席。[①] 经过几代人的努力，犹太人已经全面融入主流社会，成为对美国政治有着重要影响力因而不能忽视的群体。"从受教育程度、职业、收入等方面来看，美国犹太人都已经爬到美国各社会群体的顶端。"[②]

2006年3月，哈佛大学肯尼迪学院网站上发表约翰·米尔斯海默（John J. Mearsheimer）和斯蒂芬·沃尔特（Stephen M. Walt）的研究报告认为，在美国已经形成了一个以美国犹太人为核心的"以色列游说集团"，这个集团"在美国中东政策制定中拥有无与伦比的力量，操控着美国的政治体系，它们的影响如此之大，以至于任何关于美国对以政策的公开辩论都难以在国会发生；只要涉及以色列，任何潜在的批评者也会沉默寡言"[③]。

米尔斯海默等将犹太民族整体划入"精英阶层"也是不对的。马克思说的"一切神都要退位"，当然也要包括犹太人中的那些不利于资本增殖或者说被资本淘汰的人群。犹太人来到美国后很快出现贫富两极分化，与犹太族群相对立的是阶级的划分。清教徒的绝对资本主义实践使犹太人很快分化为剥削阶级和被剥削阶级：少数犹太美国人进入美国统治者阶层，大多数犹太美国人却被抛入被压迫的无产阶级行列。完全是"被

① 温宏轩：《资本的进化与博弈》，九州出版社2016年版，第162—163页。

② 潘光、汪舒明、罗爱玲主编：《犹太人在美国——一个成功族群的发展和影响》，时事出版社2010年版，第87页。

③ 潘光、汪舒明、罗爱玲主编：《犹太人在美国——一个成功族群的发展和影响》，时事出版社2010年版，第83页。

压迫民族”意义上的“犹太人”在美国已不存在，取而代之的是进入压迫阶级的犹太人——他们已归入美国垄断资本家阶层，而落入被压迫阶级行列的犹太人则与贫困美国人划为一体。

调查显示，在近590万美国犹太人中，约有60万人生活在贫困之中，有人认为这还是相当保守的统计；1969年，美国人口普查局的调查也表明，犹太人处于贫困线以下的人口比例，高于爱尔兰人、英格兰人、德国人、意大利人、俄国人和波兰人。[①] 对犹太人贫富分化问题进行了专门研究的美国学者杰拉尔德·克雷夫茨（Gerald Krefetz）在《犹太人和钱——神话与现实》（1982年）一书中写道：“衡量犹太人贫困的另一种方式是考察纽约市，这里有着世界上最多的犹太人口。纽约的犹太人构成全市人口的18%，占全国犹太人的21%。在120万个纽约犹太人中，15%或18.42万个犹太人是穷人或濒临贫困的人，而另有5%的人其收入处于贫困和劳动统计局规定的低收入水平之间：在这个城市中，总数为24.56万的犹太人，或者说五分之一的犹太人是潜在的福利救济对象。”[②]

克雷夫茨根据对美国犹太人的经济状况研究发现：“犹太人在美国社会中既是最富的群体，同时又差不多是最穷的群体。”[③] 克雷夫茨的研究也告诉我们，将“犹太人”归入民族学中的“负面清单”显然是不合适的；同样将犹太民族整体性归入精英阶层也是不合适的。

---

① ［美］杰拉尔德·克雷夫茨：《犹太人和钱——神话与现实》，顾骏译，生活·读书·新知三联书店1991年版，第271、273页。

② ［美］杰拉尔德·克雷夫茨：《犹太人和钱——神话与现实》，顾骏译，生活·读书·新知三联书店1991年版，第274页。

③ ［美］杰拉尔德·克雷夫茨：《犹太人和钱——神话与现实》，顾骏译，生活·读书·新知三联书店1991年版，第273页。

五、美国的蜕变：美国从军工帝国向高利贷帝国转变

在进入下面的讨论之前需要说明的是，鉴于前述，犹太人到美国后其血统种族的意义已大为模糊，在后面的讨论中，笔者笔下的“犹太人”的概念已脱离了种族或血统语境，它更多的是一种“美国犹太人”或“犹太美国人”语境下的表述。

（一）银行私有化改革，站起来的美国人又跪倒在资本的权杖之下

犹太人在美国政治地位的迅速上升不仅仅是犹太人凭其聪明才智个人奋斗的结果，更是一种制度设计的结果——其直接目的是要确保这些已经在美国事业有成的大货币商们不能重蹈在欧洲被“卸磨杀驴”的前辙，而制度设计的突破口恰恰就是从控制新国家的经济血脉即银行入手：在国库空虚、社会需要货币支持时及时推进所谓“金融改革”以推动货币商们对国家银行的控制，并通过这种控制实现对国家的政治控制。

1791 年美国政府在费城建立的合众国银行（Bank of United States，也译美国银行）可以说是美国中央银行的原型，它集中体现了《五月花号公约》的社团契约原则。时任财政部部长的亚历山大·汉密尔顿（Alexander Hamilton）希望按照英格兰银行的模式建立中央银行，代替政府管理财政并监督国家的货币发行，设立公司制中央银行——由国家特许、私人投资者所有，合众国银行在这种理念下诞生了。财政部账户设在该银行，对于未按规定保持一定数量黄金或白银的银行，合众国银行拒绝接受它们的票据，以此来维持货币存量和贵金属供应之间的关系。意想不到的是，汉密尔顿设计的金融制度带动了华尔街的发展。当时汉

密尔顿的官邸就在华尔街上，而纽约银行就在汉密尔顿官邸的对面，汉密尔顿去世后一直被安葬在华尔街上的三一教堂侧面，以致后来有人称亚历山大·汉密尔顿为“华尔街之父”[①]。

当时美国也有一些人担心汉密尔顿的设计会导致寡头控制美国金融，而州银行也纷纷表示该行的设立影响了它们的银行券发行。因此，20年经营许可期限过后，合众国银行的经营并没有获得延续。这样，州银行开始没有约束地发行银行券，造成市场纸币泛滥、通胀高涨。美国国会不得已于1816年决定在费城再设立一家合众国银行，这样，第二合众国银行诞生了，许可期限仍为20年。20年期限到期后，国会同意该行换发许可证继续经营，但被时任总统的安德鲁·杰克逊（Andrew Jackson）否决，否决的主要理由是可能会形成一个由银行家和工业家组成的精英圈子，这会影响个人自由，造成政府集权。这就是美国建国后两次设立中央银行都失败的原因。

在没有中央银行后，美国政府（财政部）也曾试图发展各种替代机构来取代中央银行的功能和地位，其中之一就是通过一些统称票据交换所的机构，如成立于1853年的纽约清算所来清算票据，行使中央银行的部分职能，但这些机构都无法像第一合众国银行和第二合众国银行那样能够保持美国的金融稳定。20世纪美国已是世界上最大的经济体，但其银行业危机发生的频率远远高过拥有中央银行的欧洲国家。金融风险已成为美国社会一个很大的问题，特别是1907年10月14日的那场金融危机，恐慌使得几乎所有储户都涌到了纽约各银行门前。不幸的是，此时美国缺乏一个最后贷款人——中央银行来应付这场危机。最终，政府、银行家们，特别是纽约票据清算所发挥了关键作用，才平息了这场金融

---

① 刘晓东：《全球金融中心华尔街》，吉林人民出版社2012年版，第110、111页。

危机。为了保持金融稳定，1913 年，美国总统伍德罗·威尔逊（Woodrow Wilson）签署了《联邦储备法》，依据该法案，1914 年成立了美国联邦储备系统（the Federal Reserve System，简称 the Fed），以履行各项中央银行职能，包括银行业监管，货币政策的制定、实施及支付清算。为了防止国家集权，该系统只是在华盛顿设立了联邦储备委员会（也称为联邦储备系统理事会）和联邦公开市场委员会，后者是货币政策的执行机构。此外，在全美选择了 12 个储备区，每个区设立一个独立的联邦储备银行，主要负责银行业监管（纽约联邦储备银行还被授权负责货币政策的公开市场操作）和管理 25 家分支机构。这 12 家联邦储备银行的股东都是成员银行（国民银行）和合格的州注册银行，但股份不能转让。联邦储备银行由独立的董事会管理，所有权属于私营性质，但联邦储备银行执行的却是中央银行职能[①]。《美联储法案》的始作俑者参议员尼尔森·奥利奇（Nelson Aldrich）在 1914 年 7 月《独立》杂志对他的采访中透露："在这个法案之前，纽约的银行家只能控制纽约地区的资金。现在，他们可以主宰整个国家的银行储备金。"[②]当时对《美联储法案》持坚决反对意见的议员查尔斯·林德伯格（Charles A. Lindbergh）在众议院发表的演讲中说道："这个法案（《美联储法案》）授权了地球上最大的信用。当总统签署这个法案后，金钱权力这个看不见的政府将被合法化。人民在短期内不会知道这一点，但几年以后他们会看到这一切的。到时候，人民需要再次宣告《独立宣言》才能将自己从金钱权力之

① 参见王华庆：《央行·人民币：中国经济可持续发展中的基石作用》，中国金融出版社 2016 年版，第 7—10 页。

② 转引自刘汉太：《第四资本》，中国铁道出版社 2012 年版，第 136 页。

下解放出来。[1] 这个金钱权力将能够最终控制国会。如果我们的参议员和众议员不欺骗国会，华尔街是无法欺骗我们的。如果我们拥有一个人民的国会，人民将会有稳定的生活。国会最大的犯罪就是它的《货币系统法案》(《美联储法案》)。这个银行法案是我们这个时代最严重的立法犯罪。两党的头头和秘密会议再一次剥夺了人民从自己的政府得到益处的机会。”[2]

亲自签署了《美联储法案》的美国第 28 任总统伍罗德·威尔逊事后非常后悔地说：“美国这个国家的发展和我们所有的经济活动完全掌握在少数人手中。我们已经陷入最糟糕的统治之下，一种世界上最完全最彻底的控制。政府不再有自由的意见，不再拥有司法定罪权，不再是那个多数选民选择的政府，而是在极少数拥有支配权的人的意见和强迫之下的政府。这个国家的很多工商业人士都畏惧着某种东西，他们知道这种看不见的权力是如此地有组织、如此地悄然无形、如此地互锁在一起、如此彻底和全面，以至于他们不敢公开谴责这种权力。”[3]

“经过与美国政府一百多年的激烈较量，国际银行家终于达到了他们的目的，彻底控制了国家货币发行权，英格兰银行的模式终于在美国被复制成功了。这个系统是私有的，它运作的全部目的就是利用别人的金

---

① 毛泽东也看出这一点。1965 年美国记者爱德加·斯诺与毛泽东谈话结束时说：“希望在我走之前，请主席向美国人民说几句话，美国人民对中国是有好感的。”毛泽东一针见血地回答说：“祝他们进步。如果我祝他们获得解放，他们有些人可能不大赞成。我就祝那些认识到自己还没有解放的、生活上有困难的人获得解放……美国人需要再解放，这是他们自己的事。不是从英国的统治下解放，而是从垄断资本的统治下解放出来。”参见《毛泽东文集》第 8 卷，人民出版社 1999 年版，第 411、412 页。

② 转引自刘汉太：《第四资本》，中国铁道出版社 2012 年版，第 136—137 页。

③ 转引自杜连功：《合作，还是对抗：解读国际石油大棋局》，中国经济出版社 2013 年版，第 82 页。

钱来获得最大可能的利润。”① 威尔逊临终时无限悔恨地承认：“我在无意之中摧毁了我的国家！”② 美联储成立后，美国政府失去发币权，留下的只有发债权，用国债到私有的中央银行美联储那里做抵押，才能通过美联储及商业银行系统发行货币。“1963 年肯尼迪总统遇刺后，美国政府最终丧失了仅剩的‘白银美元’的发行权。美国政府要想得到美元，就必须将美国人民的未来税收（国债），抵押给私有的美联储，由美联储来发行‘美联储券’，这就是‘美元’。”③ 美国克林顿政府时期的劳工部部长、经济学家罗伯特·赖克（Robert Reich）说：“这些核心公司宏伟的总部大厦就是美国资本主义的神殿，代表着国家的权力和信心。”④ 而此后的美国政府，用马克思的话说，“不过是管理整个资产阶级的共同事务的委员会罢了”⑤。

至此，美国主权的独立已沦为形式，由于国家信用转入华尔街资本集团手中，美国事实上已堕落为华尔街的债奴，美国——类似于 1949 年前的近代中国——已堕落为华尔街操控的半殖民地国家。中国学者杜文君写道：“垄断财团既是美国经济的核心，更是美国政治生活浪潮中一支潜伏的暗流，有时甚至根本就是滋生美国战略决策的河床。垄断财团犹如一个首席乐师，只要弹出一串音符，国防部乃至总统就会随乐起舞。”⑥

19 世纪前半叶美国的银行改革，很可能引起马克思、恩格斯的注

① 刘汉太：《第四资本》，中国铁道出版社 2012 年版，第 137 页。

② 杜连功：《合作，还是对抗：解读国际石油大棋局》，中国经济出版社 2013 年版，第 82 页。

③ 刘汉太：《第四资本》，中国铁道出版社 2012 年版，第 133 页。

④ 转引自杜文君：《美国战争经济论》，中国财政经济出版社 2009 年版，第 153 页。

⑤ 《马克思恩格斯选集》第 1 卷，人民出版社 1972 年版，第 253 页。

⑥ 杜文君：《美国战争经济论》，中国财政经济出版社 2009 年版，第 153 页。

意。他们曾对美国走上社会主义道路的可能性寄予很大希望[①]。为此，他们在1848年发表的《共产党宣言》中提醒未来的社会主义国家在完成所有制的改造、实现公有制后，还要特别注意“剥夺地产，把地租用于国家支出”，“通过拥有国家资本和独享垄断权的国家银行，把信贷集中在国家手里”[②]。1871年巴黎公社失败后，马克思和恩格斯都认为不将法兰西银行收为国有是巴黎公社失败的重要原因。1891年恩格斯在为马克思总结巴黎公社失败教训的著作《法兰西内战》写的导言中表达了这样的观点：“为什么公社在经济方面忽略了很多据我们现在看来是当时必须做到的事情。最令人难解的，自然是公社对法兰西银行所表示的那种不敢触犯的敬畏心情。这也是一个严重的政治错误。银行掌握在公社手中，这会比扣留一万个人质还有更大的意义。这会迫使整个法国资产阶级对凡尔赛政府施加压力，要它同公社议和。”[③]

“制度决定一个国家走什么方向。”[④]2011年9月，美国出现“占领华尔街”运动，此后，美国民众的各式抗议活动层出不穷。如果九泉之

① 1864年11月马克思起草了第一国际中央委员会《致美国总统阿伯拉罕·林肯》的信，在信中马克思给林肯以高度的赞扬，说“从美国的大搏斗开始之时起，欧洲的工人就本能地感觉到他们阶级的命运同星条旗息息相关”，“欧洲的工人坚信，正如美国独立战争开创了资产阶级统治的新纪元一样，美国的反奴隶制战争将开创工人阶级统治的新纪元。他们认为，由工人阶级忠诚的儿子阿伯拉罕·林肯来领导他的国家进行解放被奴役种族和改造社会制度的史无先例的战斗，是即将到来的时代的先声”。1865年4月14日，林肯遇刺，当天安德鲁·约翰逊继任总统。5月，马克思代表第一国际中央委员会起草《致美国总统安德鲁·约翰逊》，告诫这位新总统不忘林肯“解放劳动”的伟大使命继续前进。马克思写道：“在这场战争结束之后，阁下，落在您肩上的任务就是用法律去根除那些已被刀剑砍倒的东西，领导政治改革和社会复兴的艰巨工作。深刻地意识到您的伟大使命，将使您在严峻的职责面前不作任何妥协。您将永远不会忘记，为开创劳动解放的新纪元，美国人民把领导的责任付托给了两位劳动伟人：一位是阿伯拉罕·林肯，另一位是安德鲁·约翰逊。”参见《马克思恩格斯全集》第21卷，人民出版社2003年版，第24、25、151页。

② 《马克思恩格斯选集》第1卷，人民出版社2012年版，第421页。

③ 《马克思恩格斯选集》第2卷，人民出版社1972年版，第333页。

④ 《毛泽东年谱（1949—1976）》第4卷，中央文献出版社2013年版，第321页。

下的汉密尔顿看到这一幕，不知对自己当年建立“中央银行”的制度设计会有何感想？

（二）银行的私有化迫使美国政府蜕化为华尔街的买办

同样的道理，美利坚民族在建立新国家的时候没有及时建立由国家独控的国有银行，既是美国迅速崛起并打败欧洲的重要原因，也是美国步入世界大国后迅速衰落的主要原因。我们看到，从独立之日起，美国政府就失去了独立的财政能力，而银行的私有化政策又导致政府力量先天不足，重大内政外交政策的实施如果没有财团同意借款，政府就随时面临“财政悬崖”。这导致政府对私人财团的依赖越来越深。从前文引用的美国经济学家曼昆在《经济学基础》中提供的《美国政府债务》图表①中可以看出，从独立战争到第一次世界大战，美国政府的债务与占国内生产总值的比例一直保持在30%—40%，到第二次世界大战期间这个比例迅速突破100%②。这说明，在美国面临着欧洲压迫的时候，摆脱这种压迫会得到全美各阶级的支持，这时的美国政府会有比单纯的国有银行更强大的融资能力，这种能力又是美国迅速打败欧洲霸权的前提。但是，当美国打败欧洲，在第二次世界大战后成为世界霸主之后，美国的借债水平就成为政府对金融财团依赖程度的标尺。

比如说为了打赢第二次世界大战，政府大举借债可以理解，可在2016年的和平条件下美国政府的总债务与国内生产总值的比例再次突

---

① 参见张文木：《美国帝国主义是资本主义的没落阶段（一）——兼谈新冠肺炎全球流行对国际战略格局的影响》，《世界社会主义研究》2021年第4期。

② 参见［美］曼昆：《经济学基础》第2版，梁小民、梁砾译，生活·读书·新知三联书店2003年版，第422页。

破 100%[①]，接近或达到第二次世界大战期间的债务水平，这说明，此间美国政府从对华尔街财团相对依赖蜕变为绝对依赖。国家的财政一旦被资本财团控制，国家政治就失去了自主性，政府就会异化为财团的傀儡或曰买办。这个苗头从第二次世界大战期间的借款高峰中——这时欧洲败局已定——已经显现。1945 年第二次世界大战结束，美国赢得反法西斯战争的胜利，但战争借款尚未偿还，美国政府必须考虑将堆积如山的军火库存消化掉以清偿所借债务。从 1945 年—1953 年—1972 年的债务偿还进度的节点分析[②]，这些第二次世界大战所借的债务恰恰是通过朝鲜战争和越南战争消化美国的军工库存而解决的。1960 年美国国家安全各部门雇用的人员达 3700 万人，有关国家安全的各项主要开支共为 457 亿美元，约占政府预算的 58%，占国民生产总值的 9%。1950 年至 1959 年，美国全国企业（应指数量——笔者注）扩大了 76.5%，而国防部开支则增加了 246.2%。美国最大的 50 家公司获得了全部主要军事合同的 65%。[③] 1960 年 6 月 8 日，毛泽东在看到这份材料后批示："此件印发各同志。值得研究。美国为什么不愿意裁军呢？答案就在这里。这是资产阶级，特别是垄断资产阶级，需要一个庞大的军力和一个庞大的武器库。"[④] 1973 年 6 月 5 日，他告诉越南劳动党第一书记黎笋说，越南战争"花了一千二百亿美元，打了十一年。一个不能讲越南话的美国兵，离开美国多少公里，跑到越南送死，那个能持久啊？其所以能打十一年，就是军火商人拼命要消耗那些 B-52

① 参见张文木：《美国帝国主义是资本主义的没落阶段（一）——兼谈新冠肺炎全球流行对国际战略格局的影响》，《世界社会主义研究》2021 年第 4 期。

② 参见张文木：《美国帝国主义是资本主义的没落阶段（一）——兼谈新冠肺炎全球流行对国际战略格局的影响》，《世界社会主义研究》2021 年第 4 期。

③ 《毛泽东年谱（1949—1976）》第 4 卷，中央文献出版社 2013 年版，第 411 页。

④ 《毛泽东年谱（1949—1976）》第 4 卷，中央文献出版社 2013 年版，第 411 页。

之类”[1]。现在回头看，当时美国政府发动对朝鲜和越南的侵略战争，是通过战争消化“庞大的武器库”以偿清第二次世界大战中的债务。

直到1972年尼克松访华之前，美国政府才偿清了第二次世界大战中的借款。还了钱，尼克松才能选择结束越南战争，才能与中国和解。此后直至特朗普执政之前，美国政府的财政来源才能从军工美元转向石油美元，从以前的通过“杀羊”的方式获利转为通过“割羊毛”的方式获利。美国铁路经办商詹姆斯·哈里逊·威尔逊（James Harrison Wilson）提出并得到西奥多·罗斯福（Theodore Roosevelt）高度赞赏的“外交就是管理国际商务”[2]的名言，道出了美国外交的买办本质。

（三）美国从军工帝国主义向高利贷帝国主义蜕变

第二次世界大战美国取得胜利的意义在于美国彻底摆脱了欧洲霸权，作为美国争霸对手的欧洲（大国）整体性地消失了，这时的美国与苏联双双步入了世界帝国的舞台。与此同时，美国也被华尔街的债务缠身并为华尔街军工债权人控制。20世纪90年代苏联解体，美国成了世界唯一的超级大国：不同的只是从美苏争霸时的军工帝国主义转变为独家剥削世界的金融—高利贷帝国主义。这时的美国政府的债权人又从军工财团转为华尔街金融集团。没有外敌的美国此后的外交就脱离了它的国家政治的本意：原本是为主义的外交，现在只是变成了一种生意[3]；美国外

---

① 《毛泽东年谱（1949—1976）》第6卷，中央文献出版社2013年版，第481页。

② 转引自［美］孔华润主编：《剑桥美国对外关系史》上，王琛等译，新华出版社2004年版，第416页。

③ “由于进入虚拟经济生存状态的资本主义国家，已经没有能力用经济增长和投资回报率等因素吸引国际资本流向本国，（美国）就只能通过战争手段来改变世界各主要资本市场的安全环境，打出一个在世界哪儿放钱都不安全，只能把钱借给本国的国际安全环境格局。”参见王建：《货币霸权战争：虚拟资本主义世界大变局》，新华出版社2008年版，第111页。

交的敌人这时已不是冷战中的对手，而是世界和平！

但是，客观地说，在美国没有摆脱欧洲压迫继而霸权之前，美国政府与美国财团们的目标还是一致的，他们都在为打倒欧洲霸权而团结奋斗，这时美国政府得益于军工集团的强大生产力和金融集团的强大融资力。只是在第二次世界大战后——这时美国已打败欧洲并取得世界霸权，美国白宫才迅速倒在华尔街债权人脚下并成为财团谋利的政治工具。必须说明的是，打倒美国的并不是犹太人，而是美国人与犹太人共同接受的清教理念——它在政治上集中表现为400多年前的《五月花号公约》（1620年）原则。这个理念在建立了新美国的同时，置留于其中的矛盾胚胎也就逐渐展开：至20世纪这个共同体面临的反欧洲压迫的主要矛盾解决后，统一体中美利坚民族与资本的统一性成分就下降，对立性矛盾就上升。美国也就从一个正常国家转变为帝国，先是军工帝国（1945—1981），后又转向金融—高利贷帝国（1980—2016）[①]，经过二者的短暂辉煌后，在21世纪初，美国快速衰落。

六、从进步到反动：美国高利贷帝国主义的形成——理论描述

（一）高利贷的本性："不能容忍任何其他共同体凌驾于它之上"

金融对一个地区政治经济发展的影响是巨大的。如前所述，它曾在短期内筹集巨大资金帮助资产阶级打败封建贵族并由此推动了人类历史

① 经过尼克松时期的准备和过渡，里根时期是美国军工帝国经过短暂的金融时期向高利贷帝国转轨的开始。

的进步，它也在人类历史上——比如中国战国时期的高利贷货币商吕不韦和今天的华尔街金融集团——对现成的生产力造成巨大的破坏。各国都是在实践中吸取着经验和教训。一个民族所得到的教训越沉重，它所获得的经验也就越深刻，其控制风险的措施也就越实用，而中国就是这样的国家。

马克思对金融的两面性有过深刻阐述。马克思说："如果考察流通的形式本身，那么在流通中生成，产生，被生产的东西，是货币本身，此外再没有别的东西。"①造成流通的主要原因是分工，而分工是造成现代社会进步的主要动力。分工越是丰富，社会就越需要流通；流通的形式越丰富，社会生产力就越发达。反之，"流通在社会再生产中所起的作用越是不重要，高利贷就越是兴盛"②。因此，只要私有制下的分工仍然存在，货币及其作用就不会消失。马克思说："只要交换价值仍然是产品的社会形式，废除货币本身也是不可能的。"③

但是流通，从而货币本身并不创造价值，它只有被价值所创造。如果离开流通的商品，那货币就是一堆废铁或废纸。马克思说："从货币和商品这两个点上开始的过程，它的反复并不是从流通本身的条件中产生的。这一行为不能由它自己重新发动起来。因此，流通本身不包含自我更新的原动力。它是从预先存在的要素出发，而不是从它本身创造的要素出发。商品必须不断地从外面重新投入流通，就像燃料被投入火中一样。否则，流通就会失去作用而消失。流通会在货币这个失去作用的结果上消失；货币只要不再和商品、价格、流通发生关系，就不再是货币，不再表现生产关系；货币所留下来的，只有它的金属存在，而它的经济

---

① 《马克思恩格斯全集》第31卷，人民出版社1998年版，第375页。

② 《资本论》第3卷，人民出版社1975年版，第689页。

③ 《马克思恩格斯全集》第30卷，人民出版社1995年版，第95页。

存在则消灭了。”[①]

有了商品即用于交换的产品才有货币，货币只有在流通中快速否定自己才能快速肯定自己。马克思说：“货币作为一般财富的物质代表，只有当它重新投入流通，和特殊形式的财富相交换而消失的时候，才能够实现。在流通中，货币只有被支付出去，才会实现。如果我把货币保留下来，它就会在我的手里蒸发为财富的纯粹的幻影。使货币消失，这正是保证货币成为财富的唯一可能的方式。花费积蓄来满足短暂的享受，这就是货币的实现。这样，货币又会被别的个人积蓄起来，不过那时同一过程又重新开始。货币对流通的独立性只是一种假象。因此，货币在它作为完成的交换价值的规定上扬弃了它自己。”[②]

货币不是商品，只是商品交换即流通才使某种金属或纸质的媒介成为货币商品。“商品的生成过程，从而商品的最初占有过程，发生在流通之外”[③]，而“货币是流通的产物”[④]。在货币短缺时，货币就给人造成它就是“财富”的假象，这时“货币是商品中的上帝”[⑤]。马克思说：“货币本来是一切价值的代表；在实践中情况却颠倒过来，一切实在的产品和劳动竟成为货币的代表。”[⑥]在这个过程中，人们将具有价值尺度功能的货币假想成财富本身并由此产生了货币拜物教。马克思说：“货币拜物教的谜就是商品拜物教的谜，只不过变得明显了，耀眼了。”[⑦]比如欧洲资本主义早期的重商主义就把货币储备的增长误认为是财富的增长，这与中

① 《马克思恩格斯全集》第 31 卷，人民出版社 1998 年版，第 367 页。
② 《马克思恩格斯全集》第 31 卷，人民出版社 1998 年版，第 367—368 页。
③ 《马克思恩格斯全集》第 31 卷，人民出版社 1998 年版，第 348 页。
④ 《马克思恩格斯全集》第 31 卷，人民出版社 1998 年版，第 376 页。
⑤ 《马克思恩格斯全集》第 30 卷，人民出版社 1995 年版，第 173 页。
⑥ 《马克思恩格斯全集》第 30 卷，人民出版社 1995 年版，第 99 页。
⑦ 《资本论》第 1 卷，人民出版社 2004 年版，第 113 页。

国改革开放之初也有人将美元外汇储备误解为国力强弱的标志一样[①]。在重商主义盛行时，欧洲社会脱实向虚，“货币硬化为贮藏货币，商品出售者成为货币贮藏者”[②]，在“货币拜物教”中财富增殖的手段就从囤积货物转为囤积货币。“范德林特以为商品价格决定于一个国家现有的金银量，他自问：为什么印度的商品这样便宜？他回答说：因为印度人埋藏货币。他指出，从1602年到1734年，他们埋藏的银值15000万镑，这些银最先是从美洲运到欧洲去的。从1856年到1866年这10年间，英国输往印度和中国的银（输到中国的银大部分又流入印度）值12000万镑，这些银原先是用澳大利亚的金换来的。”[③]人们的活动都集中到不产生价值的流通领域，这样社会物质生产“共同体”之外便形成了货币生产的“共同体”，后者是一群不创造任何价值并不停吸吮社会物质生产机能，以货币生息货币的高利贷者。下面的话似乎说出了今天华尔街财团凌驾于美国政府权力之上的原因所在。马克思说：“货币本身就是共同体，它不能容忍任何其他共同体凌驾于它之上。但是，这要以交换价值的充分发展，从而以相应的社会组织的充分发展为前提。”[④]

“货币是商品中的上帝。”[⑤]这里马克思指出了货币对实体经济的排斥和不服从本质，在条件不成熟时，即国家掌控银行时，货币会“委

① “从经济因素来说，中日韩三国的经济增长，为东北亚区域意识的形成，提供了强大动力，奠定了坚实的基础。在当今世界区域意识的萌生与成长，说到底，是个经济问题。经济成就的大小、财力的强弱、科技水平的高低、美元储备量的多寡、知识经济进展的快慢等显示经济总体发展水平的各种指标，不仅是只承认实力的国际社会评判的依据，也是本地区各国自信心、自豪感、连带意识赖以形成的重要源泉。”参见宋成有、汤重南主编：《东亚区域意识与和平发展》，四川大学出版社2001年版，第186页。

② 《资本论》第1卷，人民出版社1975年版，第150页。

③ 《资本论》第1卷，人民出版社2004年版，第153页。

④ 《马克思恩格斯全集》第30卷，人民出版社1995年版，第175页。

⑤ 《马克思恩格斯全集》第30卷，人民出版社1995年版，第173页。

屈”自己成为商品的“仆人”，一旦银行控制了国家，那它就会撕下“金融”“信用”等现代为生产服务的“仆人”外衣而直接显露出其“洪水期前”[①]的高利贷野蛮本性：以其虚幻的力量主宰真实的力量，用符号的世界主宰实体的世界。而要消除货币这个“恶习”的前提，马克思在1843年写的《论犹太人问题》一文中已有论述，1848年马克思在《共产党宣言》中将其概括为：“消灭私有制。”[②]

（二）从自由资本主义到垄断帝国主义

“金融资本竭力追求的是统治，而不是自由”[③]，美国就是被绝对自由主义成就后又被其打倒的国家。由主张资本绝对自由的清教精神催生，资本放任的天性在刚刚诞生不久的美国广袤的土地上得到几乎是无限制地自由扩张并造成巨大的生产力，用马克思的话说就是：“资产阶级在它的不到一百年的阶级统治中所创造的生产力，比过去一切世代创造的全部生产力还要多，还要大。”[④]这一点，在独立后不久的美国各地得到最充分的张扬，其间出现了饱含激情地“为一个新世界开始歌唱”[⑤]的诗人沃尔特·惠特曼（Walt Whitman）。他在《对各个州》一诗中写道：

对各个州，或它们中的任何一个，或者各州的任一城市，我说，多抵制，少服从，

---

① “为什么我们在分析资本的基本形式，分析决定现代社会的经济组织的资本形式时，开始根本不提资本的常见的、所谓洪水期前的形态，即商业资本和高利贷资本。”参见《资本论》第1卷，人民出版社1975年版，第186页。

② “共产党人可以把自己的理论概括为一句话：消灭私有制。”参见《马克思恩格斯选集》第1卷，人民出版社2012年版，第414页。

③ 转引自《列宁选集》第2卷，人民出版社2012年版，第748页。

④ 《马克思恩格斯选集》第1卷，人民出版社2012年版，第405页。

⑤ ［美］惠特曼：《草叶集》，李野光译，北京燕山出版社2005年版，第13页。

一旦无条件地服从，就彻底被奴役喽，一旦被彻底奴役，这个地球上就再没有哪个民族、国家、城市，还能恢复它的自由。①

可是，惠特曼写这首诗的时间是在美国建国后的近半个世纪，反抗、不服从、自由等几乎成了美国人无条件的信念和"法律"。惠特曼在《我为他歌唱》一诗中写道：

我为他歌唱，
我在过去的基础上把现今举起，
（如多年生树木从它的根上长出，现今也扎根于过去）
我以时间和空间将他扩展，并将永久的法则融合，
让他凭它们来使自己变成自己的法律。②

资本在美国早期那任性的扩张，确实在美国呼唤出巨大的生产力，给美利坚带来完全不同于旧大陆欧洲的激情燃烧的岁月。惠特曼用饱浸感情的笔墨在《我听见美利坚在歌唱》一诗中写道：

我听见美利坚在歌唱，我听见种种不同的颂歌，
机械工的颂歌，每人以自己的心情歌唱，健壮而快乐，
木匠歌唱着，当他量着他的木板或横梁的时候，
泥瓦匠在准备上工或歇工时唱他的歌，
船夫唱着他船上所有的一切，水手在汽船的甲板上歌唱着，
鞋匠坐在他的板凳上歌唱，帽匠站立着歌唱，

① ［美］惠特曼：《草叶集》，李野光译，北京燕山出版社 2005 年版，第 9 页。
② ［美］惠特曼：《草叶集》，李野光译，北京燕山出版社 2005 年版，第 8 页。

伐木工人唱的歌，犁田的小伙子早晨出工或中午休息或日落时唱的歌，

母亲的美妙的歌声，或者年轻妻子工作时或姑娘缝洗时的美妙的歌声，

每人都唱属于他或她而不是属于别人的事情，

白天歌唱属于白天的事情——夜里是强健而友好的年轻小伙子们在晚会上，

张开嘴放声高唱，那歌声雄壮而悠扬。①

尽管他后来对美国资本主义有了更深刻的反思②，而早期，惠特曼在他的诗中还是坚信美国清教信条，将“反抗”“抵制”“自由”等当作绝对原则。但是，真理多走一步就会变成谬误。令那些坚守“五月花”自由信念而签署《独立宣言》的国父们怎么也想不到的是，他们坚持并为此而与宗主国决裂的自由资本主义精神经过“否定之否定”式的运动，最终蜕变为“五月花”精神的对立物——垄断。真是历史的讽刺：自由战士为自由所打倒。

资本主义产生于欧洲，到美国后在没有任何旧制度的羁绊下得到充分发展，时至20世纪，西方各国特别是美国从自由资本主义发展到垄断资本主义。对这一时期的垄断资本主义的本质揭示最为深刻的是列宁，

① ［美］惠特曼:《草叶集》，李野光译，北京燕山出版社2005年版，第11页。

② 1871年，惠特曼在《民主的远景》一书中写道：“历史是漫长悠远的。不管我们如何变换句式的组合，美国未来的问题在某些方面是无边的黑暗。骄傲、竞争、种族隔离、邪恶意志以及史无前例地放纵已经初见端倪。谁能驾驭这庞然大物呢？谁能给这庞然大物勒上缰绳呢？当我们选择炫耀未来时，我们前进的道路上却隐约出现巨大的不确定性以及可怕的致命黑暗。否认下面的事实是徒劳的：民主繁茂地成长为所有果实中最厚实的，有毒的，最致命的果实——并且带来了越来越坏的入侵者——它需要更新、更大、更强和更好的补偿和刺激。”转引自［美］罗伯特·贝拉:《背弃圣约》，郑莉译，商务印书馆2016年版，第159页。

列宁在《帝国主义是资本主义的最高阶段》一书中认为：20 世纪的帝国主义已经从原来的"旧的资本主义"即自由资本主义进入"新的资本主义"[①]即垄断资本主义阶段。列宁写道："旧的资本主义，即绝对需要交易所作为自己的调节器的自由竞争的资本主义，正在成为过去。代替它的是新的资本主义，这种新的资本主义带有某种过渡性事件、某种自由竞争和垄断的混合物的鲜明特征。"[②]

"对于欧洲，可以相当精确地确定新资本主义最终代替旧资本主义的时间，那是在二十世纪初。"[③]

"帝国主义最深厚的经济基础就是垄断。这是资本主义的垄断，也就是说，这种垄断是从资本主义生长起来并且处在资本主义、商品生产和竞争的一般环境里，同这种一般环境始终有无法解决的矛盾。"[④]

"帝国主义已经从萌芽状态生长为统治的体系，资本主义垄断组织在国民经济和政治中居于首要地位，世界已经瓜分完毕；另一方面我们看到，作为整个 20 世纪初期特征的已经不是英国独占垄断权，而是少数帝国主义大国为分占垄断权而斗争。"[⑤]垄断是自由的必然结果，同时又是对自由的否定。20 世纪初的资本主义已进入帝国主义阶段，列宁说，"这种从竞争到垄断的转变，不说是最新资本主义经济中最重要的现象，也是最重要的现象之一"[⑥]，"如果必须给帝国主义下一个尽量简短的定义，

---

① 在同文的其他地方，列宁还用"最新资本主义时代""资本主义发展的最新阶段"来概括自由资本主义进入垄断资本主义即帝国主义时代的特点。参见《列宁选集》第 2 卷，人民出版社 2012 年版，第 639、595 页。

② 《列宁选集》第 2 卷，人民出版社 2012 年版，第 606 页。

③ 《列宁选集》第 2 卷，人民出版社 1972 年版，第 743 页。

④ 《列宁选集》第 2 卷，人民出版社 2012 年版，第 660 页。

⑤ 《列宁选集》第 2 卷，人民出版社 2012 年版，第 669 页。

⑥ 《列宁选集》第 2 卷，人民出版社 2012 年版，第 585 页。

那就应当说，帝国主义是资本主义的垄断阶段”①。

列宁说，这个“最新资本主义”有五个特征：“（1）生产和资本的集中发展到这样高的程度，以致造成了在经济生活中起决定作用的垄断组织；（2）银行资本和工业资本已经融合起来，在这个‘金融资本的’基础上形成了金融寡头；（3）和商品输出不同的资本输出具有特别重要的意义；（4）瓜分世界的资本家国际垄断同盟已经形成；（5）最大资本主义大国已把世界上的领土瓜分完毕。”② 在论述了这五个特征之后，列宁进一步给出的定义是：“帝国主义是发展到垄断组织和金融资本的统治已经确立、资本输出具有特别重大的意义、国际托拉斯开始分割世界、最大的资本主义国家已把世界全部领土分割完毕这一阶段的资本主义。”③

列宁注意并强调了在这个历史从“旧资本主义”即自由资本主义转变为“新资本主义”即帝国主义或垄断资本主义的过程中，“在另一个现代资本主义先进国家北美合众国，生产集中发展得更加迅猛”④。据统计，在 1904 年，产值在 100 万美元以上的最大的企业有 1900 个，它们拥有 140 万工人，它们的产值有 56 亿美元。5 年过后，在 1909 年，相应的数字为 3060 个企业，200 万工人，产值 90 亿美元。⑤ “美国所有企业的全部产值，差不多有一半掌握在仅占企业总数百分之一的企业手里！”⑥

（三）从金融帝国主义快进到高利贷帝国主义

即使如此，我们也要知道“第一次世界大战前夜的世界是由欧洲主

---

① 《列宁选集》第 2 卷，人民出版社 2012 年版，第 650 页。
② 《列宁选集》第 2 卷，人民出版社 2012 年版，第 651 页。
③ 《列宁选集》第 2 卷，人民出版社 1972 年版，第 808 页。
④ 《列宁选集》第 2 卷，人民出版社 2012 年版，第 585 页。
⑤ 参见《列宁选集》第 2 卷，人民出版社 2012 年版，第 585 页。
⑥ 《列宁选集》第 2 卷，人民出版社 2012 年版，第 585 页。

宰的”[①]。列宁虽然强调了美国，但他研究的帝国主义的重点案例主要还是欧洲列强。列宁发现，这一时期造成资本主义企业快速进入垄断的重要推手是金融的力量，银行在推动工业资本集中的过程中，也要主宰工业资本力量，也就是说，在“新资本主义时代”，工业资本与金融资本的关系发生了主客置换。列宁写道：“银行基本的和原来的业务是在支付中起中介作用。这样，银行就把不活动的货币资本变为活动的即生利的资本，把各种各样的货币收入汇集起来交给资本家阶级支配。

“随着银行业的发展及其集中于少数机构，银行就由中介人的普通角色发展成为势力极大的垄断者，它们支配着所有资本家和小业主的几乎全部的货币资本，以及本国和许多国家的大部分生产资料和原料来源。”[②]

“生产的集中；从集中生长起来的垄断；银行和工业日益融合或者说长合在一起，——这就是金融资本产生的历史和这一概念的内容。”[③]“垄断是从银行生长起来的。”[④]与工业集中同步的还有银行业的发展和集中，本来是工业发展带动并支配着银行发展，但行业间的竞争导致投资规模的竞争，为了获得竞争优势就必须获得更多的融资，这样工业资本家在竞争中便有了对银行的依赖，这种依赖使本来只有贮存货币功能的银行发展出融资的功能，这种功能使银行在激烈竞争并急需注资的企业面前有了生死予夺的权杖。让当年追求自由的“五月花”合众国开国元勋们

---

① “第一次世界大战前夜的世界是由欧洲主宰的。在我们追溯 1913 年至 1945 年间的美国对外关系史时，重要的一点是应当认识到美国是在由欧洲军事、经济和文化主导下的世界体系当中得以建立并从事其对外事务的。”参见［美］孔华润主编：《剑桥美国对外关系史》下，王琛等译，新华出版社 2004 年版，第 1 页。

② 《列宁选集》第 2 卷，人民出版社 2012 年版，第 597 页。

③ 《列宁选集》第 2 卷，人民出版社 2012 年版，第 613 页。

④ 《列宁选集》第 2 卷，人民出版社 2012 年版，第 684 页。

无论如何也没有想到的是，这种主客异位的变化迫使工业资本屈服于金融资本，而“20世纪是从旧资本主义到新资本主义，从一般资本统治到金融资本统治的转折点”[①]。列宁对这一点特别看重，他写道：“资本主义的一般特性，就是资本的占有同资本在生产中的运用相分离，货币资本同工业资本或者说生产资本相分离，全靠货币资本的收入为生的食利者同企业家及一切直接参与运用资本的人相分离。帝国主义，或者说金融资本的统治，是资本主义的最高阶段，这时候，这种分离达到了极大的程度。金融资本对其他一切形式的资本的优势，意味着食利者和金融寡头占统治地位，意味着少数拥有金融‘实力’的国家处于和其余一切国家不同的特殊地位。”[②]这是一个很关键的结论，本是服务于实体经济的金融资本，一旦反客为主，金融从而信用就失去了它的“合乎理性”，即积极的意义，取而代之的就是金融向高利贷“返祖”，金融统治让位于高利贷统治。高利贷资本一旦支配工业从而支配整个社会，高利贷资本瓦解生产的本性就会使生产发生萎缩，社会出现寄生性腐朽，失去实体经济增长的支持，国家的上升势头就会被打断并转入衰落，当然这种上升和衰落都不是直线而是螺旋式显现的。列宁说：“帝国主义就是货币资本大量聚集于少数国家，其数额，如我们看到的，分别达到1000亿—1500亿法郎（有价证券）。于是，以‘剪息票’为生，根本不参与任何企业经营、终日游手好闲的食利者阶级，确切些说，食利者阶层，就大大地增长起来。帝国主义最重要的经济基础之一——资本输出，更加使食利者阶层完完全全脱离了生产，给那种靠剥削几个海外国家和殖民地的劳动为生的整个国家打上了寄生性的烙印。”[③]

---

① 《列宁选集》第2卷，人民出版社2012年版，第612页。
② 《列宁选集》第2卷，人民出版社2012年版，第624页。
③ 《列宁选集》第2卷，人民出版社2012年版，第661页。

列宁这是在说法国，还说“法国帝国主义与英国殖民帝国主义不同，可以叫做高利贷帝国主义”[①]，这话放到今天再读，怎么看都像是在说美国。列宁继续写道：“在世界上‘贸易’最发达的国家，食利者的收入竟比对外贸易的收入高4倍！这就是帝国主义和帝国主义寄生性的实质。”

“因此，‘食利国’（Rentnerstaat）或高利贷国这一概念，就成了论述帝国主义的经济著作中通用的概念。世界分为极少数高利贷国和极大多数债务国。”[②]列宁在论述帝国主义的腐朽性时所选取的样板是欧洲国家特别是英国，那时的美国还处于欧洲国家的“跟班”地位，在世界利益分割中，“英国、法国、德国、比利时和瑞士这五个工业国家，是‘名副其实的债权国’……而美国仅仅是美洲的债权人”[③]。但到第二次世界大战后，欧洲整体性地在战争中衰落，美国取代英国成为世界超级霸权国，20世纪90年代苏联解体后，“美国对手的垮台使美国处于一种独一无二的地位。它成为第一个也是唯一的一个真正的全球性大国”[④]。与此同时，列宁曾提出的关于帝国主义的论断便更为典型地体现在美国身上。

七、从被压迫民族到压迫民族：美国高利贷帝国主义的最终完成——现实描述

1945年，第二次世界大战以同盟国的胜利宣告结束，美国以战胜国的姿态成为帝国主义行列的老大，欧洲帝国主义在旧的世界体系即凡尔赛体系中的霸权已退出世界历史舞台，取而代之的是新的世界体系即雅

① 《列宁选集》第2卷，人民出版社2012年版，第629页。

② 《列宁选集》第2卷，人民出版社2012年版，第662页。

③ 《列宁选集》第2卷，人民出版社1972年版，第819—820页。

④ ［美］兹比格纽·布热津斯基：《大棋局——美国的首要地位及其地缘战略》，中国国际问题研究所译，上海人民出版社1998年版，第13页。

尔塔体系及其中的美国的帝国霸权。此后，曾是同盟国的两个最大的国家——美国和苏联——进入全球争霸的冷战时期。

（一）军工和金融：美帝国主义的两个阶段

以尼克松访华和越战结束为界线，美帝国的历史可以分两个时期。此前由于有朝鲜战争和越南战争及与苏联的军备竞赛，这一时期拉动美元增值的主要动力是军工，政府在对外军事行动的需求中保持大额的国防采购，由此为美国军工资本带来滚滚利润。如图 4 所示。

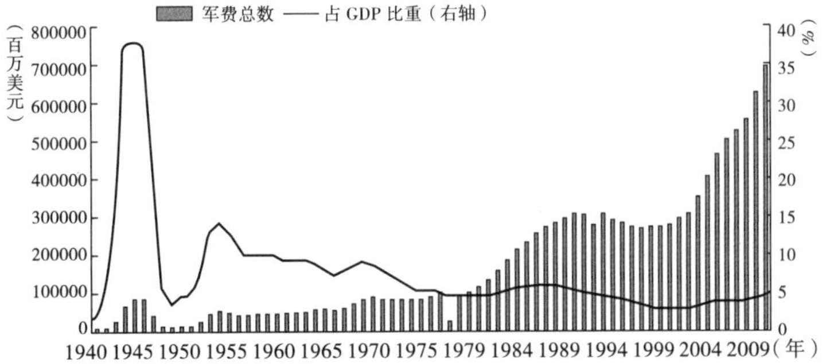

图 4　1940—2009 年美国国防支出及占 GDP 比重

数据来源：汪涛：《纯电动：一统天下》，东方出版社 2018 年版，第 147—148 页。

我们看到，在 1940—1945 年第二次世界大战中，美国国防支出占国内生产总值（GDP）的比重接近 40%，此后至 2009 年国防支出在大幅增长的同时，其在 GDP 中的比重却大幅下降，基本保持在 5% 的水平。学者汪涛认为："如果仅为国家安全考虑的话，这个比例合理的比值在 1%—2% 就足够了。就算以 2% 考虑，美国军费开支占 GDP 比例有 3 个百分点是超乎'常规'的，也就是美国军费开支中有一多半是自身安全不需要的。这个增加的投资如果不能获得比投资额高出 3 倍以上的收益，经济上就是不合理和难以常年维持的。也就是说，美国需要通过军费投入获得占 GDP 至少 10% 的收益，才能合理地解释其行为在经济上是合理的。事实上，真正获得的收益远超过这个数字，其原因只有通过美元霸权所获得的利益才能获得合理解释。”①

事实也正是如此。1951—1960 年，美国实际国民生产总值（以下简称 GNP）年增长率为 3.2%，通货膨胀率只有 2.7%；1961—1970 年，实际 GNP 增长 4.0%，通货膨胀率只有 2.9%。这一时期美国经济的高增长、低通胀的健康发展显然与朝鲜战争和越南战争密切相关。如表 1 所示。

表 1　1951—1960 年美国国民生产总值

1951—1960 年美国国民生产总值							
年份	GNP 亿美元		年增率（比上年）%			比 1990 年	
	现价	1992 年可比价	现价	可比价	通货膨胀	GNP 增长	商品价涨
1951—1960	—	—	5.9	3.2	2.7	—	—
1951	3284	17023	15.3	7.9	7.4	—	3.15.
1952	3455	17542	5.2	3.1	2.1	—	3.07
1953	3646	18328	5.5	4.5	1.0	—	—
1954	3648	18071	0.1	–1.4	1.5	—	—
1955	3980	19447	9.1	7.6	1.5	—	—
1956	4192	19807	5.3	1.9	3.4	—	3.14
1957	4411	20091	5.2	1.4	3.8	—	3.23
1958	4473	19860	1.4	–1.1	2.5	—	—
1959	4837	21130	8.1	6.4	1.7	—	—
1960	5037	21654	4.1	2.5	1.6	6.34	3.28

数据来源：参见张泽清：《美国，你为何强大？》，中国城市出版社 1999 年版，第 213 页。

① 汪涛：《纯电动：一统天下》，东方出版社 2018 年版，第 147—148 页。

1951—1960 年，美国实际 GNP 增长最好的时期就是朝鲜战争时期。在战争停止的 1954 年，美国 GNP 增长率（可比价）从 1953 年的 4.5% 突降至 –1.4%。1955 年美国在越南开启“局部战争”，以阻止所谓“共产主义”在东南亚登陆，当年美国 GNP 大幅上涨，经济出现低通胀、高增长，之后经济持续下滑，随后几年经济基本都处在不稳定的通胀环境中。20 世纪 60 年代末，苏美关系缓和，美国扭转通胀，在 1959 年、1960 年经济虽处低通胀，但经济严重下滑。总体看都没有达到朝鲜战争时的水平。而 1951—1960 年这 10 年平均下来，经济还是处于低通胀、稳增长的不错的水平上，其间美国发动朝鲜战争对美国经济的贡献是重要因素。接下来的 10 年我们还可以看到越南战争对美国 GNP 增长的贡献。如表 2 所示。

表 2　1961—1970 年美国国民生产总值

1961—1970 年美国国民生产总值							
年份	GNP 亿美元		年增率（比上年）%			比 1990 年	
	现价	1992 年可比价	现价	可比价	通货膨胀	GNP 增长	商品价涨
1960—1970	—	—	6.9	4.0	2.9		
1961	5201	22076	3.3	2.0	1.3	—	—
1962	5603	23523	7.5	6.6	0.9	—	—
1963	5905	24464	5.4	4.0	1.4	—	—
1964	6324	25800	7.1	5.5	1.6	—	3.28
1965	6849	27430	8.3	6.3	2.0	—	—
1966	7499	29330	9.5	6.5	3.0	—	—
1967	7939	29979	5.9	2.6	3.3	—	3.46
1968	8642	31373	8.9	4.7	4.2	—	—
1969	9303	32217	7.7	2.7	5.0	—	—
1970	9771	32079	0.5	–0.4	0.9	9.4	3.82

数据来源：参见张泽清：《美国，你为何强大？》，中国城市出版社 1999 年版，第 213 页。

1960—1970 年，美国全面投入了战后时间最长的越南战争，这一时期恰恰是美国军工帝国主义的巅峰期，这 10 年也是美国经济基本都处在低通胀、高增长的时期。只是到 1969 年战争后期，美国经济才开始进入滞胀期。到 1970 年美国 GNP 增长率（可比价）竟跌到 –0.4%，而通胀为 0.9%。这显然是受越南战争将要结束的影响。

1971—1980 年，美国外交的特点是域外无大战，国内由尼克松、基辛格开启的以中东石油为支撑点的华尔街金融资本正在全球布局。10 年间实际 GNP 为 3.7%，通货膨胀率却大大高于前两个 10 年达 7.3%，[①] 经济的增长率为高通胀严重稀释。造成这一时期经济滞胀的原因是外部大规模持久战争的停止，国家处在军工帝国难以为继、金融帝国及紧随其后的高利贷帝国布局尚未完成的过渡期。美国军工帝国主义时期经济的这一特点，中国学者杜文君在《美国战争经济论》一书中有比较深刻的分析：

> 每次战争爆发之时或之前，美国经济都正处在衰退之中，即经济衰退预示着战争的爆发。事实上，衰退本身也推动了对战争对象的认定和打击速度，当战争爆发后，美国经济迅速进入高涨期，从几场典型战争爆发的经济背景来看，适时认定和打击战争对象是美国减缓经济衰退、刺激经济复苏的重要手段。
>
> 因为每每在经济衰退之时，美国首先借助宏观政策的调整来缓解衰退，而这种宏观政策的变化首当其冲地反映在政府支出的变动上，美国政府往往在经济衰退时骤然增加军事开支，军费的迅速增加虽然不是市场的自发行为，它是政府强制行为的结果，但军事开

---

① 参见张泽清：《美国，你为何强大？》，中国城市出版社 1999 年版，第 213、214 页。

支的增加与政府其他类型开支增加的效果却有异曲同工之妙，而且，衰退之时的政府军费开支无疑为全社会生产创造了一个全新的庞大市场，尤其军事工业生产（包括专用武器装备和通用军事消费品等）短期内扩增，迅速将军费支出的乘数效应引致到消费和投资走向上，从而使得社会总需求大幅上升，进而在短期内对宏观经济总量产生强烈的刺激作用，最终达到国内当时既定资源得到完全充分利用、释放经济衰退压力的目标。由于军费开支本身对宏观经济的涉及影响和刺激作用非常显著，军费开支的财富效应在一定程度上加大了战争决策者对战争红利的非理性预期，以致将缓解经济衰退寄希望于军费开支的顶峰阶段——战争时期。总之，美国在打击战争对象之时都与当时的国内经济衰退有一定关联。从总体态势上看，美国国力状态和战争频数呈正相关关系，但是在每次具体战争爆发前，美国经济却大多数处在低迷或者衰退状态，这种奇妙的现象在美国战争决策中成为一道独特的风景线。①

20 世纪 70 年代初的第四次中东战争、70 年代末的伊朗霍梅尼革命和美国驻伊朗大使馆人质危机等，都加快了美国国内军工资本统治让位于金融资本的速度。20 世纪 80 年代起美国国防支出虽大幅上扬，但军事支出在国内生产总值中所占的比重一直保持在 5%—7% 的低水平，这与此前 15%—5% 的水平相比已大幅下降（参见本文图 1）。此后对美国 GDP 增长率贡献最大的产业由第二产业转向第三产业。20 世纪 80 年代美国经济开启金融化进程，90 年代美国金融化及其全球扩张进入大收获时期，其间美国的金融业利润收益迅速超过制造业。如表 3 所示。

① 杜文君：《美国战争经济论》，中国财政经济出版社 2009 年版，第 116 页。

表 3　美国各产业公司利润变化

单位：亿美元

美国各产业公司利润变化			
时期（20 世纪）	国内产业总额	金融业	制造业
60 年代平均	66.59	10.00	33.66
70 年代平均	127.37	24.97	57.90
80 年代平均	223.68	46.81	86.51
90 年代平均	578.40	169.90	165.97

数据来源：根据 Economic Report of the President 2005。转引自吕明元：《产业结构升级与经济发展方式转型关系的实证研究与国际比较》，中国经济出版社 2015 年版，第 210 页。

里根时期——经尼克松的准备和过渡——是美国军工帝国经过短暂的金融时期向高利贷帝国转轨的开始。20 世纪 80 年代后美国金融业利润快速飙升。由表 3 可知，从 20 世纪 60 年代到 90 年代，美国金融业利润增长了 1599%，制造业利润仅增长了 393%。

图 5、图 6 从长时段描述了美国三次产业的变化趋势，可以看到，美国三次产业产值和就业份额从 20 世纪 20 年代开始已逐步向第三产业倾斜，到 20 世纪 80 年代，第三产业与第一产业（即农业），特别是第二产业（即工业）之间的剪刀差迅速拉开，第三产业到 20 世纪 90 年代已赢得全面且不可逆的优势，如图 5、图 6 所示。

在金融帝国主义向高利贷帝国主义转变的过程中，美国迎来了历史上最长的“繁荣”期。“在整个 20 世纪 90 年代，美国经济持续高增长。1992—2000 年美国国内生产总值年均增长率达到 3.8%，其中 1998 年为 4.3%，1999 年为 4.2%，2000 年达到 5.2%。而 1975—1990 年美国 GDP 的增长率平均为 2.4%。第二次世界大战后美国共出现过 9 次扩张期，前 8 次中最长的出现在 20 世纪 60 年代，达 106 个月，90 年代初以来的扩张

（到 2001 年 3 月）已达 120 个月，是美国历史上最长的扩张期。”[①] 显然，1992—2000 年是美国高利贷获利最丰的时期，而此间由苏联解体——相当于一场战争——释放且流向美国的巨量浮财成了推高美元指数的助力，而此前推高 8 次“扩张期”的重要助力就是由战争拉动的军工生产。

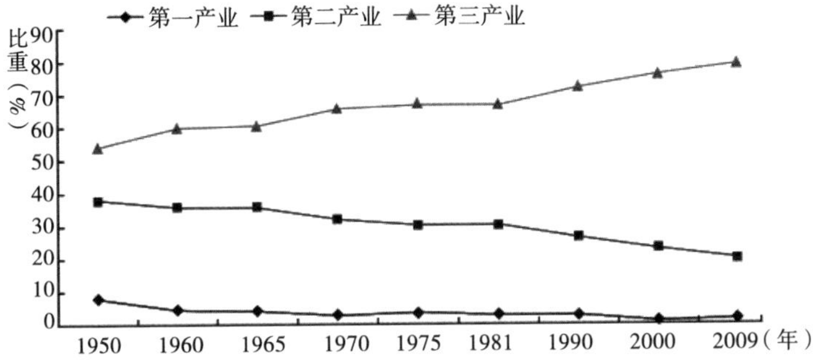

图 5　美国 1950—2009 年三次产业的产值份额变化趋势

数据来源：叶提芳:《新常态下国际贸易对中国产业结构变迁的影响研究》，华中科技大学出版社 2017 年版，第 48 页。

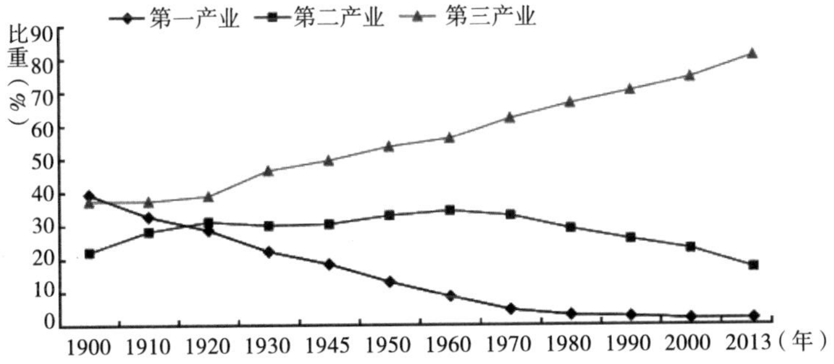

图 6　美国 1900—2013 年三次产业的就业份额变化趋势

数据来源：叶提芳:《新常态下国际贸易对中国产业结构变迁的影响研究》，华中科技大学出版社 2017 年版，第 48 页。

① 高德步、王珏:《世界经济史》，中国人民大学出版社 2001 年版，第 332 页。

20 世纪 80 年代之前美国以军工拉动经济，美元坚挺的前提布雷顿森林体系是美元与黄金挂钩，“持有美元等于持有黄金”①，1971 年尼克松宣布美元与黄金脱钩，布雷顿森林体系解体。美国的黄金储备无法支撑美元供给，为了保持美元在世界货币中硬通货的垄断地位，美元便与国际大宗商品，特别是石油挂钩。1975 年石油输出国组织（OPEC）决定只接受美元作为原油支付货币，这意味着各国购买石油等大宗商品，就得增加美元储备，这就使得美元始终在国际外汇市场中处于中心地位。英国公共有限公司（CMC Markets）作为外汇报价商成立于 1989 年，总部在英国伦敦，现已发展为世界领先的实时互联网交易公司。CMC Markets 的外汇首席策略分析师阿什拉夫·莱迪（Ashraf Laidi）认为：“当 OPEC 在 1975 年决定只接受美元作为原油支付货币时，美元立即成了全球的储备货币，这也巩固了原油的重要地位。如果我们将 20 世纪五六十年代的布雷顿森林体系当作金本位，那么 20 世纪七八十年代便是原油本位时代。”② 里根之前，美国是通过战争拉动美国的军工利润，尼克松停止越南战争后，便将美国的军事力量收缩至中东，强力控制中东石油。“美国对世界石油的控制关键是确保石油标价和结算使用美元，并且只能使用美元。”③ 中国学者梁亚滨写道：

> 美国凭借在世界政治经济中的优势地位使石油利润全部转换成美元资本，同时使石油美元的流动绕开国际货币基金组织，完全按照美国的利益，以购买美国各种债券等金融资产的方式回流美国，弥补美国的财

① 史正富：《超常增长：1979—2049 年的中国经济》，上海人民出版社 2013 年版，第 66 页。

② 转引自魏强斌：《原油期货交易的 24 堂精品课：顶级交易员的分析框架》上，山西人民出版社 2017 年版，第 51 页。

③ 梁亚滨：《霸权密码：美国霸权的金融逻辑》，新华出版社 2012 年版，第 221 页。

政和贸易赤字。实现这一目标的关键在于确立石油的美元标价和结算制度，同时说服石油出口带来的巨额顺差用来购买美国国债。美国对世界石油控制的关键是确保石油标价和结算使用美元，并且只能使用美元。[①]

需要说明的是，造成美国金融化速度加快的原因，除了石油以美元结算，中国在 20 世纪 80 年代启动的改革开放及同期亚洲“四小龙”经济的迅速发展拉动了亚洲对美元的超大规模的需求，此间美元指数[②]在 1985 年 2 月被推至历史最高收盘点位的 164.72 点。如图 7 所示。

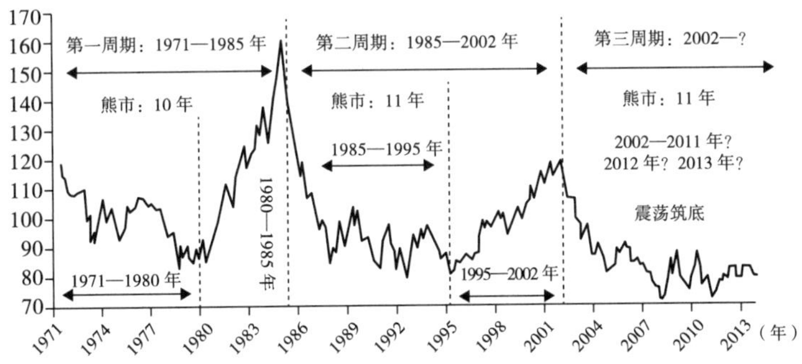

图 7　1971 年以来美元指数历史走势周期分析

数据来源：陈晓晨、徐以升：《美国大转向：美国如何迈向下一个十年》，中国经济科学出版社 2014 年版，第 295 页。

① 梁亚滨：《称霸密码：美国霸权的金融逻辑》，新华出版社 2012 年版，第 221 页。

② 美元指数（US Dollar Index，USDX），是衡量美元在国际外汇市场汇率变化的一项综合指标，由美元对六个主要国际货币（欧元、日元、英镑、加拿大元、瑞典克朗和瑞士法郎）的汇率经过加权几何平均数计算获得。布雷顿森林体系解体后，美元指数开始被选作参照点，最初的美元指数是 100 点。在过去的几十年间，美元指数曾在 1985 年 2 月达到历史最高收盘点位 164.72 点，2008 年 4 月达到历史最低收盘点位 71.33 点。从 1973 年 3 月至今，美元指数 93% 的天数运行在 80 点以上，2007 年金融危机以前美元指数基本未低于 80 点，金融危机以后在 80 点附近波动。2011 年 10 月 25 日，美元指数的收盘价是 76.19。参见上海市金融学会编：《“十二五”时期金融发展形势和策略选择》，学林出版社 2012 年版，第 40 页。

需要说明的是，1985 年美元指数峰值的出现并不是国际油价推动的结果，因为同期的国际原油价格恰恰处在历史最低点。如图 8 所示。

图 8　油价与美元走势（1980—2016 年）

数据来源：陶川：《全球宏观经济分析与大类资产研究》，中国金融出版社 2018 年版，第 220 页。

显然，1985 年的美元峰值是 1978 年后中国改革开放和亚洲“四小龙”的快速发展共同推动的结果。此间，美国经济也在金融全球扩张的路线上获得发展。中国经济学者黄海州客观地指出了这一点，他写道：“中国改革开放压低了全世界的通胀水平。新型全球化下发达国家可以从发展中国家进口大量的消费品，发展中国家进入发达国家的体系，如 WTO，全世界的商品、资金能够更大范围地流动，大大压低了世界的通胀水平，所以说过去 30 年是全世界发财最好的时候。”①

1981—1990 年，里根总统推行“里根经济学”，其主要内容包括：削减政府开支和控制货币供应量的增长，降低通货膨胀率；减少个人所得税和企业税及加速企业折旧以刺激投资。里根经济学的总体思路是以供给学派的减税政策来对付经济停滞，以货币学派的控制货币供应量来

① 刘纪鹏主编：《未来世界的中国定位》，东方出版社 2018 年版，第 8—9 页。

对付通货膨胀。里根时期，美国实际GNP增长率比前10年虽有下降，为2.9%，通胀率却大幅减少，为4.6%，[①]但还是高于GNP实际增长。大规模的减税政策增加了个人可支配的货币和企业的流动资本——这是“里根货币供应学派”的本质，私人和企业可支配的货币总量大规模地增加和流动，是国家经济金融化的前提。

客观上说，里根经济政策推行后美国经济得到恢复。1984年，在里根上台的第4年，美国实际国民生产总值增长率达7%，通胀率被压至4%，[②]“超过了计划预定的4.5%指标，创30多年来的最高水平”[③]。大规模减税造成的部门和个人可支配性货币增加了美国百姓的满意度。1984年，谋求总统连任的里根要求选民回答“你们是不是比4年以前生活得更好”的问题时，美国百姓回报里根的是48个州的压倒性胜利和高达60%的支持率。

值得提醒的是，里根时期经济的大面积收益却是在政府借贷和国际收支赤字以剪刀差的路线双向大规模扩大的时期。如图9和图10所示。

这里，问题就出来了：谁见过负担着高额债务同时还没有多少实物产品出口的国家会过上好日子？里根在他的第一个任期内做到了这一点。那人们就要问：美国政府可以用什么交换到美国百姓需要的实物产品？回答是：美元。从里根上台的1981年到特朗普上台的2016年，美国用全球化的方式推动美元商品化，造成世界需要坚挺美元——坚挺就会有高收益，美国大举借债，再转手输送给需要美元的国家，这些国家通过向美国输送高质量实物商品换回美元外汇。在这个循环过程中，美国百姓获得大量廉价生活日用品，过上不劳而获的富足日子。“2006年中国

---

① 参见张泽清：《美国，你为何强大？》，中国城市出版社1999年版，第216页。

② 参见张泽清：《美国，你为何强大？》，中国城市出版社1999年版，第214页。

③ 马远之：《世界六百年与中国六十年》，广东人民出版社2015年版，第306页。

对美国产生贸易顺差 1442.6 亿美元，贸易顺差积累为中国的外汇储备，而中国外汇储备又将大部分比例投资到了以美国国债为代表的美元资产之上。”①

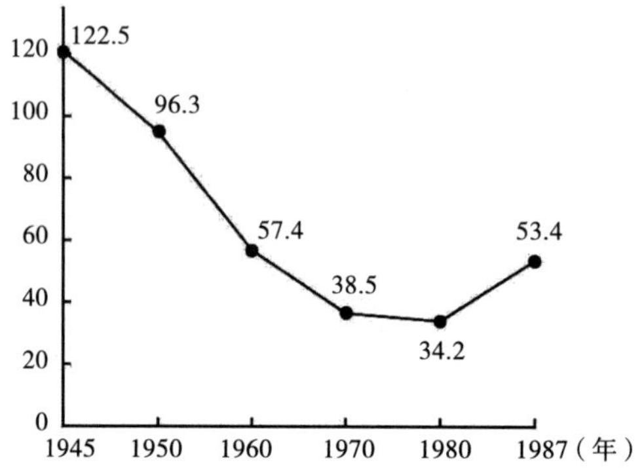

图 9　美国联邦债务占国民生产总值的百分比（1945—1987 年）

数据来源：[美]夏普等：《美国社会问题经济观》，申水平等译，航空工业出版社 1992 年版，第 392 页。

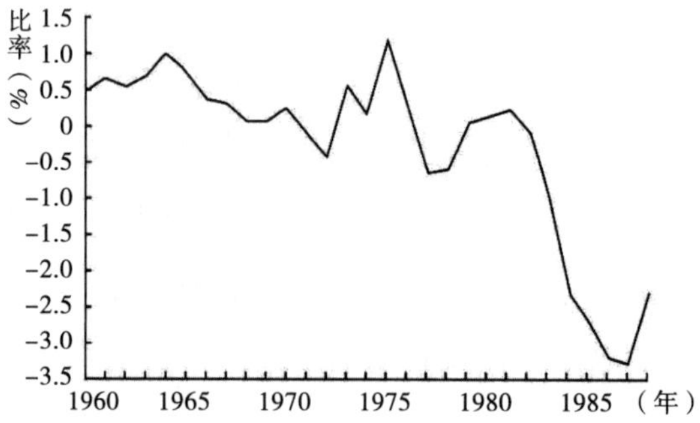

图 10　美国国际收支占 GDP 比重（1960—1985 年）

数据来源：[英]罗思义：《别误读中国经济》，天津出版社 2018 年版，第 214 页。

① 王建：《货币霸权战争：虚拟资本主义世界大变局》，新华出版社 2008 年版，第 19 页。

马克思说："现代信用制度创始人的出发点，并不是把一般生息资本革出教门，而是相反，对它予以公开承认。"[①] 美国的信用制度在里根时期开始以扩大金融杠杆的形式向高利贷制度暗度陈仓。

里根放松银根的政策增加了流动资本，理论上有利于老百姓的"大众创业"，但在现实中，亚洲新兴市场经济国家，尤其是在刚进入改革开放快车道的中国等国迫切需要扩大美元储备的历史条件下，美国国内新释放出来的庞大的货币流动性只投向美元处于优势地位的外汇市场以期获得超额回报，即使投资于这些新兴国家的产业也可获得比美国国内更优质的资源和更质优酬低的劳动力。如图 11、图 12 所示。

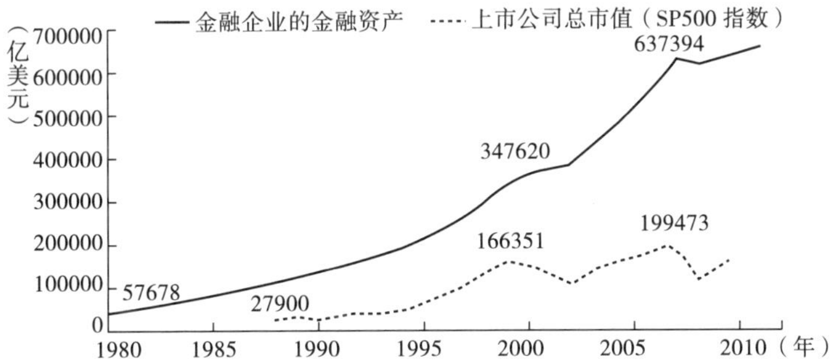

图 11　美国金融产业的规模增长情况（1980—2010 年）

数据来源：史正富：《超常增加：1979-2049 年的中国经济》，上海人民出版社 2013 年版，第 68 页。

我们看到 1980 年后，美国经济中的金融业快速发展，金融利润再上台阶，在 1980—2010 年的 30 年间，金融收益远远高于企业利润收益，"20 世纪 40 年代美国金融行业的利润在国民经济总利润中的占比基本在

① 《资本论》第 3 卷，人民出版社 1975 年版，第 679—680 页。

10% 以下，1985 年增长到 15% 以上，2000 年更是高达 30.59%”[①]。有资料说明：“美国一个国家自 1996 年以来，就通过国际资本的流入再转为支付进口，消耗掉了全球每年 70% 以上的剩余产品或净储蓄。”[②]“到 20 世纪 90 年代后期，世界货币市场的年交易额已经高达 600 万亿美元，是国际贸易总额的 100 倍，全球年金融产品交易额高达 2000 万亿美元，是全球年 GDP 总额的 70 倍。可以说，当代资本运动的主体已经转移到虚拟产品生产方面。”[③]

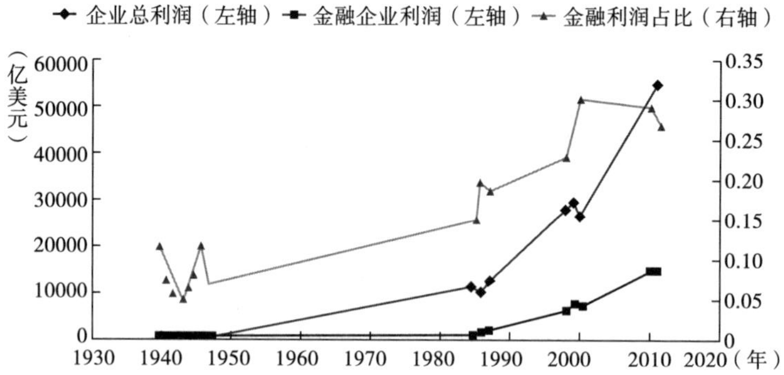

图 12 美国金融与企业利润（1940—2011 年）

数据来源：史正富：《超常增加：1979-2049 年的中国经济》，上海人民出版社 2013 年版，第 70 页。

昨天“期票是犹太人的真正的神”[④]，现在金融衍生品成了美国人“真正的神”。这个“真正的神”通过“金融”的幌子虚伪过渡，使美国

① 史正富：《超常增长：1979—2049 年的中国经济》，上海人民出版社 2013 年版，第 69 页。
② 王建：《货币霸权战争：虚拟资本主义世界大变局》，新华出版社 2008 年版，第 19 页。
③ 王建：《货币霸权战争：虚拟资本主义世界大变局》，新华出版社 2008 年版，第 27 页。
④ 《马克思恩格斯全集》第 1 卷，人民出版社 1956 年版，第 448 页。

从军工帝国迅速向高利贷帝国转变[①]。

（二）从“G–W–G′”到“G–G′”：美国高利贷帝国主义的出现及其反自然、反人类、反文明的本质

事实上，一个国家的民生依赖金融的支撑是不能持久的，遑论高利贷，毕竟货币只是价值的尺度和商品交换的工具；而财富，不管是本国的还是他国的，都需要人的脑力和体力劳动在特定时间内的投入才能产出。这样便与资本化的货币即高利贷产生了矛盾。资本化的货币不同于一般的货币，一般货币是为了交换商品，资本化的货币却是为了交换货币。马克思说：“在高利贷资本中，G–W–G′[②]形式简化成没有媒介的两极 G–G′，即交换成更多货币的货币。这种形式是和货币的性质相矛盾的，因而从商品交换的角度是无法解释的。”[③]

货币本只是一种价值尺度，只是商品交换的媒介，在这个“媒介”短缺时，社会就出现囤积货币以增强商品交换的“权力”，当这种权力成为事实存在时，人们就为增加这种权力用人为囤积货币的方式使自己长期拥有商品交换的权力——本质是占有劳动产品的权力。这样就在货币

---

① 也有学者看到了这个转变，但做出笔者不尽同意的阶段划分。笔者认为“虚拟资本主义”属列宁说的“高利贷帝国主义”，它由“军工帝国主义”转化过来的，是货币资本的返祖，是目前为止的资本主义最高阶段中的最野蛮、最腐朽的阶段。中国经济学家王建在 2008 年出版的《货币霸权战争：虚拟资本主义世界大变局》一书中认为：“在经历了自由资本主义和垄断资本主义两个历史阶段之后，以美国为代表的资本主义目前发展到了虚拟资本主义阶段……在自由资本主义、垄断资本主义时期，世界主要资本主义国家的资本还是以生产物质产品为主，资本主义经济的基本矛盾和运行规律、帝国主义战争的性质，等等，都是围绕物质产品的生产和流通产生的。但是进入虚拟资本主义之后，所有的这些都在发生着深刻的变化。”王建：《货币霸权战争：虚拟资本主义世界大变局》，新华出版社 2008 年版，第 3 页。

② “G–W–G′”是马克思《资本论》中货币转化为资本的著名公式。G 代表资本，W 代表商品，G′代表经过商品交换后已经增殖的资本。

③ 《资本论》第 1 卷，人民出版社 1975 年版，第 187 页。

商之间产生了竞争，竞争又促使货币拥有者从囤积转为直接放贷即用钱生钱。这时货币（G）使自己增值的对象已不是商品（W），而是处于不同利率中的货币（G′）；也就是说资本增殖的公式从 G–W–G′ 径直简化为 G–G′。当这种转换在一个国家中只是处于可控制的有限范围，那只是表明社会经济出现了问题；如果这种转换成了国家行为，那么这个国家就进入了快速腐朽进而衰落和瓦解的轨道。马克思说："货币对不动的、不可分割的财产起瓦解作用。"① 马克思说的就是高利贷货币。高利贷货币与一般货币不同的是，一般货币依赖的是商品交换，商品的交换次数是它增值的原因；高利贷货币依赖的是货币兑换的频率，而货币兑换的频率不是由于社会生产状况，而是由于社会破产状况。大破产——最好是国家破产——才能产生对货币的大需求，从而产生货币兑换。里根时期美国经济加速经济全球化和金融化的进程，增强了美元在国际上的强势地位，到 20 世纪 90 年代，"G–G′"即用钱生钱成了美国全民的敛财方式。如图 13 所示。

由图 13 可见，自 20 世纪 80 年代初期，中国的改革开放和亚洲"四小龙"快速发展，亚洲对美元出现巨大的需求，此间美元货币供应总量紧缩，导致美元利率飙升②，美国人的个人债务下降，利息支付却在升高，美国公民可支配收入也相应增长。但这却对美国工业造成巨大的贷

① 《马克思恩格斯全集》第 31 卷，人民出版社 1998 年版，第 332 页。

② 100 美元在 1950 年兑换 275.00 元人民币，从 1955—1970 年的 15 年间，人民币对美元兑换一直固定在 100 美元兑换 246.18 元人民币的汇率上。参见张光平：《人民币衍生产品》上，中国金融出版社 2008 年版，第 226、227 页。从 1985 年人民币开始贬值，当年 100 美元兑换 293.57 元人民币，1990 年兑换 478.32 元人民币，2000 年可兑换 827.84 元人民币，2010 年为 676.95 元人民币，2018 年为 661.74 元人民币。1983—2000 年，中国实际利用外资金额从 22.61 亿美元增至 593.56 亿美元，至 2018 年又猛增至 1349.66 亿美元。人民币对美元的汇率大幅上升导致中国外汇储备的快速增加。1978 年中国外汇储备仅有 1.67 亿美元，2000 年为 1655.75 亿美元，2018 年飙升至 30727.12 亿美元。参见国家统计局编：《中国统计年鉴—2020》，中国统计出版社 2020 年版，第 357、588 页。

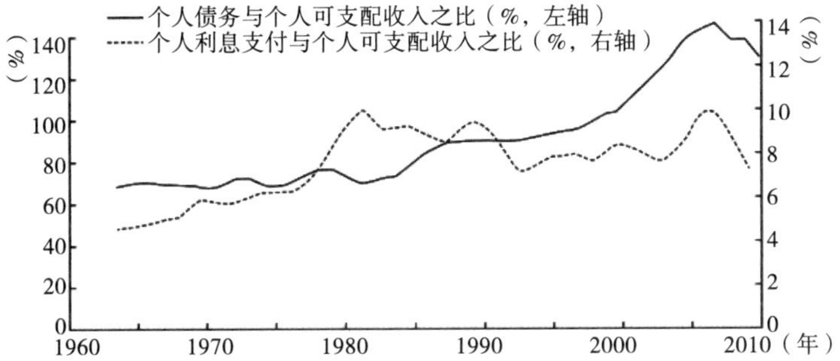

图 13　美国个人债务与利息支付（1963—2010 年）

数据来源：转引自李民骐等：《资本的终结 :21 世纪大众政治经济学》，中国人民大学出版社 2016 年版，第 198 页。

款负担，也增加了美国百姓的潜在金融风险。1978 年中国改革开放，1982 年拉美经济危机爆发，这几件大事持续刺激了世界对美元的刚性需求，这使得美国金融产品自 20 世纪 80 年代以后第一次进入丰收期并由此造成美元指数自 20 世纪 70 年代以来出现第一个高峰，美元指数从 80 点左右飙升近 170 点。20 世纪 80 年代末 90 年代初东欧剧变、苏联解体又造成美元指数的第二个小高峰：其从 90 年代初的 80 多点猛升至 2000 年的 120 点左右（参见图 7）。这两次美元的大收益对美国产生的负面影响是导致美国经济严重泡沫化。如表 4、表 5 所示。

表 4　美国三次产业对国内生产总值的贡献率

美国三次产业对国内生产总值的贡献率（1990—2017）								
第一产业			第二产业			第三产业		
1990	2000	2017	1990	2000	2017	1990	2000	2017
0.25	3.8	9.3 ①	-0.11	25.9	1.7 ①	1.05	70.4	89.0 ①

注：表中①为 2016 年数据。

数据来源：《国际统计年鉴》1999 年、2018 年。

表 5　美国国内生产总值产业构成

美国国内生产总值产业构成（1990—2017）								
农业增加值占国内生产总值比值			工业增加值占国内生产总值比重			服务业增加值占国内生产总值比重		
1990	2000	2017	1990	2000	2017	1990	2000	2017
2.0	1.2	1.0 ①	28.1	22.4	18.9 ①	69.9	73.1	77.0 ①

注：表中①为 2016 年数据。

数据来源：《国际统计年鉴》1999 年、2018 年。

我们看到，从 1990 年到 2017 年，美国三大产业中对国内生产总值贡献率最大的是第三产业，从 1990 年的 1.05% 猛升至 2017 年的 89%，其间，第三产业的增加值占国内生产总值的比重也从 69.9% 增至 77%。至此，美国经济严重金融化。原本在“G–W–G′ ”道路上迅速崛起且经济高度发达的资本主义美国，却在资本逻辑的推动下一下回到了“G–G′ ”。马克思说：“商人资本和生息资本是最古老的资本形式”[①]，是“洪水期前的形态”[②]：

> 关于商业资本所说的一切，更加适用于高利贷资本。在商业资本中，两极，即投入市场的货币和从市场取出的增大的货币，至少还以买和卖，以流通运动为媒介。在高利贷资本中，G–W–G′ 形式简化成没有媒介的两极 G–G′ ，即交换成更多货币的货币。这种形式是和货币的性质相矛盾的，因而从商品交换的角度是无法解释的。[③]

① 《资本论》第 3 卷，人民出版社 1975 年版，第 688 页。

② 《资本论》第 1 卷，人民出版社 1975 年版，第 186 页。

③ 《资本论》第 1 卷，人民出版社 1975 年版，第 187 页。

"G–G′ "即用钱生钱的经济特点是货币成了货币增值的对象，这时货币运动就脱离了它金融和信用的性质转而向高利贷货币返祖：在金融和信用意义上的货币增值需要的是改善商品生产和销售条件，而高利贷意义上的货币需要的是普遍地破坏生产和销售条件，通过瓦解一切实体经济并由此造成有利于放贷的社会需求。马克思写道："高利贷不改变生产方式，而是象寄生虫那样紧紧地吸在它身上，使它虚弱不堪。高利贷吮吸着它的脂膏，使它精疲力竭，并迫使再生产在每况愈下的条件下进行。"①

对正常的生产型国家而言，只有在扩大分工和扩大再生产的条件下才需要更多的货币，而高利贷资本正好相反，它需要的是实体生产的普遍破产。只有破产、战争和病危等灾害，才能造成社会或家庭对货币的绝对需求。一旦国家经济整体性地进入高利贷陷阱，"银行就由普通的中介人变成万能的垄断者"②，这时的国家政府就成了高利贷商人任意摆弄的仆人。列宁是资本主义进入帝国主义时代的马克思主义者，他以最新的材料证实了马克思的上述结论，他写道：

> 在工业高涨时期，金融资本获得巨额的利润，而在衰落时期，小企业和不稳固的企业纷纷倒闭，大银行就"参与"贱价收买这些企业，或者"参与"有利可图的"整理"和"改组"。在"整理"亏本的企业时，"把股份资本降低，也就是按照比较小的资本额来分配收入，以后就按照这个资本额来计算收入。如果收入降低到零，就吸收新的资本，这种新资本同收入比较少的旧资本结合起来，就能获得相当多的收入"。③

① 《资本论》第 3 卷，人民出版社 1975 年版，第 674—675 页。
② 《列宁选集》第 2 卷，人民出版社 1972 年版，第 753 页。
③ 《列宁选集》第 2 卷，人民出版社 2012 年版，第 620—621 页。

事实上，东欧社会主义制度瓦解和苏联解体时，以美国为首的西方国家就在其中发了一大笔横财，这笔横财将美元指数从 1992 年的 80 多点推向 2000 年的 120 点左右——这是美元自 1985 年以来第二个高峰。1990 年，波兰华沙大学经济学博士、原“团结工会”积极分子扬·捷符尔斯基以忏悔的心情写下长篇论文，揭露了波兰社会主义政权垮台给波兰人民带来的灾难。他写道：“外国资本将廉价接管我国办得较好的国营企业。企业的价值将采用产品销售的利润额作为计算标准。因为波兰的大部分工业产品成本高，质量低，所以企业价值的估价一般都很低。此外，西方货币汇率比所在国的实际购买力一般又高出一倍，而根据国际货币基金组织的要求，这种货币在波兰的价格又将大大提高。因此，向外国资本出售波兰企业简直是白送一般。然而，外国资本想要得到的远非这些，外国资本不但要有权购得企业，而且要包括企业地皮、甚至地皮以外的东西，还要求有权把从波兰廉价劳动力身上攫取的利润自由汇出波兰。”①

列宁上面所说的“金融资本”的运作方式就是变相的高利贷。高利贷资本与其他资本不同，其他资本是通过生产和销售商品增殖，而高利贷资本是通过“销售”货币增殖，商品生产和销售可以有生产周期，这个周期决定了金融资本赢利也是有周期的；而高利贷资本不能有生产周期，货币一旦停止流通，它就形同废纸。因此，高利贷不能等待，为此它必须不断创造生产者的贷款需求，这样的需求形成的前提就只能是生产的瓦解和永恒的贫困。于是货币一旦主宰了生产，它就会立即撕下“金融”“信用”的面纱并暴露破坏生产、破坏社会、毁灭人类正常活动，甚至屠杀人类的高利贷的赢利本性。马克思尖锐地指出这一点：“要使资本主义生产方式的‘永恒的自然规律’充分表现出来，要完成劳动者同

---

① 柳静编著：《西方对外战略策略资料》第 1 辑，当代中国出版社 1992 年版，第 225 页。

劳动条件的分离过程，要在一极使社会的生产资料和生活资料转化为资本，在另一极使人民群众转化为雇佣工人，转化为自由的‘劳动贫民’这一现代历史的杰作，就需要经受这种苦难。”①

现在看来，美国已成了这样的以经营高利贷为外交主业的国家。今天美国及其外交已彻底商业化了，成了为美国垄断财团牟利的工具。“大多数银行家认为独裁政府挺好”，一位银行家在波兰对《纽约时报》说，“在拉丁美洲的每次政变之后，必定出现银行家们欣喜若狂的情景，他们主动找上门来向新政府提供信贷。谁都不知道政治体制能够发挥什么作用，唯一的检验方式就是：看他们能不能清偿账单。”②

由此可以解释为什么美元一旦跌至最低节点，世界必然要发生大事：要么美国与对手妥协，要么消灭对手。1972 年中美关系改善，1979 年中美建交，由此便出现了战后美元指数的最高峰值；1987 年，美元指数跌至底点，为了走出困境，美国转手推动 1989—1991 年的东欧剧变、苏联解体这一事件。③ 苏联解体造成美元指数自 1985 年以来的第二次高峰。2000 年普京上台，大幅压缩了美国高利贷资本在俄罗斯的掠夺空间，美元指数随后大幅下跌，随之而来的是美国国内那些依赖存款利息为生的老百姓的收入大幅降低，其生存条件严重恶化。法国学者托马斯·皮凯蒂（Thomas Piketty）在《21 世纪资本论》一书中写道：“自 1980 年以来，美国的收入不平等就开始快速扩大。前 10% 人群的收入比重从 20 世纪 70 年代的 30%—35%，上涨到 21 世纪伊始的 45%—50%——提升了 15 个百分点。”④2008 年美元指数跌至接近 70 点，当年美国经济

① 《资本论》第 1 卷，人民出版社 1975 年版，第 828—829 页。

② ［美］彼得·施魏策尔：《里根政府是怎样搞垮苏联的》，殷雄译，新华出版社 2001 年版，第 86 页。

③ 参见［美］彼得·施魏策尔：《里根政府是怎样搞垮苏联的》，殷雄译，新华出版社 2001 年版。

④ ［法］托马斯·皮凯蒂：《21 世纪资本论》，巴曙松等译，中信出版社 2014 年版，第 300 页。

危机爆发。2011 年底，美国便爆发了“占领华尔街”运动。皮凯蒂分析说：

> 1980 年以来，美国国民收入中有相当一部分（大约 15%）从最穷的 90% 人口转向了最富有的 10% 人口。具体地讲，如果我们考察一下危机发生前 30 年（即 1977—2007 年）美国经济的增长情况，就会发现最富有的 10% 人群占据了增长总额的 3/4，这一时期最富有的 1% 人群就独占了美国国民收入增长的近 60%。因此，对于底部的 90% 人群来说，收入增长率每年不足 0.5%。这些数字是无可争议的，却很让人吃惊：当人们考虑收入不平等的基本合理性时，都应详细核对这些数字。很难想象，在社会群体之间存在如此极端分化的情况下，这个经济和社会如何能够持续运转下去。①

美国为了挽救美元危机，小布什政府以“反恐”的名义，发动了阿富汗战争，结果折戟伊拉克。2008 年美国宣布从伊拉克部分撤军。一旦军事不能控制中东，石油美元也就宣告寿终正寝。2016 年特朗普在军工资本的支持下异军突起——迫使华尔街金融资本利益的代理人希拉里退出，成为继奥巴马之后的美国第 45 届总统。特朗普试图用振兴军工生产的方式来扭转美国的颓势，军工采购在特朗普时期大幅上扬：2016—2019 年美国国内生产总值增长率中的政府消费支出和投资项里，国防增长最快最猛：从 2016 年的 –0.6% 增至 2019 年的 4.9%②。2016—2019

---

① ［法］托马斯·皮凯蒂：《21 世纪资本论》，巴曙松等译，中信出版社 2014 年版，第 303 页。

② 在 2016 年、2017 年、2018 年、2019 年中，美国国防支出和投资增长率（环比折年率）分别为 –0.6%、0.7%、3.3%、4.9%。对美国经济的拉动率分别为 –0.02、0.0、0.1、0.2。参见国家统计局国际统计信息中心编：《世界经济运行报告 2018/19》，中国统计出版社 2019 年版，第 194、196 页；《世界经济运行报告 2019/20》，中国统计出版社 2020 年版，第 218、220 页。

年，美国 GDP 只有知识产权产品和国防两项增长，其中增长最快及对美国 GDP 增长拉动大的还是国防[①]。这表明，美国正在从 20 世纪 50—70 年代的军工帝国主义经 80 年代后 30 多年的金融—高利贷帝国主义的否定，又迅速“返祖”至反自然、反人类与反文明的野蛮军工帝国主义——这是一个经典的“否定之否定”[②]的样本。今后在相当长的时间内不管谁上台，如果不发生人民革命，美国都将在军工和高利贷权力交替中走进其苟延残喘的多舛末途。

道德与劳动是不能分离的孪生子。国家和人一样，如果不劳动，这个国家就从文明异化为野蛮和堕落，古罗马就是这样。古罗马国家在上升时期，生产性劳动是社会的主流，但是后来打仗代替了劳动，掠夺了很多奴隶，让奴隶劳动，古罗马民众则观赏动物表演、看人兽肉搏，这时古罗马就衰落了。今天的美国也重复了古罗马的兴衰老路。

第二次世界大战后，美国摆脱欧洲的“跟班”身份，以独立的姿态转入帝国主义形态。在此后近 80 年的历史中，高利贷资本将一个曾是健康、向上和反欧洲压迫的工业化的美国推向野蛮堕落的境地，而 21 世纪 20 年代初蔓延全球的新冠肺炎疫情和随后西方美英等国家默认的基于纯生物学意义的“群体免疫”政策及由此造成的一年中近 300 万人因新冠肺炎死亡的惨剧，就是美帝国主义时代资本主义的没落性，即反自然、反人类、反文明性的赤裸裸的表现。正如马克思所说：“商人资本和生息资本是最古老的资本形式。”[③]“高利贷资本有资本的剥削方式，但没有资

---

① 国家统计局国际统计信息中心编：《世界经济运行报告 2018/19》，中国统计出版社 2019 年版，第 196 页；《世界经济运行报告 2019/20》，中国统计出版社 2020 年版，第 218 页。

② 否定之否定规律最初由黑格尔提出，经马克思改造，成为唯物辩证法的一个基本规律。否定之否定规律的基本内容就是：事物的发展是由肯定（黑格尔的“正题”）到否定（黑格尔的“反题”）再到否定之否定（黑格尔的“合题”），如此循环往复地螺旋式运动的辩证过程。

③ 《资本论》第 3 卷，人民出版社 1975 年版，第 688 页。

本的生产方式。”①

需要说明的是，马克思时代的高利贷多是私人或法人的个体行为，今天美国的“高利贷帝国主义”与马克思所说的历史上的“商人资本”或“高利贷资本”不同，与19世纪初被列宁称为“高利贷帝国主义”的法国相同，已是一种国家行为。与马克思说的单向贷出的高利贷不同，今天的美帝国的高利贷具有双向剥削的特点：紧附在作为民族国家的美国身上的国际垄断财团一方面以高利贷贷入的形式剥削美国②；一方面以高利贷贷出的形式剥削世界其他国家。高利息的压力迫使美国政府必须不择手段地向世界贷出美元“产品”，以平衡财政赤字。

从古代高利贷活动发展出的信用制度，是金融发展史上的重大进步。马克思说：“信用制度是作为对高利贷的反作用而发展起来的……信用制度的发展恰好就是表示生息资本要服从资本主义生产方式的条件和需要。”③但是，与美国情形相反，只有在国家掌控银行的地方，比如欧洲一些国家和东方的中国，信用制度才能对货币的高利贷本性进行有效制约。20世纪80年代后，美国金融资本在里根时期“控制货币总量”财政政策的天衣无缝的配合下，美国的实体经济尤其工业遭到重创，其结

---

① 《资本论》第3卷，人民出版社1975年版，第676页。

② “2010年美国全部国债利息为4139亿美元，成为仅次于国防和社保的第三大支出。2010年美国的国债利息达4540亿美元，占联邦全部财政收入的20%。如此巨大的利息支出将导致每年增发国债近5000亿美元。2000—2010年国债利率平均达到5%，未来国债利息可能还会上升，因为随着国债总量的增加，其风险水平也在上升。那些持有美国债券的国家，如中国、日本和海湾国家政府和持有债券的美国公众自然要求国债利率上升，以抵御风险，美联储也将不得不提高利率以吸引贷款人，而这将造成未来赤字和债务的刚性增长。政府债务筹资成本也随之上升，一旦这种恶性循环开始，美国的债务利息将成为联邦预算中的最大项目。有人测算，到2023年，美国政府的财政收入将全部用来偿还利息。如果经济增长率持续低迷，2050年美国债务率可能上升到GDP的296%。高额利息将使美国经济陷入衰退。即将爆炸的债务炸弹，将彻底摧毁美国。”参见孙怀玉：《走下巅峰的美国》，武汉出版社2016年版，第48页。

③ 《资本论》第3卷，人民出版社1975年版，第678页。

果是美国工业资本屈服于华尔街金融资本，此后的美国已不是“生息资本要服从资本主义生产方式的条件和需要”，而是资本主义生产方式要服从生息资本的“生产方式的条件和需要”。至此，金融资本家在现代文明史上彻底抛弃了货币服务于实体经济的“金融”“信用”面具，赤裸裸地露出高利贷“夏洛克”的本质：2000—2016 年，美国政府公共债务占 GDP 比重从 33.16% 迅速飙升至 99.46%；①1990—2017 年，美国第三产业对 GDP 的贡献率从 1.05% 猛升至 89%。②

马克思说：“资本来到世间，从头到脚，每个毛孔都滴着血和肮脏的东西。”③ 但是，与至少要保证劳动力自身再生产得以维持的工业资本不同，高利贷资本的剥削是无底线的，而它的本性又是与自然的和人类的本性尖锐对立的，它“害怕没有利润或利润太少，就象自然界害怕真空一样。一旦有适当的利润，资本就胆大起来。如果有 10% 的利润，它就保证到处被使用；有 20% 的利润，它就活跃起来；有 50% 的利润，它就铤而走险；为了 100% 的利润，它就敢践踏一切人间法律；有 300% 的利润，它就敢犯任何罪行，甚至冒绞首的危险。如果动乱和纷争能带来利润，它就会鼓励动乱和纷争。走私和贩卖奴隶就是证明”④。事实上，这次新冠肺炎的全球蔓延及西方英美等国实行的有失人道的“集体免疫”，也是对高利贷资本本性的证明。

① 参见国家统计局编：《中国统计年鉴—2019》，中国统计出版社 2019 年版，第 195 页。

② 参见国家统计局编：《国际统计年鉴—1999》，中国统计出版社 1999 年；《国际统计年鉴—2018》2018 年版，第 100、82 页。

③ 《资本论》第 1 卷，人民出版社 1975 年版，第 829 页。

④ 《资本论》第 1 卷，人民出版社 1975 年版，第 829 页注释 250。

八、其兴也勃，其亡也忽：美国的崛起与美帝国的没落及其总结

在清教基础上生长出的“五月花号”自由原则不受限制地“使资本主义生产方式的‘永恒的自然规律’充分表现出来”并释放出巨大的资本主义的能量，这种能量以前所未有的速度“完成劳动者同劳动条件的分离过程”，“在一极使社会的生产资料和生活资料转化为资本，在另一极使人民群众转化为雇佣工人，转化为自由的‘劳动贫民’”①，其结果是“五月花号”的自由原则终为它释放出的反自由的力量——美国政府对2011年反抗金融资本的“占领华尔街”运动的镇压——所毁灭。

进入21世纪，华尔街金融财团终于在美国再现了资本的反民主和高利贷资本反人类的本性。现在美国华尔街金融集团已击败并取代了实体生产资本，独占帝国，结果是被亚里士多德认为“最不合乎自然”的。亚里士多德说：“所谓‘利息’正是‘钱币所生的钱币’。我们可以由此认识到，在致富的各种方法中，钱贷确实是最不合乎自然的。”②“最不合乎自然”的高利贷被包装成各式“金融产品”后成了世界的时尚。此后美国也从一个反抗欧洲霸权、具有革命精神的民族国家蜕变为害人害己、手持利斧（军工）的高利贷帝国，这个帝国将世界资本主义在20世纪下半叶推向列宁说的“最高阶段”后，又在21世纪初将其拖入没落阶段，将人类送上工业文明的巅峰后又逆向将人类拖入马克思说的“洪水期前的形态”。

---

① 《资本论》第1卷，人民出版社1975年版，第828—829页。

② ［古希腊］亚里士多德：《政治学》，吴寿彭译，商务印书馆1965年版，第32页。

进入 21 世纪的美利坚国家已被没落的资本主义折磨得病入膏肓，可悲的是这时美国的知识分子却没有足够的反思，他们不仅没有认识到美国更需要一次“文艺复兴”，需要重返欧洲去把早年清教徒在倒掉欧洲“洗澡水”（即封建主义）时抛出的“孩子”（即国家的价值）捡回来，相反，他们仍将“自由主义”当作不变的教条[①]，被欧洲用诺贝尔奖捧起来的美国的“新自由主义”迄今仍是美国的经济理论信奉的不二窠臼。

姜当然还是老的辣。欧洲人显然看到了美国的问题所在，欧洲人不仅没有提醒反而高调怂恿美国人的自由主义蛮力。2007—2012 年，就在美国深陷危机期间，美国经济学家几乎包揽了这一时期的诺贝尔经济学奖[②]。也就在此后美国经济似乎得了“肾衰竭”，在危机中日益不能自拔，国力不振，政治上出现“占领华尔街”运动和越来越多的各式抗议和占领运动。2021 年 1 月 6 日，美国大选落幕，就在拜登就职演说前，华盛顿部分示威者进入美国国会区域，国会山自 1814 年后再次遭到冲击，国会议员被要求就地避难。1 月 20 日，拜登就职典礼当天，华盛顿如临大敌，戒备森严：五角大楼部署了 2.5 万名国民警卫队队员协助加强安保，美国各州也纷纷针对可能发生的暴力事件采取防范措施。

列宁说：“资本家瓜分世界，并不是因为他们的心肠特别狠毒，而是因为集中已经达到这样的阶段，使他们不得不走上这条获取利润的道

---

① 比如当代美国新自由主义代表人物、诺贝尔经济学奖获得者米尔顿·弗里德曼（Milton Friedman）就认为：“用斯密来为他自己的思想背书存在一定困难，因为他很清楚，斯密比他更相信政府，在许多情况下，斯密呼吁政府采取行为，但他却认为不可如此。”参见［美］丹尼尔·斯特德曼·琼斯：《宇宙的主宰：哈耶克、弗里德曼与新自由主义的诞生》，贾拥民译，华夏出版社 2014 年版，第 137 页。

② “从 1901 年首设诺贝尔经济学奖到去年为止，总计有 71 位美国公民单独或者分享了诺贝尔经济学奖。梳理 2007 年至今年，美国经济学家几乎‘包揽’了诺贝尔经济学奖。”参见《美国人再次拿走诺贝尔经济学奖》，《环球时报》2012 年 10 月 16 日。

路。”[1] 同样道理，一个生气勃勃的美国被这般送入末途，也不是资本家“心肠特别毒辣”，它是美国人建立的这类绝对资本主义（或称“原教旨资本主义”）制度使然。美国人太热爱自由了以至将自由绝对化，结果为自由“创新”出来的制度反成了打倒美国自由的力量：为自由而挣脱欧洲，为了捍卫和巩固革命得来的自由成果又将自由绝对化，结果绝对自由及建立其上的片面信仰又将自由葬送。这样的结局确实需要今天的美国人乃至新成长起来的中国青年反思。

无疑，促成美国上升的不能是一种力量，同样导致美国衰落的也不能只是一种（比如华尔街的）力量，而应当是包括美国各阶层民众即“无数个力的平行四边形”的正确和错误的选择形成的合力促成的结果。1890 年 9 月，恩格斯在写给友人的信中说：

> 历史是这样创造的：最终的结果总是从许多单个的意志的相互冲突中产生出来的，而其中每一个意志，又是由于许多特殊的生活条件，才成为它所成为的那样。这样就有无数互相交错的力量，有无数个力的平行四边形，由此就产生出一个合力，即历史结果，而这个结果又可以看做一个作为整体的、不自觉地和不自主地起着作用的力量的产物。因为任何一个人的愿望都会受到任何另一个人的妨碍，而最后出现的结果就是谁都没有希望过的事物。所以到目前为止的历史总是像一种自然过程一样地进行，而且实质上也是服从于同一运动规律的。但是，各个人的意志——其中的每一个都希望得到他的体质和外部的、归根到底是经济的情况（或是他个人的，或是一般社会性的）使他向往的东西——虽然都达不到自己的愿望，

① 《列宁选集》第 2 卷，人民出版社 2012 年版，第 638 页。

而是融合为一个总的平均数，一个总的合力，然而从这一事实中决不应作出结论说，这些意志等于零。相反，每个意志都对合力有所贡献，因而是包括在这个合力里面的。[①]

一个月后，恩格斯在另一封信中特别强调了合力运动的“不均衡”性及其中的“最有决定性”的经济因素。他说：

整个伟大的发展过程是在相互作用的形式中进行的（虽然相互作用的力量很不相等：其中经济运动是最强有力的、最本原的、最有决定性的），这里没有什么是绝对的，一切都是相对的。[②]

创造历史的过程，用马克思的话说就是“社会经济形态的发展是一种自然历史过程”；在这个过程中“涉及到的人，只是经济范畴的人格化，是一定的阶级关系和利益的承担者”[③]。“自然历史过程”也就是合力发生发展的过程。

美国的历史也是这样一个发生、发展和衰落的过程。美国人民用革命的方式摆脱欧洲的民族压迫，仅用200多年的时间就建立了一个生机勃勃继而独霸世界的美利坚合众国。但是，美利坚民族毕竟还是太年轻了，以至对自己的国家在诞生之初就存在的自我否定因素缺乏深刻的认识，遑论反思和批判。第二次世界大战的胜利使美国彻底摆脱了欧洲的压迫，获得自由的美利坚民族却被华尔街随后绑架至美帝国，盲从华尔街垄断财团参与帝国主义的全球扩张和剩余价值瓜分，由此美利坚民族

① 《马克思恩格斯选集》第4卷，人民出版社2012年版，第605—606页。

② 《马克思恩格斯选集》第4卷，人民出版社2012年版，第614页。

③ 《资本论》第1卷，人民出版社1975年版，第12页。

也整体性地从被压迫民族异化为压迫民族[①]。时至20世纪末，美国从一般的民族国家经军工帝国主义和短暂的金融化过渡，最终异化为高利贷帝国主义国家，而美利坚民族则异化为美帝国的附庸，作为民族国家的美国则转化为遭受美帝国剥削和压迫的半殖民地国家。

真理多走一步就会变成谬误，自由成为绝对也会走向反面。自由为自由所打倒，美国“其兴也勃焉，其亡也忽焉”的历程为历史辩证法提供了一个经典案例！

如果从历史合力的视角认识，造成今天作为帝国的美国衰落和作为民族国家的美国受到重创的原因，除了华尔街垄断资本的主因外，华盛顿[②]、汉密尔顿、杰斐逊[③]等开国功臣在内的美国各阶层，特别是知识分子阶层也有不可推卸的责任：他们不仅没有对美国的上述历史异化（实则是反动)过程实行有效地抵制[④]，反而参与了削弱美国国家权力的活动，

① “帝国主义的特点，正如我们所看到的那样，就是现在全世界已经划分为两部分，一部分是为数众多的被压迫民族，另一部分是少数几个拥有巨量财富和强大军事实力的压迫民族。”参见《列宁全集》第39卷，人民出版社2017年版，第232页。

② 1790年12月汉密尔顿在国会上提出关于设立国家银行的报告，其具体内容是：由政府签发给该银行开办20年的特许证，资本总额为1000万美元，政府承担1/5，并推举董事名额中的1/5，政府在宏观上对该银行加以控制。银行既帮助政府征税，也可向政府、各州和个人发放贷款，并有权发行纸币。国会中的南方议员反对这一报告，认为这是一项偏袒东北部商人和金融家的经济措施，是“一台贵族政治的发动机”。参见关立勋主编：《中外治政纲鉴》上，人民日报出版社1991年版，第500页。1791年2月12日，华盛顿最终批准了汉密尔顿提出的设立合众国银行的议案。这就是今天美联储的前身。

③ “我承认，我对一个军事力量非常强大的政府没有好感。它总是压迫性的。它使统治者逍遥自在，而人民却饱受苦难。”“给政府军队，或者给人民知识，究竟何者能最好地维护和平。后者是最可靠、最正当的统治手段。”参见《杰斐逊选集》，朱曾汶译，商务印书馆1999年版，第416、417页。

④ 1914年，对美联储法案持坚决反对意见的议员林德伯格在这一天对众议院发表演讲说：“如果我们的参议员和众议员不欺骗国会，华尔街是无法欺骗我们的。如果我们拥有一个人民的国会，人民将会有稳定的生活。国会最大的犯罪就是它的《货币系统法案》(《美联储法案》)。这个银行法案是我们这个时代最严重的立法犯罪。两党的头头和秘密会议再一次剥夺了人民从自己的政府得到益处的机会。”参见刘汉太：《第四资本》，中国铁道出版社2012年版，第136—137页。

特别是在彻底摆脱欧洲压迫后，美利坚民族几乎没有犹豫地转入压迫民族，并以压迫民族的姿态整体地参与并推动了美国从进步转向反动的全过程。马克思总结得好："一个民族当它还在压迫其他民族的时候，是不可能获得自由的。"①

九、从新冠肺炎全球流行看资本主义的没落与世界的社会主义前途

列宁说："政治上的全面反动是帝国主义的特性。"② 除此之外，从2019年底开始到现在仍看不到结束的蔓延全球的新冠肺炎疫情及西方美英等国家所采取的基于达尔文优胜劣汰生物学原理的"群体免疫"对策，向世人表明，进入21世纪的美帝国主义与列宁时期的英帝国主义相比，更带有"洪水期前的形态"的让现代人"非常担忧"和"感到恐惧"③ 的野蛮特性。

比较而言，在帝国主义的诸形态中，最接近社会达尔文主义从而最原始、最野蛮的形态就是高利贷帝国主义，这就是今天的美帝国主义，

---

① 《马克思恩格斯选集》第1卷，人民出版社2012年版，第314页。

② 《列宁选集》第2卷，人民出版社2012年版，第705页。

③ 英国有两位大学教授分别指出，在没有可用疫苗的情况下实现群体免疫的过程让人"非常担忧"——若以新冠肺炎病亡率的1%这一较低水平数值估算，即便是英国人只有50%—60%（约3600万）被感染也会导致几十万人口死亡。英国的一名病毒学家表示："我对此感到非常不安，我不喜欢这个做法，我认为它带有一些优生学的念头在里面。"参见《"群体免疫"策略：科学还是赌博》，贝壳、陆默编译，《世界科学》2020年第5期。

“9·11”事件[①]、“斯诺登事件”[②]等所暴露的问题表明，今天的美帝国不仅与社会主义国家的人民乃至世界人民为敌，而且还对其西方盟国和美国公民保持着高度戒备。2011年底发生于美国的“占领华尔街”运动[③]及随后几年日益高涨的美国各地的抗议和占领运动表明今天的美国人民正在反思和觉醒，重建美利坚合众国的历史任务不可避免地将越来越多地成为今后美国人民思考的问题。马克思说：“只有在北美合众国（至少是其中一部分），犹太人问题才失去了神学的意义，成了真正的世俗问题。”[④]世俗问题也就是唯物主义的阶级与阶级斗争、国家与革命的问题，毛泽东说：“种族问题实质上是阶级问题。”[⑤]

“占领华尔街”及随后发生的一系列人民运动，已使美国人民族群的界限日益模糊，而阶级的对垒日益鲜明。基督教的《新约》没有拯救资产阶级，有一部分对现实不满的欧洲资产阶级试图在激进从而更加原教

---

① “9·11”事件，是指2001年9月11日发生在美国纽约世界贸易中心的一起恐怖袭击事件。

② 2013年6月，美国中情局（CIA）职员爱德华·斯诺登（Edward Snowden）将两份绝密资料交给英国《卫报》和美国《华盛顿邮报》。2013年6月5日，英国《卫报》披露美国国家安全局有一项代号为“棱镜”的秘密项目，要求电信巨头威瑞森公司必须每天上交数百万用户的通话记录；6月6日．美国《华盛顿邮报》披露称，过去6年间，美国国家安全局和联邦调查局通过进入微软、谷歌、苹果、雅虎等九大网络巨头的服务器，监控美国公民的电子邮件、聊天记录、视频及照片等秘密资料。世界舆论随之哗然。斯诺登随后主动公布自己的身份，他说，过去四年，他一直为美国国家安全局的军事承包商工作，因此有机会接触到安全局的秘密项目。在舆论的压力下，美国政府2013年7月31日被迫主动解密了与斯诺登泄露的“棱镜”网络监控计划及电话监听计划这两大秘密情报监控项目相关的三份文件。

③ 2011年9月17日，上千名示威者聚集在美国纽约曼哈顿，试图占领华尔街，要把华尔街变成埃及的开罗解放广场。示威组织者称，他们的意图是要反对美国政治的权钱交易、两党政争及社会不公正。2011年10月8日，“占领华尔街”抗议活动呈现升级趋势，千余名示威者在首都华盛顿游行，随后逐渐成为席卷全美的群众性社会运动。纽约警方于11月15日凌晨发起行动，对占领华尔街抗议者在祖科蒂公园搭建的营地实施强制清场。奥克兰警方于10月25日向示威人群使用警棍清场，事件演变为流血冲突。

④ 《马克思恩格斯全集》第1卷，人民出版社1956年版，第424页。

⑤ 《建国以来毛泽东文稿》第10册，中央文献出版社1996年版，第339页。

旨的道路上推进资产阶级的自由理想，他们回归《旧约》，另立教门——清教，这部分人在北美将资产阶级的理想和资本主义生产力在200多年的不长时间里迅速推向世界巅峰，随后自由的理想又为反自由的垄断所打倒，代表近现代文明核心理念的工业资本为“洪水期前”的高利贷资本所打倒。结果是犹太教信奉的《旧约》也没能拯救资产阶级。美国是近代以来资产阶级的所有能量得到最充分发挥的地方，也是近代以来资产阶级理念试验的最纯粹的范本，让早期资产阶级革命家们始料不及的是，他们一腔热血竟将他们所属的阶级推到高利贷资本手中。高利贷资本家剥削的对象不是某个阶级而是整个人类，从这个意义上讲，它没有阶级属性，它破坏的对象不是某个国家，而是一切国家，它需要的不是某种文明，因为它的存在条件始终与一切文明相对立。今天的美国社会应验了马克思在《共产党宣言》中的预言。

> 资产阶级再不能做社会的统治阶级了，再不能把自己阶级的生存条件当做支配一切的规律强加于社会了。资产阶级不能统治下去了，因为它甚至不能保证自己的奴隶维持奴隶的生活，因为它不得不让自己的奴隶落到不能养活它反而要它来养活的地步。社会再不能在它统治下生活下去了，就是说，它的存在不再同社会相容了。[①]

身为犹太人的马克思是从人类解放的角度来考虑犹太人解放问题的。1844年马克思撰写《论犹太人问题》，将犹太人的解放与消灭“犹太”即国际垄断资本联系起来，他说：“我们不是到犹太人的宗教里去寻找犹太人的秘密，而是到现实的犹太人里去寻找犹太教的秘密。”[②]那么，什

① 《马克思恩格斯选集》第1卷，人民出版社1972年版，第263页。
② 《马克思恩格斯全集》第1卷，人民出版社1956年版，第446页。

么是现实的“犹太人的秘密”呢？马克思说得很直接：“犹太的世俗基础是什么呢？实际需要，自私自利。犹太人的世俗偶像是什么呢？做生意。他们的世俗上帝是什么呢？金钱。”① 由此，马克思为犹太人解放指出道路，他说：

> 既然这样，那末从做生意和金钱中获得解放——因而也是从实际的、现实的犹太中获得解放——也就是现代的自我解放。
>
> 一种社会组织如果能够消除做生意的前提，从而能够消除做生意的可能性，那末这种社会组织也就能使犹太人不可能产生。他的宗教意识就会像烟雾一样，在社会的现实的、蓬勃的空气当中自行消失。另一方面，假如犹太人承认了自己这个实际本质毫无价值，因而尽力消除它，那他就会摆脱自己以前发展的范围，直接从事于人类解放，为反对人类自我异化的极端实际表现而奋斗。②

> 社会一旦消灭了犹太的经验本质，即做生意及其前提，犹太人就不可能产生，因为他的意识就不再有对象，犹太的主观基础即实际需要就会人性化，因为人的个体感性存在和类存在的矛盾就会消失。
>
> 犹太人的社会解放就是社会从犹太中获得解放。③

这里，马克思说的“犹太的经验”就是高利贷者的经验。明白了这些，我们也就明白了为什么马克思、恩格斯在《共产党宣言》中提出“消

---

① 《马克思恩格斯全集》第1卷，人民出版社1956年版，第446页。

② 《马克思恩格斯全集》第1卷，人民出版社1956年版，第446页。

③ 《马克思恩格斯全集》第1卷，人民出版社1956年版，第451页。

灭私有制”，并在宣言结尾时呼吁：“全世界无产者，联合起来！”① 看看今天的美国的最纯粹的、没有其他制度因素干扰的资本主义实验给世界资产阶级带来的末路窘境，我们也就理解了列宁为什么提出“全世界无产者和被压迫民族联合起来”，“我们现在不仅是全世界无产者的代表，而且是各被压迫民族的代表。不久以前共产国际出版了一种叫做《东方民族》的杂志。共产国际为东方各民族提出了这样的口号：‘全世界无产者和被压迫民族联合起来！’”② 我们也理解了毛泽东提出的“工人阶级只有解放全人类才能最后解放自己”。1950 年 3 月，第一次全国统战工作会议在北京召开，毛泽东听取会议汇报并提出了统一战线的指导思想：“工人阶级只有解放全人类才能最后解放自己”③ 的论断。当然，无产阶级的解放也是资产阶级的解放的必要前提。这样一来，实现社会主义不仅是无产阶级的前途，也是与高利贷资本家（这些人的生存逻辑是 G–G′）相对立的一般资产阶级，尤其是美国资产阶级（这些人的生存逻辑是与 G–W–G′）的前途。列宁说：“向社会主义过渡的资本主义，因为从资本主义中成长起来的垄断已经是资本主义的垂死状态，是它向社会主义过渡的开始。”④

马克思说：“信用制度固有的二重性质是：一方面，把资本主义生产的动力——用剥削别人劳动的办法来发财致富——发展成为最纯粹最巨大的赌博欺诈制度，并且使剥削社会财富的少数人的人数越来越减少；另一方面，又是转到一种新生产方式的过渡形式。”⑤ 这种“新的生产方式的过渡形式”，就是向社会主义生产方式的过渡形式。也就是说，资本

---

① 《马克思恩格斯选集》第 1 卷，人民出版社 2012 年版，第 435 页。

② 《列宁全集》第 40 卷，人民出版社 2017 年版，第 73 页。

③ 李维汉：《回忆与研究》下，中共党史资料出版社 1986 年版，第 682 页。

④ 《列宁选集》第 2 卷，人民出版社 2012 年版，第 706 页。

⑤ 《资本论》第 3 卷，人民出版社 1975 年版，第 499 页。

主义信用制度的破产是资本主义没落的标志，替代它的将是一种新的即社会主义的生产方式。

十、归纳和预判

综上所述，可归纳如下几点：

第一，在美利坚民族团结一致通过强大的金融力量以前所未有的速度和规模调动了巨大资源、发掘出巨大的工业尤其是军事工业的潜力，通过两次世界大战摧毁了欧洲霸权之后，美国便在 20 世纪 40—70 年代整体性地落入军工垄断集团的“债权人”的控制之中；美利坚民族在朝鲜战争和越南战争后无力再开辟新的战场，“军工复合体”因此无利可图时，20 世纪 70 年代尼克松就任之后到特朗普上台之前，美国金融集团又取代了军工集团，将军工帝国主义的美国带入高利贷帝国主义。

第二，同样的原因，21 世纪头 10 年，美国在伊拉克战争中的失败，导致对中东石油天然气独控权的瓦解，这使美国军工复合体势力东山再起，特朗普试图带领美国军工资本家复活曾有过的“激情燃烧的岁月”。但是，如果世界不能再出现像苏联解体时流出的巨大浮财补偿，美国华尔街金融和军工集团就会分赃不均，共和党与民主党在前台的冲突就会加剧。拜登上台是美国军工资本集团与金融—高利贷集团妥协的产物，其结果是“夏洛克”和战斧导弹相结合，这样给美国带来的结果就是日益法西斯化。法西斯是高利贷资本与军工资本苟合的产儿。目前美国正在以极大的惯性向法西斯帝国主义的断崖猛冲。

第三，第二次世界大战后，帝国主义意义上的“美国”既失去了正义也失去了道义，它始终在“（军工资本）杀人—（高利贷资本）喝血—再杀人—再喝血”的恶循环中向人类“洪水期前”的野蛮时代加速堕落。

20 世纪下半叶以来的美帝国主义不是富有自由精神的美国人民的选择，而是对自由和民主的反动及对美国人民民主权利的践踏。

第四，与英国资本主义实践相比，建立在清教理念之上的美国的资本主义实践具有纯粹的原教旨主义的特征，原教旨资本主义理念在“五月花号”原则中以不同于欧洲的“绝对精神”得以确立。欧洲黑格尔的“绝对精神”是国家至上，结果是欧洲大陆主要国家权力牢牢控制着宗教和金融。与欧洲决裂的美国人的“绝对精神”则是资本至上，资本不受任何限制地在美国得到最纯粹最充分的展现，结果是资本继而高利贷资本反客为主，绝对地控制了美国，为绝对自由而奋斗的美国不幸地被资本主义拉回到了人类的“洪水期前的形态”，美帝国主义反映的是没落阶段的、因而只能靠“群体免疫”来死抗衰落命运的野蛮的资本主义。毛泽东同志形象地比喻说：“美国像一株空了的大树，里边已被虫子咬空了，外面还枝叶茂盛。”①

第五，今天发生在美利坚民族国家的悲剧，不能简单地归罪于美国的个别资本家或资本家集团，而是美国历史合力的结果。早期美国人与欧洲人决裂的同时，也忽视了欧洲政教二元冲突对欧洲造成的痛苦教训，以及欧洲人为摆脱这种危害的有益的经验总结，以致美国人对历史的认识一直没有达到欧洲黑格尔的高度，加之美国崛起的速度较快，在高歌猛进时没有时间消化和学习世界各国历史发展中的有益经验。第二次世界大战后美国人沉浸在帝国狂欢之时，更加忽视以黑格尔为代表的欧洲人对国家价值的深刻的经验总结，以致黑格尔在美国学术圈里成了美国文人把玩的“艺术品”②，这使美国人成功摆脱欧洲的控制后又落入高利贷商人的控制之中。

---

① 《毛泽东年谱（1949—1976）》第 5 卷，中央文献出版社 2013 年版，第 262 页。

② “国家不是艺术品。”参见［德］黑格尔：《法哲学原理》，范扬、张企泰译，商务印书馆 2009 年版，第 259 页。

第六，“当今世界正经历百年未有之大变局。当前，新冠肺炎疫情全球大流行使这个大变局加速变化”[①]，这次从2019年底开始且迄今仍没有见到尽头的全球性新冠肺炎疫情已向我们预演出这两种“秩序”的前期场景：前一种场景正在美英等西方国家上演，在那里我们看到的是“群体免疫”理论和政策导致的哀鸿遍野；后一种场景正在中国上演，在那里我们看到的是人定胜天精神和生命得到平等尊重及人民的众志成城。在国际合作方面，中国将自己研发的疫苗不计利润地迅速投向急需的国家，与此同时中国还坚定站在疫苗国际合作的“第一方阵”，已同10多个国家开展疫苗研发和生产合作，100多个国籍的10多万志愿者参与其中。截至2021年3月，17个中国疫苗已进入临床试验阶段，60多个国家授权使用中国疫苗。中国疫苗的安全性、有效性正在得到各国广泛认可。中国加入了世卫组织“新冠疫苗实施计划”，承诺首批提供1000万剂疫苗，明确用于发展中国家急需。中国已经并正在无偿向69个有急需的发展中国家提供疫苗援助，同时向43个国家出口疫苗[②]。中国疫苗为世界联结起了一个充满希望的人类命运共同体。这次新冠肺炎疫情及其救助结果向人们展示出人类命运共同体是未来新世界秩序的光明方向。基辛格说“新冠病毒大流行将永远改变世界秩序”[③]，如果接着这句话说就是世界要么迎来更野蛮、更反动、更腐朽堕落的黑暗的世界秩序，要么迎来民主、文明、南北平衡的人类命运共同体。

需要说明的是，中国全球外交的政策目标要和“两个一百年”目标结合起来，要和中华民族的伟大复兴结合起来，要和世界百年未有之大变局结合起来。如果脱离了这些，简单的输赢就没有意义了。中国在世界的发

---

① 习近平：《在经济社会领域专家座谈会上的讲话》，人民出版社2020年版，第2页。

② 《国务委员兼外交部长王毅出席记者会》，观察者网，2021年3月7日。

③ 《基辛格：新冠病毒大流行将永远改变世界秩序》，人民网，2020年4月5日。

展不仅仅是一个输赢的问题，而是赢了以后可以给予人类和世界以什么的问题。中国不能只索取。不给予的索取是不可持续的。这是问题的关键。今天美国全球退缩的本质，是美国曾给予世界高于英国工业殖民主义文明的工商自由主义文明（包括20世纪90年代后美国主导的有利于金融帝国主义的“新自由主义”文明）已经不能解决世界的现实问题。而从金融向高利贷的蜕化就是美国文明全面失败的风向标。同样的道理，不管是哪个大国，如果在未来不能给人类和世界以更先进的文明，那它也消化不了已经或将要获得的战略利益。今天世界急需的是一个新的和更高一级的文明形态，这个任务历史地落在中国共产党和中国人民的肩上。

第七，人类命运共同体将是未来人类新的联合方式。就在列宁发表《帝国主义是资本主义的最高阶段》这部著作后的第三年，毛泽东在《民众的大联合》一文中曾提出在“人类也苦到了极点”时社会改革和民众大联合的任务，他说：“到了近世，强权者，贵族，资本家的联合到了极点，因之国家也坏到了极点，人类也苦到了极点，会社〈社会〉也黑暗到了极点。于是乎起了改革，起了反抗。于是乎有〔民〕众的大联合。”[①] 几天后，毛泽东在同一篇文章中继续写道：

> 我们人类本有联合的天才，就是能群的天才，能够组织社会的天才。“群”和“社会”就是我所说的“联合”。有大群，有小群，有大社会，有小社会，有大联合，有小联合，是一样的东西换却名称。所以要有群，要有社会，要有联合，是因为想要求到我们的共同利益。共同利益因为我们的境遇和职业不同，其范围也就有大小的不同。共同利益有大小的不同，于是求到共同利益的方法（联

① 《毛泽东早期文稿（1912.6—1920.11）》，湖南出版社1990年版，第339页。

合），也就有大小的不同……像要求解放要求自由，是无论何人都有分的事，就应联合各种各色的人，组成一个大联合。①

至于这个“民众的大联合”所要采取的文明形态，马克思在100多年前发表的《共产党宣言》中有过预言：

代替那存在着阶级和阶级对立的资产阶级旧社会的，将是这样一个联合体，在那里，每个人的自由发展是一切人的自由发展的条件。②

沿着马克思的思路，新中国成立初期毛泽东提出了“无产阶级必须解放全人类，才能最后解放自己”③的思想。1955年3月8日，毛泽东在谈话中说：“我们要将全中国都搞好，再把眼光放大，要把全世界都搞好。”④1967年毛泽东在接见赞比亚总统卡翁达时说：“全世界如果不解放，中国这个国家就不可能最后解放自己，你们也不可能最后解放自己。”⑤1960年5月8日，毛泽东提醒拉丁美洲的朋友说：“西方国家和美国的逻辑同我们的是两套。朋友们，哪个对，将来看吧！总有一天，美国人民不喜欢帝国主义制度。”⑥

400多年前，莎士比亚曾借《哈姆莱特》剧中人物的口说：“生存还是毁灭，这是一个问题。”⑦这个问题，对今天的美国人民来说，就是革

① 《毛泽东早期文稿（1912.6—1920.11）》，湖南出版社1990年版，第373、377—378页。
② 《马克思恩格斯选集》第4卷，人民出版社2012年版，第647页。
③ 《历次全国统战工作会议概况和文献》，档案出版社1988年版，第7页。
④ 《毛泽东西藏工作文选》，中央文献出版社、中国藏学出版社2001年版，第114页。
⑤ 《毛泽东年谱（1949—1976）》第6卷，中央文献出版社2013年版，第94页。
⑥ 《毛泽东年谱（1949—1976）》第4卷，中央文献出版社2013年版，第390页。
⑦ 《莎士比亚全集》第32卷，梁实秋译，中国广播电视出版社2002年版，第134页。

命还是毁灭的问题，对世界人民来说，就是社会主义的人类命运共同体，还是资本主义的以邻为壑的“货币共同体”的问题。“货币本身就是共同体，它不能容忍任何其他共同体凌驾于它之上。但是，这要以交换价值的充分发展，从而以相应的社会组织的充分发展为前提。”[①] 这次全球新冠肺炎疫情及其悲惨现实再次让世界人民认识到这是一个不能再拖并且必须决断的问题。关于此，1850 年马克思就有预言：“如果我们欧洲的反动分子不久的将来会逃奔亚洲，最后到达万里长城，到达最反动最保守的堡垒的大门，那末他们说不定就会看见这样的字样：RÉPUBLIQUE CHINOISE LIBERTÉ，EGALITÉ，FRATERNITÉ（中华共和国　自由，平等，博爱）。”[②] 马克思的预言在这次全球蔓延的新冠肺炎疫情中得到验证，“世界好，中国才能好；中国好，世界才更好”[③]。这是一个世界需要中国日益“走近世界舞台中央、不断为人类作出更大贡献”[④] 的新时代！1919 年，毛泽东在《民众的大联合》连载文章结束时对今日中国就有准确的预见并激励我们说：“他日中华民族的改革，将较任何民族为彻底。中华民族的社会，将较任何民族为光明。中华民族的大联合，将较任何地域任何民族而先告成功。诸君！诸君！我们总要努力！我们总要拼命的向前！我们黄金的世界，光华灿烂的世界，就在前面。”[⑤] 在 21 世纪第二个十年发生的波及全球的新冠肺炎疫情已使世界百年未有之大变局提速向我们接近！向着光华灿烂的前景，我们正在全力前进！

---

① 《马克思恩格斯全集》第 30 卷，人民出版社 1995 年版，第 175 页。

② 《马克思恩格斯全集》第 7 卷，人民出版社 1959 年版，第 265 页。

③ 《习近平谈治国理政》第 2 卷，外文出版社 2017 年版，第 545 页。

④ 《习近平谈治国理政》第 3 卷，外文出版社 2020 年版，第 9 页。

⑤ 中共中央文献研究室、中共湖南省委《毛泽东早期文稿》编辑组：《毛泽东早期文稿》，湖南人民出版社 2008 年版，第 359 页。

美国帝国主义的新变化新趋势及相关建议

——当代美国研究高端论坛（郑州）综述 *

余　丽[1]　张顺洪[2]　李慎明[3]

2021 年 4 月 29 日，由郑州大学当代资本主义研究中心、中国政治学会主办，郑州大学政治与公共管理学院和《当代美国研究》课题组承办的当代美国研究高端论坛在郑州大学召开。近 30 位专家学者参加了会议。一些未到场的学者提交了会议发言稿。专家学者们围绕当代美国问题进行了讨论，并就中美关系现状及其相关问题作出了一些判断、提出了一些建议，会议结束时与会者提交了文字发言稿，会后又根据最新局势的发展增加了一些新内容。与会学者共同表示：“这些判断和建议极可

---

* 本文系马克思主义理论研究和建设工程重大项目“我国发展重要战略机遇期相关问题研究”专题报告之十二。

① 余丽，郑州大学政治与公共管理学院副院长、教授。

② 张顺洪，中国社会科学院世界历史研究所原所长、研究员。

③ 李慎明，中国社会科学院原副院长、研究员。

能有不妥之处，但主观上是本着解放思想、实事求是原则进行的，谨供相关领导与部门参考。不妥之处，敬请批评指导。”

一、关于中美关系现状和美国现状的若干判断

（一）当前中美战略竞争已经越过了十字路口并正在向对抗方向发展

中国社会科学院原副院长、世界社会主义研究中心主任、中国政治学会会长李慎明指出，人们常说中美关系正处在十字路口，但美国出台的《2021 年战略竞争法案》以及《无止境边疆法案》等说明，中美战略竞争关系已经越过了这个十字路口并已向对抗方向发展。相关法案充分反映了美国国会两党在对华问题上的高度共识和强硬态度，其实质内容是将在综合国力即政治、外交、经济、科技、军事甚至文化等各方面公开、全面、系统、彻底、持续地“抗衡中国”，即“遏制中国”，这标志着美国对我由过去的接触为主、遏制为辅或接触与遏制并重在向遏制为主、接触为辅的方向转换。美国当局同样深谙“不战而屈人之兵”这一道理。从一定意义上讲，近些年美国当局对中国实施种种软硬手段，如打贸易战、强行持续把全球泛滥的新冠肺炎病毒诬陷为“武汉病毒”、企图把台湾从我国分裂出去、重申我国领土钓鱼岛适用于《美日安保条约》、军机军舰频繁出入我国南海台海东海、强行干涉我新疆香港内政、美国海军在今夏末举行 2.5 万人参加的跨越 17 个时区的军演等，对我进行恐吓直至核恐吓，这都是直接为其最高的隐性战略目标服务的。这一隐性最高战略目标，就是企图逼迫我对美全面妥协——首先是金融无底线全面放开等，是为直接颠覆我国党的领导和社会主义制度服务的；长

远目标则是完全遏制中华民族的复兴甚至解体中华民族。对此，我们必须高度警惕。当前的国际形势十分复杂和严峻，美国已经遇到制度性的全面危机，不得不从全球收缩战略力量，拉拢其仆从国，甚至想以放弃对北溪–2 俄方公司的制裁等为诱饵，在中俄关系上挑拨离间，进一步改善与欧盟的关系等，企图集中全部资源遏制和绞杀我国，中美全面对抗已不可避免。从一定意义上讲，我们将极可能又一次面临新的"抗美援朝时期"的政治和军事局面。在未来相当长的时期内，中国可能将承受巨大的战略压力。面对美国的恶意打压，我们应有充分的思想准备和超前的战略准备，必须团结世界绝大多数国家和各国人民包括美国人民，敢于斗争，善于斗争，首先争取美国当局重新回到与我和平共处、合作共赢的轨道，但决不怕美国当局与我们彻底脱钩即彻底决裂。若美国当局执意要与我全面对抗，就正如毛泽东主席所说，"得道多助，失道寡助"①，美帝国主义就会在世界各国特别是各国人民面前愈加孤立，就会在全面衰落的道路上下滑愈快。美国越猖狂，越表明其外强中干、色厉内荏。在以习近平同志为核心的党中央坚强正确的领导下，我们有充分的信心把美国当局对我的全面打压这一坏事变成好事，必定能够再一次"打败美帝野心狼"，这必将加快实现中华民族的伟大复兴进程。

中国军事科学院彭光谦少将认为，当前世界历史发展处于重要节点，中美关系也处于重要的历史转折点。美国已将中国锁定为战略对手，中美之间的竞争是美国霸权与中华民族复兴权的较量，双方都没有妥协余地。美国对中国的仇视深入骨髓，对中国展开全社会、全政府、全领域的竞争，矛盾难以消失、难以调和。对此，我们需要确立新的世界观和美国观，增强民族自信。

---

① 《毛泽东外交文选》，中央文献出版社、世界知识出版社 1994 年版，第 586 页。

中国社会科学院政治学研究所副研究员冯钺指出，要认清美国本质，警惕美国的破坏活动。他认为，近年来，美国对我展开全面攻击，未来发生更激烈冲突的可能性大大提高。我方应从政治、军事、宗教、国内区域协调发展、经济等方面进行全面调整和布局，以应对随时可能到来的“非和平时期”。

中国国际问题研究院中美关系研究中心秘书长滕建群认为，中美关系再也回不到从前了，中美互为对手的时代已经到来，两国已经登上拳台，而且双方都表现出战胜对手的自信与能力。他提出美国对华政策有“一个战略”和“四个支撑点”。一个战略是指“印太战略”，以此来对冲中国的“一带一路”倡议。“四个支撑点”主要是指拜登政府对华政策的四大支柱，即多边外交、价值观外交、同盟外交、规则外交。拜登重申美国将回归多边国际机制和框架、重回双边和多边外交是争夺霸权，特别是要排除中国日渐增长的国际影响力和领导力；打着民主价值观和意识形态等旗号拉起反华统一战线，用意识形态向中国施压会成为拜登对华政策的主要手段；借军事同盟之力来与中国进行“战略竞争”；利用二战结束后由美国主导建立起来的法律规则来限制中国参与国际事务。与特朗普政府的对外政策相比，拜登政府似乎更有章法，要利用秩序、规则等国际安排来维系第二次世界大战结束后美国主导的国际秩序和国际体系，把中国的影响力尽最大可能排除在现有国际秩序和国际体系之外。

有专家指出，当前中美热战的可能性上升，中美对抗的高峰期可能在 2035 年至 2040 年。还有专家强调，美国必将极力干涉中国内政，尤其在中共二十大前夕，美国主导的西方大国集团可能出各种狠招怪招，干扰中国内部事务，企图扶植亲美势力，以谋其利。对此，我们要有充分的思想准备、政治准备和军事准备。

（二）美国霸权的衰落预示着“美国世纪”的终结

第二次世界大战后，美国确立了全球霸权地位。经历了20世纪70年代的石油危机、2008年全球金融危机，今日美国霸权正在不断走向衰落。全面把握美国霸权的演进特征、美国帝国主义发展的阶段性，这是我们制定对美政策的重要依据。中国国际关系学会副会长黄仁伟教授认为，“美国霸权衰落”不等于“美国衰落”。一般说来，霸权衰落先于国家衰落，往往是国家衰落的预兆或先导。世界近现代史上的世界霸权周期一般在150—200年，其中一半时间上升，另一半时间下降。从霸权周期看美国霸权衰落具有必然性，自2000年以后进入下降期，可以说大约每10年下降一个台阶：2001年“9·11”事件，2008—2011年金融危机，2020—2021年新冠肺炎疫情。美国经济在全球化过程中出现了空心化和虚拟化，进一步形成世界经济的“去美国化”。美国倡导的“普世价值观”丧失了吸引力，作为“民主政治的灯塔”已经黯然失色，国家治理失灵甚至陷入危机。

复旦大学思想史研究中心秘书长白钢教授认为，自16世纪以来，由西方主导的世界体系已经历两次重大的“内部霸权转移”，即荷兰霸权向英国霸权的转移和英国霸权向美国霸权的转移。目前，美国主导的世界体系正日益丧失其效力，已进入加速失效进而失序的过程中，美国已由“霸权支配”退化为“非霸权支配”。就霸权结构及历史而言，美国霸权及以其命名的“美国世纪”可以说已经终结了。

（三）美国国家治理体系与治理机制已呈衰退之势

郑州大学政治与公共管理学院教授、郑州大学当代资本主义研究中心常务副主任余丽指出，当代美国总统制的本质是垄断资产阶级的代理人制，无论是民主党还是共和党总统执政，本质上都是维护垄断资产阶级利益的。当代美国总统制的演变呈现出两个重要特征。一是垄断资本对总统的控制力越来越强。美国四年一次总统大选竞选经费巨大，2020年美国大选花费达到了创纪录的140亿美元，这些经费主要来自垄断资本集团。二是美国总统选举制是一种典型的虚假民主制。这主要体现为：法律名义上是“人民民主”，事实上是金钱民主。美国名义上实行普选制，但事实上由于国内种族、阶级之间的不平等，存在明显的违背平等选举的特征；名义上是自由选举，事实上是选举不自由，政治两极化与政党同质化并存；再加上政治冷漠现象普遍存在，美国的自由选举制度已徒有其名。

郑州大学政治与公共管理学院马润凡教授、郑州大学当代资本主义研究中心研究员刘兆鑫认为，美国的两院制和两党制已经出现了严重问题。首先，美国两党之间的恶斗和国会的政党极化密切相关，无论是一党管控还是两党分治，本质上是一样的，对内进行利益分赃，对外进行长臂管辖，干涉他国内政，为垄断资本主义尤其是金融垄断资本主义服务。其次，当前美国的国会制度已经沦为系统化的分赃机制，在跨国垄断资本的操控下，从国内分赃机制衍化为面向全球的分赃机制。最后，从发展趋势看，美国的国会制度天生带有阶级局限性。早期政党分赃制出现后，美国人希望通过文官制度加以改进，最终却从小分赃沦为大分赃，美国系统化的分赃机制已经难以消除。两党格局所形成的超稳定结构，自身是难以突破的。这意味着美国衰弱的标志就是国家治理能力的衰弱。2008年的金融危机与2020年的新冠肺炎疫情是对美国政治制度的两次大考验，充分暴露了美国政治制度内在矛盾不可克服的弱点，深刻揭示了美国民主的虚伪本质和政治体制的困境。

中国社会科学院世界社会主义研究中心特邀研究员尹帅军认为，美国最高法院及“司法独立”具有虚伪性和欺骗性。美国的“司法独立”既不能独立于资本的干扰，也不能独立于政党政治，更不能独立于资本主义制度，偏偏可以独立于美国人民的正义要求。三权分立下的西方“司法独立”更有利于维护资本主义根本制度、核心价值观和根本利益。

郑州大学政治与公共管理学院丁辉侠副教授和黄辉博士认为，基金会是美国非政府组织开展活动和发挥作用的重要组织形式，具有垄断资本的寄生性，并渐趋腐朽。非政府组织的形成和发展有公益性的一面，但更有资本性的一面。资本作为一种社会力量，既深刻地影响着美国非政府组织的形成和发展，也通过非政府组织和基金会的形式深刻地影响着全方位的美国。非政府组织以“非政府的”外表，架起了资本与政治的桥梁，维护资本家自身的利益，极大地扩展了超额利润的获取渠道和实现方式，这在本质上又是一种寄生关系，其寄生方式供养了隐藏在背后的“食利者”阶层。在这一过程中，非政府组织对内推行美国主义，对外打击反美主义。我们应当看到，非政府组织和基金会在实现美国全球霸权过程中推进资本输出和价值输出，以垄断经济和控制思想。美国的非政府组织和基金会充当着美国霸权主义的重要执行者，随着垄断资本的加强而发展壮大，也必将随着垄断资本陷入自身不可调和的矛盾而逐渐腐朽。

郑州大学政治与公共管理学院副教授、郑州大学当代资本主义研究中心研究员刘晓靖认为，美国联邦制具有欺骗性、残暴性和逐利性。第一，联邦制是美国大资本家选择的，这种制度能够使他们获得更大利益，是最好的政治外壳。第二，美国的联邦集权与州级分权的矛盾，从美国立国起就一直存在并且在不断深化。大资本与中小资本之间存在着利益争夺，联邦集权代表大资本，州级分权代表中小资本，目前联邦集权占上风；美国政党博弈的背后是利益集团的利益争夺；同时，美国是一个食利国，大资本家的目的就是要把包括美国在内的所有国家都变成自己的“进贡者”，国际环境的变化必然要影响到美国联邦集权与州级分权的利益分配。第三，在垄断资本的操纵下，联邦集权与州级分权之间的矛盾必然要渗透到美国社会生活的方方面面。第四，从发展趋势看，当美国联邦集权与州级分权的矛盾达到无法调和时，联邦制的价值也就被榨干了，资本主义会转而选择更合适的政治外壳，使财富的拥有者能够更有效地操纵权力，继续获得财富。美国联邦制下的这种矛盾斗争产生的成本是由美国和其他国家的民众买单的，要阻止资本主义继续作恶，只有战胜它、消灭它。

（四）美国极力推行对外扩张，对全球治理构成严峻挑战

中国社会科学院马钟成博士认为，美国所奉行的地缘政治战略，仍然围绕布热津斯基总结的三条中心战略线（远西、远东和西南）进行，美国的三个战略重心分别是苏联（俄罗斯）及东欧和中亚，中国及中国周边，伊朗和中东。此外，苏联解体后，1991—2001年，美国全力推进单极独霸的“世界新秩序”。21世纪的第一个十年，美国主要以反恐战争为名，集中精力试图彻底解决中东问题。这一时期美国最大的战略挫折，一个是由于对俄罗斯的过度挤压使叶利钦亲美亲西方战略彻底破产，普京上台遏制了俄罗斯下坠解体的态势；另一个是2007—2009年美国及全球金融危机的爆发，迫使美国更加依赖向外部转移矛盾，美国的对外战略目标与战略能力之间的矛盾日益深化。2012—2016年，美国政府推出“亚太再平衡”战略，准备将中国定性为头号敌人。2016年美国颠覆叙利亚政权的战略在俄罗斯干预下失败后，特朗普政府和拜登政府从根本上改变了中美关系，将中国视为主要的战略竞争对手和头号威胁。冷战结束以来，国际局势日益紧张，地区性矛盾、冲突、战争不断，各类

“颜色革命”席卷世界各地，金融战、贸易战、生物战日益频繁。这一切都是由帝国主义垄断资本输出和“瓜分世界”的行径造成的。美国与西方的垄断资本主义生产方式决定了美国外交上必然穷尽一切手段控制第三世界国家，让广大发展中国家在经济和外交上依附美国。

郑州大学政治与公共管理学院王高阳博士认为，美国国务院在联邦政府各部门中占据着首要地位，长期充当着维护和扩展美国海外利益的战略工具，服务于垄断资产阶级对外侵略扩张的目标。美国通过国务院在全球实施干涉行动，且手段逐渐多样化，包括以国内政策干涉国际政策，实施长臂管辖，通过发布国别人权报告、国际宗教自由报告等对其他国家的宗教、人权等状况加以评判，抹黑丑化攻击对手。近年来美国正逐渐认识到大规模军事行动的代价，开始改变过去过于依赖军事行动的做法，在世界各地实施秘密政治行动，策动“颜色革命”，在“阿拉伯之春”、乌克兰政变、俄罗斯街头游行、香港“修例风波”中扮演了重要角色；利用美国掌握的全球媒体系统开展政治宣传，对对手开展政治战、信息战、心理战，特别是近年来美国日益强调新媒体的运用，以互联网自由的名义在全球大肆开展情报搜集和网络监听活动。美国的这些行为已对全球治理构成严峻挑战，我们必须高度重视。

（五）美国国内矛盾激化预示着资本主义的系统性危机

中国社会科学院美国研究所魏南枝研究员认为，当前多维度的社会冲突在美国再度激化，如种族矛盾、文化冲突、代际冲突、阶层矛盾、性别冲突等，但其核心是种族问题和阶层矛盾。美国政治文化将种族矛盾作为美国社会的主要矛盾，但种族矛盾本质上是阶级矛盾。美国阶级矛盾在激化，不仅体现为不同种族间的矛盾在激化，而且体现为同一种族内部不同阶层的矛盾在激化。越来越多的欧洲裔白人青年参与甚至组织由当前种族矛盾引发的抗议行动，实际上他们是以抗议种族歧视的形式来抗议社会的不平等，即贫富悬殊、社会分化和阶层固化等。美国的“劳资失衡”持续恶化，族裔多样性与文化多元性已经不可逆转，资本肆意性正在破坏美国政治的民主性。美国的精英阶层采用种族矛盾、文化冲突等身份政治议题来转移和释放社会不满，有利于分化甚至割裂美国中低阶层，有利于将美国民众对精英阶层的不满转化为中低阶层的内部冲突与矛盾，也有利于避免阶级政治话语质疑美国基本政治经济制度的正当性。但是，试图以种族冲突掩盖经济社会不平等，而不是努力减少社会不平等，长期趋势将是美国系统性社会危机的爆发。

中国现代国际关系研究院江涌研究员揭示了美国财富分配的极不均衡与财团家族世袭等现象。他指出，在《21 世纪资本论》中，法国学者托马斯·皮凯蒂通过考察西方发达国家 18 世纪工业革命以来（1700—2012 年）在收入、资本、人口、增长率等方面的历史数据，认为不平等在资本主义历史上长期存在、根深蒂固，并不会随着经济增长而得到解决。美国的贫富差距情况也符合皮凯蒂的研究。第二次世界大战后，西方资本主义的发展经历过一段所谓的“黄金时期”，工人阶级的生活水平有所提高。但 20 世纪 80 年代、90 年代以来，随着新自由主义在资本主义国家占据主导地位，资本主义社会贫富两极分化趋势进一步加强，美国的贫富差距情况尤为严重。美国的财富分配极不均衡，资本主义基本矛盾的存在是根本原因。资本积累的规律及其内在矛盾的作用，决定着一极是资本的积累，另一极是无产阶级贫困的积累。而新自由主义积累模式的形成又加速了美国贫富两极分化。在垄断资本主义时代，美国已产生了金融垄断资本，并形成了财团家族世袭，其中较著名的是十大财团。第二次世界大战后，资本主义进入了国际金融垄断资本主义阶段，金融垄断资本、大财团的形态在当代也有了很大变化，垄断财团进一步向国际金融垄断资本转型。

中国社会科学院周淼研究员认为，资本主义的危机是积累的结构性危机。为了走出20世纪70年代的滞涨危机，资本主义国家推行了新自由主义。在新自由主义政策背景下，金融垄断资本得到进一步发展。通过与实体经济相脱离的虚拟经济主导的全球化，主要资本主义国家建立了一种新的资本金融化积累模式，垄断资本主义演化成为一个全球化的垄断金融资本体系。2008年以来，发端于美国的金融经济危机，直接原因是资本主义通过新自由主义以经济金融化的方式来摆脱停滞趋势，根本原因在于资本主义积累的一般规律作用和结构性矛盾的爆发。当前资本主义的危机是一种结构性、制度性、系统性的危机。全球金融危机引发欧美罢工潮和各种占领、抗议运动，社会矛盾空前激化。

大家认为，完全可以说，随着美国霸权的衰落，当前美国资本主义正面临着系统性危机，各种社会矛盾全面激化，国内治理机制失灵，国际反美浪潮迭起。美国面临的资本主义系统性危机，是全球资本主义系统性危机的预兆。当然，我们也要充分意识到，这种系统性危机的爆发，亦是世界各种力量主观能动性相互博弈的过程与结果。

（六）美国人发明了“传播学”，掩盖了“传播”的“宣传学”本质

清华大学新闻与传播学院教授李希光指出，几十年来，美国宣传模型的“最大成就”，就是让世界上很多人相信“宣传”只在中国、朝鲜等社会主义国家存在，在美国并不存在。然而，事实上，宣传就在美国人民身边，精英只是用其他名字来掩饰其宣传的本色。美国的新闻学界和传播学界是美国的信息和意识形态生产和传播的重要制度部分，美国传播学界一直被控制在为精英利益服务的圈子里。反共作为美国的国家

宗教，是媒体和记者必须遵守的纪律，是实施严厉纪律的工具。共产主义在美国被视为终极敌人，“反共过滤器”被用来对付任何有损美国精英集团财富和权力的思想主张。好莱坞本质上是美国的“意识形态国家机器”，其功能是不断再生产美国的主流价值观，增进对美国的认同感。好莱坞作为美国“软实力”的重要组成部分，赋予了美国正义、有同情心、专业和无所不能的外貌，确保美国的霸权政策能够畅通无阻。21 世纪，好莱坞的新野心是从美国品牌变成全球品牌，其在形式上变得更加包容、开放、多样性，但不会改变自己的核心价值观，反过来要用自己的意识形态统御、改写、重新讲述其他民族、其他文明的故事。

二、应对中美关系与美国现状问题的相关建议

针对中美关系与美国现状问题，与会专家在发言中提出了一些相关建议，要点如下：

（一）坚决维护习近平总书记党中央的核心、全党的核心地位，坚决维护党中央权威和集中统一领导

与会专家对此有高度的共识。大家认为，党中央是中国政治上层建筑中最核心的部分，通过制定路线、方针和政策直接反作用于经济基础，在一定条件下和一定范围内直接决定文化的上层建筑。新中国成立后，特别是改革开放 40 多年来，经过各种风雨最终诞生的以习近平同志为核心的党中央，全党、全军和全国各族人民都要坚决坚定地维护。这是我们党和国家今后一些年紧紧抓住国内外前所未有的机遇、应对世所罕见挑战的命脉所系，是加强党的政治建设和赢得新的战略机遇期的关键所在，是党和政权永远保持全心全意为人民服务宗旨永不变质的根本保

障，也是我们在与美国帝国主义斗争中取得胜利的根本保证。全党同志特别是党的高级领导干部必须充分认识到这一点。要加强这方面的教育，入情入理地讲清楚，这是首先列入各级党委学习中心组的一个重要学习内容。

在教育中要讲清我国坚持国体、政体和坚持党的领导、社会主义制度的必然性及其与“西方宪政”“三权分立”及任期制的根本区别。西方各种政治文化曾在历史上起过一定的进步作用，但进入帝国主义时代后，这种所谓的文明早已向腐朽、没落和反动的方向转化。早在 1937 年 3 月，毛泽东就指出：“共产党人决不将自己观点束缚于一阶级与一时的利益上面，而是十分热忱地关心全国全民族的利害，并且关心其永久的利害。”① 改革开放以来，尽管我们党在解决干部终身制问题上取得了重大的成就和经验，但从上到下的任期制中又出现了值得注意的新问题，特别是出现了“杀鸡取卵”“过度举债”“吃光分净”“污染环境”“把自力更生、艰苦奋斗和创新放一边，以招商引资为纲”等短期行为。我们常说撸起袖子加油干、一张蓝图绘到底，但在现实中往往是一个地区或行业换一任党政领导，甚至是主要领导人一更换，就要换一张蓝图。前任规划的蓝图有问题，当然也必须进行适当调整，但前任的规划是正确的，有的后继者却不惜浪费大量的人力、物力和财力，用各种名义进行调整。他们认为，按前任蓝图接着绘，辛辛苦苦绘成了，也仅是在为别人的政绩“添砖瓦”。有人问，美国等西方国家是任期制，为什么没有出现“杀鸡取卵”等问题？这主要是因为西方国家比如美国的总统及国务卿不管经济，仅仅分管外事和一定的社会运转等，因而可以采用任期制。但是，美国“一个显性的任期制”的背后，有“五个隐性的终身制”在

① 《毛泽东文集》第 1 卷，人民出版社 1993 年版，第 483 页。

起着基础和根本的作用。一是掌管其国内经济大权的恰恰是终身制并且是嫡传的资本家。美国建国 240 多年以来，实际统治美国的仅是罗斯柴尔德、洛克菲勒、摩根等几大家族。二是美国有立法权的参众两院及其两党基本上都由终身且是嫡传超级富豪轮流坐庄。三是具有资产阶级内部纠纷最后裁决权的美国联邦法院 9 名大法官不仅是高薪制，而且是终身制。四是为资本服务的文官基本上是终身制。五是在美国政界、财界、智库这三者“旋转门”之间转来转去的富豪及其代理人是终身制。资本主义社会上层建筑中的“一个总统”“参众两院”，行政、立法、司法这“三权分立”，“多党竞选”，“新闻自由”（即笔杆子）和“军队国家化”（即枪杆子）这“两杆子”，“司法独立”这“一独立”背后，全部都是被金钱即资本操纵，本质上恰如前台表演者全是被背后金钱即资本这根线或这只手操纵的木偶。这不仅维护了垄断资产阶级的眼前利益，又有力维护了整个资产阶级的长远和整体利益。

中国共产党是真正代表人民利益的执政党，中央政治局和它的常务委员会在中央委员会全体会议闭会期间行使中央委员会的职权，带领全体党员和全国人民制定落实经济社会运行的各项大政方针政策。正因如此，列宁的关于无产阶级政党“由最有威信、最有影响、最有经验、被选出担任最重要职务而称为领袖的人们所组成的比较稳定的集团来主持”的论述，对于贯彻落实毛泽东关于“十分热忱地关心全国全民族的利害，并且关心其永久的利害”① 的指示精神、保持党和政权永不变质，具有十分重大的战略意义。党的各级领导班子要做到上述这一点，除了个人的素养外，还需要作出新的制度性安排。

① 《毛泽东文集》第 1 卷，人民出版社 1993 年版，第 483 页。

（二）着力防范和解决我国面临的金融安全风险

几位与会学者指出，在我国面临的各种风险中，必须把金融安全风险作为当前必须解决的最直接、最现实、最迫切而且有可能瞬间突然暴发的、不可逆转的风险去加以防范和解决。人民币发行权是现代经济的基础、核心与命脉，人民币的发行权是国家最为重要的主权之一，必须且只能由党中央和中央政府掌控，不能由任何银行包括央行自己决定。同时，必须努力争取人民币在中国对外贸易中的结算权、议价权，特别是对西方资本主义国家贸易的人民币结算权，不能把这个权利完全交给外资，特别是不能交给美元。1970 年左右西方物价飞涨，人民币成为我国对外贸易的主要结算货币，约占对外贸易结算量 62%①，而现在我国对外贸易使用人民币结算比例经过很大努力也仅占 16%。我国经济领域最大的风险是金融风险。美国在我国金融战线上已经布局多年，我们必须高度警惕，全面加强应对。这是确保实现中华民族伟大复兴的重要前提条件。

（三）高度重视发展与俄罗斯的关系

黄仁伟、李慎明、张顺洪等学者认为，当前中俄战略伙伴关系正处于冷战结束后的最好时期，应采取得力举措，进一步加强和发展这一良好势头。要通过高层与学界的深入交流，使中俄双方都充分认识到，在当今世界，中俄双方在经济、政治、军事和金融、科技、能源、太空、网络等方面的合作正在全面展开，互补性极强。而美国是当今世界上最野蛮最阴险最无耻的公敌，在任何情况下中俄两国都绝不能背叛对方并

① 《中国银行行史（1949—1992 年）》上，中国金融出版社 2001 年版，第 396—417 页。

充当美国的帮凶和打手，只有中俄等广大发展中国家联手，才能有效阻止美国在世界各地的肆意妄为。如果中俄两国关系被美国离间，必将面临被美国各个击破的悲惨局面。因此，我国应择机在外交上早日承认俄罗斯对克里米亚的主权诉求；在经济上加大对俄支持力度；中俄军事合作和情报合作应加深拓宽；在俄罗斯远东地区进行大规模合作开发，建设东北亚—北极经济走廊；同俄罗斯左派力量加强沟通；在中国东北建立中俄科技创新和太空合作基地；联合建立中俄战略风险评估和危机反应机制；建立中俄欧三边二轨甚至三轨对话机制，对全球和地区重大问题展开讨论。

（四）应对美国主导的西方政治战要变被动为主动

要进一步加强我国国家安全委员会办公室职能，统筹我国外交、战略、安全、内外宣传等方面的研究力量，统筹习近平总书记所强调的政治、国土等 12 种安全战略研究，为中央当好参谋，积极应对美国对中国的全面打压和遏制。在应对美国主导的西方政治战上，要变被动为主动，变消极防守为自主自强，打好组合拳。要优化对外传播的路径和策略，借鉴我党革命成功的道路与经验，改变舆论战、政治战方式，转换对外传播路径，走“农村包围城市”之路，以大圈包围小圈；以第三世界广大发展中国家和地区为主要对象，讲好中国故事。在宣传中，要强调我国人民与美国人民或西方国家人民没有根本矛盾，我们反对的是美国与西方的霸权主义，美国人民和西方各国人民都是中国人民的朋友，是推进和实现人类命运共同体的同盟军甚至是主力军。

有学者指出，在舆论斗争中，我国要明确表态反对北约东扩，反对北约谋求进一步增加成员国；要明确给北约定性——具有侵略性的军事集团，是维护美国乃至西方霸权的工具。在俄罗斯对抗北约过程中，中国要坚定支持俄罗斯。在国际事务中，中国要敢于坚定地维护广大弱小发展中国家的利益，支持发展中国家中的反美力量。

（五）高度提防美国当局可能采取的各种无耻的手段

要高度提防美国当局为破坏我国发展，可能铤而走险采取各种无耻的手段，包括突然的军事打击。张顺洪认为，西方和美国历史上发生过令人意想不到的无赖无耻行径，如大规模屠杀美洲印第安人等。我们决不会与美开展无度的军备竞赛，但必须作好必要的军事斗争准备。大家认为，针对可能发生的西方对我国的军事攻击，我们应提前做好调整和准备。对各地“大跃进式”的“积极发展”超规模大城市的行动必须明确立即停止。对人口过度聚集地区进行及时调整，发展“小而强”和“广而散”的区域布局。还应该注意到，不少学者依然依循西方的方法，仅仅从武器装备角度计算军力。我们在教育中必须明确，正如毛泽东所说：“兵民是胜利之本”①，“战争的伟力之最深厚的根源，存在于民众之中”②。我们应该坚信，我们所从事的是正义的反侵略战争，民心、军心向背是决定战争胜负的根本的决定性因素。

（六）延长和拓宽对美国的战略决策机制的研究

这里所谓延长，就是要研究美国决策前的准备工作，尤其是针对中国的决策有哪些准备，我们对这些准备能施加什么样的影响。这里所谓拓宽，就是不仅要研究决策机制本身，还要研究与决策有关的执行机制，以及对执行效果的评价。对美国战略决策机制的研究，还应该考虑对美国经济社会基本盘的研究。经济基础是决定性的，美国的战略决策无疑

① 《毛泽东选集》第2卷，人民出版社1991年版，第477页。
② 《毛泽东选集》第2卷，人民出版社1991年版，第511页。

要反映美国的经济基础。美国战略决策机制作为上层建筑的一部分，与美国经济基础是相适应的还是不相适应的，我们要有一个基本的判断。要加强对美国智库的研究，重点研究美国智库机制与战略决策机制的关系，中国智库如何加强与美国智库的交流、对美国智库如何产生影响，从而影响美国的战略决策等。郑州大学已经成立当代资本主义研究中心和《当代美国研究》课题组,《当代美国研究》课题组集合全校乃至全国各方面之力，将形成一系列中期研究成果，最终形成专著。郑州大学党委书记、校长，工程院院士刘炯天对此十分支持，希望中央和地方有关部门都对这样的研究机构和研究工作给予必要的支持。

（七）加强学术界对国际问题特别是美国问题的研究

要编写高校新版《当代国际政治》教科书。多位学者指出，新冠肺炎疫情暴发以来，我国外交部新闻发言人表现十分出色，对一些重大问题的表态非常好，深受广大干部群众和广大青少年的好评。但十分遗憾，不少国际问题研究专家、美国问题研究专家却跟不上形势的发展和党中央的步伐，这一状况必须改变。应采取得力举措，大力加强我国学术界对国际问题特别是美国问题的研究。尽管在研究中决不放过与美国和平共处、合作共赢的任何机会，但也不能仅仅局限于如何千方百计从眼前和局部上缓和与改善中美关系，更不能牺牲长远与根本的利益求得与美国关系的一时缓和与相互合作。也应重视研究在美国当局执意要与我脱钩甚至用种种手段残酷“围剿”我后我们怎么办这些重大与生死问题。现在各高校使用的国际政治等方面的教材是二三十年前的版本，远远跟不上时代发展的要求，建议立即指定可靠的专家学者着手编写符合当代实际又对历史发展有前瞻性展望的《当代国际政治》教科书等。

（八）警惕我国相关领域和学术界的“第五纵队”现象

美国一些机构包括美国驻华领使馆、美国的基金会和其他所谓“非政府组织”，多年来致力于在中国知识分子群体中做工作，培植亲美亲西方势力。有学者指出，还有一个值得关注的普遍现象，即一般来说，学者对自己所研究的对象国比较“亲近”，而一些研究俄罗斯的学者却令人意外。这除了与个别学者的立场有关外，与美国和俄罗斯资助我国学者的研究经费的额度严重悬殊有关。实际上，我国有的专家存在着严重的思想认识问题，有的人自觉或不自觉地站在了西方立场和美国立场上，替他人说话，自觉不自觉地沦为了“第五纵队”。这是需要高度警惕、认真对待、严加防范的。

（九）在干部和知识群体中就中美关系开展思想教育活动

适时在全党特别是党的中高级干部和大专院校师生中，开展关于认清中美矛盾本质、把握中美关系发展走向、掌握中美斗争主动权的思想教育活动。现在党内外干部队伍和知识群体中有一些同志认为，对美国妥协就可能化解矛盾、避免冲突，这种认识是很不现实的。这样认识和处理问题，只会导致中美之间更大的矛盾和冲突的激化。相反，只有坚定地勇于斗争、善于斗争，及时识破和击破美国垄断资产阶级集团及其代理人的各种阴谋与狂妄野心，中美关系才有可能保持在一个比较正常的发展状态。

美式民主劣质化是世界政治恶化的祸根

张树华[①]

当今世界面临着冷战结束30多年来最危险、最复杂的政治局面。大国间信任缺失，国际间出现了治理赤字、和平赤字和发展赤字。政治对立、价值纷争、经济制裁等取代了原来的对话与合作。“混乱、对抗”成了全球政治的主题词，大国间的政治关系可以形容为势不两立、剑拔弩张。世界为何陷入乱局，根源何在？世界怎么了？世界向何处去？这些问题不能不引发政治学者的担忧和思考。

一、全球政治生态恶化之祸：源在西方，罪在政客

近几个月来，勉强上台的美国民主党政府，一改特朗普掌权时期唯利是图、四面出击的做法，重新捡起“民主、自由、人权”等陈词滥调，

---

① 张树华，中国社会科学院政治学研究所所长、研究员。

拉开架势，使出各种伎俩，对中国、俄罗斯等发起政治围攻。这些美国政客寄希望于拉帮结伙、重整旗鼓，重新找回原来一手遮天、独霸天下的全球霸主地位，给走下坡路的美国国运打一剂强心针，挽救美式资本主义衰退的老命。但是，无论打着多么光鲜的旗号，当下美国政客妄图通过打压中俄保住自身霸权优势，希望故伎重演，进而重复冷战的胜利，只能是痴心妄想。美国政客打着民主旗号，借此排兵布阵，企图“围剿”中国、俄罗斯等国，也许会给世界带来些许麻烦和困难，但不仅不会得逞，还将导致全球政治局势进一步恶化，加速美国自身的衰落，最终逃脱不了失败的命运。

冷战后全球政治生态严重恶化的根源在西方，在于以美国为代表的西方制度的系统性衰败。直接原因就是以美国为代表的西方政治日益劣质化，西方政治阵营生产越来越多的思想病毒、舆情火药和政治垃圾，给全球政治生态造成一波又一波的严重污染。而近些年缺少应有的道德和专业水准的西方政客不断抛出劣质的政治产品，恶化了国际交往合作环境，干扰了全球化进程，拖累了世界经贸发展，打乱了全球产业链，人为制造对立，激化民族矛盾，引发国际冲突。所以说，劣质的西方政治是世界政治生态恶化的祸根。近年来西方政治阵营种种倒行逆施，可谓罄竹难书，当今世界之乱，西方政客罪责难逃。

二、30 年来西方政治疯狂扩张给世界带来深重灾难

30 年前，柏林墙被推倒后，东欧国家倒向美国怀抱。此后不久，苏共垮台、苏联解体。西方政客自认为在东西方政治较量的大棋局中不战而胜，彻底赢得了冷战的胜利。被胜利冲昏了头脑的西方政要和精英们弹冠相庆，高呼西式自由民主和自由市场模式永远地站上了历史的巅峰，

自此将一路高歌猛进、无往而不胜。

30年前，苏联解体的原因复杂多样，的确值得有识之士作出深入而全面的分析。但在骄傲而蛮横的西方战略家和谋士们的眼里，西方政治模式完美无缺、无与伦比、无往而不胜。“民主”“自由”“人权”等政治工具功不可没，是摧毁苏联阵营的政治“利器”。冷战结束后不久，这些西方政客便不假思索地将“民主、自由”等工具化、模式化，将“西式民主”改造成一套功能强大的政治软件，在国际上随意叫卖、输出或强行安装。

借助东欧国家的投降归顺，西方阵营肆无忌惮地打着“民主、自由”旗号扩展政治经济地盘。以美国为首的西方阵营不顾原来的约定和俄罗斯的反对，蛮横地推进北约东扩，步步紧逼，挤压俄罗斯的战略空间。实际上，早在戈尔巴乔夫、叶利钦时期，俄罗斯已照方抓药，实行“休克疗法”，痛快地服下西式“民主化、私有化”的药方。但蛮横无理的西方政客根本无视已经举手投降的俄罗斯，不仅在原苏联地区先后策动“颜色革命”，还不断加强对俄罗斯的政治渗透，企图策动“白桦革命”，以进一步削弱俄罗斯、羞辱普京。这当然激起了有着强烈民族自尊的俄罗斯的奋力反击，以捍卫主权回应西方民主攻势。这样一来，尤其是2006年以后，骄傲的西方民主阵营将一个已经匍匐在地的俄罗斯，又一步步打造成自己的强劲对手。

有俄罗斯学者称，冷战后世界又一次被西方政客划分为两个对立的阵营：以美国为首的西方霸权阵营与其他被打压和制裁的非西方世界。可见，是西方自己制造了一个人口众多的“对立世界”。近些年某些西方智库鼓吹“文明冲突论”“新干涉主义”“人权高于主权”“新有限主权论”“民主使命论”，某些西方外交智囊一方面高唱“民主国家无战论”，另一方面对价值观不同的国家宣扬或策动“可控混乱”“离岸平衡”“混合战争”。这不仅阻碍了国际关系民主化的进程，也给世界和平带来了严重威胁。西方某些战略家动辄以“民主、自由”划线，甚至打造“民主同盟”，这是在唤起新冷战。某些西方大国打着民主旗号，不惜诉诸武力，超越联合国，干涉他国内政，严重践踏国际法，极力维护自己的“全球霸权”。所以，在冷战中自认为不战而胜的西方阵营并未实现“天下太平”，反而使世界政治生态更加“混乱而失序”。

三、将民主泡沫化、工具化，西方借助“颜色革命”掀起一波又一波的政治浊浪

2000年以后，在西方政治阵营的推波助澜下，国际上第三波“民主化浪潮”未平，第四波“民主化浪潮”又起。黎巴嫩“雪松革命”、格鲁吉亚“玫瑰革命”、乌克兰“橙色革命”、吉尔吉斯斯坦“郁金香革命”等街头政治相继爆发。在这其中，西方政治谋士们连出三招：首先，在理论和概念上，将西式民主和自由市场模式推向极致，将其神化、唯一化、绝对化、普遍化、模式化，认为西方模式是普世的、超民族的、横贯人类历史的；其次，无视文明差异和文明多样性，鼓吹西方中心论，煽动民族、文明、宗教间的冲突，声称民主既为西方社会和西方文明所特有，又是普遍适用的；最后，在实践上将对外推销西式民主外交政策化，大肆对外输出民主，不时策动“颜色革命”。

为谋求政治霸权和国际话语权、掩盖其地缘政治私利，西方媒体和学术界接连抛出一系列虚妄的政治信条和口号：“民主万能论”“民主速成论”“民主国家不战论”“民主和平论”“民主同盟论”，极力推行“价值观外交”，拼凑所谓“自由和民主之弧”。

这期间美国政客妄图以美式自由、民主一统天下之心昭然若揭，政

治野心急剧膨胀，一些美国谋士或学界专家也摇旗呐喊。美国普林斯顿大学的几位法学教授居然公开鼓动说，美国应撇开联合国，打造以美国为首的国际民主联盟。2000年左右，在美国外交界和情报系统的幕后操控下，波兰等国跳出来召开所谓的“世界民主大会”。2006年前后，一贯以仇俄、反共闻名的美国共和党议员麦凯恩到处鼓吹成立“民主联盟”，此举被普京斥之为患上了“越战后遗症”，反映了此人难以医治的战俘式“病态心理”。

冷战后30年间，西方国家不时通过策动“颜色革命”而兵不血刃地促使对象国政权更迭，从而达到西方扩大政治势力范围、争得地缘政治优势的目的。在国际舞台上，西方政客念念不忘推广西式民主和自由，企图以低廉的成本捞取巨额的政治回报。结果是，西方政治阵营一度如日中天、不可一世，但同时导致国际上不断出现地缘政治冲突和恐怖活动。30年间，以美国为首的西方大国不计后果地极力对外输出民主，不仅没有给世界带来民主与繁荣，却造成了一些国家和地区的政治衰败：政局动荡不安，治理失败，无法无天，冲突不断，老百姓流离失所，难民失去家园。正是由于美国的政治扩张，才造成了国际上民族分裂不断、宗教种族冲突时起，导致国际社会严重对立，国际政治生态急剧恶化。可以说，西方对外输出民主、对外政治干涉，成了当今世界政治生态恶化的乱源。

四、鼓吹文明冲突、四处树敌，引发恐怖和动荡

柏林墙被推倒后，西方阵营认为，政治上和意识形态上已无对手，西方模式取得了绝对的胜利，西方自由、民主和自由市场模式将踏遍全球，统治全世界。一些自视高明的西方中心主义者借机夸大国际上民族、

文明、宗教间的差异，激化民族宗教矛盾，挑起种族和教派冲突，鼓动民族分离主义，滋生排外主义，刺激了原教旨主义、极端主义。上述势力借助互联网和经济全球化的大潮，形成了世界政治的暗流。

30年前，在西方咄咄逼人的政治攻势下，阿拉伯世界与以色列的长期对抗又一次被引爆，进而打破了中东地区脆弱的平衡，点燃了宗教极端势力和恐怖主义的导火索。由此世界进入了新一轮的恐怖与反恐的动荡周期。而恐怖主义爆发、种族冲突蔓延，西方政治偏激和文明偏见难辞其咎。

五、西式民主异化变质，反噬自身

西方之乱，病在自身。还在2005年，英国前首相布莱尔就惊呼，西方民主已死，现行制度已丧失活力与动力，退化为功利性的职业游戏。近年来一些民意调查结果也显示，西式民主频频失灵，而西方民众尤其是青年一代对西式民主的信心与信任逐年下降，美国人对民主制度的信心下降至20年来最低点。美国社会撕裂加剧，金钱政治扭曲民意，选举成为一小撮财阀、寡头及其代理人的“独角戏”，种族歧视、政治仇恨愈演愈烈，冲击着美国政治的根基。有学者提出，西式民主已经异化变质，或被民粹主义淹没，或被沙文主义、排外行为以及法西斯主义侵蚀。

尤其是2008年爆发的国际金融危机表明，西方政治步入了一个分水岭：深陷政治困境，再难以独善其身。当时，国际金融大鳄乔治·索罗斯在美国媒体发文称，世界历史可能进入一个邪恶时期，并称欧洲可能陷入混乱和冲突。面对美国的政治困境，美国政治学者福山认为，美国两党竞争导致政治极化，而民主的泡沫导致政治衰退。他认为，美国的民主政治演变成了一种“否决政体”，政治被“党争民主”或极端思潮俘虏，难以自拔。欧洲政治观察家也认为,“民主变质”“民主泛滥”“过度民主”的欧洲将会陷入恶性循环之中。

如今，西方某些国家的政治已被少数人绑架，财阀当道，寡头掌权，政客在前台作秀，政治常常遭遇“塞车”或“红灯”。政治极端主义和民粹思潮泛滥，表现为政治歧视、宗教极端思潮等排外主义、孤立主义盛行。西方民主已变质、变坏，而且责任在西方制度自身。美国哈佛大学肯尼迪政府学院教授格雷厄姆·艾利森指出，美国的问题就在于美国民主政治的衰败，而衰败的美国才是世界最大的危险和挑战。

六、耗费冷战红利，美西政客将世界带入邪路

20 世纪 80 年代末到 90 年代初是冷战结束时期。以柏林墙倒塌、苏联解体为标志，第二次世界大战后西方阵营与东方阵营、资本主义阵营与社会主义阵营、以美国为首的北约和以苏联为首的华约之间的对抗从此结束，世界进入“后冷战时代”。

在冷战中瓦解和摧毁苏联后，美国代表西方坐上世界金字塔的塔尖，收获数以几万亿计美元的冷战红利。但同时，以美国为代表的西方政治阵营在冷战后仿佛患上了“精神分裂症”“政治狂想症”：一面肆意对外输出民主，妄图独霸全球；一面又臆想不同文明和宗教文化的冲突与对抗。

回顾冷战结束 30 年来的美国政治行为与世界政治进程，我们清楚地看到，美国当局非但没有充分运用好自身的权力和影响力来造福国际社会，反而沿着霸凌与对抗的行为逻辑越走越远。过去 30 年来，世界看到和经历的是西方阵营大肆输出“民主”，挑拨宗教对抗，鼓吹文明冲突，刺激国际恐怖，发动局部战争，策动“颜色革命”，侵犯他国主权。这些

年，美国仅在中东地区几场战争中就直接耗费 6 万多亿美元，加上在阿富汗战争中的耗费，可能达 10 万亿美元之巨。美国航空母舰发射的巡航导弹没有给伊拉克、利比亚等国带去民主、自由、人权，反而引发二战以来最大规模的难民潮，数百万人流离失所，2000 多万难民无家可归。

在美国国内，美国的民主践踏人权和种族平等，隔离排外行动盛行。最近几年，在实力衰落和国内矛盾加剧的背景下，美国政治霸权的冲动演变成政治焦虑和政治癫狂，而且越发严重。政治焦虑和政客癫狂，促使美国常常变得歇斯底里，无所不用其极，不惜祭出种种对抗性甚至自杀式政治手段打击他人，以维护自己的霸权地位。

七、美重拾“民主人权牌”，在政治上围攻中国，不仅不会奏效，反而会自我消耗，加速自身的衰败

30 年前，美国曾带领西方阵营推倒柏林墙，如今却奉行单边主义，肆意排外，动辄无理制裁，大肆筑起“隔离墙”，鼓吹经济技术与他国“脱钩”，企图重新放下经济和技术“铁幕”。如今，一些西方政客不敢公平竞争，妄想拾起过去驾轻就熟的“民主牌”，妄图重演以“人权牌”瓦解苏联的“老把戏”：一方面到处游说，极尽挑拨离间、煽风点火之能事；另一方面重拾“老套路”，拉帮结伙，以“民主自由”划线，妄想重温昔日的“冷战”。

美国这个过去世界秩序的塑造者、领导者，如今却蜕变成了“自私、要挟、无信、破坏、蛮横、霸凌”等的代名词。美国政治成为全世界的头号问题。世界之乱的病源在美国。是美国政客将腐朽变质、带有政治病毒的“民主、自由”肆意传播，将世界带入对抗、冲突、流血甚至热战等万劫不复的境地。从这样的角度看，美国不配再充当世界领袖。这

样整天煽风点火、到处打打杀杀的世界领袖不要也罢。绝不能让少数醉心玩弄“民主、人权”老把戏、自私自恋而又不负责任的西方政客将世界带入不可预测的政治深渊。

过去几年，由于政治衰朽变质和政客低质，美国政坛在全世界上演了多场政治闹剧。尤其是2021年1月6日，不服输的在任总统蛊惑部分民众冲击国会大厦，彻底撕下了美式民主光辉神圣的面具，暴露出美式民主的真面目。如今，美国人民每天还在承受着政客玩弄“民主、人权”游戏的痛楚：疫情蔓延，夺走了近60万人的生命；政客不顾新冠病毒蔓延，大肆传播有害的政治病毒；种族歧视司空见惯，警察过度、暴力执法；经济下行背景下财阀狂欢与失业者的无奈等。

什么是美国社会当今面对的最大威胁？艾利森指出，美国民主长期的失败才是更深层的原因。2018年8月28日，他在美国《外交》双月刊发表的题为《自由秩序的真相》的文章中断言，美国政治体制的失败是对美国的世界地位最大的威胁。

30年前，冷战刚刚结束时，美国国内生产总值占全球的比重已经从第二次世界大战后的1/2降至1/4，现在更是落到只有1/7。近几年国际民意调查结果显示，美国国际形象连续大幅度下跌。据英国《卫报》2020年9月18日报道，一项全球调查表明，如今的美国政府在全球的名声一落千丈，甚至越来越多的西方国家和美国的盟友都认为，美国已经失去了主导国家的担当和责任。皮尤研究中心在国际社会展开的调研结果显示，国际社会对美国的信心和信任普遍下降。人们看到，美国确实在衰落。但它是“优雅地退出世界舞台的中央”，还是“碰撞得头破血流、跌跌撞撞地摔下国际舞台”？也许未来几年会见分晓。但到底是什么样的结果将取决于美国政治精英的政治选择。

美国《华盛顿观察家报》2019年4月30日报道，美国国务卿蓬佩奥团队核心成员之一、国务院政策规划主任基伦·斯金纳在华盛顿的一场安全论坛上谈道，中美之间的博弈是不同文明之间的斗争，美国当前是首次面对非白人种族的强大竞争对手。美国政要重拾20多年前“文明冲突”的论调，显示美国政策有滑向法西斯主义的危险。

过去几年中，一方面美国内部政治分裂与极化加剧，另一方面美国对外“四处出击、到处树敌”，搅乱他国和全世界。作为最大的政治产品生产地和出口地，美国政府成了“全球之恶”：横行霸道、挑起冲突、输出混乱，甚至不惜撕毁国际条约，伺机煽风点火，准备热战。作为美国内政的延伸——美国外交和军事行动给世界带来深刻分裂和持久混乱。难怪美国国际政治专家罗伯特·卡根出于对美国的“好战”和“侵略性”传统的深刻理解，得出“美国是个地地道道的危险国家”的结论。

如今，世界各国如何与步步衰落却要恢复霸权、企图开历史倒车的美国政权相处，是摆在美国之外其他国家领导人面前的一个严肃的政治问题。而美国选择什么样的姿态面对自身的衰落则是考验美国政要智慧与历史表现的关键。美国政治上层企图树立外部敌人，借以弥合政治分裂，妄想掉转枪口一致对外，进而在国内进行政治动员。但唯我独尊、与全世界为敌，尤其是将中国、俄罗斯视为敌手的政策，不可能使美国“再次伟大”，反而将加速美国的衰弱、衰落乃至失败。

“沉舟侧畔千帆过，病树前头万木春。”通过分析研究冷战前后40年来世界政治跌宕起伏的过程，中国和俄罗斯政治学者得出如下政治结论：一是反对假借“民主、自由”名义，对外实施政治西化、分化、弱化和演化；二是破除民主一元论，反对将西式民主视为无所不能的软件程序，强行输出；三是反对策动“颜色革命”，反对谋求地缘政治私利、践踏他国主权和国际准则；四是弘扬法治，识别真假民主，避免出现少数人绑架要挟的劣质民主；五是警惕极端势力、排外势力、民族分裂势力假借

"民主"舞台登场亮相；六是警惕假借"民主、自由"等名义在国际事务中拉帮结伙，动辄对他国制裁、动武甚至武装颠覆他国主权。

八、自立自强，勇于超越西式民主话语与逻辑，打破美西价值围攻，凝练政治核心概念，构建中国叙事

如今，美国拜登政府重拾"民主、人权"等老把戏，假借维护所谓"民主自由"价值，拉拢西方国家，打造 D10、T12 等民主国际联盟，从舆论、外交、政治等领域对我发起猛烈攻击。为从根本上扭转不利的国际舆论局面，跳出西式民主话语逻辑陷阱，我们应全面总结我党一贯秉持的政治价值和理念，提炼"中国之治"的价值内涵与核心概念，用中国叙事讲述中国道路与实践成就，用中国逻辑讲清世界政治发展的脉络与规律。

新时代中国哲学社会科学工作者应紧跟时代步伐，加强对我国发展和党执政面临的重大理论和实践问题的研究，善于从全球视野和各国发展成败兴衰中比较、提炼中国发展的经验优势与理论结晶。应以西方民主缺陷引发的政治问题为戒，树立正确的政治观、制度观、发展观。应通过深入总结中国道路的成功实践，突破西式民主理论束缚和逻辑陷阱，构建升级版的民主研究和哲学社会科学分析路径，推进经济政治社会的全面发展，以全面、科学、系统的发展观把握中国乃至世界发展大势，努力构建中国特色、中国风格、中国气派的哲学社会科学，超越西式政治话语陷阱，不断增强在国际学术界的影响力、话语权。

中华民族有着悠久的历史文化传统。中华文明绵延数千年，有着深厚的价值底蕴和人文关怀。在漫漫历史长河中，中国人民创造了独特的政治文明。中华文化崇尚人与自然"和合共生"的自然观，秉承"民为

邦本，本固邦宁”的国家观，奉行“利民之用，厚民之生”的民生观，推崇“己所不欲，勿施于人”的自由观与权利观，主张“和而不同，美美与共”的文明观。这些思想和理念，蕴含着百姓日用而不觉的价值追求，反映了中国人宽广纯粹的精神世界。它们随着时间推移和时代变迁而不断与时俱进，其自身又有连续性和稳定性，体现出鲜明的中国特色和永不褪色的精神价值。

70 多年新中国社会主义发展道路是科学社会主义在当代世界最伟大而成功的实践，丰富和发展了马克思主义学说，拓宽了世界各国的发展道路，同时也为非西方国家提供了宝贵的可资借鉴的发展经验。环顾世界，中国道路独特而非凡，既吸收借鉴人类政治文明有益的经验，又没有照搬照抄他国。中国政治发展根植于中国大地，为世界各国提供了可资分析借鉴的一般性政治规律和治理原则。在当今混乱迷茫的复杂国际形势下，中国 70 多年的发展道路以其独特魅力贡献了宝贵的价值理念。

70 多年来，中国的发展进程持续而稳定，始终以人民为中心，开辟了一条独具特色、卓有成效的发展之路。坚持“党的领导、人民当家作主、依法治国”的有机统一，当代中国政治以全面而协同的发展格局统合“自由民主、秩序稳定、清廉效能”等价值目标，实现了国家政治、经济、社会、文化等各方面的稳定性、发展性、持续性、协调性、实效性。

中国发展成功的密码是科学地处理了改革、发展、稳定的关系，开辟了世界历史上一条独具特色而卓有成效的发展之路。中国特色社会主义发展是全面性、协调性和实践性的统一，是民主、秩序、效能等价值的统一。中国的发展继承和发展了马克思主义的基本原理，重新定义了“自由、民主、人权”等传统学科学理概念。从新民主观到全面发展观，突破了西方学术范式和话语霸权，大大提高了发展水平和国家治理能力，为中国社会全面协同发展提供了坚实的思想保障。

构建人类命运共同体的伟大构想，深刻凝合了从“全面发展”到“共同发展”的制度逻辑和发展理念。当今国际社会正面临治理赤字、信任赤字、和平赤字、发展赤字，破解“四大赤字”需要秉持公正合理、互商互谅、同舟共济、互利共赢的理念，增进战略互信，减少相互猜疑，实现世界长久和平和共同发展。要超越西式自由民主“一元论”，反对任何以“民主”名义拉帮结伙、分裂世界、妄图重演“冷战”的政治图谋。由一国“全面发展”到国际间“共同发展”，携手构建人类命运共同体，这是对某些大国奉行的“单边主义”“政治自私”“本国优先”行为的超越。

构建人类命运共同体的主张是新时代中国领导人提出的“世界梦”，是谋求共同发展、赢得未来的“世界观”。文明共存、和平共处、平等共商、合作共建、公平共享、互利共赢是这一伟大构想的核心原则。唯有坚持共商、共建、共赢、共享的全球治理理念，维护多边主义，才能最终实现全世界各国人民“共同发展”的美好愿景。

“亲仁善邻、协和万邦”是中华文明一贯的处世之道。一个不可改变的趋势是，世界正朝着多极化和多向度发展，世界多元文明之花将竞相绽放。中国的发展观和全球观与美国政客眼中有你没我式的“比、争、斗”不同，将超越大国对抗的逻辑，超越自我，成就更高、更强、更好的自我。中国眼中的世界发展，不是你输我赢的“淘汰赛”，也不是你死我活的“擂台赛”，而是“田径赛”，你追我赶，大家奋勇争先。中国眼中的全球政治系统，是一个立体多样的百花园，各美其美，美美与共。和平发展，公平公正，互帮互助，共建共享。合作是业，安宁是福。中国人心中的政治愿景是：国家长治久安，民众安居乐业，个人幸福，家庭美满。

西方“民主”的虚伪性
与拜登治下的美国霸权主张

[俄] 维克多·彼罗仁科[①]

一、拜登治下的美国霸权主张

拜登上台后，宣布“民主”与“专制”之间的斗争是当代国与国之间在意识形关系上的主要内容。不言而喻，他所说的“民主”指的就是西欧和美国的政治模式。西方所有的意识形态宣传都基于这一认识，并发明出各种夺人眼球的口号与标签——“发达民主”“西方发达民主”等。相应地，所有与西方不同的政治模式都被冠以“威权主义”（或“极权主义”“非民主的”等）。因此，将“民主”与“专制”对立起来的拜登，实际上是把西方政治模式与非西方政治模式对立起来，将世界划分为

---

① [俄] 维克多·彼罗仁科，俄罗斯《消息报》政治观察员，湖州师范学院跨文化研究中心特邀专家。

“正确”的西方和其他应向西方学习的世界。

实际上，没有人与所谓的“民主国家”，即西方进行对抗。没有任何例子可以证明非西方国家有计划破坏西方价值观和西方“民主”，或在西方植入非西方政治模式。事实上，西方政治模式和西方价值观亦没有受到任何西方以外国家的威胁。因此，我们面临的是美国霸权主张在拜登执政期间的又一轮复苏。

在这场斗争中，所谓作为美国主要竞争者和敌人的“威权主义”代表，首先是俄罗斯和中国以及其他奉行独立外交政策和国内政策的国家。西方把这些国家视为一种威胁，因为这些国家的发展表明，世界上存在成功的非西方政治模式以及与之相适应的意识形态与价值观。西方的这种观点，主要是美国对外部威胁的看法，实际上否定了非西方国家具有独立确定本国政治与经济发展模式的权利。

二、西方“民主普世性”的理论虚伪性

之所以有这种观点存在，原因在于西方对自身世界历史地位的认知存在虚假性。这一认知基于一个根本无从证明的哲学命题，即世界上存在普世永恒的文明价值观，而西方政治模式和西方“民主”最好和最充分地表达了这些价值观，所有其他国家必须接受这一西方模式。据此逻辑，如果美国想要向全世界推广西方政治模式和价值观，那么它就应该在这一使命中发挥主导作用。美国政治家认为，西方政治模式和价值观向外输出的规模与速度仅取决于“传教国”的技术与能力，而与他国是否愿意接受这种模式和价值观毫无关系。

然而，西方政治模式不能自诩为一种普遍适用于所有国家的政治模式，这样的普世模式在原则上不存在也不可能存在。中国和俄罗斯等国

家自身政治模式的成功发展，彻底推翻了毫无根据的“西方模式普世性”论调和西方国家对“民主”的理解。

所有关于西方输出“民主模式”的解释说明最终都指向了西方在经济上取得的成就，这更证明了西方政治模式只利于西方国家自己。日本和韩国是例外，美国因素不仅决定了这些国家在战后重建初期经济实现快速发展，同时也导致这些国家之后的经济停滞，其中日本的经济衰退一直延续至今。对美国的军事、政治和金融依赖决定了这些国家将永远落后于美国。

“民主”在西方政治模式中扮演着特殊的角色。西方为吸引民众参与国家管理所采取的政治程序被提升到宗教信仰水平。然而，西方政治模式中的“三权分立”“代议制民主”，以及西方对“人权”的理解等，是西方对其所面临的特殊的历史挑战与威胁的回应。

西方与世界其他国家一样，社会政治制度在历史发展过程中形成了能够更充分应对特定历史挑战并更好保障国家发展的模式。西方的政治模式之所以能够在一些国家成功扎根，在于当时这种模式比其他模式更好地应对了本国所面临的历史发展挑战与威胁。即便如此，西方政治模式在不同政治体制中的形式和规模也不尽相同。西方的政治模式因国家而异，即使在同一个西方文明中亦是如此。无论是与美国还是西欧相比，日本和韩国的民主模式都有不同。

所谓的西方民主模式远不能成功应对所有国家面临的问题、威胁与挑战。在许多国家，西方吸引民众参与国家管理的形式，即西方的“民主”标准，不仅无助于反而会阻碍这些国家提高治理效力。例如，西方民主模式将社会分裂为彼此敌对的群体，将政治竞争变成激烈的对抗直至内战，打破权力与社会平衡，导致司法系统瘫痪；煽动暴乱，威胁人的生命安全；等等。西方民主模式在非西方国家的负面影响更是远远超过其积极作用，格鲁吉亚、乌克兰、利比亚、伊拉克和阿富汗等国的遭遇就是最鲜明的例证。

因此，有理由认为，被西方自己定义为“民主”的国家管理模式，只是一种有利于和适用于西方的技术程序。可以把民主技术定义为一种职务更替和权力获得的方法，这种方法基于多数人的选择，并通过特定的程序合法化。西方的国家管理技术体现的是西方而非其他国家的价值观。像任何技术一样，西方民主技术具有特殊的适用性。如果这一技术不起作用（即不能解决国家管理问题），它应被替换为另一种更适合的技术。作为一种技术，西方民主方案只有在能促进实现重要的社会优先发展的任务及目标时才具有价值。例如，保障最重要的人权——生命权，促进经济增长和提高人民生活水平，保护传统文化，保障国内和平，保障国家主权和安全。

如果西方“民主”不能保障上述目标的实现，那就意味着它不适合这一国家。但这并不意味着，除了西式“民主”就不存在其他能够吸引民众参与国家管理的民主程序、技术和标准。其他模式是存在的，非西方国家经过探索，找到并成功实施了适合自己的民主技术。当然，关于其他民主技术适用于何种政治模式、以何种比例混合不同模式、以何种方式吸引民众参与政治问题，完全是其他国家的内部事务。不存在也不可能存在任何普遍适用的标准，因为每个国家的历史发展和社会政治条件都是独一无二的。俄罗斯、中国、伊朗、阿拉伯国家和许多其他国家的政治经验证明了这一点。阿富汗在拒绝美国植入西方模式的企图后，正在探寻自己的发展道路和政治模式。

西方国家对“民主”的理解是西方特有的历史发展结果，是在相互矛盾的历史现象和趋势影响下形成的，其中既包括丰富的古希腊和古罗马文化、文艺复兴、18—20世纪伟大的人文传统，也包括中世纪的衰落、宗教裁判所、种族主义、殖民主义和纳粹主义。这一切既构成了西方文明的独特成就，同时也形成了恐惧和狂热。西方价值观和对人权的特殊理解在独特的欧洲经验影响下产生，并对国家与社会、国家与个人的关系形成了自己的看法。结果，经过西方历史发展而得出的西方经验，产生了一种显然只适合西方国家的政治模式。

在其他文明中存在的是另一种经验、另一种价值观和另一种民众参与国家管理的方式，它们可能部分地与西方经验相吻合。实际上，如果欧洲－大西洋价值观（以及任何其他价值观）不被其他民族接受而必须以武力强加的话，这种价值观就不具有普世性。

西方国家很清楚“西方模式普世性”的观点没有科学依据，这只不过是其宣传伎俩。为了遏制别国发展，西方国家借助于这一宣传伎俩干涉他国内政，在与他国的竞争中获得单边地缘政治优势。事实表明，冷战结束后，西方在任何强行植入西方模式的国家中——从利比亚到苏联加盟共和国——都引起了严重的经济危机和国家管理危机。例如，乌克兰就像利比亚一样，国家濒于崩溃。

三、西方宣传手段：玩弄概念与术语

西方国家强推自己模式的一个重要手段是，强迫他国以有利于西方的宣传概念来理解西方。结果，那些反对西方宣传的人，因为使用了西方术语和概念，被西方阐释所束缚，从一开始就处于劣势。在这种情况下，很难找到明显可替代西方对“民主”“自由”“人权”等概念的理解。

借助于这种宣传伎俩，西方国家把“民主”等同于吸引民众参与国家管理的一种形式，而“民主”本身作为一种现象，就与西方的政治模式画上等号。此外，一些带有情感色彩的概念也与该模式联系在一起，如“自由”。这些概念被西方用在隐喻的文本中，即转义的意义上，缺乏严格的界定。西方宣传中使用的“民主”概念已经失去了其严格的原始意义。“自由”概念的原始含义与政治学完全没有关系，西方宣传以隐喻的形式用“自由”概念来表达自己的政治模式（“媒体自由”“观点自由”等）。严格来说，西方不存在任何所谓的“媒体自由”。

西方宣传为了方便自己，在不同的情况下赋予这些概念不同的含义，为自己保留“正确”阐释的权力。因此，这些被西方宣传固化为西方政治模式的概念，被“西方价值观”所宣扬的概念，获得了情感内涵，进而影响了人们的感受。

想要纠正这种情况，须将“民主”“自由”等概念从西方政治模式中剥离出来，并在学术研究、专家讨论和媒体报道中，合理地使用“西方政治模式”这一中性术语。这一方法将为“西方民主”只是可能的民主形式之一（并不比其他形式更好）、“西方政治模式”只是许多可接受的政治模式之一的思想发展提供巨大空间。

四、“人道主义干预”与西方干涉别国内政

回顾美国前几任政府向世界强推西方模式的历史，有助于了解拜登政府行为的动机与目标。研究显示了美国是如何利用“民主”和“人权”的蛊惑力为自己干涉别国内政作辩护，以便于向他国强加西方政治模式，进而控制他国。从 20 世纪 90 年代开始，美国在外交政策上积极运用“人道主义干预”这一理论，即为他国人民提供“保护责任”的学说。这个概念的本质是干涉主权国家的内政，包括武装干涉，其理由是这种干涉可以防止侵犯“人权”现象的发生，甚至可以防止“不民主”制度可能导致的牺牲。

第一次所谓“人道主义干预”是1999年北约对南斯拉夫联盟的侵略行动。美国对南斯拉夫联盟内政进行干涉的意识形态依据是时任美国国务卿的奥尔布赖特提出的，她呼吁将保护人权视为“一种传教工作”。对南斯拉夫科索沃冲突的武装干预意味着西方在美国的领导下向新的外交政策过渡：“美国可以罔顾国际法行任何它认为正确的事情。”正如英国军事专家约翰·基根指出的那样，“空军在巴尔干地区取得的胜利不仅是北约的胜利或者打着‘道德’旗号取得的胜利，而且是海湾战争结束时布什所宣布的‘世界新秩序’的胜利”。

“人道主义干预”的概念与《联合国宪章》相冲突，有悖于国家主权、领土完整和不干涉他国事务的原则。此外，北约对南斯拉夫联盟的“人道主义干预”引发了人道主义灾难，导致科索沃百万难民外逃。为了构建“人道主义干预”的法律框架，国际干预和国家主权委员会于2000年在联合国的主持下成立。2001年该委员会提交了名为《保护责任》报告，指出需要放弃在南斯拉夫联盟实施的“干预权”概念，代之以“保护责任”概念。后者强调使用非军事方法，并将“外国干预”解释为在该国无法履行保护本国公民的义务时，外国有责任保护该国的平民。该报告得到了西方主要国家的支持，但并不具备国际公约的性质，也没有被写入《联合国宪章》修正案。因此，从国际法的角度来看，“保护责任”的概念本质上是一种较温和的干涉他国内政的形式，“仍不具有法律依据，就像北约入侵南斯拉夫联盟一样”。

2000年后，美国及其西方盟国以“人道主义干预”为借口，对阿富汗（2001年）、伊拉克（2003年）和利比亚（2011年）进行侵略，为这些国家植入西方政治模式。在所有的三个案例中，美国及其西方盟国的武装侵略都没有得到联合国安理会的授权，并导致了灾难性的后果。

在阿富汗，美国与北约实际上以“国家自卫”的名义进行军事侵略，尽管名义上打着保护阿富汗平民免受塔利班政权侵害的口号。在伊拉克，美国军事侵略的目标是所谓寻找大规模杀伤性武器，与此相关的是美国在联合国安理会直接伪造证据。特别是有人认为，萨达姆“创造了最可怕的破坏手段之一，他的目标是统治、恐吓和进攻”。美国总统乔治·布什后来在为伊拉克战争进行辩护时引入了人道主义内容。针对北约在利比亚的行动，联合国安理会在 2011 年 3 月 17 日通过的第 1973 号决议中，决定在利比亚设立“禁飞区”，并要求有关国家采取一切必要措施保护利比亚平民和平民居住区免受武装袭击的威胁。然而，北约军队的行动从一开始的目标就是推翻卡扎菲政权。如今，这一目标已经实现，但利比亚以及伊拉克和阿富汗的人道主义状况由于“人道主义干预”而恶化。

因此，在布什的领导下，美国不是在已有国际安全（包括北约）框架内实现外交政策目标，而是公开利用其经济和军事技术优势采取单边行动来实现其外交目标。布什政府在“9·11”事件后得出的结论是，被美国称为“极权主义”的政治制度，无论其宗教取向和政策目标为何，都对美国和“民主”世界国家构成威胁，因为“极权主义”和“民主”的基本价值观存在根本分歧。

根据美国当时领导人的说法，这种分歧使所谓的“极权主义”政权的侵略性质进一步复杂化。尽管国际恐怖主义对国家安全和国际安全构成了非传统挑战，但布什领导的美国反恐战争的最终目标是传统的，即“以美国为中心的世界秩序的胜利，以及‘民主’‘人权’‘自由’等美国价值观的最终胜利”。

美国参议员、布什总统任期内“促进民主”法案的推手乔·利伯曼和约翰·麦凯恩的说法直接证实了这一观点：“支持民主自由与美国国家安全问题密不可分。如果纽约、华盛顿或加利福尼亚的安全极少部分地取决于利雅得、巴格达或开罗的自由，那么我们必须在那里促进民主……”

因此，在布什领导下，在对美国利益最重要的地区“促进民主”成为其确保国家安全的工具。布什政府不仅把干涉别国主权问题与推进西方民主联系起来，还与美国的自我防卫联系起来。他在“9·11”事件后发表讲话谈到自我防卫时表示，必须对阿富汗的塔利班政权进行军事行动。将反恐战争、自我防卫和政治体制民主化的必要性联系起来，布什政府领导下的美国试图将任意干涉别国内政的行为合法化。美国的这一立场是对克林顿“人道主义干预”概念的发展，根据其理论，“人权”和“民主价值观”不是主权国家及其政府的专属特权。

赢得2008年美国总统大选的奥巴马，承诺让美国永远摆脱外部冲突，把注意力从国外转到国内建设上来。但是，在坚定支持干预主义的国务卿希拉里·克林顿的压力下，奥巴马开始扩大北约，支持北非阿拉伯国家特别是利比亚的一系列政变，并启动了《跨太平洋伙伴关系协定》（TPP）的谈判，企图将中国赶出东南亚。

特朗普政府在美国干涉别国内政的传统做法上也不例外。在特朗普的领导下，美国采取单边行动并随意改变国际规则和法规，以便对自己有利。特朗普表示，美国不应基于意识形态原则建立联盟，例如，与拥有自由价值观的国家建立联盟，而应视情况与在特定情况下对美国最有用的国家建立联盟。在经济上，特朗普政府试图将美国的传统盟友——欧盟、加拿大和日本——视为美国的竞争对手，就像对待中国和俄罗斯那样。与前几届政府的自由干预主义者不同，对于特朗普政府的传统现实主义者来说，外交政策的主要目标是保持美国在世界上的经济优势和军事优势。“人权”和“民主”的口号只是在美国为了获取单边贸易和金融优势而干涉别国内政时才会被特朗普提出。

特朗普试图放弃大规模推行西方政治模式的同时，还希望恢复美国的军事、政治和经济霸权，原因在于 70% 的共和党保守派赞成维持美国的军事优势。特朗普认为，美国公众希望在不失去自我民族认同的情况下摆脱领导世界的负担。因此，特朗普和他身边的现实主义的保守主义者试图在美国外交政策中结合两个任务：拒绝领导自由秩序的推行；维持美国唯一超级大国的地位和世界霸权。在实践中，这一立场促使特朗普及其拥护者与任何合法独立地发展经济和技术的国家发生对抗。

拜登政府把“民主”和“威权主义”对立起来的外交政策是建立在所谓进步人士的观点基础上的，即在 2016 年总统选举输给特朗普之后民主党内部形成的意识形态趋势。“进步人士”支持美国在世界传播西方政治模式和自由（所谓的“进步”）价值观方面发挥领导作用，认为这是“唯一的人道”和“对人权的最佳保护”。这些人通常包括民主党中希拉里·克林顿的拥护者，以及共和党中的新保守派，例如共和党参议员马克·卢比奥、杰布·布什、米特·罗姆尼。

这部分“进步人士”对特朗普政策的回应就是对美国积极参与建立以西方模式为基础的世界秩序进行更猛烈的宣传。他们通过指出西方面临的新挑战，特别是“威权主义日益增长的影响力”来论证自己的观点，这里指俄罗斯和中国。他们也承认，这些国家也提供了自己版本的国际秩序，但在他们看来，这是一个糟糕的秩序，因为它是“非自由”的。因此，“对付俄罗斯和中国”只能是“以美国为首的多边努力”。

经过“进步主义”阵营不同派别之间的讨论，专家们为民主党在 2020 年美国总统大选中的获胜者制定了一个共同的外交政策纲要，其中包括减少使用军事手段来达到预期目标、缩减美国国防预算、更加重视外交和软实力工具等内容。

拜登目前正在实施的正是这一稍加修改的计划。它维持了美国外交政策向世界强加西方价值观和生活方式的危险倾向，忽视不干涉主权国家事务的国际准则，比特朗普的直接和正面攻击更具危险性。拜登外交计划的前提是，美国在盟友的参与下更积极地使用“软实力”工具进行意识形态斗争，在广泛的战线上对中国和俄罗斯进行攻击。

在拜登的领导下，美国从阿富汗撤军，并宣布拒绝强行植入西方“民主”制度。华盛顿方面发表了安慰性的声明，称美国将在不久的将来“与中国就贸易问题进行坦率的会谈”，美国贸易代表凯瑟琳·泰指出，美中会谈无意“重燃与中国的贸易紧张局势”。与此同时，在拜登的领导下，美国对中国和俄罗斯发动了一场公开的信息战和心理战。为了干涉中国内政，破坏中国社会稳定，美国打出了“为香港和新疆人权而战”的口号。出于同样的目的，美国正试图用“纳瓦尔尼的故事”来对付俄罗斯。

在对中国的军事围堵中，美国不再仅仅依靠自己，除了“四国同盟”——印度、美国、澳大利亚和日本之外，还建立了一个新的军事联盟——AUKUS，成员为美国、英国和澳大利亚。该联盟将帮助澳大利亚建造核潜艇，这些核潜艇是为在中国附近的海域进行中长期巡逻而设计的，也可能对俄罗斯构成威胁。在欧洲，美国和北约增加了军事存在，并在俄罗斯边境附近进行侦察飞行。

五、结论

美国向别国强加西方政治模式的政策是不可行的。归根结底，这一政策就是把西方的社会政治秩序与标准强加于他国人民，而在特定国家的条件下，这些秩序与标准并不能发挥其功能。例如，它们不能在统治阶层内部建立利益平衡，反而破坏了国家可控性。

美国和它的西方盟国以“保护责任”为幌子，干涉别国内政，最初普遍向反政府势力提供军事和政治支持。在这种干涉过程中，西方并没有试图与冲突各方保持距离。事实上，这是西方为实现自己的地缘政治目标并制定干涉世界其他具有重要战略意义地区的方案而直接参与的敌对行动。

美国所宣扬的欧洲－大西洋价值观（所谓的“自由”“民主”和“人权”）的利益与世界各国人民的利益背道而驰。西方认为武装干涉一个主权国家的内政可以防止侵犯人权的观点，很容易被以下事实所推翻：“人道主义干预”本身（例如在南斯拉夫、伊拉克、利比亚等国）导致平民大规模伤亡，并剥夺了一个人的主要权利——生命权。没有这项权利，所有其他权利都毫无意义。

为了对美国意识形态攻势进行回应，最好澄清西方在学术研究和宣传中积极使用的一些关键政治学概念。为此，有必要揭露具有操纵性的宣传手段，借助这些手段，西方将西方政治模式描述为世界上唯一可能和可行的民主形式，由此衍生出其普世性和向他国植入西方模式的正当性。

在现实中，西方政治模式，包括对政治和人权的特殊理解、“三权分立”、代议制民主、选举等，是一个程序性和技术性过程，并不能成为独立的价值观。就像任何技术一样，这种程序的意义只是为了以最好的方式开展工作。因此，只有一种权利是真正具有普遍性的——每个国家都有独立探寻最适合本国政治模式的权利，其中包括制定本国人民参与国家管理的规则和程序的权利，即制定自己民主模式的权利。

（中国社会科学院马克思主义研究院助理研究员　康晏如　译）

关注美疫情防控不力背后的政治体制弊端

付宇程 [①]

一、美疫情防控不力在政治上的表现

尽管美国拥有世界领先的医疗科技水平，但其新冠肺炎累计确诊病例数和死亡病例数仍列全球第一。美国欧亚集团全球卫生项目主任斯科特·罗森斯坦在美国媒体《新闻周刊》上指出，美国在抗疫中的表现与其拥有的科研实力以及私营部门和联邦政府资源不匹配，如果这些资源得到妥善的统筹利用，美国本应有能力控制住疫情。根据《公民权利和政治权利国际公约》，国家有义务采取积极措施保障公民生命权，而作为公约缔约国的美国政府，未能全面履行保护人民生命健康、免受传染病威胁的国家义务。在美国，资本集团复工复产的利益诉求、国内政党竞选和打压国

① 付宇程，中国社会科学院政治学研究所助理研究员。

际竞争对手等政治需要，均被堂而皇之地置于全体公民生命安全和健康的考量之上，最终造成美国感染人数和死亡人数全球第一的重大人权灾难。概括而言，美国新冠肺炎疫情防控不力在政治上主要表现为以下方面。

（一）无视生命健康权

为盲目追求经济发展指标，在公民生命健康权的保护上，美国政府存在不作为、不当作为和延迟作为。首先，新冠肺炎疫情发生之初，由于担心影响商业，美国政府并未采取严格防控措施，而在事实上容忍疫情蔓延。其次，疫情明显失控后，为了片面维护经济增长目标，美国领导人又选择性“报喜不报忧”，一方面，掩饰国内疫情防控的负面情况，误导民众疫情很快会“奇迹般消失”；另一方面，屡次在条件不成熟的情况下复工复产。美国公共卫生专家对此强烈不满，认为政府决策始终没有基于医学考虑而采取严控措施。这不是美国联邦政府第一次在疫情来临时不作为，2009 年 4 月美国暴发 H1N1 流感病毒疫情时，也是出于影响经济的担忧直到 6 个月后才宣布进入全国紧急状态，延迟管控导致病毒蔓延到世界 214 个国家和地区。

（二）政治治理的目标不是为了多数人的利益，而是为了大资本集团的利益

根据基本人权理论，公民应当享有政府为其基本生存和发展提供的积极保障。国际经验证明，大规模传染病流行时，享受免费检测、救治和生活救济等社会救助措施是所有公民尤其是低收入公民的基本人权，政府必须予以保障。但在新冠肺炎疫情暴发后，美国政府并未向受疫情影响的公众提供免费医疗保障，所有检测和治疗费用都是公民自费或者用原先已经购买的商业保险支付。例如，疑似感染者需支付 3600 美元的检查费，即

便是买过健康保险的人也要承担 50%（也就是 1800 美元）的“自付额”，这对大部分人来说都是一笔不小的开支，很多人在犹豫中拖延了检测的时间，低收入人群更是直接放弃检测，这一情况也加速了疫情的扩散。此外，疫情期间，很多人因失去工作难以维持基本生活，甚至无家可归。据统计，在新冠肺炎疫情期间，美国每晚至少有 55 万人无家可归，各州的无家可归收容所爆满而难以保持社交距离，睡在床上的人们几乎可以手碰到手，政府未针对这些群体施以有效救济，致使其感染率居高不下，其中波士顿无家可归者确诊病例占当地该群体接受检测人口的三分之一。与美国不同，新冠肺炎疫情发生后，我国政府提供专项经费，确保所有公民不因费用问题影响筛查和救治；对于受疫情影响失去工作的生活困难人员和失去监护的儿童，政府加大临时救助力度，确保其基本生活需要。

（三）国际上奉行单边主义，无视他国公民人权，将疫情当作国际政治斗争的工具

根据国际公认的人权理论，不论国籍、种族、肤色和阶级如何，所有人的人权都应得到平等尊重和保障。新冠肺炎疫情发生以来，美国政府一方面在未做任何检测的情况下强制驱逐大量非法移民，危地马拉、牙买加、墨西哥、哥伦比亚和海地等国家在被遣返移民中均查出新冠肺炎确诊病例，这一行为几乎是在“出口”新冠肺炎病毒，是对他国公民人权的蔑视；另一方面，美国还截留别国抗疫物资，禁止本国医疗物资出口，买断相关药品。在国际共同抗疫的关键时刻，美国甚至宣布退出世界卫生组织。上述行为表明，在新冠肺炎病毒全球大流行的严峻形势下，美国从未将全体人类视作命运共同体，而是一直奉行“美国优先”的单边主义立场，将疫情的风险和责任转嫁别国，行霸权之实。

二、美疫情防控不力的根源在于政治体制的固有弊端

（一）政党政治极化

美国国内政治极化严重，党派利益被置于国家利益之上。疫情暴发以来，美国公共卫生决策延迟和低效，这其中的一个重要原因是其国内政治层面出现严重的党派之争，共和党和民主党在局势判断及应对措施上存在严重分歧，全国疫情决策和防控形势陷入一片混乱。一方面，为了迎合各自基本盘的选民群体，美国共和、民主两党分歧严重。俄亥俄州立大学政治学教授斯凯勒·克兰默分析了两党国会议员与疫情有关的 3 万多条推文，发现民主党联邦议员的推文更强调疫情对公共健康和美国工人的威胁，而共和党议员的推文则更重视企业受疫情影响情况。两党因利益站位不同而加剧政治关系紧张，甚至将疫情作为攻击对手的武器，借机攫取权力和谋求选举利益，连"戴口罩"这样的基础防疫措施都被高度政治化并打上党派标签。另一方面，由于党派政治人物的刻意引导，普通民众也出现分裂并走向"敌对"。根据皮尤研究中心的民调数据，疫情期间整个美国社会分裂为两大阵营，民主党支持者中大约 76% 的人认为新冠肺炎疫情是美国面临的一大严峻问题，而共和党支持者中只有 37% 的人持这一观点；民主党支持者中，有 63% 的人认为外出时应该一直佩戴口罩，而共和党支持者中的这一比例为 29%。斯坦福大学政治学教授尚托·艾扬格指出，政治极化还导致民众"情感极化"，造成"民主党人和共和党人都认为对方虚伪、自私、思维封闭，以至于不愿意在任何活动中与对方合作"。更严重的是，党派"政治分裂"和民众"情感极化"相互作用，导致整个美国社会的两极化日益严重。美国著名政治学家弗朗西斯·福山在《美国

政治腐朽的代价》一文中指出，这场史无前例的疫情本应成为美国人放下分歧、团结一致的机会，但事实证明，疫情却“加剧了美国的政治极化”，党派政治精英们在众多问题上产生分歧，公众随之分裂成不同群体，这反过来又加强了政治精英们加剧分歧的动机。

（二）把资本利益置于公共利益之上

美国公共产品已广泛私有化，资本集团利益被置于普通民众利益之上。在美国，疫情防控与经济指标之间如何平衡一直是一个高度政治化的问题，原因在于美国的公共服务部门已经广泛被私营公司控股。公共产品私有化最初是一种优化资源配置和减少财政赤字的技术解决方案，但在实践中逐渐发展成为一种资本主导的、狭隘的治理形态。因为私营部门必然优先考虑利润，拥有政治权力和资本实力的人转变为客户，无法付费的贫困人口或陷入困难的人则被边缘化或被排除。新冠肺炎疫情发生后，上述问题更加凸显。卫生服务部门的私有化导致美国公共卫生决策整体偏向私营部门尤其是大型医疗公司的利益，决策上总是优先考虑资本市场的反应，普通民众受新冠肺炎病毒侵害的风险及弱势群体的人权保护在决策体制中被边缘化。联合国极端贫困与人权问题特别报告员菲利普·奥尔斯顿指出，美国穷人受到新冠肺炎病毒更严重的打击，“低收入和贫困人口受冠状病毒侵害的风险更大，而联邦政府混乱的、注重企业的应对措施根本没有顾及这部分人群利益”。美国抗疫不力的事实证明，公共产品的私有化排挤了公共精神、平等和人权保障等至关重要的价值。

（三）种族不平等日益严重

美国社会长期存在歧视和不平等观念，优势种族和人群的利益被置于其他人群利益之上。此次疫情中，人权保障不力的另一个重要原因，是经济和卫生等公共决策领域长期存在不平等的顽疾，穷人、老年人和少数族裔等弱势群体利益在决策体制中一直被边缘化。首先，穷人人权的有效保障是观察一个国家人权状况的重要窗口，美国对疫情影响下的经济困难人群的人权保障行动一直迟缓和不力。其次，由于高昂的检测治疗费用、养老机构长期投资不足以及各级政府对于养老院疫情信息公开不及时、不透明，养老院中的老年人成为此次美国疫情中死亡人数比例畸高的群体。再次，疫情中少数族裔的基本人权保障成为奢望，由于不平等的经济和卫生保障条件，非洲裔和拉美裔人群的新冠肺炎患病率分别是白人的 2.6 倍和 2.8 倍；种族主义暴力事件频发，亚裔群体频繁在公共场合甚至自己家门口遭受羞辱和攻击。上述现象说明，由于美国政府和政党长期被白人精英阶层操纵，美国社会各个方面均产生了系统性的不平等，弱势群体在公共卫生危机中受到系统性歧视。

三、基本结论

新冠肺炎疫情暴发以来，美国公共卫生决策呈现多方面失灵。与我国体制不同，美国竞选体制下，执政党和领导人必然优先考虑政治竞争的需要和大选中基本支持群体的利益偏好。美国抗疫失败是西方资本主义国家政治制度衰败和失效的重要表现。严重的党派之争、公共卫生服务的广泛私有化以及国家和政党长期被白人精英阶层操纵，均导致在疫情大流行等严峻的公共危机下政府无法作出高效、公平决策，弱势群体的人权保护在决策体制中被边缘化。这些都是美国政治体制的弊端。以此次疫情作为观察窗口可以初步判断，美国公共决策体制建立 200 多年来已经呈现衰退趋势，美国公共决策体制是否会逐渐走向失灵值得跟踪研究。

新冠肺炎疫情下的美国收入分配制度分析*

魏南枝[①]

美国学者彼得·特明（Peter Temin）指出："不断扩大的收入不平等正在威胁着美国'中产阶级'，而'中产阶级'正在我们眼前消失，美国正在成为一个由富人和穷人组成的国家。"[②]2020 年 3 月美国新冠肺炎疫情发生以来，美国政府采取疫情纾困措施、美联储重启"无上限"量化宽松政策并推出新的货币政策工具……在向全世界输出通货膨胀的同时，扩大了美国最富裕人群与其他人群之间的收入差距和财富差距，不同人群的安全感和获得感严重失衡，公共债务也以历史罕见的速度快速增长。

与此同时，美国联邦、州和地方各级政府在公共项目下的社会福利开支占国内生产总值的比重处于高位，如果将私人社会福利开支和以税

* 本文系国家社科基金一般项目"西方国家在金融危机之后的制度反思研究"的阶段性成果。

① 魏南枝，中国社会科学院美国研究所研究员。

② Peter Temin, *The Vanishing Middle Class: Prejudice and Power in a Dual Economy*, Massachusetts: The MIT Press, 2017, p.ix.

收优惠等形式体现的间接福利转移支付等因素考虑进来，则福利开支总额巨大。但是，根据美国国会预算办公室的报告《家庭收入分配变化的预测：2016—2021 年》，收入分配差距并不会因联邦税收和公共福利转移支付等因素而有所缩减，反而会进一步扩大，而且越是收入高的群体，其平均收入年均增长越快①。本文对新冠肺炎疫情下的美国收入分配制度进行分析，以探讨美国社会不平等背后的制度根源。

一、疫情与贫富悬殊恶化

收入和财富不平等在美国是一个老问题。2009—2015 年，在美国的 43 个州和哥伦比亚特区，收入最高的 1% 的美国人的收入增长速度高于其余 99% 的美国人。在九个州，收入增长总额中的一半以上由收入最高的 1% 人群所享有。2015 年，全美收入前 1% 的家庭的平均收入是其他 99% 家庭的 26.3 倍②。2009—2018 年，美国底层 90% 人群的工资增长幅度仅为 6.8%，而收入最高 0.1% 人群工资增长幅度高达 19.2%③。2018 年，美国的基尼系数攀升至 0.485，贫富差距达到 50 年来最高水平；2019 年的基尼系数略微下降到 0.484，该年度美国家庭的平均收入是 9.8 万美元、中位数收入是 6.87 万美元，二者近 3 万美元的差距说明富人的收入和财富水平不仅显著高于穷人，也大大高于“中产阶级”。

① Congressional Budget Office, “Projected Changes in the Distribution of Household Income: 2016 to 2021”, https://www.cbo.gov/system/files/2019-12/55941-CBO-Household-Income.pdf.

② Estelle Sommeiller and Mark Price, “The New Gilded Age: Income Inequality in the U.S. by State, Metropolitan Area, and County”, https://www.epi.org/publication/the-new-gilded-age-income-inequality-in-the-u-s-by-state-metropolitan-area-and-county/.

③ Economic Policy Institute, “The Productivity-Pay Gap”, https://www.epi.org/productivity-pay-gap/.

新冠肺炎疫情所导致的多重危机更加充分地暴露并且加剧了上述不平等，主要表现在以下两个方面。

（一）股市飙升背后的怪相

美国股市对保持其经济社会的稳定至关重要，因为有半数以上的美国人持有股票，相当比重的美国人的退休或养老金计划依赖于美国股市。但是，超过 84% 的股票由最富有的 10% 的美国人持有，说明最富有的美国人才是美国股市上涨时获利最多的人群。其中，持有企业股票和共同基金的投资者 90% 以上都是受过大学教育的欧洲裔白人，而非洲裔和西班牙裔两类家庭持有股票的比重均没有达到 2%。此外，近 90% 持有股票的美国家庭通过递延纳税退休账户持有股票，这意味着他们在达到退休年龄之前无法获得这笔钱，除非他们缴纳罚款（提前支取就会有罚款）。

2020 年 3 月新冠肺炎疫情发生之初，美国股市曾发生数次暴跌和剧烈震荡。尽管在过去的一年多时间里，美国因新冠肺炎死亡的人数超过 60 万，失业情况一度比 1929 年经济大危机时更严重，大量企业关闭，弗洛伊德事件引发的社会抗议席卷全美，总统大选一波三折……但所有这些不利因素都没有阻止美国股市自 2020 年 3 月 23 日触及低点以后一路飙升。美国 2020 年全年 GDP 萎缩 3.5%，2021 年美国经济复苏表现不佳，但是基于对拜登政府《2021 年美国救助计划法案》等一系列巨额资金刺激计划的期待，美股三大股指仍然全线上扬，特别是在标准普尔 500 指数中占很大比重的众多科技股和疫苗概念股不断创下历史新高。

疫情中的美国股市不断攀升的重要原因之一是大量美国中下收入阶层，特别是年轻人在居家隔离或失业期间，将其拿到的新冠肺炎救济金和失业救济金等投入股市。也就是说，美国政府和国会通过多个救助法案向经济体系注入的数万亿美元、美联储采取的支持金融市场的非常措施等，最后基本上都流入股市，刺激其不断膨胀。因而，美国股市与美国经济基本面之间的关联度已经很低，也未能体现美国社会的真实全貌。

美联储在疫情期间推出的货币政策受到批评，认为它对大企业和金融资本的帮助远比对中小企业、州和城市的帮助有效。例如，为应对新冠肺炎疫情引发的经济大衰退，美联储宣布直接购买企业债券（主要是大企业发行的公司债券），这是其成立100多年来第一次实施该政策。但是，该政策没有要求企业维持其提供的工作岗位规模，也没有将不向企业高管或股东派发股息等作为美联储购买企业债券的条件。事实上，在疫情期间，这些大企业大规模裁员，并向股东支付了数十亿美元的股息——这种促进经济复苏的方式使大企业高管和投资者受益，但未给受疫情冲击最严重的普通员工以应有的保护，这显然加剧了经济不平等①。

美国金融业和高科技产业在新冠肺炎疫情期间快速膨胀，美国大企业通过各类经济刺激计划获得巨额资金帮助，大量低收入人群却在获取食物、保持工作岗位和获得基本卫生保健服务方面困难重重，但同时他们又将自己的救济金投入股市，将此作为仅有的投资渠道，导致海量资金涌入美国股市，而股市的上涨进一步使美国顶级富豪们的财富暴增。

这种怪相既是美国经济金融化和虚拟金融资本主导美国经济的必然产物，也是信奉“股东至上”和投资者利润最大化的美国企业文化的必然产物：后者决定了美国企业的经营目标是为股东（主要指大股东）提升股价或带来投资回报，企业运行成本始终受到下行压力（包括工人的收入）——这是美国工人工资长期严重滞后于生产力增长速度、美国初

① House of Representatives，“Prioritizing Wall Street: The Fed's Corporate Bond Purchases During the Coronavirus Pandemic”，https://coronavirus.house.gov/sites/democrats.coronavirus.house.gov/files/Staff%20Report%20%289-23-2020%29_FINAL.pdf.

次分配机制存在严重的劳资失衡的原因所在。

美国股市怪相频出。围绕着一支名为游戏驿站（GME）的股票，2021年1月，美股散户抱团向著名的做空机构“香橼”（Citron Research）等机构大户发起挑战。当散户占据上风之际，华尔街直接改变游戏规则：不仅以“罗宾汉”（Robinhood）为代表的券商平台手机软件禁止散户购买股票，而且散户大本营的服务器被移除。声称不会操纵软件评级评价的谷歌一夜之间删掉了约十万条对罗宾汉软件的负面评论。美国这个“成熟自由市场”长期以来吹捧的所谓各自独立、保持公平、严格监管等，都被上述金融和高科技的大资本的联合行为击穿。

（二）贫富悬殊严重

美国政府、美联储的“救市”政策和美国股市的表现等因素决定了数千万美国普通民众因新冠肺炎疫情而失去了工作、健康或财富，但美国亿万富翁的财富总额迅速增加。

根据《福布斯》年度亿万富翁报告和实时数据，从2020年3月到2021年1月，600多名美国亿万富翁的财富总额从大约2.947万亿美元增加到4.085万亿美元，增长幅度为38.6%。2020年3月至2021年1月，最富有的五个美国人[①]的财富总和从3580亿美元增至6610亿美元，增长幅度达到了85%。

根据美联储发布的数据，截至2020年第4季度，按收入百分比计算，最富有的1%美国人的收入总额为32.01万亿美元（占美国家庭收入总额的26%），而最贫穷的20%美国人的收入总额仅为3.45万亿美元（占美国家庭收入总额的2.8%）。按财富百分比计算，最富有的1%美国

---

① 他们分别是杰夫·贝佐斯（Jeff Bezos）、比尔·盖茨（Bill Gates）、马克·艾略特·扎克伯格（Mark Elliot Zuckerberg）、沃伦·巴菲特（Warren E. Buffett）和埃隆·马斯克（Elon Musk）。

人的净资产总额为 38.61 万亿美元（占美国家庭财富总额的 31.4%），而最贫穷的 50% 美国人的净资产总额仅为 2.46 万亿美元（占美国家庭财富总额的 2%）[①]。

新冠肺炎疫情之下美国工薪阶层遭遇了史无前例的大面积失业，近 10 万家企业已因疫情倒闭[②]。根据美国劳工统计局公布的《就业报告》，2020 年 4 月的失业率高达 14.8%。尽管 2020 年底开始大规模接种新冠肺炎疫苗，2021 年前四个月的平均失业率仍超过 6%。美国失业率飙升至美国劳工统计局自 20 世纪 40 年代开始收集数据以来的最高水平：2020 年 3 月至 2021 年 1 月，超过 7600 万美国人失去了工作。截至 2021 年 1 月 30 日，仍有 1800 万人失业[③]。

疫情之下工薪阶层收入大幅度下降，2020 年美国私营部门普通员工的工作收入实际下降了近 3%。美国经济分析局公布的《主要联邦经济数据》显示，美国工薪阶层收入在 2020 年 4 月到 7 月负增长，其中 4 月份下降幅度为 6.64%[④]。

新冠肺炎疫情危机发生之前，40% 的美国人的存款低于 400 美元，仅有 47% 的美国人的应急存款可以应付三个月的开支，其他没有存款的美国人中仅有 28% 的少量人群能够通过借债和变卖财物等方式勉强维持生活，这显然不足以应对新冠肺炎疫情带来的失业和医疗费用支出等意外事件。

---

① Federal Reserve，"Distribution of Household Wealth in the U.S. since 1989"，https://www.federalreserve.gov/releases/z1/dataviz/dfa/distribute/chart/.

② CNBC，"Yelp Data Shows 60% of Business Closures due to the Coronavirus Pandemic Are Now Permanent"，https://www.cnbc.com/2020/09/16/yelp-data-shows-60percent-of-business-closures-due-to-the-coronavirus-pandemic-are-now-permanent.html.

③ United States Department of Labor，"Unemployment Insurance Weekly Claims News Release"，https://www.dol.gov/ui/data.pdf.

④ Bureau of Economic Analysis，"Principal Federal Economic Indicators"，https://www.bea.gov/.

因此，新冠肺炎疫情期间依靠失业救济、食品券和食物银行（Food Bank）等维持生存的美国家庭数量急剧增加。2021 年 1 月，超过 2000 万美国成年人（约占其成年人口总数 10% 以上）表示，他们在过去一周里有时或者经常吃不饱，这个数据远高于 2019 年，那一年仅有 3.4% 的美国成年人报告称家庭“没有足够的食物”。并且，这种食物匮乏的情况在有孩子的美国家庭中更加严重①。

由此可知，处于新冠肺炎疫情之中的美国经济社会呈“K 型”复苏形态，即可以直接获得政府和央行刺激计划帮助的大型企业和公共部门机构所覆盖的部分经济领域快速复苏，以互联网、医药和枪支弹药等行业为代表的大资本力量借疫情赚取大量利润，以中小企业、蓝领工人和日益衰减的“中产阶级”等为代表的大部分美国人还处于艰难之中，是疫情和经济大衰退的受害者。因此，新冠肺炎疫情下的美国劳动力市场、初次分配中的劳资失衡和相应的社会贫富悬殊等状况都在迅速加剧。

二、税收制度的局限性

初次分配的不平等性是显而易见的，并且收入不平等在财富分配方面出现“雪球效应”：大部分收入被最高收入群体赚取，这些人将收入所得进行投资或储蓄继而获得更大的资本收益，反过来进一步加剧了财富集中。

美国政府可以通过税收和财政支出所形成的“一收一支”结构对初次分配所形成的过高财富集中进行再分配。个人可以通过募集、自愿捐

① Center on Budget and Policy Priorities，“Tracking the COVID-19 Recession’s Effects on Food，Housing，and Employment Hardships”，https://www.cbpp.org/research/poverty-and-inequality/tracking-the-covid-19-economys-effects-on-food-housing-and.

赠和资助等慈善公益方式对社会资源和社会财富进行第三次分配，以弥补市场失灵和政府失灵。因此，美国存在三种福利转移支付：第一，间接福利转移支付，即采用税收减免和信贷补贴等间接方式来进行资助的促进资产积累的福利转移支付；第二，直接福利转移支付，即用于直接消费目的的福利转移支付；第三，私人福利转移支付，即个人通过慈善等方式进行的福利转移支付。

美国政府收入的大部分来自税收。美国的税收制度结构决定了美国富豪们可以通过影响税收制度设计、充分利用避税漏洞和税收减免等方式，继续扩大经济不平等。

（一）有利于富豪避税的美国税收制度

美国的税收制度相当复杂，在联邦和州两级区域分别建立的税收制度是完全分开的，每个州都有自己的征税权且不受联邦政府干涉，也独立于其他州。例如，2020 年美国人口普查初步结果显示，以得克萨斯州为代表的共和党控制选区划分的州，因为实施更优惠的税收政策，对美国人口的吸引力强于民主党控制选区划分的州，所以因人口分布变化获得国会席位增加的州大都是共和党主政的州。

从联邦税收结构来看，主要包括个人所得税、社会保险工薪税、消费税、企业所得税、财产税等，其中联邦政府最大的收入来源是个人所得税，在 2020 财政年度，该税种占联邦政府收入的 47% 左右；其次是工资税，该税种占联邦政府收入的 36% 左右。也就是说，80% 以上的联邦政府收入源自以个人为征税对象的税种，该比重显著高于经济合作与发展组织（OECD）成员国的平均水平。

美国工薪阶层从他们的雇主那里收到税务局的 W–2 表格[①]，该表格覆盖了该阶层人士超过 90% 的工资收入，极大限制了他们的逃税能力。有研究显示，财富水平后 50% 的美国人未报税收入占真实收入的比例仅为 7% 左右，与此相反，美国最富有的 1% 人群未报税收入占真实收入的比例高达 21%，而最富有的 0.1% 人群未报税收入占真实收入的比例为 66% 以上[②]。

上述差异的原因在于顶级富豪们具备在全球范围进行资产配置和规避税收政策能力，他们通过政治捐金影响税收制度设计，使用离岸账户和转账业务打造避税机制，或者以避税天堂做掩护等。顶尖富豪们的隐性收入意味着美国的贫富差距可能比现有官方数据体现出来的更加严重。以美国最大超级富豪聚集地纽约为例，2014 年纽约市收入最高的前 1% 的家庭赚取了 87% 的资本利得、71% 的营业收入、71% 的股息和利息。该年度纽约市有 5.5 万户家庭的总收入为 19 亿美元（其中 10 亿美元来自资本利得），但他们在纽约市缴纳的所得税为零，因为他们报告了大量的经营业务亏损。

2020 财年企业所得税只占联邦政府收入的 5% 左右，并且企业所得税在总体税收收入中所占的份额越来越小，由企业支付的联邦税收份额自 20 世纪 50 年代以来持续下降，从 1952 年的 32% 下降到 2020 年的不到 10%，而社会保险工薪税所占份额呈上升趋势[③]。

这种税收结构变化表明，几十年来，美国最赚钱的大企业一直想方

---

① W–2 表格是雇员（Employee，全职、半职或短期的员工）收到的美国税务局的表格，主要记录的是雇员在美国正式工作期间获得的工资、所得税和缴纳的社会保险等。

② John Guyton(ed.), "Tax Evasion at the Top of the Income Distribution: Theory and Evidence", https://www.nber.org/system/files/working_papers/w28542/w28542.pdf.

③ Congressional Research Service, "Overview of the Federal Tax System in 2020", https://fas.org/sgp/crs/misc/R45145.pdf.

设法在赚取巨额利润的同时不缴纳联邦企业所得税。它们主要通过推动税法重大修改来避税，以2017年《减税和就业法案》（TCJA）为例，该法案没有堵上税收漏洞，反而为企业避税提供了合法途径。2020财年，至少有55家最大的美国企业没有缴纳联邦企业所得税。这些企业2020年在美国市场赚取了近405亿美元的税前收入。它们非但没有缴税，反而享受了高达120亿美元的税收减免，其中包括85亿美元的（合法）避税和35亿美元的退税①。

例如，新冠肺炎疫情因素使亚马逊公司在2020年的利润飙升到200亿美元，但该公司仅为其利润的9.4%缴纳了联邦企业所得税；并且，自2018年以来的三年中，尽管联邦政府对企业利润收缴的税率为21%，但亚马逊在此期间实际缴纳的税率仅为4.3%。又如Zoom公司，疫情期间利润增长了400%，但该公司没有为其2020年的利润缴纳联邦企业所得税②。值得注意的是，企业所得税是对企业利润征收的税种，与那些因疫情而陷入困境的中小企业无关。因此，企业避税和低企业所得税率有利于美国富人和大企业，而不是普通美国工薪阶层和中小企业。

（二）联邦税式支出

美国联邦税式支出是指，根据联邦税法，联邦政府对某些负有纳税义务的组织和个人给予的特别免税、豁免缴税或减税，或提供特殊的信贷、优惠税率或延期纳税义务等，是以减少税收收入形式进行的政府财政支出。税式支出和被贴上“救助穷人”标签的直接福利转移支付都属

① Matthew Gardner and Steve Wamhoff, “55 Corporations Paid MYM0 in Federal Taxes on 2020 Profits”, https://itep.org/55-profitable-corporations-zero-corporate-tax/.

② Amy Hanauer, “Corporate Tax Reform in the Wake of the Pandemic”, https://itep.org/corporate-tax-reform-in-the-wake-of-the-pandemic/.

于联邦政府的支出，都能够使个人受益；但一般对美国财政的福利支出的研究仅关注后者，而忽视了前者，并且前者的受益群体主要是中高收入阶层和拥有财富最多的群体。

税式支出中与教育、就业、社会服务、健康保障、收入保障和住房等相关的部分属于间接福利转移支付。在现行税制结构不变的条件下，联邦政府对于某些纳税人（个人与企业）的上述行为实行照顾或激励性的区别对待，给予不同的税收减免等优惠待遇而形成的支出或放弃的收入，属于财政补贴性支出。

税式支出占联邦预算的很大一部分，有些预算甚至超过了用于相同或相关目的的项目或部门的全部预算。例如，尽管 2017 年《减税和就业法案》（TCJA）减少了对自有住房的税收减免，但其减免税的总额仍超过了美国住房和城市发展部分的总支出①。

2020 年 11 月，美国税收联合委员会发布的报告显示，2020 财年的税式支出总额接近 1.8 万亿美元。作为 2020 年 3 月国会通过的 2.2 万亿美元经济刺激法案的一部分，美国国税局自 2020 年 4 月给每人发放大约 1200 美金的疫情补助金，这笔钱属于可偿付的税收抵免（refundable tax credit），而该疫情补助金构成了 2020 财年最大的单一税式支出，达 2690 亿美元。

雇主为雇员购买医疗保险、健康保险和长期护理保险等的保费可以税前列支，不必纳税，这构成了 2020 财年排名第二的单一税式支出，达 1696 亿美元。雇主为雇员购买的待遇确定型养老金计划所缴纳的费用和收益可以从当期所得中抵扣，这构成了 2020 财年排名第三的单一税式支出，达 1536 亿美元。经济刺激法案在一定程度上改变了税式支出的受益结构，

① The Tax Policy Center，“What Are the Largest Tax Expenditures?” https://www.taxpolicycenter.org/briefing-book/what-are-largest-tax-expenditures.

2020财年税式支出的90%流向了个人，而2018年该比重为86%[①]。

值得注意的是，尽管税式支出主要流向个人，但美国富人才是税式支出的最主要受益者，因为个人的纳税等级越高，被扣除、免除或排除的税收优惠就越大：第一，税式支出主要针对应税收入的扣除项，这必然与边际税率成正比，而富人的边际税率远高于“中产阶级”；第二，税收扣免额度和收入成正比，例如购买的房子越大越昂贵，享有的抵押贷款和税费减免的优惠待遇越多；第三，绝大部分基于投资的税式支出由富人享有；第四，企业享有的税式支出收益流向其股东，而其大股东都是富人。

以2019财年为例，58%的税式支出流向了全美收入前20%的家庭，24%的税式支出由全美收入前1%的家庭所享有[②]。与富人不同的是，由于中低收入家庭没有能力购买豪宅或拥有昂贵的退休计划、孩子上大学比例低等，它们所获得的税式支出利益要小得多[③]。

三、公共债务的恶化与直接福利转移支付的局限性

当美国人谈到福利项目制造“贫困陷阱”时，他们往往针对的是用于穷人的支出，如住房补贴和食品券等。实际上，使用美国公共财政所进行的直接福利转移支付包含的项目复杂，保护中低收入阶层基本消费

---

① Alex Muresianu, “How the CARES Act Shifted the Composition of Tax Expenditures towards Individuals”, https://taxfoundation.org/federal-tax-expenditures-cares-act/.

② Ward Williams, “Why Do We Spend So Much Federal Tax Money on the Rich in the US?” https://bettertomorrowfinancial.com/2020/04/29/why-do-we-spend-so-much-federal-tax-money-on-the-rich-in-the-us/.

③ Center on Budget and Policy Priorities, “Policy Basics: Federal Tax Expenditures”, https://www.cbpp.org/research/federal-tax/federal-tax-expenditures.

与生存能力的一些项目正在因美国公共债务问题的恶化而受到挤压。

美国的再分配机制并未从根本上改善收入不平等问题，也未有效减缓“中产阶级”萎缩趋势，因而第三次分配在美国的作用相较于其他经济合作与发展组织（OECD）成员国更为重要。

（一）公共债务问题的恶化

根据美国财政部在2021年3月发布的《美国联邦政府财务报告（2020财年）》，2020财年美国联邦政府总收入3.57万亿美元，低于预算预期，其中大部分收入下降发生在新冠肺炎疫情发生后；由于联邦政府为小企业提供贷款、援助受打击特别严重的行业、提高失业救济标准并向民众发放现金支票等，2020财年联邦政府的总支出急剧增长，使该财年的财政赤字达创纪录的3.13万亿美元。财政赤字与GDP之比则升至16.1%，创下1945年以来最高水平。美国联邦债务则从16.86万亿美元增至21.08万亿美元，该债务规模已经超过2020年美国国内生产总值。

美国联邦债务和联邦财政赤字问题在21世纪日趋严重。长期财政预测显示，美国联邦债务与国内生产总值之比将在75年的预测期内升至623%，显然当前的税收政策和财政政策等都是不合理且不可持续的。并且，新冠肺炎疫情对美国经济社会所产生的消极影响范围和时长等都无法预测和控制，这进一步加大了联邦财政的脆弱性。

联邦债务问题的解决需要“开源节流”。美国的疫情仍在持续，单位劳动生产率持续偏低拖累了经济增速，20世纪40—60年代出生的“婴儿潮一代”面临退休，导致劳动力增长保持较低水平……“开源”并不容易实现。在劳动参与率持续走低、贫困人口居高不下、人口老龄化加剧和健康成本持续上升等情况下，社会福利转移支付的刚性也很强，“节流”亦非易事。

联邦债务问题的恶化与自20世纪80年代以来美国社会逐步转型为一个“支出—借贷”社会具有紧密关联性：美国经济以消费为驱动，个人消费开支约占美国经济总量的70%，是美国经济增长的主要动力；公共开支明确列出的社会福利转移支付也大都是以促进直接消费为目的。消费是绝大部分美国人出于自愿或者被各种制度设计（例如各种以促进消费为目的的社会福利项目）所限制而不得不实施的行为。然而，财富不是收入、支出和消费，而是资产储蓄、投资和积累；换言之，收入只能维持支出和消费，消费往往促进资产储蓄、投资和积累，资产积累却越来越向少数（大）资产所有者倾斜。因此，美国的“中产阶级”自20世纪80年代以来一直呈萎缩态势，有支付能力的消费群体规模也相应趋于萎缩。

“中产阶级”的萎缩在发达经济体国家和地区是一个普遍现象，在不少国家“中产阶级”的收入增长低于平均水平甚至陷入停滞，背后原因有经济全球化和生产自动化的冲击、住房价格等增长过快导致的实际收入缩水等。与德国、法国等欧洲国家进行横向比较，美国的“中产阶级”占总人口数的比重是最小的。各国经济和社会政策的区别，特别是收入分配制度是这些发达经济体国家和地区的“中产阶级”规模存在差异的重要原因。

支撑美国联邦财政系统的“中产阶级”规模的快速萎缩说明，一方面，再分配机制对“中产阶级”的财政补贴已经不足以弥补就业市场和初次分配出现结构性失衡给“中产阶级”带来的损害；另一方面，联邦财政赤字和债务问题将持续恶化。

（二）公共福利转移支付的局限性

如前所述，联邦财政所承担的福利转移支付可以区分为两种：直接福利转移支付与间接福利转移支付。前者被美国政府财政预算纳入社会福利开支标准账目之中，因而属于直接支出；后者主要指因减免税或退税等税收优惠而造成的联邦财政收入减少，因而属于间接性质的税式支出。

常常被贴上“救助穷人”标签的直接福利转移支付可以分为两个层次。第一个是低层次的项目，具有指定性、家计调查性、非缴费性等特点。这些项目的对象是没有获得足够劳动收入的“穷人”或符合一定资格条件的老人、妇女、儿童和残障人士等，也就是通俗意义的“劫富济贫”的社会救助，属于横向转移支付，例如补充收入保障计划等现金形式、未成年人托育援助等实物发放或服务形式等。第二个是高层次的项目，具有普遍性、非家计调查性、缴费性等特点，主要包括各种社会保险和其他权利性项目。这些项目通常与缴纳个人收入所得税的工作岗位联系在一起，大都源自工作福利的社会保险，基本属于纵向转移支付，例如社会保障、医疗保险照顾计划和失业保险计划等。

即使在直接转移支付的低层次部分，很多福利项目也不是“免费午餐”，为了尽量减少“福利依赖”倾向，在各种资格审查之外，贫困家庭临时救助等项目还有强制工作的要求，如果福利领取者不配合工作要求，例如不能完成每周必须工作的最低小时数的要求等，就会被取消领取资格。

此外，未成年儿童所享受的福利项目主要有遗属保险、贫困家庭临时救助以及营养补充计划等。遗属保险金额的计算与父母的收入相关，并根据通货膨胀情况进行适时调整，受益者大都是中上社会阶层的儿童；贫困家庭临时救助等福利项目的受益者局限于贫困儿童，并且所得到的救助额度远低于遗属保险金。因此，美国的公共福利转移支付项目显著区别于欧洲。它是以工作为基础的社会福利制度。医疗保险救济计划是低层次部分中唯一列入主要财政支出内容的项目，即使在2020年新冠肺炎疫情冲击下，该项目的支出仍远低于与工作福利制度相关联的社会保障和医疗保险照顾计划的支出。

但是，自2008年国际金融危机以来，有些美国人放弃了低薪就业机会，成为就业市场的“局外人”，因为收入增加就会失去政府提供的失业保险等福利。2020年的新冠肺炎疫情加重了这一趋势，这些长期失业、被视为自愿退出就业市场的美国穷人，只能通过食品券等福利项目获得非现金援助，成为工作福利制度的“局外人”。联邦财政的直接和间接福利转移支付中，美国穷人所能够享受的社会福利所占比重最低。他们只能依赖政府提供的社会福利来满足生存的基本需要，难以享受教育、就业等发展人力资本形式的公共福利转移支付，也就是逐渐失去了向上层社会流动的可能。

公共债务问题的恶化与直接福利转移支付的局限性决定了第三次分配在美国社会运行中的作用空间很大，也为私人财富变相兑现政治和社会权力提供了更多渠道。在美国，企业参与慈善活动可以享受税收优惠，相反遗产税和资本利得税高昂。因此，美国富豪们通过成立各式慈善基金，将资本势力向社会、学术、政治等其他领域进行合法扩张。

近年来的美国被分析认为已经进入赢者通吃的“新镀金时代”，这一格局背后是美国不合理的收入分配结构，不仅资本所得和劳动所得在初次分配中的比例严重失衡，而且税收制度和公共福利转移制度都无法做到“劫富济贫”，反而产生了“劫贫济富”的效果。这与美国政治对不平等现象的回应、虚拟金融资本主导美国经济和以服务业为主的后工业社会形态等因素密不可分，反过来该格局进一步固化甚至扩大了大资本力量对美国政治经济和社会资源的垄断。

某些人的“与国际接轨”与美国的“基于规则的国际秩序”

肖　凡[①]

2021年夏天，外交部副部长谢锋在天津与美国常务副国务卿舍曼会谈时表示：美方所谓维护“基于规则的国际秩序”，就是想把自己和少数西方国家的“家法帮规”包装成国际规则，用来规锁打压别国；美方抛弃国际社会广泛接受的国际法和国际秩序，破坏自己曾经参与构建的国际体系，另起炉灶，抛出所谓“基于规则的国际秩序”，无非想要赖，想篡改规则限制别人、自己谋利，是想施行弱肉强食、以大欺小的“丛林法则”。谢锋副部长的话一针见血，剥去了“狼外婆”的伪装。

就其本义来说，所谓“基于规则的国际秩序”在不同的历史时期具有或者说被赋予不同的内涵。首先，第二次世界大战结束后的“基于规则的国际秩序”，主要指以几大战胜国尤其是以美国为主导建立的包括

① 肖凡，中国社会科学院世界社会主义研究中心特邀研究员。

联合国等在内的一系列国际组织和条约安排。其次，随着越来越多的国家加入联合国，第三世界国家的话语权逐步增强，这时的“基于规则的国际秩序”比较接近其本义的内涵，因为这些规则是大多数国家认同的。最后，当以美国为首的西方国家越来越感到原有的国际组织和条约安排对其实行霸权主义碍手碍脚后，就会出现上述谢锋副部长一针见血指出的那种情形。

不过，这“基于规则的国际秩序”，让人很容易联想起前些年比较流行的一个概念——“与国际接轨”。“接轨”本是一个交通术语，本义指把两条分别修筑的铁路轨道连接起来；后来，“接轨”的引申含义日益丰富，有的把体制机制的转型对接叫“接轨”，也有的把产品质量标准化叫“接轨”，还有的把某方面不同的制度和做法趋于一致叫“接轨”，等等。在中国，“与国际接轨”这个提法是在21世纪初，也就是在我国加入世界贸易组织时开始广泛使用并逐渐流行起来的。当时，有关部门在解释我国加入世界贸易组织的意义时说：中国加入世界贸易组织后，可以通过与国际贸易规则接轨，完善我国的市场经济体制。

“与国际接轨”这个提法最初是有特指的，指我国加入世界贸易组织和其他国际性组织后，在技术标准、相关法律和管理规范等方面，要按照特定的国际规则或惯例办事。到了后来，“与国际接轨”这个表述使用的领域与范围越来越广，有段时间好像几乎所有的部门、行业和单位都在讲“与国际接轨”。在大大小小的“接轨”热中，“与国际接轨”被某些人偷偷地塞进了私货。一是某些人以“与国际接轨”为借口，否定我国社会主义的基本制度、意识形态和中华民族优秀的传统文化，主张全盘西化。他们以“与国际接轨”为借口，有的主张我国引进西方式的社会制度，有的主张我国实行全面的私有化，还有的主张我国引进西方的圣诞节、情人节等洋节，等等。可见，在这些人的心目中，“与国际接轨”

已经成了全盘西化的代名词。二是以“与国际接轨”为借口，谋取不正当利益，损害人民利益。某些人手里往往同时攥着两个“法宝”：对于外国某些符合他们心意的做法，就打起“与国际接轨”的旗号，堂而皇之、不加鉴别地要“拿来”就用；而对于外国值得中国学习的长处，特别是那些对中国人民有利的事，他们就极其排斥，抛出“国情不同”借口而拒绝学习。尤其值得警惕的是，某些人要“接轨”的是美国和少数西方国家的“家法帮规”，甚至是颠覆中国社会主义制度的图谋。

这方面的事例很多。例如，有人要求中国“接轨”西方国家不公平的“减排”指标；有人要求中国政府接受菲律宾的南海仲裁；有人主张中国销毁核武器，取信于美国；有人在美国指使加拿大“绑票”孟晚舟以后，指责中国没有契约精神；有人在特朗普政府已经卡中国脖子的情况下，打着维护国际产业链的幌子反对中国发展芯片产业。再如，新冠肺炎疫情初起时，有人要求政府允许人人有发布疫情信息的权利，反对政府采取的空间隔离措施，鼓吹自由民主是消除疫情的灵丹妙药；有人“接轨”美国甩锅中国的阴谋，写日记递刀子；有人就新冠肺炎疫情公开要求国人向全世界道歉。

可以说，上述所谓“与国际接轨”是不折不扣的“接鬼”。长久以来，尽管美国在这方面持续投入并将继续投入大量的经费，但中国“与国际接轨”论者的言论招致了国人的普遍反对，他们的企图一次次落空。与特朗普的极限施压不同，拜登政府采取的是奥巴马的老招数，想纠集新“八国联军”迫使中国订立城下之盟。此时，拜登搬出“基于规则的国际秩序”，一来是要欺骗国际舆论；二来是想与我们国内的“与国际接轨”论者紧密配合，施压中国政府接受所谓“基于规则的国际秩序”。没想到，美国政府的这一苦心经营的举措，两次被我们毫不留情地顶回去，而且坚持正义、爱好和平的中国人民乃至世界人民还要给霸权主义者立规矩。中国已经进入了 21 世纪，以美国为首的当代西方帝国主义国家联盟的思维方式还停留在 100 年前，而中国的“与国际接轨”论者的思维方式还停留在抗战时期汉奸们的“曲线救国”水平上。

美国“遏制战略”的四大特性及对策 *

武卉昕①

“遏制战略”是第二次世界大战后美国推行的一种对外战略，主要指美国以军事包围、经济封锁、政治颠覆为主要手段，为遏制社会主义国家和国际共产主义运动的发展、实现美国世界霸权而采取的一系列战略措施。“遏制战略”曾对20世纪后半叶的世界政治产生重大影响，极大地改变了全球地缘政治生态。作为美国世界霸权战略系统中的重要组成部分，美国的“遏制战略”始终具有一贯性、稳定性、连续性、延展性，其中一贯性是本质特征。从“和平演变”到“颜色革命”再到“推特革命”，“遏制”的本质始终未变。

* 本文系教育部高校国别和区域研究2020年度规划课题《乌克兰颜色革命中的国民教育问题及对我国的借鉴意义》的阶段性成果。

① 武卉昕，东北农业大学马克思主义学院教授。

一、美国“遏制战略”系统的一贯性

（一）战略思维的一贯性

“和平演变”是20世纪50年代中后期西方势力在武力干涉不可行的情况下采取的一种“超遏制战略”，主要通过技术交流、文化交往、观念渗透等方式，影响对象国人民的心理认知和行为方式，进而影响对象国的社会生活方式和国家运行模式，从而不露声色地改变对象国的社会制度。美国是西方势力对社会主义国家实施“和平演变”的主体，英国、法国、澳大利亚、日本等是美国在全球实施各种“遏制战略”的政治盟友。

“颜色革命”是指从20世纪50年代开始一直持续到今天的、发生在全球范围内的、以“颜色”命名、以“非暴力”为手段和噱头进行的政权变更运动。在新冠肺炎疫情肆虐的2020年8月，美国在白俄罗斯总统大选时策划了白俄罗斯的“颜色革命”。卢卡申科在大选之后会见军人时表示，美国是这场“颜色革命”的主导者和组织者，欧洲是美国的帮手。2021年7月，古巴发生了抗议政府的游行，西方媒体借机大肆宣扬“共产党把古巴经济搞得一团糟”，将矛头直指古巴共产党。拜登还发表电视讲话，说古巴是一个“失败的国家”，宣称共产主义是一个“失败的制度”，由此释放出对古巴搞“颜色革命”的强烈信号。“老把戏”再现，说明拜登政府在继续推行“颜色革命”。

在战略思维上，“颜色革命”与“和平演变”都是西方势力对社会主义国家采取的“超遏制战略”，目的是妄图“促使”社会主义国家制度“崩溃”。二者都以“非暴力”为实施手段和噱头，当然有时也使用暴力手段；都是在西方势力武力干涉不可行的前提下实施的，有时以武力恐吓为配套手段；实施的长期主体都是美国，是美国率领西方资本主义国家进行的全球性的“遏制战略”。

21世纪以来，一些西方媒体和政治势力借助推特等新型网络媒体，煽动对象国或地区的政治抗议活动。例如伊朗、摩尔多瓦、突尼斯、埃及等，甚至中国香港骚乱，都是通过网络不留痕迹地煽动、诱导那些“想动摇本国政府统治的异见青年”搞政权颠覆活动。这种以新媒体为主要媒介的所谓“革命”，既是“和平演变”的新手段，也是“颜色革命”的新伎俩，更是“遏制战略”的新形式。但无论手段和形式如何变化，“遏制”的本质始终没有变。

（二）战略指导的一贯性

从战略系统的高度看，“反共产主义”是“遏制战略”的核心指导思想，而“非意识形态化”则是“遏制战略”的宣传指导思想和宣传手段。从“和平演变”到“颜色革命”再到“推特革命”，表面上都宣称禁绝一切政治性口号，是为了“帮助改善社会主义国家人民生活”，事实上都是以资金支持对象国的非正式政治组织，推行西方议会制和多党制，目的是“反共产主义”。

美国在“颜色革命”过程中给对象国的所谓“持不同政见者”提供巨额经济援助和文化上的支持，通过建立大学、设立奖学金、输出专家、吸引留学生等措施加强所谓“文化交往”，培植“革命领袖”。在政治手段上，美国依然打着“推进民主化进程”的旗号，“帮助”对象国实施所谓的“内部改革”，扶植亲西方政权。在战术伎俩上，美国总是乘虚而入，借对象国和地区的内部困难或社会危机，干涉他国内政，将矛盾转移、升级。在“遏制”进程中，意识形态的差别似乎销匿了，其结果却是“革命”的经历国在制度和意识形态上被“西化”了。

当然，西方势力“帮助改善社会主义国家人民生活”，以资金支持这些国家的非正式政治组织，建立奖学金等活动，都是有明确对象的。美国选择“帮助”和“资助”的对象是有针对性的，首选那些能够被动摇的对象。

（三）战略宗旨的一贯性

尽管“遏制战略”在不同时期和不同地点的运作机构、资金扶持力度、舆论宣传媒介、人员培养对象、影响方式等会有形式上的变化，但是“美国全球利益优先”的战略宗旨始终未变。无论是20世纪50年代的“伊朗政变”、60年代的“布拉格之春”，还是70年代的“越南战争”、80年代的菲律宾“黄色革命”，以及80年代末90年代初的东欧剧变和苏联解体、21世纪中亚的系列“革命”等，最终都是为了“美国全球利益优先”的战略宗旨，也都在事实上提升了美国的霸权地位。

“美国全球利益优先”作为美国在全球战略中的黄金法则，贯穿于美国霸权图谋的始终。在经济贸易领域，以维护贸易顺差为原则的“丛林法则”，在今天仍然是美国对待中美贸易战的思维先导。在国际政治中，美国誓将西方民主渗透到全球的每一个角落。在本国疫情焦灼的状态下，俄罗斯、伊朗、利比亚、叙利亚、亚美尼亚和阿塞拜疆等，包括2021年的阿富汗，都留下了美国插足的印记。在文化上，以“普世价值”为幌子推行“美国价值”，以价值多元为借口推行西方价值观，企图在价值认同下确立利益优先原则。

二、美国“遏制战略”要素的稳定性

（一）运作机构的稳定性

在20世纪50—60年代西方的“遏制”行动中，美国中央情报局（以下简称“中情局”）和国际刑警组织作为运作机构起到重要的组织作用。俄罗斯政论家伊利亚·别拉乌斯在《颜色革命是如何实施的》一文中说，先是在基督教共济会工作，后供职于中情局的菲利普·埃仁“首次引起我们的注意是1968年他担任墨西哥大学骚乱的总指挥，而墨西哥大学骚乱最重要的特点之一是纽约、波恩、布拉格、西柏林也同时发生了大学生骚乱”。1991年美国政论家、前英国情报局工作人员琼·卡列芒在记录有关世界精英活动的《300人委员会》一书中提到：“具有协调活动经验和专业情报网络的国际刑警组织不难在全球建立威望，以策划大学生骚乱或让主权国家领导人下台。”虽然被严令禁止参与干涉其他国家和民族的政治、军事和宗族活动，但“为捍卫美国利益，国际刑警组织和中情局开始联合，实施对所有大陆的战役”。直到今天，中情局一直作为核心“指挥部”在“颜色革命”中扮演运作机构的角色。中情局的主要任务是收集和分析外国政府、公司、恐怖组织、个人以及政治、文化、科技等方面的情报，协调其他国内情报机构的活动，并把这些情报报告给美国政府的各个部门，供美国政府采取对策。更重要的是，中情局还负责大量军事方面的设备和情报工作。这一机构的组织、人员、经费和活动严格保密，即使国会也不能过问。多年来，中情局在资金、情报、军备、技术、人员、管理方面，为“遏制战略”的稳定运行提供了组织保障。

（二）资金支持的稳定性

美国中情局作为稳定的运作机构，在20世纪50—70年代持续地以资金形式支持了西亚、中美、南亚、东南亚、北美、南美、中非的系列“革命”，导致伊朗、危地马拉、泰国、多米尼加、越南、老挝、柬埔寨、印尼、智利、刚果、匈牙利等国的政权更迭。1971年，支持“遏制战略”的“自由电台”，其财政预算公开纳入美国国会预算。1983年，非政府组织“美国国家民主基金会”成立，以奖励“努力为民主而战的民族和人民”。直到今天，西方势力推行的“民主输出”和“颜色革命”都依靠“美国国家民主基金会”的资助。从中情局到美国国会再到“美国国家民主基金会”，美国的资金扶持从未间断过，始终保持着资金支持上的稳定性。

此外，还有一些诸如“支持国际民主基金会”“自由之家”“开放社会”“支持民主、人权和劳动公司”“福特基金”等基金会组织，它们是为“颜色革命”做准备的资助机构。其资助项目包括：去各地考察“革命”的条件和时机，总结、传授革命成果，进行选举培训等，这些机构在更大程度上保证了资金支持的连续性。

（三）舆论宣传的稳定性

为打造美国“人权灯塔”和“人权卫士”形象，“遏制战略”的运作系统一贯重视舆论宣传。20 世纪 50—80 年代，他们主要通过书籍、报纸、电台等方式进行舆论造势，为所谓的“革命”提供精神支持，包括支持各国反对派的报纸、杂志、宣传册。电台作为最主要、最稳定的宣传媒介曾起到重要作用，尤其是 20 世纪 70—80 年代互联网还不普及的情况下，相比报纸和书刊，电台以更大的受众面成为最有力的宣传手段。“自由电台”归美国国际无线电广播管理局管辖，其运作资金后台是美国国会。众所周知，“自由电台”完全受中情局监督。1976 年“自由电台”和“自由欧洲电台”合并，影响力再次增强。

20 世纪 90 年代以后，互联网作用激增，网络媒介的舆论宣传功能开始发挥至关重要的作用，“脸书”“推特”等社交媒体被广泛应用于组织抗议、相互沟通、外界联络等，一些国家领导人和政府政要也普遍善于使用“脸书”“推特”表达政治立场。突尼斯和埃及是阿拉伯世界最早发生政权更迭的国家，这两个国家恰恰也是通信行业占比最高的国家，他们的“革命”即为典型的“互联网革命”。2011年的中东剧变始于2010年底的突尼斯“茉莉花革命”，而“茉莉花革命”的最早触发点就是“维基”解密，因而被称为“维基革命”。今天，“脸书革命”“推特起义”“键盘敲击出来的革命”等运动持续在全球各地发生。

（四）培养对象的稳定性

“遏制战略”的具体实施者在全球各地培植“民主斗士”，与他们定期会晤，交流、传授经验，商量具体策略等，长期保持着培养对象的稳定性。“民主斗士”的培养以各国各地区的青年大学生“领袖”为主要对象，目的是使他们成为未来“革命”的主角。有些国家整体较为贫困，民众生活条件远不如近邻，从而造成心理落差。西方势力正是利用了这一点，煽动不满情绪，宣扬西方价值观，鼓吹市场经济，将青年学生甚至小商人和企业主等培养为“革命”的动力阶层。

青年大学生思想活跃，容易受所谓“自由”“民主”口号的鼓动，具有价值盲从的特点，思想更容易被改造。美国正是抓住了青年特别是大学生的这一特点，将这一群体作为长期的重点培养对象。他们在传播“民主”价值观的同时，还加强了具体方式方法的培训，由此策划出来的“革命”具有很强的操作性；他们加大“请进来”的力度，通过各种“交流项目”，尤其是高额奖学金的资助项目，培养亲美骨干分子；各种宗教团体也深入有关国家，加紧进行宗教渗透，进一步为“颜色革命”做价值观和社会心理的准备；利用提供援助或技术指导开展政治性活动，影响有关国家的价值观等。吉尔吉斯斯坦2005年的“郁金香革命”、2010年的政权非正常更迭和2020年比什凯克的抗议活动等，都是美国培植的“亲西方势力”充当主力军。

（五）“倡导者”思路的稳定性

1946年，被称为“遏制战略之父”的乔治·凯南在美国国防学院的演讲中提出了“政治遏制”的主张，这一主张特别强调“黑色宣传”，即通过舆论宣传和信息操控，释放经过设计的特定信息，实现对受众心理、情绪的控制，进而在一定程度上影响其行为，以谋求非对称的战略收益。1947年，时任美国驻苏联大使的凯南提出了“遏制战略”具体构想，即运用军事手段之外的一切手段，“坚定与耐心地阻止社会主义扩张”，“和平演变”的目的昭然若揭。20世纪70年代，被称为“颜色革命精神教父”的吉恩·夏普，是“非暴力政权更迭”即“软政变”的设计者和践行者，21世纪初发生的所有令世人瞩目的“颜色革命”，几乎都可以看到吉恩·夏普的身影。

1977年，作为拓展“软实力”的发起人，布热津斯基更为精巧地设计了一套如何从意识形态上“彻底战胜”社会主义、共产主义的策略手法。布热津斯基特别提出要“抓人权”：“倡导尊重人权影响巨大，意义深远，可加速共产主义衰亡的过程。”1989年他在《大失败——二十世纪共产主义的兴亡》一书中明目张胆地提出，要借“人权”“民主”之名“搞垮和消灭”共产主义国家。2020年，美国国会不顾中国强烈反对通过的所谓《香港自治法案》，只不过是30年前布热津斯基的故伎重演。

（六）实施方式的稳定性

尽管“遏制战略”指导下的“革命”主要以“和平和非暴力”为宣传方式，但从纵向和细节上看，其方式沿着“武力——和平——和平+武力”的路径展开。20世纪50年代，中情局资助下的政权更迭基本处于野蛮状态。1953年的伊朗阿贾克斯政变、1954年的危地马拉政变、

1957 年的泰国军事政变、1965 年的多米尼加政变和印尼军事政变、1973 年的智利政变等，均使用了武力，这是“革命”肇始的特色。

上述所谓“革命”造成的伤亡引起了全世界正义人士的愤怒，在全球化的文明视野中经不起政治伦理拷问，美国当局因此不得不改变战略方式，将“遏制”手段从武力转向“非暴力”。尤其是 20 世纪 70 年代基辛格就任国务卿之后，“遏制”开始采取以“和平”为主的方法。事实上，在里根时代实施的以黄色为标识的菲律宾“二月革命”、以蛋黄为标识的“哈萨克斯坦事件”，以及突尼斯的“茉莉花革命”等，基本都采取了“和平”手段。可见，从 20 世纪 70 年代开始，“革命”是朝着“非暴力”方向转变的。但需要指出的是，“遏制战略”在实施“非暴力革命”的进程中，并非完全杜绝使用武力。2005 年吉尔吉斯斯坦的“郁金香革命”、2011 年至今利比亚的“颜色革命之祸”、2014 年乌克兰的“颜色革命”等，其中的暴力行径为所谓“颜色革命”扯开了蒙羞布，并且使用武力的情况在近几年呈现愈演愈烈的态势。

无论是武力的方式还是“和平”的方式，抑或“和平 + 武力”的方式，“革命”的手段都是为“遏制社会主义”这个根本目的服务的。必须强调的是，在任何“和平”方式的背后，都有武装力量做后盾。

三、美国“遏制战略”实施过程的连续性

（一）从杜鲁门到卡特

美国“遏制战略”在时间上呈现连续性。无论谁做总统，在“遏制战略”的实施上都秉持一贯性。虽然“遏制战略”系统的建立肇始于卡特时期，但是，美国以“和平”为噱头和宣传方式的“遏制战略”从第二次世界大战后就已经开始了，其标志是 1947 年凯南提出的“遏制”理论。

早在杜鲁门任期之末，美国就参与策划了1953年的伊朗阿贾克斯政变，民选的摩萨台政府被推翻，伊朗的民族主义运动遭遇挫折，现代中产阶级倡导的国家民主化进程难以为继，伊朗又恢复了威权主义的政权模式。在事关伊朗前途的1953年政变中，美国发挥了至关重要的作用，如果没有美国的积极参与，政变成功的可能性微乎其微。这次政变揭开了“遏制战略”实施的序幕。

在接下来的艾森豪威尔时期，美国参与策划了1954年的危地马拉政变、1957年的泰国军事政变。1963年肯尼迪殒命，“革命”暂时搁置。在约翰逊时期，有1965年的印尼军事政变、多米尼加政变和1968年有名的“布拉格之春”。在尼克松和福特时期，基于和苏联开展军备竞赛的需要，美国调整外交战略，“革命”的范围有所缩减，但仍发生了智利政变以及东南亚国家（越南、老挝、柬埔寨）的政变。

到了卡特时期，布热津斯基成为总统顾问，“遏制”战略从以“和平演变”为主向“颜色革命”转变。总之，无论是卡特还是尼克松、福特，没有一位美国总统及其政府放松过对社会主义阵营的“遏制性”渗透，并且这种渗透还是以文化渗透和意识形态渗透为主。

（二）从里根到小布什

以“颜色革命”为具体方案的“遏制战略”，在1985年里根的第二个任期内正式形成，其时，作为“颜色革命”的配套设施，非政府组织“美国国家民主基金会”也应运而生。

在里根的“革命”战略思路明晰、方案成熟后，里根政府集中策划的1986年菲律宾“黄色革命”（二月革命）和哈萨克斯坦“蛋黄革命”、1987年突尼斯“茉莉花革命”、1989年捷克斯洛伐克“天鹅绒革命”、第比利斯事件、1989—1990年波罗的海国家“歌唱者革命”等相继爆发。

如果说，里根时期还只是“颜色革命”的实验阶段，那么，乔治·赫伯特·沃克·布什（老布什）时期则是大张旗鼓地开展“颜色革命”的阶段，其“反共产主义”指向昭然若揭。虽然不能排除其后发生的1990年南斯拉夫“推土机革命”、阿塞拜疆“黑色一月”骚乱、20世纪80年代末90年代初东欧剧变和苏联解体等事件与里根政策的干系，但是老布什支持了这些战略措施，并为苏联解体叫好。克林顿是唯一没有为“颜色革命”站位的美国总统，这恐怕与当时美国内部民主党和共和党的矛盾尖锐激烈有关，当时美国将主要精力都用在了处理内部事务上。但值得注意的是，克林顿在位时，美国北约东扩战略效果显著。

小布什（乔治·沃克·布什）是老布什政策最坚定的执行者和捍卫者，“颜色革命”在小布什时期被正式命名，“革命”措施更连贯、更紧密。2003年的格鲁吉亚“玫瑰革命”、2004年的乌克兰“橙色革命”、2005年的伊拉克“紫色革命”、吉尔吉斯斯坦“郁金香革命”、立陶宛“雪松树革命”、2006年的白俄罗斯“矢车菊革命”、由大选危机引发的墨西哥“仙人掌革命”、2007年的缅甸“番红花”革命、2008年的亚美尼亚与阿塞拜疆的武力冲突等，都发生在小布什执政时期。无论哪一次所谓的“革命”，无论成功与否，背后都有小布什政府的“关照”。

（三）从奥巴马到拜登

最大规模地实施“颜色革命”是在奥巴马时期，他本人之所以获得“诺贝尔和平奖”，与此脱不了干系。2009年的摩尔达维亚“推特革命”、伊朗“绿色革命”，2010年的泰国“红衫革命”、吉尔吉斯南部骚乱，2011年的突尼斯第二次“茉莉花革命”、埃及“推特革命”、南奥塞梯“雪花革命”、巴林反政府示威、约旦示威、也门内乱、利比亚骚乱和国民战争、叙利亚“颜色革命”和国民战争，2011—2012年的俄罗斯“白色带子”抗议，2013年的土耳其骚乱、委内瑞拉大选冲突，2013—2014年的乌克兰亲欧盟示威，2014年的香港“雨伞革命”，2015年的马其顿政治危机、亚美尼亚“迈丹革命”，2016年的土耳其政变，2018年的俄乌对峙等，“颜色革命”充斥了奥巴马执政的全过程。

商人出身的特朗普并没有改变美国“遏制战略”的最初立场，而是将战争的场域挪到了贸易领域。但是，2019年的“香港骚乱”仍然体现了美国“颜色革命”的惯常思维，只是这回将靶向对准了中国。2021年初民主党拜登上台，美国“遏制战略”的实施者进行了权力交接。2021年1月，俄罗斯爆发街头骚乱，美国的手法与此前如出一辙，但煽动性更强。说起“遏制”伎俩，民主党要更胜一筹。可见，无论是哪一届美国政府，无论内政外交的政策如何改变，“颜色革命”在实施过程中的连续性始终得以保持。

四、美国“遏制战略”实施空间的延展性

（一）20世纪50—60年代：占据

美国“遏制战略”在实施空间上表现为延展性，从一开始，“遏制战略”就锁定了全球战局。20世纪50—60年代，美国“遏制战略”行动在空间上表现为占据，即划定“遏制”区域。在亚洲，有伊朗（西亚）、泰国和印尼（南亚）；在美洲，有多米尼加（北美）、危地马拉（中美）；在非洲，有刚果（中非）；在欧洲，有捷克斯洛伐克（东欧）等。美国“遏制战略”行动占据了除南极洲、南美洲和大洋洲之外的四大洲，在全球奠定了“遏制战略”实施的基础地缘范围。

（二）20 世纪 70—80 年代：封锁

20 世纪 70—80 年代，美国“遏制战略”行动在空间上表现为封锁，即对原有战略对象在进一步加固的基础上进行封锁。在亚洲，有菲律宾（东南亚）、越南（东南亚）、哈萨克斯坦（中亚）、中国（东亚）；在美洲，有智利（南美）；在非洲，有突尼斯（北非）等。除南极洲和大洋洲之外的五大洲都被战略封锁，其中，中国成为除苏联之外最核心的目标国。

（三）20 世纪 90 年代：巩固

20 世纪 90 年代初，世界社会主义运动遭受重大挫折，东欧剧变、苏联解体成为美国“遏制战略”的“重大成果”。美国担心这些国家和地区的制度转变不彻底，便将主要精力放在“巩固成果”上。如，助力车臣战争，以实现俄罗斯再次分裂；促使南斯拉夫在解体的基础上继续四分五裂；离间苏联解体之前向美国示好的加盟共和国，使它们在分裂的基础上越发走向穷途末路；北约持续东扩，将意识形态和军事阵地挪到了俄罗斯家门口，日益逼近中国等。20 世纪 90 年代是美国“遏制战略”在原有“成果”基础上的“巩固”时期。

（四）21 世纪以来：加强

21 世纪以来，美国的“遏制”活动在全球范围内展开。在欧洲，有摩尔达维亚和白俄罗斯（东欧）、波罗的海国家（北欧）、南斯拉夫（南欧）、马其顿（东南欧）；在亚洲，有缅甸和泰国（东南亚）、吉尔吉斯斯坦（中亚）、南奥塞梯、巴林、叙利亚、亚美尼亚、土耳其（西亚）；在南美洲，有委内瑞拉、墨西哥（南美）；在非洲，有埃及、利比亚（北非）等。从南到北，从东到西，“遏制战略”在空间上延展至世界各个角落，其影响呈现不断加强的趋势。

五、防范和抵御美国“遏制战略”的对策建议

第一，建设“反遏制”智库。在有条件的科研机构、军事院校、军事研究院（所）等建立“反遏制”智库，或依托国家安全部设立以“反遏制”为主要任务的专门机构，定点追踪以美国为首的西方势力“遏制战略”的实施行动和手段。同时，宜考虑为“反遏制”行动开辟专门资金渠道，纳入财政预算，从始至终、从上至下地保证经费支持的稳定性。在国家社科基金或某些涉密军事科研项目中，设立以“反遏制”为研究主题的招标项目，广纳具有科学性、可操作性的对策建议。

第二，加强“反遏制”宣传教育。借助互联网平台设置以“反遏制”为主题的官方网站、微博、公众号等，揭露西方的“遏制”伎俩，为广大群众提供识别“颜色革命”“推特革命”的依据和抵御方法。在高校开设的“形势与政策”课程中设置以“反遏制”为主题的授课内容，或将“反遏制”理论与实践设置为高校思想政治课的选修课，将包含“反遏制”内容的课程设置为留学预科生的必修课。在全国高校普遍设置“中国历史与社会文化”选修课，供在校学生和国外留学生选修，这一课程在文化认知上的作用已被实践所证明。

第三，将“反遏制”行动专业化、专职化。在意识形态宣传系统内部，宜考虑安置专业、专职人员负责“反遏制”行动，并注意主导思维和实践的连续性。

第四，探索“一站式”解决方略。在抵御方式上，针对性使用非武力解决方式，但宜做好武力准备。针对西方“遏制战略”在实施过程中

各要素的关联性，未来宜探索“上屋抽梯”的“一站式”解决方略，对西方针对中国的某一集中“遏制”行动实施摧毁性打击，以防后患。

第五，将“反遏制”上升为国家的长期战略。联合社会主义国家及世界各国共产党，或以“一带一路”为媒介联合俄罗斯、白俄罗斯、塞尔维亚、匈牙利等欧洲国家，以各自地缘位置为靶向进行“反遏制”，在空间上解构西方“遏制战略”的全球布局。宜将“反遏制”上升到国家长期战略的高度，以打破西方“遏制战略”的一贯性。毕竟，“遏制”始终是他们“用心良苦”的“世纪工程”！

警惕美国借“文化交流”进行意识形态渗透

李天阳[1]　查　希[2]

牢牢掌握意识形态工作领导权，既是重大理论问题，也是重大现实问题。美国“公共外交小额赠款计划”引起了广大网民的强烈关注，这代表了反对西方文化渗透和“颜色革命”的人们的一种观点。

美国驻华大使馆和领事馆在其官网推出2021年度“公共外交小额赠款计划”（以下简称“项目书”）。在官网的介绍上，该项目拟资助中国境内的个人、非政府组织、智库、学术机构等，用于举办宣介美国社会、历史、文化艺术及价值观的活动。项目计划为每个申请人或组织提供单笔最高3万美元的奖金。

这是一个什么性质的项目？这3万美元准备在中国境内物色、鼓励、培养什么人？有学者认为，这就是一个由美国国务院策动，打着“公共外交”幌子对包括港澳地区在内的中国各地进行宣传、渗透，以文化活

① 李天阳，《环球时报》编辑部编辑。

② 查希，观察者网编辑。

动为掩护向“特定人士”或“组织”提供资助、输送利益，甚至策动“颜色革命”。

一、美国驻华使馆“项目书”背后有什么深意？

有学者逐条解说了“项目书”背后的内容。所谓“重点项目”的第一条“为美国企业分享美国价值观提供扩大或以其他方式提供框架的项目”，就是将美国企业当作在华推广美式生活方式及价值观的工具，获得资助的人可以到美国企业“体验”相关生活方式。第二条“教育、文化交流、多样性和包容性。包括扩大残疾人、女权、LGBTQI（同性恋、双性恋与跨性别）权利和少数民族文化的保护”，纯粹从文字上看，项目关注的是人的价值、利益和权利。但是，值得注意的是，环保、女权、少数族裔等话题，在美国国内是被高度政治化的。“项目书”特意标榜“不支持与党派、政治有关的活动”“不支持慈善或发展活动”，这是欲盖弥彰。

有学者提出，“项目书”之外值得我们关注的、可供美国人操作的有两点：第一，项目会通过怎样的程序、选择什么人接受资助；第二，这些人接受资助、参与过项目之后的去向如何。有学者认为，“项目书”强调去政治化、去宗教化，但该项目本身就是由政治机构——美国国务院运营的，这就给人很多联想空间，说白了就是“挂羊头卖狗肉”。该项目以“公共外交”为幌子，并强调其资金用于“支持加强美中关系的项目，特别是中国人民对美国的了解”。问题是，其所谓“公共外交”是一般意义上的国际传播和文化交流吗？其目的是增进中美人民的相互了解以促进中美关系吗？1987 年美国国务院《国际关系术语词典》将“公共外交”定义为：“由政府发起交流项目，利用电台等信息传播手段，了解、获悉和影响国际舆论，减少其他国家和民众对美国产生错误观念，提高美国在国外公众中的影响力，进而增加美国国家利益的活动。”印度学者拉那认为，作为一种外交行为，特别是在外交谈判中，公共外交常常被一个国家用来影响本国和外国的公众，从而达到制造舆论、向对手施压的目的。美国驻华大使馆的微信公众号、微博、在海外的推特账号，以及专门用于外宣的“雾谷飞鸿”团队等，近年来有针对性地蹭热度、输出观点的做法就是很典型的案例。

在“雾谷飞鸿”的文字中，不乏高度赞扬美国、不切实际地拔高美国形象的话语和表述。例如，为了粉饰美国国内存在的严重仇视亚裔行为，“雾谷飞鸿”为中国读者量身定制了用于了解美国的文案。对于美国在华公共外交的所谓“成果”，美国学者、俄亥俄州立大学的肖恩·佐哈尔·基思在其论文《美国对华公共外交》中，“秀”出了这方面的“成绩”，其中大书特书的就有臭名昭著的美国宣传机器“美国之音”。

美国国会研究所2014年《美国在华援助项目》报告有这样的描述：美国对华的援助项目旨在“加强对中国内部‘有改革想法’的人的支持”。该报告还提到，从2002年以来，美国一直在增加美国驻华大使馆的常驻法律顾问人员，旨在向中国官员、法学家和律师提供美国刑法和程序法方面的专业知识，并长期推动“中国刑事司法改革”。很明显，他们自然是希望中国向美式司法体系的方向进行改革。看似“巧合”的是，美国政府这种做法和美国某些涉华非政府组织的做法不谋而合，美国某些涉华非政府组织的项目更是直接针对中国的学生设置，向中国学生提供“法律知识训练”，以培养中国学生的“公民意识”。

此外，该报告的附录部分还给出了2000—2015财年美国对华所谓的“外交援助计划”和拨款，其中包括了“大名鼎鼎”的“和平队”。从某一年的具体内容看，该报告更是直截了当地表明，要为中国境内的非政府组织拨款，用于在中国境内进行“民主活动”。该报告2012年的内容更是与本次美国驻华大使馆的“项目书”内容极为接近，包括为中国的“知识分子”和非政府组织的“民主活动”提供资金支持，其中还提到了美国在西藏地区的目的。

该报告后面的注释部分也明确透露，在2006财年和2010财年，美国政府分别提供45万美元和92.2万美元，用以加强在中国香港特别行政区的政党活动，具体是不是由美国驻港总领事馆通过小额赠款的方式提供，值得怀疑。这里还有一点需要引起注意，在美国驻华大使馆推出2021年度“项目书”的同时，其在香港和澳门的领事馆也推出了他们的“小额赠款项目”。

除了直接进行西方民主法治等方面的宣传，正如2021年度“项目书”中所涉，美国向外输出“颜色革命”，还经常打着关注女性权益、动物权益、少数族裔权益的幌子。看起来是要求“平等”，实质上在煽动极端行为。比如，美国国家民主基金会2019年公布的资助中国境内非政府组织经费排名，第一个就是女权组织。这些受资助的女权组织并非在中国境内投身妇女权益事业，而是利用各种社交媒体平台发布诸如“中国是男权暴力最严重的国家”“女性至暗时刻”等极端谣言，宣扬西方平权运动，煽动仇视家庭、婚姻、社会、政府及政治制度的言论，甚至鼓动所谓“革命”，并与“港独”“疆独”等势力相互勾连。

二、“项目书”是美国国会《2021年战略竞争法案》的重要实施手段

有学者认为，不同于一般意义上的文化交流和国际传播，“项目书”中的所谓“公共外交”是一种进攻性的外交策略。“项目书”的资助对象

着眼于比较易于接受美式价值观的年轻人，他们被美国政府当作目标国家和社会未来有利于推行美式价值观的棋子。在美国看来，只要能够影响目标国的青年，长远来看就有利于推动目标国家形成与美国一致的思想和行为方式。说到底，这就是“和平演变”的一种方式。

有学者观察到，2005 年之后，美国的公共外交政策明显地从防御转向进攻。伴随主动的、常态化的议题设置，挑选诸如科教、环保、女性、多民族国家的文化包容性等表面上敏感性不强，但年轻人容易关心的话题，避开容易形成对立面的宗教、政治等话题，潜移默化地挑动目标国社会与政府的对立情绪。这样的项目，在看上去人畜无害的小白兔式的外表之下，掩藏着伺机进攻的兽牙。比如，美国驻华大使馆在使馆外墙上举行“艺术为人民”涂鸦画展，大使馆称这是在“表述言论自由”。有学者分析，美国通过这种方式刺激年轻的涂鸦爱好者“张扬个性”，其背后是试图将年轻人带入他们创设的话题和内容中，如果目标国政府出手干预，这样的活动将轻易转化为美国政府与目标国政府及涂鸦者之间的对立关系。再比如，动物保护问题和女性权益保护问题，都是利用善良人们普遍具有的美好愿望，如平等观念、同情弱者、关心爱护小动物、尊重生命等，有意识地创设话题，引导舆论走向目标国政府的对立面。有意将动物的生存权拔高到人权之上，将男女平等曲解为所谓男女平权、“一人一票”、街头运动式女权。上述这些都不是与目标国文化历史相适应的动物保护和女性权益观念，而是美国主动为目标国创设的观念，并通过长期的战略性运作与资助，挑动目标国社会与政府的对立情绪。

有学者表示，“项目书”征集的项目非常明确地告诉我们，美国国会《2021 年战略竞争法案》中规定，从 2022 年到 2026 年每年拨款 3 亿美元，专门用于应对所谓“中国的恶意影响力”。这 3 亿美元在中国境内培养反体制意见领袖和活跃分子的操作途径，就是美国大使馆的一些所谓

“公共外交”项目,“项目书”就是其中之一。从“项目书”的内容可以看出，美国政府一如既往地坚持其虚伪性，比如它使用的所谓“支持加强美中关系的项目，特别是中国人民对美国的了解”表述，言外之意是中国人民不了解美国，中国人民所接受的有关美国的信息，不是美国政府希望中国人民了解的信息。美国所能想到的推动“和平演变”的最直接方式，就是从以往的价值观感召变为赤裸裸的砸钱“撒狗粮”。

三、美国污蔑中国正常学术交流和人文交往的双标表现

美国公然通过各种方式将非政府组织等打造为输出美式民主自由价值观、策动“颜色革命”的工具和平台，却动辄将中国的正常学术交流和人文交往污蔑为搞渗透、干预甚至间谍活动。比如，作为增进世界人民对中国语言文化了解，发展中国与各国友好关系的机构，孔子学院多年来秉持遵守所在国的法律和法规的宗旨，从不参与任何与所在国政治、宗教、种族有关的活动。自 2004 年马里兰大学孔子学院设立以来，全美百家孔子学院为促进中美文化交流作出了卓越贡献。然而，美国一些政客和“智库学者”，竟以所谓孔子学院“避开中国政治历史和人权问题”“强行承认台湾、西藏是中国一部分”等严重干涉中国内政的荒谬理由，攻击孔子学院妨害美国学术自由、构筑“间谍网络”渗透美国高等学府。多家大学在这种被毒化的政治氛围下终止与孔子学院的合作。2020 年 8 月，美国时任国务卿蓬佩奥宣布将孔子学院美国中心列为“外国使团”，诬蔑称孔子学院美国中心是“一个推动北京在美国校园以及中小学教室进行全球宣传以及恶意影响活动的实体”。经过美国的媒体和智库放风、政客鼓动，再由政府貌似“顺理成章”地认可，孔子学院这一中美人文交流的宝贵成果被恶意毒化了。

除孔子学院外，美国还利用各种手段对中国媒体的驻美记者进行打压。自 2020 年 2 月起，美国先后将中国 15 家驻美媒体列入“外国使团”。2020 年 3 月，美方驱逐中国 60 余名记者，同年 5 月又将中国驻美记者的签证全部缩减为不超过 3 个月的时间。中国外交部发言人华春莹在一次记者会上披露，中方有两名记者，从 2020 年 11 月就已经提交了签证的延期申请，却一直都没有获得审批，中方记者在 2021 年 2 月被迫停止工作，其中一名记者无奈于 2021 年 5 月 1 日回到中国，回国之前在机场，美方人员对中方记者的盘问非常详细，并且详细检查了电子设备。

美国一方面把自己对他国的渗透活动称为“自由”，另一方面把他国正常的新闻报道和文化交流污蔑为“渗透”，这是典型的虚伪双标行为，也是美国虚弱的表现。

第八篇

会议综述

国内外专家学者热议“中国共产党百年与百年大变局”

——第十一届世界社会主义论坛暨《世界社会主义黄皮书》《世界社会主义小丛书》发布会综述

秦振燕[1]　单　超[2]

2020年11月17日，由中国社会科学院主办的第十一届世界社会主义论坛暨《世界社会主义黄皮书》《世界社会主义小丛书》发布会在北京召开，论坛主题为“中国共产党百年与百年大变局”。论坛由中国社会科学院世界社会主义研究中心、马克思主义研究院、习近平新时代中国特色社会主义思想研究中心等承办。

中国社会科学院副院长、党组副书记王京清为大会发来书面致辞。中国社会科学院原副院长、世界社会主义研究中心主任李慎明就当前世界格局作开幕式主题发言，并介绍了《世界社会主义黄皮书》《世界社会

① 秦振燕，中国社会科学院马克思主义研究院助理研究员。
② 单超，中国社会科学院马克思主义研究院助理研究员。

主义小丛书》相关情况。中共中央组织部原部长张全景，中央马克思主义理论研究和建设工程咨询委员会主任徐光春，中信改革发展研究基金会理事长孔丹，中共中央对外联络部副部长郭业洲，中国社会科学院副院长、党组成员、中国历史研究院院长、党委书记高翔，中国人民大学党委书记靳诺，中国社会科学院党组成员、当代中国研究所所长、马克思主义研究院院长姜辉等参会并发言。来自中共中央对外联络部、中共中央党校（国家行政学院）、北京大学、清华大学、中国人民大学、中国社会科学院、中国社会科学院大学（中国社会科学院研究生院）等单位的 40 余位同志参会。尼泊尔前总理、尼泊尔共产党联合主席普拉昌达（Prachanda），俄罗斯联邦共产党中央委员会副主席、俄罗斯国家杜马国际事务委员会第一副主席德米特里·诺维科夫（Dmitry Novikov），越南社会科学翰林院副院长范文德（Pham Van Duc），英国共产党总书记罗伯特·格里菲斯（Robert Griffith），乌克兰共产党中央委员会第一书记西蒙年科（Petro Symonenko），意大利共产党全国书记毛罗·阿尔博雷西（Mauro Alboresi）等来自尼泊尔、俄罗斯、越南、古巴、老挝、英国、乌克兰、日本、意大利、黎巴嫩的国外共产党（前）领导人、专家学者以线上的方式参会。中国社会科学院马克思主义研究院党委书记、副院长辛向阳主持了大会。

与会国内外专家学者围绕论坛主题，就“中国共产党百年光辉发展历程及经验启示”“中国共产党对社会主义的理论探索和实践贡献”“新时代中国特色社会主义的国际贡献与世界意义”“百年大变局中世界社会主义的机遇、挑战与发展前景”四个议题进行了深入探讨。

一、中国共产党百年光辉发展历程及经验启示

中国共产党即将迎来百年华诞。作为一个拥有近百年历史的大党，中国共产党带领中国人民和中华民族经过艰难探索，使中国不断走近世界舞台中央，创造了人类政党发展史上的伟大奇迹和巨大成就，引起了国际社会和世界政党的极大关注。总结中国共产党百年光辉发展历程的经验，将为世界人民尤其是为广大发展中国家、世界社会主义政党提供借鉴。

王京清总结了中国共产党百年奋斗历史。他指出，中国共产党的100年是为中华民族伟大复兴、为世界社会主义事业发展、为人类社会进步作出伟大贡献的100年。中国共产党的建立是“开天辟地的大事变”。历史和现实充分说明，自从有了共产党，中国人民就有了主心骨，中华民族伟大复兴才有了根本保证。中国共产党的诞生不仅深刻改变了中华民族的历史命运，也深刻改变了世界发展的趋势和格局，并深刻影响了世界社会主义事业的发展。道路关乎中国共产党的命脉，中国共产党坚持的正确道路和领导的伟大事业，彰显着为人类和平与正义事业而奋斗的国际主义精神，延续着世界社会主义500年的波澜壮阔，始终与全世界追求进步的人们同呼吸、共命运。改革开放以来，特别是党的十八大以来，中国对世界的贡献越来越大。我们坚信，中国共产党领导的社会主义中国必将为人类社会发展作出新的更大贡献。

李慎明指出，我们正处于“四个百年”的历史交汇点。当今世界正经历百年未有之大变局，中国共产党2021年将迎来成立100周年纪念日。在全面建成小康社会、实现第一个百年奋斗目标之后要乘势而上，开启全面建设社会主义现代化国家新征程，向第二个百年奋斗目标进军。

站在这“四个百年”的历史交汇点看当今世界格局，我们坚信有以习近平同志为核心的党中央的坚强正确领导，有中国特色社会主义制度的优势，中国共产党人和中国人民必然敢于和善于进行具有许多新的历史特点的伟大斗争，必然能够承担起实现中华民族伟大复兴、构建人类命运共同体和促进人类文明进步这一光荣而又神圣的使命。从根本上说，只有社会主义才能发展、强大中国，也只有社会主义才能拯救、发展世界。2050 年前后之寰宇，必将是世界社会主义和构建人类命运共同体的又一个艳阳天。

徐光春指出，百年来，经过艰苦卓绝的斗争，伟大的中国共产党带领伟大的中国人民取得了伟大的成就，使中国的面貌发生了深刻的变化，形成了一些基本经验：一是马克思主义的旗帜始终不倒；二是中国共产党为社会主义、为共产主义奋斗的目标始终不移；三是无论是领导革命、建设还是改革，中国共产党始终坚持全心全意为人民服务的宗旨不变；四是中国共产党不停地探索如何建设社会主义；五是尽管已经取得了巨大的成就，但全面深化改革的步子始终不停；六是为把我们党建设成为坚强的领导核心，带领全国人民不断夺取革命、建设和改革的胜利，治党不松。

靳诺以中国共产党的青年工作为例指出，百年来中国共产党之所以能够由小变大、由弱变强，并领导中国人民不断取得革命、建设和改革的巨大成功，其中一个非常重要的因素就是中国共产党始终保持对广大青年的强大政治、思想和组织引导力，团结凝聚广大青年为中华民族伟大复兴而努力奋斗。2021 年是中国共产党成立 100 年，站在世界百年未有之大变局的时代节点，回顾中国共产党的百年奋斗史，有很多经验值得我们全面、系统和深入梳理与总结，特别是组织和领导青年工作的宝贵经验。

日本横滨国立大学名誉教授，中共党史、当代中国问题研究专家村田忠禧（Tadayoshi Murata）认为，了解中国共产党历史，最基本的文献是历届党代会的政治报告和党章，这些文献记录了中国和世界在不同时期面临的挑战，以及中国共产党是如何认识和努力解决这些困难挑战的足迹。他采用定量分析的方法，通过研究中国共产党历届党代会政治报告，总结梳理中国共产党百年历程的实践变革与理论特征，并选取习近平新时代中国特色社会主义思想、人类命运共同体、“一带一路”倡议、“以人民为中心”、“不忘初心，牢记使命”、“关键少数”、“绿水青山”、“精准扶贫”、“负责任大国”、“大国外交”等关键词，作为中国共产党领导的新时代的关键特征。

北京大学博雅特聘教授、马克思主义学院教授孙代尧围绕中国共产党应对历史变局的经验作了发言。他认为，中国共产党100年，多次面临历史变局的考验，需要回答中国向何处去和世界向何处去的关键问题。沿着这条主线，中国共产党百年历史提供的最重要的经验之一，就是只有把握历史规律，正确应对历史变局，善于在变局中开创新局，才能在历史前进的逻辑中前进。要正确应对历史变局，就要以马克思主义科学方法观察世界和中国，不被乱花迷眼，不被浮云遮眼，洞察世界和中国的发展大势，引领前进方向。

二、中国共产党对社会主义的理论探索和实践贡献

中国共产党带领中国人民进行社会主义革命、建设和改革的伟大实践与取得的辉煌成就，不仅铸就了中国共产党百年风华，而且是世界社会主义500年波澜壮阔历程中的璀璨篇章。中国共产党的巨大成功将继续引领世界社会主义由低潮不断走向复兴的历史潮流。中国共产党在社

会主义实践过程中创造性地探索与运用马克思主义，提出了马克思主义中国化，形成了中国特色社会主义，丰富与发展了科学社会主义，对世界社会主义的进步作出了巨大贡献。

张全景在题为《以百年未变之初心应对百年未有之变局》的发言中指出，中国特色社会主义最本质的特征是坚持中国共产党的领导，始终坚持党的领导是中国特色社会主义制度的最大优势。东欧剧变、苏联解体的重要原因之一是原苏东各国放弃了共产党的领导，丧失了政治基础。30年来，中国共产党在接续推进改革开放中开辟了中国特色社会主义道路。中国特色社会主义道路是实现社会主义现代化的必由之路，是创造人民美好生活的必由之路。今天，中国共产党人以骄人的成绩向世界宣告，中国已经成为国际共产主义运动继续向前发展的坚强阵地。中国共产党人对初心与使命的坚守、对为人民服务宗旨的坚持，成为21世纪马克思主义和世界社会主义理论和实践创新发展的重要支持和引领力量。

孔丹指出，中国特色社会主义最本质的特征是中国共产党的领导，中国共产党领导是中国特色社会主义的政治优势和制度优势的根本基础，这样的政治优势和制度优势如何在实践中转化为发展的路径值得探讨。中国的举国体制发挥了重要作用，党的十八大以来，习近平总书记多次在不同场合论述了新型举国体制的重要性，提出要发挥新型举国体制的优势。我们的发展存在“三长两短”的情况：就“三长”而言，我们有制度的优势，有巨大的市场优势，有完备工业体系的优势；就“两短”来说，我们有资源的短板和科技方面的短板，体现在关键核心技术方面，需要解决“卡脖子”的问题。举国体制是我们的优势，要继续坚持集中力量办大事，这是举国体制最主要的特征；新型举国体制应该跟市场机制紧密结合；特别是在构建以国内大循环为主体、国内国际双循环相互促进发展战略新格局时，新型举国体制应该与对外开放衔接。

毛罗·阿尔博雷西表示，中国共产党的成立无论从中国历史还是世界历史看，都是具有划时代意义的大事件。在意大利共产党人看来，中国共产党领导中国人民取得反帝反封建斗争的伟大胜利，成立中华人民共和国，取得社会主义建设的伟大成就，最重要的经验在于始终保有理论联系实际的能力和作风，始终坚持实践是检验真理的唯一标准这一马克思主义原则。研究中国共产党进行理论和实践探索的百年历史意义重大。2021 年，意大利共产党和中国共产党都将迎来百年华诞，希望借此契机进一步深化友谊，巩固和扩大两党在政治上和文化上的联系。

俄罗斯科学院普里马科夫世界经济与国际关系研究所副所长、中国问题研究专家亚历山大·洛马诺夫（Alexander Lomanov）认为，时代问题对中国和全世界都是极为重要的，而中国共产党在每一个历史时期始终高度重视时代问题，在历史的关键节点能抓住时代的主要问题并顺势而为，这是中国共产党取得一个又一个胜利的重要法宝。习近平主席总结了马克思主义经典作家对时代问题的阐述，深刻阐释了中国对时代问题的认识。时代问题不仅对中国是个很重要的问题，也应该是向全世界提出的非常重要的问题。中国为世界提供了丰富的社会主义发展和建设经验。

中国社会科学院马克思主义研究院副院长林建华从世界社会主义发展历程的视角阐释了中国共产党和新时代中国特色社会主义的理论探索和实践贡献。他认为，新中国成立 70 余年来，创造了经济快速发展奇迹和社会长期稳定奇迹。我们建设的现代化不是别的什么现代化，而是社会主义现代化。当今世界正经历百年未有之大变局，中国和中华民族正经历百年未有之大变局，社会主义从初步探索改革到全面深化改革的发展或从改革到再改革的发展，既是世界社会主义发展的新态势，也是中国共产党和新时代中国特色社会主义的新贡献。百年大党，恰是风华正茂；百年大党，犹须负重奋进。

英国伦敦国王学院中国问题研究专家克里·布朗（Kerry Brown）结合自身生活与工作经验指出，西方世界的一些人对中国近现代历史、中国共产党的理论与实践缺乏了解与认识，是导致当前一些西方人对中国和中国共产党产生误解的重要原因。他认为，只有相互尊重、相互理解，才能使世界更好地了解中国、了解中国共产党，才能更准确地认识中国共产党带领中国人民取得的巨大成就和对世界的贡献。

三、新时代中国特色社会主义的国际贡献与世界意义

党的十八大以来，中国特色社会主义进入了新时代，推动了马克思主义和世界社会主义理论与实践的发展。尤其是新冠肺炎疫情发生以来，中国展现了制度优势，承担了大国责任，经济社会从疫情中快速恢复，给世界人民带来了希望。在以习近平同志为核心的党中央坚强领导下，中国共产党不断探索丰富习近平新时代中国特色社会主义思想的理论体系与实践路径，为世界贡献了中国力量、中国智慧与中国方案。

王京清强调，党的十八大以来，以习近平同志为核心的党中央胸怀中华民族伟大复兴的战略全局，面对世界百年未有之大变局，以巨大的政治勇气和强烈的政治担当，创立了习近平新时代中国特色社会主义思想，引领中国特色社会主义进入新时代，这在中华人民共和国发展史上具有重大意义，在世界社会主义发展史上、人类社会发展史上也具有重大意义。中国特色社会主义进入新时代是中国历史发展的必然结论，是世界社会主义发展的必然结果。

郭业洲通过分析习近平新时代中国特色社会主义思想的历史根基与生成逻辑指出，这一重要思想是在中国共产党带领中华民族进入中国特

色社会主义新时代、昂首迈入中国特色社会主义新发展阶段的时代进程中产生的，是在全面把握世界发展大势、应对全球共同挑战、维护人类共同利益的过程中不断创立并发展的，是马克思主义中国化的最新成果，是党和人民集体智慧的结晶。在百年罕见疫情推动百年未有之大变局加速演变背景下，这一思想为维护世界和平、促进共同发展、完善全球治理等一系列重大问题提供了新方向、新方案与新选择。习近平新时代中国特色社会主义思想的国际影响和世界意义是一个需要深入研究和高度关注的、十分重要的课题。

普拉昌达高度肯定党的十九届五中全会的重要意义。他认为，这次会议明确了中国接下来的经济发展规划，而且从意识形态上为中国指明了未来的方向，中国的经济规划在今后 5 年内对于尼泊尔乃至整个世界都非常重要，因为中国是世界上第二大经济体，而且也是从新冠肺炎疫情中恢复过来的第一大经济体。在中国共产党的坚强领导下，中国完成了从快速发展到高质量发展的转变，踏上了建设社会主义现代化强国的征途，一定会成功实现第二个百年目标。他就中尼两国关系强调：“尼泊尔共产党与中国共产党的关系非常好，近年来两党各级领导多次进行交流、互访。良好的党际关系，有助于在国家、地区的和平发展和繁荣等问题上建立更广泛的共识。希望我们进行更多的交流，这有助于协调两国发展的策略，能够加强在抗击疫情各领域的合作。我们支持中国在各个方面的发展。”

范文德关注中国共产党全面从严治党的理论与实践。他认为，中国共产党十八大以来，坚持把全面从严治党作为党的建设的基本原则，把党的制度建设贯穿于党的建设全过程和各方面，加强反腐败斗争，在党的政治、思想、作风、组织、纪律等方面实现了更广泛的覆盖。中国共产党伟大的自我革命，必将推动中国特色社会主义建设的伟大社会革命不断向前迈进。以改组和整顿为抓手，越南共产党正在加强党的建设，中国共产党在这方面的成就将为越南共产党提供宝贵经验。

德米特里·诺维科夫高度肯定并赞扬新时代中国特色社会主义事业的巨大成就。他指出，中国共产党带领中国人民选择了马克思主义，探索出一条民族独立自强的道路，中国在世界政治、经济等各领域以及全世界人民中的影响越来越大，正朝着民族复兴的伟大目标稳步前进。他着重指出，中国共产党的“以人民为中心”思想值得世界各国和政党学习，中国共产党在抗击新冠肺炎疫情过程中始终把人民放在第一位，为世界提供了最成功的“战胜疫情”的经验。人类命运共同体理念给世界劳动者带来了希望，是引领携手解决全球问题的指导思想。100 年来，中国共产党彻底改变了中国的面貌，也为人类描绘了携手共进的“路线图”。中国共产党十九届五中全会擘画了新发展方向和远景目标，中国必将取得新的辉煌。

中国社会科学院国际合作局局长王镭指出，中国脱贫攻坚成果举世瞩目，5500 多万农村贫困人口实现脱贫，中等收入人群规模由 2010 年的 1 亿多人增加到 2019 年的 4 亿多人，高等教育进入普及化阶段，城镇新增就业超过 6000 万人，“十三五”期间的成就极大增强了人民群众的获得感、幸福感和安全感。党的十九届五中全会审议通过的第十四个五年规划和二〇三五年远景目标的建议贯穿以人民为中心的发展思想。加强顶层设计和问计于民相统一，规划和建议的制定是社会主义民主的生动实践，是科学决策和民主决策的重要体现。规划和建议强调全体人民共同富裕这一本质要求和中国共产党始终如一的价值追求，这充分体现了中国共产党为中华民族谋复兴、为中国人民谋幸福的使命担当。

中国社会科学院政治学研究所所长张树华分析了新时代中国发展的国际意义和思想价值。他认为，当今世界进入了关键历史时期，可能成为中西方发展、南北方发展、资本主义与社会主义竞争的一个转折点和分水岭。中国的发展展示了“人民至上”“全面发展”的新政治观。与此同时，在追求全面协调发展的基础上，习近平总书记提出的构建人类命运共同体理念彰显了全人类的共同价值，在共同发展的基础上谋求世界美美与共、和而不同、和而共生。在百年未有之大变局背景下，中国的发展凸显了中国共产党高超的政治领导力和战略谋划力，这是当今中国的政治优势。

罗伯特·格里菲斯（Robert Griffiths）就中国特色社会主义、构建人类命运共同体等话题发表看法。他认为，中国共产党领导广大人民建设中国特色社会主义取得了巨大的成就。中国共产党始终秉持使广大人民受益的发展战略，在习近平新时代中国特色社会主义思想指导下的脱贫攻坚和“两个一百年”奋斗目标具有重要意义。中国共产党提出的人类命运共同体理念和“一带一路”倡议为人类社会发展和共同克服全球性危机起到了重要作用。英国共产党愿意进一步加强与中国共产党的合作交流，为世界共产主义事业贡献力量。

四、百年大变局中世界社会主义的机遇、挑战与发展前景

当今世界正经历百年未有之大变局。新冠肺炎疫情全球大流行使这个大变局加速演进，经济全球化遭遇逆流，保护主义、单边主义盛行，世界经济低迷，国际贸易和投资大幅萎缩，国际经济、科技、文化、安全、政治等格局都在经历着深刻调整，世界进入动荡变革期。危机中孕育着机遇。世界社会主义在应对当今百年未有之大变局带来的挑战时，也要抓住历史机遇，实现由低潮向振兴的跨越发展。

高翔指出，尽管当今时代是人类有史以来最复杂的时代，也是变化

最快的时代，但马克思主义关于人类社会发展总趋势的判断没有过时，资本主义的本质没有改变，社会主义仍显示着很强的生命力，仍为全世界受剥削、受压迫的人民带来希望的曙光。作为马克思主义者，我们对自己的信仰充满信心，对人类的未来充满信心。面对世界之变、时代之变、历史之变，中国将坚定不移维护世界和平，推动构建人类命运共同体；将继续深化改革开放，建设更高水平的开放型经济新体制，推动贸易和投资自由化便利化，推动共建“一带一路”高质量发展，继续为人类发展提供“历史性”机遇。

姜辉认为，21 世纪是世界社会主义走向振兴的世纪。他指出，基于 500 多年世界社会主义发展史、中国共产党 100 年发展史，着眼于当前世界百年未有之大变局、中华民族伟大复兴战略全局对世界社会主义运动发展的深远影响，可以得出这样的趋势性判断：社会主义经历了从空想到科学、从理论到实践、从一国到多国，从初步探索到不断深化，从经历东欧剧变、苏联解体的重大挫折到社会主义在中国取得巨大成功，结合 20 世纪以来资本主义与社会主义较量和竞争态势的三次重大变化来看，目前世界社会主义正经历从逐渐走出低潮到走向振兴的重要时期；中国特色社会主义成为 21 世纪社会主义发展的引领旗帜，成为振兴世界社会主义的中流砥柱，中国特色社会主义代表着世界社会主义的未来。他强调，世界百年未有大变局中一个突出的特点，就是出现了“东升西降”的明显趋势，中国的发展成为促进这个大变局和大趋势加速演变的重要力量。如何促使“东升西降”的趋势有利于“社升资降”趋势的发展，是 21 世纪社会主义发展的重大课题。

李慎明结合学习党的十九届五中全会精神，从七个方面对处于历史交汇期的世界格局进行了分析和展望：一是世界已经进入大动荡、大变革、大发展的新时期；二是抗击新冠肺炎疫情全面展现了中国特色社会主义制度的软、硬两种实力，中国必将稳步走向世界舞台中央；三是新冠肺炎疫情在全球的蔓延说到底是金融帝国主义最基本、最深层次矛盾的集中表现；四是坏事在一定条件下能变成好事；五是尽管美国当政的鹰、鸽两派或民主、共和两党在策略上有所不同，我们应区别对待，但它们的根本目的从来都是企图搞垮中国共产党和社会主义中国；六是美国的影响力下降和逐步衰落之时，既是世界人民包括中国特色社会主义凯歌行进之时，也是这个帝国疯狂垂死挣扎之际，我们必须做最坏的打算，以争取最好的结果；七是坚持和发展毛泽东关于三个世界划分的理论，实现构建人类命运共同体的目标。

中共中央党校（国家行政学院）马克思主义学院教授辛鸣认为，在当前百年未有之大变局的历史条件下，中国共产党作为一个百年大党，必须坚持政治自觉。一是要用马克思主义的视角来观察大变局；二是要用马克思主义的逻辑来理解中国共产党的伟大创造；三是要用马克思主义的话语阐述中国方案。他强调，马克思主义的视角、马克思主义的逻辑、马克思主义的话语是当今时代中国共产党作为百年大党走向未来、真正引领百年未有之大变局的制胜法宝。

黎巴嫩共产党政治局委员、贝鲁特美国大学经济学系教授加桑·迪别（Ghassan Dibeh）从资本主义的危机阐释了社会主义的历史必然性。他说，自2008年以来的资本主义危机将一个长期被遗忘的问题再次提了出来：资本主义有未来吗？当今资本主义面临六大挑战：一是全球化危机；二是2008年危机是一场导致资本主义经济长期停滞的普遍危机；三是技术变革、数字时代和人工智能的崛起将造成技术性失业而威胁发达经济体；四是收入和财富分配不平等程度加剧；五是民主与资本主义的关系破裂；六是环境危机和气候变化、资本主义增长和分配之间的矛盾可能引发一场严重的生态危机。只有向社会主义过渡，这些问题才能得到根本解决。中国是一座进步的灯塔。

西蒙年科结合当前乌克兰面临的严峻形势以及乌克兰共产党的艰难处境，对资本主义制度陷入全球性危机进行了批判性分析，并详细介绍了乌克兰共产党开展斗争的探索与成绩。他号召加强各国共产党的联系，以扩大世界共产主义运动的影响。他指出，只有在一个团结而坚强的共产党的领导下才能进行社会主义改造，以维护广大劳动者阶层的利益。他祝贺中国共产党建党 100 周年，惊叹中国取得的现代化成就。他认为，中国成为社会主义制度优越于资本主义制度的明确例证，成为整个国际共产主义运动的灯塔。

古巴“尼克·洛佩斯”高级党校副校长豪尔赫·翁塔多（Jorge Hurtado）结合古巴遭遇的实际困难，尤其是以美帝国主义为首的西方资本主义国家对古巴实行封锁造成的灾难性后果，探讨了在当前百年未有之大变局条件下，古巴进行社会主义过渡的现状。他指出，发展模式必须始终基于每个国家自身的国情和实际情况。因此，不断学习他国经验非常重要，贡献古巴经验供他国借鉴也很重要。古巴的经验主要包括：一是不断扩大的人民民主参与以及人民民主参与意识的不断增强；二是民族团结；三是爱国主义、国际主义和人道主义价值观的形成。

清华大学马克思主义学院副院长朱安东结合当前新冠肺炎疫情发生后西方资本主义国家出现的负面情况，剖析了新自由主义与资本主义的系统性危机。他认为，当今世界资本主义正处于系统性、制度性危机中，主要原因是金融垄断。这不仅导致了经济危机，而且导致了社会危机、政治危机与文化危机。西方资本主义的系统性和制度性问题有可能进一步恶化，从而导致新自由主义走向民粹主义，并极有可能演变为法西斯主义。西方各国共产党应因势利导，积极宣传人民、发动人民、组织人民，以期改变全世界阶级力量的对比，避免人类社会陷入资本主义泥潭，特别是民粹主义和法西斯主义的泥潭。

此次会议还发布了《世界社会主义黄皮书（2019—2020）——且听低谷新潮声（之十六）》和《居安思危·世界社会主义小丛书》第六辑共八本，即《“依法治国”的十个理论问题》《中华人民共和国史编研的若干基本问题》《古巴经济和社会模式的更新》《中国特色社会主义的哲学坚守与创新》《人类命运共同体：破解全球治理危机的中国方案》《“一带一路”倡议与构建人类命运共同体》《21世纪西方新社会运动的新特点和新趋势》《国外左翼学者的社会主义观》，由当代中国出版社出版发行。

一百年回首奋斗路　新阶段启航新征程

——“中国共产党百年与新发展阶段”学术研讨会暨《2020—2021世界社会主义黄皮书》发布会综述

朱旭旭[①]　李晓华[②]

2021年5月22日，由中国社会科学院世界社会主义研究中心、马克思主义研究院、习近平新时代中国特色社会主义思想研究中心等单位主办的“中国共产党百年与新发展阶段”学术研讨会暨《2020—2021世界社会主义黄皮书》发布会在北京举行。

中国社会科学院副院长、党组副书记，中国历史研究院院长、党委书记高翔，中国社会科学院党组成员、当代中国研究所所长、马克思主义研究院院长姜辉，中国社会科学院原副院长、世界社会主义研究中心主任李慎明，中共中央文献研究室原副主任陈晋，全国哲学社会科学工作办公室副主任、一级巡视员赵川东，教育部高等学校社会科学发展研

---

① 朱旭旭，中国社会科学院马克思主义研究院博士后。

② 李晓华，中国社会科学院马克思主义研究院助理研究员。

究中心原主任田心铭，中共中央党校（国家行政学院）教授严书翰，中国社会科学院俄罗斯东欧中亚研究所原所长、研究员吴恩远，清华大学马克思主义学院教授刘书林，中共中央对外联络部研究室副主任黄依华，北京大学马克思主义学院教授孙代尧，中国人民大学马克思主义学院教授汪亭友，中国社会科学院马克思主义研究院副院长龚云，中国社会科学院马克思主义研究院副院长林建华等参加会议并发言。会议开幕式由姜辉主持，中国社会科学院马克思主义研究院党委书记、副院长辛向阳主持大会发言并作总结。

与会专家紧紧围绕会议主题，就“中国共产党百年奋斗历程、伟大贡献及历史经验”“‘两个一百年’历史交汇点与新发展阶段”“世界百年未有之大变局与中华民族伟大复兴战略全局”“学好党史、新中国史、改革开放史、社会主义发展史”四个议题展开深入讨论。现场参加会议的还有来自中共中央对外联络部、中共中央党校（国家行政学院）、北京大学、清华大学、中国人民大学等单位的负责同志及其他专家学者。会议还采用了网络直播形式，全国各地4000余名专家学者同时在线参加这次会议。

一、中国共产党百年奋斗历程、伟大贡献及历史经验

2021年是中国共产党成立100周年，中国共产党的百年奋斗历程波澜壮阔，中国共产党人的初心历久弥坚。经过百年的奋斗，中国共产党实现了由小到大、由弱变强，中华民族实现了从站起来、富起来到强起来的飞跃发展。与会专家一致认为，在这个重大历史节点，回顾中国共产党百年发展历程、总结历史经验，对于全党继续引领中华民族破浪前行、推动实现中华民族伟大复兴中国梦具有重要现实意义，也能够为世

界人民提供有益借鉴。

李慎明提出，培养革命事业接班人是国际共产主义运动的一个重大课题。中国共产党百年奋斗历程表明：党在实践中必须尽快形成坚强、正确的中央领导集体，全党要坚决维护这个集体的权威，在此基础上，党还要始终高度重视培养一代又一代可靠的无产阶级革命事业接班人。只有这样，才能顺利进行并最终完成中国共产党的伟大历史使命。首先，他介绍和总结了毛泽东对培养无产阶级革命事业接班人的艰辛探索、重大成果及宝贵经验，详细阐释了毛泽东重视无产阶级革命事业接班人培养的原因：对党的建设、党的事业任重道远的深刻认识；斯大林去世后赫鲁晓夫即开始脱离、背离乃至最终背叛最广大人民群众根本利益的殷鉴；对杜勒斯兄弟“和平演变”战略的高度警惕等。其次，他结合改革开放后党在解决干部终身制上取得的重大成就、经验及存在的问题，通过与美国等西方国家的任期制进行对比分析指出，除了加强各级领导干部的个人素养外，还需作出制度性的安排，建议逐步恢复党的各级领导干部“老中青”三结合制度。李慎明指出，他对以习近平同志为核心的党中央解决好培养革命事业接班人这一国际共产主义运动的重大时代课题充满信心。

龚云从三个方面论证了中国共产党对世界社会主义的历史性贡献。第一，中国共产党领导的中国革命开辟了世界无产阶级革命新道路。中国共产党将马克思主义普遍原理与中国具体实际相结合，探索出了中国特色革命道路，开创了落后农业大国走向社会主义的现实道路，为广大殖民地半殖民地国家走向社会主义提供了有益借鉴。这是对世界社会主义运动的重大贡献。第二，中国共产党领导的社会主义建设与改革改变了世界社会主义格局。中国共产党人根据中国的基本国情，在吸取国外社会主义建设的经验教训基础上，经过改革开放前后两个时期的艰辛探索，开创并发展了中国特色社会主义，极大改变了世界社会主义发展格局。第三，中国特色社会主义引领21世纪世界社会主义的发展。他指出，党的十八大以来，以习近平同志为核心的党中央带领中国人民，推动中国特色社会主义进入新时代，使科学社会主义在21世纪的中国焕发出强大生机活力。这不仅为世界现代化贡献了中国方案，为振兴世界社会主义提供了强大思想武器，还彰显了社会主义制度的显著优势和巨大优越性，为坚持社会主义提振了信心，引领世界社会主义不断走向光明。

林建华指出，思想建党是中国共产党取得革命胜利和实现长期执政的基础和灵魂，是中国共产党永葆纯洁性和先进性的重要法宝，是中国共产党的优良传统和显著优势。他强调，思想建党或党的思想建设是中国共产党百年建设与发展的主线和红线，并从七个方面概括了中国共产党思想建党的历史经验：党要始终坚持马克思主义关于思想建党的基本理论观点，并注重思想建党的实践探索；始终坚持实事求是的思想路线；始终坚持思想建党的基础性地位，切实推进理论探索与实践探索的有机统一，并注重思想建党的实效；注重总结党的建设特别是思想建党的经验，并用于统一全党的思想；注重执政条件下加强全党思想武装，促进党的长期执政能力和领导水平的持续提高；坚持思想建党与制度治党同向发力，彼此形成互补；坚持思想理论武装与发扬革命斗争精神相结合，不断开辟思想建党新局面。

二、“两个一百年”历史交汇点与新发展阶段

我国从2021年起已经进入新发展阶段。这是在全面建成小康社会、实现第一个百年奋斗目标之后，全面建设社会主义现代化国家、向第二个百年奋斗目标进军的发展阶段。与会专家一致认为，站在“两个一百

年”历史交汇点上，要认真学习领会党的十九届五中全会精神，把握全新的战略机遇期，积极应对国内外各种风险和挑战，实现第二个百年的奋斗目标，不断开辟中国特色社会主义发展的新境界。

高翔在开幕式发言中指出，中国共产党的100年，是矢志践行初心使命的100年，是筚路蓝缕奠基立业的100年，是创造辉煌开辟未来的100年，是创造人类政治、经济、社会、文化乃至历史奇迹的100年。中国共产党的百年奋斗史告诉我们，正确认识我国发展所处的历史阶段，是我们党制定和执行正确的路线、方针、政策的根本依据，也是我们党领导革命、建设和改革事业不断取得胜利的重要经验。他立足于中国特色社会主义进入新发展阶段，全面系统阐释了在全面建成小康社会、实现第一个百年奋斗目标之后，全面建设社会主义现代化国家、向第二个百年奋斗目标进军的新发展阶段的目标和任务、机遇和挑战、策略方法及现实意义。他认为，要实现新发展阶段的目标和任务，必须始终坚持党的坚强、正确的领导，必须始终坚持以人民为中心的发展思想，必须贯彻创新、协调、绿色、开放、共享的新发展理念，必须高度重视并不断加强制度建设。

赵川东在致辞中指出，2021年是中国共产党成立100周年，也是“十四五”规划的开局之年，中华民族伟大复兴的第一个百年奋斗目标——全面建成小康社会已经实现，第二个百年奋斗目标——全面建设社会主义现代化强国的新征程已经开启。在这样一个重要的时间节点，以“中国共产党百年与新发展阶段”为主题，组织马克思主义和党史研究领域知名专家学者开展深入研讨，并发布《2020—2021世界社会主义黄皮书》，具有重要的理论意义和现实意义，也充分体现了各位专家贯彻落实习近平新时代中国特色社会主义思想，深入开展党史学习教育，加快构建中国特色哲学社会科学的政治自觉和责任担当。他强调，我们要认真学习贯彻习近平总书记关于哲学社会科学工作的重要讲话和给《文史哲》编辑部回信精神，加快构建中国特色哲学社会科学学科体系、学术体系、话语体系，增强做中国人的骨气和底气，让世界更好地认识中国、了解中国，为推动中国特色哲学社会科学繁荣发展作出更大贡献。

严书翰指出，新发展阶段思想是以习近平同志为核心的党中央在我们党已有认识成果的基础上，总结了党的十八大以来取得的历史性成就和发生的历史性变革，把对社会主义初级阶段的认识提升到了新的境界，对社会主义初级阶段理论作出了原创性发展。这不仅在我国社会主义现代化进程中具有重大意义，而且对丰富发展社会主义初级阶段理论也具有重大价值。他进一步从四个方面阐释了新发展阶段思想：第一，新发展阶段是社会主义初级阶段中的一个阶段；第二，我国进入新发展阶段是由社会主义初级阶段发展规律决定的；第三，新发展阶段的特征既有经济社会发展方面的标志，也有所面临的国情和世情特点，我国进入新发展阶段归根结底是由生产力决定生产关系这一基本原理所决定的；第四，新发展阶段要实现的目标分近期目标和远期目标，远期目标是指全面建设社会主义现代化国家、实现中华民族伟大复兴，近期目标指的是要在新发展理念指引下加快构建新发展格局。

辛鸣认为，进入新发展阶段，是对我国发展方位的科学判断。这一发展方位具有两重内涵。第一，这是我国经过几十年积累、站到了新的起点上的一个阶段，但仍然是社会主义初级阶段中的一个阶段。党的十八大以来中国的发展取得了历史性成就，实现了历史性变革，但我们不能轻言跨越社会主义初级阶段。坚持社会主义初级阶段的发展定位，可以使中国特色社会主义的发展具有更广阔的战略回旋空间和更灵活的政策运用空间。第二，这是日益接近质的飞跃的量的积累和发展变化的一个阶段，是体现我国社会主义从初级阶段向更高阶段迈进要求的一个阶段。这一阶段既具有社会主义初级阶段的一切属性、特征、要求，又包含更高阶段一定的属性、特征、要求，其深层理论依据是社会主要矛盾的转化，其政策指向是社会主义“普照的光”在制度安排和政策运用中更加彰显。

孙代尧认为，未来30年，中国既要引领时代变局和人类文明发展进步，又要全面建成社会主义现代化强国和实现中华民族伟大复兴，同时推动社会主义初级阶段从量变到质变、进入更高阶段。这一历史进程将为习近平新时代中国特色社会主义思想提供巨大的理论创新空间，从而实现马克思主义中国化在21世纪中叶新的历史性飞跃。

三、世界百年未有之大变局与中华民族伟大复兴战略全局

在世界百年未有之大变局背景下，中华民族伟大复兴的战略全局顺势而为并对世界大变局产生重要影响。习近平总书记多次强调，领导干部要胸怀两个大局，这是谋划工作的基本出发点。在新的发展阶段，深入分析大变局的内涵与发展趋势，准确把握国际形势演变规律和历史交汇期我国所处的外部环境，明确当前我国面临的机遇和挑战，对于推动实现中华民族伟大复兴的战略目标具有重要理论和现实意义。

姜辉从国内外环境的“变”与“不变”入手，分析了世界百年未有之大变局给我国发展带来的机遇和挑战，强调要按照习近平总书记指示精神和党中央要求，科学分析形势，把握发展大势，保持战略定力，认识和把握发展规律，准确识变、科学应变、主动求变，抓住机遇、应对挑战、开拓进取、开辟新局。他指出，和平与发展的时代主题没有变，但世界进入动荡变革期，国际环境不稳定性、不确定性明显增加；经济全球化根本方向没有变，但发生波折和遭遇逆流，面临的各种矛盾和推

动力量发生了重大变化；世界多极化根本趋势没有变，但世界格局深度调整，世界力量对比发生重大变化。他指出，我们既要看到我国仍然处于社会主义初级阶段，也要看到我国发展进入新时代的新阶段；既要看到我国发展长期向好的基本面没有变，也要看到新阶段面临更复杂问题和更严峻挑战；既要看到我国社会主要矛盾发生作用的全局性和长期性，也要看到新阶段社会主要矛盾变化带来的新特征和新要求。

陈晋指出，世界百年未有之大变局的实质是国际力量出现深刻调整，而其灵魂则是世界政治多极化和文化价值观多元化的趋势越来越明显。他针对当前国际舆论中把不同国家发展道路的差异归结为文明冲突的认识指出，不同国家、民族、地区之间只有发展战略、经济利益和生产生活方式的差异，没有整体性的文明冲突。中国文明不存在必然和其他文明发生冲突的基因，“和而不同”的文化传统是中国看待国际关系的思想资源和文化基础，而西方国家则是以个人主义和自由主义价值观为基础的。他还强调，全人类有许多共同的价值追求和善恶标准，这是世界政治共性的文化基础，也是中国提出构建人类命运共同体理念的文化价值观基础。不同文明之间虽有文化差异，但只有合作才能共赢。这体现了符合时代潮流的文明大道，是百年变局下不同文明对话的应有趋势，也是百年变局的应有内涵。

黄依华强调，党的对外工作具有极端重要性。党的对外工作的具体作用主要表现在以下四个方面：第一，党的对外工作抓住政党这一政策制定源头，充分发挥政治引领作用，为中国特色社会主义建设争取更多支持者；第二，党的对外工作回应各国政党的关切，向国际社会提供更多的思想公共产品；第三，党的对外工作通过建立新型政党关系来推动构建新型国际关系；第四，党的对外工作通过做好人的工作，来充分展现中国特色社会主义大国外交的优势，展现我们党可亲、可敬、可靠、可信的国际形象。党的十八大以来，在以习近平同志为核心的党中央的坚强领导下，党的对外工作进入了继往开来、奋发有为的新时代。当前中国与世界的关系发生了历史性变化，作为中国的最高政治领导力量，中国共产党前所未有地走近世界政党舞台中央，以其独特魅力吸引着无数目光。站在新的历史起点上，党的对外工作必将赓续百年辉煌，谱写时代华章，为服务民族复兴和促进人类进步作出新的更大贡献。

四、树立正确党史观，旗帜鲜明反对历史虚无主义

习近平总书记在党史学习教育动员大会上强调："要旗帜鲜明反对历史虚无主义，加强思想引导和理论辨析，澄清对党史上一些重大历史问题的模糊认识和片面理解，更好正本清源、固本培元。"[①] 与会代表一致表示，只有正确认识历史，才能从历史中汲取走向未来的智慧，增添奋勇前进的精神动力。而正确认识历史，就要树立正确党史观，就要旗帜鲜明反对历史虚无主义，在乱云飞渡中把握正确方向，为实现中华民族伟大复兴中国梦而不懈奋斗。

田心铭指出，学好党史，首先要学好习近平总书记《在党史学习教育动员大会上的讲话》。习近平总书记在讲话中指出："我们必须坚持尊重社会发展规律和尊重人民历史主体地位的一致性、为崇高理想奋斗和为最广大人民谋利益的一致性、完成党的各项工作和实现人民利益的一致性，永不脱离群众，与群众有福同享、有难同当，有盐同咸、无盐同淡。"[②] 这里提出的坚持三个"一致性"，具有极为深刻、丰富的思想内涵，我们应该认真学习、深入研究。其中，坚持尊重社会发展规律和人

① 习近平：《在党史学习教育动员大会上的讲话》，《求是》2021 年第 7 期。
② 习近平：《在党史学习教育动员大会上的讲话》，《求是》2021 年第 7 期。

民历史主体地位的一致性是理论基础，揭示了社会发展中历史主客体之间的关系，体现了马克思主义科学性和阶级性、学术性和意识形态性的统一，为党确立自己的性质和宗旨奠定了理论基础。坚持为崇高理想奋斗和为最广大人民谋利益的一致性是核心要求，指明了党的最高理想和根本宗旨之间的本质联系，体现了党的初心和恒心，为我们站稳人民立场，坚持共产主义远大理想和中国特色社会主义共同理想指明了方向。坚持完成党的各项工作和实现人民利益的一致性是实践指南，体现了党的理论和实践相统一的优良作风，为我们在实际工作中坚持党的性质宗旨提供了基本遵循。

吴恩远强调，在学习“四史”过程中需要把十月革命道路和中国的发展道路结合起来综合考虑。他从多个方面论证了十月革命道路对中国革命、建设和改革三个阶段产生的深刻影响。第一,十月革命道路推动了中国共产党的创建和发展。以莫斯科为中心的共产国际不仅为中国共产党的创立提供了精神和物质方面的支持，而且还为中国培养了一批具有坚定共产主义理想信念的思想家和革命家。第二,十月革命道路对中国的制度建设具有重要借鉴意义。列宁在军队中建立的政治委员制度，苏联宪法中关于国体、政体以及共产党领导地位的规定等，对我国的制度建设产生了深刻的影响。第三，苏联失败的“改革”对中国改革产生了深刻影响，给中国的改革提供了正反两方面的经验教训。他还介绍了俄罗斯人对斯大林评价的反转，并从俄罗斯官方、主流学者和普通民众三个层面来举例说明，同时指出我们应该关注这一现象，加强对斯大林问题的研究。

刘书林强调，要以学习百年党史为契机，旗帜鲜明地批判历史虚无主义，按照列宁提出的历史唯物主义标准来判断毛泽东的历史功绩，全面深刻认识伟大领袖毛泽东。他认为毛泽东的功绩主要有以下几点：

毛泽东最伟大的历史功勋在于开创并坚持了马克思主义中国化传统，使得科学社会主义的事业在中国显示了独特的优势；毛泽东是中国共产党的主要缔造者和卓越领导人，在世界范围内他是中国共产党的光荣代表；毛泽东是新中国的缔造者，是宣布中国人民站起来、翻身当家作主的开国领袖；毛泽东缔造并长期领导了一支新型的人民军队，他不仅是伟大的军事家、战略家，而且是用兵如神的伟大统帅；毛泽东坚持终生为人民谋幸福，全心全意为人民服务，一心为公、不谋私利，一生谦虚谨慎、平等待人，形成了伟大崇高人格，成为共产党人的榜样，被中国和世界人民敬佩。总之，毛泽东开创的马克思主义中国化的光荣传统在当代世界越来越强劲地展现出无穷的魅力和风采。

孙代尧围绕“四史”中的社会主义发展史谈了几点认识和体会。他指出，在“四史”中，党史、新中国史、改革开放史是社会主义发展史的有机组成部分，是世界社会主义发展史的中国篇。社会主义发展史不仅在时段上涵括了其他三史，还构成“四史”总体学习的基础。他指出，社会主义不是今天才有的，而是500多年来人类对美好社会不懈追求的理想，是人类文明发展大道上的产物。社会主义发展史本身是近代以来世界文明发展史的一部分，又极大地推进了人类文明进程。社会主义是在曲折发展中开拓前进的，而不是故步自封的。把中国特色社会主义置于世界社会主义500年发展的历史进程中考察，对于我们坚定道路自信、保持理论定力、坚守信念信仰具有十分重要的意义，这就需要把社会主义发展史作为“必修课”。同时，把中国特色社会主义置于人类文明发展的历史进程中审视，也有助于回应国内外对中国特色社会主义的各种质疑或非议。

汪亭友从历史虚无主义泛滥导致理想信念丧失的视角概括出苏联亡党亡国的重要原因和教训，全面阐释了历史虚无主义的概念及其内涵、历史虚无主义在苏联的表现及其危害。他强调，我们应从东欧剧变、苏联解体中吸取教训，必须正确分析、科学对待历史上的问题和错误，包括领袖个人的问题和错误；必须始终坚持马克思主义在意识形态领域的指导地位，坚定理想信念；必须高度重视党的意识形态工作，牢牢把握意识形态工作领导权。他通过与苏联对比分析指出，中国共产党成功的重要原因是：中国共产党善于总结历史，善于从历史中汲取营养，获取前进的动力；中国共产党自成立之日起，始终以马克思列宁主义为指导，始终把实现共产主义作为最高理想和最终目标，即使在实践探索中遭遇严重挫折时也没有放弃理想信念，从而不断从胜利走向胜利。

会议同时发布了世界社会主义黄皮书系列《世界社会主义跟踪研究报告（2020—2021）——且听低谷新潮声（之十七）》，由李慎明和姜辉主编，当代中国出版社出版。该书选取了2020—2021年度世界社会主义研究中心具有权威性、前沿性和代表性的研究成果结集而成。全书从八个方面，对当今世界范围内的社会主义思潮、理论、运动与制度进行了多视角、深层次、全方位的研究与探讨，反映了世界社会主义领域，尤其是亚洲、欧洲、美洲地区社会主义发展和研究的最新动态，推出了很多有分量的理论文章，对深化社会主义理论的探索与实践不无裨益。